Heinz Bellen
Die Spätantike von Constantin bis Justinian

Heinz Bellen

Die Spätantike
von Constantin bis Justinian

Grundzüge der römischen Geschichte

2. Auflage

Die Deutsche Nationalbibliothek verzeichnet diese Publikation
in der Deutschen Nationalbibliografie; detaillierte bibliografische
Daten sind im Internet über http://dnb.d-nb.de abrufbar.

Das Werk ist in allen seinen Teilen urheberrechtlich geschützt.
Jede Verwertung ist ohne Zustimmung des Verlags unzulässig.
Das gilt insbesondere für Vervielfältigungen, Übersetzungen,
Mikroverfilmungen und die Einspeicherung in und Verarbeitung
durch elektronische Systeme.

2., bibliographisch aktualisierte Auflage 2016
Mit einem Vorwort von Elisabeth Herrmann-Otto
© 2016 by WBG (Wissenschaftliche Buchgesellschaft), Darmstadt
Die 1. Auflage erschien 2003 als Teil III der
„Grundzüge der römischen Geschichte"
Die Herausgabe des Werkes wurde durch die Vereinsmitglieder
der WBG ermöglicht.
Satz: schreiberVIS; Bickenbach
Umschlagabbildung: Porphyrgruppe der römischen Tetrarchen
in Venedig, Foto: Nino Barbieri
Einbandgestaltung: Peter Lohse, Heppenheim
Gedruckt auf säurefreiem und alterungsbeständigem Papier
Printed in Germany

Besuchen Sie uns im Internet: www.wbg-wissenverbindet.de

ISBN 978-3-534-26272-4

Elektronisch sind folgende Ausgaben erhältlich:
eBook (PDF): 978-3-534-74175-5
eBook (epub): 978-3-534-74176-2

INHALT

Vorwort zur zweiten Auflage VII
Vorwort X

1. Von der Tetrarchie zur Monarchie
   Die Grundlegung des Verhältnisses Staat – Kirche durch
   Constantin den Großen (306–337) 1

2. Das Erbe Constantins des Großen in den Händen seiner
   Söhne (337–361) 53

3. Rückkehr zu den alten Göttern?
   Iulianus Apostata (361–363) 85

4. Reichsteilung und Reichsverteidigung
   Valentinian (364–375) und Valens (364–378) 110

5. Die Erhebung des Christentums zur Staatsreligion durch
   Theodosius den Großen (379–395) 144

6. Verfestigung der Reichsteilung – Fanal der Germaneninvasion
   Die Herrschaft der Theodosiussöhne Arcadius (395–408)
   und Honorius (395–423) 176

7. Gesetzessammlung und Hunnenabwehr
   Ost- und Westreich unter Theodosius II. (408–450) und
   Valentinian III. (425–455) 210

8. Neue Entwicklungen in Ost und West
   Vom Konzil in Chalcedon bis zum Ende des weströmischen Kaisertums (451–476) 242

9. 'Gotisches' Königtum – 'Byzantinisches' Kaisertum
   Die Zeit Theoderichs des Großen (474–526) 268

10. Justinian und der Ausgang der Antike (527–565) 299

Anhang

Zeittafel 331

Auflösung der abgekürzten Quellenzitate 346

Bemerkungen zur Quellenlage 353

Literaturhinweise 374
Nachtrag zu den Literaturhinweisen 396

Register 411
   Personen 411
   Sachen 421
   Völker, Länder, Orte 439

VORWORT ZUR ZWEITEN AUFLAGE

Mit der zweiten bibliographisch aktualisierten Neuauflage des dritten Teils stehen die Grundzüge der Römischen Geschichte des Mainzer Althistorikers Heinz Bellen wieder komplett dem interessierten Leser zur Verfügung. Der vorliegende Band unter dem Titel: „Die Spätantike von Constantin bis Justinian" hat seine eigene Geschichte.

Zunächst war ein gesonderter Band für die Spätantike gar nicht geplant. Nicht nur der Umfang von Teil III, sondern auch die inhaltliche Struktur zeigen jedoch sehr deutlich, dass die Entscheidung des Verlages zu einem dritten Band der Römischen Geschichte gerechtfertigt war (s. auch Vorwort der 1.Auflage von Band II). Als der Autor – bereits zu Tode erkrankt – sich bemühte, sein letztes Manuskript fertigzustellen, gab es bereits einen Boom in der Erforschung der Spätantike, der in der zweiten Hälfte der 80er Jahre des vergangenen Jahrhunderts eingesetzt hatte. Vor dem Erscheinen des Handbuches „Die Spätantike" von Alexander Demandt 1988 existierten nur wenige Einzelstudien zu dieser Zeit und nur ältere Überblicksdarstellungen (z.B. von: Otto Seeck 1895 ff., Arthur Stein 1928, A.H.M. Jones 1964). Auch in den folgenden Jahrzehnten hat sich die „Hochkonjunktur" der Spätantike fortgesetzt. Im Umfeld mehrerer Konstantinausstellungen und -kongresse zu den jeweiligen Jubiläen und darüber hinausgehend (2006/07. 2011/13. 2014/15) kam es zu einer Fülle von Publikationen. Neben Konstantin reizten aber auch andere Kaiser wie Julian Apostata und Justinian, oder andere bedeutende Persönlichkeiten wie Theoderich der Große und Theodora immer wieder zu monographischen Darstellungen. Dagegen gibt es nur wenige Überblicksdarstellungen, die die gesamte Spätantike von Konstantin bis Justinian umfassen, und nicht schon mit dem Ende des 4.Jhs, der Reichsteilung von 395 bzw. spätestens mit dem sogenannten Ende des weströmischen Reiches 476 enden. Der Vorzug dieses Bandes liegt darin, dass er sich auch mit den oft schwer durchschaubaren Ereignissen und Entwicklungen in Kirche und Staat, in Innen- und Außenpolitik, in Verwaltung, Wirtschaft, Heer und Gesellschaft von den Theodosiussöhnen bis Justinian in Ost und West in einer streng chronologisch aufgebauten, gut strukturierten Darstellung befasst. Die Darlegung der Sachgesichtspunkte ist in die Chronologie so eingebaut, dass sie am rechten Ort Informationen vermittelt, ohne den Darstellungsduktus zu stören.

Der Autor bleibt auch in diesem letzten Band seiner einmal gewählten Methodik treu. Dadurch dass er mit Konstantin und nicht Diokletian (Band II) beginnt, zeigt er, dass mit der offiziellen Anerkennung, Gleichstellung und schlussendlichen Privilegierung des Christentums eine neue Zeit im Römischen Reich begonnen hat. Zwar steht Konstantin voll auf den Schultern des Diokletian und setzt dessen Reformen fort. Aber im Bereich der Religion geht er neben alten vor allem neue Wege, die bis zu Justinians Anspruch führen, das von Gott gesandte „lebende Gesetz" auf Erden zu sein (312). Wie in den beiden Vorgängerbänden lässt der Autor auch hier wieder die antiken Zeugnisse sprechen, nicht nur die literarischen Quellen paganer und christlicher Provenienz, sondern auch Münzen mit Bild und Umschrift, Inschriften, Papyri und schließlich die Gesetzestexte. Transparent führt er dem Leser die große Leistung der beiden Gesetzessammler Thedosius II. (211 ff.) und Justinians (305 ff.) vor, und macht ihre Bedeutung für spätere Jahrhunderte in Byzanz und im westlichen Europa deutlich. Ab und zu weist er auf den Widerspruch innerhalb der antiken Quellen aber auch zur modernen Forschung hin. Dennoch geht es ihm nie um einen Überblick über die Forschungsgeschichte oder um einseitige Stellungnahmen. Durch eine möglichst lückenlose Präsentation der antiken Zeugnisse will er erreichen, dass sich der Leser selbst ein Bild machen kann, und will ihn auf diesem Wege zu Selbständigkeit und Mündigkeit hinführen.

Kaum eine Epoche in der römischen Geschichte ist so umstritten wie die Spätantike. Nur zur Deutungsgeschichte allein bringt das Handbuch zur Spätantike von A. Demandt allein 30 Seiten. Den vielfältigen Forschungsdiskussionen trägt der ausgewählte Literaturnachtrag der letzten zwölf Jahre Rechnung. Allen am Erscheinen dieses Bandes beteiligten Hilfskräften sei für ihren Einsatz herzlichst gedankt (s. Band I). Wie in den Vorgängerbänden sind Stellenangaben der zitierten antiken Quellen im Fließtext in Klammern angegeben. Im Anhang, der von Dr. Johannes Deißler für die Erstausgabe erstellt wurde, finden sich eine ausführlich kommentierte Zeittafel, eine Auflösung der benutzten Abkürzungen, eine differenzierte Darlegung der Quellenlage mit den benutzten Ausgaben, Literaturhinweise zu jedem Kapitel sowie ausführliche Register.

Richard Klein † schrieb zum ersten Erscheinen des Bandes (Gymnasium 111, 2004, 427): „Möge dieser abschließende Band zusammen mit seinen beiden Vorgängern wegen der formalen wie inhaltlichen Vorzüge über die althistorische Forschung hinaus für lange Zeit einen breiten Leserkreis finden."

Der Wissenschaftlichen Buchgesellschaft, besonders der Lektorin Frau Julia Rietsch, sei für die Betreuung der Neuauflage herzlich gedankt.

Köln, im Frühjahr 2016　　　　　　Elisabeth Herrmann-Otto

VORWORT

Mit diesem Buch legt Heinz Bellen den dritten und abschließenden Band seiner ›Gründzüge der römischen Geschichte‹ vor. Er behandelt die Spätantike, d. h. das Römische Reich zwischen Constantin dem Großen und Justinian. Es ist zugleich das letzte wissenschaftliche Werk des Autors. Heinz Bellen ist am 27. Juli 2002, kurz vor seinem 75. Geburtstag, verstorben. Trotz seiner Krankheit hat er die letzten Monate seines Lebens dafür genutzt, den Textteil seiner Grundzüge fertig zu stellen. Seine Hinterlassenschaft durch die Endredaktion und die Erstellung des Anhangs für die Drucklegung vorzubereiten, und damit dem letzten Wunsch meines Lehrers nachzukommen, ist mir eine Ehre und Verpflichtung gewesen.

Die Anfänge der ›Grundzüge der römischen Geschichte‹ reichen bis 1981 zurück. Damals kamen die Wissenschaftliche Buchgesellschaft, Darmstadt und Heinz Bellen überein, dem gleichnamigen Büchlein von Hans Volkmann einen neuen Abriss der römischen Geschichte in einem Band zur Seite zu stellen. Aufgrund der vielfältigen Verpflichtungen des Verfassers verzögerte sich jedoch die Realisierung und es kam schließlich zu einer konzeptionellen Neuorientierung, an die Stelle des einen Bandes trat eine dreibändige Reihe, die die klassische Einteilung in Republik, Kaiserzeit und Spätantike widerspiegeln sollte. Der erste Teil erschien 1994, schon vier Jahre später konnte Heinz Bellen der Öffentlichkeit die Grundzüge der Kaiserzeit übergeben.

Diese rasche Publikationsfolge und den Abschluss des Gesamtprojektes verdankte Heinz Bellen einer ganzen Reihe von außerordentlichen Umständen: Sein unermüdlicher Arbeitseifer erlaubte es ihm, annähernd täglich und ohne größere Unterbrechungen die inhaltliche Konzeption der einzelnen Kapitel und deren schriftliche Ausgestaltung in Angriff zu nehmen. Seine beispielhafte Disziplin wäre seines Erachtens aber nicht möglich gewesen, wenn ihm nicht seine Frau Agnes den Rücken freigehalten und ihm ein wohl behütetes Zuhause geboten hätte. Heinz Bellen hätte ihr, wie die beiden vorhergehenden Bände, auch den letzten Teil seiner Grundzüge als Ausdruck tiefer Dankbarkeit zugedacht. In seinen Dank eingeschlossen hätte er auch die übrigen Mitglieder seiner Familie, seine beiden Töchter, die Schwiegersöhne und die Enkelinnen. Die Familie war ihm eine wichtige Stütze im täglichen Leben, aus ihr hat er Kraft gezogen. Profitiert hat Heinz Bellen ebenfalls aus der Tatsache, dass ihm nach seiner Emeritierung mit dem Sommersemester 1993 seine langjährige Wirkungsstätte, das Institut für Alte Geschichte an der Johannes Gutenberg-Universität, Mainz, weiterhin offen stand. Sein Nachfolger als Institutsleiter, Leonhard Schumacher, hieß ihn stets willkommen und freute sich über die regelmäßigen Besuche am Freitag Vormittag. Heinz Bellen nutzte die wenigen Stunden nicht nur zur Literatureinsicht und zur Überprüfung von Unklarheiten, sondern suchte auch immer das Gespräch und den Austausch mit den Mitgliedern des Instituts. Ihnen allen war Heinz Bellen sehr verbunden, wie auch seine ehemaligen Mitarbeiter und die neu Hinzugekommenen ihn sehr schätzten. Nicht von ungefähr bot sich Frau Hannelore Caps, die Institutssekretärin, an, das maschinenschriftliche Manuskript in eine Computerdatei zu überführen, und hat sich Herr Dr. Wolfgang Hoben, Akademischer Direktor, bereiterklärt, die Druckfahnen nochmals gründlich Korrektur zu lesen. Es wäre uneingeschränkt im Sinne von Heinz Bellen gewesen, dass ich allen an dieser Stelle für ihren Einsatz und ihr Zutun herzlich danke.

Heinz Bellen lagen seine ›Grundzüge der römischen Geschichte‹, deren Konzept einer verständlichen Vermittlung komplexer Sachverhalte an ein breiteres Publikum er sich sein ganzes Leben verpflichtet sah, sehr am Herzen. Das fertige Druckwerk nach all den Mühen in den Händen zu halten, hätte ihn mit Stolz und Freude erfüllt. Der Band sei, wie auch die beiden anderen Titel der Grundzüge, dem Leser empfohlen.

Mainz, im Dezember 2002   Johannes Deißler

1. VON DER TETRARCHIE ZUR MONARCHIE

Die Grundlegung des Verhältnisses Staat–Kirche
durch Constantin den Großen

(306–337)

Zwanzig Jahre lang (seit 284) hatte Diocletian an der Spitze des römischen Staates gestanden, als er im Jahre 305 von der politischen Bühne abtrat und auch Maximian, seinen Kollegen in der Augustus-Stellung, dazu brachte, den gleichen Schritt zu tun. Jetzt musste sich zeigen, ob die im Jahre 293 begründete Tetrarchie von zwei Augusti und zwei Caesares auch ohne die Führungskraft Diocletians dem Staat jene sichere Lenkung garantieren könnte, die er in den beiden letzten Jahrzehnten erfahren hatte. Die Caesares, Constantius und Galerius, rückten zu Augusti auf, wobei dem Ersteren der Vorrang zufiel (Lact. de mort. persec. 20,1); zwei neue Caesares traten an ihre Stelle und wurden von ihnen adoptiert: Flavius Valerius Severus und Maximinus Daia. Die territoriale Zuständigkeit der Tetrarchen dieses zweiten Kollegiums wurde so geregelt, dass die neuen Caesares im Wesentlichen die Reichsteile der abgetretenen Augusti übernahmen, während die neuen Augusti ihre als Caesares verwalteten Territorien behielten. Es kam allerdings zu gewissen Verschiebungen, die anscheinend aus Prestigegründen vorgenommen wurden: Constantius erhielt zu Gallien und Britannien noch Spanien, so dass er nun über einen Raum gebot, der später als „das gesamte Gebiet jenseits der Alpen" bezeichnet wurde (Epit. de Caes. 41,20). Galerius dagegen wünschte eine Ausdehnung seines Herrschaftsgebietes an der Donau nach Osten, wohl um Diocletians Residenz Nicomedia zu der seinen machen zu können. Er nahm daher „ganz Asien" (Euseb. hist. eccl. 9,1,1), d.h. Kleinasien bis zum Taurus (Lact. de mort. persec. 49,1), für sich in Anspruch. Der Taurus bildete damit die Grenze zum Reichsteil des Maximinus Daia (Orient, Ägypten). Im Westen trat Galerius Pannonien und Dalmatien an Severus ab (Anon. Vales. 9), womit eine Trennungslinie zwischen West und Ost reaktiviert wurde, die einst (40 v.Chr.) Octavian/Augustus und Antonius gezogen hatten (App. bell. civ. 5,65).

Sie verlief bei der dalmatischen Stadt Scodra (Skutari in Albanien) und folgte dann den Flussläufen von Drinus (bis Sirmium) und Savus (bis zur Einmündung in die Donau bei Singidunum/Belgrad). Außer Pannonien und Dalmatien sollte Severus Italien und Afrika in Besitz nehmen, die bisher der Herrschaft Maximians unterstanden hatten.

Die Wachablösung schien zu funktionieren. Das neue Tetrarchenkollegium nahm seine Arbeit auf und propagierte „Eintracht" (CONCORDIA AVGG ET CAESS NN: Rom. Imp. Coin. VI 203, Nr. 618). Constantius rüstete sich zu einem Britannienfeldzug, Galerius zog gegen die Sarmaten, Severus richtete sich in Italien ein, Maximinus Daia in Syrien. Mitten in diesem Gang der Dinge erfolgte am 25. Juli 306 der Tod des Constantius in Eburacum/York, der die eben etablierte Ordnung des Tetrarchenkollegiums durcheinander brachte. Denn er hatte die Ausrufung seines Sohnes Constantin als Augustus zur Folge, entgegen dem tetrarchischen Reglement, das den Aufstieg des Severus zu dieser Würde verlangt hätte. Es glückte zwar dem nunmehr zum ranghöchsten Augustus avancierten Galerius, Constantin die Herabstufung vom Augustus zum Caesar (*de secundo loco in quartum*, Lact. de mort. persec. 25,5) aufzunötigen, doch konnte er damit nicht verhindern, dass Maxentius, der Sohn des im Ruhestand lebenden *senior Augustus* Maximian, den Erhebungsakt Constantins in Eburacum nachahmte und sich in Rom von den Prätorianern zum Imperator akklamieren ließ. Schließlich machte der Wiedereintritt Maximians in die aktive Augustus-Stellung die Verwirrung vollständig. All dies geschah im Jahre 306.

Constantin war bei der Neuformierung der Tetrarchie am 1. Mai 305 übergangen worden, obwohl man in der Heeresversammlung zu Nicomedia erwartet hatte, dass er zum Caesar ernannt werden würde. Galerius behielt ihn in seiner Nähe und setzte ihn im Sarmatenkrieg Gefahren aus, doch entsprach er dann dem dringenden Wunsch des Kollegen Constantius, der seinen Sohn bei sich haben wollte. Die Reisegenehmigung gab Constantin die Möglichkeit zu einer abenteuerlichen Flucht (vor Nachstellungen des Galerius) an die Kanalküste nach Gesoriacum/Boulogne, wo er seinen Vater vor dem Übergang nach Britannien erreichte (Anon. Vales. 2–4). Er nahm an dem geplanten Feldzug gegen die Picten im Norden Britanniens teil und kehrte mit seinem Vater nach Eburacum/York zurück. Hier, im Statthalterpalast (unter der Kathedrale), starb Constantius; sein Sohn wurde von den Soldaten zum Nachfolger ausgerufen. Constantins erste öffentliche Handlung war die Erhebung seines Vaters unter die Staatsgötter als *divus Constantius pius*. Er selbst erlangte dadurch die Filiation: *divi Constanti pii Augusti filius* (Corp. Inscr. Lat. XVII 88 u. ö.).

Es war das im Heer ausgeprägte dynastische Denken, welches die Soldaten der „Empfehlung" (Lact. de mort. persec. 24,8) des Constantius folgen ließ, seinen Sohn zu seinem Nachfolger zu erheben, und es bedeutete eine wenn auch widerwillige Anerkennung dieser Denkweise, wenn Galerius eben diesen Constantin in das tetrarchische System aufnahm, wobei es keine Rolle spielte, dass er ihn als Caesar und nicht als Augustus einsetzte. Für Constantin aber brachte die Entscheidung des Heeres und deren Sanktionierung durch Galerius das endgültige Heraustreten aus dem Schatten, in dem seine Geburt lag. Er war ja der illegitime Sohn des Flavius Valerius Constantius, hervorgegangen aus dessen Konkubinat mit Helena, einer Herbergswirtin, die sich (mit ihrem Sohn) von Constantius trennen musste, als dieser ca. 289 Theodora, die Stieftochter Maximians, heiratete. Constantin war damals vielleicht erst etwa vier Jahre alt (sein Geburtsjahr ist unsicher, Geburtsort: Naissus/ Moesia superior), was seine auffallende Anhänglichkeit an die Mutter erklären würde, die er bald nach seiner Erhebung aus dem Osten an seinen Hof nach Trier kommen ließ und mit großem Einfluss ausstattete.

Nachdem sich im Laufe des Sommers 306 die Verhältnisse in der Tetrarchie so weit geklärt hatten, dass Severus den Augustus-Titel annahm und Constantin sich mit der Caesar-Würde begnügte, ging Galerius daran, die 307 fällige Erneuerung der von Diocletian eingeführten Steuerveranlagung vorzubereiten. Er erwartete davon eine starke Verbesserung der Staatsfinanzen und gab entsprechend strenge Anweisungen. Dazu gehörte auch die Severus übermittelte Order, Rom der Besteuerung zu unterwerfen. Wie diese Maßnahme die bisher privilegierte Bevölkerung Roms aufbrachte, so eine andere die Prätorianer: Ihr Lager auf dem Viminal sollte aufgehoben werden (Lact. de mort. persec. 26,2). Beide Maßnahmen wirkten zusammen, um in Rom die Bereitschaft zu einer Usurpation des Kaisertums zu erzeugen. Als Prätendent bot sich Maxentius, der in der Umgebung Roms lebende Sohn Maximians und Schwiegersohn des Galerius, an, dessen Ambitionen durch die Ereignisse in Britannien geweckt worden waren (Zosim. 2,9,2). Am 28. Oktober 306 wurde er im Zusammenwirken der Prätorianer mit dem Volk von Rom zum Imperator akklamiert (Lact. de mort. persec. 26,3. 44,4). Er nahm daraufhin den 'neutralen' Titel „Princeps" an – in Erwartung der

Reaktion des Galerius. Diese aber bestand in der Kampfansage: Galerius veranlasste Severus, von Mailand aus (Zosim. 2,10,1) mit Heeresmacht gegen Maxentius in Rom vorzugehen.

Das Unternehmen des Severus endete schmählich: Im Angesicht Roms verließen ihn die Soldaten, so dass er sich zur Flucht genötigt sah. Maxentius hatte inzwischen seinen Herrschaftsanspruch auf festere Füße gestellt, indem er Ende 306 seinen Vater Maximian zur Wiederaufnahme seiner Augustus-Stellung bewog. Maximian verfolgte Severus und zwang ihn im Frühjahr 307 in Ravenna zur Kapitulation. Sie erfolgte unter der Bedingung seiner Abdankung; Severus wurde in der Nähe Roms (Tres Tabernae an der Via Appia) interniert. Maxentius nahm nun den Augustus-Titel an und trat an die Stelle des Severus, d.h., er erlangte die Herrschaft über Italien und Afrika.

Nach dem Misserfolg des Severus übernahm Galerius es selbst, gegen Maxentius militärisch einzuschreiten. Im Sommer 307 erschien er mit einem großen Heer in Italien, schlug in Interamna/Terni, ca. 100 km von Rom entfernt, ein Lager auf und versuchte durch Verhandlungen, Maxentius zur Aufgabe seiner Selbstherrlichkeit zu bewegen. Als das misslang, rückte er gegen Rom vor. Maxentius hatte jedoch Vorsorge getroffen: Die Mauern (Aurelians) waren verstärkt und Lebensmittelvorräte angelegt worden (Lact. de mort. persec. 27,1). Die Soldaten des Galerius versuchte Maxentius, wie schon die des Severus, durch Versprechungen zu sich herüberzuziehen (Aur. Vict. de Caes. 40,9). Der Erfolg war erneut auf seiner Seite: Galerius brach sein Unternehmen ab und zog nach Oberitalien, dann an die Donau. Dabei gab er die Gegenden entlang der Via Flaminia den Soldaten zum Plündern frei (Anon. Vales. 7). Maxentius aber bezeichnete sich auf seinen Münzen stolz als „Retter seiner Stadt" (CONSERVator VRBis SVAE: Rom. Imp. Coin. VI 325, Nr. 113).

Die Stellung des Maxentius festigte sich weiter durch das Einvernehmen, welches Maximian mit Constantin herstellte. Maximian war angesichts der Bedrohung Italiens durch Galerius nach Gallien gereist und hatte Constantin für seine (und seines Sohnes) Sache durch eine Vereinbarung des Inhalts gewonnen, dass er (Maximian) Constantin zum Augustus ernenne, wofür dieser ihn als aktiven Augustus anerkenne und entsprechend sich verhalte. Als Unterpfand des Paktes sollte die Eheschließung Constantins mit Fausta, der Tochter Maximians, dienen. Das Ereignis wurde mit großem Gepränge gefeiert, wahrscheinlich in Arelate/Arles oder aber in Trier.

Ein Festredner pries das neue dynastische Konzept und stellte seine Rechtmäßigkeit im Sinne der Kaiserideologie heraus (Paneg. Lat. 7[6]).

Die Verbindung zu Constantin ließ nun in Maximian den Entschluss reifen, selbst die Herrschaft über Italien und Afrika anstelle seines Sohnes Maxentius zu übernehmen. Vorwürfe gegen diesen waren zur Hand: Er hatte den in Tres Tabernae internierten Severus zu Tode bringen lassen und Galerius nicht daran gehindert, Italien zu verwüsten. Im April 308 versuchte Maximian, seinen Sohn durch eine Heeres- und Volksversammlung in Rom absetzen zu lassen. Das misslang. Maximian musste die Flucht nach Gallien zu seinem Schwiegersohn Constantin antreten (Lact. de mort. persec. 28,3–4).

Maxentius fühlte sich jetzt als alleiniger Herr in Rom und begann mit der Verwirklichung eines Programms, welches der Stadt ihren alten Glanz zurückgeben und dem kaiserlichen Herrschaftsverständnis neuen Ausdruck verleihen sollte. Symbolfigur dieses Programms war *Roma aeterna*: Auf einem Goldmultiplum erschien die Göttin als „Urheberin" (*auctrix*) der Augustus-Stellung des Maxentius (Rom. Imp. Coin. VI 373, Nr. 173). Dem entsprach es, dass Maxentius den von Hadrian erbauten Tempel der Venus und Roma am Colosseum, der (wohl 307) durch ein Feuer schwer beschädigt worden war (Chronogr. an. 354, Chron. Min. I 148), in großartiger Weise wiederherstellte und seine architektonische Wirkung durch die neben ihm (zum Forum hin) errichtete riesige Basilica um ein Vielfaches erhöhte (vgl. Aur. Vict. de Caes. 40,26). Weitere Großbauten entstanden auf dem Lateran (die so genannte Domus Faustae) und an der Via Appia außerhalb der Aurelianischen Mauer (Villa, Circus, Mausoleum) – die Römer spürten, dass ihre Stadt wieder Kaiserresidenz war.

Das aus Prestigegründen so wichtige Bauprogramm des Maxentius verschaffte vielen Menschen Arbeit, es verschlang aber auch viel Geld. Ein ähnliches Problem ergab sich in Bezug auf die Soldaten, insbesondere die Prätorianer: Maxentius' Stellung beruhte wesentlich auf ihrem Wohlwollen; dieses aber musste durch reichliche Zuwendungen honoriert werden. Es war daher eine Frage der Finanzen, ob Maxentius sich in Rom behaupten könne, und um diese, d. h. die Einkünfte, stand es schlecht, seit 308 sogar sehr schlecht. Denn in diesem Jahr sagte sich Afrika durch die Usurpation des L. Domitius Alexander von Maxentius los, so dass die für Rom lebenswichtigen Getreidelieferungen ausblieben. Eine schwere Hungersnot war die Folge (Chronogr. an. 354, Chron. Min. I 148; Euseb.

hist. eccl. 8,14,6). Erst Ende 309 konnten die afrikanischen Provinzen nach einer Militäraktion gegen Domitius Alexander (unter dem *praefectus praetorio* Rufius Volusianus) wieder in Besitz genommen werden (Zosim. 2,14,2–3). Jetzt forderte der Triumph in Rom große Aufwendungen. Diese von Anfang an bestehende finanzielle Situation erklärte Maxentius' harte Steuerpolitik in Rom und Italien (Aur. Vict. de Caes. 40,24) sowie seine gnadenlosen Konfiskationen in Afrika (Zosim. 2,14,3–4).

In der Religionspolitik ging Maxentius entsprechend seiner prätendierten Eigenständigkeit auf Distanz zu der von Diocletian 303 eingeleiteten großen Christenverfolgung. Während für den Orient Maximinus Daia 306 das Verfolgungsedikt ausdrücklich erneuerte (Euseb. de mart. Palaest. 4,8), befahl Maxentius für sein Herrschaftsgebiet die Einstellung der Verfolgungsmaßnahmen (Euseb. hist. eccl. 8,14,1). In Rom konnte wieder ein Bischof gewählt werden, doch kam es dann in der Gemeinde zu schweren Auseinandersetzungen um die Wiederaufnahme der in der Verfolgungszeit „Gefallenen" (*lapsi*). Sie erreichten ihren Höhepunkt unter Bischof Eusebius 309, der nach Ausweis seines Grabepigramms in der Callistus-Katakombe an der Via Appia zusammen mit seinem Widersacher Heraclius von Maxentius verbannt wurde (A. Ferrua, Epigrammata Damasiana [1942], Nr. 18). Ein Eingreifen bei ähnlichen Streitigkeiten in Carthago blieb Maxentius erspart, da diese erst 312 zum Eklat führten, als der Kampf mit Constantin unmittelbar bevorstand.

Die Konfrontation zwischen Constantin und Maxentius begann im Jahre 310 und hatte ihren Grund im Tod Maximians, den Maxentius seinem Schwager Constantin anlastete. Maximian war 308 von Gallien aus (oben S. 5) nach Carnuntum/Petronell bei Wien gereist, um an der Konferenz teilzunehmen, zu der Galerius ihn und den auf seinem Ruhesitz in Spalatum/Split (Dalmatien) lebenden *senior Augustus* Diocletian herbeigerufen hatte. Auf dieser Konferenz (11. November 308: Cons. Const., Chron. Min. I 231) sollte das gestörte tetrarchische System mit Hilfe der Autorität Diocletians wiederhergestellt werden. Diocletian glaubte, dies bewirken zu können, indem er einen neuen Augustus anstelle des von Maxentius beseitigten Severus (oben S. 4) ernannte: Licinius, einen Gefolgsmann des Galerius. Die Adoption durch Diocletian selbst, die Licinius zum Sohn Jupiters machte – Diocletian fühlte sich als die Verkörperung des höchsten Gottes –, sollte darüber hinweghelfen, dass er zur höchsten Würde berufen wurde, ohne Caesar gewesen zu sein.

Maximian aber wurde von Diocletian dazu gebracht, dass er (nach 305) erneut auf seine Augustus-Stellung verzichtete. Die von ihm vorgenommene Erhebung Constantins zum Augustus betrachtete Diocletian als nichtig, so dass Constantin (wie Maximinus Daia) als Caesar behandelt wurde. Maximians Sohn Maxentius blieb als Usurpator (*hostis publicus*: Paneg. Lat. 12[9],18,2) unerwähnt.

Maximian kehrte von Carnuntum nach Arelate/Gallien als Privatmann zurück, verhielt sich aber nur kurze Zeit wie ein solcher. Als Constantin, der sich weiterhin als Augustus gerierte, 310 gegen die Franken ziehen musste, nutzte Maximian die Gelegenheit, sich von den in Arelate zurückgelassenen Truppen zum Augustus ausrufen zu lassen. Da auch Maximinus Daia die Augustus-Würde für sich in Anspruch nahm – er war über das Avancement des Licinius erbost –, gab es um die Mitte des Jahres 310 sechs Augusti: Constantin, Maximian, Maxentius, Licinius, Galerius, Maximinus Daia (Lact. de mort. persec. 29,2) – das tetrarchische System Diocletians war vollkommen zusammengebrochen. Maximian schied allerdings direkt wieder aus dem Kreis der Augusti aus: Constantin, der sich durch Maximians Handlungsweise bedroht sah, kehrte schleunigst vom Rhein nach Arelate zurück, verfolgte Maximian nach Massilia/Marseille und nahm ihn gefangen. In der Gefangenschaft gab der ruhelose Herculier – Maximian galt als Inkarnation des Hercules – sich selbst den Tod (Epit. de Caes. 40,5). Constantin verhängte über seinen Schwiegervater die *damnatio memoriae*, Maxentius aber ehrte seinen Vater mit der *consecratio* und kündigte an, er werde dessen Tod rächen. Das bedeutete Feindschaft und Krieg mit Constantin (Lact. de mort. persec. 43,3), worauf beide sich vorbereiteten.

311 folgte Galerius im Tode Maximian nach. Der rangälteste Augustus hatte bis zuletzt versucht, die tetrarchische Ordnung des Reichsregiments zu wahren, doch war er 310 von schwerer Krankheit (Lact. de mort. persec. 33,4: *cancer*, „Krebs") befallen worden, die ihn ein ganzes Jahr entsetzlich leiden ließ. Im Angesicht des Todes hielt er es aus Gründen der Staatsräson (*utilitas publica*) für seine Pflicht, die Christenverfolgung zu beenden, an deren Ingangsetzung im Jahre 303 er wesentlich beteiligt war. Trotz allem Zwang, so ließ er durch ein in Serdica/Sofia erlassenes Edikt, das am 30. April 311 in Nicomedia veröffentlicht wurde (Lact. de mort. persec. 35,1), verlauten, sei es nicht gelungen, die Christen zum alten Götterglauben zurückzuführen. Da sie aber auch ihren eigenen Glauben nicht praktizieren dürften, stehe ein großer Teil der Reichsbevölkerung abseits von jeder Form der Götterverehrung.

Das Einvernehmen mit den Göttern sei jedoch für das Wohlergehen des Staates unbedingt erforderlich. Daher gestatte er den Christen, ihre Religion wieder auszuüben und ihre Versammlungsstätten wieder aufzubauen. Die kaiserliche Gnade (*indulgentia*) war verbunden mit der Aufforderung, für das Heil des Kaisers, des Staates und ihr eigenes Heil zu ihrem Gott zu beten (Lact. de mort. persec. 34). Die Christen wurden dadurch in die öffentliche Ordnung (*publica disciplina*) eingefügt, von der sie sich nach offizieller Auffassung durch ihr Christsein ausgeschlossen hatten, und sie wurden in die Verantwortung für den Staat auf ihnen gemäße Art einbezogen. Denn das Gebet für Kaiser und Reich gehörte seit frühester Zeit zu ihrem Gottesdienst (vgl. bes. Tert. apol. 30,4). Wenige Tage nach Erlass dieses Edikts, das einen grundsätzlichen Wandel im Verhältnis des römischen Staates zu den Christen bezeichnete, starb Galerius (Lact. de mort. persec. 35,3).

Der Tod des Galerius veranlasste Maximinus Daia, in aller Eile Kleinasien in Besitz zu nehmen und seinem bisherigen Herrschaftsgebiet (Orient/Ägypten) zuzuschlagen. Dieses Vorgehen wiederum hatte eine ähnliche Aktion des Licinius zur Folge, der sich (von seinem Standort Pannonien aus) die europäischen Gebiete des Galerius bis zum Bosporus aneignete. Hier, „mitten in der Meerenge" (Lact. de mort. persec. 36,2), kam es zu einem Vertragsabschluss zwischen Maximinus und Licinius, der den territorialen Status quo bestätigte. Maximinus Daia erwarb sich in den Städten Kleinasiens Sympathien, weil er die von Galerius eingeführte Erstreckung des diocletianischen Steuersystems der *capitatio* auf die *plebs urbana* rückgängig machte (Cod. Theod. 13,10,2 [311, nach O. Seeck, Regesten der Kaiser und Päpste, 1919, 52 f.]). Ebenso geneigt zeigte er sich den Städten bei der Handhabung des von Galerius erlassenen Christen-Edikts, das die Wiedereingliederung der Christen in die städtische Gemeinschaft vorsah. Die Stadtbewohner wehrten sich dagegen, weil das Verhalten der Christen (z. B. bei Festen und Spielen) ihren wirtschaftlichen Interessen zuwiderlief. In Petitionen an Maximinus Daia bat eine ganze Reihe von Städten, allen voran Nicomedia/Bithynien und Antiochia/Syrien, um die Genehmigung, die Christen vertreiben zu dürfen. Maximinus entschied ihre Eingaben positiv, so dass sechs Monate nach Bekanntgabe des Galerius-Edikts, also Ende 311, die Verfolgung der Christen von neuem begann (Euseb. hist. eccl. 9,2). Sie wurde von Maximinus noch forciert, indem er in den Städten und Provinzen Oberpriester einsetzen ließ, welche die alte Religion stärken und der neuen christlichen wehren sollten (Lact. de mort. persec. 36,4–5). Maximinus Daia folgte also nach wie vor der von Diocletian ausgegebenen Parole, dem Götterglauben der Väter wieder seine alte Stellung zu verschaffen. Überhaupt blieb er dem diocletianischen Herrschaftssystem verhaftet; in ihm beanspruchte er jetzt die erste Stelle (*titulus primi nominis*, Lact. de mort. persec. 44,11).

Anders als Maximinus Daia fühlten sich Constantin und Maxentius dem tetrarchischen Herrschaftssystem in keiner Weise verpflichtet, sie suchten vielmehr im Gegensatz zu ihm ihre Legitimation zu begründen – dynastisch, versteht sich. Constantin ließ 310 nach dem Tod Maximians und der Abkehr von ihm, dem er seine Augustus-Würde verdankte, in feierlicher Form verkünden, Claudius Gothicus (268–270) sei der Ahnherr seiner Familie, die mit ihm selbst (nach seinem Vater Constantius) schon in der dritten Linie einen Kaiser stelle (Paneg. Lat. 6[7],2,1–5). Wichtig war ihm außer der zeitlichen Vorverlegung seiner Legitimation für die Kaiserwürde die Rückführung seiner Abkunft auf zwei Divi: Constantius und Claudius. In ähnlicher Absicht stellte Maxentius alle seine Verwandtschaftsverhältnisse zu Divi heraus. Auf Münzen erschienen sein Vater Maximian und sein Schwiegervater Galerius; sogar Constantius erhielt als „Verwandter" (Adoptivsohn Maximians) seinen Platz. Dazu trat der 309 verstorbene und konsekrierte Sohn des Maxentius: Romulus (Rom. Imp. Coin. VI 382, Nr. 243–257). Eine Abkehr von der tetrarchischen Tradition, nämlich der der Jovier und Herculier, bedeutete es auch, dass Maxentius, wie schon erwähnt (oben S. 5), *Roma aeterna* als die Schutzgöttin seiner Kaiserstellung betrachtete. Constantin vertraute im Jahre 310 nach einem religiösen Erlebnis in einem Apollo-Heiligtum Südgalliens diesem Gott, der mit Sol gleichgesetzt wurde, sein Heil als Kaiser an (Paneg. Lat. 6[7], 21,3–7). Der Sonnengott erschien nun als „Begleiter" des Kaisers auf Münzen (Rom. Imp. Coin. VI 133, Nr. 122: SOLI INVICTO COMITI), und sein Epitheton *invictus* trat in die Titulatur Constantins ein (hinter *pius* und *felix*), wo es auch den Zweck erfüllte, auf Constantins bereits bewiesene Sieghaftigkeit hinzuweisen.

Constantin konnte im Jahre 310 auf erfolgreiche Kämpfe am Niederrhein zurückblicken. Der Festredner, der im Sommer dieses Jahres in Gegenwart des Kaisers zum Geburtstag der Stadt Trier sprach, strich sie gebührend heraus: Die Franken, die 306 ins Reichsgebiet (das Bataverland) eingedrungen waren, hatte Constantin geschlagen und zwei ihrer Könige, die gefangen genommen worden waren, zur Abschreckung qualvoll hinrichten lassen (Paneg. Lat. 6[7],10,2 + 11,5). 308 war er zu einer Strafexpedition über den Rhein gegangen und hatte das Gebiet der Brukterer weithin verwüstet (ebd. 12,1–4). 310 schließlich hatte er mit dem Bau einer Rheinbrücke bei Köln begonnen, welche Einfälle ins Land der Germanen erleichtern und zusammen mit dem geplanten rechtsrheinischen Brückenkopf Divitia/Deutz drohend wirken sollte (ebd. 13,1). Eine lange Kastellkette und zahlreiche Flottenstationen sicherten die Flussgrenze (ebd. 11,5). Diese Erfolge und die Sicherheit der Rheingrenze ließen Constantin zuversichtlich der bewaffneten Auseinandersetzung mit Maxentius entgegensehen. Trotzdem glaubte er, die Grenzverteidigung am Rhein nicht durch den Abzug großer Truppenmengen gefährden zu dürfen. Er stellte deshalb gewissermaßen ein neues Heer auf, für das er Eliteeinheiten aus Britannien, Gallien und Germanien heranzog (Zosim. 2,15,1), insgesamt etwa 40 000 Mann (Paneg. Lat. 12[9], 5,1). Die Straßen zu den Alpenpässen wurden instand gesetzt; der Feldzug sollte im Frühjahr 312 beginnen. Zu den Vorbereitungen darauf gehörte auch das 311 geschlossene Bündnis mit Licinius, das durch die Verlobung der Stiefschwester Constantins, Constantia, mit diesem östlichen Nachbarn des Maxentius noch verstärkt wurde. Es hatte die Folge, dass Maxentius sich auch auf einen Angriff von Osten einstellen musste. Andererseits führte es dazu, dass Maximinus Daia auf dessen Seite trat (Lact. de mort. persec. 43,2–3).

Maxentius hatte Truppen in einer Stärke von etwa 100 000 Mann zu seiner Verfügung (Paneg. Lat. 12[9],3,3). Mit einem Teil dieser Truppe belegte er die Städte Oberitaliens, vor allen Verona, wohin er seinen Prätorianerpräfekten Ruricius Pompeianus beorderte. Den größten Teil des Aufgebots (auch der Prätorianer) hielt er zur Verteidigung seiner Hauptstadt Rom bereit, deren Mauern er durch Auswurf eines Grabens noch sicherer zu machen suchte (Chronogr. an. 354, Chron. Min. I 148). Constantin kam etwa im März/April 312 über die Alpen (Gr. St. Bernhard + Mt. Genèvre) und begann seinen Vormarsch von Segusio/Susa aus. Dieser führte über Augusta Taurinorum/Turin, wo die dort postierten *clibanarii* (gepanzerte Reiter auf gepanzerten Pferden) ausgeschaltet wurden (Paneg. Lat. 4[10], 22–24), nach Mediolanum/Mailand und weiter über Brixia/Brescia nach Verona. Hier kam es zur Schlacht, die durch den Tod des *praefectus praetorio* Ruricius Pompeianus zugunsten Constantins endete. Daraufhin fiel ihm auch Aquileia zu – ganz Oberitalien war damit in seiner Hand (Paneg. Lat. 12[9],5,

4–14,2). Auf der Via Flaminia zog Constantin nun über den Apennin in Richtung Rom. Als Constantin sich im Oktober 312 der Stadt näherte, änderte Maxentius seinen ursprünglichen Plan, Rom als Festung zu verteidigen, und zog Constantin über die Milvische Brücke (*Pons Milvius*) in das Gebiet jenseits des Tibers entgegen. Am 28. Oktober trafen die Heere aufeinander, und es begann eine mörderische Schlacht, in der auf Seiten des Maxentius vor allen die Prätorianer und die berittene Leibwache mit Todesmut kämpften. Constantins Truppen aber waren die besseren. Das Kampfgeschehen an der Milvischen Brücke fand sein Ende im Tiber, in dessen Fluten Maxentius und viele seiner Soldaten zu Tode kamen. Constantin ließ am nächsten Tag den Leichnam seines Gegners aus dem Fluss ziehen und ihm den Kopf abschlagen, den er als Trophäe bei seinem Einzug in die Stadt vorweisen wollte (Anon. Vales. 12).

Der Einzug in Rom (29. 10. 312) erfolgte in Form eines Triumphes. Als solcher wurde er ausführlich von dem Festredner beschrieben, der 313 in Trier Constantins Taten im Krieg gegen Maxentius pries (Paneg. Lat. 12[9],19,1–6). Aber ein wesentlicher Bestandteil des Triumphes fehlte in diesem Bericht: Constantin ging nicht auf das Kapitol, um Iupiter Optimus Maximus zu opfern – ein bemerkenswertes Verhalten angesichts der traditionsgeladenen Atmosphäre in Rom. Ebenso bedeutsam war es, dass der Festredner die Gottheit, der Constantin seinen Sieg zuschrieb, nur mit dem unbestimmten Namen „Schöpfer aller Dinge" apostrophierte (ebd. 26,1). Dem wiederum entsprach es, wenn der Senat in der für den Triumphbogen Constantins (unten S. 15) bestimmten Inschrift die Taten Constantins als „auf Eingebung der Gottheit" (*instinctu divinitatis*) geschehen darstellte (Corp. Inscr. Lat. VI 1139). Hinter all dem stand die Ungewissheit über Ausmaß und Bedeutung des religiösen Wandels, der bei Constantin nach der Schlacht an der Milvischen Brücke eingetreten war.

Constantin selbst wusste sehr wohl, welchem Gott er den Sieg verdankte. Denn er hatte dessen Namen, als Monogramm verkürzt, auf den Schilden seiner Soldaten anbringen lassen: ☧ = X (Chi) + P (Rho), die Anfangsbuchstaben von XPICTOC (Christos). Die Weisung dazu war ihm in einem Traumgesicht vor der Entscheidungsschlacht gegen Maxentius erteilt worden (Lact. de mort. persec. 44,5, wo allerdings die Art des Zeichens missverstanden ist). Im Jahre 315 erschien das Christogramm am Helm Constantins auf einem Silbermedaillon aus der Münzstätte Ticinum/Pavia (K. Kraft,

Jahrb. f. Numis. u. Geldgesch. 5/6, 1954/55, 151–178). Später wusste man zu erzählen, Constantin und seine Soldaten hätten auf dem Marsch bei helllichtem Tag über der Sonne ein Kreuz gesehen mit der Verkündigung, unter diesem Zeichen werde er siegen (Euseb. vit. Const. 1,28–32; vgl. die Münzlegende aus dem Jahre 350: HOC SIGNO VICTOR ERIS, Rom. Imp. Coin. VIII 369, Nr. 283). Es war also der Gott der Christen, dem Constantin sich durch den Sieg an der Milvischen Brücke verpflichtet fühlte, der gleiche Gott, den man bisher für alles verantwortlich gemacht hatte, was dem römischen Staat Widriges zugestoßen war und zu dem für das Staatswohl zu beten den Christen erst anderthalb Jahre zuvor ausdrücklich gestattet worden war (oben S. 8). Eine weitere Verbesserung der Haltung des Staates zu den Christen lag seit dem Sieg Constantins förmlich in der Luft.

In Rom hatten die Christen noch unter Maxentius in Ausführung des Galerius-Edikts von 311 die Rückgabe des Kirchengutes erlangt (Augustin. brev. collat. 3,34), und zwar in der Amtszeit des Bischofs Miltiades, die am 11. Juli 311 begonnen hatte. Für Afrika ist das gleiche Faktum bezeugt (Optat. 1,18), doch hielt Constantin es für nötig, dem von ihm ernannten Proconsul der Africa Proconsularis, Anullinus, in einem Reskript ausdrücklich die Fortführung der Restitutionsmaßnahmen anzubefehlen (Euseb. hist. eccl. 10,5,15–17). Ein weiteres Reskript Constantins an den gleichen Proconsul ging wesentlich weiter: Es verlieh den Klerikern der Kirche von Carthago die Immunität, befreite sie also von allen Staatslasten. Die Begründung war bezeichnend für das neue religiöse Klima: Ihr Dienst bringe dem Staat größten Nutzen, allen Menschen aber größtes Glück (Euseb. hist. eccl. 10,7,1–2). Was frühere Kaiser für ihr eigenes wohltätiges Wirken in Anspruch genommen hatten: die Eudaimonia auf der Welt herzustellen (vgl. Hadrians Selbstzeugnis: Paus. 1,5,5), wies Constantin dem christlichen Gottesdienst als Aufgabe zu.

Auf Constantins erste Maßnahmen zugunsten der christlichen Kirche folgte im Februar 313 die religionspolitische Abmachung, die er mit Licinius traf. Sie war Teil einer gesamtpolitischen Rahmenvereinbarung zwischen den beiden Kaisern. Bei dieser Gelegenheit fand auch die Hochzeit der Stiefschwester Constantins, Constantia, mit Licinius statt (vgl. oben S. 10). Die Mailänder Übereinkunft (Lact. de mort. persec. 48,2–12) muss im Hinblick auf die Christen als Fortsetzung von deren Eingliederung in den Kreis der Religionsgemeinschaften des Reiches verstanden werden, die mit dem Galerius-Edikt von 311 begonnen hatte (oben S. 7f.); im Text wurden sie ausdrücklich als solche bezeichnet: *Corpus Christianorum* (§ 8). Ihnen wurde die Rückerstattung des entwendeten Kirchenguts in einem Umfang und mit einer Genauigkeit dekretiert (§ 7–10), dass man von einer *ecclesia restituta* sprechen konnte. Eingebettet waren die den Christen geltenden Bestimmungen in die allgemeine Erklärung, dass jeder die freie Entscheidung habe, sich derjenigen Religion anzuschließen, die er für die richtige halte (§ 2 + 5 + 6). Damit wurde dem Pluralismus der Religionen im Römischen Reich Rechnung getragen. Als gemeinsame Formel diente die „höchste Gottheit" (*summa divinitas*), die sie verehrten und deren Huld für den Staat von größter Wichtigkeit war (§ 3).

Das Eintreten Constantins für die christliche Kirche zog ihn allerdings auch in die innerkirchlichen Streitigkeiten hinein, die als Nachwirkung der Verfolgung in regional unterschiedlicher Schärfe auftraten. 312 schon erhielt Constantin Kenntnis von der Spaltung der Kirche in Afrika, die auf Anklagen gegen den gerade gewählten und geweihten Bischof Caecilianus zurückging. Der Hauptpunkt war die Anfechtung der Weihe, weil daran ein Bischof (Felix von Aptungi) beteiligt war, der in der diocletianischen Verfolgung heilige Bücher und Geräte ausgeliefert haben sollte – ein *traditor* also, der nach Ansicht vieler rigoristisch eingestellter nordafrikanischer Christen das Sakrament im Stande der Unreinheit gespendet hatte. Zu Wortführern der Opposition machten sich die numidischen Bischöfe. Auf einem Konzil setzten sie Caecilianus ab, exkommunizierten ihn und weihten Maiorinus zum neuen Bischof von Carthago. Die Spaltung verursachte große Unruhe unter den Christen Carthagos und ganz Nordafrikas, zumal die am Reinheitsprinzip sich scheidende Kirchenauffassung mit nationalen und sozialen Gegensätzen verbunden war. Constantin wies den Proconsul in Carthago, Anullinus, an, den Vorgängen seine Aufmerksamkeit zu widmen und nahm seinerseits Stellung zu dem Streit, indem er Caecilianus weiterhin als Bischof von Carthago und Vertreter „des rechtmäßigen und heiligsten Kultes" betrachtete, dem er eine beträchtliche Geldsumme zur Verteilung an bestimmte Kleriker in Africa, Numidia und Mauretania übersenden ließ (Euseb. hist. eccl. 10,6,1–5). Dies wiederum hatte zur Folge, dass die Widersacher Caecilians über den Proconsul Anullinus eine Klageschrift gegen Caecilianus an Constantin sandten zusammen mit einer Bittschrift, die den Kaiser zur Übernahme des Prozesses veranlassen sollte (Augustin. ep. 88,2).

Constantin gab dem Begehren der Gegner Caecilians, deren Haupt nun Donatus, der Nachfolger des Maiorinus im Amt des Bischofs von Carthago, war, statt und übertrug Miltiades, dem Bischof von Rom, die Verhandlung des Falles auf einem Konzil, dem zwanzig Bischöfe aus Afrika (zehn Gegner + zehn Parteigänger Caecilians) und drei aus Gallien (die Bischöfe von Arles, Autun und Köln) angehören sollten (Euseb. hist. eccl. 10,5,18–20). Miltiades zog außerdem noch fünfzehn italische Bischöfe hinzu und führte das Konzil Anfang Oktober 313 durch. Das Ergebnis bestand im Freispruch Caecilians und im Schuldspruch gegen Donatus. Die Donatisten – so nannte man dessen Anhänger – erhoben aber gegen das Urteil beim Kaiser Einspruch und verlangten die Neuverhandlung des Falles vor einem größeren Gremium und mit weniger Eile (Euseb. hist. eccl. 10,5,22). Constantin entsprach auch diesem Ansinnen, da ihm das Staatsinteresse die Beilegung des Streites zu erfordern schien, damit nicht die volkreichen Gebiete Afrikas in Aufruhr gerieten (Euseb. hist. eccl. 10,5,18). So berief er denn zum 1. August 314 eine größere Zahl von Bischöfen zum Konzil nach Arles ein. Aber auch dieses Bischofsgericht kam zum gleichen Ergebnis wie das von Rom, und auch hiergegen appellierten die Donatisten – „vom himmlischen Gericht an meines", wie Constantin die Sache aufgebracht beurteilte (Optat. Append. 5). Nichtsdestoweniger führte er persönlich im Oktober 315 in Mailand eine Untersuchung gegen Caecilianus durch, die dessen völlige Unschuld ergab (Augustin. Cresc. 3,82). Nun kam es zu staatlichen Zwangsmaßnahmen gegen die Donatisten in Afrika (Augustin. ep. 88,3), doch konnten sie die spannungsgeladene Atmosphäre nicht bereinigen.

Der Donatistenstreit vermittelte Constantin einen tiefen Einblick in die Gefährdung, welcher die von ihm favorisierte christliche Kirche durch die Uneinigkeit ihrer Mitglieder ausgesetzt war. Umso mehr sah er sich veranlasst, auf deren Einheit hinzuwirken, da seiner Meinung nach nur so die dem höchsten Gott geschuldete Ehrfurcht erbracht und dessen Gunst erhalten werden könne. Er tat dies aus der Verantwortung heraus, die ihm eben dieser Gott mit der „Sorge für alles Irdische" übertragen hatte (Optat. Append. 3). Die Gewissheit darüber bezog er aus dem Beistand, der ihm bei seinem Sieg an der Milvischen Brücke zuteil geworden war. Dieser Sieg hatte den Staat, aber auch die Kirche befreit und daher beide gleicherweise der Sorge des Siegers anheim gegeben. So brauchte Constantin keine Bedenken zu tragen, wenn er sich um kirchliche Dinge kümmerte. Trotzdem war es auffällig, wenn er Bischöfe zu Konzilien einberief und diese als Gerichte tätig werden ließ. Die Verquickung von römischem Staat und christlicher Kirche entsprach einer besonderen Situation und dem durch sie in Gang gesetzten typisch römischen Denken und Handeln.

Die allgemeinen Umstände, unter denen Constantin 312 die Herrschaft über Italien und Afrika antrat, ähnelten in vieler Hinsicht denen, die Augustus vor dreihundert Jahren in seinem Tatenbericht als Ausgangsposition für die Begründung des Prinzipats prägnant geschildert hatte (Mon. Anc. c. 1). Mit ebensolcher Prägnanz war die Inschrift (Corp. Inscr. Lat. VI 1139) abgefasst, die den Triumphbogen zierte, den der Senat zwischen Palatin und Colosseum für Constantin zur Erinnerung an seinen Sieg über Maxentius errichten ließ; er wurde 315 dediziert. Die Retterschaft, die Constantin hier bescheinigt wurde, kam auch in dem Senatsbeschluss zum Ausdruck, der ihm einen goldenen Schild und die *corona civica* aus Gold verlieh (Paneg. Lat. 12[9],25,4) – Ehrungen, die auch Augustus empfangen hatte. Die Lateranstatue Constantins zeigt z. B. noch heute den Eichenkranz. Constantin stellte aber auch selbst seine Retterqualität heraus, und zwar in besonderer Weise: Er ließ seiner auf dem Forum aufgestellten Statue ein Attribut beigeben, das die zugehörige Inschrift „rettendes Zeichen" nannte (Euseb. hist. eccl. 9,9,11). Wahrscheinlich handelte es sich um ein Kreuzszepter wie auf dem Silbermedaillon mit dem Christogramm am Helm (oben S. 11 f.). Jedenfalls spielte Constantin damit auf das Schlüsselerlebnis des Jahres 312 an. Der Kolossalkopf im Hof des Konservatorenpalastes vermittelt eine Vorstellung von der Mächtigkeit des Denkmals.

Trotz der offenkundigen Hinneigung zur christlichen Form der Gottesverehrung vollzog Constantin 312 keineswegs einen vollständigen Bruch mit seinem vorherigen Gottesverständnis. So blieb *Sol invictus* weiterhin (vgl. oben S. 9) sein „Begleiter", wie die Münzen noch bis ins nächste Jahrzehnt bezeugen. Die Bezeichnung der höchsten Gottheit erfolgte, wie das Beispiel der Inschrift des Triumphbogens belegt, in neutraler Form, so dass jeder seine eigene Vorstellung damit verbinden konnte. Constantin praktizierte also in den Jahren nach 312 eine religiöse Haltung, die offen war für jede Form des Monotheismus. Er schuf damit die Plattform, von der aus der christliche Glaube an den einen Gott sich an die Spitze aller Religionen im Römischen Reich erheben konnte – entsprechend der religiösen Entwicklung, die er (Constantin) selbst nahm.

Der Senat verlieh Constantin 312 die Stellung des ranghöchsten

Augustus (Lact. de mort. persec. 44,11: *primi nominis titulum decrevit*), die eigentlich Maximinus Daia für sich beanspruchte (oben S. 9). Constantin brachte sie im Laufe der nächsten Jahre titular durch den Zusatz *maximus* zu *Augustus* zum Ausdruck (zuerst 313: Rom. Imp. Coin. VI 296, Nr. 111: MAXimus AVGustus). Der hohe Anspruch resultierte aus dem Machtgewinn, den Constantin durch die Inbesitznahme Italiens und Afrikas zu verzeichnen hatte. Die Ausdehnung seines Herrschaftsraumes wiederum eröffnete ihm die Möglichkeit zum weiträumigen Regieren. So wurden Italien und Afrika in den Geltungsbereich der neuen Goldmünze, des Solidus, im Gewicht von 4,5 g = $1/72$ des römischen Pfundes und einem Feingehalt von $980/1000$ einbezogen, der im bisherigen Reichsteil Constantins schon einige Jahre (wahrscheinlich seit 306) im Umlauf war. Die Ausdehnung seines Umlaufgebietes stärkte seine (im Namen enthaltene) Stabilität, so dass er (mit den Teilstücken Semis = $1/2$ und Tremissis = $1/3$) zum Kennzeichen des constantinischen Währungssystems wurde, das also auf Gold beruhte – und mehr als sieben Jahrhunderte Bestand hatte. Während die Reduktion des Gewichts der Goldmünze von $1/60$ (Diocletian) auf $1/72$ (Constantin) des römischen Pfundes Constantins glückliche Hand bewies, hatte die Herabsetzung des Follisgewichts die entgegengesetzte Wirkung. Sie führte zu weiteren Gewichtsverlusten. Der Follis wog bei seiner Einführung unter Diocletian (294) 10 g. Er fiel dann unter Constantin zunächst auf 6,5 g (306/7) und weiter in mehreren Zeitstufen auf 3,75 g im Jahre 314 (Rom. Imp. Coin. VII 9 [Tabelle]). Der Silberanteil sank im gleichen Zeitraum (294–314) von 3,8% auf weniger als 2%. Entsprechend vollzog sich der Wertverfall. Die Münzprägung war im Reichsteil Constantins auf acht Münzstätten verteilt, vier in Gallien bzw. Britannien (Trier, Lyon, Arles, London), vier in Italien (Ticinum, Aquileia, Rom, Ostia). Auf den Münzen wurde die Prägestätte nun regelmäßig im unteren Teil der Rückseite, dem sog. Abschnitt, abgekürzt angegeben, meist unter Hinzufügung eines Buchstabens für die prägende Abteilung (Offizin), P(rima), S(ecunda), T(ertia), also STR = S(ecunda officina) Tr(everi).

Constantin ergriff im Jahre 312 die günstige Gelegenheit, den Senatorenstand stärker als bisher (im Rahmen der diocletianischen *annona*) in die Steuerpflicht zu nehmen. Maxentius hatte in seiner Finanznot die Senatoren übermäßig stark zu Sonderabgaben herangezogen (oben S. 5f.). Constantin führte diese auf ein 'Normalmaß' zurück, indem er eine neue Steuer für den senatorischen Grundbesitz einführte, die *collatio glebalis*. Sie wurde jährlich entsprechend der Größe des Vermögens erhoben und betrug ¼, ½ oder 1 Pfund Gold (18, 36 oder 72 Solidi). Da die Senatoren auch am *aurum oblaticium* beteiligt waren, das der Senat als Körperschaft bei bestimmten Gelegenheiten dem Kaiser darbringen musste, bedeutete die neue, zu der *annona* hinzutretende Belastung ihres Grundbesitzes durch die *collatio glebalis* schon eine spürbare Beeinträchtigung ihrer Vermögensverhältnisse. Dem Staat aber war eine neue, regelmäßig fließende Einnahmequelle erschlossen. Dem Prinzip der Regelmäßigkeit bei der Besteuerung diente auch die Verlängerung des Veranlagungszeitraums für die *annona* von fünf auf 15 Jahre. 313 bildete das erste Jahr des neuen Indiktionenzyklus (Chron. Pasch. ad an. 313, Chron. Min. I 231). 314 schließlich dehnte Constantin die Steuerpflicht auf die Handel- und Gewerbetreibenden aus. In jedem fünften Jahr mussten sie die *auri lustralis collatio* zahlen (Zosim. 2,38,2).

Eine folgenreiche Entscheidung traf Constantin 312 mit der Auflösung der *cohortes praetoriae* (Lyd. de mag. 2,19). Denn sie machte das Kommando des *praefectus praetorio* über diese Truppe gegenstandslos und leitete den Übergang der Prätorianerpräfektur zum reinen Zivilamt, nämlich als Spitze der Staatsverwaltung, ein. Ihre bisher schon führende Position im Steuerwesen (*annona*) und der Gerichtsbarkeit (*iurisdictio*) wirkte dabei als Kristallisationspunkt. Eine immer größer werdende Zahl an *praefecti praetorio* gerichteter Kaiserkonstitutionen ließ diese Entwicklung offenkundig werden. Zu gleicher Zeit (nach 312) begann Constantin damit, den Stellvertretern der Prätorianerpräfekten, die den Titel *agentes vices praefecti praetorio* oder jetzt auch *vicarii* führten, feste Sprengel, Diözesen, zuzuweisen, z. B. Africa (Cod. Theod. 9,18,1: 315). Aus Africa stammt zudem für eben diese Zeit der erste Hinweis auf die Ausbreitung des neuen Typs der Provinziallandtage (*concilia*), denen alle führenden Männer der betreffenden Provinz (statt der Vertreter von Städten) angehörten (Cod. Iust. 2,12,21: 315) und deren Aufgaben mehr im administrativen als im (kaiser-)kultischen Bereich lagen.

Constantin war 313 nach der Konferenz von Mailand an den Rhein geeilt, um Unruhen bei den Franken nicht zu einer Gefahr für das Reichsgebiet werden zu lassen. Der Sieg über sie besiegelte ihre Unterwerfung. So brachte es jedenfalls die Widmungsinschrift des Kastells Divitia/Deutz zum Ausdruck (Corp. Inscr. Lat. XIIII 8502), die um 315 die Fertigstellung des Bauwerks verkündete (vgl. oben S. 10). Aus ganz anderem Grund musste Licinius sich von Mailand aus schleunigst in seinen Reichsteil begeben: Maximinus Daia sah sich durch das Zusammengehen des Licinius mit Constantin bedroht. Er zog trotz des Winters von Syrien durch Kleinasien an den Bosporus und nahm Byzanz und Perinth in Besitz. Sein Heer soll eine Stärke von 70 000 Mann gehabt haben. Licinius trat ihm mit einem schnell gesammelten Heer von etwa 30 000 Mann bei Hadrianopolis/Adrianopel in Thrakien entgegen. Am 30. April 313 kam es zur Schlacht, in der Licinius siegte. Maximinus hatte Jupiter gelobt, im Falle des Sieges die Christen auszurotten, Licinius aber war mit einem Gebet seiner Soldaten in den Kampf gezogen, das an den „höchsten Gott" gerichtet war, dem auch Constantin seinen Sieg über Maxentius zuschrieb. Mit der Flucht des Maximinus nach Kleinasien erlangte Licinius Zugang zu dessen Reichsteil. Schon in den ersten Maitagen zog er in Nicomedia ein (Lact. de mort. persec. 45,1–48,1). Maximinus floh, als er merkte, dass Licinius ihn verfolgte, weiter zu den Tauruspässen und versperrte sie. Licinius aber überwand die Pässe und schloss Maximinus in Tarsus ein. Von einer schrecklichen Krankheit befallen, fand hier im Herbst 313 der Kaiser, dem man nachsagte, einmal ein Viehhirte gewesen zu sein, den Tod (Lact. de mort. persec. 49,1–2; Euseb. hist. eccl. 9,10,14–15).

Im Krieg zwischen Maximinus Daia und Licinius spielte das Christenproblem eine besondere Rolle. Als nämlich Maximinus die Schlacht bei Adrianopel gegen Licinius verloren hatte, entschloss er sich, den Christen weitgehend entgegenzukommen. In einem Edikt, das wohl im Mai 313 erging, gestattete er ihnen freie Ausübung ihrer Religion. Darüber hinaus verfügte er die Rückgabe des eingezogenen Kirchenguts (Euseb. hist. eccl. 9,19,7–11). Die Maßnahme war wohl auf Constantin berechnet, um Hilfe gegen Licinius zu erlangen. Denn dieser ließ sich mit der Umsetzung der in Mailand gefassten Beschlüsse Zeit. Erst am 13. Juni 313 wurde in Nicomedia die Kundmachung angeschlagen, welche die Religionsfreiheit verhieß und die christliche Kirche restituierte (Lact. de mort. persec. 48,2–12; oben S. 12 f.). Wahrscheinlich musste Licinius sich erst mit der religionspolitischen Situation im Reichsteil des Maximinus Daia vertraut machen, ehe er es wagte, die in Mailand vereinbarte neue Richtung einzuschlagen. Vielleicht kam diese überhaupt nur durch den Vorantritt des Maximinus in Gang!

Durch die Niederlage des Maximinus bei Adrianopel und dessen Tod in Tarsus errang Licinius die Herrschaft über den gesamten Osten des Römischen Reiches. Sein Einzug in Antiochia (Euseb. hist. eccl. 9,11,6) war daher ein Akt der Besitzergreifung (Herbst 313). Was folgte, muss als 'Säuberungsaktion' verstanden werden: Licinius ließ alle einflussreichen Beamten Maximins beseitigen, vor allem aber rottete er dessen Familie aus; Gattin, Sohn und Tochter wurden zu Tode gebracht. Auch der Sohn des Galerius, der mit der Tochter Maximins verlobt war, sowie der Sohn des Severus fielen seinem Wüten zum Opfer (Lact. de mort. persec. 50). Schließlich gerieten auch Valeria, die Gattin des Galerius und Tochter Diocletians, und ihre Mutter Prisca in seine Hände; die beiden kaiserlichen Frauen wurden nach 15-monatigem Umherirren durch mehrere Provinzen Ende 314 in Thessalonice hingerichtet (Lact. de mort. persec. 51). Diocletian selbst war um diese Zeit wohl schon tot; seine Person wird in der Überlieferung zum letzten Mal 313 im Zusammenhang mit der Hochzeit des Licinius und der Constantia erwähnt (Epit. de Caes. 39,7). Der alte Kaiser erhielt die letzte Ruhestätte im Mausoleum seines Palastes in Spalatum/Split (Sidon. Apollin. carm. 23,496f.).

Der Gebiets- und Machtgewinn des Licinius rief Constantin auf den Plan. Er war darauf aus, den Reichsteil des Licinius um einige Provinzen zu verkleinern (Zosim. 2,18,1), und lancierte den Vorschlag, einen Caesar zu ernennen und ihm einen Herrschaftsbereich zwischen den beiden Augusti zu übertragen. Constantin selbst wollte zugunsten des Caesars auf Italien verzichten. Als Kandidaten schlug er Bassianus, den Mann seiner Stiefschwester Anastasia, vor. Licinius hintertrieb jedoch den Plan, indem er Bassianus durch dessen Bruder Senecio anstiften ließ, einen Aufstand gegen Constantin zu unternehmen. Constantin entdeckte die Ränke des Bassianus und ließ ihn hinrichten. Von Licinius verlangte er die Auslieferung des Senecio; sie wurde ihm verweigert. So kam es zum Bruch zwischen den beiden Augusti (Anon. Vales. 14/15). Drei Jahre nur hatte der Friedenszustand zwischen ihnen gedauert (Aur. Vict. de Caes. 41,2). Jetzt, im Jahr 316, drohte ein Krieg. Licinius eröffnete ihn offiziell, indem er in Emona/Laibach an der Grenze zwischen seinem und Constantins Herrschaftsgebiet die Statuen Constantins umstürzen ließ (Anon. Vales. 15).

Constantin, der sich bis 316 vorwiegend in Gallien aufgehalten hatte – die Decennalien feierte er 315 in Rom –, rückte mit einem 20000 Mann starken Heer in den Reichsteil des Licinius ein, der bei Cibalae in Pannonien (zwischen Save und Drau) mit 35000 Mann eine günstige Stellung bezogen hatte. In der Schlacht gelang es Constantin, Licinius nach erbittertem Ringen in die Flucht zu schlagen (Zosim. 2,18,2–5). Auch in einer zweiten Schlacht bei Hadrianopolis/Adrianopel (Thrakien) behielt Constantin die Oberhand (Zosim. 2,19,1–3). Jetzt suchte Licinius um Frieden nach, musste dafür aber große territoriale Einbußen in Kauf nehmen: Alle europäischen Provinzen mit Ausnahme der thrakischen gingen in den Besitz Constantins über. Licinius musste zudem seine Zustimmung zur Ernennung von Caesares geben. Von Constantins Seite erhielten Crispus und Constantinus iunior, von Licinius' Seite Licinius iunior Anteil an dem Erhebungsakt, der am 1. März 317 von Constantin in Serdica/Sofia vorgenommen wurde (Anon. Vales. 18/19; Datum: Cons. Const., Chron. Min. I 232). Während Crispus, etwa 17-jährig, im handlungsfähigen Alter stand, waren die beiden anderen Caesares Kleinkinder; in ihrer Erhebung kam die dynastische Absicht des Staatsaktes von 317 besonders deutlich zum Ausdruck.

Nach dem Ausgleich mit Licinius kehrte Constantin nicht wieder nach Gallien zurück. Dorthin beorderte er 318 den Caesar Crispus, der schon bald (320) Gelegenheit hatte, sich im Kampf gegen die Franken auszuzeichnen (Paneg. Lat. 10[4],17,2). Constantin selbst bevorzugte jetzt die Residenzstädte Serdica, Sirmium und Thessalonice in den von Licinius übernommenen Gebieten. Mit diesen erhielt er die Kontrolle über zwei weitere Münzstätten: Siscia und Thessalonice, so dass er jetzt über insgesamt neun Prägestätten verfügte, sieben in den 'alten' Gebieten (von den oben S. 16 genannten acht hatte Ostia die Tätigkeit eingestellt), zwei in den 'neuen'. Das constantinische Währungssystem (oben S. 16) griff damit auf den Osten über. In ähnlicher Weise verbreitete sich auch die Bildung von Diözesen als Zusammenfassung mehrerer Provinzen unter einem *vicarius* (oben S. 17) im Balkanraum (319: Cod. Theod. 2,4,1 + 2,15,1).

Die Jahre der Entspannung des Verhältnisses zu Licinius (nach 317) gaben Constantin Gelegenheit, die im Gang befindliche Umstrukturierung der kaiserlichen Zentralverwaltung voranzutreiben. Es war der „Hof" (*palatium* [nach dem Bauwerk], *comitatus* [nach der Mobilität]), der sich in einer neuen Form etablierte. Ein wesentlicher Bestandteil trat im Jahre 320 ans Licht: der *magister officiorum* (Cod. Theod. 16,10,1). Er war der Vorsteher einer Behörde, welche über mehrere andere Ämter die Aufsicht führte. Bei diesen handelte es sich im Wesentlichen um die aus den früheren Jahrhunderten der Kaiserzeit bekannten Kanzleien *a memoria, ab epistulis, a libellis*, die nun *scrinia memoriae, epistularum libellorumque* hießen (Cod. Theod. 6,35 pr.). Die Aufgaben dieser drei *scrinia* betrafen die Behandlung aller an den Kaiser gerichteten Eingaben (*preces*), wobei es dem *magister memoriae* oblag, die Bescheide (*adnotationes*) abzufassen und zu expedieren. Der *magister epistularum* hatte es speziell mit den Anliegen der Gesandtschaften von Städten und den Anfragen (*consultationes*) von Beamten zu tun, der *magister libellorum* vornehmlich mit den Gerichtsverhandlungen (*cognitiones*) vor dem Kaiser (Not. Dign. Orient. 19). Außer den genannten drei *scrinia* unterstand dem *magister officiorum* das militärisch organisierte Korps (*schola*) der *agentes in rebus*, dessen Mitglieder als 'Sonderbeauftragte' in vielfältigen Angelegenheiten verwendet wurden (Cod. Theod. 6,35,3 [319]). In den militärischen Bereich ragte die Amtsgewalt des *magister officiorum* auch mit dem Kommando über die *scholae palatinae* hinein, die Constantin als berittene Leibwache fest mit seinem Hof verbunden hatte. Sie traten die Nachfolge der *equites singulares Augusti* an, die 312 (zusammen mit den *cohortes praetoriae*) entlassen worden waren.

Die Niederreißung der Kaserne (Nova Castra) der *equites singulares* in Rom auf dem Lateran (zusammen mit dem Prätorianerlager auf dem Viminal: Zosim. 2,17,2) nahm Constantin zum Anlass, über den Ruinen eine christliche Kirche in Form einer Basilica zu errichten, die er seinem Rettergott (Erlöser) weihte (später: S. Giovanni in Laterano). Dazu stiftete er eine Taufkapelle (Baptisterium). Beide Gründungen wurden von ihm mit Einkünften für die Instandhaltung reich dotiert (insgesamt 14624 Solidi pro Jahr: Lib. Pont. I, S. 173–175 Duch.). Um 320 dürfte dieser erste christliche Baukomplex im Stadtbild Roms vollendet gewesen sein. Zu eben dieser Zeit entstand außerhalb der Stadtmauern an der Via Labicana (ca. 3 km vor der Porta Maggiore) auf einem *ad duos lauros* bezeichneten kaiserlichen Grundstück die Basilica zu Ehren der Märtyrer Petrus und Marcellinus, außerdem ein großes Mausoleum. In unmittelbarer Nähe des Bauplatzes lag die Begräbnisstätte der *equites singulares*, deren Grabsteine als Baumaterial verwendet wurden; mehr als 600 hat man gefunden (M. Speidel, Die Denkmäler der Kaiserreiter, Bonn 1993). Die Basilica (SS Pietro e Marcellino) erhielt von Constantin jährlich 3754 Solidi zugewiesen (Lib. Pont. I, S. 183 Duch.). Das Mausoleum war wohl für Constantin selbst bestimmt, wie der hier gefundene Porphyrsarkophag mit Schlachtszenen (jetzt in den Vatikanischen Museen: Museo Pio Clementino) nahe legt. Es wurde dann allerdings für die Bestattung seiner Mutter Helena verwendet (unten S. 31).

Mit der Übertragung des Bautyps der Basilica aus dem profanen Bereich in den christlich-sakralen gab Constantin dem Kirchenbau einen starken Impuls. Er war darauf berechnet, den prächtigen Göttertempeln großartige christliche Kirchen an die Seite zu stellen. Er sollte aber auch dem christlichen Gottesdienst Attraktivität verschaffen und so missionarisch wirken. Dem gleichen Zweck diente es, wenn Constantin im Jahre 321 gesetzlich die Heiligung des Sonntags durch Arbeitsruhe einführte (Cod. Iust. 3,12,2 + Cod. Theod. 2,8,1) und – wiederum durch Gesetz – neben die Sklavenfreilassung vor dem Beamten (*manumissio vindicta*) eine solche in der Kirche (*manumissio in ecclesia*) stellte, die auch (und gerade) am Sonntag praktiziert werden durfte (Cod. Theod. 4,7,1 + 2,8,1). Noch eine wichtige Verfügung traf Constantin im Jahre 321 zugunsten der christlichen Kirche: Er erklärte die ihr, d. h. den einzelnen Gemeinden, im Rahmen von Erbschaften vermachten Zuwendungen für rechtsgültig (Cod. Theod. 16,2,4). Damit öffnete er gewissermaßen Schleusen. Denn nun floss der Kirche durch letztwillige Verfügungen Grundbesitz in beträchtlichem Umfang zu.

Die Konstitution über die Freilassung in der Kirche war an den Bischof Hosius gerichtet, bei dem es sich wohl um den später als Vertrauten Constantins hervorgetretenen Bischof von Corduba/Cordova (Spanien) handelte (unten S. 33). Constantins neue Wege in der Religionspolitik, d. h. seine christenfreundlichen Intentionen, aber auch seine richterlichen Entscheidungen im Donatistenstreit verlangten ja nach kompetenter (bischöflicher) Beratung. Im Falle der Donatisten ließ diese allerdings zu wünschen übrig. Im Jahre 321 musste Constantin nämlich das Scheitern seiner bisher gegen sie befolgten Politik eingestehen: Er nahm die früher (oben S. 14) angeordneten Repressalien zurück (Augustin. psalm. c. part. Donat. 31,54) und überantwortete die aus seiner Sicht Halsstarrigen ausdrücklich dem Gericht Gottes. Einer Kirchenauffassung, die im Martyrium den höchsten Lohn sah, war eben mit Gewalt nicht beizukommen – das war seine bittere Erkenntnis.

Die Donatisten wollten, wie schon erwähnt (oben S. 13), eine Kirche der Reinen, der Heiligen, und betrachteten diese so sehr als die wahre, dass sie an den zu ihnen übertretenden Katholiken die Wiedertaufe vollzogen – wie an Häretikern, auf die diese Praxis schon unter dem Märtyrerbischof Cyprian († 258) angewendet worden war. In den Donatisten wirkte also eine starke Tradition der afrikanischen Kirche fort, wodurch sich der Zulauf erklärt, den sie hatten. Mehr als 200 Bischöfe zählten zur Anhängerschaft des Donatus – die Kirchenlandschaft Nordafrikas wurde weithin von den Donatisten geprägt.

Zu der Zeit, als die Donatisten sich in Nordafrika etablierten, war in Ägypten eine Bewegung im Gange, die dem christlichen Leben eine neue Dimension erschloss, insbesondere aber dem christlichen Priestertum ein neues Ideal vor Augen stellte: die Askese. Christen sonderten sich von ihrer Umgebung ab und suchten als Einsiedler (Eremiten) in vielfältigen Formen der Enthaltsamkeit die Versuchungen der Welt zu überwinden, um Gott näher zu kommen. Die Wüste bot dazu besondere Möglichkeiten. Der berühmteste dieser Einsiedler war Antonius, ein Kopte aus dem Fajum, der, im Alter von etwa 20 Jahren, nach dem Tod seiner Eltern von dem im Evangelium der Messe gehörten Herrenwort: „Wenn du vollkommen werden willst ..." (Matth. 19,21) so betroffen wurde, dass er tatsächlich allen Besitz verkaufte, den Erlös an die Armen verteilte und in die Wüste ging, wo er in einem verlassenen Kastell, später in einer Oase am Fuße des Berges Kolzim nahe dem Roten Meer lebte. Er erteilte den zahlreichen Menschen, die zu ihm kamen, Ratschläge und war vielen Vorbild für ihren Entschluss, ein Eremitenleben zu beginnen. Hochbetagt (105 Jahre alt) starb er im Jahre 356. Viele seiner Aussprüche sind in einer Sammlung enthalten, die gegen Ende des 4. Jahrhunderts entstand: ›Apophthegmata Patrum‹, so auch der, dass die Wüste vor den Versuchungen des Hörens, Redens und Sehens Schutz biete (apophthegma 11). Eine heroisierte Biographie des Antonius schrieb Athanasius, der Bischof von Alexandria, kurz nach dem Tod desselben: ›Vita Antonii‹. Ihr zufolge stellte Antonius sich bewusst den Dämonen in ihrer Heimat, der Wüste, zum Kampf, um durch den Triumph über sie zur Vollkommenheit zu gelangen.

Um 320 gab es in Ägypten schon ungezählte Eremiten, die teils einzeln, teils in Kolonien ein Leben der Entsagung führten. Da tat einer von ihnen, wiederum ein Kopte, Pachomius aus der Thebais, den bedeutsamen Schritt, in Tabennisi (nördl. von Theben) Eremiten zu einer Klostergemeinschaft (*coenobium*) zusammenzufassen und ihnen eine Regel zu geben, nach der sich das Leben im Kloster vollzog. Pachomius hatte eine Zeit lang im Heer gedient. Daher kannte er die Wichtigkeit der Disziplin für das Zusammenleben unterschiedlicher Menschentypen. Die ›Regula Pachomii‹ war in koptischer Sprache abgefasst, hat sich aber nur in einer lateinischen Übersetzung des hl. Hieronymus vollständig erhalten. Sie verpflichtete zur Abtötung von Fehlern und Begierden, zu Demut und Gehorsam, zu Gebet und Arbeit. Letztere Verpflichtung machte das Kloster zum Wirtschaftsbetrieb und – dadurch bedingt – zur Stätte der Wohltätigkeitspflege. Pachomius fand mit seiner Klostergründung so viel Anklang, dass er der ersten noch acht weitere folgen lassen konnte. Seine Schwester Maria gründete zwei Frauenklöster, so dass der gesamte von Pachomius geleitete Verband elf Klöster umfasste. Bei seinem Tod (346) war das Klosterwesen Ägyptens in vollem Aufschwung begriffen. Es gab, zusammen mit dem Eremitendasein, dem Christentum am Nil seine eigene Note.

Ägypten war freilich in den Jahren um 320, die hier im Blickpunkt stehen, nicht nur Schauplatz der Weltflucht, sondern auch Ausgangspunkt eines theologischen Streites, der weite Kreise ziehen sollte. In Alexandria geriet der Presbyter Arius mit seinem Bischof Alexander in Konflikt, weil er die in der alexandrinischen Lehrtradition ansatzweise vorhandene Auffassung, Christus sei als Sohn Gottes mit dem Vater nicht wesensgleich, vor allem aber: nicht gezeugt, sondern geschaffen, mit Vehemenz vertrat. Er wurde deshalb von Alexander aus der Kirche ausgestoßen, doch erhielt er Unterstützung für seine Lehre von den Bischöfen in Caesarea (Palästina) und Nicomedia (Bithynien), beide mit Namen Eusebius. Zwei in diesen Städten abgehaltene Konzilien erklärten Arius für rechtgläubig (Sozom. hist. eccl. 1,15,6–12). Alexander von Alexandria aber berief seinerseits ein Konzil ein, welches die Ausstoßung des Arius aus der Kirchengemeinschaft bekräftigte (Socr. hist. eccl. 1,6,3). Das geschah, wie gesagt, um 320.

Der Streit um Arius hatte anscheinend beträchtlichen Anteil an der Änderung der Haltung, die Licinius 320/21 gegenüber den Christen vornahm. Wahrscheinlich war es Arius gelungen, über Eusebius von Nicomedia die Unterstützung des Kaiserhofes zu finden, so dass seine Exkommunikation durch das Konzil von Alexandria als Affront aufgefasst werden konnte. Jedenfalls erließ Licinius 320 eine Verfügung, die wie eine Reaktion darauf erschien: Er verbot Bischofsversammlungen jeglicher Art (Euseb. vit. Const. 1,51). Dabei wird man sich allgemein vor Augen halten müssen, dass Licinius die Vereinbarungen von Mailand nur halbherzig ausgeführt (vgl. oben S. 18), sie auf keinen Fall – wie Constantin – als echten Neubeginn betrachtet hatte. Die seit 316 mehr und mehr hervortretende Gegnerschaft der beiden Augusti mochte Licinius dann auf den Gedanken gebracht haben, seine Selbstbehauptung verlange eine Abkehr von der 'constantinischen' Religionspolitik. So kam es denn zu einer Reihe schikanös-repressiver Maßnahmen gegen die Kirche, in einigen Fällen auch zu regional begrenzten Verfolgungen von Christen, z.B. in Pontus (Euseb. hist. eccl. 10,8,15). In der Hauptsache handelte es sich jedoch um die Zurückdrängung christlichen Einflusses am Hof und im Heer (Euseb. hist. eccl. 10,8,10).

Von der Tetrarchie zur Monarchie

Als untrügliche Anzeichen der verlorenen Eintracht zwischen West und Ost tauchten 321 zwei unterschiedliche Konsulpaare in den Listen der beiden Reichsteile auf. Auch in den nächsten Jahren wurden die von Constantin nominierten Konsuln von Licinius nicht anerkannt (A. Degrassi, I Fasti consolari dell'Impero Romano, Rom 1952, S. 79). 322 musste Constantin gegen die Sarmaten an der unteren Donau, die eine Grenzbefestigung angegriffen hatten, zu Felde ziehen. Er drang in deren Gebiet ein und richtete es so zu, dass Münzen die Siegeslegende SARMATIA DEVICTA verkündeten (Rom. Imp. Coin. VII 135, Nr. 214). Seine Rückkehr nach Margus an der Mündung des gleichnamigen Flusses (Morawa) ließ die Lage des betroffenen Gebiets erkennen (Optat. Porfyr. 6,23). Die erwähnten Siegesprägungen aber lieferten weiteren Zündstoff für die immer näher rückende Auseinandersetzung mit Licinius. Dieser ließ nämlich die in seinen Reichsteil gelangenden Münzen dieser Art einziehen und einschmelzen (Contin. Dion. fragm. 14,1 [Fragm. Hist. Graec. IV 199]). Das war ein feindseliger Akt.

323 leitete Constantin von Thessalonice aus die Vorbereitungen für den in seinen Augen unausweichlichen Krieg gegen Licinius. An die 2000 Transport- und 200 Kriegsschiffe wurden im Piraeus bereitgestellt sowie ein Heer von 130000 Mann im Raum von Thessalonice zusammengezogen (Zosim. 2,22,1). In dieses Geschehen platzte die Nachricht, dass die Goten nach Mösien und Thrakien eingefallen seien. Constantin brach sofort auf und trieb sie über die Donau zurück. Licinius aber sah darin einen Übergriff auf seine Rechte, da die Aktion in einem Gebiet stattgefunden hatte, das zu seinem Reichsteil gehörte (Anon. Vales. 21). Umso verbissener ging er daran, seinerseits den Krieg vorzubereiten, den auch er als unabwendbare Folge des Nebeneinanders zweier gleich starker Machtgebilde ansah (vgl. Epit. de Caes. 41,5). Am Hellespont ließ er eine Kriegsflotte von 350 Triremen sich versammeln, und nach Thrakien beorderte er Truppen in einer Gesamtzahl von 165000 Mann (Zosim. 2,22,2). Eine Entscheidung stand bevor, wie sie einst (31/30 v. Chr.) zwischen Octavian/Augustus und Antonius gefallen war.

Den machtpolitischen Ambitionen der beiden Kontrahenten entsprachen unterschiedliche religiöse Positionen. Während Licinius sich in Anknüpfung an seine Adoption durch Diocletian (oben S. 6) Iovius nannte (Rom. Imp. Coin. VII 606, Nr. 41), den alten Göttern opferte (Euseb. vit. Const. 2,5,1) und von Zeichendeutern den Ausgang des Krieges zu erfahren suchte (ebd. 2,4,2), stellte Constantin sich und sein Heer unter den Schutz der neuen Kaiserstandarte mit dem Christogramm auf der Spitze des Schaftes. Labarum nannte man das Schutzpanier, von dessen Querstange ein kostbares, mit Medaillons versehenes Tuch herabhing (Rom. Imp. Coin. VII 572, Nr. 19; s. Einbandbild). Es wurde dem Heer in den Schlachten gegen Licinius vorangetragen (Euseb. vit. Const. 2,6,2). Zu diesen Treffen kam es 324 (Cons. Const., Chron. Min. I 232), zunächst bei Hadrianopolis/Adrianopel (Thrakien), dann bei Chrysopolis in der Nähe von Chalcedon (Bithynien).

Die Schlacht von Adrianopel (3. Juli 324) endete mit großen Verlusten für Licinius (34 000 Mann) zugunsten Constantins, der eine Kriegslist mit Erfolg angewandt hatte (Zosim. 2,22,7). Wenig später gelang es Crispus, dem Sohn Constantins, sich mit der Flotte den Eingang in den Hellespont zu erkämpfen. Die gegnerische Flotte wurde teils mit taktischen Mitteln, teils durch einen Sturm, vernichtet. Crispus konnte nun Byzanz, das von der Landseite her bereits belagert wurde, auch von der See her blockieren (Zosim. 2,23,2–24,3). Licinius war inzwischen mit den Resten seines Heeres nach Chalcedon (auf dem kleinasiatischen Ufer des Bosporus) gelangt und hatte hier neue Truppen zur Verstärkung hinzugezogen. Constantin folgte ihm und suchte die Entscheidung. Am 18. September 324 fiel sie bei Chrysopolis. Licinius wurde besiegt; 25 000 seiner Soldaten erlitten den Schlachtentod, der Rest ergriff die Flucht (Anon. Vales. 27). Der letzte Akt des Krieges erfolgte in Nicomedia, wohin Licinius geflohen war: Der Sieger nahm die Kapitulation des Unterlegenen entgegen. Constantin begnadigte auf Bitten seiner Schwester Constantia (vgl. oben S. 12) den des Purpurs entkleideten Schwager und wies ihm Thessalonice als Zwangsaufenthalt zu. Wenige Monate später aber, im Frühjahr 325 (Cons. Const., Chron. Min. I 232), ließ er ihn hinrichten. Das trug ihm den Vorwurf des Eidbruchs ein (Zosim. 2,28,2). Er selbst dürfte seine Handlungsweise auf das Konto der Staatsräson geschrieben haben wie auch die Beseitigung des Licinius-Sohnes gleichen Namens (oben S. 20) ein Jahr später.

Nach dem Sieg über Licinius stand Constantin vor der Aufgabe, den Osten des Reiches mit dem Westen zu vereinen, d.h. die Regierungsprinzipien, die er im Westen ausgebildet und befolgt hatte, auf den Osten zu übertragen. Dazu war es erforderlich, die diesem Neubeginn entgegenstehenden Unrechtshandlungen des Licinius aufzuheben. Das geschah durch eine am 16. Dezember 324 erlassene Konstitution (Cod. Theod. 15,14,1; vgl. auch 15,14,2 vom 12. Februar 325). Constantin wandte sich darüber hinaus mit einem Brief an alle

Orientalen (Euseb. vit. Const. 2,24–42), in dem er Einzelheiten seiner Restitutionsmaßnahmen zur Sprache brachte (Rückberufung von Verbannten, Aufhebung von Verurteilungen zur Zwangsarbeit u. a.). Die Ausführung ließ nicht auf sich warten. Um sicher zu gehen, dass alles in seinem Sinne geschähe, besetzte Constantin die Statthalterschaften mit Männern seines besonderen Vertrauens, ebenso die höheren Ämter (Euseb. vit. Const. 2,44) bis hin zum Prätorianerpräfekten Flavius Constantius, an den der oben erwähnte Erlass über die *rescissio actorum* des Licinius gerichtet war. Dabei erhielt auch die Bildung von Diözesen unter einem *vicarius* (vgl. oben S. 17, 20) ihren letzten Anstoß (324 Asiana: Inscr. Lat. Sel. 6091; 325 Oriens: Cod. Theod. 12,1,12). Wahrscheinlich entstand damals jene Liste der Diözesen und Provinzen, die heute in einer Abschrift aus dem 7. Jahrhundert in Verona (Biblioteca Capitolare) aufbewahrt und deshalb ›Laterculus Veronensis‹ genannt wird. Sie verzeichnete 12 Diözesen (Oriens, Pontica, Asiana, Thracia, Moesiae, Pannoniae, Britanniae, Galliae, Viennensis, Italia, Hispaniae, Africa) und ca. 100 ihnen zugeordnete Provinzen.

Die zahlreichen Stellenbesetzungen, die Constantin nach 324 vorzunehmen hatte, verstärkten die seit 312 im Gange befindliche Umstrukturierung der Führungsschicht in erheblichem Maße. Der Trend ging dahin, alle höheren Ämter mit Senatoren zu besetzen, was bedeutete, dass eine beträchtliche Anzahl bisher dem Ritterstand angehöriger Beamter in den Senatorenstand aufgenommen wurde. Vor allem die ritterlichen *perfectissimi* erfuhren nun häufig eine 'Beförderung' in die senatorische Rangklasse der *clarissimi*. Der Senatorenstand wuchs so (vgl. Paneg. Lat. 4[10],35,2) von 600 Mitgliedern auf das Doppelte, dann gar auf das Dreifache, doch brachte die Zugehörigkeit zu ihm nicht automatisch Sitz und Stimme im Senat mit sich. Dafür war nach wie vor der Weg über die stadtrömischen Ämter erforderlich.

Mit der Klassifizierung der höheren Ämter als 'senatorischen' beseitigte Constantin deren bisherige Aufspaltung in 'ritterliche' und 'senatorische' sowie die damit einhergehende Konkurrenz von Rittern und Senatoren. Zugleich brachte er das Verhältnis von Kompetenz und Rang der Amtsträger in Einklang: Alle *clarissimi* waren hoch gestellt, alle *perfectissimi* niedriger stehend. Der Ritterstand als solcher erfuhr eine deutliche Herabstufung, aber auch der Senatorenstand verlor durch die zahlreichen Zugänge seine Exklusivität; die Zukunft gehörte den Rangklassen und damit der Einstufung des Einzelnen durch den Kaiser. Constantin handhabte das von ihm geschaffene Instrument virtuos (Euseb. vit. Const. 4,1,1–2). Insbesondere eröffnete er sich die Möglichkeit, eine spezielle Art von Rangtiteln zu verleihen, welche den Träger als einen dem Kaiser besonders nahe stehenden „Begleiter" (*comes*) auswies, wobei es keine Rolle spielte, ob der Betreffende seine Funktion auch tatsächlich in der Nähe des Kaisers ausübte. *Comites* erfüllten ihre Aufgaben – zumeist Sonderaufträge – im ganzen Reich. Der Rangtitel *comes* wurde in dreifacher Abstufung vergeben (*primi, secundi, tertii ordinis*), war also breit genug aufgefächert, um Senatoren und Ritter gleicherweise damit zu bedenken – und zu verbinden. Bezeichnenderweise übernahmen schon bald *comites* die Leitung der Diözesen des Ostens. 330 hatte Tertullianus die Asiana inne (Cod. Theod. 2,26,1); um die gleiche Zeit stand Q. Flavius Maesius Egnatius Lollianus an der Spitze der Diözese Oriens (Firm. Matern. Math. 1, praef. 7). Man wird dies als Zeichen der Bedeutung zu werten haben, die Constantin der Einverleibung des Ostens in das Gesamtreich beimaß.

Unter den Maßnahmen, welche der Verbesserung der Lebensverhältnisse in den bisher von Licinius beherrschten Gebieten dienten, dürften die Steuererleichterungen besonders dankbar aufgenommen worden sein, denn die Bevölkerung des Ostens war unter Licinius durch Steuerauflagen hart bedrückt worden (Euseb. hist. eccl. 10,8,12). Constantin gewährte einen Nachlass von einem Viertel der jährlichen Grundsteuer, und zwar für längere Zeit (Euseb. vit. Const. 4,2). Er sorgte auch dafür, dass die beim Census festgelegten Bemessungseinheiten für die Grundsteuer in Härtefällen überprüft und entsprechend korrigiert wurden (ebd. 4,3). Im Übrigen bot die Feier seines 20-jährigen Regierungsjubiläums (Vicennalien), die am 25. Juli 325 in Nicomedia stattfand, eine günstige Gelegenheit, die Bevölkerung in Stadt und Land mit Geldspenden zu bedenken (Euseb. vit. Const. 3,22). Auch Helena, die Mutter Constantins, nutzte ihre Reise nach Palästina, um auf dem Weg durch den Osten kaiserliche Freigebigkeit großen Stils zu praktizieren (ebd. 3,44; vgl. 3,47,3).

Mit dem Jahr 324 erlangte das constantinische Währungssystem Geltung im Osten, d.h., die fünf dort tätigen Münzstätten prägten nunmehr für Constantin. Es waren dies Heraclea (Perinthus), Cyzicus, Nicomedia, Antiochia, Alexandria. Dazu kam 326 noch als sechste Constantinopolis. Im Westen (vgl. oben S. 16) stellten jetzt London und Ticinum ihre Prägetätigkeit ein, so dass es hier noch sieben Prägestätten gab: Trier, Lyon, Arles, Rom, Aquileia, Siscia,

Thessalonice. Insgesamt sorgten also seit 326 dreizehn Münzstätten für die Versorgung der ihnen nächstgelegenen Gebiete mit Geld. Zu Gold (Solidus) und Bronze (Follis) trat nun auch wieder ein Silberstück, das Miliarense, 4,5 g schwer ($1/72$ Pfund) und von hohem Feingehalt. Sogar der diocletianische Argenteus erfuhr als Siliqua (3,4 g = $1/96$ Pfund) eine Wiedergeburt. 24 Siliquae bzw. 18 Miliarensia entsprachen einem Solidus. Wäre nicht der Follis weiter (vgl. oben S. 16) im Gewicht gesunken – er wog jetzt weniger als 3 g –, so hätte man von einem völlig intakten Geldsystem sprechen können. So aber bildete die Scheidemünze eine nicht unerhebliche Schwachstelle.

Eine weitreichende Entscheidung traf Constantin im Jahre 324 mit dem Entschluss, Byzanz am Bosporus zur Erinnerung an seinen Sieg über Licinius als Residenzstadt auszubauen und mit seinem Namen zu benennen: Constantinopolis/Istanbul. An der Grenze zwischen Europa und Asien gelegen, bot die Stadt alle Voraussetzungen, als Klammer zwischen West und Ost zu wirken. Sie war von Septimius Severus 195 zerstört, aber schon bald von ihm wiederaufgebaut worden (vgl. Zosim. 2,30,2). Constantin vergrößerte die 'severische' Stadt um das Vierfache, d.h., er dehnte ihr Areal ca. 3 km landeinwärts (= westwärts) aus. Eine Mauer, die das Stadtgebiet abschließen sollte, wurde von Meer zu Meer gebaut. Für den zu errichtenden Kaiserpalast bot sich der Süden des alten Stadtgebiets an, wo sich seit Septimius Severus ein Hippodrom und eine Thermenanlage befanden: Der Hippodrom (nahe der Blauen Moschee) wurde von Constantin auf ein Fassungsvermögen von 30 000 Zuschauer gebracht, die Zeuxippusthermen – so ihr Name – renoviert. Der Palastbezirk schloss sich südöstlich an Hippodrom und Thermen an; er reichte später bis ans Marmarameer. Die Mitte des alten Stadtgebiets bildete das Tetrastoon („Vierhallenplatz"), welches Constantin ausgestaltete und als Augusteion für sich reklamierte. Eine Porphyrsäule mit der Statue seiner Mutter Helena sollte diesem Anspruch Ausdruck verleihen. Dem neuen Gebiet im Westen aber gab Constantin durch die Anlage eines kreisförmigen Forums außerhalb des 'severischen' Stadttores ein Zentrum, dessen weithin sichtbares Kennzeichen die Porphyrsäule war, deren Reste (35 m von ehemals 50 m) noch heute als „Verbrannte Säule" in der Nähe des Großen Basars zu sehen sind. Die Säule trug die Statue Constantins.

Der Bau Constantinopels bedeutete für die Staatskasse gewaltige Ausgaben. Sie wurden bestritten aus dem Schatz, den Licinius angesammelt hatte, aber auch aus den Schätzen der alten Tempel im

Osten, deren Ausplünderung nun begann (Liban. or. 30,6). Den Menschen der Region um die Meerengen brachte die Sorge Constantins für 'seine' Stadt Arbeits- und Verdienstmöglichkeiten in Fülle. Die Staatsbauten erforderten Tausende von Arbeitskräften. Dazu kam die private Bautätigkeit. Constantin verlangte von den Domanialpächtern in den Diözesen Pontica und Asiana, dass sie ein Haus in Constantinopel bauten (Nov. Theod. 5,1,1). Auch verlieh er jedem Beliebigen, der sich entschloss, in Constantinopel zu bauen und zu wohnen, das Privileg, kostenlos mit Brot versorgt zu werden (Cod. Theod. 14,17,12). Allgemein galt für die Einwohner Constantinopels das *ius Italicum* (Cod. Theod. 14,13,1), d.h. die Freiheit von der Grundsteuer – gewiss ein kräftiger Anreiz, sich in der Stadt niederzulassen. So führte die Gründung Constantinopels zu einer nicht unbeträchtlichen Bevölkerungsbewegung (Anon. Vales. 30), zu großen städtebaulichen Aktivitäten und insgesamt zu einem starken wirtschaftlichen Aufschwung der alten Stadt am Bosporus.

An den Planungen für die Constantinsstadt war ein Hofbeamter mit Namen Olybrius beteiligt, dessen Titel erkennen ließ, dass der innerste Teil des Kaiserhofes, das *cubiculum*, so durchorganisiert war, dass ein „Vorsteher" die zahlreichen Aufgaben koordinieren und verantwortlich leiten musste. Es war der *praepositus sacri cubiculi*, der mit Olybrius ans Licht trat. Obwohl nicht direkt überliefert, handelte es sich bei ihm wie bei den späteren Inhabern dieses Amtes um einen Eunuchen. Auch die in den kaiserlichen Gemächern tätigen Untergebenen des *praepositus*, die *cubicularii*, waren Eunuchen, nicht dagegen die *silentiarii*, die für Ruhe und Ordnung am Hof zu sorgen hatten (Cod. Theod. 8,7,5 [326]), aber auch sie unterstanden dem *praepositus sacri cubiculi*. Die Macht des Amtes erwuchs aus dem ständigen Aufenthalt seines Inhabers in der Nähe des Kaisers und dem daraus sich ergebenden Vertrauensverhältnis, das für ihn als Kastraten die einzige Quelle seiner sozialen Stellung war.

Die Eunuchen am Hof Constantins und der Einfluss ihres Vorstehers müssen als Zeichen der Orientalisierung des Kaisertums gedeutet werden wie der edelsteinbesetzte Purpurmantel und die *adoratio* (Proskynese), die schon Diocletian zu festen Bestandteilen des kaiserlichen Zeremoniells gemacht hatte (Eutr. 9,26). Im Jahre 325 kam das Diadem hinzu, das Constantin zu seinen Vicennalien anlegte und nun ständig trug (Epit. de Caes. 41,14). Mit ihm setzte sich auch die Bezeichnung des Kaisers als „Dominus Noster" (Abkürzung: DN) durch. Eine Aufwertung erfuhr die Stellung der

Augusta, seit Constantin 324 nach dem Sieg über Licinius seine Mutter Helena und seine Gemahlin Fausta zu dieser Würde erhoben hatte. Vor allem die Münzprägung brachte dies zum Ausdruck (Euseb. vit. Const. 3,47,2). Nach Faustas Tod im Jahre 326 (s. u.) verdoppelte sich quasi die Augusta-Würde Helenas. Als Mutter Constantins repräsentierte sie das Kaisertum ebenso wie dieser, besonders auf ihrer Reise nach Palästina. Typisch dafür war die ihr eingeräumte Verfügungsgewalt über die kaiserlichen Finanzmittel (Sozom. hist. eccl. 2,2,4). Als sie starb (wohl 329), wurde sie mit militärischen Ehren in dem Mausoleum an der Via Labicana in Rom (SS Pietro e Marcellino) beigesetzt, das Constantin für sich selbst hatte erbauen lassen (Euseb. vit. Const. 3,47,1; vgl. oben S. 21).

Während Helena hoch angesehen verstarb und ihr Andenken sich bis zur Verehrung als einer Heiligen steigerte, starb Fausta eines gewaltsamen Todes und verfiel der *damnatio memoriae*. Ihr Ende stand im Zusammenhang mit dem des Constantin-Sohnes Crispus. Angeblich sollte dieser mit seiner Stiefmutter Fausta eine Liebesbeziehung begonnen haben. Constantin ließ ihn 326 hinrichten. Am darauf folgenden Tod der Fausta war in irgendeiner Weise Helena beteiligt (Zosim. 2,29,2). Die Katastrophe warf dunkle Schatten auf das Kaiserhaus, vor allem auf Constantin selbst, was immer der wahre Grund für sein Wüten gewesen sein mochte. Sie ließ auch den Romaufenthalt Constantins im Juli 326, gleich ob er ihm voraufging oder nachfolgte, in trauriger Erinnerung bleiben. Dabei sollte doch die Wiederholung der Vicennalienfeier von Nicomedia (oben S. 28) in Rom ein Höhepunkt der Regierung Constantins sein! In Wirklichkeit hatte sie als unheilvolles Ereignis zur Folge, dass Constantin nie wieder nach Rom kam und nunmehr dem Gedanken näher trat, Constantinopel zum zweiten Rom zu machen. Die Stadt am Tiber überließ er ihrer Aristokratie – und ihrem Bischof. Dieser – seit 314 war es Silvester – durfte sich freuen, dass Constantin die Basilica, welche über dem Grab des Apostels Petrus auf dem Vatican entstand, mit jährlichen Einkünften in Höhe von 3708 Solidi versah (Lib. Pont. I, S. 177–178 Duch.). Helena ließ im Palatium Sessorianum an der Porta Labicana (Porta Maggiore) eine Kirche einrichten (später S. Croce in Gerusalemme genannt). Das christliche Rom nahm allmählich Gestalt an – von der Peripherie her, wie betont werden muss. Denn die Märtyrergedenkstätten, die nun mit kaiserlichen Mitteln eine Basilica erhielten, lagen (wie S. Pietro in Vaticano und schon SS Pietro e Marcellino an der Via Labicana [oben S. 21]) außerhalb der Stadtmauern: S. Sebastiano an der Via Appia, S. Lorenzo an der Via Tiburtina, S. Agnese an der Via Nomentana. Eine große, den Aposteln Petrus und Paulus sowie Johannes dem Täufer geweihte Basilica lag sogar 25 km von Rom entfernt – in Ostia (1996 entdeckt). Im Zentrum von Rom gab es als repräsentative christliche Kirche nur die Lateranbasilica. Noch bestimmten die Tempel der alten Götter das Stadtbild – und die Geisteshaltung der römischen Aristokratie.

Im Osten konnte Constantin mit seinem Kirchenbauprogramm – so darf man seine diesbezüglichen Aktivitäten bezeichnen – an den Sieg über Licinius anknüpfen. Der Triumph gebührte ja dem Labarum, das auf Münzen mit seinem Schaftende den als Drachen (vgl. Euseb. vit. Const. 2,46,2) dargestellten Licinius durchbohrte (Rom. Imp. Coin. VII 572, Nr. 19; s. Einbandbild). Ausdrücklich bezeugt als „Siegesdenkmal" ist der Bau einer großen Kirche in Nicomedia. Auch in Antiochia errichtete Constantin einen mächtigen (oktogonalen) Kirchenbau. Den Kirchen in diesen beiden Städten traten solche in anderen Provinzen zur Seite (Euseb. vit. Const. 3,50,1–2). Constantin forderte die Bischöfe in den einzelnen Provinzen auf, Kirchen zu bauen, und befahl den Statthaltern, sie dabei zu unterstützen – auch mit Geld (Euseb. vit. Const. 2,46,4). Auf gesetzlichem Weg (durch kaiserliche Konstitution) ließ er festlegen, dass die Kirchen eine bestimmte Größe haben sollten, um möglichst vielen Menschen Platz zu bieten (Euseb. vit. Const. 2,45,1).

Gewissermaßen als Missionar wandte Constantin sich mit einem Sendschreiben an die Menschen der östlichen Provinzen, um ihnen zu verkünden, dass er seine Siege im Zeichen des wahren Gottes errungen habe und nun darangehe, dessen Haus wiederherzustellen, das seine kaiserlichen Vorgänger verwüstet hätten. Er wünsche, so ließ er sich vernehmen, dass alle Menschen Hausgenossen des wahren Gottes seien, doch solle dies nicht mit Gewalt herbeigeführt werden. Wer im Irrtum beharren wolle, möge dies ohne Schaden tun. Der gemeinsame Friede gehe über alles (Euseb. vit. Const. 2,64–72). Constantin erklärte also die Toleranz gegenüber den Anhängern des alten Götterglaubens zu einer Leitlinie seiner Religionspolitik, doch ließ er keinen Zweifel daran, dass diese insgesamt darauf ausgerichtet war, dem Christentum, wo immer es möglich sei, zum 'Sieg' zu verhelfen. Konflikte waren damit vorgegeben, und zwar desto eher, je mehr Constantin in das Wesen des Christentums eindrang und sein missionarischer Eifer zunahm. Dies aber war schon bald der Fall, wie die von ihm befohlene Zerstörung der heidnischen Kultstätte an der Abraham-Eiche in Mamre (3 km von He-

Von der Tetrarchie zur Monarchie 33

bron/Palästina) und der Bau einer christlichen Basilica an dieser Stelle zeigten (Euseb. vit. Const. 3,51–53). Fälle dieser Art mehrten sich und verbanden sich mit der materiellen Begierde, unter dem Vorwand christlicher Frömmigkeit an die Schätze der alten Tempel, insbesondere an deren Gold, zu kommen (Euseb. vit. Const. 3,54,1–7). Dass davon die Stabilität des Solidus und damit der ganzen Währung profitierte, darf als wichtiges Nebenergebnis notiert werden (vgl. Anon. de reb. bell. 2,1–2).

Constantin hatte an die Gewinnung des Ostens große Erwartungen in Bezug auf die Christianisierung des Reiches geknüpft, da ja der wahre Glaube „aus dem Schoß des Ostens" in die Welt getreten war, wie er selbst sagte (Euseb. vit. Const. 2,67). Er hatte auch gehofft, dass er vom östlichen Christentum Hilfe gegen den Donatismus (oben S. 13 f.) bekäme (ebd. 2,66). Umso größer war seine Enttäuschung, als er von dem Streit erfuhr, der zwischen dem Bischof Alexander von Alexandria und seinem Presbyter Arius um die Person Christi ausgebrochen war (oben S. 24) und inzwischen weite Kreise gezogen hatte. Constantin sah sich 324 erneut (vgl. oben S. 14) an die ihm von Gott auferlegte Pflicht erinnert, für die Einheit aller Christen zu sorgen – im Interesse des Staatswohls (ebd. 2,65,2). In einem Brief an Alexander und Arius bot er sich daher als „Friedensvermittler" an (ebd. 2,68,2). Mit den Verhandlungen in Alexandria beauftragte er den Bischof Hosius von Corduba. Dieser hatte jedoch keinen Erfolg. Die Flamme des arianischen Streits loderte jetzt erst recht auf (ebd. 2,73).

In die theologischen (dogmatischen) Grundlagen des Streits vermochte Constantin nicht einzudringen. Die Fragen, um die es ging, erschienen ihm „geringfügig" und „unnütz" (Euseb. vit. Const. 2,71,3). Da sie aber durch die bisherigen Ereignisse hochgespielt worden waren und die Einheit des Glaubens bedrohten, musste Constantin, wollte er die übernommene Rolle des Friedensvermittlers nicht aufgeben, nach einer anderen Möglichkeit suchen, die zerstrittenen Parteien zu einer Einigung zu bringen. Dabei kam ihm zu Bewusstsein, dass es außer der christologischen noch weitere Fragen gab, die einer Klärung bedurften, vor allem die des Ostertermins. So entschied er sich denn 325 für die Einberufung eines allgemeinen Konzils der Bischöfe, das unter seinem Vorsitz die erforderlichen Beschlüsse fassen sollte, und zwar an einem Ort, der schon durch seinen Namen den Sieg (über den Feind der Kirche) verhieß: in Nicaea (Bithynien), der Stadt des Sieges (Euseb. vit. Const. 3,6,1; vgl. 3,14). Tatsächlich gelang es Constantin auf der als erstes ökumenisches Konzil in die Geschichte eingegangenen Versammlung von mehr als 300 Bischöfen aus aller Welt (Athan. de decret. Nicaen. synod. 38,5) – allerdings nur sieben Teilnehmern aus dem Westen –, ein gemeinsames Glaubensbekenntnis beschließen und einen einheitlichen Ostertermin festsetzen zu lassen.

Constantin eröffnete das nach Nicaea in den Kaiserpalast einberufene Konzil mit einer Rede, in der er seine Betrübnis über den inneren Streit in der Kirche zum Ausdruck brachte und die Bischöfe aufforderte, diesen durch „Gesetze des Friedens" (Euseb. vit. Const. 3,12,5) zu beenden. An den Debatten, die nun entbrannten, nahm er teil und brachte konstruktive Vorschläge in sie ein, so vor allem den christologischen Zentralbegriff *homo-usios*, „gleichen (eines) Wesens" (Theodoret. hist. eccl. 1,12,8), der dann zusammen mit anderen, gegen die Lehre des Arius gerichteten Formeln fester Bestandteil des Glaubensbekenntnisses wurde: „gezeugt, nicht geschaffen, eines Wesens mit dem Vater" (vgl. das Nicaenum bei H. Denzinger, Kompendium der Glaubensbekenntnisse, Freiburg [37]1991, S. 62–64). Auch in der Frage des Ostertermins lag dem Konzil eine eindeutige Stellungnahme des Kaisers vor. Sie richtete sich gegen diejenigen Christen, welche Ostern am Passah-Fest der Juden feierten (14. Nisan, der ungefähr mit dem Vollmond nach Frühlingsanfang zusammenfiel). Nichts sollten die Christen mit dem, wie er sagte, „verhassten Volk der Juden" gemein haben (Euseb. vit. Const. 3,18,2). Das Konzil entschied denn auch in diesem Sinne: Ostern sollte einheitlich an einem Sonntag, und zwar an dem, der auf den ersten Frühlingsvollmond folgte, gefeiert werden, wie die Mehrheit es schon tat. So wurde auch in dieser Frage Einigkeit erzielt.

Noch ein drittes Problem fand auf dem Konzil von Nicaea seine Klärung, nämlich die Anerkennung der Vorrechte, welche den Bischöfen der Provinzhauptstädte, den Metropoliten, gegenüber den Bischöfen der übrigen Provinzstädte im Laufe der Zeit zugewachsen waren. Ihnen kam nunmehr rechtmäßig die Bestätigung der Bischofswahlen, der Vorsitz in den zweimal jährlich vorgeschriebenen Provinzialkonzilien und die Kontrolle der kirchlichen Bußpraxis zu (Conc. Nic. can. 4/5). Der Metropolit erhielt damit gewissermaßen die betreffende Provinz als Aufsichtsbereich zugewiesen, doch galt dies praktisch nur für den Osten; der Westen blieb in der Ausbildung der so genannten Metropolitanverfassung weit zurück. Für Gallien wurde sie z. B. erst durch das Konzil von Turin 398 eingeführt (Conc. Taurin. can. 1/2). Von den Metropoliten sollten aber der alexandrinische, der antiochenische und der römische eine besondere Stellung einnehmen, insofern sie nicht nur über eine, sondern mehrere Provinzen die kirchliche Aufsichtspflicht wahrnahmen (bei Rom waren es die suburbicarischen Provinzen). Schließlich erhielt in Nicaea auch der Bischof von Jerusalem die Ehre verbrieft, die er, obwohl kein Metropolit, auf Grund des besonderen Charakters seiner Bischofsstadt beanspruchte (Conc. Nic. can. 6/7).

Das Konzil von Nicaea bildete einen Höhepunkt im Prozess des Hineinwachsens der Kirche in den Staat und der Verquickung des Kaisertums mit dem Christentum. Constantin konnte auf Grund seines Engagements in Nicaea geradezu als „Bischof für alle" bezeichnet werden (Euseb. vit. Const. 1,44,2). Er hatte die Genugtuung, dass durch seine Initiative die drohende Spaltung der Kirche abgewendet worden war. In diesem Hochgefühl lud er die Versammlung der Bischöfe zu einem Festmahl ein, ehe er sie entließ (Euseb. vit. Const. 3,15,1). Indes musste er schon bald erfahren, dass die hergestellte Eintracht nicht so fest war, wie er wohl erwartet hatte. Noch im Jahre 325 begehrten zwei einflussreiche Bischöfe, Eusebius von Nicomedia und Theognius von Nicaea, gegen die vom Konzil ausgesprochene Exkommunikation des Arius und seine Verbannung durch den Kaiser auf; sie wurden ebenfalls verbannt (Sozom. hist. eccl. 1,21,5). Zwei Jahre dauerte ihr Exil, dann wurden sie zurückgerufen; auch Arius' Verbannung wurde aufgehoben. Wahrscheinlich hatte Ende 327 ein zweites Konzil in Nicaea getagt (vgl. Sozom. hist. eccl. 2,16,5), welches den Abtrünnigen die Rückkehr in die Kirchengemeinschaft ermöglichte. Das Glaubensbekenntnis ließ sich ja weit auslegen oder sogar manipulieren! So schien 328 die Eintracht erneut hergestellt. Da aber trat ein Ereignis ein, das den arianischen Streit wieder entfachte: Alexander von Alexandria starb, und sein Nachfolger wurde Athanasius, ein radikaler Gegner des Arianismus. Constantin richtete an den neuen Bischof von Alexandria die eindringliche Mahnung, Arius und seine Anhänger in die alexandrinische Kirchengemeinde aufzunehmen (Athan. apol. c. Arian. 59,6) Doch Athanasius kam ihr nicht nach, so dass Alexandria zum Zentrum des Widerstandes gegen die Aufweichung des nicaenischen Glaubensbekenntnisses wurde. Bedrohlichen Charakter erhielt die Lage aber erst dadurch, dass eine andere Gruppierung der alexandrinischen Christen, die Melitianer, sich mit den Arianern gegen Athanasius verband (Sozom. hist. eccl. 2,21,3). Dieser exponierte sich schließlich durch sein Vorgehen gegen die Melitianer so sehr, dass er 335 auf dem Konzil von Tyrus abgesetzt und vom Kaiser verbannt wurde (unten S. 43).

Auf dem Konzil von Nicaea hatte Constantin viele Bischöfe persönlich kennen gelernt, darunter auch Macarius von Jerusalem. Mit ihm nahm er 326 brieflichen Kontakt auf, um ein Anliegen zu verwirklichen, das ihm als Krönung seines Lebenswerkes erschien (Euseb. vit. Const. 3,30,4): Er wollte über der wieder aufgefundenen Grabstätte Christi in Jerusalem eine Kirche erbauen lassen, „herrlicher als alle, die sonst wo sich finden" (Euseb. vit. Const. 3,31,1). Mit genauen Anweisungen für Einzelheiten des Baues und großzügiger Geldbewilligung übertrug Constantin die Inangriffnahme des Vorhabens dem *vicarius Orientis* Dracilianus und dem zuständigen Statthalter (ebd. 3,31,2). So entstand in den nächsten Jahren die an ihrer mächtigen Rotunde kenntliche, im Übrigen als Basilica gestaltete Grabeskirche; sie wurde 335 eingeweiht. Eusebius von Caesarea widmete ihr eine panegyrische Beschreibung (vit. Const. 3,34–40); spätere Erwähnungen wussten davon, dass im Atrium zwischen Rotunde und Basilica das Kreuz Christi aufgestellt war (Peregr. Egeriae 37,4). Die Kreuzesauffindung wurde in der Legende mit der Pilgerreise Helenas, der Mutter Constantins, nach Palästina verknüpft. Anlass für die Legendenbildung war Helenas tatsächliche Aktivität an den heiligen Stätten. Eine Kirche auf dem Ölberg und die Geburtskirche in Bethlehem zeugten davon (Euseb. vit. Const. 3,43,1). Palästinas christliche Kirchen zogen nun auch zunehmend christliche Pilger ins Land. Einer, der literarisch seine Spuren hinterlassen hat, kam schon im Jahre 333, und zwar von weit her: aus Burdigala/Bordeaux in Gallien. In seinem Reisebericht, dem so genannten ›Itinerarium Burdigalense‹, berichtete er von den biblischen Plätzen, die er besucht hatte. Über diese gab es in Palästina so etwas wie einen Reiseführer. Eusebius, der Bischof von Caesarea, hatte ihn vor kurzem als alphabetisches Verzeichnis der in den biblischen Schriften enthaltenen topographischen Angaben, mit einem Kommentar versehen, vorgelegt, das ›Onomasticon‹.

Die Ausschmückung des Grabes Christi durch eine monumentale Kirchenanlage war – so sah es jedenfalls Eusebius von Caesarea – der erste Schritt zur Aufrichtung des prophetisch verkündeten „neuen Jerusalems" (Apoc. 21,2). Dieser Sicht der Dinge entsprach es, wenn man in der Gründung von Constantinopel die Entstehung eines christlichen Gegenstücks zu Rom und damit letzten Endes eines „neuen Roms" sah (vgl. Zosim. 2,30,1). Zu Constantins Zeit freilich konnte die Stadt am Bosporus nur als „zweites Rom" bezeichnet werden (Optat. Porfyr. 4,6: *altera Roma*). Aber in dieser Klassifizierung war ja die Möglichkeit des Übertreffens angelegt,

Von der Tetrarchie zur Monarchie

die sich dann tatsächlich mehr und mehr verwirklichte – bis das neue Rom das alte ablöste (unten S. 150, 162, 214).

Constantinopel wurde am 11. Mai 330 eingeweiht. Mit einem bemerkenswerten Münzbild – Personifikation der Stadt, Umschrift: CONSTANTINOPOLIS auf der Vorderseite (!) – stellten die Münzstätten des Reiches, darunter auch die seit 326 arbeitende von Constantinopel, die Neugründung aller Welt vor Augen (z. B. Rom. Imp. Coin. VII 215, Nr. 530). Bemerkenswert war aber auch, dass Rom in einer Parallelemission sozusagen in Erinnerung gerufen wurde: Personifikation der Stadt, Legende: VRBS ROMA auf der Vorderseite (z. B. Rom. Imp. Coin. VII 654, Nr. 72). Darin kam die Vorbildfunktion zum Ausdruck, die Rom für Constantinopel besaß. Tatsächlich hatte man bei der Anlage Constantinopels manche charakteristische Einzelheiten des römischen Stadtbildes nachgeahmt, vor allem die Einbeziehung von sieben Hügeln und die Einteilung in vierzehn Regionen (Not. urb. Constant.). Institutionell manifestierte sich die Angleichung Constantinopels an Rom in der Einrichtung eines Senats, bezeichnenderweise eines solchen „zweiten Ranges", dessen 300 Mitglieder *viri clari* tituliert wurden, während die römischen Senatoren *viri clarissimi* waren (Anon. Vales. 30). Dem Senat trat das Volk zur Seite, und zwar typischerweise in Form der Brotempfänger. Die kostenlose Brotverteilung begann mit dem Jahr 332 (Chron. Pasch. ad an. 332, Chron. Min. I 234). 80 000 Brote gelangten täglich zur Verteilung, womit ein Empfängerkreis von ca. 13 000 Personen versorgt worden zu sein scheint (bei sechs halbpfündigen Broten als Tagesration) – gemessen an den 200 000, mindestens jedoch 120 000 Personen in Rom natürlich eine geringe Zahl. Da Constantinopel einen Circus besaß – der schon erwähnte Hippodrom (oben S. 29) –, in dem ein reger Spielbetrieb sich entfaltete, wuchs das Volk von Constantinopel auch in die Rolle hinein, die das Sprichwort dem *populus Romanus* mit dem Ruf nach „Brot und Spielen" nachsagte (Iuv. 10,81: *panem et circenses*). Die diesbezügliche Parallelität fand ihren Niederschlag in einer massenhaften Emission kleiner (1,3 g schwerer) Kupfermünzen der Münzstätte Constantinopel mit einem Jünglingskopf auf der Vorderseite, der durch die Legende POPulus ROMANVS gekennzeichnet war (C. Brenot, Numismatica e Antichità Classiche 9, 1980, 299–313). Auch in Constantinopel gab es also einen *populus Romanus*!

Im Jahr 330 waren natürlich noch längst nicht alle Bauvorhaben in Constantinopel vollendet. Das galt auch für die von Constantin geplanten Kirchenbauten. Lediglich die alte Bischofskirche zum himmlischen Frieden (Hagia Eirene, missverständlich: Irenenkirche) war nach Umgestaltung und Verschönerung in das neue Stadtbild integriert (heute in der Nähe des Eingangs zum Topkapi-Palast). In ihrer Nachbarschaft (und der des Kaiserpalastes) sollte die Kirche der göttlichen Weisheit (Hagia Sophia, missverständlich: Sophienkirche) entstehen; sie wurde erst 360 geweiht (unten S. 71). Im äußersten Westen der constantinischen Stadt war die Apostelkirche im Bau (Hagioi Apostoloi an der Stelle der heutigen Mehmet-Fatih-Moschee) und in Verbindung mit ihr das Mausoleum, in dem Constantin selbst seine letzte Ruhe finden wollte (vgl. unten S. 50). Wahrscheinlich gab es auch Bestrebungen, an den Märtyrergedenkstätten Kirchen zu errichten, die später alle auf Constantin zurückgeführt wurden (vgl. Euseb. vit. Const. 3,48,1). Unsicherheit besteht hinsichtlich zweier Tempel (für Rhea und Tyche), deren Bau im Stadtkern des alten Byzanz Constantin zugeschrieben wurde (Zosim. 2,31,2). Dagegen gibt es keinen Zweifel daran, dass Constantin durch eine Raubaktion großen Ausmaßes seine Gründung mit Kunstwerken aus Tempeln und Städten hat ausschmücken lassen. Eine Feststellung des hl. Hieronymus besagt, dass, als Constantinopel eingeweiht wurde, fast alle übrigen Städte ihres Schmuckes beraubt waren (Hieron. chron. ad an. 330). Ein letztes, noch heute in Constantinopel zu bewunderndes Raubstück ist die Schlangensäule aus Delphi im Hippodrom; auf ihr sind die am Perserkrieg (481–479 v. Chr.) beteiligten griechischen Staaten verzeichnet.

Bei der Wahl von Byzanz/Constantinopel als Kaiserresidenz hatten viele Gründe mitgewirkt, nicht nur die bereits hervorgehobenen geopolitischen und religiösen (oben S. 29). So spielte die strategische Lage der Stadt eine wichtige Rolle, und zwar auch mit Blick auf die militärische Situation an der unteren Donau, wo Constantin 323 die Goten hatte zurückschlagen müssen (oben S. 25). Seitdem war sein Augenmerk darauf gerichtet, die strategischen Voraussetzungen für einen eventuell erforderlichen Wiederholungsschlag zu schaffen. Zu diesem Zweck unternahm er einen spektakulären Brückenbau, der zwischen Oescus/Gigen (Bulgarien) und Sucidava/Celei-Corabia (Rumänien) Flussbett und -tal der Donau auf einer Länge von fast 2,5 km überwand. Die Brücke wurde 328 fertig gestellt (Chron. Pasch. ad an. 328, Chron. Min. I 233) und auf Münzen abgebildet (Rom. Imp. Coin. VII 331, Nr. 298). Auf dem nördlichen Donauufer ließ Constantin Sucidava zum Kastell ausbauen und die Straße, die in nördlicher Richtung nach Romula an der Olt (Alutus) in die frühere Provinz Dacia führte, erneuern (Année épigr. 1949,

204). Weiter östlich auf dem linken Donauufer wurde an der Mündung der Marisca das Kastell Constantiniana Dafne gebaut (Rom. Imp. Coin. VII 575, Nr. 38). Es lag gegenüber von Transmarisca/Tutrakan (Bulgarien), das von Diocletian am diesseitigen (rechten) Ufer des Flusses als Kastell errichtet worden war (Corp. Inscr. Lat. III 6151). Durch die doppelte Sicherung der Donau an dieser Stelle (Procop. aed. 4,7) war das Tal der Marisca (Arges) als Einfallsroute ins ehemals römische Dakien gewonnen; sie trat der soeben erwähnten Straße von Sucidava nach Romula an die Seite.

Mit dem Übergreifen auf das nördliche Donauufer setzte Constantin deutliche Zeichen der militärischen Abschreckung für die Goten in Transdanubien, zumal die beiden erwähnten Kastellbauten nicht die einzigen waren. Ein ganzes Netz von Kastellen diesseits des Flusses sorgte für die Sicherheit der Provinzen an der unteren Donau (Aur. Vict. de Caes. 41,18). Zu den fortifikatorischen Maßnahmen traten solche in Bezug auf die Truppenstationierung. Die schon unter Diocletian im Gange befindliche Unterteilung in Grenztruppen (*ripenses*, später: *limitanei*) und mobile Verbände (*comitatenses*) konnte an der unteren Donau in großem Stil zur Anwendung kommen – und sich bewähren. Denn im Jahre 332 erhielt Constantin einen Hilferuf der Sarmaten (zwischen Donau und Theiß), die von den Goten – es handelte sich um die Stämme der Terwingen und Taifalen – angegriffen wurden. Constantin entschloss sich zur Hilfeleistung für die seit 323 (oben S. 25) vielleicht mit ihm verbündeten Sarmaten und sandte ein Heer gegen die gotischen Invasoren. Den Oberbefehl übertrug er seinem Sohn, dem Caesar Constantinus iunior. Da dieser aber erst 15 oder 16 Jahre alt war, dürften die ihm beigegebenen Militärs das eigentliche Kommando geführt haben. Ob sie die Titel *magister peditum* und *magister equitum* getragen haben, muss dahingestellt bleiben. Jedenfalls wurde Constantin die Schaffung dieser Ämter zugeschrieben (Zosim. 2,33,3).

Der Krieg gegen die Goten führte zu einer vollständigen Niederlage der Letzteren. Die Römer gelangten in den Rücken der nach Westen vorgerückten Scharen und rieben sie im Zusammenwirken mit den Sarmaten auf. Die sicher übertriebene Zahl von 100 000 Toten (Anon. Vales. 31) zeigt immerhin an, dass ein beträchtlicher Teil der Goten zur Landnahme ausgezogen war. Ihre Vernichtung war ein schwerer Schlag für das gotische Selbstbewusstsein und hatte zur Folge, dass die beiden betroffenen Stämme, die Terwingen und Taifalen, ihr Schicksal insoweit in die Hände der Römer legten, als sie mit Constantin ein Bündnis abschlossen, das sie zur Bereitstellung von Truppen „gegen jedes beliebige Volk" verpflichtete (Jord. Get. 21,112). Für die Einhaltung des Bündnisses stellten sie Geiseln (Anon. Vales. 32). Die Römer versprachen ihrerseits den Goten jährliche Geldzahlungen und garantierten den Handelsverkehr über die Donau. Letzterer bewirkte eine römische Einflussnahme im kulturellen Bereich (Euseb. vit. Const. 4,5,2) und ebnete auch dem Christentum den Weg zu den Goten (Socr. hist. eccl. 1,18,1). Das *foedus* von 332 bildete dementsprechend einen Markstein in den römisch-gotischen Beziehungen; es hatte mehr als drei Jahrzehnte Bestand. Die Münzen feierten die VICTORIA GOTHICA (Rom. Imp. Coin. VII 333, Nr. 306), und in Constantinopel errichtete man für Constantin eine Ehrensäule „wegen des Sieges über die Goten" (Corp. Inscr. Lat. III 733).

Zwei Jahre nach dem Gotenkrieg, im Jahre 334, musste Constantin sich erneut mit Ereignissen im Lande der Sarmaten beschäftigen. Hier war es zu einem Aufstand der Unterschicht, der Sarmatae Limigantes, gegen die Herrenschicht, die Sarmatae Argaragantes, gekommen. Bisher als Unfreie (*servi*) behandelt, hatten die Limigantes ihre Bewaffnung im Gotenkrieg dazu benutzt, die Macht an sich zu reißen und die Argaragantes zur Flucht zu zwingen. Ein Teil von ihnen fand bei den vandalischen Victofalen im nördlichen Ungarn Aufnahme (Amm. Marc. 17,12,19), der größere Teil, angeblich 300000 Menschen, traf Anstalten, die Donau zu überschreiten und auf römisches Gebiet überzutreten. Es war diese Situation, die Constantin zum Eingreifen zwang. Er gewährte den flüchtigen Sarmaten Siedlungsland, und zwar vorwiegend in den Diözesen Thrakien und Makedonien (Anon. Vales. 32). Er ließ sich aber auch die Gelegenheit nicht entgehen, die für den Kriegsdienst geeigneten Sarmaten ins Heer einzustellen (Euseb. vit. Const. 4,6,1).

Die Erfolge an der Donau, beginnend mit dem Brückenbau von 328 und gipfelnd im Gotensieg von 332, veranlassten Constantin, seiner Titulatur einen neuen Bestandteil einzufügen: *triumphator*. Er verband ihn mit dem bereits geführten Titel *victor*, der 324 nach dem Sieg über Licinius das bis dahin gebrauchte Ephitheton *invictus* mit seiner Erinnerung an *Sol invictus*, den *comes Augusti* (oben S. 9, 15), abgelöst hatte. Als *victor ac triumphator* trat Constantin 335 in das 30. Jahr seiner Herrschaft. Er war sich seiner langen Regierungszeit voll bewusst. Das zeigte vor allem die Nachfolgeordnung, die er in diesem Jahr komplettierte: Seit 317 schon war sein Sohn Constantinus II. Caesar (oben S. 20). 324 hatte er Constantius II.,

333 Constans in die Caesar-Stellung gebracht. Jetzt, 335, gesellte er seinen drei Söhnen mit seinem Neffen Dalmatius einen vierten Caesar hinzu. Bedeutsamer noch war es, dass Constantin den Caesares nun bestimmte Teile des Reiches zur Regierung übertrug. Constantinus II. erhielt die gesamte römische Ländermasse jenseits der Alpen (Gallien, Spanien, Britannien), Constantius II. Kleinasien und den Orient. Ihre Residenzen waren Trier und Antiochia. Für Constans wurden Italien, Afrika und Illyricum zu einem Reichsteil zusammengefasst; an Dalmatius fielen Thrakien, Makedonien und Achaea (Epit. de Caes. 41,20). Auf einem dieser Nachfolgeregelung gewidmeten Medaillon mit der Rückseitenlegende SECVRITAS PERPETVA erschienen die vier Caesares größenmäßig unterschieden um den in der Mitte thronenden Constantin gruppiert: zwei (Constantinus II. und Constantius II.) waren größer dargestellt, zwei (Constans und Dalmatius) kleiner – ein Hinweis auf die künftige Rangordnung, die offenbar zwei Augusti und zwei Caesares vorsah, wie in der Tetrarchie Diocletians, nur mit dynastischen Vorzeichen (Rom. Imp. Coin. VII 583, Nr. 89). In der Festrede, die Eusebius von Caesarea zum dreißigsten Regierungsjubiläum (Tricennalien) hielt, bildete gerade die Nachfolgeordnung Constantins ein Kernstück des Lobpreises auf seine Regierung, die er trotz der Beteiligung der Caesares an ihr als „monarchisch" bezeichnete (Euseb. de laud. Constant. 3,1–5).

Ein ähnliches Bild wie das Kaisertum vermittelte zu dieser Zeit die Prätorianerpräfektur. Auch sie war auf mehrere Träger aufgeteilt, galt aber als ein Amt: Fünf *praefecti praetorio* bildeten nach dem Zeugnis einer Inschrift (Année épigr. 1981, 878) im Jahre 332 die *praefectura praetorio*. Ihre Bedeutung war dadurch gewachsen, dass Constantin 331 die Gerichtsurteile der Prätorianerpräfekten für inappellabel erklärt (Cod. Theod. 11,30,16) und letztere damit zu vollwertigen Stellvertretern des Kaisers gemacht hatte. Andererseits begann um die gleiche Zeit die Prätorianerpräfektur sich zu regionalisieren: Der *praefectus praetorio* Felix proponierte im Jahre 334 eine kaiserliche Konstitution in Carthago, die für die afrikanischen Provinzen bestimmt war (Cod. Theod. 13,4,1). Er war also für diese der zuständige höchste Beamte. Dazu kam, dass die räumliche Aufteilung der Kaisergewalt im Jahre 335 auch der Regionalisierung der Prätorianerpräfektur Vorschub leistete. Insgesamt hatte diese den Verlust des militärischen Kommandos (oben S. 17) durch die Steigerung ihrer administrativen und jurisdiktionellen Kompetenz mehr als wettgemacht.

Als Constantin im Jahre 335 die Nachfolgeordnung festlegte, bezog er in diese gewissermaßen auch seinen Neffen Hannibalianus, den Bruder des Dalmatius, ein: Er ernannte ihn zum *rex regum* (auf Münzen hieß er allerdings nur *rex*: Rom. Imp. Coin. VII 589, Nr. 145) und gab ihm seine Tochter Constantia zur Frau (Anon. Vales. 35). Diese erhielt den Augusta-Titel (Philostorg. hist. eccl. 3,22), der wohl die römische Herkunft des Herrscherpaares deutlich zum Ausdruck bringen sollte. Denn Hannibalianus war ausersehen, Armenien und die umliegenden pontischen Königreiche unter seine Herrschaft zu nehmen (vgl. Epit. de Caes. 41,20). Anlass für diese ungewöhnliche Maßnahme war der Versuch des Perserkönigs Schapur II., Armenien, das seit 298 unter römischer Oberhoheit stand, an sich zu bringen (334). Hannibalianus wählte das kappadokische Caesarea/Kayseri (Türkei) zu seinem Hauptquartier (Chron. Pasch. ad an. 335, Chron. Min. I 235) und harrte der Dinge, die durch den geplanten Perserfeldzug Constantins kommen sollten. Die entsprechenden Vorbereitungen begannen 335. Constantin soll sie mit den Worten begleitet haben, gerade ein Sieg über die Perser fehle ihm noch (Euseb. vit. Const. 4,56,1).

Der Überfall Schapurs auf Armenien (334) war für Constantin nicht nur militärisch ein Alarmsignal, er berührte ihn auch religionspolitisch. Denn Armenien war ein christliches Land. Seit der Einsetzung des Arsakiden Tiridates III. als König von Armenien durch Diocletian (298) war die Christianisierung planmäßig betrieben worden, und zwar von Gregor dem Erleuchter, dessen Wirken Agathangelus (5. Jahrhundert) in seiner ›Geschichte der Armenier‹ geschildert hat. Zwölf Bistümer soll Gregor gegründet haben; die bedeutendste Gründung war Aschtischat im Süden des Landes. Wie hier, so ging überall das Tempelgut in den Besitz der christlichen Kirche über, die als Staatskirche fungierte. Gregor ließ sich vom Bischof in Caesarea (Kappadokien) zum *catholicus* der Kirche Armeniens, d.h. zu deren Oberhaupt, weihen und vererbte diese Stellung in seiner Familie (er war verheiratet und hatte Kinder). Den Zusammenhang der armenischen Kirche mit der Gesamtkirche dokumentierte die Anwesenheit armenischer Bischöfe auf dem Konzil von Nicaea (325). Angesichts dieser Funktion Armeniens als Bollwerk des Christentums jenseits des Euphrats vermag man zu ermessen, welche Potenzierung die militärisch-politisch schon reichlich brisante 'armenische Frage' durch die Christianisierung des Landes erfahren hatte. Denn Constantin fühlte sich als „Bischof für alle" (Euseb. vit. Const. 1,44,2; oben S. 35) auch für die außerhalb des

Römischen Reiches lebenden Christen verantwortlich (Euseb. vit. Const. 4,8), wie der vor 334 geschriebene Brief an Schapur II. zeigte, in welchem Constantin dem Perserkönig die Christen in dessen Reich, deren es nicht wenige gab, ans Herz legte (Euseb. vit. Const. 4,9–13). Jetzt, da er den Krieg gegen die Perser vorbereitete, wollte er auch Bischöfe mit ins Feld nehmen, damit der Gottesdienst keine Unterbrechung erführe (Euseb. vit. Const. 4,56,2). Man könnte auch sagen: Das Kreuz sollte in Feindesland getragen werden.

Constantin war überzeugt, dass ihm das Zeichen Gottes, welches sein Heer begleitete, auch den Sieg über die Perser bringen werde, wie es ihn bisher zum Sieger über alle gemacht hatte. Andererseits hatte er sich einmal (325) vernehmen lassen, dass innerkirchliche Streitigkeiten ihm schlimmer erschienen als jeder Krieg gegen einen äußeren Feind (Euseb. vit. Const. 3,12,2). 335 wiederholte er diese Feststellung im Blick auf die Situation der Kirche in Alexandria (Euseb. vit. Const. 4,42,1). Dort hatte der Bischof Athanasius gegen die schismatischen Melitianer Gewalt angewendet (vgl. oben S. 35) und sich dadurch seinen Gegnern gegenüber bloßgestellt. Diese nutzten die Gelegenheit, ihn anzuklagen und seine Aburteilung durch ein Konzil zu fordern. Auch Constantin sah es nicht ungern, dass der schärfste Gegner des Arianismus im Interesse der kirchlichen Eintracht eliminiert würde. So lud er 335 zu einem Konzil der Bischöfe nach Tyrus (Libanon) ein (Euseb. vit. Const. 4,42,1–5). Athanasius stellte sich seinen Gegnern, erkannte aber bald, dass seine Verurteilung beschlossene Sache sei. Deshalb verließ er das Konzil und begab sich an den Kaiserhof nach Constantinopel. Die Bischöfe in Tyrus sprachen unterdes seine Exkommunikation aus. Auf einem weiteren Konzil derselben Bischöfe in Jerusalem (bei Einweihung der Grabeskirche) wurde Arius auf ausdrücklichen Wunsch Constantins (Sozom. hist. eccl. 2,27,13–14) Rechtgläubigkeit und volle Aufnahme in die Kirchengemeinschaft zuerkannt. Das Konzil stimmte mit dem Kaiser überein, dass das von Arius vorgelegte Glaubensbekenntnis sich mit dem Nicaenum vertrüge (Athan. de synod. 21,2–7).

Athanasius erlangte von Constantin die Überprüfung des ihn betreffenden Konzilsbeschlusses von Tyrus. Die Aufforderung an die Bischöfe, sich in Constantinopel einzufinden, war schon ergangen, da gelang es den Gegnern des Athanasius, allen voran Eusebius von Nicomedia, diesen durch eine Intrige zu Fall zu bringen. Sie beschuldigten ihn eines politischen Verbrechens: Er sollte die Drohung ausgestoßen haben, er werde die Flotte, die das ägyptische Getreide nach Constantinopel transportierte, in Alexandria zurückhalten. Wie immer es um die Richtigkeit der Beschuldigung bestellt gewesen sein mag, es gelang Eusebius, Constantin gegen Athanasius aufzubringen und dessen Verbannung nach Gallien zu bewirken (Athan. apol. c. Arian. 87,1–2). Eines Konzils bedurfte es dazu nicht mehr. Trotz aller Bittgesuche der Anhänger des Athanasius – u. a. verwandte sich der hoch angesehene Eremit Antonius (oben S. 23) für ihn (Sozom. hist. eccl. 2,31,2–3) – blieb Constantin bei seinem Urteilsspruch. Er geriet dadurch in den Verdacht, allzu stark auf Eusebius von Nicomedia zu hören und auch für seine eigene Person dem Arianismus zuzuneigen. Der Urheber des ganzen Streites, Arius, starb 336 in Constantinopel.

Mit der Verbannung des Athanasius und der Wiedereingliederung der Arianer in die Kirche mochte Constantin glauben, seine Friedensmission (vgl. oben S. 34f., 43), soweit sie den großen dogmatischen Streit um die Person Christi betraf, erfüllt zu haben. Es gab freilich außer der arianischen noch andere Irrlehren, die Constantins Wunschvorstellung von der einen katholischen Kirche widersprachen. Gegen die hauptsächlich im Osten beheimateten Anhänger dieser Häresien richtete Constantin 336 (Sozom. hist. eccl. 2,32,1–2) ein scharfes Gesetz, das den mit ihren Sammelnamen genannten Häretikern (Novatianern u. a.) ihre Zusammenkünfte verbot und ihre Versammlungshäuser der katholischen Kirche überstellte (Euseb. vit. Const. 3,64–65). Im gleichen Jahr wurde in Afrika auch wieder gegen die Donatisten vorgegangen, wie ein Brief des Donatus an den *praefectus praetorio* Gregorius zu beweisen scheint (Optat. 3,3). Schließlich brachte das Jahr 336 ein Gesetz gegen die Juden hervor, das diesen unter Strafandrohung verbot, Glaubensgenossen, die zum Christentum überträten, zu verfolgen (Cod. Theod. 16,8,5). Zum selben Gesetzeskomplex gehörte die Schutzbestimmung für christliche oder andere nichtjüdische Sklaven, dass sie, auch wenn sie zum Besitz von Juden gehörten, nicht beschnitten werden dürften. Erfolgte trotzdem die Beschneidung, waren die betreffenden Sklaven von Gesetzes wegen frei (Cod. Theod. 16,9,1). Christliche Eiferer konnten das Gesetz so auslegen, als verbiete es den Juden überhaupt, christliche Sklaven zu haben. Die Begründung mochten sie Constantins aggressiver Haltung gegenüber den Juden (vgl. oben S. 34) als „den Mördern der Propheten und des Herrn" entnehmen (Euseb. vit. Const. 4,27,1).

Die Einstellung Constantins zu den heidnischen Kulten ließ sich zu dieser Zeit (um 335) am deutlichsten von dem Reskript ablesen, das er gewissermaßen in eigener Sache der Stadt Hispellum in Umbrien erteilte. Darin bewilligte er den erbetenen Bau eines Tempels für sein Geschlecht, die *gens Flavia*, allerdings unter der Bedingung, dass dieses Gebäude (*aedes*) nicht durch die Riten „eines trügerischen Aberglaubens" entweiht werde (Corp. Inscr. Lat. XI 5265 Zeile 45–47). Also: Keine Opfer mehr für den Kaiser! Der Kaiserkult wurde auf die Ebene eines profanen Geschehens (Spiele u. a.) herabgeholt. In ähnlicher Weise hat man sich wohl auch die Beschränkung der Opferhandlungen in den Göttertempeln vorzustellen. Eine Reihe von Gesetzen und Anordnungen sei zu diesem Zweck ergangen, wusste Eusebius von Caesarea zu berichten (Euseb. vit. Const. 2,45,1 + 4,25,1). Als *pontifex maximus* standen Constantin ja hierbei Tür und Tor offen. Wie sehr er überhaupt bestrebt war, das Heidentum an seinen Wurzeln zu treffen, lässt sich dem Befehl ablesen, das umfangreiche (15 Bücher umfassende) Werk des Neuplatonikers Porphyrius ›Gegen die Christen‹ zu vernichten (Athan. de decret. Nicaen. synod. 39,1). In ihm hatte Porphyrius († spätestens 305) nicht nur die gegenwärtige Gestalt des Christentums, sondern auch dessen fundamentale Dogmen wie die Auferstehung des Fleisches angegriffen. Die Nachwirkung unter den Gebildeten war beträchtlich. Ihr wollte Constantin mit der Verbrennung des Werkes die Grundlage entziehen.

Während das Heidentum mehr und mehr von einschränkenden Maßnahmen betroffen wurde, setzten sich für die christliche Kirche auch im dritten Jahrzehnt der Herrschaft Constantins die fördernden Akte, mit denen Constantin schon früh begonnen hatte (oben S. 12), fort. Von besonderer Bedeutung war die Ausgestaltung des als Schiedsgericht entstandenen Bischofsgerichts zu einer den staatlichen Gerichten gleichgestellten Institution. Die *episcopalis audientia* konnte nun von jedem auf der Grundlage des prätorischen oder des Civilrechts als Gerichtsstand verlangt und das Urteil des Bischofs von Staatsorganen vollstreckt werden. Constantin hob damit die Gerichtsbarkeit der Bischöfe auf die gleiche Stufe wie die der *praefecti praetorio*, denn sie urteilten wie jene an Kaisers statt; Appellation gegen ihre Urteile war nicht möglich (Const. Sirm. 1 [333], vgl. Sozom. hist. eccl. 1,9,5).

Die Förderung der *episcopalis audientia* durch Constantin hatte natürlich auch einen durchaus praktischen Grund: Sie führte in die mit mancherlei Missständen behaftete Gerichtspraxis (vgl. Cod. Theod. 1,16,7 [331]) ein stabilisierendes Element ein, das durch seine Bindung an die *lex Christiana* (Cod. Theod. 1,27,1) der *aequi-*

tas neue Wirkung verlieh. Diesem Prinzip fühlte Constantin sich in starkem Maße verpflichtet, wie vor allem seine Gesetzgebung bewies, die deswegen auch ausdrücklich gelobt wurde (Eutr. 10,8,1). Dabei traf sich eine der römischen Rechtsentwicklung entsprechende Auffassung von der Bedeutung des *bonum et aequum* mit der in die gleiche Richtung führenden christlichen Betonung der *aequitas* (vgl. Lact. div. inst. 5,14), so dass sich manche Übereinstimmungen ergaben. Darüber hinaus rühmte man Constantin nach, in seinen Gesetzen komme seine Gottesverehrung zum Ausdruck (Sozom. hist. eccl. 1,8,13). Andererseits gab es Tadel für die Strenge (*severitas*), von der einige Gesetze zeugten (Eutr. 10,8,1). Allgemein empfand man den neuartigen Charakter der constantinischen Gesetze (Paneg. Lat. 4[10], 38,4: *novae leges*), der sie als epochale Leistung den „neuen Gesetzen" des Augustus (Res gestae c. 8) an die Seite stellte.

Von der Sache her warfen die Gesetze Constantins Schlaglichter auf die verschiedensten Bereiche des sozialen und wirtschaftlichen Lebens im Römischen Reich, z. B. auf die Lage der Dekurionen als Oberschicht der Städte. Das im Jahre 331 genehmigte Gesuch der Einwohner von Orcistus (Phrygien) um Gewährung des Stadtrechts und damit eines Dekurionenrats ließ erkennen, dass der Dekurionenstand, d. h. die Zugehörigkeit zu den Honoratioren (*honestiores*), immer noch als erstrebenswertes Ziel bürgerlichen Ehrgeizes galt, auch wenn damit viele Pflichten (*munera*) verbunden waren (Corp. Inscr. Lat. III 7000). Andererseits brachten zahlreiche constantinische Gesetze *de decurionibus* (Cod. Theod. 12,1,1–22) an den Tag, dass es mancherlei Gründe gab, den Dekurionat als Last zu empfinden, der man sich zu entziehen suchte. Dieser regional unterschiedlich ausgeprägten Tendenz begegnete Constantin mit der Betonung der (erblichen) Bindung des Dekurionen an die betreffende Kurie und mit der Unterbindung von Möglichkeiten zur „Flucht" (Heer, Staatsverwaltung, Klerus u. a.). Ziel der gesetzgeberischen Maßnahmen Constantins auf diesem Feld war die Erhaltung der Leistungskraft des Dekurionenstandes als des Garanten für das Steueraufkommen des Staates und für das Gedeihen der Städte. Gewissermaßen als Bindeglied zwischen Stadt und kaiserlicher Zentralverwaltung wirkte der *curator rei publicae*, der vom Dekurionenrat aus seinen vornehmsten Mitgliedern gewählt und vom Kaiser in seinem Amt bestätigt wurde (Cod. Theod. 12,1,20 [331]).

Aufschlüsse vermittelte die constantinische Gesetzgebung auch in Bezug auf die Entwicklungen im Bereich der Landwirtschaft.

Hier waren die freien Pächter (*coloni*) seit langem dem Druck der Grundeigentümer ausgesetzt, die sie dauerhaft zur Bebauung der gepachteten Grundstücke und zur Entrichtung des Pachtzinses zu verpflichten suchten. Das von Diocletian eingeführte Steuersystem, welches Arbeitskräfte (*capita*) und Landhufen (*iuga*) als Veranlagungskriterien kannte, hatte diesen Druck verstärkt, indem es für eine Arbeitskraft den Veranlagungsort (*origo*) bindend machte. Nichtsdestoweniger kam es offenbar häufig vor, dass Kolonen ihre Pachtstellen verließen. Constantin verfügte nun im Jahre 332, dass ein „flüchtiger Kolone" an seine *origo* zurückgeführt werden solle. Derjenige aber, der ihm eine neue Arbeitsmöglichkeit geboten habe, müsse die anteilige Kopfsteuer für ihn dem originären Dienstherrn erstatten. Das Gesetz fügte als Strafandrohung für fluchtwillige Kolonen hinzu, sie könnten von ihren Pachtherren wie Sklaven zur Erfüllung der übernommenen Verpflichtungen gezwungen werden (Cod. Theod. 5,17,1). Unverkennbar waltete hier die Tendenz, die einmal eingegangenen Verpflichtungen der Kolonen festzuschreiben und ihre Lage der der Sklaven anzunähern. Die gesetzliche Bindung der Kolonen an den Boden war nur eine Frage der Zeit (vgl. unten S. 128).

Das Schadenersatzprinzip, welches Constantin 332 auf die Ahndung der Aufnahme eines fremden Kolonen in eigene Dienste anwandte, hatte er 317 für den gleichen Tatbestand in Bezug auf einen fremden Sklaven eingeführt. Der geschädigte Herr konnte in diesem Falle auf die Rückgabe des flüchtigen Sklaven und die Übereignung eines anderen Anspruch erheben (Cod. Iust. 6,1,4). Für *servi publici* galt die Sonderregelung, dass außer der Rückgabe des geflohenen Sklaven mitsamt einem Ersatzsklaven noch 12 Solidi an den Fiskus gezahlt werden mussten (Cod. Iust. 6,1,5 [319]). Das Einschreiten Constantins gegen flüchtige Sklaven und Kolonen bzw. deren Begünstiger ließ erkennen, dass die Fluktuation der Arbeitskräfte auf dem Lande so Besorgnis erregend geworden war, dass neue Strafmittel eingesetzt werden mussten, um Störungen des Wirtschaftslebens entgegenzuwirken.

Einschneidende Bestimmungen enthielten die constantinischen Gesetze über Ehe und Familie. Immer noch galten die erbrechtlichen Sanktionen, die Augustus den Ehe- und Kinderlosen auferlegt hatte. Diese hob Constantin 320 auf (Cod. Theod. 8,16,1), wobei er sich nach dem Zeugnis des Eusebius (vit. Const. 4,26) auch von christlichen Vorstellungen über den Wert der Askese und des Witwenstandes leiten ließ. Schweres Geschütz fuhr Constantin gegen das Zusammenleben freier Frauen mit eigenen Sklaven auf. Ein solches Konkubinat wurde mit dem Tode beider Beteiligter bestraft, der Sklave gar mit dem Feuertod (Cod. Theod. 9,9,1 [326]). Hundert Jahre vorher hatte der Bischof Callistus von Rom (217–222) die hier in Rede stehenden Verbindungen als kirchlich gültige Ehen behandelt (Hippol. ref. 9,12,24) – im Interesse vornehmer Frauen, die keinen ebenbürtigen christlichen Ehepartner fanden. Constantin erachtete wohl eine solche Einstellung als nicht mehr zeitgemäß und der sich formierenden christlichen Führungsschicht als ebenso wenig angemessen wie der altrömischen, deren Tradition er mit einem 336 erlassenen Gesetz fortführte, welches das Konkubinat hoch gestellter Personen mit Sklavinnen oder anderen Frauen niedrigen Standes streng zu unterbinden suchte (Cod. Theod. 4,6,3). Eine Konkubine neben einer Ehefrau zu haben, verbot Constantin nachdrücklich (Cod. Iust. 5,26,1 [326]). Hinsichtlich der Ehescheidungen unternahm er einen Anlauf, sie einzudämmen. Abgesehen vom gegenseitigen Einvernehmen ließ das neue Recht nur genau bezeichnete, schwer wiegende, d.h. kriminelle Gründe für den Scheidebrief gelten. Unter diesen befand sich natürlich auch der Ehebruch, aber nur, dem Herkommen entsprechend, der Ehebruch der Frau (Cod. Theod. 3,16,1 [331])! Andererseits schränkte Constantin das Anklagerecht gegen die Ehebrecherin auf deren nächste Verwandte, insbesondere den Ehemann, ein, wobei er ausdrücklich die Verzeihung (*abolitio*) des Fehltritts nahe legte (Cod. Theod. 9,7,2 [326]).

Die constantinischen Gesetze erhielten ihre juristisch exakte Form in den Kanzleien der kaiserlichen Zentralverwaltung, den *scrinia memoriae, epistularum libellorumque* unter der Leitung von deren *magistri*, denen wiederum der *magister officiorum* übergeordnet war (oben S. 20f.). Gegen Ende seiner Regierung ernannte Constantin einen als *quaestor* bezeichneten Beamten (Zosim. 5,32,6), dessen Befugnisse sich in Richtung auf die Gesetzgebung entwickelten, so dass schließlich von ihm gesagt werden konnte, ihm obliege es, „Gesetze abzufassen" (*leges dictandae*: Not. Dign. Orient. 12). Dieser *quaestor* erhielt später den Zusatz „*sacri palatii*", der deutlich zum Ausdruck brachte, dass er ein Hofbeamter war und nicht ein 'Einsteiger' in die senatorische Laufbahn. Der *quaestor sacri palatii* trat insofern in Konkurrenz zum *magister officiorum*, als er für seine Tätigkeit der Hilfe des Personals der Kanzleien bedurfte und daher über dieses ein gewisses Verfügungsrecht erhielt.

Der *quaestor sacri palatii* und der *magister officiorum* waren kraft ihrer Stellung Mitglieder des kaiserlichen Konsistoriums, das sich seit Diocletian (vgl. Cod. Iust. 9,47,12) aus dem *consilium principis* früherer Jahrhunderte entwickelt hatte. Noch zwei andere Hofbeamte gehörten ex officio dem Konsistorium an: der *comes sacrarum largitionum* und der *comes rerum privatarum*. Ersterer war der Chef der Staatsfinanzen, dessen umfangreiches Ressort einst (unter Claudius und Nero) von dem berühmten Freigelassenen Pallas organisiert worden war, der die Bezeichnung *a rationibus* führte. Die neue Benennung *comes sacrarum largitionum* orientierte sich an einem der Hauptgegenstände des Amtes, den „Spenden" (*largitiones*), die an die Soldaten u. a. zu leisten waren. Dem *comes rerum privatarum* dagegen unterstand das kaiserliche Privatvermögen, für das es seit Antoninus Pius eine eigene Verwaltung gab. Es umfasste vor allem den umfangreichen Grundbesitz. Die vier Inhaber der großen Hofämter bildeten im Konsistorium eine herausgehobene Gruppe gegenüber den 'einfachen' *comites consistoriani*, die der Kaiser in diese Stellung berief, um sich ihres Rates zu bedienen und sie zu ehren. Das Konsistorium als solches war ein Gremium, das dem Kaiser die Möglichkeit bot, Fragen von allgemeiner Bedeutung zu diskutieren, repräsentative Auftritte zu inszenieren (bei Gesandtschaften u. a.) und in besonderen Fällen Gericht zu halten. Seinen Namen erhielt das Konsistorium vermutlich von dem Raum im Kaiserpalast, in dem es zusammentrat (vgl. Amm. Marc. 25,10,2).

Wie das *cubiculum* (oben S. 30) die private Sphäre des Kaisers umschloss, so bildete das *consistorium* den Rahmen für dessen öffentliche Wirksamkeit. Es spielte daher auch beim Empfangszeremoniell eine besondere Rolle, wie der Bericht des Eusebius über die Vorgänge nach dem Tode Constantins deutlich erkennen lässt (Euseb. vit. Const. 4,67,1): Constantin starb am Pfingstfest, 22. Mai 337, in der Nähe von Nicomedia. Er war mit dem Heer zu dem seit 335 vorbereiteten Perserkrieg (vgl. oben S. 43) aufgebrochen, aber dann erkrankt. Das Heer überführte die Leiche in feierlichem Zuge nach Constantinopel. Hier wurde sie im Palast aufgebahrt, und allen war die Möglichkeit geboten, dem toten Kaiser ihre Aufwartung zu machen, als ob er noch lebt. Es war dieses Zeremoniell, das durch Vorantritt und Proskynese der *comites consistoriani* jedem deren bevorzugten Platz in der Hofrangordnung vor Augen führte.

Constantin hatte kurz vor seinem Tode von den Bischöfen, die ihn begleiteten, die Taufe empfangen. An dem Akt war in erster Linie Eusebius von Nicomedia beteiligt, der zu einer Art Hofbischof avanciert war. Eusebius neigte dem Arianismus zu (vgl. oben S. 24, 35). Die späte Taufe Constantins hatte vielleicht ihren Grund in der zu jener Zeit auch sonst begegnenden Einstellung, die durch die Taufe erfolgende Reinigung von aller Sündenschuld erst kurz vor dem Tode vorzunehmen. Constantin äußerte jedenfalls auf dem Sterbebett, dass er eigentlich vorhatte, sich „dereinst" im Jordan taufen zu lassen. Seine weiteren Worte, er trete jetzt durch die Taufe dem Volk Gottes bei und werde bei diesem Entschluss bleiben, auch wenn Gott ihn am Leben erhalte, könnten darauf hindeuten, dass Constantin außerdem eine gewisse Scheu empfunden hatte, als 'einfacher' Christ der Kirche anzugehören.

Nach dem Eintreffen des Caesars Constantius (aus Antiochia) in Constantinopel fand die feierliche Beisetzung des verstorbenen Maximus Augustus statt. Für seine letzte Ruhe hatte Constantin im äußersten Westen der Stadt ein Mausoleum errichten lassen, das in enger Verbindung zur Apostelkirche stand (oben S. 38). In diesem Mausoleum, einem Rundbau, befand sich in der Mitte ein Porphyrsarkophag, der dazu bestimmt war, die Leiche des Kaisers aufzunehmen. Ihm zu Seiten waren je sechs Stelen platziert, welche die zwölf Grabstätten der Apostel symbolisierten. Eusebius von Caesarea wusste zu berichten, Constantin habe vorausgesehen, dass er nach seinem Tode den Rang eines Apostels erhalten werde. Deshalb sei er bestrebt gewesen, in ihrem Kreis beigesetzt und an den für sie bestimmten Gebeten beteiligt zu werden (Euseb. vit. Const. 4,60,1–4). Möglich wäre freilich ebenfalls, dass Constantin durch die herausgehobene Stellung seines Sarkophags gegenüber den Stelen der Apostel seine Christusähnlichkeit betonen wollte, wie ja auch die beabsichtigte Jordantaufe (s. o.) eine Nachahmung Christi sein sollte. Jedenfalls hatte Constantin sich eine seinem irdischen Wirken adäquate Grabstätte bereitet.

Die römische Tradition hielt für ein solches, auf das Staatswohl gerichtetes Wirken die *consecratio*, die Erhebung des Menschen zum Gott (*divus*), bereit. Constantin hatte seinen Aufstieg zur Macht mit der Divinisierung seines Vaters begonnen (oben S. 2f.), nun wurde ihm selbst diese Erhöhung zuteil (Eutr. 10,8,2). Eine der Münzen, die zu diesem Anlass geprägt wurden (Rom. Imp. Coin. VIII 446/7, Nr. 1), zeigte auf der Rückseite Constantin in einer Quadriga gen Himmel fahrend, aus dem sich ihm eine Hand entgegenstreckte (vgl. Euseb. vit. Const. 4,73). Die Darstellung konnte auch

Von der Tetrarchie zur Monarchie   51

im christlichen Sinne verstanden werden: Gott zog mit seiner Hand Constantin zu sich empor. Es war übrigens die gleiche Hand, die auf dem Goldmedaillon des Wiener Kunsthistorischen Museums Constantin zum Kaiser gekrönt hatte (F. Gnecchi, I Medaglioni Romani I p. 30 + tav. 12).

Constantins weltgeschichtliche Bedeutung tat sich den Zeitgenossen früh kund. Bereits der Rhetor Nazarius, der 321 die Festrede anlässlich des 15. Regierungsjubiläums Constantins hielt, glaubte vorhersagen zu können, dass sein Andenken dauern werde, solange es Menschen auf Erden gebe (Paneg. Lat. 5[10],12,4). Sodann pries der griechische Historiker Praxagoras, der eine bis 324 reichende Biographie Constantins schrieb, seinen Helden als „Großen", weil er die „große Herrschaft" errungen und alle früheren Herrscher durch seine „Großherzigkeit" übertroffen habe (Fragm. d. griech. Hist. Nr. 219, § 6 + 8). Das Ehrenprädikat „der Große" blieb Constantin über die Jahrhunderte erhalten, obwohl es von Anfang an nicht an Stimmen fehlte, die seine Leistung in Teilen oder insgesamt negativ beurteilten. Dass sein Neffe Iulianus Apostata der Erste in dieser Reihe war (vgl. Amm. Marc. 21,10,8), lässt erahnen, wo der tiefste Grund für die Ablehnung Constantins zu suchen ist. Die Nachfolger Julians dagegen schritten weiter auf dem Weg, den Constantin gewiesen hatte, und es galt ihnen als höchste Auszeichnung, mit Constantin verglichen oder gar als *Novus Constantinus* (vgl. unten S. 242, 245) bezeichnet zu werden.

Eine eigenartige Entwicklung nahm das Andenken an Constantin in der römischen Kirche. Hier führte das Bestreben, die Taufe Constantins durch einen den Arianern zugerechneten Bischof (oben S. 50) vergessen zu machen, in der 2. Hälfte des 5. Jahrhunderts zur Entstehung der ›Silvesterlegende‹ (*Actus Silvestri*), wonach der Bischof Silvester von Rom (314–335) Constantin im Lateranpalast getauft und ihn dadurch vom Aussatz befreit habe. Zum Dank sei ihm von Constantin das Privileg verliehen worden, dass er und seine Nachfolger allen Bischöfen übergeordnet sein sollten. Drei Jahrhunderte später wuchs – wiederum in Rom – aus der Silvesterlegende die ›Constantinische Schenkung‹ (*Constitutum Constantini*) heraus, die besagte, Constantin habe nach seiner Taufe dem Bischof Silvester zu seiner geistlichen Vorrangstellung auch weltliche Hoheitsrechte übertragen, und zwar über Rom und alle Provinzen des Westens. Die Fälschung hat dem mittelalterlichen Papsttum als Begründung seiner weltlichen Machtansprüche gedient. Silvesterlegende und Constantinische Schenkung bildeten einen besonders kräftigen

Strang der Constantin-Tradition, die auch monumental ihren Niederschlag gefunden hat. Denn noch heute kann man in der Sockelinschrift des 1588 von Papst Sixtus V. vor dem Lateran aufgerichteten Obelisken lesen, „hier" sei Constantin getauft worden. In der östlichen Kirche wurde Constantins Todestag als Heiligenfest begangen.

2. DAS ERBE CONSTANTINS DES GROSSEN IN DEN HÄNDEN SEINER SÖHNE

(337–361)

Nach Constantins Tod am 22. Mai 337 dauerte es mehr als drei Monate, nämlich bis zum 9. September 337 (Cons. Const., Chron. Min. I 235), ehe seine Söhne Constantin II., Constantius II. und Constans von den Heeren zu Augusti erklärt und dann vom Senat in Rom als solche bestätigt wurden (Euseb. vit. Const. 4,68,2–3 + 4,69,2). Die Heere handelten indes nur bedingt im Sinne des bei ihnen in höchstem Ansehen stehenden toten Kaisers. Denn dieser hatte durch die Nachfolgeordnung des Jahres 335 (oben S. 40f.) zu erkennen gegeben, dass er auch seinen Neffen Dalmatius an der Herrschaft beteiligt sehen wollte. Zudem war für den jüngsten Sohn, Constans, offenbar nicht die Augustus-Stellung vorgesehen. Die Heere aber waren sich einig darin, dass nur den Söhnen Constantins die Nachfolge des Vaters zukomme, und zwar in gleicher Weise als Augusti. Diese Stellungnahme führte dazu, dass Dalmatius und überhaupt alle für die Nachfolge in Frage kommenden Familienmitglieder Constantins von den Soldaten beseitigt wurden; neun waren es insgesamt, darunter auch der als König Armeniens vorgesehene Hannibalianus (Iulian. ep. ad Athen. 3). Nur zwei Kinder entkamen der Mordserie: Gallus und Iulianus, Söhne des Stiefbruders Constantins (Iulius Constantius), die beide später zur Caesar- bzw. Augustus-Würde gelangten (unten S. 62, 66, 77f.). Auch Persönlichkeiten, die von Constantin hoch erhoben worden waren, fielen dem Wüten der Soldaten zum Opfer, so der *praefectus praetorio* Ablabius und der *patricius* Optatus. An der 'Säuberungsaktion' war Constantius II., der sich zur Beisetzung seines Vaters in Constantinopel aufhielt, zumindest durch Duldung beteiligt (Eutr. 10,9,1).

Die Herrschaft Constantins ging also auf seine drei Söhne über, und man breitete darum den Mantel, Constantin habe dies letztwillig verfügt (Sozom. hist. eccl. 2,34,2). Die Eliminierung des Dalmatius verlangte eben nach einer Begründung, und diese lieferte die fiktive Testamentsklausel. In Wirklichkeit war es das dynastische Denken der Soldaten, welches dem Neffen Constantins gegenüber den Söhnen keine Chance ließ. Mit der Ausschaltung des Dalmatius war aber auch die diesem 335 (oben S. 41) zugewiesene Herrschaft über Thrakien, Makedonien und Achaea offen, so dass eine Erbauseinandersetzung der Söhne erforderlich wurde. Diese erfolgte im Juni 338 auf einer Konferenz der drei Brüder in der pannonischen Stadt Viminacium (Cod. Theod. 10,10,4; Iulian. or. 1,14). Das Ergebnis bestand offenbar in einer Aufteilung der strittigen Gebiete zwischen Constantius II. und Constans. Ersterer erhielt Thrakien, letzterer Makedonien und Achaea. Dem ältesten der Brüder, Constantin II., fiel die Stellung des ranghöchsten Augustus zu. Sie spiegelte sich in einem Münzbild, das Constantin auf hohem Thron und mit Nimbus versehen in der Mitte zwischen seinen beiden Brüdern darstellte (Rom. Imp. Coin. VIII 350, Nr. 18 A). Einen territorialen Gewinn brachte die Konferenz von Viminacium für Constantin II. nicht. Dieser hätte in Italien und Afrika bestehen können, wurde aber von den beiden jüngeren Brüdern wahrscheinlich deshalb verhindert, weil er Constantin II. die Machtposition beschert hätte, von der aus dem Vater gelungen war, die Alleinherrschaft zu erringen. Nichtsdestoweniger blieb das territoriale Problem bestehen. Schon 340 wurde es akut. Constantin II. unternahm einen Überfall auf Constans „wegen des Besitzrechts an Italien und Afrika". Das Unternehmen scheiterte jedoch; Constantin geriet bei Aquileia in einen Hinterhalt und fiel (Epit. de Caes. 41,21). Durch dieses Ereignis erlangte Constans zu seinem umfangreichen Herrschaftsgebiet den gesamten Raum jenseits der Alpen hinzu. Das Fait accompli hatte keine direkten Folgen für das Verhältnis zu seinem Bruder Constantius II. Dieser war durch die Persergefahr (unten S. 63 f.) vollauf beschäftigt, so dass er es hinnehmen musste, dass sein jüngerer Bruder an Macht und Selbstbewusstsein zunahm. Es sollte nicht mehr lange dauern, bis dieser (Constans) zur Durchsetzung einer kirchenpolitischen Entscheidung sogar mit Krieg gegen seinen Bruder drohte (unten S. 57). Es gab also seit 340 nur noch zwei Augusti: Constantius II. im Osten und Constans im Westen. Jeder ging in den nächsten zehn Jahren eigene Wege.

Constans wurde gleich nach dem Gewinn der Herrschaft über den ganzen Westen 340 mit der brisanten Angelegenheit um den Bischof Athanasius von Alexandria befasst. Dieser war 335 durch das Konzil von Tyrus abgesetzt und durch einen Urteilsspruch Constantins des Großen nach Gallien verbannt worden (oben S. 43 f.). Athanasius hatte in Trier den Ortsbischof Maximinus als Freund gewonnen und auch den in Trier residierenden Caesar Constantin von seinem Anspruch auf den Bischofsstuhl von Alexandria überzeugt. Nach dem Tode seines Vaters am 22. Mai 337 und noch vor seiner Erhebung zum Augustus am 9. September 337 schickte Constantin daher Athanasius mit einem für die Kirche von Alexandria bestimmten Schreiben an seinen Bischofssitz zurück (Athan. apol. c. Arian. 87,4–7). Die Neuetablierung seines Episkopats misslang Athanasius jedoch schon nach kurzer Zeit – auch durch eigene Schuld. Sein Hauptgegner Eusebius, nunmehr Bischof von Constantinopel, ließ durch das Konzil von Antiochia 338 einen neuen Bischof von Alexandria wählen und diesen (Gregorius) nach der Flucht des Athanasius 339 durch ein Edikt des Kaisers Constantius II. in Alexandria einsetzen. Athanasius verfasste ein Protestschreiben und sandte es an alle Bischöfe. In dieser ›Epistula encyclica‹ griff er Eusebius und die Seinen als Arianer an, von denen er sich und seine Anhänger als Vertreter der wahren Lehre absetzte. Sein Protest richtete sich in der Hauptsache gegen die Einsetzung seines Nachfolgers „auf Regierungsbefehl". Das sei ein Eingriff in die Freiheit der Kirche, gegen den man sich wehren müsse. Athanasius begab sich nach Rom zu Bischof Iulius und erhielt von ihm die Zusage, dass ein römisches Konzil sich seines Falles annehmen werde. Von diesen Vorgängen wurde Kaiser Constans 340 in Kenntnis gesetzt.

Das Konzil, welches Bischof Iulius 341 in Rom abhielt, nahm Athanasius in die Kirchengemeinschaft auf und stellte sich damit auf seine Seite im Kampf um den alexandrinischen Bischofsstuhl. Es war freilich ein nur von Bischöfen aus dem Westen des Reiches besuchtes Konzil, das sein Gewicht für Athanasius in die Waagschale warf, aber dieses Gewicht wurde verstärkt durch die Autorität ihres Vorsitzenden, des Bischofs von Rom. Iulius berief sich denn auch auf den Apostel Petrus, den Gründer der römischen Gemeinde, als er den Bischöfen im Osten die Beschlüsse des römischen Konzils übermittelte. Ihnen warf er vor, mit der Absetzung des Athanasius ohne vorherige Befragung des römischen Stuhls eine alte Rechtsgewohnheit verletzt zu haben (Athan. apol. c. Arian. 35,3–5). Im Übrigen war der Brief gegen den Arianismus des Ostens gerichtet.

Der Bischof von Rom handelte bei seinem Vorstoß zugunsten des Athanasius im Einvernehmen mit dem Westkaiser Constans, wie sich darin zeigte, dass dieser eine Gesandtschaft nach Antiochia abordnete, welche der Forderung nach Rehabilitierung des Athanasius Nachdruck verleihen sollte (Athan. apol. c. Arian. 20,3). Constans empfand es offenbar als Stärkung seiner Position gegenüber dem

Bruder im Osten, dass er sich gemeinsam mit dem Nachfolger des heiligen Petrus in einer politisch wie kirchlich prestigeträchtigen Angelegenheit artikulieren konnte. Iulius wiederum musste es willkommen sein, Ansehen und Macht des römischen Stuhls mit kaiserlicher Hilfe 'weltweit' zur Geltung zu bringen. Athanasius schließlich hatte allen Grund, seinem römischen Amtsbruder, aber auch dem Westkaiser dankbar zu sein. Letzteren hatte er freilich auch seinerseits zur Dankbarkeit verpflichtet, als er ihm 338 auf dessen Bitte hin die Bibel des Alten und Neuen Testaments in Alexandria abschreiben und zusenden ließ (Athan. apol. ad Constant. 4,2). Wahrscheinlich ist es diese Handschrift, die als ›Codex Vaticanus Graecus 1209‹ (saec. IV) der Biblioteca Vaticana heute eine der wichtigsten Textgrundlagen der Bibel bildet.

Dem römischen Konzil von 341 war zu Anfang dieses Jahres (6. Januar 341) die so genannte Kirchweihsynode in Antiochia (Syrien) – Constantins „Große Kirche" (oben S. 32) wurde konsekriert – vorangegangen. Ihr Ergebnis bestand in einer Reihe von Bekenntnisformeln, die, ohne freilich das Schlüsselwort *homo-usios* zu enthalten, erkennen lassen sollten, dass sie auf dem Boden des Nicaenums gewachsen seien, ihre Verfechter also nicht als Arianer angesehen werden dürften (Athan. de synod. 22–24). Mit einem Glaubensbekenntnis dieser Art erschien 342 eine Abordnung von vier Bischöfen aus dem Osten in Trier am Hof des Constans. Dieser hatte nämlich inzwischen an seinen Bruder Constantius II. geschrieben und erneut den Fall des Athanasius zur Sprache gebracht (Socr. hist. eccl. 2,18,1). Glaubensbekenntnis, bischöfliches und kaiserliches Interesse traten in eine hochpolitische Wechselwirkung.

Der Streit um den Bischof Athanasius erhielt eine neue Dimension durch die Ankunft des aus Constantinopel vertriebenen Bischofs Paulus bei seinem Amtsbruder Maximinus in Trier. Da noch eine Reihe anderer, in gleicher Lage befindlicher Bischöfe aus dem Osten sich im Westen aufhielt, entschloss sich Constans, deren Ansprüche auf ihre Bischofssitze durch ein gemeinsames Konzil westlicher und östlicher Bischöfe prüfen und entscheiden zu lassen. Diesen Plan schlug er brieflich seinem Bruder Constantius II. vor, der darauf einging (Socr. hist. eccl. 2,20,2). Als Versammlungsort wurde Serdica/Sofia (im Grenzgebiet der beiden Reichsteile) gewählt. Constans bestellte Athanasius zu sich nach Trier, wohin er auch Bischof Hosius aus Corduba (Spanien) kommen ließ (Athan. apol. ad Constant. 4,4). Dem Kaiser war eben an einem guten Abschneiden 'seiner' Bischöfe gelegen. Mehr als 90 Bischöfe machten sich 343 auf den Weg nach Serdica. Weniger als 80 kamen aus dem Osten (Athan. hist. Arian. 15,3), aber auch sie wurden von 'ihrem' Kaiser kräftig unterstützt. Eusebius von Nicomedia/Constantinopolis befand sich nicht unter ihnen; er war 341 gestorben. Getrennt nahmen die beiden Gruppen Quartier, zu einer gemeinsamen Beratung kam es nicht. Der religiöse Gegensatz zwischen 'Arianern' und 'Orthodoxen' trat der politischen Teilung in ein Ost- und ein Westreich zur Seite!

Der offizielle Grund für die Weigerung der östlichen Bischöfe, mit ihren Amtsbrüdern aus dem Westen zusammenzukommen, bestand in der Tatsache, dass Letztere die aus dem Osten vertriebenen Bischöfe in die Kirchengemeinschaft aufgenommen hatten, obwohl über sie doch erst befunden werden sollte. Die notdürftig aufrechterhaltene Verbindung zwischen den beiden Delegationen wurde beendet, als die Meldung vom Sieg des Constantius über die Perser den östlichen Bischöfen einen Grund zur Heimreise bot (Athan. hist. Arian. 16,2). Ihre letzte Handlung war die Exkommunikation der Hauptgegner im Westen, darunter Athanasius, Hosius und Iulius (von Rom). Die westlichen Bischöfe beantworteten das Anathema mit der gleichen Handlung gegen die in ihren Augen Hauptschuldigen aus dem anderen Lager. Jede der beiden Parteien legte ihren Standpunkt zu der missglückten Einigung in einem Synodalschreiben dar. Die Bischöfe aus dem Westreich wandten sich außerdem direkt an den Kaiser des Ostreichs. In diesem Brief baten sie Constantius II., er möge der Verfolgung 'katholischer' Christen durch 'arianische' Glaubensbrüder ein Ende setzen und seine Beamten anweisen, jede Einmischung in religiöse Angelegenheiten zu unterlassen. Sie sollten vor allem aufhören, die führenden Häretiker zu fördern. Der Brief schloss mit der Drohung, dass jeder, der mit den Häretikern zusammenarbeite, an deren Schuld teilhabe (Hilar. append. ad collect. antiarian. Paris. I 1,1–2 + 5,2). Das galt auch für den Kaiser!

Nach dem Scheitern des Konzils von Serdica nahm Constans die Sache des Athanasius und der übrigen exilierten Bischöfe persönlich in die Hand. In zwei Briefen stellte er an seinen Bruder Constantius die Forderung, die Bischöfe zu restituieren, im Letzten (345) sogar ultimativ: sonst riskiere er einen Krieg (Socrat. hist. eccl. 2,22,5). Constantius gab schließlich nach, wobei auch eine Rolle spielte, dass der seit 339 in Alexandria residierende Bischof Gregorius 345 starb. So konnte Athanasius 346 einen triumphalen Einzug in Alexandria halten (Greg. Naz. or. 21,27). Trotz aller erdenklichen

Zusicherungen seitens des Constantius erlangte Athanasius aber nicht die Genugtuung, durch ein großes Konzil der östlichen Bischöfe voll rehabilitiert zu werden (Athan. hist. Arian. 44,4). Immerhin waren ihm nun einige Jahre der Ruhe vergönnt, die er neben der Wahrung seiner oberhirtlichen Aufgaben nutzte, um archivarisch tätig zu werden: Er stellte eine Dokumentation zusammen, welche die Vorgänge um ihn von 328 bis 347 beleuchten sollte: ›Apologia contra Arianos‹ (später von ihm überarbeitet). Auch ging er daran, ein Werk über das Konzil von Nicaea zu schreiben, in dem er sein Festhalten an dem von dort sich herleitenden 'orthodoxen' Glauben begründete: ›De decretis Nicaenae synodi‹. Es wurde wahrscheinlich 352 publiziert.

Die Rückführung des Athanasius nach Alexandria durfte der Westkaiser Constans als Erfolg seines beharrlichen Drucks auf den Bruder im Osten werten. Auch die Bischöfe des Westens konnten ihr in Serdica abgegebenes Votum für Athanasius als pragmatisch sanktioniert ansehen; sie konnten überhaupt davon ausgehen, dass ihre separat gefassten Beschlüsse allgemeine Geltung erlangten. Unter diesen Beschlüssen befanden sich zwei, welche auf Missstände zielten, die hauptsächlich in Afrika zu Tage getreten waren: Bischöfe gingen oft an den Kaiserhof, um eigennützige Bitten vorzutragen. Dem wurde ein Riegel vorgeschoben durch die Bestimmung, dass ein Bischof nur dann an den Kaiserhof gehen dürfe, wenn er vom Kaiser eingeladen werde. Handelte es sich bei den Bitten um Fürsprache für bedrängte Menschen, so sollte ein Diakon mit der Reise betraut werden (Conc. Serd. can. 7/8).

Es könnte als konzertierte Aktion erscheinen, dass wenige Jahre nach Serdica auch Kaiser Constans der religiösen und sozialen Situation in Afrika sein Augenmerk zuwandte. Im Jahre 347 schickte er nämlich zwei seiner Sekretäre (*notarii*) nach Afrika, um an alle Kirchengemeinden Gelder für die Gotteshäuser und für die Armen zu überbringen. Die Maßnahme war darauf berechnet, eine Einigung zwischen Katholiken und Donatisten in die Wege zu leiten (Optat. 3,3–4). Es ging bei diesem Schisma ja nicht um eine theologische, sondern eine disziplinarische Differenz, nämlich um den Vorwurf der Donatisten gegen die Katholiken, *traditores* und daher unrein zu sein (oben S. 13). Die beiden Notare, Macarius und Paulus mit Namen, stießen bei Donatus, dem schismatischen Bischof von Carthago, auf scharfen Widerspruch, als sie ihren Auftrag in seinem Sprengel erfüllen wollten. „Was hat der Kaiser mit der Kirche zu schaffen?" (*quid est imperatori cum ecclesia?*), hielt er ihnen entgegen und wies die Geschenke des Kaisers zurück. Seinen donatistischen Amtsbrüdern empfahl er brieflich das Gleiche zu tun (Optat. 3,3). Ein Konflikt war damit programmiert. Dass er blutige Formen annahm, lag an der besonderen Situation des Donatismus in Numidien. Hier hatten sich aus Wanderarbeitern militante Gruppen der Donatisten sozialrevolutionären Charakters gebildet. Sie hießen *circumcelliones*, wohl wegen ihrer Versammlungsplätze bei den *cellae* („Lagerhäusern"). Mit Hilfe dieser *circumcelliones*, die er *agonistici* („Glaubenskämpfer") nannte, wollte der Bischof von Bagai (zwischen Theveste und Mascula) im Bannkreis seiner Kirche den kaiserlichen Notaren entgegentreten. Es kam zum Kampf, der den Donatisten zum Verhängnis wurde (Optat. 3,4).

Constans befahl nun, mit Gewalt durchzuführen, was mit gütlichen Mitteln gescheitert war: die Einheit von Katholiken und Donatisten. Die Publikation seiner diesbezüglichen Anordnung führte in Carthago zu Protesten, in Numidien zu großen Unruhen. Die Donatisten verloren ihre Kirchen an die Katholiken, die donatistischen Bischöfe und Priester, die sich der Einverleibung widersetzten, wurden verbannt; der Donatismus als praktizierende christliche Gemeinschaft fand, wie ein 348 in Carthago abgehaltenes Konzil feststellte, sein Ende. Dabei spielte gewiss eine Rolle, dass Donatus, der Kopf der Schismatiker, zu den Verbannten zählte (er starb um 355). Aber ausgerottet war die Bewegung des Donatismus durch die Initiative des Constans keineswegs; sie lebte im Verborgenen weiter. Nach einem Jahrzehnt der Unterdrückung konnte sie sich von neuem erheben (unten S. 90).

In den auf die Rückkehr des Athanasius nach Alexandria (356) und den Schlag gegen die Donatisten (347) folgenden Jahren bis zum Tode des Constans (350) schrieb der in Sizilien beheimatete Rhetor Firmicus Maternus, ein Angehöriger des Senatorenstandes, sein die religionspolitische Lage beleuchtendes Werk ›De errore profanarum religionum‹, das er an die Kaiser Constans und Constantius adressierte. Firmicus Maternus war zum Christentum konvertiert und trat nun als dessen Anwalt gegen den „Irrtum der heidnischen Religionen" in die Schranken. In Umbiegung der christlichen Apologetik plädierte er für den Angriff auf die heidnischen Kulte und verlangte deren Ausrottung von Staats wegen. Dabei befand er sich in Übereinstimmung mit der Kaisergesetzgebung, die soeben (346) die generelle Schließung der Tempel verfügt und alle heidnischen Opferhandlungen verboten hatte. Zuwiderhandelnden wurde die Todesstrafe nebst Vermögensentzug angedroht; Letzterer sollte auch die Provinzstatthalter treffen, welche von einer Bestrafung der Schuldigen absahen (Cod. Theod. 16,10,4). Diesem Gesetz waren 341 und 342 zwei weniger rigorose, aber doch in die gleiche Richtung weisende vorangegangen (Cod. Theod. 16,10,2 + 3), auf die Firmicus Maternus (de err. 28,6) mit bemerkenswerter Argumentation anspielte: das Vorgehen gegen die Tempel sei von Gott belohnt worden durch Siege über die äußeren Feinde und durch Erweiterung des Reiches, womit er die Erfolge des Constans in den Kriegen gegen Franken (341/2) und Britannier (343) sowie die des Constantius im Perserkrieg (343/4) meinte.

Seit etwa 346 waren die erwähnten Kriegserfolge in West und Ost auf Münzen zu sehen, und zwar auf neuen Nominalen. Dabei handelte es sich um Bronzemünzen, die an die Stelle der nun auf 1,3 g und 12 mm Durchmesser geschrumpften Folles traten. Sie hießen Maiorinae und Centenionales (vgl. Cod. Theod. 9,23,1,3), wobei die Zuordnung der Namen zu den erhaltenen Stücken fraglich bleibt. Wahrscheinlich waren die größeren Stücke (5,25 und 4,25 g) Maiorinae, die kleineren (2,4 g) Centenionales. Der Silbergehalt betrug 2,5 bzw. 1,5 %. Alle diese neuen Münzen trugen die Rückseitenlegende FELicium TEMPorum REPARATIO mit den Bildern der Kriegstaten, welche die „glücklichen Zeiten" herbeigeführt hatten. Constantius war mit zwei Szenen aus dem Perserkrieg, Constans mit je einem Bildbezug auf den Franken- und Britannienfeldzug an der Serie beteiligt. Von dieser gab es außerdem Stücke, deren Rückseite den Säkularvogel Phönix mit der gleichen Umschrift (FEL TEMP REPARATIO) zeigten (Rom. Imp. Coin. VIII 258, Nr. 143) und damit die ganze Serie in den Zusammenhang der 348 anstehenden 1100-Jahr-Feier Roms stellten.

Der Frankenkrieg der Jahre 341/2 war offenbar durch ein Vordringen der Salfranken auf römisches Reichsgebiet verursacht. Constans ging gegen sie vor, doch scheint es relativ schnell zu einer Übereinkunft gekommen zu sein (Hieron. chron. ad an. 341/2). Nach Darstellung des betreffenden Münzbildes bestand sie darin, dass der Kaiser den Salfranken Wohnsitze auf römischem Territorium gewährte (auf der Münze führt er einen Barbaren aus einer Hütte heraus, Rom. Imp. Coin. VIII 258, Nr. 140). Das Siedlungsgebiet war die Toxandria, eine Landschaft südlich des Unterlaufs der Maas (Mosa), wie sich aus einer späteren Erwähnung (Amm. Marc. 17,8,3) ergibt. Durch diese Ansiedlung trat Ruhe an diesem wichtigen Teil der Reichsgrenze ein (Liban. or. 59,131–132).

343 sah Constans sich durch nicht näher bekannte Ereignisse ver-

anlasst, eine Expedition nach Britannien zu unternehmen. Wahrscheinlich hatten die Picti und Scotti in größerer Zahl den Hadrianswall überwunden. Vielleicht war aber auch die Südostküste (*litus Saxonicum*) so stark von Einfällen der Saxones betroffen, dass der Kaiser persönlichen Handlungsbedarf sah. Jedenfalls lassen sich für beide neuralgischen Stellen Maßnahmen erkennen, die auf Constans zurückgehen dürften. Am Hadrianswall, der weitgehend von regulären Truppen entblößt war, übernahmen Milizen (*arcani*: Amm. Marc. 28,3,8) die Grenzwacht; an der gefährdeten Südostküste trat ein *comes litoris Saxonici* (vgl. Amm. Marc. 27,8,1) als Verantwortlicher für die Küstenverteidigung in Erscheinung. Der Aufenthalt des Constans in Britannien war kurz, aber erfolgreich (Liban. or. 59,137–141), und so konnte denn das sich darauf beziehende Münzbild die siegreiche Heimkehr des Kaisers darstellen (Schiff von Victoria gesteuert, Constans mit Labarum und Phönix, Rom. Imp. Coin. VIII 257, Nr. 135).

Die von der Münzpropaganda verkündeten „glücklichen Zeiten" blieben der Bevölkerung des Westreiches weitgehend verborgen. Zwar ließ sich die Herrschaft des Constans „eine Zeit lang" als „gut und gerecht" charakterisieren, aber unter dem Einfluss schlechter Ratgeber sank sie dann zu einer Bedrückung der Provinzialen und zum Ärgernis für das Militär ab (Eutr. 10,9,3). Da Constans sich auch bei seiner nächsten Umgebung missliebig machte (u. a. durch Päderastie, Aur. Vict. de Caes. 41,24), war eine breite Front vorhanden, die seinem Regiment ablehnend gegenüberstand. Aus ihr erwuchs der Plan des *comes rerum privatarum* Marcellinus, diesen Kaiser zu beseitigen. So kam es am 18. Januar 350 in Augustodunum/Autun zur Ausrufung des Magnus Magnentius als neuen Augustus. Constans floh in Richtung Mittelmeer, wurde aber in der Nähe von Helena/Elne (bei Perpignan) von Verfolgern eingeholt und getötet. Er war nur 30 Jahre alt geworden.

Magnentius war ein hoher Offizier barbarischer Herkunft und heidnischen Glaubens (Philostorg. hist. eccl. 3,26). Ihm gelang es schnell, in weiten Teilen des Westreichs Anerkennung zu finden. Allerdings gab es zwei Erhebungen gegen ihn, eine in Italien, die andere in Illyricum. Die in Italien ging von Nepotianus, einem Verwandten Constantins des Großen, aus und führte zu einem Schreckensregiment in Rom. Magnentius schickte gegen ihn eine Streitmacht unter Führung des schon erwähnten Marcellinus (jetzt: *magister officiorum*, Zosim. 2,43,4), der die Erhebung niederschlug; Nepotianus fand dabei den Tod – nach 27-tägigem 'Kaisertum' (Aur.

Vict. de Caes. 42,6–8). In Sirmium (Illyricum) bewog Constantia, Schwester des Constantius und Witwe des Hannibalianus (oben S. 42, 53), den *magister peditum* Vetranio, im Interesse des Staatswohls die Kaiserwürde anzunehmen. Der Donauraum blieb auf diese Weise dem Magnentius verschlossen. Mehr noch: Vetranio wurde zum Vorkämpfer der sich abzeichnenden Auseinandersetzung mit Magnentius. Auf einem Münztyp erschien Vetranio mit dem Labarum und der Legende HOC SIGNO VICTOR ERIS (Rom. Imp. Coin. VIII 369, Nr. 283), d. h. der Prophezeiung, die Constantin den Großen einst zum Siege geführt hatte (oben S. 12).

Constantius nahm die Herausforderung des Magnentius an. Er verließ den Osten und erschien im Herbst 350 mit einem Heer in Thrakien. Auf dem Marsch nach Westen vereinigte er sich mit den Truppen des Vetranio, der nun abdankte – seine Aufgabe war erfüllt. In Sirmium ernannte Constantius am 15. März 351 seinen Vetter Gallus (oben S. 53) zum Caesar und vermählte ihn mit der soeben erwähnten Constantia Augusta (seiner Schwester). Er sollte in Antiochia die Herrschaft der Dynastie sichern und die Belange des Reiches wahren. Constantius selbst zog mit 80 000 Soldaten dem sich von Westen nähernden Magnentius entgegen. Dieser hatte ein Heer von 36 000 Mann zusammengebracht. Bei Mursa an der Drau (Dravus) in Pannonien (Osijek/Kroatien) stießen die Heere am 28. September 351 aufeinander. Constantius siegte auf Grund seiner Übermacht, vor allem an Kavallerie (Zosim. 2,45,4), aber es war ein verlustreicher Sieg. 30 000 Mann des Constantius blieben auf dem Schlachtfeld. Magnentius verlor 24 000 Mann (Zonar. 13,8,17). Insgesamt kostete dessen Usurpation die Römer also 54 000 Mann, die an den Grenzen so dringend gebraucht wurden! Entsprechend verheerend waren die Folgen, vor allem im Westen, wo – das kam noch hinzu – Constantius zur Schwächung der Stellung des Magnentius die Germanen zum Einfall nach Gallien aufgefordert hatte (Zosim. 2,53,3). Der von Magnentius 350 zum Caesar erhobene Decentius war der Invasion nicht gewachsen; Gallien stand den Germanen schutzlos offen (Amm. Marc. 16,12,5). Es war wohl diese Situation, die zur Vergrabung des 1961/62 gehobenen Silberschatzes von Kaiseraugst führte.

Der geschlagene Magnentius zog sich nach Aquileia zurück, um in Oberitalien ein neues Heer aufzustellen, musste diese Absicht aber aufgeben, da Constantius ihm folgte und 352 Oberitalien in Besitz nahm. Magnentius blieb nur der Rückzug nach Gallien. Dort versuchte er mit allen Mitteln, seine Herrschaft zu sichern. Eines dieser Mittel war die Münzpropaganda, mit der er sich an den christlichen Teil der Bevölkerung wandte: Auf den Rückseiten von massenhaft geprägten Bronzestücken erschien das Christogramm: die ineinander verflochtenen Buchstaben X (Chi) und P (Rho). Am Schnittpunkt der Hasten beider Buchstaben war links ein Alpha, rechts ein Omega angebracht (Rom. Imp. Coin. VIII 163, Nr. 319). Mit diesen apokalyptischen Buchstaben hob Magnentius den auf die Ewigkeit Gottes (Apoc. 21,6) gegründeten Anspruch der Dauerhaftigkeit seines Kaisertums hervor. Diese betont christliche Propaganda muss neben seine den Heiden entgegenkommende Maßnahme gestellt werden, die wieder nächtliche Opfer gestattete (vgl. Cod. Theod. 16,10,5) Der Usurpator wollte eben alle für sich gewinnen. Dass er dabei die Bevölkerung nach Heiden und Christen unterschied, war bezeichnend für den Einfluss, den die Religion auf die Gesellschaftsstruktur erlangt hatte.

Constantius war entschlossen, seinen Widersacher endgültig zu besiegen. Deshalb überstieg er 353 mit einem Heer die Alpes Cottiae. In der Nähe des Ortes Mons Seleucus/Mont Saléon bei Gap (Provence) gelang ihm der entscheidende Schlag (Socr. hist. eccl. 2,32,6). Magnentius floh nach Lugdunum/Lyon und nahm sich dort das Leben; Decentius, sein Caesar, beging in Senones/Sens Selbstmord. Constantius war nun der Herr des ganzen Reiches. Er begab sich nach Arelate/Arles, wo er am 6. November 353 den 30. Jahrestag seines Herrschaftsantritts (oben S. 40) feierlich beging (Amm. Marc. 14,5,1). Die Tricennalien markierten einen Einschnitt in der Herrschaftsausübung des Constantius: War bis 350 der Osten sein Tätigkeitsfeld gewesen, so wurde es nun der Westen. In eben jenem Jahr (350) hatte er seine Hauptresidenz Antiochia verlassen; 360 sollte er sie erst wiedersehen. In der Zwischenzeit waren Sirmium (351/352), Mediolanum/Mailand (352–357) und wieder Sirmium (357–359) seine Residenzstädte.

Als Constantius 350 in den Westen aufbrach, hatte Nisibis in Nordmesopotamien gerade die dritte Belagerung durch die Perser überstanden (Zonar. 13,7,14). Schon 338 und 346 war die in jeder Hinsicht wichtige Stadt im Zuge der Bemühungen Schapurs II., die 298 an Rom abgetretenen Gebiete Mesopotamiens zurückzugewinnen, ohne Erfolg angegriffen worden. Auch sonst hatte es Kampfhandlungen mit den Persern gegeben. 343 war Constantius in die Adiabene vorgedrungen, hatte eine Stadt erobert und die Bewohner als Gefangene fortgeführt; er siedelte sie in Thrakien an (Liban. or. 59,83). Möglicherweise handelte es sich um Christen, die Constantius vor der Verfolgung durch Schapur schützen wollte. Denn dieser hatte Maßnahmen gegen die Christen in seinem Reich ergriffen, weil er in ihnen Sympathisanten des römischen Kaisers als des Schutzherrn der ganzen Christenheit sah (Sozom. hist. eccl. 2,9–14; vgl. oben S. 42f.). 344 war es dann bei Singara zu einer Schlacht zwischen Persern und Römern gekommen. Sie hatte den Römern zwar keinen Sieg, wohl aber mit der Gefangennahme des persischen Kronprinzen einen Prestigeerfolg gebracht (Liban. or. 59,117–118). Wie dieses Ereignis, so war auch jenes (die Wegführung von Gefangenen aus der Adiabene) auf den bereits erwähnten Münzen mit der Rückseitenlegende FELicium TEMPorum REPARATIO festgehalten (Rom. Imp. Coin. VIII 454, Nr. 82 bzw. 90).

Mit dem Verhältnis Roms zu Persien war die Armenienfrage aufs Engste verbunden. Nach dem (missglückten) Versuch von Schapur II. im Jahre 334, den Status quo zu verändern (oben S. 42f.), hatte es 337/338 eine erneute Konfrontation gegeben. Der armenische König Arsaces war vom perserfreundlichen Adel vertrieben worden. Constantius hatte ihn 338 auf den armenischen Königsthron zurückgeführt und den inneren Frieden wiederhergestellt (Iulian. or. 1,15). Zugleich hatte er, wie aus der ›Geschichte Armeniens‹ des Faustus von Buzanta (4,4–6) hervorgeht, durch die Weihe des reformatorisch gesinnten Narses zum *catholicus* Armeniens dafür Sorge getragen, dass das Land eine Kirchenordnung erhielt, die es enger mit den kirchlichen Verhältnissen auf römischem Reichsboden verband. Als dann aber Narses mit dem König Arsaces in Konflikt geriet, ließ Constantius den *catholicus* aus seiner Stellung entfernen. Den König dagegen zog er dadurch näher an Rom heran, dass er ihn zur Heirat mit einer hoch stehenden Römerin, Olympias, der Tochter des Prätorianerpräfekten Ablabius (oben S. 53), veranlasste. Der letztere Vorgang fand wohl 354 statt (vgl. Amm. Marc. 14,11,14), als Constantius sich im Westen des Reiches aufhielt.

Von 351 bis 354 stand der Osten unter der Aufsicht des Caesars Gallus (oben S. 62). Constantius hatte seinem bisher von öffentlicher Tätigkeit fern gehaltenen Vetter Männer zur Seite gestellt, denen er selbst vertrauen konnte. Es waren dies vor allem der *praefectus praetorio* Thalassius und der *magister equitum* Ursicinus. Gallus aber suchte sich ihrem Einfluss zu entziehen und ließ, angetrieben von seiner machthungrigen Frau (Amm. Marc. 14,1,2), keine Gelegenheit aus, seine eigene Herrschaftsauffassung zur Geltung zu bringen, deren Kennzeichen die „Grausamkeit" (*acerbitas*) war. Diese äußerte sich besonders in Antiochia, wo das Gewaltregiment des Gallus darin gipfelte, dass er anlässlich einer drohenden Hungersnot den syrischen Statthalter (*consularis*) Theophilus dem Pöbel preisgab, der ihn auf grauenhafte Weise zu Tode brachte (Amm. Marc. 14,7,5–6). Seinen eigenen Untergang bereitete Gallus sich mit der Ermordung des Prätorianerpräfekten Domitianus, den Constantius an die Stelle des Anfang 354 verstorbenen Thalassius hatte treten lassen. Domitianus war mit dem Auftrag nach Antiochia gekommen, Gallus dazu zu bewegen, sich am Hof des Constantius einzufinden (Amm. Marc. 14,7,9–16). Constantius gelang es schließlich durch eine List, Gallus nach Italien zu locken. In Pola (Histria) wurde er über seine Untaten verhört und das Geständnis nach Mediolanum/Mailand an Constantius geschickt. Dieser sprach über seinen Vetter das Todesurteil aus und ließ es durch Enthaupten vollstrecken (Amm. Marc. 14,11,20–23). Constantia Augusta, die Gattin des Gallus, war zu dieser Zeit schon tot. Constantius hatte sie vor Gallus zu sich gebeten. Auf der Reise nach Italien war sie in Bithynien erkrankt und gestorben. Ihre Leiche wurde nach Rom überführt und im Mausoleum bei der von ihr errichteten Kirche S. Agnese fuori le mura beigesetzt. Der Sarkophag, in dem sie bestattet wurde, steht heute in den Vatikanischen Museen (Museo Pio Clementino).

Als vordringlich stellte sich für Constantius nach dem Sieg über Magnentius die Aufgabe dar, Oberitalien (mit der Residenzstadt Mailand) vor den Alamannen zu sichern, die mit ihren Einfällen den vorgelagerten gallisch-rätischen Raum, die heutige Schweiz, schwer getroffen hatten und weiter bedrohten (Karte der Münzschatzfunde: D. G. Wigg, Studien zu Fundmünzen der Antike 8, 1991, S. 265). 354 verlegte der Kaiser sein Hauptquartier von Arelate/Arles zuerst nach Valentia/Valence (an der Rhône), dann nach Cabillona/Chalon (an der Saône). Von dort führte er sein Heer ostwärts an den Rhein nach Augusta Raurica/Kaiseraugst. Die beiden Alamannenkönige aber, gegen die der Feldzug unternommen wurde, suchten angesichts der Stärke des römischen Heeres um Frieden nach und boten die Bereitstellung von Hilfstruppen an (Amm. Marc. 14,10,9 + 14). Constantius ging darauf ein und erreichte so die Beruhigung der Lage am Oberrhein. Für das nächste Jahr (355) plante er einen Schlag gegen die alamannischen Lentienses im Bodenseegebiet, die Rätien unsicher machten. Zur Aufnahme der Operationen begab er sich von Mailand an den Lacus Verbanus (Lago Maggiore), wo sich auf den Campi Canini die Truppen sammelten. Der Großteil von ihnen stieß unter dem Kommando des *magister equitum* Arbetio an den Bodensee (Lacus Brigantiae) vor; Constantius blieb mit dem Rest der Truppen im Lager auf den Campi Canini, um den Rückzug zu sichern (Amm. Marc. 15,4,1). Am Bodensee kam es zum Kampf mit den Lentienses, in dem letztlich die Römer siegten. Der Kaiser kehrte zufrieden nach Mailand zurück (Amm. Marc. 15,4,13). Hier aber erreichte ihn eine schlechte Nachricht: Der *magister peditum* Silvanus, den er zur Bekämpfung der Germanen an den Mittel- und Niederrhein entsandt hatte, war in Köln von den Soldaten zum Augustus ausgerufen worden. Constantius reagierte mit der Entsendung des Ursicinus (oben S. 64), den er im Zusammenhang mit der Gallus-Affaire an den Hof beordert hatte, nach Köln (Amm. Marc. 15,5,17–22). Dorthin gelangt, täuschte Ursicinus den Usurpator über seine Lage und brachte die Soldaten durch große Versprechungen dazu, ihn umzubringen. Nur 28 Tage hatte das 'Kaisertum' des Silvanus gedauert (Aur. Vict. de Caes. 42,16)!

Die Lage in Gallien verschlechterte sich infolge der Beseitigung des Silvanus dramatisch. Die Einfälle der Germanen verheerten das ganze Land; das Verteidigungssystem brach völlig zusammen. Unter dem Druck dieser Lage entschloss sich Constantius, seinem Vetter Iulianus (vgl. oben S. 53) die Caesar-Stellung zu übertragen und ihm Gallien anzuvertrauen (Amm. Marc. 15,8,1). Julian, der in Athen studierte, wurde nach Mailand gerufen und erhielt hier am 6. November 355 die Zeichen seiner Würde. Auch eine Ehe musste er eingehen – mit seiner Cousine Helena, der Schwester des Constantius. Am 1. Dezember 355 trat er die Reise nach Gallien an – von Constantius bis Ticinum/Pavia begleitet (Amm. Marc. 15,8,17–18).

Der reichspolitisch wichtigen Entscheidung, die Constantius mit der Caesarernennung Julians 355 in Mailand traf, war eine kirchenpolitisch ebenso wichtige Maßnahme auf dem im gleichen Jahr zu Mailand abgehaltenen Konzil vorangegangen: Athanasius, der 'orthodoxe' Bischof von Alexandria (oben S. 35, 43f., 54–58), wurde im Zuge der Übertragung des 'arianisch' orientierten Kurses der Kirchenpolitik des Constantius auf das ganze Reich seines Bischofsamtes enthoben. Unter den ihm zur Last gelegten Verfehlungen befand sich auch der Vorwurf, mit dem Usurpator Magnentius in Beziehung gestanden zu haben (Athan. apol. ad Constant. 6). Schon in Arles hatte Constantius 353 durch ein Konzil die Verurteilung des Athanasius erwirkt, doch war von Seiten des römischen Bischofs Liberius dagegen eingewandt worden, dass für eine solch schwer wiegende Maßnahme ein größeres Konzil erforderlich sei. Eben diesen größeren Rahmen sollte das Konzil von Mailand 355 bieten. Es wurde dominiert von den zu Beratern des Kaisers aufgestiegenen Bischöfen Ursacius von Singidunum/Belgrad und Valens von Mursa, alten Gegnern des Athanasius. Das Ergebnis war das Gleiche wie in Arles. Constantius erklärte denn auch rundheraus, dass sein Wille als kirchlicher Rechtsspruch (*canon*) zu gelten habe (Athan. hist. Arian. 33,7). Dementsprechend verlangte er von allen Bischöfen, dass sie das Konzilsdokument mit der Verurteilung des Athanasius unterschrieben. Wer sich wie Lucifer von Calaris/Cagliari (Sardinien) weigerte, wurde verbannt. Besonderen Wert legte Constantius auf die Unterschrift des Liberius „wegen der höheren Autorität des Bischofs der Ewigen Stadt" (Amm. Marc. 15,7,10). Liberius hatte an dem Konzil von Mailand (wie an dem in Arles) nicht teilgenommen, wurde nun aber an den Hof zitiert und, als er die geforderte Unterschrift nicht leistete, mit Verbannung bestraft. Das Schicksal der Verbannung musste 356 auch Hilarius, Bischof von Pictavi/Poitiers, auf sich nehmen. Athanasius selbst wurde Anfang 356 durch kaiserliche Truppen aus Alexandria vertrieben – gegen den Protest des Kirchenvolkes.

Constantius blieb bis zum Frühjahr 357 in Mailand. Die Stadt bot nicht nur dem Kaiserhof ein angemessenes Domizil, sie entsprach auch durch ihre geographische Lage genau den militärischen Ambitionen des Constantius. Diese waren, wie erwähnt, darauf gerichtet, die Invasionsgefahr von Rätien abzuwenden. Wie 355 zog Constantius auch 356 gegen die Alamannen – sie waren ja die Invasoren (oben S. 65) – zu Felde, und zwar mit beachtlichem Erfolg: Er überschritt den Oberrhein und durchzog das Feindesland, ohne Widerstand zu finden. Zustatten kam ihm bei diesem Feldzug, dass der Caesar Julian Gallien für die Alamannen sperrte und dass deren östliche Nachbarn ihnen gegenüber eine feindliche Haltung einnahmen. So blieb den Alamannen nur übrig, mit den Römern Frieden zu schließen; Constantius wertete ihn als Sieg (Amm. Marc. 16,12,15–16).

Als Sieger und Triumphator fühlte Constantius sich gedrängt, den Gewinn der Alleinherrschaft gegen Magnentius und seine Erfolge gegen die Alamannen in der „Mutterstadt der Triumphe" (Themist. or. 3,42,4) zu feiern: in Rom. So kam er denn im April/Mai 357 zu einem 30-tägigen Besuch in die ehemalige Hauptstadt des Reiches, deren Ruhm als Hort der römischen Tradition ungeschmälert fortdauerte. Constantius zog, wie es das Adventus-Zeremoniell erforderte, mit großem Gepränge in Rom ein und bot den Römern die

Majestät des Kaisertums in aller Form dar. Bei dem Besichtigungsprogramm, das er absolvierte, zeigte er sich stark beeindruckt von den Bauwerken der Stadt; Senat und Volk würdigte er mit einer Rede; an den Spielen nahm er freudigen Anteil. Die Stadt als solche schlug ihn so sehr in ihren Bann, dass er den Wunsch verspürte, sich in ihr zu verewigen (Amm. Marc. 16,10,1–17). Er tat es durch Stiftung eines Obelisken, und zwar wählte er einen Obelisken, der größer war als alle, die sich schon in Rom befanden. Aus Theben (Ägypten) stammend und von Constantin dem Großen für 'seine' Stadt Constantinopel bestimmt, wurde der Obelisk, nachdem er vom Nil an den Tiber gebracht worden war, im Circus Maximus aufgestellt. Den Sockel ließ Constantius mit einer großen Inschrift versehen (Corp. Inscr. Lat. VI 1163 [Biblioteca Vaticana]). Heute steht der Obelisk (mit neuem Sockel) auf dem Platz vor der Lateranbasilica. Papst Sixtus V. sorgte 1587/88 für Ausgrabung und Transport an den neuen Standort.

Der Rombesuch brachte Constantius in näheren Kontakt zu der Stadtaristokratie, die sich als Verkörperung der römischen Tradition verstand und diese in all ihren Facetten pflegte. In diesem Rahmen hatte sie auch die alte Götterverehrung aufrecht zu erhalten gewusst, obwohl die kaiserliche Religionspolitik deren Unterdrückung durchzusetzen suchte (oben S. 44f.). Rom bildete in dieser Hinsicht eine Oase. Freilich war die Aristokratie in ihrer religiösen Haltung nicht so homogen wie auf den anderen Gebieten ihres Wirkens; das Christentum hatte Anhänger gewonnen und war dabei, seinen Platz neben der heidnischen Tradition zu sichern. Gerade in den 50er Jahren war diese Tendenz deutlich wahrnehmbar, vor allem in dem (durch Kopien erhaltenen) ›Kalender-Handbuch von 354‹ (Kalender des Filocalus), dessen Inhalt sich als Mischung beider Traditionsstränge darstellte (z. B. Liste der Stadtpräfekten neben einer solchen der römischen Bischöfe). Ebenso aufschlussreich waren der zwischen 355 und 357 erfolgte Übertritt des berühmten Rhetoriklehrers Marius Victorinus zum Christentum (Augustin. conf. 8,24) und die Taufe des Stadtpräfekten Iunius Bassus im Jahre 359. Der mit Szenen aus dem Alten und Neuen Testament verzierte Sarkophag des Letzteren (in den Vatikanischen Grotten) kündet noch heute von dem christlichen Impuls jener Jahre (Inscr. christ. urb. Rom. Nov. Ser. II 4164). Umgekehrt brachten die in der Mitte der 50er Jahre auftauchenden Kontorniaten, Bronzemedaillons mit Randfurche (italienisch: contorno), die von den spielgebenden Aristokraten als Geschenke verteilt wurden, zum Ausdruck, wie stark sich die

Aristokratie der antiken, d.h. heidnischen Tradition verbunden fühlte. Denn auf den Kontorniaten waren Götter, Dichter, Philosophen, Kaiser und die weite Welt der Spiele dargestellt. Constantius musste all dies bei seinem Umgang mit der römischen Aristokratie berücksichtigen. In der Tat scheint er sich bemüht zu haben, beiden Seiten gerecht zu werden. So ließ er einerseits den Victoria-Altar aus der Kurie schaffen, tastete andererseits aber die Privilegien der Vestalinnen und Priester nicht an, ja setzte sogar Mitglieder der Aristokratie in Priesterämter ein (Symm. rel. 3,6 + 7). Er hatte es eben mit einem janusköpfigen Gebilde zu tun!

Bedrohliche Nachrichten von der mittleren und unteren Donau veranlassten Constantius, am 29. Mai 357 von Rom nach Sirmium (an der Grenze von Pannonien und Mösien) aufzubrechen, um dort sein Hauptquartier aufzuschlagen und seine Residenzpflichten wahrzunehmen. Die notwendigen militärischen Maßnahmen liefen im Frühjahr 358 an. Während Constantius selbst gegen die Quaden und Sarmaten zog, die entlang der Grenze vom Donauknie bis zum Eisernen Tor die Provinzen Valeria, Pannonia II und Moesia I beunruhigten (Amm. Marc. 17,12,1), entsandte er den *magister peditum* Barbatio nach Rätien, das von den Juthungen, Nachbarn der Alamannen, heimgesucht wurde. Barbatio erfüllte seine Aufgabe mit Bravour. Die Juthungen wurden geschlagen und Rätien befreit. Nur ein kleiner Rest der Feinde entkam über die Donau (Amm. Marc. 17,6,1–2). Constantius ging von Pannonia II und Valeria aus gegen die verbündeten sarmatischen und quadischen Stämme vor, besiegte sie in einer Schlacht und drang ins Land der Quaden ein, das er bis Brigetio, westlich des Donauknies, durchzog (Amm. Marc. 17,12,4–9 + 21). In den Friedensverhandlungen mit Sarmaten und Quaden suchte Constantius durch separate Verträge das Zusammengehen der Stämme zu erschweren und durch Geiseln die Bindung an Rom zu verstärken. Eine besondere Behandlung erfuhren die Sarmatae Argaragantes, die vor mehr als 20 Jahren von den Sarmatae Limigantes vertrieben worden waren (oben S. 40). In ihren Friedensvertrag wurde eine Klausel aufgenommen, die sie zur Heeresfolge verpflichtete (Amm. Marc. 17,12,19). Constantius plante nämlich, sich ihrer Hilfe gegen die Limigantes zu bedienen, die er anschließend als Störenfriede ausschalten wollte.

Die Limigantes hatten ihre Wohnsitze im Gebiet um die Theiß-Mündung (Amm. Marc. 17,13,4), so dass der Kampf gegen sie zum Teil von Moesia I aus geführt werden musste. Unterstützt wurden die Römer von den gerade besiegten sarmatischen Argaragantes und den seit 334 (oben S. 40) zur Waffenhilfe verpflichteten gotischen Taifali. Da die Limigantes in zwei Stammesgruppen gegliedert waren, ging Constantius zuerst gegen die eine Gruppe vor. Der dabei errungene Sieg hatte die Kapitulation auch der anderen zur Folge. Alle Limigantes erhielten den Befehl, ihre Wohnsitze zu verlassen und sich in einer weit entfernten Gegend niederzulassen. In das frei gewordene Gebiet wies Constantius die Argaragantes ein – es war ihre alte Heimat – und nahm sie mit ihrem König in die römische Klientel auf (Amm. Marc. 17,13,19–24). Im Vollgefühl der errungenen Erfolge kehrte er mit triumphalem Pomp nach Sirmium zurück.

Constantius mochte annehmen, seine Aufgaben an der Donaugrenze nun erfüllt zu haben. Er durfte auch mit den Nachrichten, die er von seinem Caesar Julian aus Gallien (sogar in Buchform: Liban. ep. 35,6) erhielt, zufrieden sein (vgl. Amm. Marc. 17,11,1). Weiter stand zu erwarten, dass das ökumenische Konzil, welches er für den Herbst 358 nach Nicomedia (Bithynien) einberufen hatte (Sozom. hist. eccl. 4,16,2), die Einigung auf ein gemeinsames Glaubensbekenntnis aller Christen zu Stande bringen werde. So richteten sich denn Constantius' Gedanken mehr und mehr auf den Perserkrieg, der unabwendbar zu sein schien. Da brach Unheil über Nicomedia herein: Ein schweres Erdbeben zerstörte am 24. August 358 die Stadt, die fünf Tage lang brannte (Amm. Marc. 17,7,1–8). Neue Überlegungen waren nötig, wo das geplante Konzil, an dem Constantius viel lag, stattfinden könne. Dazu kam im Winter 358/359 schlechte Nachricht von den umgesiedelten Sarmatae Limigantes: Sie verließen das ihnen zugewiesene Gebiet und bereiteten sich auf Einfälle in die Provinz Valeria vor. Constantius entschloss sich zu schnellem Handeln: Noch vor Ende des Winters stellte er die Limigantes und brachte ihnen eine vernichtende Niederlage bei. Jetzt kehrte Ruhe in den Donauprovinzen ein, und der Kaiser konnte sein Hauptquartier in Sirmium aufgeben und in den Osten aufbrechen – nach Constantinopel (Amm. Marc. 19,11,1–17).

In Constantinopel musste Constantius gegen Ende des Jahres 359 viel Mühe und Geschick aufwenden, um das in Sirmium begonnene Einigungswerk hinsichtlich der christologischen Formel des Glaubensbekenntnisses zum Abschluss zu bringen. Es ging dem Kaiser darum, das von vielen in der Nachfolge des Arius nicht akzeptierte *homo-usios*, „wesensgleich", des Nicaenums von 325 (oben S. 34) durch einen anderen, das Verhältnis Christi zu Gottvater ausdrückenden Begriff zu ersetzen, etwa: *homoi-usios*, „wesensähnlich". Gegen beide Begriffe wurde aber vorgebracht, dass sie nicht in der Bibel vorkämen. Constantius gab daher schließlich einem Begriff den Vorzug, der die Blickrichtung auf die „Wesenheit" (*usia*) aufgab und eine biblisch zu rechtfertigende „Ähnlichkeit" zwischen Christus und Gottvater zum Ausdruck brachte: *homoios*, „ähnlich". In seiner vollen Form sollte er den Zusatz „in jeder Hinsicht" tragen (Athan. de synod. 8,7), doch wurde Letzterer bei den Kämpfen um die Annahme dieser so genannten 4. Formel von Sirmium auf den Konzilien in Ariminum/Rimini (Italien) und Seleucia/Silifke (Kilikien) fallen gelassen. Das schließlich in West und Ost gutgeheißene Glaubensbekenntnis ließ Constantius im Januar 360 auf einem von ihm nach Constantinopel einberufenen Konzil bestätigen und die Bischöfe, die es nicht annahmen, absetzen. Mit der *homoios*-Formel glaubte Constantius die nicht nur für die Kirche, sondern auch für den Staat so wichtige Einheit der Christen hergestellt zu haben – im Geiste des Arianismus. Voll Stolz darüber nahm er am 15. Februar 360 (Cons. Const., Chron. Min. I 239) an der Einweihung der von ihm nach Plänen seines Vaters erbauten Kirche der göttlichen Weisheit (Hagia Sophia) in Constantinopel teil.

Die Einigung auf die *homoios*-Formel war durch eine „Entscheidung" (*cognitio*) des Kaisers zu Stande gekommen (Hilar. collect. antiarian. Paris. A VI 1,2), eines Kaisers, der, wie Lucifer von Calaris in seiner Schrift ›Sterben für den Gottessohn‹ konstatierte (c.13), sich als „Bischof der Bischöfe" (*episcopus episcoporum*) gerierte. Zwar ließ sich Constantius' bischöfliches Gehabe auf Constantin den Großen zurückführen, der auf dem Konzil von Nicaea (325) so agiert hatte (oben S. 35), aber 'geistliche Macht' im wörtlichen Sinne hatte Constantin nicht ausgeübt. Ihre Anwendung durch Constantius gehörte zu den Entwicklungsprodukten der Kirchenpolitik seither; sie wurde auch nicht unwidersprochen hingenommen. Vor allem Hosius von Corduba hielt Constantius vor Augen, dass es dem Kaiser nicht zustehe, in kirchlichen Dingen Befehle zu erteilen, da Christus ja gesagt habe: „Gebt dem Kaiser, was des Kaisers und Gott, was Gottes ist" (Matth. 22,21). Hosius konnte indes mit seinem Protest (356) nichts ausrichten. Er wurde 357, fast hundertjährig, nach Sirmium bestellt und zur Unterzeichnung eines Dokuments gebracht, in dem das (unter seiner maßgeblichen Beteiligung) in Nicaea beschlossene *homo-usios* des Glaubensbekenntnisses (oben S. 34) als nichtbiblisch verworfen wurde (Sozom. hist. eccl. 4,12,6). Im gleichen Jahr (357) gelang es Constantius auch, den 355 nach Thrakien verbannten römischen Bischof Liberius von seinem

Widerstand gegen die Verurteilung des Athanasius abzubringen und die seinerzeit (Theodoret. hist. eccl. 2,16,23–27) so vehement verweigerte Unterschrift unter die Beschlüsse des Konzils von Mailand zu leisten (Athan. hist. Arian. 41,3). Liberius konnte daraufhin nach Rom zurückkehren, wo er eine große und einflussreiche Anhängerschaft besaß. Freilich blieb der Pontifikat des 355 an seine Stelle gewählten Felix (II.) bestehen, so dass Rom nun zwei Bischöfe hatte (Theodoret. hist. eccl. 2,17,3–4).

Länger als Liberius musste Hilarius von Poitiers im Exil (Kleinasien) ausharren. 360 erst kehrte er nach Gallien zurück. In den Jahren seiner Verbannung (356–359) schrieb er sein großes Werk über die Dreieinigkeit: ›De trinitate‹ in zwölf Büchern. Darin übermittelte er dem Westen die theologische Denkweise des Ostens und gab der lateinischen Sprache in Glaubensdingen die begriffliche Schärfe, welche die griechische bereits besaß. Hilarius war zudem bemüht, seinen Stil den erhabenen Gegenständen anzupassen, von denen er schrieb.

Keine Änderung seines Schicksals durch die Einigungsbestrebungen des Constantius erfuhr Athanasius. Er blieb abgesetzt und wurde weiterhin verfolgt. Der Kaiser wandte sich sogar an die Herrscher des Reiches von Axum/Aksum (Äthiopien), um sie vor Athanasius zu warnen und die Rücksendung des von diesem ordinierten Missionsbischofs Frumentius nach Alexandria zu fordern (Athan. apol. ad Constant. 31). Athanasius lebte seit 356 im Verborgenen bei den ägyptischen Mönchen. Ihnen widmete er seine ›Historia Arianorum‹, welche sich hinsichtlich der Ereignisfolge an die ›Apologia contra Arianos‹ (oben S. 58) anschloss. Vor allem aber setzte er mit seiner ›Vita Antonii‹ dem Mönchsvater Antonius ein Denkmal (oben S. 23). In die Tagesereignisse versuchte Athanasius mit einer als Brief konzipierten Schrift ›De synodis Arimini et Seleuciae‹ einzugreifen. In ihr signalisierte er die Möglichkeit einer Übereinkunft zwischen den Verfechtern des Nicaenums (Schlüsselwort: *homo-usios*) und denen, die Christus nur eine Wesensähnlichkeit mit dem Vater zugestehen wollten (Schlüsselwort: *homoi-usios*). – Wie Athanasius musste auch Lucifer von Calaris die 355 über ihn verhängte Verbannung (oben S. 67) viele Jahre lang ertragen (er hielt sich in Syrien, Palästina und in der Thebais auf). Und wie Athanasius wandte auch Lucifer sich in Streitschriften gegen Constantius, der für ihn nicht nur ein Häretiker, sondern vielmehr ein Diener des Teufels war.

Zu den Teilnehmern des Konzils in Constantinopel (360), dem

Constantius eine ähnliche Bedeutung beimaß wie dem von Nicaea (325), gehörte auch der Gotenbischof Wulfila. Er war nach dem Tod Constantins des Großen durch Eusebius von Nicomedia zum Bischof geweiht worden und hatte etliche Jahre bei den Goten jenseits der unteren Donau missionarisch gewirkt. Mitte der 40er Jahre war eine Verfolgung über die zum Christentum übergetretenen Goten hereingebrochen, so dass Wulfila mit diesem Teil des Volkes die Donau überschritten und um Aufnahme im Römischen Reich nachgesucht hatte. Seitdem lebte er als Primas dieser Gothi minores in der Gegend um Nicopolis (Moesia II). Wulfilas große Tat war die Übersetzung der Bibel ins Gotische, die noch heute im ›Codex Argenteus‹ der Universitätsbibliothek Uppsala (saec. VI) nachempfunden werden kann. Leben und Wirken des Gotenbischofs hat sein Schüler Auxentius in einem Brief geschildert, der als Bestandteil der ›Dissertatio Maximini contra Ambrosium‹ erhalten geblieben ist. In ihm findet sich auch das arianisch gefärbte Glaubensbekenntnis Wulfilas, sozusagen die Wurzel des Arianismus der Goten.

Der von Arius entfachte Streit um das Verhältnis Christi zum Vater, der mit der *homoios*-Formel des Konzils von Constantinopel (360) wenn nicht geklärt, so doch entschärft zu sein schien, hatte nicht nur Bischöfe und Kleriker beschäftigt, sondern auch das christliche Volk. In eindrucksvoller Weise bezeugt dies für Constantinopel eine (spätere) Äußerung Gregors von Nyssa (Kappadokien). In ihr ist von Leuten auf der Straße die Rede, welche über den Unterschied zwischen Gottvater und Sohn diskutierten, die Unterordnung des Sohnes unter den Vater behaupteten und den Sohn als Geschöpf des Vaters (aus dem Nichts) bezeichneten (Greg. Nyss. or. de deitate fil. et spir. [Patrol. Graec. 46,557/8]). Andererseits war es nicht jedermanns Sache, die theologischen Streitfragen für so wichtig zu halten. Basilius zum Beispiel (dem Bruder Gregors), der später Bischof von Caesarea/Kayseri (Kappadokien) wurde, lag während seiner Studienzeit mehr an der christlichen Gestaltung seines eigenen Lebens. Mitte der 50er Jahre unternahm er daher eine Reise zu den Mönchen in Ägypten, Palästina, Syrien und Mesopotamien. Sie führte ihn zu dem Entschluss, selbst eine Mönchsgemeinschaft zu gründen und mit dieser in der Ödlandschaft um Neocaesarea (Pontus) zu leben.

Basilius besaß in Eustathius, seit ca. 355 Bischof von Sebaste (Pontus), einen Lehrer und Freund, der dem Mönchtum in Kleinasien (Pontus, Paphlagonien, Kleinarmenien) den Boden bereitet hatte (Sozom. hist. eccl. 3,14,31). Aber die durch ihn in Gang gesetzte Bewegung war in mancherlei Hinsicht ausgeufert. Die Männer und Frauen, die sich der von Eustathius propagierten Askese verschrieben, lösten ihre Bindung an die Kirche, brachen aus ihrer Ehe aus, trugen eine für beide Geschlechter gleiche Tracht, ermunterten die Sklaven, ihre Herren zu verlassen, und vertraten auch sonst Grundsätze, die sie von anderen Christenmenschen unterschieden. Es war, als ob sie sich anschickten, die eschatologisch gemeinte Gleichheit des Galaterbriefes (3,28) zu verwirklichen. Die Kirche trat diesen Auswüchsen des Mönchtums auf einem Konzil entgegen, das zwischen 340 und 360 in Gangra (Paphlagonien) stattfand. Es prangerte in einem langen Katalog die Verfehlungen der Eustathianer an und verbot ihre weitere Begehung.

Es war eine der großen Aufgaben, welche Basilius zu erfüllen hatte, dass er die Mönchsbewegung in Kleinasien aus den Irrwegen, in die sie geraten war, herausführte und ihr einen festen Platz in Kirche und Gesellschaft anwies. Er trat so als Organisator des Klosterwesens neben Pachomius, der auf ähnliche Weise in Ägypten gewirkt hatte (oben S. 23f.). Basilius gab den Mönchen Regeln, die das Leben der klösterlichen Gemeinschaften in gottgewollte Bahnen lenkten und den Zusammenhang mit der Kirchenorganisation sicherstellten: Gehorsam gegenüber den Geboten Gottes war das verbindende Glied. Mit der Forderung nach Ablegung eines Gelübdes suchte Basilius die zur Entsagung der Welt Entschlossenen in ihrem neuen Stand zu verankern. Dem Eremitentum nahm er seinen Ausnahmecharakter, indem er Einsiedeleien mit den Klöstern verband. Die um 360 entstandenen ›Regulae‹ sind in einer längeren und einer kürzeren Fassung (55 bzw. 313 Nummern) erhalten. Sie haben das griechische Mönchtum geprägt und auch das lateinische des Benedict (unten S. 326) beeinflusst.

Während die Lösung der Probleme, welche das Mönchtum aufwarf, eine innerkirchliche Angelegenheit war, bildete der Klerikerstand auch für den Staat ein Problem. Denn Constantin hatte ihm mit dem ausdrücklichen Hinweis auf den Nutzen des christlichen Gottesdienstes für den Staat Steuerfreiheit gewährt (oben S. 12). Die ständig wachsende Zahl der Kleriker ließ es jedoch nicht geraten erscheinen, ihnen dieses Privileg uneingeschränkt und auf Dauer zu belassen. Obwohl Constantius wie sein Vater überzeugt war, dass die durch den Klerus geförderte Gottesverehrung wichtiger sei als alles andere menschliche Tun (Cod. Theod. 16,2,16 [361]), unterwarf er 360 den Klerikerstand grundsätzlich der Steuerpflicht; nur Handelsgeschäfte, die zum Lebensunterhalt dienten, waren davon nicht betroffen. Das Kirchenvermögen als solches blieb dagegen weiterhin steuerfrei (Cod. Theod. 16,2,15). Auch im Hinblick auf die Verpflichtungen von Klerikern gegenüber den städtischen Gremien (Kurien), denen sie vor ihrem Übertritt in den neuen Stand angehörten, brachte Constantius Maßstäbe zur Anwendung, welche die Privilegien der Kleriker restringierten bzw. kontrollierten. Nicht angetastet wurden allerdings die Privilegien der Bischöfe (Cod. Theod. 12,1,49 [361]). Diese waren 355 noch erweitert worden, indem Constantius die Bischöfe der weltlichen Gerichtsbarkeit entzogen hatte (Cod. Theod. 16,2,12). Im Ganzen ging es Constantius darum, seine Fürsorgepflicht für die Kirche mit den Interessen des Staates in Einklang zu bringen. Wie schwierig dies unter Umständen war, erfuhr er im Bereich des Postwesens: Den Bischöfen, die zu den zahlreich stattfindenden Konzilien reisen mussten, war die Benutzung des *cursus publicus* gestattet worden. Das aber hatte zu dessen völliger Überlastung, ja zum Zusammenbruch geführt (Amm. Marc. 21,16,18). Constantius sah sich genötigt, dem Postwesen eine straffere Organisation zu geben, die eine größere Effektivität dieser für den Staat so wichtigen Institution bewirken sollte. Eine Konstitution des Jahres 357 (Cod. Theod. 6,29,2) traf entsprechende Verfügungen, durch die der *cursus publicus* unter die Aufsicht der *agentes in rebus* gestellt wurde, deren *schola* (vgl. oben S. 21) damit feste Aufgabenbereiche in den Provinzen erhielt.

Der für Dezember 359 (bis März 360) bezeugte Aufenthalt des Constantius in Constantinopel (vgl. oben S. 70f.) war für die Stadt am Bosporus ein besonderes Ereignis. Denn mit der Ernennung eines *praefectus urbi* und dessen Amtsantritt am 11. Dezember 359 (Cons. Const., Chron. Min. I 239) erlangte sie die administrative Gleichstellung mit Rom. Bis dahin hatte ein *proconsul* an der Spitze Constantinopels gestanden. Spätestens seit 355 waren die Senatoren *viri clarissimi* (vorher: *viri clari* [oben S. 37]) wie die in Rom, und seit 358 hatte der Senat 2000 statt 300 Mitglieder (Themist. or. 34,13). Mit der Konsekration der Hagia Sophia, die, wie oben S. 71 erwähnt, am 15. Februar 360 stattfand, durfte Constantius annehmen, sein Ziel, Constantinopel in seiner Stellung als „zweites Rom" zu festigen, erreicht zu haben. Schließlich hatte er durch die Überführung der Reliquien des Apostels Andreas und des Evangelisten Lucas in die Apostelkirche (357: Cons. Const., Chron. Min. I 239) auch ein gewisses Äquivalent zu den Grabstätten der Apostel Petrus und Paulus in Rom geschaffen.

Von Constantinopel aus zog Constantius im März 360 in den

Osten, um persönlich den Krieg gegen die Perser zu führen, der im Herbst 359 mit der Zerstörung von Amida (am Oberlauf des Tigris) durch Schapur in ein neues Stadium getreten war (vgl. oben S. 63f.). Zur Verstärkung seines Heeres hatte Constantius von Julian die Abstellung eines erheblichen Kontingents seiner Truppen gefordert. Statt der Truppen erhielt er nun in Caesarea/Kayseri (Kappadokien), wo er einige Zeit verweilte, einen Brief Julians, in dem dieser ihm davon Mitteilung machte, dass die Soldaten ihn, Julian, zum Augustus ausgerufen hätten. Constantius bekam bei der Verlesung des Briefes im Consistorium einen Wutanfall (Amm. Marc. 20,9,1–2), da mit dem Machtgewinn Julians das eingetreten war, was er sorgfältig zu verhindern gesucht hatte. Julian wollte mit seinem Brief erreichen, dass Constantius ihn als Augustus anerkenne. Dieser jedoch beschied ihm eine abschlägige Antwort (Amm. Marc. 20,9,4), wobei er außer Acht ließ, dass die Erfolge in Gallien Julian eine Stellung verschafft hatten, die seine Erhöhung vom Caesar zum Augustus im Interesse des Staates durchaus rechtfertigten. In einer erneuten Botschaft an Constantius wies Julian denn auch ausdrücklich darauf hin (Amm. Marc. 20,9,7–8).

Bei der Beurteilung der Leistungen Julians in Gallien muss man sich vergegenwärtigen, welche Zustände im Lande herrschten, als Julian im Winter 355/356 seine Caesar-Stellung antrat (vgl. oben S. 66). Die Germanen hatten auf dem linken Rheinufer (von der Quelle bis zur Mündung) einen mehr als 50 km (300 Stadien) breiten Streifen in Besitz genommen; ein daran anschließender, mehr als 150 km breiter Streifen des gallischen Landes lag verwüstet und von den Bewohnern verlassen; 45 Städte in diesem Gebiet waren zerstört. So stellte Julian selbst in dem 361 geschriebenen ›Brief an die Athener‹ (c. 7) die Lage dar, die er vorfand. Zu den zerstörten Städten gehörten Köln, Mainz und Straßburg (Amm. Marc. 15,8,19 + 16,2,12). Für die richtige Einschätzung des Wirkens Julians in Gallien ist auch zu berücksichtigen, dass die von dem Augustus Constantius geregelten militärischen und zivilen Kommandoverhältnisse dem Caesar Iulianus kaum Handlungsspielraum ließen; er musste sich diesen erst gegen den *magister equitum per Gallias* Marcellus und den *praefectus praetorio Galliarum* Florentius verschaffen.

Es waren also ganz und gar widrige Voraussetzungen, unter denen Julian sein Werk der Wiederaufrichtung Galliens begann und durchführte. Umso heller strahlte sein Ruhm nach den Erfolgen, die er Jahr für Jahr erzielte (Amm. Marc. 20,4,1). Zu den herausragenden Ergebnissen gehörten: die Rückgewinnung Kölns (356), das von den Franken zerstört worden war (Amm. Marc. 16,3,1–2), der 357 errungene große Sieg über die Alamannen bei Straßburg (Amm. Marc. 16,12,1–63) und die drei erfolgreichen Expeditionen der Jahre 357–359 in das rechtsrheinische Alamannengebiet, die durch jeweils bei Mainz geschlagene Schiffsbrücken über den Rhein ermöglicht wurden (Amm. Marc. 17,1,2 + 17,10,1 + 18,2,9). Die erwähnten spektakulären Erfolge wurden flankiert von zahlreichen militärischen Aktionen (Karte: D. G. Wigg, Studien zu Fundmünzen der Antike 8, 1991, S. 29), die zur „Säuberung" des gesamten linksrheinischen Gebiets von Eindringlingen (vgl. Amm. Marc. 16,11,10), zur Wiederherstellung der zerstörten Städte (Amm. Marc. 18,2,4–5) und zur Anlage von Befestigungen an besonders gefährdeten Stellen (Tres Tabernae/Rheinzabern: Amm. Marc. 16,11,11; 3 Kastelle an der Maas: ebd. 17,9,1) führten.

Mit seinen Aktivitäten in Gallien verfolgte Julian aber nicht nur rein militärische Zwecke, er hatte auch das Wohl des Landes und seiner Bewohner insgesamt im Auge. So diente die Verstärkung der auf 200 Schiffe geschrumpften Kanalflotte um 400 neugebaute Schiffe der Heranschaffung von Getreide aus Britannien, ohne das Nordgallien offenbar nicht auskam (Iulian. ep. ad Athen. 8). Der Bau von Getreidespeichern am Niederrhein (Amm. Marc. 18,2,3–4) komplettierte das Programm. Auch die verstärkte Ansiedlung von Salfranken in Toxandrien (vgl. oben S. 60) hatte neben dem militärischen Aspekt der Grenzsicherung einen bevölkerungspolitischen Hintergrund: Die gallischen Bewohner der Grenzregionen waren ausgedünnt. Unter letzterem Gesichtspunkt erhielt die Rückkehr von 20 000 Kriegsgefangenen, die von den Barbaren in das rechtsrheinische Gebiet verschleppt worden waren (Iulian. ep. ad Athen. 8), ihren besonderen Stellenwert. Ganz Gallien bekam die mäßigende Einflussnahme Julians auf die Steuererhebung zu spüren (Amm. Marc. 17,3,1–5), und in der Rechtsprechung erhielt das Prinzip der *aequitas* durch die persönliche Tätigkeit Julians auf dem Tribunal, aber auch durch die Wahrnehmung seiner Aufsichtspflicht über die Gerichte einen starken Impuls (Amm. Marc. 18,1,1–2).

Angesichts der militärischen Leistungen Julians, seines engen Verhältnisses zu den Soldaten und seines Einsatzes für die Wohlfahrt der ihm anvertrauten Provinzen kam die Erhebung des Caesars zum Augustus, die im Frühjahr 360 in seiner Winterresidenz Parisii/Paris stattfand, nicht überraschend – auch nicht für ihn selbst, obwohl er den Anschein des Gegenteils zu erwecken suchte. Die Ereignisse hatten eine Entwicklung genommen, die strikt auf einen 'Selbsthilfeakt' zulief. Die Truppenanforderung des Constantius (oben S. 76) traf auch germanische Auxilien rechtsrheinischer Herkunft, die unter der Bedingung bei den Römern Kriegsdienst leisteten, dass sie nicht in transalpinen Ländern eingesetzt würden (Amm. Marc. 20,4,4). Überhaupt führte der Abstellungsbefehl des Constantius zu großer Unruhe im gallischen Heer, und Julians beschwichtigender Hinweis auf die höhere *potestas* des Augustus (Amm. Marc. 20,4,12) hatte die entgegengesetzte Wirkung. Die Soldaten fingen nämlich an, Pläne für die Rangerhöhung 'ihres' Caesars zu schmieden. Die Zusammenziehung der für den Abmarsch vorgesehenen Truppen in Paris bot die passende Gelegenheit für die Ausrufung Julians zum Augustus. Diese erfolgte in einem tumultuarischen Akt: Julian wurde auf dem Schild eines Legionärs (*scutum pedestre*) emporgehoben und mit der Halskette (*torques*) eines Standartenträgers „gekrönt" (Amm. Marc. 20,4,17–18). Die beiden 'Ersatzstücke' für Tribunal und Diadem verliehen der *acclamatio* Rechtskraft. Darüber hinaus mochte die Schilderhebung den Germanen in Julians Heer ihr eigenes Brauchtum (vgl. Tac. hist. 4,15,2) und damit ihren Anteil an der Zeremonie vor Augen führen. Mit dem Versprechen eines Donativs (5 Solidi + 1 Pfund Silber) erfüllte dann Julian die Erwartungen der Soldaten und erklärte auch sein Einverständnis mit dem Erhebungsakt.

Bei den Ereignissen in Paris waren die zwei höchsten Kommando-Inhaber nicht anwesend. Der *praefectus praetorio Galliarum* Florentius befand sich in Vienne; der *magister equitum per Gallias* Lupicinus – er war erst seit kurzem auf diesem Posten – führte in Britannien Krieg gegen die Picten und Scotten. Beide, von Constantius ernannt, waren dem Caesar nicht wohlgesonnen. Nach der Erhebung Julians floh Florentius zu Constantius (Amm. Marc. 20,8,21); Lupicinus wurde bei der Rückkehr aus Britannien verhaftet (Iulian. ep. ad Athen. 8).

Die nach der Augustus-Proklamation Julians aufgenommenen Verhandlungen mit Constantius (oben S. 76) zogen sich geraume Zeit hin. Obwohl die Standpunkte grundverschieden waren und von vornherein die Möglichkeit einer Konfrontation in sich bargen (vgl. Amm. Marc. 20,9,3), wandten sich die zu Gegnern gewordenen Vettern näher liegenden militärischen Aufgaben zu. Constantius setzte seinen Marsch gegen die Perser fort; er zog von Caesarea über Melitene – Samosata nach Edessa jenseits des Euphrats (Amm. Marc.

20,11,4). Julian dagegen hielt es für nötig, seine Truppen an den Niederrhein gegen die attuarischen Franken zu führen. Er überschritt bei Tricensima/Xanten den Rhein, unterwarf den Frankenstamm und diktierte einen Frieden, der die Sicherheit der Grenze garantierte. Auf das linke Ufer des Flusses zurückgekehrt, unternahm er einen Marsch an den Oberrhein bis Kaiseraugst, bei dem er die Flussgrenze sozusagen auf ihrer ganzen Länge hinsichtlich ihres Verteidigungszustands überprüfte. Sein Winterquartier nahm er diesmal in Vienne (Amm. Marc. 20,10,1–3).

Julian feierte in Vienne am 6. November 360 den fünften Jahrestag seines Herrschaftsantritts (vgl. oben S. 66). Er hatte allen Grund, mit dem Erreichten zufrieden zu sein. Gallien durfte als befriedet gelten und bot eine Machtbasis, die ihn daran denken ließ, seinerseits die Auseinandersetzung mit Constantius um die Herrschaft über das ganze Reich zu suchen (Amm. Marc. 21,1,6). Dazu aber brauchte er außer der Zustimmung seines Heeres auch das Wohlwollen der gallischen Bevölkerung. Beides gedachte er sich auf spektakuläre Weise zu verschaffen: Die Bindung des Heeres an seine Person wollte er durch einen feierlichen Eid bekräftigen lassen (unten S. 80), die schon weitgehend christliche Zivilbevölkerung aber suchte er für sich einzunehmen, indem er in Vienne am Epiphaniefest (es wurde am 6. Januar 361 begangen) der feierlichen Messfeier beiwohnte (Amm. Marc. 21,2,4–5), obwohl er sich doch längst vom Christentum gelöst hatte. In die Entwicklung, die zum Bruch Julians mit Constantius führte, gehörte auch der Tod Helenas, der Gattin Julians und Schwester des Constantius. Helena starb Ende 360; im Mausoleum ihrer Schwester Constantia bei der Kirche S. Agnese fuori le mura an der Via Nomentana in Rom fand sie die letzte Ruhe. Ihr vermittelndes Wirken fehlte jetzt.

Vorwärtsgetrieben auf dem Weg zur Usurpation wurde Julian im Frühjahr 361 durch eine alamannische Grenzverletzung in Rätien. Er ließ den dafür verantwortlichen König Vadomar durch eine List verhaften und unternahm seinerseits von Kaiseraugst aus einen Einfall in das alamannische Gebiet jenseits des Rheins. Durch ein Überrumpelungsmanöver erzwang er die Unterwerfung des betreffenden Stammes und das Versprechen künftigen Wohlverhaltens (Amm. Marc. 21,4,8). Dann aber münzte Julian den gerade errungenen Erfolg in eine Demonstration gegen Constantius um. Er hielt vor dem in Kaiseraugst versammelten Heer eine Rede, in der er als konsequente Fortsetzung des mit seiner Erhebung zum Augustus begonnenen Werkes den Marsch nach Osten gegen Constantius ankündigte, um dessen Plänen im Interesse des Staates zuvorzukommen. Die Soldaten forderte er auf, ihm zu folgen und diesen ihren Entschluss durch einen Eid zu sanktionieren (Amm. Marc. 21,5,5–7). Nicht nur sie und ihre Offiziere schworen den Eid, sondern auch die Beamten der julianischen Zentralverwaltung (ebd. 21,5,10).

Durch die Rede Julians und durch den ihm geleisteten Eid wurde der Abfall von Constantius öffentlich vollzogen, die Usurpation manifest gemacht. Julian war sich jedoch keineswegs sicher, dass der bevorstehende Waffengang zu seinen Gunsten ausgehen werde. In dieser Ungewissheit wandte er sich verstärkt an die alten Götter, an deren Macht er glaubte. Aber das tat er im Geheimen; vor dem Heeresappell in Kaiseraugst war es die Göttin Bellona, der er opferte (Amm. Marc. 21,5,1). Für Julian erhielt der Abfall von Constantius daher zugleich den Charakter einer religiösen Entscheidung gegen den Gott des Constantius: Christus.

Es war ein Heer von 23000 Mann, das sich vielleicht schon etwa Mitte April 361 in Kaiseraugst für den Aufbruch in den Osten bereit machte (Zosim. 3,10,2). Julian wollte mit diesem Kriegszug einen Überraschungsschlag führen. Sirmium (Pannonien) sollte in seiner Hand sein, ehe sich der Widerstand gegen seine zahlenmäßig geringe Truppenmacht formiert hätte. Zu diesem Zweck wählte er selbst mit 3000 Mann den Weg zur Donau, die ihm mit den an ihrem Oberlauf vorhandenen Schiffen schnellstes Vorankommen ermöglichte. Von den übrigen 20000 Mann ließ er den größeren Teil unter dem Kommando des von ihm zum *magister equitum* ernannten Germanen Nevitta durch Rätien und Noricum nach Pannonien marschieren. Der andere Teil (unter dem *magister equitum* Iovinus) sollte über Norditalien (Mailand – Verona – Aquileia) zu dem gleichen Ziel gelangen. Als Vertrauensmann in Gallien ließ Julian seinen zum *praefectus praetorio Galliarum* ernannten Freund Sallustius zurück (Amm. Marc. 21,8,1–4).

Der Überraschungscoup gelang. Julian ging nach etwa vier Wochen in der Nähe von Sirmium an Land und konnte sich der Stadt bemächtigen. Fast gleichzeitig traf auch die Heeresabteilung des Nevitta am Zielort ein. Mit der vereinten Truppenmacht zog Julian unverzüglich über Naissus und Serdica an den Pass von Succi, wo Haemus und Rhodopegebirge aufeinander stoßen. Mit der Sicherung dieses strategisch wichtigen Passes betraute er den *magister equitum* Nevitta; er selbst begab sich nach Naissus/Nisch, wo er sein Hauptquartier aufschlug (Amm. Marc. 21,10,2 + 5).

In Naissus erhielt Julian die alarmierende Nachricht vom Übertritt Aquileias auf die Seite des Constantius. Die Stadt machte gemeinsame Sache mit den beiden Legionen des Constantius, die Julian in Sirmium übernommen und nach Gallien in Marsch gesetzt hatte. Julian reagierte auf die Gefahr in seinem Rücken mit dem Befehl an die Heeresabteilung des Iovinus, die auf ihrem Marsch nach Pannonien Aquileia passiert und dann die Julischen Alpen überstiegen hatte, umzukehren und die Belagerung der Stadt aufzunehmen (Amm. Marc. 21,11,2 + 12,2). Der Verlust Aquileias gefährdete den Besitz Italiens, den Julian mit der Einnahme Mailands und der Flucht des hier residierenden Prätorianerpräfekten Taurus zu Constantius erlangt zu haben glaubte. Hinzu kam, dass sich Schwierigkeiten hinsichtlich der Getreideversorgung Roms abzeichneten: Constantius hatte einen Sonderbeauftragten (Gaudentius) nach Afrika geschickt, um die dortigen Provinzen gegen eine Invasion Julians zu sichern (Amm. Marc. 21,7,2). Im Zuge dieser Sicherungsmaßnahmen wurden die für Rom bestimmten Getreidelieferungen nach Constantinopel umgeleitet (Paneg. Lat. 3[11],14,5). Schließlich stand auch der römische Senat nicht auf der Seite Julians. Das zeigte sich deutlich in der Reaktion der Senatoren auf den Brief, den Julian von Naissus aus nach Rom geschickt hatte. In ihm erhob er schwere Vorwürfe gegen Constantius. Nach seiner Verlesung akklamierten die Senatoren: „Wir verlangen Ehrerbietung gegenüber dem Urheber deiner Stellung" (Amm. Marc. 21,10,7). So bildete Italien eine durchaus unsichere Größe in Julians Kalkül. Umso wichtiger war das strategische Faustpfand, das er sich mit der Besetzung des Passes von Succi verschafft hatte.

Dieses Ereignis war es denn auch, das Constantius zum Handeln zwang, als er im Sommer 361 davon erfuhr. Da etwa gleichzeitig bekannt wurde, dass der Perserkönig Schapur mit seiner am Tigris stehenden Streitmacht abgezogen war, also kein Einfall in Mesopotamien zu befürchten sei, konnte Constantius sich nun auf die Auseinandersetzung mit Julian konzentrieren, freilich nicht ohne für die Verteidigung Mesopotamiens gesorgt zu haben (Amm. Marc. 21,13,6–8). Dass der Perserkönig den Versuch aufgab, Mesopotamien in seinen Besitz zu bringen, war ein Erfolg der von Constantius betriebenen Verteidigungsstrategie. So gelang es den Persern nur selten, spektakuläre Erfolge zu erzielen. 359 konnten sie Amida einnehmen (oben S. 76), 360 fielen Singara (an der Südgrenze des römischen Mesopotamiens) und Bezabde (am Tigris) in ihre Hände. Aber Bezabde wurde umgehend von Constantius belagert, und wenn die Einnahme auch nicht gelang, so hielten sich doch Wirkung und Gegenwirkung die Waage. Auch die Verluste waren auf beiden Seiten relativ hoch. So kosteten Belagerung und Eroberung von Amida die Perser 30000 Mann; in Singara und Bezabde verloren die Römer zwei bzw. drei Legionen (Amm. Marc. 19,9,9 bzw. 20,6,8 + 7,1).

Als Constantius die Meldungen vom Abzug des Perserkönigs und vom Vorstoß Julians erhielt, befand er sich in Edessa (Mesopotamien), wohin er im Frühjahr 361 nach dem Winteraufenthalt in Antiochia gekommen war. Er befahl sofort allen in Mesopotamien abkömmlichen Truppen, sich nach Edessa in Marsch zu setzen. Nach deren Eintreffen setzte er mit dem Heer über den Euphrat und versammelte es im syrischen Hierapolis zu einem Appell. Hier unterrichtete er die Soldaten von der Rebellion Julians und der Notwendigkeit, gegen ihn zu Felde zu ziehen. Die Heeresversammlung erklärte Julian zum Staatsfeind (vgl. Iulian. ep. 28) und versicherte Constantius der Loyalität seiner Soldaten (Amm. Marc. 21,13,16). Die unmittelbare Folge dieses Aktes war die Entsendung von Vorausabteilungen unter dem Kommando des *magister equitum* Arbitio und des von Julian entlassenen *magister equitum* Gomoarius nach Constantinopel. Constantius selbst zog mit dem Hauptheer nach Antiochia, wo er sich eine Zeit lang aufhielt. Der Herbst war schon fortgeschritten (Ende Oktober), als er in Richtung auf die Kilikische Pforte aufbrach (Amm. Marc. 21,15,2). Offenbar wollte Constantius erst im Frühjahr 362 den Kampf mit Julian aufnehmen.

Es kam anders. Wenige Tage nach dem Aufbruch, als Constantius mit dem Heer in Tarsus war, befiel ihn ein Fieber. Nichtsdestoweniger zog er weiter nach Norden zur Kilikischen Pforte. Auf halbem Wege aber, in Mopsucrenae, ging es mit ihm zu Ende (Amm. Marc. 21,15,2). Der Bischof von Antiochia, Euzoius, wurde herbeigeholt, um die Taufe vorzunehmen. Constantius war noch in der Lage, letztwillige Verfügungen zu treffen, dann begann der Todeskampf, dem er am 3. November 361 erlag (Socr. hist. eccl. 2,47,3). Bald wurde bekannt, dass er Julian als seinen Nachfolger designiert habe. Mit dieser Nachricht wurde eine Gesandtschaft nach Naissus abgeordnet. Der Orient, so meldete sie Julian, sei bereit, ihm zu gehorchen. Völlig überrascht vom Wandel der Dinge machte dieser sich mit seinen Truppen sofort auf den Weg nach Constantinopel (Amm. Marc. 22,2,1–2). Ebendorthin wurde auch die Leiche des Constantius in feierlichem Zuge überführt (Greg. Naz. or. 5,16–17).

Der Antiochener Ammianus Marcellinus, der im letzten Viertel des 4. Jahrhunderts in Rom daranging, eine römische Geschichte (›Res gestae‹) zu verfassen, welche sich zeitlich an die 96 n. Chr. endenden ›Historiae‹ des Cornelius Tacitus anschloss und im Rang mit diesem Werk wetteifern sollte, hielt es im Rahmen der mit Buch 15 (354 n. Chr.) einsetzenden breiteren Darstellung der selbsterlebten Zeit für angemessen, Constantius einen ausführlichen Nachruf zu widmen (21,16,1–19). In ihm hat Ammian als Heide und Bewunderer Julians an Constantius als Christen und Gegenspieler Julians mehr die negativen Züge hervorgehoben. Die zeitgenössischen christlichen Autoren hinwieder ließen als Anhänger des 'orthodoxen' Glaubens (Athanasius, Lucifer von Calaris, Hilarius) an dem 'Arianer' Constantius kein gutes Haar in ihren Pamphleten. So ging dieser Kaiser mit schweren Hypotheken belastet in die Geschichte ein. Desto nötiger erscheint es, auf bestimmte Entwicklungstendenzen hinzuweisen, denen Constantius ausgesetzt war. Für die Kirchenpolitik ist dies bereits oben S. 70–75 geschehen. Der Trend ging dort zum so genannten Caesaropapismus, dem Kirchenregiment des Kaisers.

Hier wäre noch die kaiserliche Repräsentation in den Blick zu nehmen. Sie tendierte schon seit Diocletian dahin, die Majestät des Kaisers durch den diesen umgebenden Prunk und die Entrückung seiner Person zu einer quasi anderen Existenzform zu steigern. Sie trat 357 beim Einzug des Constantius in Rom signifikant in Erscheinung (vgl. Amm. Marc. 16,10,9–10), sie äußerte sich auch in der Selbsteinschätzung des Constantius, der sich als „Herr der ganzen Welt" (*dominus orbis totius*) titulierte (Amm. Marc. 15,1,3), wobei Vorstellung und Wirklichkeit sich ebenso vermischten wie in der wohl 359/360 entstandenen ›Expositio totius mundi‹ eines anonymen Verfassers, der das Bild einer durchaus 'heilen Welt' zeichnete. Die angedeutete Entwicklung des Kaisertums hatte nun aber die fatale Folge, dass der Kaiser als Person mehr und mehr isoliert wurde und sozusagen einen Mittler zwischen sich und der 'Außenwelt' brauchte (vgl. oben S. 30). Einen solchen fand Constantius in dem Eunuchen Eusebius, dem Vorsteher der kaiserlichen Gemächer (*praepositus sacri cubiculi*), der eine ungemein starke öffentliche Wirksamkeit entfaltete. Darin kündigte sich die 'byzantinische' Zeit des römischen Kaisertums unübersehbar an. So war es durchaus angebracht, das Kaisertum einmal im Spiegel der Jahrhunderte scharfäugig zu betrachten. Aurelius Victor tat es in seinen ›Caesares‹. Der aus der Provinz Africa stammende Autor schrieb seine von 30 v. Chr. bis 360 n. Chr. reichende Geschichte der römischen

Kaiser in den Jahren 358 bis 360. Mit dem Untertitel seines Werkes ›Historia abbreviata‹ gab er zu erkennen, dass er als Leser alle diejenigen im Auge hatte, denen an einer schnellen Unterrichtung über die Vergangenheit gelegen war. Aurelius Victor stieg später bis zum Stadtpräfekten von Rom auf (389).

3. RÜCKKEHR ZU DEN ALTEN GÖTTERN?

Iulianus Apostata

(361–363)

Der auf die Nachricht vom Tode des Constantius unternommene Marsch Julians von Naissus nach Constantinopel (oben S. 82) erfolgte mit größter Schnelligkeit und führte am 11. Dezember 361 ans Ziel: Julian zog unter dem Jubel der Menschen in seine Geburtsstadt ein (Amm. Marc. 22,2,2–4). Seine erste offizielle Handlung war die Beisetzung der Leiche des Constantius, die zur gleichen Zeit aus Kilikien in Constantinopel angelangt war. An der Spitze seiner Soldaten geleitete Julian die Bahre vom Hafen zur Apostelkirche (Liban. or. 18,120). Wie Constantin der Große wurde dann auch Constantius zum Divus erhoben (Eutr. 10,15,2). Julian hatte damit gegenüber seinem Vorgänger die Pietätspflicht erfüllt und gegenüber der Öffentlichkeit, vor allem dem Heer, die Legitimität seiner Herrschaftsübernahme bekundet. Diese Legitimität war dynastisch begründet, wog also schwer – das Kaisertum blieb in der Familie Constantins des Großen. Der Dynastiegründer hatte allerdings seine Legitimität mehr und mehr von seinem Gottesgnadentum abgeleitet und dies auch bildlich zur Darstellung gebracht: Auf der Rückseite des oben S. 50f. erwähnten Wiener Goldmedaillons wurde Constantin der Große von einer Hand aus dem Himmel bekränzt. Die gleiche Hand nahm ihn auf der oben ebenfalls genannten Konsekrationsmünze bei seiner 'Himmelfahrt' in Empfang. Dieser christlich verstandenen Tradition, der Julian soeben mit der Beisetzung des Constantius in der Apostelkirche und der Zuerkennung des Divus-Titels seinen Tribut gezollt hatte, wollte er für seine Person nicht folgen. Für ihn waren es die alten Götter, die ihm das Kaisertum verschafft hatten.

Julian war christlich erzogen worden, hatte sich aber als 20-Jähriger (351/352) im Zuge seines Studiums der neuplatonischen Philosophie heimlich vom Christentum abgewandt. Den entscheidenden Anstoß zu diesem Schritt empfing er durch seinen Lehrer Maximus von Ephesus, der in der Nachfolge des zur Zeit Constantins des

Großen wirkenden Neuplatonikers Iamblichus die Philosophie durch Einbeziehung der Theurgie (Magie und Zauberei) stark in die Nähe der Religion rückte. So erhielten die Götter für Julian eine Lebendigkeit, die es ihm leicht machte, mit ihnen in Verbindung zu treten. Das tat er in immer stärkerem Maße und vor allem seit Ausbruch des Konflikts mit Constantius. Als sich dann durch den Tod des Constantius seine Sache als siegreich erwies, führte Julian dies ganz auf das Wirken der Götter zurück: Die Vorzeichen, die er von ihnen erhalten hatte, waren in Erfüllung gegangen (Amm. Marc. 22,2,2), die Befehle, die sie ihm erteilt hatten, waren richtig gewesen (Iulian. ep. 28). Nun musste er darangehen, den von ihnen, insbesondere vom Sonnengott Helios, empfangenen Auftrag zu erfüllen, als „Aufseher" das Weltgeschehen zu lenken (Iulian. or. 7,22). Julian hegte keinen Zweifel an der Legitimation seiner Herrschaft durch die Götter, und er scheint dies auch schon früh, nämlich bereits in Gallien (seit Ende 360), auf Münzen propagiert zu haben. Auf diesen erschien der Adler Jupiters mit einem Kranz im Schnabel. Vor allem die Solidi mit der Legende VIRTVS EXERCitus GALLiarum (Rom. Imp. Coin. VIII 227, Nr. 303) ließen sich in diesem Sinne verstehen.

Mit dem Tod des Constantius war für Julian die Zeit der religiösen Verstellung vorbei; er brauchte seine Apostasie vom Christentum nicht länger zu verheimlichen. Nun trug er den Philosophenbart (Paneg. Lat. 3[11],6,4), der zugleich ein Zeichen des Heidentums war; den Göttern brachte er Hekatomben zum Opfer dar (Iulian. ep. 26). In seinem Palast zu Constantinopel ließ er ein Heiligtum einrichten, in dem er täglich zu Helios beten und ihm persönlich opfern konnte (Liban. or. 18,127). Der Sonnengott war für Julian der Inbegriff des Göttlichen und der Götter, weshalb er ihn auch mit anderen Namen belegte: Mithras, Zeus, Apollon ... In seiner Rede ›Auf König Helios‹ gab Julian später (362) zu erkennen, dass er Helios vor allem zuschrieb, der Welt die griechische Kultur mitsamt dem Götterglauben gebracht zu haben, woran die Römer partizipierten. Letztere hätten auf diesem Fundament einen Staat gegründet, der geradezu als der beste bezeichnet werden könne (Iulian. or. 4,39). Ihm wollte Julian die Kraftquelle der alten Götterverehrung, die vom Christentum schon weitgehend überwuchert war, neu erschließen. Noch im Dezember 361 erließ er ein Edikt, durch das die Tempel wieder geöffnet, die Opfer wieder erlaubt und die Grundlagen des Götterkults wiederhergestellt wurden (Amm. Marc. 22,5,2).

Das Restitutionsedikt Julians richtete sich gegen die Maßnahmen, welche Constantin der Große und sein Sohn Constantius II. gegen das Heidentum ergriffen hatten (oben S. 44f., 69). Vor allem Constantin der Große war in den Augen Julians „der Neuerer und Störer der alten Gesetze und der seit alters geltenden Gewohnheiten" (Amm. Marc. 21,10,8). Mit diesem Vorwurf – Abkehr von der Tradition – griff Julian auf einen weit zurückreichenden Argumentationsstrang der Auseinandersetzung zwischen Heiden- und Christentum zurück, der besonders deutlich im Toleranzedikt des Galerius vom Jahre 311 hervorgetreten war (Lact. de mort. persec. 34,2). Für Julian trug Constantin der Große die Schuld daran, dass sich die christliche Missachtung des Herkommens durchgesetzt hatte, die dann unter Constantius zum festen Bestandteil der Religionspolitik geworden war. Dieser Entwicklung, die auf das Ende des Heidentums hinauslief, wollte Julian Einhalt gebieten, die Folgen der antiheidnischen Maßnahmen beseitigen und dem Götterglauben seine alte Stellung zurückgeben.

Julian konnte bei Erlass seines Restitutionsedikts in Rechnung stellen, dass die repressiven Maßnahmen seiner beiden Vorgänger gegen das Heidentum oftmals böses Blut erregt hatten. Gleichsam als Bestätigung kam es gerade zum Zeitpunkt der Abfassung des Edikts, aber noch bevor es nach Ägypten gelangt war, in Alexandria zu schweren Ausschreitungen gegen den (arianischen) Bischof der Stadt, Georgius von Kappadokien, der sich im Kampf gegen das Heidentum hervorgetan hatte und von dem auch jetzt wieder entsprechende Provokationen ausgingen. Georgius wurde ins Gefängnis geworfen und dann von der Menge gelyncht. Mit ihm fanden zwei Staatsbeamte, die sich heidenfeindlich betätigt hatten, den Tod (Amm. Marc. 22,11,3–10). Julian missbilligte zwar das Geschehene, gab aber zu, dass er dem „Götterfeind" Georgius sein Schicksal gönne. Die Alexandriner kamen mit einer Zurechtweisung davon (Iulian. ep. 60).

Die Vorkommnisse in Alexandria, die in der Ermordung des Bischofs Georgius am 24. Dezember 361 gipfelten, waren, wie gesagt, nicht durch das Restitutionsedikt Julians veranlasst; dieses wurde erst am 4. Februar 362 in Alexandria angeschlagen (Hist. aceph. 9). Wenn nun schon allein die Nachricht vom Tode des Constantius in der Lage war, Rachegefühle bei der heidnisch gesinnten Bevölkerung freizusetzen, wie musste da erst die ausdrückliche Aufforderung Julians, zum heidnischen Götterglauben zurückzukehren, wirken! Tatsächlich kam es im ganzen Orient zu Gewaltmaßnahmen (Theoph. ad an. mundi 5853), in einigen Städten, z.B. Askalon,

Gaza, Sebaste in Palästina, gar zu regelrechten Christenverfolgungen (Theodoret. hist. eccl. 3,7). Die von Julian befohlene Rückgabe des entfremdeten Tempelguts betraf aber nicht nur Christen, auch andere hatten sich bereichert und wurden deshalb nun belangt. Säulen von Tempeln mussten an Ort und Stelle zurückgebracht werden, wenn dies nicht möglich war, mussten entsprechende Geldzahlungen geleistet werden (Liban. or. 18,126). In bestimmten Fällen wurden die Nutznießer von Tempelzerstörungen auch zum Wiederaufbau herangezogen (Liban. ep. 1364). Streitfälle gab es jedenfalls genug und auch neue Unrechtshandlungen.

Das Restitutionsedikt Julians führte allenthalben zur Wiederherstellung verfallener oder von Zerstörungen betroffener Tempel. Schon nach etwas mehr als einem halben Jahr konnte der Rhetor Libanius in seinem am Hof zu Antiochia gehaltenen ›Prosphonetikos‹ feststellen, dass die Städte sich wieder „im Schmuck" der Tempel zeigten (or. 13,46). Julian hatte den Städten in einem Gesetz vom 13. März 362 Besitztümer, die sie im Zuge der Tempelenteignungen verloren hatten, wieder zugesprochen, sie aber verpflichtet, die daraus fließenden Gelder zur Baufinanzierung zu verwenden (Cod. Theod. 10,3,1). Der Tempelbau sollte absoluten Vorrang haben, ließ er durch ein anderes Gesetz verkünden (Cod. Theod. 15,1,3). Besonders lag ihm natürlich daran, dass in seinen Residenzstädten die Götterverehrung gepflegt wurde. So nahm er in Constantinopel selbst Tempelbauten in Angriff (Himer. or. 41,9), mit dem Wiederaufbau des Apollo-Heiligtums in Daphne bei Antiochia beauftragte er seinen Onkel, den *comes Orientis* Iulianus (Iulian. ep. 80).

Gewissermaßen den Höhepunkt des Tempelbauprogramms bildete der zu Anfang des Jahres 363 unternommene Versuch, den 70 n. Chr. zerstörten Tempel zu Jerusalem wiederaufzubauen. Julians Religionspolitik hatte inzwischen den Charakter eines Kampfes gegen das Christentum angenommen, und so wäre es ein schwerer Schlag gegen die Glaubwürdigkeit der christlichen Überlieferung gewesen, wenn der Tempel, dessen Zerstörung Jesus vorausgesagt hatte (Luc. 21,6), neu erstanden wäre. Das von Julian sorgfältig geplante und einem Freund (Alypius) anvertraute Unternehmen scheiterte jedoch. Erdbeben und Feuer setzten den Arbeiten ein Ende (Amm. Marc. 23,1,2–3).

Julian begnügte sich nicht damit, die äußeren Bedingungen für den Tempelbesuch wiederherzustellen, er setzte auch alles daran, die Priesterschaft so zu reorganisieren, dass die Kultausübung gewährleistet sei. Zu diesem Zweck griff er auf das 311 von Maximinus Daia im Kampf gegen das Christentum entwickelte Modell zurück, das für die Priesterschaft hierarchische Strukturen geschaffen hatte (oben S. 8f.): Er bestellte für bestimmte Gebiete (z.B. Asia, Galatia) Oberpriester, denen die Aufsicht über alle Priester ihres Sprengels oblag. Diesen Oberpriestern erteilte er in seiner Eigenschaft als *pontifex maximus* Weisungen und Ermahnungen zur Weitergabe an die Priester der einzelnen Städte. Die so genannten Pastoralbriefe Julians (ep. 84–89) lassen erkennen, dass er die Priesterschaft mit neuem Geist erfüllen wollte, um sie dem christlichen Klerus entgegenstellen zu können. Insbesondere die „Menschenliebe" (Philanthropia), die er als höchste Tugendübung empfahl, war als 'Konkurrenz' zur christlichen Nächstenliebe gedacht. Prächtige Gewänder der Priester und Rezitationen von Götterhymnen sollten die Attraktivität der Feierlichkeiten in den Tempeln erhöhen. Im Übrigen aber setzte Julian darauf, dass die uralten Riten der Götterverehrung, wenn man sie nur wieder praktiziere, sich gegen den christlichen Gottesdienst durchsetzen würden (vgl. bes. Iulian. ep. 89b).

Die Grundsätze, welche Julian in dem soeben erwähnten „Pastoralbrief" für das Verhalten der Priesterschaft aufstellte, deckten sich zu einem Gutteil mit seiner eigenen Lebensführung. Er wollte nicht nur titularer *pontifex maximus*, sondern Priester im eigentlichen Sinne des Wortes sein, und er freute sich, wenn er so genannt wurde (Liban. or. 12,80). Dabei spielte natürlich sein Anspruch, als Philosoph zu gelten, eine maßgebliche Rolle, war doch die Grenze zwischen Neuplatonismus und Religion eine fließende. Als Philosoph wiederum glaubte Julian, das Ideal Platos zu verwirklichen, demzufolge die Philosophen Herrscher oder die Herrscher Philosophen sein sollten (Liban. ep. 758,2) – wie Marcus Aurelius, dem er in allem nacheiferte (Eutr. 10,16,3). Kaiser, Priester, Philosoph – das war die Basis, von der aus Julian die alte Religion zu erneuern unternahm. Noch seien, meinte er, deren Kräfte stark genug, um dem in seinen Augen unheilvollen Vordringen des Christentums Einhalt zu gebieten. Das Echo aus der Bevölkerung, wie es sich aus den Inschriften vernehmen ließ, mag ihn ermuntert haben: „Erneuerer der Tempel" nannte man ihn (Année épigr. 1969/70, 631), „Wiederbegründer der römischen Religion" (Corp. Inscr. Lat. VIII 4326), „Wiederhersteller der Opfer" (Année épigr. 1893, 87). Von seiner Umgebung, zu der seine Lehrer, die Neuplatoniker Maximus (oben S. 85f.) und Priscus gehörten, wurde er auf dem einmal beschrittenen Weg vorangetrieben. Sein Lobredner Libanius pries in der am 1. Januar 363 gehaltenen Rede ›Auf den Kaiser Julian als Konsul‹ das religiöse Erneuerungswerk überschwänglich (Liban. or. 12,69–82).

Mit dem Restitutionsedikt stand eine Reihe von Maßnahmen Julians in Verbindung, die das Ziel verfolgten, der christlichen Kirche Abbruch zu tun. Nicht immer trat jedoch diese Tendenz so deutlich hervor wie bei der Aufhebung von Privilegien, die den Bischöfen hinsichtlich ihrer Gerichtsbarkeit und der Entgegennahme von Erbschaften für die Kirche verliehen worden waren (Iulian. ep. 114, vgl. oben S. 22, 45, 75). Meistens verbarg sich die Christenfeindschaft Julians hinter tolerant oder neutral klingenden Motivationen, wie Ammianus Marcellinus am Beispiel der Zusammenkunft Julians mit den Vertretern der christlichen Gruppierungen in Constantinopel gezeigt hat: Hinter der Ermahnung, die Streitigkeiten zu beenden und einander zu dulden, stand die Erwartung, die Spaltung der Christen für sich nutzen zu können (Amm. Marc. 22,5,3–4). Auf der gleichen Linie lag die Rückberufung der verbannten Bischöfe (Iulian. ep. 28). Dabei zeigte sich dann aber die Gefährlichkeit dieser Form von Religionspolitik: Die Rückkehr der von Constans (oben S. 59) verbannten donatistischen Bischöfe und die Rückgabe der an die Katholiken ausgelieferten Kirchen (Augustin. c. litt. Petil. 2,97) führten in Nordafrika, vor allem in Numidien und Mauretanien, zu einer Terrorwelle von erschreckendem Ausmaß. Das Circumcellionenunwesen (oben S. 59) erstand von neuem und versetzte die Provinzen in Angst und Schrecken – auch die Statthalter, die aber auf sich allein gestellt blieben (Optat. 2,17–18). Dagegen griff Julian persönlich (durch ein Edikt) in Alexandria ein, als Athanasius (oben S. 66f., 72) seinen Bischofssitz wieder einnahm und eine rege Tätigkeit entfaltete. Er habe in die Heimat zurückkehren, aber nicht sein Amt wieder antreten dürfen, bedeutete ihm der Kaiser, der nun Grund zu haben glaubte, seinerseits den „Götterfeind" aus Alexandria und Ägypten auszuweisen (Iulian. ep. 110 + 112).

Ein halbes Jahr nach dem Restitutionsedikt erließ Julian am 17. Juni 362 – auf dem Wege von Constantinopel nach Antiochia, vermutlich bei seinem Aufenthalt in Ancyra/Ankara – das so genannte Rhetorenedikt (Cod. Theod. 13,3,5). Es betraf die fortgeschrittene Stufe des Schulunterrichts, auf der die Schüler in Dichtung und Prosa durch Grammatiker bzw. Rhetoren (*magistri*) eingeführt wurden, sowie das darauf aufbauende Studium der Beredsamkeit bei den eigentlichen Rhetoren (*doctores*). Julian verlangte von den auf diesen Studienstufen Lehrenden, dass sie nicht nur die fachliche Voraussetzung (*facundia*), sondern vor allem sittliche Integrität (*mores*) besitzen müssten. In einem das Edikt erläuternden Brief interpretierte Julian die letztere Forderung als eine solche nach Übereinstimmung von Lehre und Überzeugung. Als Kriterium nannte er die klassischen Autoren von Homer bis Lysias, deren Werke vom Walten der Götter durchzogen seien. Man könne sie nicht zum Gegenstand des Unterrichts machen, ohne die Götter zu verehren, sonst werde man unglaubwürdig, d.h., man verliere die verlangte sittliche Integrität. Damit enthüllte Julian seine Absicht: Er wollte die christlichen Rhetoren aus dem Erziehungswesen entfernen bzw. sie zum Heidentum zurückführen (Iulian. ep. 61c). In Zukunft – so bestimmte das Edikt – sollte jeder, der eine Lehrtätigkeit als Rhetor ausüben wollte, vom Rat der betreffenden Stadt auf seine Würdigkeit überprüft und der darüber gefasste Ratsbeschluss dem Kaiser zur Bestätigung vorgelegt werden.

Julians Rhetorenedikt reglementierte das Bildungswesen in einer Weise, die selbst einen Freund wie Libanius, der durchaus den Zusammenhang von Religion und Bildung bejahte (Liban. or. 62,8), jenes Edikt in den ›julianischen‹ Reden mit Schweigen übergehen ließ. Ammianus Marcellinus, der die gesetzgeberischen Maßnahmen Julians insgesamt positiv beurteilte, nahm das Rhetorenedikt ausdrücklich von diesem Lob aus (Amm. Marc. 22,10,7). Den beiden Heiden trat der Christ Gregor von Nazianz an die Seite, der in der ersten seiner beiden Reden ›Gegen Julian‹ von dem Hass sprach, den Julian mit dem Rhetorenedikt erregte (Greg. Naz. or. 4,100,2). So hat es denn den Anschein, dass der Schlag, den Julian gegen die Christen im Bildungswesen führte, keineswegs auf Zustimmung, sondern eher auf Unverständnis und Ablehnung stieß, zumal berühmte christliche Rhetoren wie Marius Victorinus in Rom und Prohairesius in Athen ihre Lehrstühle verloren. Nichtsdestoweniger unternahm Julian durch ein die Stadt Rom betreffendes Gesetz vom 17. Januar 363 den Versuch, auch für den Advokatenstand eine Zulassungsprüfung einzuführen, welche sich auf Gesinnung (*animus*) und fachliche Eignung (*facundia*) erstreckte, so dass Christen ausgeschlossen werden konnten (B. Bischoff/D. Nörr, Bayer. Akad. d. Wiss., Phil.-Hist. Kl., Abh. 58 [Neue Folge], 1963).

Aus Julians Sicht und von seinem Grundanliegen her war es konsequent gehandelt, wenn er seinen Blick auf die Jugend richtete und sie von vornherein mit dem alten Götterglauben vertraut machen wollte. Christliche Eltern mussten nun verstärkt das Risiko eingehen, dass ihre Kinder durch heidnische Lehrer dem christlichen

Glauben entfremdet würden. Denn eigene christliche Schulen gab es nicht, und die Schulausbildung war nun einmal die Voraussetzung für eine entsprechende Karriere! Julian muss sich darüber hinaus bewusst gewesen sein, dass er mit seinem den christlichen Lehrern und Professoren erteilten Verbot, die klassischen Autoren im Unterricht zu behandeln, einen im Gebäude des Christentums selbst schwelenden Brand neu entfachen würde. Es war nämlich keineswegs unumstritten, dass Christen sich überhaupt mit der klassischen Literatur beschäftigten. Vor allem im Mönchtum ging die Tendenz dahin, der Frömmigkeit gegenüber der Bildung den Vorzug zu geben (vgl. Athan. vit. Ant. 93). Auch sonst war in der Kirche die Ansicht verbreitet, wer das Evangelium habe, brauche keine philosophischen Erörterungen (Tert. de praescript. haeret. 7,12). Wenn aber die klassischen Studien doch im Rahmen der christlichen Erziehung eine Rolle spielten wie bei Origines in Alexandria, dann als Vorbereitung auf die Glaubenslehre der Heiligen Schrift. Bei dieser Sachlage stand zu erwarten, dass das Rhetorenedikt Julians zu neuen innerkirchlichen Streitigkeiten über Wert und Unwert der klassischen Studien Anlass geben würde. Julians Ziel war jedenfalls klar: Er wollte die christlichen Rhetoren, wie er selbst sagte (ep. 61c), auf die Auslegung von Matthäus und Lucas beschränken!

Die Herausforderung, welche Julians Rhetorenedikt für die Christen bedeutete, rief sozusagen umgehend die Reaktion eines ihrer führenden Köpfe hervor: Basilius, der spätere Bischof von Caesarea (Kappadokien), schrieb wahrscheinlich noch unter Julians Regierung sein Büchlein ›An die Jugend‹, in dem er aufzeigte, dass die klassische Literatur trotz ihrer Verbindung mit dem Götterglauben durchaus für christliche Schüler eine wertvolle Lektüre sei, und zwar wegen ihres ethischen Gehalts. Den Beweis führte er durch Vergleich bestimmter Texte der klassischen Autoren mit entsprechenden Passagen der neutestamentlichen Schriften. Basilius überführte auf diese Weise ein Großteil der klassischen Literatur in das christliche Erziehungsgut und vollbrachte damit (wie mit seiner Mönchsregel [oben S. 74]) eine bahnbrechende und dauerhafte Leistung. Methodisch vergleichbar mit der Schrift des Basilius ist eine Sammlung von Rechtssätzen, die ›Collatio legum Mosaicarum et Romanarum‹, die um diese Zeit im Entstehen begriffen war. In ihr wurden Bestimmungen des römischen Rechts ähnlichen Vorschriften des mosaischen Gesetzes gegenübergestellt, um die grundsätzliche Übereinstimmung beider Rechtsordnungen zu beweisen.

Mit der Religionspolitik, wie sie sich im Restitutions- und im

Rhetorenedikt manifestierte, suchte Julian eine antichristliche Grundhaltung zu erzeugen, welche dazu führen sollte, dass die Verehrer der alten Götter, seien es nun Einzelpersonen oder ganze Städte, in allem den Christen vorgezogen würden (Iulian. ep. 83). Wie er sich dies im Einzelnen vorstellte, exemplifizierte er in einem Brief an die Einwohner der Stadt Bostra (Arabien): Für die dort entstandenen Streitigkeiten zwischen Heiden und Christen machte er allein die Letzteren verantwortlich, schwärzte ihren Bischof als hinterhältig an und riet dazu, ihn „aus eigenem Entschluss" zu vertreiben. Verbunden war dieser tückische Ratschlag freilich mit der hehren Ermahnung an Heiden wie Christen, sich von Gewalttätigkeiten fern zu halten: „Mit Vernunft muss man die Menschen überzeugen und belehren, nicht mit Schlägen" (Iulian. ep. 114 vom 1. August 362).

In Julians Terminologie waren die Heiden „Gottesfürchtige", die Christen „Gottlose" oder – mit ethnischer Kennzeichnung – die einen „Hellenen", die anderen „Galiläer". Letzteren Ausdruck benutzte er auch im Titel seiner Streitschrift ›Gegen die Galiläer‹. In ihr bediente er sich einerseits der seit langem gegen die Christen erhobenen Vorwürfe, andererseits zehrte er von der in seiner Jugend erlangten Kenntnis der christlichen Überlieferung, um über sie seinen intellektuellen Spott auszugießen. Der Galiläer selbst, Christus, war für Julian nur ein aus ärmlichen Verhältnissen stammender Wundertäter, seine Jünger nur ungebildete Fischer, die jetzige Kirche nur ein inhomogenes Gebilde mit merkwürdigen Auswüchsen (Märtyrerkult u. a.). Wie anders stellte sich da der Glaube der Hellenen dar, mit Platos ›Timaios‹ als Schöpfungsgeschichte und etwa dem heilbringenden Wirken des Asklepius in aller Welt! Julians Schrift ›Gegen die Galiläer‹ ist als solche verloren gegangen, doch hat sie sich wenigstens zum Teil aus der in den ersten Jahrzehnten des 5. Jahrhunderts verfassten Entgegnung des Cyrillus von Alexandria (›Adversus libros athei Iuliani‹) wiederherstellen lassen.

Julian schrieb sein Pamphlet gegen die Christen im Winter 362/3 in Antiochia, wo er seit dem 18. Juli 362 residierte (Amm. Marc. 22,9,15). Der Aufenthalt in dieser von vielen Christen bewohnten Stadt war für ihn eine große Enttäuschung. Dazu trug nicht zuletzt der Brand des gerade erst (oben S. 88) wiederhergestellten Apollo-Tempels im Vorort Daphne bei. Julian gab den Christen die Schuld daran und griff zu Repressalien gegen die „Große Kirche" in Antiochia (Amm. Marc. 22,13,1–2). Sein Christenhass nahm merklich zu und führte zu Überreaktionen wie der auf das Hilfegesuch der christlichen Stadt Nisibis (Mesopotamien) gegen die Perser, das er ablehnte, weil sie „unrein" sei; sie solle sich erst zum Hellenismus bekehrten (Sozom. hist. eccl. 5,3,5). Auch seine Drohung, nach dem Krieg gegen die Perser einen solchen gegen die Galiläer führen zu wollen (Theodoret. hist. eccl. 3,21,4), gehört hierher. Umso besser versteht man, wie erleichtert die Christen über den Tod Julians (26./27. Juni 363) waren und wie gerne sie seine angeblich letzten Worte verbreiteten: „Du hast gesiegt, Galiläer" (Theodoret. hist. eccl. 3,25,7).

Das Wirken Julians als *pontifex maximus* und als Priester/Philosoph im neuplatonischen Sinne, das oben im Zusammenhang verfolgt wurde, war natürlich eingebettet in seine Tätigkeit als Lenker des römischen Staates überhaupt. Die Inschriften drückten dies so aus: Julian sei nicht nur „Wiederbegründer der römischen Religion" (Corp. Inscr. Lat. VIII 4326), sondern auch „Neuschöpfer des Staates" (Année épigr. 1969/70, 631). Für Julian lag der Grund, den Staat zu reformieren, in der Fehlentwicklung, die dieser wie auf religiösem, so auch auf manchem anderen Gebiet unter Constantin dem Großen und Constantius genommen hatte. Julian wollte also seinen Prinzipat als Neuanfang in jeder Hinsicht verstanden wissen; er wollte dem Staat die Freiheit wiedergeben oder, wie der Konsul Claudius Mamertinus in seiner Neujahrsrede 362 hochtönend sagte, *auctor libertatis* sein (Paneg. Lat. 3[11], 25,5).

Julian sah sich nach dem Tod des Constantius vor die Notwendigkeit gestellt, ein weithin sichtbares Zeichen seiner Einstellung gegenüber der Regierungspraxis seines Vorgängers zu setzen. Er tat es, indem er einen Gerichtshof konstituierte, vor dem diejenigen abgeurteilt werden sollten, die sich als Ratgeber und Helfer des Constantius schuldig gemacht hatten (Iulian. ep. 33). Den Vorsitz übertrug er seinem Freund Secundus Salutius, den er zum *praefectus praetorio per Orientem* ernannt hatte, und als Tagungsort bestimmte er Chalcedon auf der asiatischen Seite des Bosporus. Weitere Mitglieder des Gerichtshofs waren der *praefectus praetorio Italiae, Africae et Illyrici* und *consul designatus* Claudius Mamertinus, die Heermeister Nevitta, Iovinus, Arbitio und Agilo sowie eine Anzahl von Offizieren der Gardetruppen (Ioviani et Herculiani). Der militärische Charakter des Tribunals war eindeutig; auch das Heer des Constantius war (mit Arbitio und Agilo) repräsentativ vertreten. Von den zwölf Angeklagten wurden vier mit dem Tode bestraft. Drei von ihnen hatten sich in höchstem Maße schuldig gemacht: der intrigante Eunuch (*praepositus sacri cubiculi*) Eusebius, der berüchtigte

Untersuchungsrichter (*notarius*) Paulus mit dem Beinamen Catena („Kette") und der gefährliche Geheimagent (*agens in rebus*) Apodemius; die vierte Hinrichtung dagegen wurde an einem Unschuldigen vollzogen: Ursulus, der Finanzminister (*comes sacrarum largitionum*), fiel der Rache des Heeres zum Opfer, wie Julian, um sich selbst zu entlasten, verlauten ließ. Gegen sechs Angeklagte erging ein Verbannungsurteil. Betroffen waren u. a. der *praefectus praetorio* Taurus, der *magister officiorum* Florentus und der *comes rerum privatarum* Euagrius. Schließlich gab es noch einen Freispruch sowie ein Todesurteil in absentia (Amm. Marc. 22,3,1–8).

Nicht alle, die in Julians Augen für ihr Verhalten unter Constantius Strafe verdient hatten, wurden in Chalcedon belangt. Gaudentius zum Beispiel, der als Sonderbeauftragter (*notarius*) des Constantius Afrika vom Anschluss an Julian abgehalten hatte (oben S. 81), wurde durch den Kaiser selbst zum Tode verurteilt (Amm. Marc. 22,11,1). Nach der Wiedereroberung von Aquileia wurden die drei Hauptverantwortlichen für den Abfall zu Constantius (oben S. 81) durch den *praefectus praetorio* Claudius Mamertinus mit Hinrichtung bestraft (Amm. Marc. 21,12,20).

Mit dem Gericht über die hoch gestellten Helfer des Constantius stand die Entlastung seiner für niedrigere Tätigkeiten (Tafel, Schlafgemach u. a.) zuständigen Höflinge (*palatini*) in enger Verbindung (Amm. Marc. 22,4,1–9). Diese schadeten nach allgemeiner Auffassung durch ihre Raffgier dem Staat, und Julian bedurfte bei seiner einfachen Lebensführung ihrer Dienste nicht. Mit Genugtuung registrierte die öffentliche Meinung auch Julians Abneigung gegen die *agentes in rebus*, deren allgegenwärtige Spitzeltätigkeit unter Constantius böses Blut erregt hatte. Ihre *schola* (oben S. 21) wurde auf 17 Köpfe reduziert (Liban. or. 2,58). Gleich rigoros beschnitt Julian auch Zahl und Wirksamkeit der *notarii*, die oft für besondere Aufträge eingesetzt worden waren und unliebsames Aufsehen erregt hatten. Vier Notare genügten Julian als Sekretäre (Liban. or. 18,131).

Bei der Besetzung der hohen Stellen in der Reichsverwaltung brachte Julian seinen Grundsatz, die Heiden den Christen vorzuziehen (oben S. 93), in einem Maße zur Anwendung, das Letzteren anscheinend keine Möglichkeit ließ, auf verantwortliche Posten zu gelangen. Die 13 namentlich bekannten *praefecti praetorio*, Stadtpräfekten und Statthalter seiner Regierungszeit, gehörten alle zur Anhängerschaft der alten Götter. Diese völlige Ausschaltung anderer personalpolitischer Gesichtspunkte gegenüber der Religionszugehörigkeit war eine Konsequenz der in Julians Beraterstab vorhandenen geballten Energie zur Erneuerung des Reiches 'aus dem Glauben'. Diesem sechs- bzw. (nachdem Libanius in Antiochia hinzugetreten war) siebenköpfigem Gremium (Iulian. Misop. 25) gehörten ja mit Maximus und Priscus die beiden entschiedensten Verfechter der neuen Religionspolitik (oben S. 89f.) an, und Salutius, das ranghöchste Mitglied, stimmte so sehr mit Julians religiöser Haltung überein, dass dieser ihm seinen Hymnus ›Auf König Helios‹ (or. 4) widmete. Anders verhielt Julian sich dagegen in Bezug auf die höchsten Militärstellen. Unter den fünf von ihm ernannten Heermeistern befanden sich drei Christen und nur zwei Heiden! Offenbar sah er sich auf diesem Feld genötigt, mehr auf die Qualifikation als auf die Religion der in Frage kommenden Personen zu achten. Die Öffentlichkeit hätte diese Einstellung wohl auch bei Besetzung der zivilen Ämter lieber gesehen (vgl. Liban. or. 18,180).

Das von Julian vorgenommene Revirement in der Reichsverwaltung brachte im Hinblick auf die Prätorianerpräfektur eine Entwicklung zum Abschluss, welche auf die Regionalisierung dieses Amtes hinauslief (oben S. 41), d. h. auf die Etablierung von drei großen Präfektursprengeln: Oriens, Italia/Africa/Illyricum, Galliae (Amm. Marc. 26,5,5). Jede dieser Präfekturen umfasste eine Mehrzahl von Diözesen, die des Orients z.B. vier (Oriens [mit Aegyptus], Pontica, Asiana, Thracia). Die Diözese erhielt dadurch die Funktion einer Mittelinstanz zwischen Provinzen und Präfektur. Dies wiederum machte es notwendig, die Kompetenzen der Vikare als Leiter der Diözesen und die der Präfekten als Vorsteher der Präfektursprengel voneinander abzugrenzen bzw. aufeinander abzustimmen. So wurde im Rahmen der Neuordnung des Postwesens den Vikaren (und Statthaltern) die Berechtigung zur Erteilung von Benutzungsgenehmigungen (*evectiones*) für den *cursus publicus* grundsätzlich entzogen; sie erhielten nur eine festgelegte Anzahl vom Kaiser ausgestellter Fahrausweise. Den Prätorianerpräfekten verblieb dagegen ihr Recht, *evectiones* zu erteilen (Cod. Theod. 8,5,12 [362]).

Die soeben angesprochene Revision des Postwesens betraf dessen gesamte Struktur, wie am besten die Einrichtung neuer Straßenstationen (*mutationes*) erkennen ließ, welche die Strecken von einer zur anderen verkürzte. Dadurch sollten die Zugtiere geschont werden, die von der Bevölkerung der betreffenden Gebiete gestellt werden mussten. Julian befreite mit dieser Maßnahme, wie eine Inschrift in Concordia Sagittaria/Venetien verkündete, die Provinzialen von einer Sorge, die sie schwer bedrückte (Corp. Inscr. Lat. V

8987). Andererseits hielt er in einem die Diözese Africa betreffenden Erlass die Anlieger der Landstraßen (*possessores*) dazu an, der alten Verpflichtung zur Instandhaltung der ihnen anheim gegebenen Abschnitte nachzukommen (Cod. Theod. 15,3,2). Die Errichtung einer Fülle von Meilensteinen im ganzen Reich zeugte von dem Auftrieb, den der Straßenbau durch diese und ähnliche Initiativen Julians erfahren hat (J. Arce, Archivo español de Arqueologia 8, 1984, S. 101–112). Den Erfolg seiner Bemühungen um das Postwesen aber musste selbst ein Gegner wie der Bischof Gregor von Nazianz anerkennen (Greg. Naz. or. 4,75).

Anerkennenswert war auch die Steuerpolitik Julians, wie Ammianus Marcellinus in seiner Charakteristik der Regierung Julians unter dem Stichwort „Freigebigkeit" (*liberalitas*) vermerkte (Amm. Marc. 25,4,15). Eindruck machte vor allem der Verzicht auf rückständige Steuern. Julian bediente sich dieses Instruments mit großer Sorgfalt, d. h. mit Rücksicht nicht nur auf die Situation der betreffenden Provinzen, sondern auch auf die Interessen des Staates. So erließ er den Provinzen der Diözese Thracia die bis zur 3. Indiktion (359/360) aufgelaufenen Steuerrückstände zur Hälfte, die andere Hälfte sollte den Donautruppen zugute kommen als den Garanten der Sicherheit dieses Gebietes (Iulian. ep. 73). Für die Provinzen der Diözese Africa lautete die Auflage des Schuldenerlasses: „mit Ausnahme von Gold und Silber", d. h. der Steuer für die Handel- und Gewerbetreibenden (*collatio lustralis*), die in Edelmetall entrichtet werden musste (Cod. Theod. 11,28,1). Eine besondere Gunst erfuhr die Stadt Antiochia: Ihr wurden nicht nur alle Steuerrückstände erlassen, sondern auch die laufenden Steuern um 20% ermäßigt (Iulian. Misop. 37). Ein Gesetz vom 13. März 362 stellte klar, dass den Provinzialen ohne Wissen des Kaisers keine neuen Steuern abverlangt werden dürften. Umgekehrt sollte an den einmal auferlegten Steuern nichts geändert werden (Cod. Theod. 11,16,10). Es war nicht zuletzt diese Verlautbarung, die Julian den Ruf verschaffte, „höchst gerecht gegen die Provinzialen" eingestellt zu sein (Eutr. 10,16,3).

Nicht so einhellig war das Urteil der Zeitgenossen über Julians Städtepolitik. Libanius lobte sie emphatisch (or. 18,146–150), der Landtag von Syria Phoenica pries Julian als „Neuschöpfer der Kurien" (Année épigr. 1969/70, 631), einige Stadträte, so die von Praeneste (Italien) und Thamugadi/Timgad (Numidien) setzten ihm Dankinschriften (Corp. Inscr. Lat. XIV 2914 + VIII 2387). Andererseits äußerte Ammianus Marcellinus sich kritisch, sprach sogar von ungerechten Maßnahmen Julians (22,9,12 + 25,4,21). Der christliche Klerus entrüstete sich über den Verlust seiner Privilegien in Bezug auf den Dekurionat (Sozom. hist. eccl. 5,5,2); der antiochenische Stadtrat boykottierte die ihm von Julian zugemutete Umstrukturierung (Iulian. Misop. 40).

Julian eröffnete seine Städtepolitik 362 mit der bereits oben S. 88 erwähnten Rückgabe-Verfügung für das den Städten unter Constantin dem Großen und Constantius entzogene Tempelgut. Die zurückerstatteten Ländereien sollten verpachtet und mit dem Zins Tempelbauten finanziert werden (Cod. Theod. 10,3,1). Die Städte gelangten dadurch zu Einnahmequellen, die sie finanziell stärkten, auch wenn Bauauflagen daran geknüpft waren. Als freundliche Geste gegenüber den Städten sollte auch das Gesetz über das „Kranzgold" dienen. Julian betonte den freiwilligen Charakter der zur Gewohnheit gewordenen Darbringung eines solchen Geschenks durch die Städte, suchte also den Übereifer der Kurien bei der Beschlussfassung über das *aurum coronarium* zu dämpfen, und zwar auch dadurch, dass er das Höchstgewicht eines solchen Kranzes auf 70 Stateres = Solidi (1 röm. Pfund [327 g]) festsetzte (Liban. or. 18,193). Nur für Notfälle, d.h. im Interesse des Staates, behielt er sich vor, das Kranzgold seinerseits zu fordern (Cod. Theod. 12,13,1).

Wenn Julian als „Neuschöpfer der Kurien" gepriesen wurde, so bezog sich das in der Hauptsache auf sein Bestreben, den Kurien neue Mitglieder zuzuführen. Die Leistungsfähigkeit der Stadträte hing ja wesentlich von ausreichenden Mitgliederzahlen ab, und daran mangelte es vielerorts, weil so mancher Kuriale sich seinen Verpflichtungen entzogen hatte. Julian ermunterte die Kurien, ihre Reihen sozusagen mit allen Mitteln zu füllen. Den Antiochenern z.B. legte er nahe, ihren Rat um 200 Mitglieder zu erweitern (Iulian. Misop. 40), und gestattete ihnen ausdrücklich, auch diejenigen zu kurialen Pflichten heranzuziehen, die nur mütterlicherseits eine entsprechende Abstammung aufwiesen (Cod. Theod. 12,1,51). Allgemein verfügte er, dass die christlichen Kleriker wieder in die Kurien eingeschrieben werden sollten, aus denen sie bei Ergreifen des geistlichen Standes ausgeschieden waren. Auch weitere „Flüchtlinge" wie solche, die sich in den Schutz „Mächtiger" (*potentes*) begeben hatten, sollten in ihre Kurien zurückgeführt und obendrein mit einer Geldstrafe belegt werden (Cod. Theod. 12,1,50).

Die freie Hand, welche Julian den Kurien bei der Auffüllung ihrer Gremien ließ, führte zu vielen Misshelligkeiten, die schnell an sein Ohr drangen. So musste er sich z.B. im Sommer 362 auf der Reise von Constantinopel nach Antiochia mit diesbezüglichen Klagen in Ancyra/Ankara befassen (Amm. Marc. 22,9,8). Er sah sich daher veranlasst, in einem Gesetz vom 18. September 362 die Überprüfung der Neueinschreibungen durch den zuständigen *praefectus praetorio* anzuordnen und festzulegen, dass im Allgemeinen nur bisher unberücksichtigte Dekurionensöhne und reiche Plebejer eingeschrieben werden dürften (Cod. Theod. 12,1,53). Auch sollten die in den Städten tätigen und von diesen besoldeten Ärzte nicht zu kurialen Pflichten herangezogen werden (Iulian. ep. 75b). Mochte nun auch Julians Programm, die Kurien zahlenmäßig zu verstärken, kein besonderer Erfolg beschieden gewesen sein, einen Impuls zur Mobilisierung eventuell vorhandener personeller Reserven bedeute es allemal, wobei auch noch zu berücksichtigen wäre, dass der Bedarf an neuen Kurienmitgliedern nicht überall gleich groß gewesen sein dürfte. In Thamugadi/Timgad (Numidien) z. B. schienen, dem umfangreichen Kurialenverzeichnis aus der zweiten Hälfte der 60er Jahre nach zu urteilen, die städtischen Angelegenheiten durchaus in Ordnung zu sein (A. Chastagnol, L'album municipal de Timgad, 1978).

Eine persönliche Beziehung verband Julian mit seiner Vaterstadt Constantinopel. Ihr erwies er auf vielfache Weise seine Gunst. An der Südküste erbaute er einen Hafen und stellte durch eine Säulenstraße die Verbindung zwischen diesem und der Stadt her (Zosim. 3,11,3). Den Hafen sollte als Wahrzeichen ein Obelisk überragen, den er aus Alexandria anforderte (Iulian. ep. 59). Dieser steht heute, von Theodosius aufgerichtet, im Hippodrom nahe der Blauen Moschee (unten S. 162). In der Stoa des Kaiserpalastes richtete Julian eine öffentliche Bibliothek ein, der er auch seine privaten Bücherbestände anvertraute (Zosim. a. O.). Eine ähnliche Vorliebe wie für Constantinopel zeigte Julian für Nicomedia, wo er nach dem Tode seines Vaters (337) einige Jahre seiner Jugend verbracht hatte. Die Stadt war 358 von einem schweren Erdbeben betroffen worden (oben S. 70) und bot sich dem Kaiser, als dieser sie auf seiner Reise nach Antiochia Anfang Juni 362 passierte, in erbarmungswürdigem Zustand dar. Julian half mit einem kräftigen Zuschuss zu den Aufbauarbeiten, doch waren alle Anstrengungen umsonst: Nach einem halben Jahr, am 2. Dezember 362, wurde Nicomedia von einem neuen schweren Erdbeben erschüttert, das die Stadt vollkommen zerstörte (Amm. Marc. 22,13,5).

Ein merkwürdiges Interesse zeigte Julian für die galatischen Städte, deren Verhältnisse er auf dem Weg nach Antiochia anscheinend näher kennen gelernt hatte. In einem Brief an den von ihm eingesetzten Oberpriester der Provinz Galatia, Arsacius mit Namen (vgl. oben S. 89), beauftragte Julian diesen, in allen Städten Herbergen einzurichten, die Unterkunft und Fürsorge für die Armen gewährleisten sollten. Zu diesem Zweck versprach er, der Provinz jährlich eine beträchtliche Menge Getreide und Wein zur Verfügung zu stellen (Iulian. ep. 84a). Sein Entschluss entsprang dem Unbehagen, mit dem er die christliche Armenfürsorge betrachtete, die weiter geübt wurde, obwohl er die von Constantin dem Großen gewährten staatlichen Zuschüsse gestrichen hatte (Theodoret. hist. eccl. 1,11,2–3). Deshalb forderte er Arsacius auch auf, die heidnische Stadtbevölkerung dazu zu bringen, sich ihrerseits an der Armenpflege zu beteiligen – ein typisches Beispiel für Julians Bemühen, dem Christentum auf allen Gebieten und mit allen Mitteln entgegenzutreten.

Mit großen Erwartungen kam Julian im Juli 362 nach Antiochia. „Hehre Zinne des Orients" nannte Ammianus Marcellinus (22,9,14) die Stadt, die schon vielen Kaisern als Residenz gedient hatte, zuletzt Constantius. Julian spürte das Verlangen, ihre „Größe und Macht" zu stärken (Iulian. Misop. 40), sie zu einer Marmorstadt zu machen (Liban. or. 15,52). Auch darf man annehmen, dass er sie aus einer christlichen Metropole in eine heidnische zurückverwandeln wollte. Dazu kam natürlich, dass Antiochia die 'normale' Ausgangsbasis für den geplanten Perserkrieg darstellte. Obwohl Julian bei seiner Ankunft am 18. Juli 362 als „heilbringender Stern" begrüßt worden war (Amm. Marc. a. O.), hatte er mit seinen Vorsätzen nicht den geringsten Erfolg. Der Aufenthalt in Antiochia war für ihn eine einzige Enttäuschung, so dass er sich entschloss, nach Rückkehr aus dem Perserkrieg Tarsus zu seiner Residenz zu machen (Iulian. Misop. 37).

Als Julian nach Antiochia kam, herrschte in der Stadt Teuerung. Sie war die Folge einer schlechten Getreideernte und der Anwesenheit großer Truppenmengen für den Perserkrieg. Verschärft wurde die Lage durch die Spekulationen der Großgrundbesitzer, die zur Erzielung noch höherer Preise Getreide zurückhielten. Julian wandte sich im Interesse der unteren Schichten an den Stadtrat, in dem die Großgrundbesitzer ihren Platz hatten. Auf einer Art Krisensitzung erörterte er mit den Kurialen die bedrohliche Situation und erhielt die Zusage, man werde für Abhilfe sorgen. In den nächsten drei Monaten (bis Oktober 362) geschah jedoch von dieser Seite nichts, das die Lage entspannt hätte. Da griff Julian selbst ein, setzte durch ein Edikt Höchstpreise für alle Waren fest und brachte Getreide, das er aus Syrien (Chalkis, Hierapolis) und Ägypten herbeischaffen ließ, zum festgesetzten Preis auf den Markt. Aber auch diese Maßnahmen schufen keinen Wandel. Das billige Getreide wurde von den Spekulanten aufgekauft, das billige Brot fand in der Landbevölkerung zusätzliche, eigentlich nicht vorgesehene Abnehmer (Iulian. Misop. 41).

Julians Ansehen in Antiochia erhielt durch den Misserfolg seiner Bemühungen um die Beilegung der Versorgungskrise den entscheidenden Schlag. Die Antiochener nahmen ohnehin an seinem Äußeren sowie allem, was er tat und ließ, Anstoß. Dass er ihnen nicht das tägliche Brot zu sichern in der Lage war, machte ihn für sie vollends zur Karikatur. Die Stimmung artikulierte sich in vielen spöttischen Bemerkungen, zu denen vor allem Julians Bart Anlass gab. Ihren Spott gossen die Antiochener aber etwa auch über die neuen großen Bronzemünzen (Doppelmaiorinae zu ca. 8,3 g mit bis zu 3% Silber) aus, die Anfang 363 herauskamen und auf der Rückseite einen Stier mit der Umschrift SECVRITAS REI PVBlicae zeigten (Rom. Imp. Coin. VIII 532, Nr. 216). In dem Stier sah man das typische Opfertier Julians; die Schlachtung Hunderter dieser Tiere hatte ihm den Namen „Schlächter" eingebracht (Amm. Marc. 22,14,3). Die Legende aber verstanden vor allem die Christen als Umkehrung der Wirklichkeit: Nicht Sicherheit, sondern Gefährdung habe Julian der Welt durch seine Opferwut gebracht (Socr. hist. eccl. 3,17,4).

Julian reagierte auf den Spott der Antiochener in einer für seine Intellektualität typischen Weise: Er verfasste im Januar/Februar 363 eine Satire, in der er sich als „einer, der den Bart hasst", selbst karikierte, aber zugleich den Antiochenern deutlich machte, was er alles für sie getan hatte. Der ›Misopogon‹, so der griechische Titel, wurde am Eingang zum Kaiserpalast ausgehängt und damit allen zur Kenntnis gebracht (Malal. chronogr. 13,19). Die Schrift ließ keinen Zweifel am Zorn des Kaisers: Libanius, der antiochenische Rhetor und Vertraute Julians, wandte sich kurz nach dem Aufbruch des Kaisers in den Krieg gegen die Perser mit einer Rede an die Kurie seiner Vaterstadt, in der er dazu riet, man möge doch versuchen, den Zorn des Kaisers zu besänftigen, etwa durch Einschränkung des für Antiochia charakteristischen Spielbetriebs, gegen den Julian seinen Abscheu bekundet hatte (Liban. or. 16,41). Die Rede blieb jedoch ohne Wirkung. Antiochia und Julian gingen als Gegensatzpaar in die Geschichte ein.

Zu den vielen Auffälligkeiten, welche die Antiochener an Julian registrierten, gehörte auch seine persönliche Rechtsprechung. Er sah darin eine Herrscherpflicht, wurde aber danach beurteilt, dass er etwas tat, was Constantius unterlassen hatte (vgl. Amm. Marc. 21,16,17). Auch nahm man unwillig zur Kenntnis, dass er sich gelegentlich nach der Religionszugehörigkeit der Prozessführenden erkundigte, obwohl dies keinen Einfluss auf sein Urteil hatte. Er selbst verstand sich als Verkörperung der Gerechtigkeit (*iustitia*) und bemühte sich nach Kräften, diese mit der Milde (*clementia*) zu verbinden, deren Praktizierung ja erst eigentlich den Herrscher als solchen kennzeichnete (Amm. Marc. 22,10,1–6). Jedenfalls hat Julian mit seiner Tätigkeit als Richter an beste Traditionen des römischen Kaisertums angeknüpft, wenn man bedenkt, dass Marcus Aurelius, das große Vorbild Julians, manchmal zwölf Stunden über einen einzigen Fall zu Gericht saß (Cass. Dio 72,6,1).

Bei der Beurteilung der Situation, in die Julian in Antiochia geriet bzw. sich hineinmanövrierte, darf die Nervenanspannung nicht außer Acht gelassen werden, in der er sich wegen der Vorbereitung des Perserkrieges befand. Julian hatte diesen Krieg schon gleich nach Erlangung der Alleinherrschaft ins Auge gefasst (Amm. Marc. 22,12,1) und sich immer mehr in dessen ideologische Bedeutung versenkt. Die Eroberung des Perserreiches sollte ja das Gegenstück zur religiösen Erneuerung des Römerreiches bilden, oder anders ausgedrückt: Beide Vorhaben sollten die neue Weltherrschaft Roms begründen. Dazu war es freilich gemäß der Konzeption Julians erforderlich, dass das Heer als Instrument der imperialen Mission den alten Göttern anhinge. Dies zu erreichen, bemühte er sich mit allen Mitteln. Denn es war nicht damit getan, dass er das christliche Feldzeichen, das Labarum (oben S. 25f.), abschaffte und an seine Stelle solche mit Götterbildern und seinem eigenen treten ließ (Sozom. hist. eccl. 5,17,2–3). Auch besagte es wenig, dass die Soldaten sich mit dem massenhaft anfallenden Fleisch der offiziell dargebrachten Opfertiere voll stopften (Amm. Marc. 22,12,6). Julian wollte, dass sie von sich aus den Göttern opferten, damit sie fähig wären, deren Beistand im Kampf zu erflehen. Um sie dazu zu bringen, scheute er sogar nicht davor zurück, ihr Opfer durch ein Donativ zu 'erkaufen' (Liban. or. 18,168; Theodoret. hist. eccl. 3,16,6–7), was auf einen mäßigen Erfolg der 'Bekehrung' schließen lässt. Die gleiche Erfahrung aber musste Julian auch mit der Bevölkerung Antiochias machen: Die Tempel blieben leer (Iulian. Misop. 34), der in Daphne brannte sogar ab (oben S. 93). Dazu kam nun (Anfang 363) noch als schlechtes Vorzeichen für die Führung des Perserkriegs ein großes Erdbeben, das Constantinopel erschütterte (Amm. Marc. 23,1,7).

Nicht nur Vorzeichen rieten vom Perserkrieg ab, auch ein Spruch der Sibyllinischen Bücher gab Julian zu verstehen, er möge von seinem Vorhaben Abstand nehmen (Amm. Marc. a. O.). Libanius, der enge Vertraute Julians, ließ in seiner Rede zum Konsulatsantritt des Kaisers am 1. Januar 363 durchblicken, dass er es lieber gesehen hätte, wenn Julian die von den Persern angebotenen Verhandlungen aufgenommen hätte, statt sie barsch abzulehnen (Liban. or. 12,77). Sallustius, der *praefectus praetorio Galliarum* und Freund Julians, schickte eine eindringliche Warnung vor den Risiken des Perserkriegs nach Antiochia; sie erreichte den Kaiser aber erst nach seinem Aufbruch gegen König Schapur (Amm. Marc. 23,5,4). Offenbar hatte Maximus von Ephesus, der Lehrer und engste Berater Julians, es fertig gebracht, diesen von der Überlegenheit der ihm (Maximus) zuteil gewordenen Offenbarungen zu überzeugen, die darauf hinausliefen, dass Julian als Inkarnation Alexanders des Großen ausersehen sei, das Perserreich zu erobern (Socr. hist. eccl. 3,21,7).

Am 5. März 363 brach Julian mit den bei Antiochia garnisonierenden Truppen nach Hierapolis auf, wo er den Euphrat überschritt; den am Fluss entlang stationierten Truppen, die den Feldzug mitmachen sollten, hatte er befohlen, gleichfalls überzusetzen und zum Haupttheer zu stoßen. Dadurch wuchs dieses auf 95000 Mann an. In Carrhae (Osrhoene) teilte er das Aufgebot. 30000 Mann (Amm. Marc. 23,3,5) schickte er unter dem Kommando des Procopius und des Sebastianus in nordöstliche Richtung nach Medien. Dort sollten sie zusammen mit dem Heer des Armenierkönigs Arsaces das nördliche Kernland des Perserreiches verwüsten und dann südwärts ziehen, um sich vor Ctesiphon, der Residenz des Perserkönigs Schapur, mit dem Haupttheer zu vereinigen, dessen direktes Ziel die Stadt am Tigris war. Für den Marsch dorthin wählte Julian mit den 65000 Mann seiner Streitmacht (Zosim. 3,13,1) die Euphrat-Route. Über Callinicum zog er nach Circesium an die römisch-persische Grenze. Beim Vorrücken auf persischem Boden wandte er sich (um den 7. April 363: Amm. Marc. 23,5,12) mit einer Ansprache an die Soldaten. Er versuchte, ihnen klar zu machen, dass es darum gehe, Rache zu nehmen für das, was die Perser zur Zeit des Constantius den Römern angetan hätten. Darüber hinaus gelte es, der Gefahr, welche das Perserreich für Rom bedeute, ein für alle Mal ein Ende zu machen, wie es die Vorfahren mit Carthago getan hätten. Zu sich selbst bemerkte er, dass er nach alter Sitte sein Leben den Göttern für das Wohl Roms geweiht habe. Die Soldaten aber rief er zu Disziplin und Kampfesmut auf (Amm. Marc. 23,5,16–23).

Der Zug am Euphrat entlang in südöstliche Richtung (Karte: Tübinger Atlas des Vorderen Orients B VI 4, 1984) war eine machtvolle Demonstration: Julian zog die Marschkolonne unter Einschluss des Trosses so weit auseinander, dass sie 10 Meilen (15 km) lang war. Die linke Seite sicherte die Reiterei, die rechte (zum Fluss hin) eine Anzahl von Legionen; im Zentrum führte Julian die Kerntruppen an. Auf dem Euphrat aber begleitete eine Flotte von 1100 Schiffen, die aus den Flottenstationen entlang des Flusses (Samosata u. a.) angefordert worden waren, das Heer (Amm. Marc. 24,1,3–4 + 23,3,9). Über den Vormarsch (und den ganzen Feldzug) hat Ammianus Marcellinus in seinen ›Res gestae‹ als Augenzeuge berichtet. Teilnehmer der Expedition und Verfasser eines Berichts darüber war auch Oribasius, der Leibarzt Julians. Er hat die Aufzeichnungen seinem Freund Eunapius (aus Sardes) zur Verfügung gestellt, der sie für sein Geschichtswerk ›Historische Denkwürdigkeiten‹ (270–404 n. Chr.) benutzte. Es ist leider verloren gegangen. Aber Zosimus hat für seine ›Neue Geschichte‹ (um 500 n. Chr.) darauf zurückgegriffen, so dass es durch ihn für uns fassbar wird.

Der Marsch nach Ctesiphon verlief zunächst ohne Schwierigkeiten. Erst in der Gegend, wo Euphrat und Tigris sich einander nähern, fand die erste Feindberührung statt (Amm. Marc. 24,2,4–5). Hier musste auch der Naharmalcha („Königsfluss"), ein Kanal, der Euphrat und Tigris verband, überwunden sowie die jenseits desselben gelegene Stadt Pirisabora/al Anbar belagert werden (Belagerungsgerät wurde auf den Schiffen mitgeführt). Das Heer folgte nun dem Lauf des Naharmalcha, der bei Seleucia (gegenüber Ctesiphon) den Tigris erreichte. Dabei entdeckte Julian eine von Trajan gebaute Abzweigung des Kanals, die von den Persern durch einen Steindamm trockengelegt worden war. Dieser trajanische Kanal mündete nördlich von Seleucia in den Tigris. Julian ließ ihn wiederherstellen und überführte auf ihm die römische Flotte vom Euphrat in den Tigris (Amm. Marc. 24,6,1–2). Er lagerte nun mit Heer und Flotte am rechten Ufer des Tigris schräg gegenüber der auf dem linken Ufer gelegenen Festung Ctesiphon.

So nahe am Ziel wollte Julian sein Glück, das ihm bisher günstig gesonnen war, sobald wie möglich durch einen Handstreich gegen Ctesiphon auf die Probe stellen. Nachdem er Reiterspiele veranstaltet hatte (Liban. or. 18,249), um den Persern seine Siegesgewissheit zu demonstrieren und seinen Plan zu verschleiern, schickte er in der

Nacht mit Soldaten bemannte Schiffe an das andere Ufer des Tigris. Als die ersten fünf Schiffe durch Beschuss in Schwierigkeiten gerieten, eilte er mit der ganzen Flotte herbei, so dass es gelang, das Ufer in Besitz zu nehmen. Unter den Mauern von Ctesiphon kam es zum Kampf, in dem die Römer siegreich blieben und die Feinde in die Stadt zurücktrieben. Ihnen durch die Tore nachzusetzen, verhinderte das Kommando eines römischen Generals, der fürchtete, dass die Römer sich innerhalb der Mauern nicht behaupten könnten (Amm. Marc. 24,6,4–13). Von der Anlage des Unternehmens her nicht verständlich, war das Verhalten des Generals wohl ein Anzeichen für die sich bald äußernde Abneigung einflussreicher Offizierskreise gegen die Eroberung Ctesiphons. Julian wertete das Erreichte als Erfolg, aber Mars Ultor, dem er opfern wollte, zeigte sich abweisend (Amm. Marc. 24,6,17).

Es kam jetzt zu einem Kriegsrat über die Frage, ob Ctesiphon belagert werden sollte. Bei den Erwägungen spielte nicht nur die starke Befestigung der Stadt eine Rolle, sondern auch die Befürchtung, dass König Schapur bald mit einem großen Heer eintreffen werde. Dagegen war die Hilfe, die Julian sich von dem nach Medien entsandten Heer und dem des Königs Arsaces von Armenien erhofft hatte (vgl. oben S. 103), ausgeblieben. Es setzten sich daher im Kriegsrat diejenigen Stimmen durch, die von einer Belagerung abrieten. Julian soll diese Entscheidung als der Lage angemessen bezeichnet, aber auch beklagt haben, dass er durch den fehlenden Wagemut seiner Generäle in eine Lage gebracht werde, die den schon fast erlangten Besitz des Perserreiches in Frage stelle (Amm. Marc. 24,7,1–3).

Der Verzicht auf die Belagerung von Ctesiphon implizierte den Entschluss zum Rückmarsch. Er sollte auf der linken (östlichen) Seite des Tigris erfolgen. Das Lager am rechten Ufer des Flusses (oben S. 104) wurde also aufgelöst und das Heer zum anderen Ufer übergesetzt (Zosim. 3,26,1). Es stellte sich nun aber auch die Frage, was mit der Flotte geschehen solle. Die Fahrt stromaufwärts hätte die Abkommandierung von 20000 Soldaten zum Treideln erfordert, die Zurücklassung der Schiffe aber wäre dem Feind zugute gekommen. So entschloss sich Julian, die Schiffe bis auf zwölf, die über Land transportiert werden sollten, zu verbrennen (Amm. Marc. 24,7,4). Vielleicht war an diesem Entschluss auch das Versprechen persischer Überläufer beteiligt, das Heer vom Tigris weg durch das Innere des Landes zur Vereinigung mit den Streitkräften des Procopius und Sebastianus (oben S. 103) zu führen (Greg. Naz. or. 5,11–

12). Jedenfalls zog das Heer zunächst im Tal des Durus/Diyala, eines linken Nebenflusses des Tigris, nach Norden. Um den 16. Juni 363 aber befahl Julian nach erneuter Beratung, westwärts an den Tigris und dann stromaufwärts in nordwestliche Richtung zu marschieren (Zosim. 3,26,4; Amm. Marc. 24,8,5).

Die Masse der Soldaten wäre lieber auf der bekannten Euphrat-Route zurückmarschiert; sie hätte auch die Verbrennung der Flotte gerne verhindert (Amm. Marc. 24,8,2 + 8,5). Die Beschwernisse des Rückmarsches verstärkten ihren Unmut: Die Luft war voller Insektenschwärme, das Durchzugsgebiet von den Feinden verwüstet, die Nahrung dadurch knapp (Amm. Marc. 24,7,7 + 8,3). Die Perser lauerten darauf, die Römer anzugreifen, und immer öfter kam es dazu. Bei einem dieser Kämpfe musste Julian hart durchgreifen, um Feigheit zu bestrafen. Er selbst benahm sich wie ein einfacher Soldat, hungerte und kämpfte wie ein solcher (Amm. Marc. 25,1,7–8 + 2,2).

Zu einem größeren Schlagabtausch zwischen Römern und Persern kam es am Tigrisknie bei Maranga (oder: Maronsa). Eine starke persische Streitmacht, bei der sich zwei Söhne des Königs Schapur befanden, griff die Römer an, wurde aber unter großen Verlusten zurückgeschlagen. Es folgte ein dreitägiger Waffenstillstand (Amm. Marc. 25,1,11–18). Als dann die Römer ihren Marsch wieder aufnahmen, wurden sie erneut angegriffen, und zwar aus Hinterhaltpositionen. Es war der 26. Juni 363. Julian hatte eine schlechte Nacht verbracht. Der Genius populi Romani, das Sinnbild des römischen Staates, sei ihm mit verhülltem Haupt erschienen, erzählte er seinen Freunden, und habe sich schweigend abgewandt (Amm. Marc. 25,2,3). Das war ein deutliches Zeichen. Denn eben dieser Genius hatte sich ihm vor der Erhebung zum Augustus im Traum gezeigt, aber in hoffnungsvollem Aussehen und mit ermunterndem Zuspruch. Das erneute Erscheinen des Genius, und zwar in fataler Wandlung, musste Julian deshalb als Ankündigung des Endes seiner Herrschaft verstehen. Erklärt dies sein Verhalten am Kampftag des 26. Juni? Gegen seine Gewohnheit stürzte er sich ohne Panzer in das Kampfgetümmel, als ob er sein Leben zum Wohl aller darbiete, wie er es bei Beginn des Feldzugs gelobt hatte (oben S. 103 f.). Jedenfalls erfüllte sich sein Schicksal an diesem Tage: Eine Lanze traf ihn, durchbohrte seine Rippen und drang in die Leber ein. In sein Zelt gebracht und von seinem Leibarzt behandelt, starb er, 32-jährig, in der Nacht – bis zuletzt mit seinen engsten Freunden, den Philosophen Maximus und Priscus ein Gespräch führend (Amm. Marc. 25,3,1–9; 3,21–23).

Bis in die Nacht tobte auch der Kampf und brachte beiden Seiten große Verluste. Am Morgen des nächsten Tages (27. Juni 363) versammelte sich das römische Heer um die Bahre seines toten Kaisers und beriet über die Wahl eines Nachfolgers. Da der *praefectus praetorio Orientis* Salutius wegen seines Alters die Kaiserwürde ablehnte, wurde auf mehr zufällige Weise Iovianus, ein Gardeoffizier, gewählt (Amm. Marc. 25,5,1–6). Salutius war Heide, Iovianus Christ; die Religionszugehörigkeit spielte bei der Wahl offenbar keine Rolle. Jovian führte das Heer unter ständigen Kämpfen mit dem Feind von Maranga nach Dura (bei Samarra), wo es am 1. Juli 363 ankam (Amm. Marc. 25,6,9). Dort wurde der Druck der Perser so stark, die Hungerqual so groß, dass ein Verhandlungsangebot des nun persönlich eingreifenden Königs Schapur wie ein Geschenk des Himmels erschien. Die Bedingungen für einen Frieden waren allerdings überaus hart: Schapur verlangte die 298 an Diocletian abgetretenen fünf Regionen am oberen Tigris zurück sowie 15 Festungen im Ostteil des römischen Mesopotamien; auch Nisibis und Singara sollten in persische Hände übergehen. Dazu erhob Schapur die Forderung, dass Rom Armenien aus seiner Stellung als Klientelstaat entlasse. Jovian sah in Anbetracht der katastrophalen Lage, in der sich sein Heer befand, keine andere Möglichkeit, dieses nach Hause zu bringen, als den von Schapur diktierten Frieden anzunehmen (Amm. Marc. 25,7,5–14). Er überschritt nun den Tigris und zog in nordwestliche Richtung über Hatra nach Singara und weiter nach Nisibis. Die Übergabe dieser Stadt an die Perser und der Auszug der wehklagenden (christlichen) Bewohner bildete den letzten Akt des von Julian mit so hohen Zielen begonnenen Krieges. Der in Nisibis beheimatete und von der Vertreibung betroffene Kirchenlehrer Ephraem hat seiner Vaterstadt in den ›Hymnen auf Nisibis‹ ein Denkmal gesetzt.

Auf dem Weg von Singara nach Nisibis traf das Heer auf die Streitkräfte, die Julian unter dem Kommando des Procopius und des Sebastianus nach Medien geschickt hatte (oben S. 103). Welche Operationen sie tatsächlich durchgeführt hatten, ist nicht überliefert. Jedenfalls waren sie nicht dem Befehl nachgekommen, die Vereinigung mit dem Haupttheer vor Ctesiphon zu suchen. Aber das spielte anscheinend jetzt keine Rolle mehr; Jovian verlangte keine Rechenschaft darüber. Den Procopius betraute er vielmehr als Verwandten Julians damit, dessen Leichnam nach Tarsus zu geleiten und dort beizusetzen, wie Julian es gewünscht hatte (Amm. Marc. 25,8,16 + 9,12). Die Grabstätte scheint in Form eines Tempels errichtet worden zu sein (Greg. Naz. or. 5,18) – wie sie einem Divus im traditionellen Sinne des Wortes zukam. Denn Julian wurde (wohl durch Beschluss des römischen Senats) offiziell zum Divus erklärt (Eutr. 10,16,2). Vielleicht ist auf dem berühmten Elfenbein-Diptychon im Britischen Museum, London, die Apotheose Julians dargestellt (Abb.: Beck/Bol, Spätantike u. frühes Christentum [Katalog], 1983, S. 672, Nr. 248). Eine ganz andere Darstellung erfuhr der Tod Julians – natürlich – im Perserreich. Auf dem Felsrelief von Taq-i Bustan bei Kermanschah (Iran) liegt Julian unter den Füßen des Königs Schapur II. und des Gottes Ahura Mazda (Abb.: H. Trümpelmann, Jahrb. für Numismatik u. Geldgesch. 25, 1975, Taf. 16).

Der schmachvolle Friedensschluss mit den Persern rief bei den Zeitgenossen große Erregung und unterschiedliche Schuldzuweisungen hervor. Vordergründig war Jovian der Schuldige, aber hinter seiner Handlungsweise tat sich die ganze Problematik des Perserkrieges und damit der Persönlichkeit seines Initiators Julian auf, so dass in die Urteile über den Frieden von 363 zwangsläufig Wertungen einflossen, die Julians Herrschaft als solche betrafen, wobei Heiden und Christen entgegengesetzte Standpunkte vertraten. Ammianus Marcellinus (25,9,8) sah vor allem in der Auslieferung von Nisibis an die Perser eine „unwürdige Handlung" Jovians. Libanius (or. 18,278–280) lastete Jovian den Friedensschluss überhaupt an. Gregor von Nazianz (or. 4,71,5.8) dagegen machte Julian für das ganze Desaster des Perserkriegs verantwortlich, und auch Socrates (hist. eccl. 3,21,5–8) gab Julian die Schuld daran. Am treffendsten charakterisierte Eutropius, Teilnehmer am Perserfeldzug Julians, in seinem bis 364 reichenden ›Breviarium historiae Romanae‹ (10,17,1) den Friedensschluss Jovians mit den Begriffen „notwendig, aber unrühmlich".

Wie Julians groß angelegter Perserkrieg, so scheiterte auch sein ambitionierter Versuch, dem alten Götterglauben wieder die führende Stellung gegenüber dem Christentum zu verschaffen. Sein Nachfolger Jovian beeilte sich geradezu, der christlichen Kirche die ihr von Julian entzogenen Privilegien wiederzugeben (Sozom. hist. eccl. 6,3,4–6), die Benachteiligungen der Christen, vor allem der christlichen Rhetoren, aufzuheben (Cod. Theod. 13,3,6) und, wie Themistius in seiner Rede zum Konsulatsantritt Jovians am 1. Januar 364 (or. 5) mehrfach lobend hervorhob, ein Klima allgemeiner Toleranz zu schaffen. Athanasius konnte seinen Bischofsstuhl in Alexandria wieder einnehmen (vgl. oben S. 90) und erhielt die Möglichkeit, Jovian durch ein Synodalschreiben das nicaenische Glaubensbekenntnis zu erläutern (Theodoret. hist. eccl. 4,2,3–5). An die Stelle des kaiserlichen Spotts, den Julian über das Christentum ausgegossen hatte (oben S. 93), trat die achtungsvolle Hinneigung zum christlichen Glauben, mit der Jovian an Constantin den Großen und seine Söhne anknüpfte (vgl. Amm. Marc. 25,10,15). Das Heidentum hatte zwar durch Julian einen mächtigen Auftrieb erfahren, sah sich nun aber wieder in die Defensive zurückgeworfen. Julian wurde zum Heros dieser 'heidnischen Opposition', wie die Kontorniaten (oben S. 68f.) mit seinem Bildnis beweisen (Abb.: A. u. E. Alföldi, Die Kontorniat-Medaillons II, 1990, Taf. 184,4).

Das Scheitern Julians als Welteroberer und als religiöser Erneuerer fällt bei einer Gesamtbeurteilung seiner Leistungen natürlich schwer ins Gewicht, zumal dieser Negativkomplex nicht mit seinen Erfolgen in Gallien und seinen forcierten Initiativen in der Städte- und Steuerpolitik aufgewogen werden kann. Erst recht können seine philosophischen Grundsätze nicht als praktische Ergebnisse gewertet werden. Trotzdem kommt dem Wirken Julians eine nicht unerhebliche Bedeutung im pragmatisch-positiven Sinne zu. Von ihm ging nämlich ein katalytischer Effekt aus, der insgesamt die Reaktionsfähigkeit des Staatskörpers stärkte, Entwicklungen beschleunigte, Fronten klärte. Insofern war Julian mit den Worten eines späteren Geschichtsschreibers „ein vortrefflicher Mann, wie der Staat ihn brauchte" (Jord. Rom. 304). Extrem positive Urteile, wie die Schriftsteller der Aufklärung (Voltaire) sie fällten, sind dagegen ebenso unangemessen wie die Hassausbrüche christlicher Zeitgenossen des Apostaten (Gregor von Nazianz). Man kann an ihnen allenfalls dies ablesen, dass sich an Julian die Geister scheiden – auch heute noch.

4. REICHSTEILUNG UND REICHSVERTEIDIGUNG

Valentinian (364–375) und Valens (364–378)

Julians Nachfolger, der 'Verlegenheitskaiser' Jovian, blieb nur sieben Monate im Besitz des Imperiums. Er starb, 33-jährig, am 17. Februar 364 beim Marsch des Heeres von Antiochia nach Constantinopel in Dadastana an der galatisch-bithynischen Grenze unter unbekannten Umständen, aber eines natürlichen Todes (Amm. Marc. 25,10,12–13). Seine Leiche wurde nach Constantinopel eskortiert und im Kaisermausoleum der Apostelkirche beigesetzt (Amm. Marc. 26,1,3). Jovian erlangte die Divus-Würde (Eutr. 10,18,2). Zur Wahl eines neuen Kaisers versammelte sich das Heer am 25. Februar 364 in Nicaea (Bithynien). Gewählt wurde Valentinianus, ein 43-jähriger Pannonier aus Cibalae, der Gardeoffizier war, wie vor ihm Jovian. Es folgte seine Investitur als Kaiser. Aber damit war dem Begehren der Soldaten noch nicht vollauf Genüge getan: Bei der Rede Valentinians zum Herrschaftsantritt artikulierten sie ihre Forderung nach einem zweiten Kaiser, der ihnen präsentiert werden möge. Der plötzliche Tod Jovians ließ diese Vorsichtsmaßnahme verständlich und gerechtfertigt erscheinen (Amm. Marc. 26,2,2–4).

Valentinian entsprach der an ihn ergangenen Aufforderung des Heeres, einen zweiten Augustus zu ernennen, am 28. März 364 in Constantinopel, indem er seinen sieben Jahre jüngeren Bruder Valens, dem er gerade als Sprungbrett einen höheren Offiziersrang (*tribunus stabuli*) verliehen hatte, zum Teilhaber der Kaisergewalt machte (Amm. Marc. 26,4,3). Die Entscheidung für seinen Bruder begründete Valentinian mit der „Eintracht" (*concordia*), die so am ehesten zwischen den beiden gleichberechtigten Augusti gewährleistet sei (Amm. Marc. 26,2,8). Tatsächlich erwiesen sich Valentinian und Valens als *concordissimi fratres* (Corp. Inscr. Lat. III 10596), wobei eine wesentliche Rolle spielte, dass Valens sich dem „überlegenen" Bruder unterordnete (Amm. Marc. 26,5,4). Das zeigte sich schon bei der Teilung der „Aufgabenbereiche" (*curae*: Symm. or. 1,14) zwischen ihnen, die auf dem Marsch des Heeres nach Westen Anfang Juni 364 im Illyricum (Naissus bzw. Sirmium) stattfand. Geteilt wurde der Hofstaat, die Heeresmacht, das Reichsgebiet. Die territoriale Teilung erfolgte unter Zugrundelegung der Präfekturengliederung (oben S. 96): Valentinian beanspruchte das Gebiet der Präfekturen Galliae und Italia/Illyricum/Africa, Valens erhielt das der *praefectura Orientis*. Da zu Letzterer auch die Diözese Thracia gehörte (Zosim. 4,3,1), verlief an deren Westgrenze die Scheidelinie der beiden Reichsteile. Sie begann an der Nestusmündung gegenüber der Insel Thasus, lief in nordwestliche Richtung auf den Strymon, dann am Succi-Pass vorbei in nordöstliche Richtung auf den Oescus zu und endete an dessen Einmündung in die Donau bei der Stadt Oescus/Gigen (Bulgarien). Diese Linie hatte schon 316 nach dem Krieg zwischen Constantin dem Großen und Licinius Ost und West geschieden (oben S. 20).

Die Teilung der Streitkräfte erfolgte mit größtmöglicher Genauigkeit. Die meisten Einheiten des vom Perserkrieg zurückgekehrten Heeres wurden in zwei Teile aufgespalten, welche die unterscheidenden Zusätze *seniores* bzw. *iuniores* erhielten. Die *seniores* fielen Valentinian, dem „Älteren", die *iuniores* Valens, dem „Jüngeren" zu (vgl. Corp. Inscr. Lat. XIII 5190 bzw. Amm. Marc. 26,6,12). Eine lebhafte Truppenbewegung von West nach Ost und umgekehrt war die Folge (Zosim. 4,6,3). Die Teilung betraf auch das Offizierskorps bis hin zu den Heermeistern. Zuletzt wurde der Hofstaat geteilt, wofür ausdrücklich überliefert ist, dass die Wünsche Valentinians Berücksichtigung fanden. Von Sirmium aus zog dann Valentinian nach Mediolanum/Mailand, das er als Residenz in Aussicht genommen hatte; Valens begab sich nach Constantinopel (Amm. Marc. 26,5,1–4).

Der Teilungsvorgang von 364 war ein Markstein auf dem Weg der Entstehung zweier Reichsgebilde aus dem einen Imperium Romanum oder zweier Gemeinwesen aus der einen *res publica* (vgl. Symm. or. 3,11). Das geteilte Kaisertum begann in Ost und West eine eigene Entwicklung zu nehmen. Vielleicht war es ein Wink des Himmels, dass Valentinian und Valens nach dem Abschied in Sirmium (364) sich nicht wieder zu Gesicht bekamen. Andererseits gab es auch nach 364 mit dem Konsulat, der Münzprägung und der Gesetzgebung genügend Merkmale, welche auf eine noch bestehende Reichseinheit hindeuteten. Vor allem die im Namen beider Kaiser und in lateinischer Sprache erlassenen Gesetze machten die Zusammengehörigkeit beider Reichsteile deutlich. So verkündete sogleich ein Gesetz allen Reichsbewohnern, dass es ihnen freistehe, sich zu der Religion zu bekennen, der sie anhängen wollten (Cod. Theod. 9,16,9), womit Jovians Toleranzdekret (oben S. 108) erneuert wurde. Valentinian und Valens waren Christen, freilich unterschiedlichen

Bekenntnisses. Valentinian bekannte sich zum orthodoxen Glauben nicaenischer Prägung, der im Westen vorherrschte, Valens neigte dem Arianismus des Constantius (Stichwort: *homoios* [oben S. 71]) zu, der im Osten weit verbreitet war.

Das Kaisertum des pannonischen Brüderpaars Valentinian und Valens blieb nicht unangefochten. Schon Jovian hatte sich durch die Existenz eines Vetters Julians, also eines Angehörigen der constantinischen Dynastie, bedroht gefühlt (Amm. Marc. 25,9,8). Eben dieser „Rivale" – es handelte sich um Procopius – war nach der Beisetzung Julians (oben S. 107f.) 'untergetaucht', erschien dann aber wieder auf der Bildfläche, als Valens 365 sich auf dem Weg von Constantinopel nach Antiochia befand. Am 28. September 365 ließ Procop sich in Constantinopel von zwei auf dem Marsch an die Donau befindlichen Legionen, die er für sich gewonnen hatte, zum Augustus ausrufen. Die Usurpation war deshalb besonders gefährlich, weil Procop verbreiten ließ, Julian habe ihn als Nachfolger gewünscht (Amm. Marc. 26,6,2). Denn das verstärkte seinen dynastischen Anspruch und führte ihm die Anhängerschaft Julians zu; die des Constantius fühlte sich durch die Parteinahme seiner Witwe Faustina für Procop angesprochen. Günstig für den Usurpator wirkte sich auch der Hass aus, den Petronius, der zum *patricius* beförderte Schwiegervater des Valens, durch rücksichtslosen Fiskalismus, bedenkenlosen Eigennutz und seinen Hang zur Grausamkeit allgemein erregte (Amm. Marc. 26,6,7–9). Die Anfangserfolge des Aufstands waren beträchtlich: Thrakien, Bithynien und der Hellespont gerieten unter die Kontrolle Procops. In Cyzicus am Hellespont fielen ihm große Geldmengen in die Hände. Am Flusse Sangarius in Bithynien gelang es ihm, zwei von Valens gegen ihn entsandte Heeresabteilungen zu sich herüberzuziehen (Amm. Marc. 26,7,5–8,3).

Valens erhielt von der Usurpation Procops Nachricht, als er 365 auf seinem Weg von Constantinopel nach Antiochia bis Caesarea in Kappadokien gelangt war. Er kehrte um und zog mit Heeresmacht nach Nicomedia und von dort nach Chalcedon, das er belagerte. Da er jedoch die Stadt nicht einnehmen konnte, führte er die Truppen zur Überwinterung nach Galatien (Amm. Marc. 26,8,2–3). Im Frühjahr 366 suchten beide Kontrahenten die Entscheidung. Valens hatte Zuzug von der Ostarmee erhalten und mit dem früheren Heermeister Arbitio einen erfahrenen Truppenführer reaktiviert. Bei Nacolea am Fluss Parthenius in Phrygien trat Valens am 26. Mai 366 Procop entgegen und besiegte ihn, wobei Desertionen eine nicht unwichtige Rolle spielten (Amm. Marc. 26,9,7). Procop selbst wurde am nächsten Tag hingerichtet; seine Anhänger traf der ganze Zorn des durch die Usurpation schwer getroffenen Kaisers (Amm. Marc. 26,10, 1-14).

Nach der Gefährdung des Kaisertums im Ostreich (365/366) drohte nun Gefahr im Westreich. 367 erkrankte Valentinian bei seinem Aufenthalt in Reims (Remi) lebensgefährlich, so dass seine Umgebung daranging, Pläne für seine Nachfolge zu schmieden. Sie konzentrierten sich auf den *magister memoriae* Rusticus Iulianus und den *magister peditum* Severus. Wider Erwarten erlangte jedoch Valentinian seine Gesundheit wieder und ging nun seinerseits daran, seine Nachfolge zu regeln, und zwar in dem Bestreben, seiner Familie das Kaisertum zu erhalten. Niemand hatte nämlich in der Zeit seiner schweren Erkrankung an seinen Sohn Gratianus als möglichen Nachfolger gedacht, obwohl dieser doch im Vorjahr zur Förderung seiner Karriere der Ehre des Konsulats gewürdigt worden war – als Achtjähriger. Offenbar stellte das kindliche Alter einen starken Hinderungsgrund dar. Diesen nun suchte Valentinian auszuräumen, indem er Gratian in eindeutiger Weise als seinen Nachfolger herausstellte: Er ließ ihn am 24. August 367 von der Heeresversammlung in Amiens/Ambiani zum Augustus ausrufen, so dass es in Zukunft keines weiteren Schrittes bedurfte, um ihn in die Stellung seines Vaters einrücken zu lassen (Amm. Marc. 27,6,1-16). Symmachus, der im Auftrag des römischen Senats 368/369 zu Valentinian nach Gallien kam, hat in seinem ›Panegyricus auf Kaiser Gratian‹ mit großem Geschick die Vorzüge des „Kinderkaisers" dargestellt (Symm. or. 2).

Der Aufstand Procops gegen Valens und die schwere Krankheit Valentinians waren Teile einer Ereigniskette, welche, mit der Katastrophe Julians gegen die Perser beginnend, die römische Welt in Unruhe versetzte, ja sie erschütterte. Die Natur war daran mit einem gewaltigen Erd- und Seebeben beteiligt, das am 21. Juli 365 im gesamten Mittelmeergebiet riesige Zerstörungen und hohe Menschenverluste zur Folge hatte (Amm. Marc. 26,10,15-16). Grenzvölker aller Himmelsrichtungen setzten sich in Bewegung und zwangen Rom zu enormen militärischen Kraftanstrengungen (Amm. Marc. 26,4,5-6). Der Einfall der Goten ins Reich schließlich führte 378 mit der Niederlage des Valens bei Adrianopel in Thrakien zu einer Katastrophe, welche die Julians in Persien bei weitem übertraf. „Die römische Welt stürzt zusammen", konstatierte ein Zeitgenosse (Hieron. ep. 60,16,3). Unter diesen Umständen mussten Valentinian und Valens ihre kaiserlichen Pflichten erfüllen! Valentinian vermochte dies bis 375, als er bei Verhandlungen mit den Quaden in Brigetio (Pannonien) einen Schlaganfall erlitt und starb. Valens waren drei Jahre mehr zugemessen; er fiel 378 im Kampf gegen die Goten bei Adrianopel.

Als Valentinian 367 in Amiens seinen Sohn Gratian zum Augustus erhob, befand er sich schon fast zwei Jahre in Gallien, und er blieb hier weitere acht Jahre, so dass er insgesamt zehn Jahre in der westlichen Präfektur verweilte. Treviri/Trier war von 367 bis 375 seine Residenz. Die Stadt an der Mosel erhielt damit die Vorrangstellung zurück, die sie unter Constantius und seinem Sohn Constantin dem Großen erlangt hatte. Der alte Glanz (vgl. Paneg. Lat. 6[7],22,4–5) kam wieder hervor, und neue Glanzpunkte traten hinzu. So gewann die Hochschule Triers an Bedeutung (vgl. Cod. Theod. 13,3,11), wenn sie auch nicht den berühmten Zentren des Grammatik- und Rhetorikunterrichts in Gallien – Augustodunum/ Autun, Tolosa/Toulouse und Burdigala/Bordeaux – gleichkam. Immerhin entfaltete mit Ausonius aus Bordeaux einer der bedeutendsten Professoren Galliens in Trier seine Wirksamkeit als Lehrer des jungen Kaisers Gratian. Das Gedicht, das er 368 oder 369 unter dem Namen ›Mosella‹ als Lobpreis auf die Mosellandschaft und seine Bewohner schrieb, war zugleich ein hohes Lied auf die politische und kulturelle Mission Roms in diesem Raum und auf den hier residierenden Kaiser. Trier selbst mit seiner wiedererlangten Pracht, aber etwa auch die 8 km entfernte herrliche Villa von Konz/Contionacum zeugten auch rein äußerlich von der kaiserlichen Gegenwart.

Valentinian war nach Gallien gekommen, um Hilfe gegen die Barbareneinfälle zu bringen und durch seine Präsenz die westliche Präfektur an das Reich zu binden. Seine Absicht wäre aber durch den Procop-Aufstand fast durchkreuzt worden. Denn Valentinian hielt die Usurpation für so schwerwiegend, dass er in Erwägung zog, in den Osten zu ziehen, um das Übergreifen des Aufstands von Thrakien auf die illyrische Präfektur zu verhindern. Er wusste zudem nicht, ob sein Bruder Valens noch lebte. Die Ratschläge seiner Umgebung und die Bittgesandtschaften der gallischen Städte veranlassten ihn dann aber zu bleiben (Amm. Marc. 26,5,11–13). Den Schutz Illyriens vertraute er dem Heermeister Equitius an, der die drei von Thrakien nach Westen führenden Pässe sperren ließ (Amm. Marc. 26,7,12). Als nach dem Tode Procops dessen Verwandter Marcellus sich in Chalcedon zum Augustus aufwarf, marschierte Equitius über den Succi-Pass gegen ihn und machte mit dessen Gefangennahme und Hinrichtung dem Aufstand endgültig den Garaus (Amm. Marc. 26,10,4–5).

Bei den Barbareneinfällen, die Valentinian veranlasst hatten, sich von Italien (Mailand) nach Gallien zu begeben, handelte es sich vor allem um solche der Alamannen, die nach dem Tod ihres Bezwingers Julian meinten, links des Rheins wieder reiche Beute machen zu können (Amm. Marc. 30,7,5). Im Januar 365 (Amm. Marc. 27,1,1) kamen sie in großer Zahl über den zugefrorenen Fluss und drangen mit drei Heerhaufen in Gallien (Lothringen, Champagne) ein. Nach ihren anfänglichen Erfolgen gegen römische Truppen setzte Valentinian 366 den *magister equitum* Iovinus auf sie an. Dieser schlug die Alamannen an drei verschiedenen Plätzen, zuletzt auf den Katalaunischen Feldern (Châlons-sur-Marne). Die Reste der Eindringlinge verließen daraufhin Gallien (Amm. Marc. 27,2,1–9). Valentinian konnte erleichtert aufatmen, zumal gleichzeitig mit der Rückkehr des Iovinus vom Einsatz gegen die Alamannen auch der abgeschlagene Kopf des Usurpators Procop eintraf, mit dem Valens seinem Bruder den Beweis für die Niederwerfung des Aufstandes lieferte (Amm. Marc. 27,2,10).

Die Alamannen am Mittel- und Oberrhein bildeten indes nur einen der Gefahrenherde, die Valentinian in Gallien zu schaffen machten. Ein anderer befand sich an der Rheinmündung. Ihm wandte er sich anschließend (2. Jahreshälfte 366) zu: Die Franken waren unter dem Druck der Sachsen ins Bataverland eingedrungen. Bei ihrer Vertreibung zeichnete sich Theodosius, der Vater des späteren Kaisers, aus. Die Kämpfe fanden an der Waal (Vahalis), dem linken Mündungsarm des Rheins, statt (Paneg. Lat. 2[12],5,2) und hatten den Erfolg, dass die Rheinmündung wieder fester Bestandteil der römischen Reichsgrenze wurde.

Ein dritter Gefahrenherd machte sich im Herbst 367 bemerkbar, als sich Valentinian nach der Erhebung seines Sohnes Gratian zum Augustus entschloss, Trier als Residenz zu nehmen. Katastrophale Zustände wurden ihm aus Britannien gemeldet: Picten, Scotten und Attacotten waren von Norden in die Provinzen südlich des Hadrianswalles eingefallen und zogen beutegierig umher, Franken und Sachsen machten die Küsten unsicher; die römischen Truppen hatten durch Niederlagen und Desertionen ihre Disziplin und die Kontrolle über das Land verloren. Valentinian fand nach mehreren Missgriffen 368 in Theodosius den geeigneten Mann, der die Lage in Britannien zu meistern verstand. Mit einem schlagkräftigen Expeditionskorps, das er auf die betroffenen Distrikte verteilte, säuberte

Theodosius das Land von den räuberischen Scharen und holte die desertierten Soldaten zu den Fahnen zurück (Amm. Marc. 27,8,1–9). Mit Elan ging er sodann (369) daran, verfallene oder zerstörte Befestigungen wiederherzustellen und neue zu errichten. So wurde die Nordgrenze am Hadrianswall stark befestigt und die Truppenverteilung neu organisiert, wobei Detachements von Einheiten der mobilen Armee (*comitatenses*) in das Grenzheer (*limetanei*) eingegliedert, die Aufklärungsabteilungen der *arcani* (oben S. 61) aufgelöst wurden. Aus den Gebieten unmittelbar südlich des Hadrianswalles entstand eine neue Provinz, Valentia, so dass die Diözese Britannia jetzt fünf Provinzen umfasste: Britannia I, Britannia II, Flavia Caesariensis, Maxima Caesariensis, Valentia (Amm. Marc. 28,3,7–8). Wie die Nordgrenze gegen Picten und Scotten, so wurde die Ostküste gegen Franken und Sachsen neu befestigt (Karte: S. Frere, Britannia, 1967, S. 358).

Die Befestigungsanlagen, die Theodosius 369 in Britannien errichten ließ, waren Teil eines von Valentinian verfolgten Planes zur Sicherung der Reichsgrenzen, dessen Zentralstück er selbst in eben diesem Jahr am Rhein ausführte; an der Donau hatte er den Heermeister Equitius mit entsprechenden Baumaßnahmen (unten S. 118) betraut. Bevor jedoch der neue Rhein-Limes geschaffen wurde, war es 368 zu einem Überfall des Alamannenfürsten Rando auf Mogontiacum/Mainz gekommen. Die Gelegenheit bot sich, als die Einwohner zu einer christlichen Feier – wahrscheinlich Ostern – versammelt waren; eine Besatzung hatte die Stadt seit ihrer Zerstörung in den Wirren, die der Entsendung des Caesars Julian nach Gallien (355) vorausgingen (oben S. 76), nicht mehr. Rando führte Menschen und Sachwerte als Beute weg (Amm. Marc. 27,10,1). Valentinian stand zu dieser Zeit im Begriff, zu einem Feldzug aufzubrechen, der ins rechtsrheinische Gebiet führen und der Abschreckung der Alamannen von weiteren Einfällen dienen sollte. An diesem Feldzug nahmen auch italische und illyrische Truppenverbände teil. Die Stoßrichtung war die Gegend am oberen Neckar (Nicer) und an der Donauquelle, wie sich aus Ausonius (Mos. 421–424) ergibt, der mit seinem Zögling Gratian das Heer begleitete. Eine Schlacht fand, Ammian (27,10,8–15) zufolge, bei Solicinium (vielleicht Sülchen bei Rottenburg) statt. Der Erfolg des Feldzugs zeigte sich besonders darin, dass Valentinian im nächsten Jahr (369) mit der Verwirklichung seines Ziels, der Errichtung eines groß angelegten Befestigungssystems, am Oberrhein beginnen konnte. An den damit verbundenen militärischen Operationen nahm auch der Senator Symmachus teil, der, wie erwähnt (oben S. 113), zu dieser Zeit am Hof Valentinians weilte. Sein am 1. Januar 370 gehaltener ›Zweiter Panegyricus auf Valentinian‹ enthielt bezeichnende Hinweise auf das diesen Aktionen zugrundeliegende Konzept.

Symmachus lenkte die Aufmerksamkeit seiner Zuhörer auf die damals bei Alta Ripa/Altrip (Kreis Ludwigshafen) befindliche Neckarmündung und die Strecke flussaufwärts bis Lopodunum/ Ladenburg (Symm. or. 2,4 + 16). Er schilderte, wie Valentinian auf seinem Vormarsch am Neckar entlang mit den hier wohnenden Alamannen in Unterhandlungen trat, um ihre Zustimmung zum Bau eines römischen Stützpunktes am Flussufer bei Ladenburg zu erlangen. Die Übereinkunft glückte, und so entstand mehr als 10 km vom Rhein entfernt ein kleines Kastell (*burgus*), das auch Schiffen Schutz bieten konnte. Man bezeichnet eine derartige Anlage als Lände-Burgus (Lände = Landeplatz). Eine Befestigung gleichen Typs errichtete Valentinian direkt am Mündungsdelta des Neckar bei Mannheim-Neckarau (Symm. or. 2,20). Dazu kamen ein Brückenkopf gegenüber Altrip und als Zentrum des Systems das Kastell Alta Ripa auf dem linken Rheinufer (Karte: A. Pabst, Quintus Aurelius Symmachus, Reden, 1989, S. 376, Abb. 2). So wurde an der Neckarmündung ein Modell geschaffen, das sich in entsprechender Form auf alle Mündungen der rechten Nebenflüsse des Rheins anwenden ließ. Sein Zweck bestand darin, die feindlichen Anmarschwege in den Flusstälern zu kontrollieren und umgekehrt Einfallmöglichkeiten ins Barbaricum zu eröffnen. Dass Valentinians Konzept tatsächlich darin bestand, alle rechtsseitigen Zuflüsse des Rheins durch Anlage entsprechender Wehrbauten zu sichern, stellte Symmachus seinen Zuhörern bildhaft vor Augen, wenn er gegen Ende seiner Rede erklärte, der Rhein sei von der Quelle bis zur Mündung durch einen Kranz von Befestigungen umsäumt (Symm. or. 2,28) – eine Bemerkung, die von Ammianus Marcellinus (28,2,1) und den archäologischen Ausgrabungen (Karte: Pabst, a. O., S. 375, Abb. 1) bestätigt wird.

Die Funktionalisierung des Rheins als Limes erforderte eine entsprechende Verteidigungsstrategie. Auch auf diese wies Symmachus hin, wenn er von Kriegsschiffen und Häfen sprach (Symm. or. 2,28). Damit wollte er sagen, dass die Überwachung der Rheingrenze weitgehend durch römische Wachschiffe ausgeübt wurde und dass diese sich auf zahlreiche Häfen verteilten, die jeweils für einen bestimmten Streckenabschnitt zuständig waren. Bei den Schiffen, denen eine so große strategische Bedeutung zufiel, handelte es sich teils um Patrouillenboote, die regelmäßig ihre Strecke befuhren, teils um Schnellruderer, mit denen im Bedarfsfall eine Kampfgruppe von 35 Soldaten an den Einsatzort gelangen konnte. Wracks solcher Schiffe wurden 1981/82 in Mainz ausgegraben (Originale und Nachbauten im dortigen „Museum für antike Schifffahrt"). Die Reorganisation der Rheinverteidigung durch Valentinian implizierte auch eine Neubelegung der *castella* und *burgi* mit Truppen. Diese lässt sich etwa für den vom *dux Mogontiacensis* befehligten Streckenabschnitt von Selz im Elsass bis Andernach bei Koblenz dem Staatshandbuch der ›Notitia Dignitatum‹ entnehmen, in der die Einheiten aufgezählt sind, mit denen die elf zugehörigen Kastelle besetzt waren. In Mainz, jetzt selbst *castellum* und nicht mehr *castra*, war z. B. die Einheit der Armigeri unter einem *praefectus militum* stationiert (Not. Dign. Occident. 41,15–25).

Als in Britannien und am Rhein die Befestigungsarbeiten begannen (369), waren solche an der Donau schon im Gange. Gleich nach der Teilung der Regierungsaufgaben mit seinem Bruder (364) hatte Valentinian den Heeresbefehlshaber (*dux*) in der Provinz Dacia ripensis angewiesen, die alten Festungsbauten an der Donau zu renovieren und neue zu errichten (Cod. Theod. 15,1,13). 365 übernahm Equitius als Heermeister (*magister equitum peditumque*) das Kommando im Illyricum. Gleich nach der Niederschlagung des Procop-Aufstandes (oben S. 112 f.) ging er daran, den Donau-Limes in seinem Befehlsbereich umfassend auszubauen (Corp. Inscr. Lat. III 10596). Vor allem das Donauknie zwischen den Legionslagern Solva/Esztergom und Aquincum/Budapest in der Provinz Valeria befestigte er in einem Maße, dass sozusagen kein Flecken unbewacht blieb. Auf der ca. 45 km langen Strecke bis Castra Constantia/Szentendre (in der Nähe von Budapest) hat man 7 *castra* und 44 *burgi* bzw. ähnliche Anlagen, einige davon auf der linken Seite der Donau, festgestellt (Karte: S. Soproni, Der spätrömische Limes zwischen Esztergom und Szentendre, 1978, Taf. 1 + 94). Der Fortgang der Bauarbeiten führte indes in den 70er Jahren zu Komplikationen mit den Quaden: Valentinian wollte eine weit vorgeschobene Bastion jenseits der Donau im Quadenland errichten lassen (Amm. Marc. 29,6,2). Das rief Proteste der Betroffenen hervor und endete 374 in einem Krieg (unten S. 134).

Lenkt man den Blick von der mittleren an die untere Donau, so hat man zunächst zur Kenntnis zu nehmen, dass Julian in diesem Raum, d. h. an der Donaugrenze der thrakischen Diözese, fortifikatorische Aktivitäten entfaltet hatte (Amm. Marc. 22,7,2). Der Donau-Limes war hier so gestaltet, dass alle 15 bis 16 km ein Kastell auf den Uferterrassen stand (Karten für Moesia II und Scythia: U. Wanke, Die Gotenkriege des Valens, 1990, Anhang). Zudem kreuzten ständig Wachschiffe auf der Donau (Amm. Marc. 31,5,3). Es entging den Römern daher nicht, dass die Goten sich 365 zu einem Einfall ins Reichsgebiet rüsteten. Als Valens davon auf dem Weg nach Antiochia Nachricht erhielt, sandte er sofort zwei Legionen zur Verstärkung an die Donau (oben S. 112). Diese aber wurden, wie erwähnt, von Procop abgefangen und im Zuge der Usurpation gegen Valens eingesetzt. Procop wandte sich auch an die seit 332 (oben S. 39f.) mit Rom verbündeten gotischen Terwingen um Unterstützung gegen Valens. Da er sich als Angehöriger der constantinischen Dynastie ausgab, erhielt er die Zusage, dass 3000 auserlesene Krieger zu ihm in Marsch gesetzt würden (Amm. Marc. 26,10,3). Ehe diese ihn erreichten, war Procop aber bereits geschlagen und hingerichtet. Valens versperrte dem gotischen Elitekorps den Rückweg und nahm es in seine Dienste. Die 3000 Mann verteilte er auf die Grenzkastelle an der Donau (Zosim. 4,10,1).

Valens' Verstimmung über die Unterstützung seines Widersachers Procop durch die Goten führte zu einer Kontaktaufnahme mit Athanarich, dem Anführer der Terwingen. Der Heermeister Victor wurde ins gotische Gebiet jenseits der Donau entsandt, um den Grund für den aus Sicht des Valens feindseligen Akt herauszufinden (Amm. Marc. 27,5,1). Die Goten beriefen sich auf die von ihnen angenommene Rechtmäßigkeit der Ansprüche Procops. Da sie dies als entschuldbaren Irrtum ansahen, forderten sie ihre 3000 Stammesangehörigen zurück. Valens aber beurteilte die Dinge anders und verweigerte die Rückgabe (Zosim. 4,10,2). So kam es zum Krieg zwischen Römern und Goten. Valens begab sich nach Marcianopel (Thrakien); das mitgeführte Heer marschierte weiter zur Donau und bezog dort Winterquartiere. Von der Donaumündung her wurden Nachschubgüter herangeschafft (Zosim. 4,10,4). Im Frühjahr 367 trafen sich Kaiser und Heer bei Transmarisca-Dafne (vgl. oben S. 39) und überschritten auf einer Schiffsbrücke die Donau (Amm. Marc. 27,5,2). Das römische Expeditionskorps stieß jedoch ins Leere. Athanarich hatte sich mit den Terwingen in die *montes Serrorum* (Karpaten) zurückgezogen. Nur einige Nachzügler fielen den Römern in die Hände. Der 'Erfolg' des Feldzuges erschöpfte sich in der Verwüstung des terwingischen Siedlungsgebietes (Amm. Marc. 27,5,3–4).

Im Frühjahr 368 wollte Valens erneut gegen die Terwingen zu

Felde ziehen, diesmal von der Provinz Scythia aus. Da jedoch die Donau fortwährend Hochwasser führte, konnte er sie nicht überschreiten. Er nutzte die Zeit zum Bau einer neuen Festung an besonders günstiger Stelle (Corp. Inscr. Lat. III 7494); dabei handelte es sich wohl um das Kastell von Carsium (vgl. Themist. or. 10,13). Wie 367/8 verbrachte Valens auch 368/9 den Winter in Marcianopel.

Noch ein drittes Mal erschien Valens an der Donau, um den Krieg gegen die Terwingen zu führen. Sammelplatz des Heeres für den Feldzug des Jahres 369 war Noviodunum/Isaccea am Beginn des Donaudeltas, wo der Fluss relativ leicht durch eine Schiffsbrücke zu überwinden war (Amm. Marc. 27,5,6). Das mühsame Vordringen der Römer durch das von Sümpfen durchsetzte Gelände links der Donau lohnte sich insofern, als Athanarich mit einem Teil seiner Streitmacht den Kampf aufnahm und die Überlegenheit der Römer zu spüren bekam. Dies wiederum bewirkte im Zusammenhang mit dem Mangel an Lebensmitteln, unter dem die Terwingen litten, dass sie Friedensverhandlungen in Erwägung zogen und entsprechende Schritte unternahmen. Nach Vorgesprächen, welche die Heermeister Victor und Arintheus mit Athanarich führten, traf Letzterer mit Valens mitten auf der Donau zusammen (Amm. Marc. 27,5,7–9). Der Friedensschluss setzte an die Stelle des Bundesgenossenverhältnisses von 332 (oben S. 39f.) ein Freundschaftsbündnis, das die Terwingen verpflichtete, die Donau nicht zu überschreiten (Zosim. 4,11,4) und den Warenaustausch nur an zwei festgelegten Plätzen vorzunehmen (Themist. or. 10,12). Geiseln sollten die Einhaltung dieser Auflagen garantieren (Amm. Marc. 27,5,10).

Für Valens bedeutete der Friedensschluss mit Athanarich einen Prestigeerfolg, den er nach der Usurpation Procops dringend nötig hatte, und zwar nicht nur gegenüber der Bevölkerung seines Reichsteils, sondern auch gegenüber seinem Bruder. Dieser hatte in den Jahren seines Wirkens in Gallien die Siegerbeinamen Germanicus, Francicus und Alamannicus (jeweils mit dem Epitheton *maximus*) erworben. Nun erweiterte Valens die kaiserliche Titulatur durch Gothicus maximus! Man vermag sich vorzustellen, welche Genugtuung Valens empfand, als der Rhetor Themistius Anfang Februar 370 in seiner Senatsrede ›Über den Frieden‹ (or. 10) hierauf zu sprechen kam. Themistius hatte den Kaiser an die Donau begleitet und pries ihn nun als Friedensstifter und Wächter der Donaugrenze. Der Zufall fügte es, dass fast gleichzeitig Symmachus in seinem ›Zweiten Panegyricus auf Valentinian‹ (oben S. 117) den Bruder des Valens als Hüter der Rheingrenze feierte!

In Constantinopel hatte Valens Gelegenheit, sich auch der Bevölkerung mit gesteigertem Selbstbewusstsein zu präsentieren: Am 9. April 370 fand die Einweihung der Apostelkirche statt (Chron. Pasch. ad an. 370, Chron. Min. I 242). Wie durch die entsprechende Zeremonie Constantius mit der Hagia Sophia verbunden war (oben S. 71), so nun Valens mit der Apostelkirche. Aber nicht diese verhalf ihm zum Nachruhm, sondern der Aquädukt, der, 368 in Auftrag gegeben, seiner Fertigstellung (373) entgegenging. Das ca. 1 km lange und an die 30 m hohe Bauwerk ist noch heute ein Wahrzeichen der Stadt (am Atatürk Bulvari) und trägt weiterhin den Namen seines Erbauers.

Im Herbst 371 begab Valens sich nach Antiochia. Die Stadt am Orontes blieb nun fast sieben Jahre lang seine Residenz. Sie profitierte vor allem von der Bautätigkeit. Valens ließ an zentraler Stelle (am Ende der vom Orontes ausgehenden Kolonnadenstraße) ein großartiges Forum anlegen. Es war von vier prächtig ausgestatteten Portiken umgeben und von zum Teil neu errichteten Gebäudekomplexen eingerahmt. In der Nähe des Forums entstand ein Fleischmarkt (*macellum*), gleichfalls durch Portiken eingefasst und mit einem Brunnen in der Mitte (Malal. chronogr. 13,30).

Die Ankunft des Kaisers in Antiochia erfolgte mit einem Paukenschlag: Eine Verschwörung wurde entdeckt und die Beteiligten in einem Aufsehen erregenden Gerichtsverfahren abgeurteilt. Diese hatten mit Hilfe magischer Praktiken den *notarius* Theodorus als künftigen Kaiser ermittelt und Vorbereitungen für dessen Prinzipatsübernahme getroffen. Der Verschwörergruppe gehörten Männer an, die sich nach wie vor Julian und seiner heidnischen Restauration verbunden fühlten, sei es als ehemalige Beamte, sei es als Philosophen, allen voran Maximus von Ephesus, der Intimus Julians (oben S. 85f., 106). Räumlich bildete Kleinasien den Schwerpunkt der Verschwörung, wie sich u. a. aus der Anklageerhebung gegen Eutropius, den Prokonsul der Provinz Asia, erkennen ließ, dessen Beteiligung allerdings nicht bewiesen werden konnte. Der Prozess gegen die Hauptgruppe der Verschwörer fand vor dem Tribunal des *praefectus praetorio per Orientem* Modestus statt. Das Urteil sprach auf dessen Anfrage hin der Kaiser selbst: Valens verurteilte alle überführten Angeklagten als Majestätsverbrecher zum Tode. Die Hinrichtung erfolgte öffentlich in Antiochia, nur Maximus wurde in seine Heimatstadt Ephesus überführt und dort hingerichtet (Amm. Marc. 29,1,1–38).

Die Vollstreckung der Todesstrafe in Anwesenheit einer „riesigen Menschenmenge" war als Abrechnung mit dem in Antiochia ohnehin verhassten Regime Julians gedacht, in dem die neuplatonische Philosophie mit ihrer Ausrichtung auf Magie und Zauberei eine so wichtige Rolle gespielt hatte (oben S. 86). Es verwundert daher nicht, dass eine gleichfalls öffentliche Verbrennung „unerlaubter Bücher" in Antiochia stattfand, wobei man wohl hauptsächlich an neuplatonische Werke entsprechenden Inhalts zu denken hat (Amm. Marc. 29,1,41). Die Bücherverbrennung hatte Signalwirkung für den ganzen Orient: Überall schritten die Gebildeten zur Verbrennung von Büchern, um nicht in den Verdacht zu geraten, mit Zauberei und Magie zu tun zu haben (Amm. Marc. 29,2,4). Valens erreichte auf diese Weise, dass der unter Julian zur vollen Entfaltung gekommene theurgische Zweig des Neuplatonismus seine Lebenskraft verlor. Da er 373 auch noch ein Gesetz gegen die Astrologen (*mathematici*) erließ, das die Ausübung dieses Berufes für Lehrer und Schüler mit der Kapitalstrafe bedrohte (Cod. Theod. 9,16,8), wurde auch der Verkehr mit okkulten Mächten vollständig unterbunden.

Der Theodorus-Prozess in Antiochia hatte eine gewisse Parallele in dem stadtrömischen Verfahren gegen den Prokonsul von Africa, Hymetius, in das der bekannteste Wahrsager (*haruspex*) seiner Zeit, Amantius, hineingezogen wurde, weil Hymetius ihn gebeten hatte, durch Ausführung bestimmter Riten die Kaiser (Valentinian und Gratian) für seinen Fall gnädig zu stimmen. Amantius wurde hingerichtet. Das veranlasste den römischen Senat, 370/371 eine Gesandtschaft zu Valentinian nach Trier zu schicken, um gegen den Justizmord an dem *haruspex* und überhaupt gegen die von dem derzeitigen *vicarius urbis* Maximinus in Gang gesetzte Prozesswelle zu protestieren. Leiter der Gesandtschaft war Praetextatus, der führende Vertreter der stadtrömischen Aristokratie. Valentinian stellte in einem an den Senat adressierten Gesetz vom 29. Mai 371 (Cod. Theod. 9,16,9) klar, dass die Ausübung der *haruspicina religio,* wenn sie nach althergebrachter Weise erfolgte, keine „Übeltat" (*maleficium*) im Sinne des Kriminalrechts darstelle, nur dürfe sie nicht missbräuchlich, nämlich zu jemandes Schaden, angewendet werden. Die *haruspices* erhielten durch dieses Gesetz eine Sonderstellung, wie sie die Staatspriester unter Constantius erlangt hatten (oben S. 69).

Valentinian wies in seiner Stellungnahme zu Gunsten der *haruspices* ausdrücklich auf das zu Beginn seiner Regierung ergangene Toleranzgesetz (oben S. 111) hin. An dieses hielt sich auch Valens, was ihm von christlicher Seite geradezu angekreidet wurde: In Antiochia seien die alten heidnischen Feste wieder in aller Öffentlichkeit mit großem Gepränge gefeiert worden, und auch die Juden hätten ihre Religion frei ausüben dürfen. Nur die rechtgläubigen Christen seien von dem 'Arianer' Valens bedrängt und verfolgt worden (Theodoret. hist. eccl. 4,24,2–4). Valens bekannte sich unter dem Einfluss des Eudoxius, des Bischofs von Constantinopel, zu der von Constantius 360 für verbindlich erklärten Glaubensformel, welche das Verhältnis Christi zu Gottvater als „ähnlich" (*homoios*) definierte (oben S. 71). Wie Constantius war er auch der Meinung, dass diejenigen, die diese Formel ablehnten, vom Bischofsamt ausgeschlossen sein sollten. Infolgedessen sprach er 365 über die seinerzeit von Constantius verbannten, von Julian aber zurückgerufenen Bischöfe (oben S. 90) erneut die Verbannungsstrafe aus. Das gleiche Schicksal bereitete er den Teilnehmern des Konzils von Lampsacus (am Hellespont), welche 364 den Begriff *homoios* „ähnlich", verworfen und durch die Kompromissformel *homoi-usios*, „wesensähnlich" (oben S. 70f.), ersetzt hatten (Sozom. hist. eccl. 6,7,8–9 + 6,12,5). Valens' feindselige Haltung gegenüber den Gegnern des Arianismus, wie Eudoxius ihn vertrat, verstärkte sich noch, als Letzterer ihn bei der Taufe 367 (vor dem Gotenkrieg) eidlich zum Kampf gegen die Christen, die den *homoios*-Begriff ablehnten, verpflichtete (Theodoret. hist. eccl. 4,13,1). Dementsprechend achtete Valens besonders bei der Neubesetzung von Bischofsstühlen darauf, dass die 'Nicaener' hintangehalten und die 'Arianer' bevorzugt würden, selbst wenn dabei Gewalt angewendet werden musste, wie es 370 in Constantinopel und 373 in Alexandria geschah. In Constantinopel gelangte nach dem Tode des Eudoxius der gleich gesinnte Demophilus an dessen Stelle, wobei protestierende anders gesinnte Kleriker auf grauenhafte Weise ausgeschaltet wurden: Man verbrannte sie in einem Schiff auf hoher See (Socr. hist. eccl. 4,14,1–16,6). In Alexandria nahm Valens den Tod des Athanasius zum Anlass, einen 'Arianer' (Lucius) inthronisieren zu lassen. Der vom Volk gewählte rechtgläubige Nachfolger des Athanasius, Petrus, musste unter schändlichen Begleitumständen fliehen (Theodoret. hist. eccl. 4,21,1–4).

Athanasius war 365 auf Grund des von Valens erlassenen Edikts gegen die seiner Kirchenpolitik im Wege stehenden Bischöfe (s.o.) verbannt worden. Aber schon nach vier Monaten ließen es die daraufhin in Alexandria einsetzenden Unruhen dem Kaiser geraten erscheinen, den konsequenten Verfechter des Nicaenums zurückzurufen. Am 1. Februar 366 zog Athanasius in Alexandria ein

(Hist. aceph. 5,7) und konnte bis zu seinem Tode am 2. Mai 373 unangefochten sein Amt ausüben. Auch in Bezug auf einen anderen bedeutenden Bischofssitz, Caesarea in Kappadokien, hielt Valens es für besser, einen 'Nicaener' zu dulden, als durch dessen Absetzung einen Volksaufstand zu provozieren (vgl. Greg. Naz. or. 43,57): Im Jahre 370 wurde Basilius (vgl. oben S. 73f., 92), der bisher schon als Presbyter in Caesarea gewirkt hatte, zum Bischof gewählt. Aus einer vornehmen Familie stammend und hochgebildet, war er für die Metropolitenstellung des Bischofs von Caesarea bestens geeignet. Eine Beschränkung seines Wirkungskreises bedeutete es freilich, dass Valens 372 die Provinz Cappadocia, deren Hauptstadt Caesarea war, teilte (in Cappadocia I und II), wodurch Tyana zur Hauptstadt von Cappadocia II avancierte und der Bischof von Tyana die Metropolitenstellung in der neuen Provinz erlangte. Basilius bot seinen ganzen Einfluss auf, um die Teilung zu verhindern (Basil. ep. 74–76), hatte aber keinen Erfolg. Dagegen hatte Valens keine Bedenken, die großartigen karitativen Bemühungen des Basilius zu unterstützen: Er schenkte ihm umfangreiche Ländereien zum Unterhalt der Pflegestätten für Aussätzige, die Basilius geschaffen hatte (Theodoret. hist. eccl. 4,19,13).

Durch den Tod des Athanasius (373) fiel Basilius die Führungsrolle im Kampf um die rechte Form des Glaubensbekenntnisses zu. Genügte es hinsichtlich der Gottheit Christi am Text des Nicaenums von 325 festzuhalten (*homo-usios*, oben S. 34), so musste in Bezug auf den Heiligen Geist der theologischen Diskussion, die um dessen Natur geführt wurde (Geschöpf Gottes oder selbst Gott), Rechnung getragen werden. Denn im Nicaenum hieß es ja nur: „Wir glauben an den Heiligen Geist". Basilius unterzog sich dieser Aufgabe in der um 375 verfassten Abhandlung ›Über den Heiligen Geist‹. In dieser Schrift fand er Formulierungen, die geeignet waren, die allgemeine Aussage im Nicaenum zu präzisieren, ohne die Gottheit des Heiligen Geistes zu scharf hervortreten zu lassen und dadurch Anstoß zu erregen. Sie gingen in den Text des 381 auf dem 2. ökumenischen Konzil in Constantinopel festgelegten Glaubensbekenntnisses ein (unten S. 150).

Basilius musste natürlich darauf aus sein, dem Arianismus, der in Valens einen so starken Protektor hatte, eine möglichst geschlossene Front der Orthodoxie entgegenzusetzen. Lücken konnten sich verhängnisvoll auswirken, wie das Beispiel Antiochia zeigte. Hier stand nämlich der 'arianischen' Gemeinde des Bischofs Euzoius eine gespaltene 'orthodoxe' Gemeinde gegenüber. Die einen sahen in Paulinus ihren Bischof, die anderen waren Anhänger des verbannten Bischofs Meletius und wurden von Presbytern betreut. Unterschiede in der Auffassung von der Dreieinigkeit Gottes (Trinität) erschwerten die Zusammenführung der beiden Gruppen. Basilius ergriff Partei für Meletius, weil er mit dessen trinitarischer Theologie übereinstimmte. Erfolg hatte er nicht. Paulinus blieb der sogar von der römischen Kirche anerkannte 'orthodoxe' Bischof von Antiochia. Die Anhänger des Meletius aber hatten Schweres zu erdulden (Theodoret. hist. eccl. 4,24,2–25,3). Erst kurz vor dem Tod des Valens (378) konnte Meletius auf seinen Bischofssitz zurückkehren (unten S. 149).

Valens' Vorgehen gegen alle christlichen Gruppierungen, die ihm von seinem *homoios*-Bekenntnis her als häretisch erschienen, war so auffällig und wirkte so beunruhigend, dass der am Kaiserhof hoch angesehene Rhetor Themistius, ein Heide, sich veranlasst sah, in einer als ›Prosphonetikos‹ bezeichneten Rede den Kaiser unter Hinweis auf die zahlreichen voneinander abweichenden Lehrmeinungen der Philosophen zur Zurückhaltung zu mahnen (Socr. hist. eccl. 4,32,1–5). Zu einer solchen Mäßigung brauchte Valentinian, der Bruder des Valens, nicht angehalten zu werden. Nach dem Urteil des Ammianus Marcellinus war diese Haltung geradezu das Kennzeichen seines Prinzipats (Amm. Marc. 30,9,5). Valentinian bevorzugte keine christliche Gruppierung um ihrer selbst willen; das wie immer geartete Staatsinteresse besaß einen höheren Stellenwert. So blieb Mediolanum/Mailand die Bastion des Arianismus im Westen, obwohl sich Hilarius von Poitiers (vgl. oben S. 67, 72) bei Valentinian für die Absetzung des Bischofs Auxentius einsetzte (vgl. seine Schrift ›Contra Arianos vel Auxentium Mediolanensem‹). Erst nach dem Tod des Auxentius (374) trat mit der Wahl des Ambrosius (unten S. 153) der Wandel ein. Im Falle der römischen Bischofswahl von 366, bei der Damasus und Ursinus von unterschiedlichen Gremien und in verschiedenen Kirchen etwa gleichzeitig gewählt wurden, stellte Valentinian sich auf die Seite des Damasus, weil dieser es verstanden hatte, die Hilfe des Stadtpräfekten Viventius zu erhalten, der Ursinus verbannte (Coll.Avell. 1,6). Bei den Streitigkeiten zwischen den Anhängern der beiden Kandidaten für den Bischofsstuhl kamen übrigens 137 Menschen ums Leben (Amm. Marc. 27,3,12–13)! In einer anderen Angelegenheit dagegen richtete Valentinian einige Jahre später (370) an Damasus ein scharfes Edikt, das in allen Kirchen Roms verlesen werden musste. Es betraf den Missstand, dass Witwen oder Waisen von Geistlichen „unter dem

Vorwand der Religion" dazu gebracht wurden, die Kirche mit Schenkungen oder testamentarisch zu bedenken. Valentinian verbot solche Machenschaften und belegte sie mit Strafe (Cod. Theod. 16,2,20).

Über seine Einstellung zur christlichen Kirche als solche soll Valentinian gesagt haben, dass ihm zu innerkirchlichen Angelegenheiten kein Urteil zustehe (Sozom. hist. eccl. 6,7,2). Von diesem Prinzip wich er nur scheinbar ab, wenn er 373 das Verbot der Wiedertaufe religiös, nämlich als Befleckung der Taufgnade, begründete (Cod. Theod. 16,6,1). In Wirklichkeit ging es darum, dem Fanatismus der donatistischen Circumcellionen in Nordafrika (vgl. oben S. 59, 90) entgegenzutreten. Von der persönlichen Religiosität Valentinians gab die 367 erstmals verkündete Osterbegnadigung Kunde. „Aus tiefstem Herzen", feiere er Ostern, schrieb Valentinian dem römischen Stadtpräfekten Viventius und nahm das Fest zum Anlass, einen dessen Charakter entsprechenden Indulgenzakt vorzunehmen: Häftlinge und Strafgefangene sollten mit Ausnahme derer, die besonders schwere Verbrechen begangen hatten, freigelassen werden (Cod. Theod. 9,38,3). Valentinian war soeben von schwerer Krankheit genesen (oben S. 113). Anscheinend wollte er durch die Osterindulgenz für die ihm persönlich zuteil gewordene Gnade Gott danken. Eine neue christliche Institution war ins Leben getreten; kaiserliche Ostererlasse wurden zur Gewohnheit. Sie traten gewissermaßen den Osterfestbriefen zur Seite, in denen die Metropoliten ihren Suffraganbischöfen den Ostertermin mitteilten und zu aktuellen Fragen Stellung nahmen. So gab Athanasius in seinem ›39. Festbrief‹ vom Jahre 367 den Kanon der biblischen Bücher bekannt. Die Verlesung der Osterfestbriefe in den Kirchen verlieh ihnen größtmögliche Publizität.

Wie stark gerade die Feier des Osterfestes das Christentum dieser Zeit repräsentierte, bewies Ausonius, der Erzieher des jungen Kaisers Gratian (oben S. 114), mit seinem Gedicht ›Osterverse‹, in dem er der himmlischen Dreifaltigkeit huldigte, zugleich aber auch dem dreifach ausgeprägten Kaisertum (Valentinian, Valens, Gratian) auf Erden. Das Osterfest wurde damit quasi zum Kaiserfest – wie die Osterbegnadigung es zu einer kaiserlichen Freudenkundgebung machte.

Ausonius' Christentum stand nicht gerade auf festen Füßen. Der Rhetor aus Burdigala/Bordeaux gehörte zu den nicht wenigen Gebildeten, die sich äußerlich zwar zum Christentum bekannten, innerlich aber der alten Religion verhaftet waren. Fast ganz beherrschte diese noch das Leben der Landbewohner, was sich wohl in der für Nichtchristen jetzt aufkommenden Bezeichnung *pagani*, „Dörfler", „Heiden", spiegelte. Valentinian gebrauchte das Wort 370 in einem Gesetzestext (Cod. Theod. 16,2,18), und Orosius definierte es 417 in der Praefatio (§ 9) seines Geschichtswerkes ›Historia adversus paganos‹. Gallien bot zur Zeit Valentinians ein Musterbeispiel für das Überwiegen der heidnischen Kulte auf dem Lande – und für die Änderung dieses Zustands. An letzterem Vorgang war Martinus, Bischof von Caesarodunum/Tours seit 371, maßgeblich beteiligt. Als Offizier pannonischer Herkunft unter Julian (356) aus dem Heer ausgeschieden, war er zu Hilarius nach Poitiers gekommen und hatte sich in einiger Entfernung von der Stadt als Einsiedler niedergelassen. Auch als Bischof blieb er dem Mönchtum verbunden, indem er in der Nähe von Tours ein Kloster (*maius monasterium/ Marmoutier*) gründete – die Keimzelle des Mönchtums in Gallien. Auf seinen Missionsreisen war Martinus darauf aus, die heidnischen Kultstätten auf dem Lande zu zerstören und an ihrer Stelle Kirchen und Klöster zu errichten (Sulp. Sev. vit. Mart. 13,9). So trieb er die Christianisierung Galliens mächtig voran.

Die durch das missionarische Wirken des hl. Martin in den Blick gerückte Landbevölkerung verdient noch in anderer Beziehung unsere Aufmerksamkeit: Auf dem Lande waren in Ost und West Entwicklungen im Gange, welche auf die Installierung einer neuen Form von Abhängigkeit und Herrschaft hinausliefen. Gemeint ist das Patrocinium, das Schutzsuchen bei einem Mächtigen bzw. das Schutzgewähren durch einen solchen. Bauern, die sich ihre Selbstständigkeit erhalten hatten, suchten einzeln oder in Gruppen als Dorfgemeinschaft gegen Steuerdruck und andere Lasten Hilfe bei einflussreichen Persönlichkeiten, in deren Abhängigkeit sie sich dadurch begaben. Umgekehrt nutzten mächtige Großgrundbesitzer das Schutzbedürfnis der bäuerlichen Bevölkerung im Umkreis ihrer Güter, um durch Ausübung des Patrociniums Herrschaftsrechte über sie wie über ihre eigenen Abhängigen zu erlangen. Die Patrocinienbewegung richtete sich gegen den Staat, d.h. gegen die Auswüchse, welche der Fiskalismus zum Schaden der wirtschaftlich Schwachen in verstärktem Maße hervorbrachte, und sie hatte zur Folge, dass der Staat die Kontrolle über diese Schutzbedürftigen an die großen Grundherren verlor.

Der Staat reagierte auf die Herausforderung, welche die Patrocinienbewegung für ihn bedeutete, in zweifacher Weise: Er verbot, ein solches Verhältnis einzugehen bzw. aufzuerlegen, und er schuf eine Institution, welche den Bauern gegen widerrechtliche Bedrückung von Staats wegen Schutz gewähren sollte. Das Verbot der Patrocinien sprach ein Gesetz des Valens vom Jahre 368 aus (Cod. Theod. 11,24,2). Es drohte beiden Seiten Bestrafung an, wobei es die des Schutzherrn auf eine Geldbuße von 25 Pfund Gold für jeden einzelnen Fall fixierte. Auf die neue staatliche Konkurrenzinstitution zum Patrocinium berief Valens sich in einem Gesetz des Jahres 370 (Cod. Theod. 1,29,5). Dabei handelte es sich um das Amt des *defensor plebis* das für die einzelnen Städte und ihr Territorium den Schutz der städtischen und bäuerlichen Plebs übernehmen sollte. 368 von Valentinian im Illyricum eingeführt (Cod. Theod. 1,29,3), wurde das Amt vom *praefectus praetorio* mit Persönlichkeiten, die sich im Staatsdienst bewährt hatten, besetzt; Mitglieder der städtischen Aristokratie (Kurialen) waren ausgeschlossen. Erfolge aber konnten die Kaiser mit ihren Maßnahmen gegen das Patrocinium nicht erzielen. Zwei Jahrzehnte nach dem Verbot der Patrocinienbewegung erreichte diese einen Höhepunkt in Syrien (vgl. die 47. Rede des Libanius ›Über die Patrocinien‹), zwei weitere Jahrzehnte später in Ägypten (unten S. 219f.). Das Gegenmittel des *defensor plebis* aber büßte seine Wirkung ein, als das Amt den Kurialen übergeben wurde (Cod. Theod. 1,29,6 [387]), bei denen sich allzu leicht eine Interessenkollision ergeben konnte.

An der Patrocinienbewegung waren als Schutzsuchende nicht nur 'selbständige' Bauern, sondern auch, und zwar in starkem Maße, 'freie' Pächter (Kolonen) und Landsklaven beteiligt. Der Kolonenflucht hatte schon Constantin der Große seine Aufmerksamkeit zugewandt (oben S. 47). Die von ihm getroffene Regelung, dass der geflohene Kolone zu seinem Pachtherrn zurückgebracht werden solle, derjenige aber, der ihm Aufnahme gewährt habe, die anteilige Steuerschuld erstatten müsse, blieb auch unter Valentinian in Kraft (Cod. Theod. 10,12,2,2–3). Darüber hinaus jedoch erließ Valentinian 371 für die illyrischen Provinzen ein Gesetz, das deutlich erkennen ließ, in welche Richtung die Entwicklung lief. Valentinian dekretierte für die illyrischen Kolonen die Bindung an den Boden, auf dem sie steuerlich veranlagt waren, und leitete daraus das Recht ab, sowohl ihre Flucht als auch ihre Aufnahme durch einen anderen Grundbesitzer empfindlich zu bestrafen. Der Kolone solle nach seiner Rückführung gefesselt und gezüchtigt werden dürfen, während der Schutzherr den durch die Flucht entstandenen Schaden wieder gutzumachen und eine im Ermessen des Provinzialstatthalters liegende Geldbuße zu leisten habe (Cod. Iust. 11,53,1 pr. + 1). Die Parallelerscheinung der Sklavenflucht hatte Constantin der Große mit dem gleichen Mittel bekämpft wie die Kolonenflucht, nämlich mit dem Schadenersatzprinzip (oben S. 47): Wer einen fremden Sklaven aufnahm, musste den Sklaven selbst sowie einen weiteren bzw. 20 Solidi an den Herrn abliefern. Dies blieb im Allgemeinen auch unter Valentinian so (Cod. Theod. 10,12,2,3). Für Illyrien aber legte die schon erwähnte Konstitution des Jahres 371 fest, dass jemand, der einen flüchtigen Sklaven in sein Patrocinium aufgenommen habe, vierfachen Ersatz (*quadruplum*) zu leisten habe, d. h., er musste den Flüchtling zurückgeben und drei Ersatzsklaven stellen (Cod. Iust. 11,53,1,2). Gerade die letztere Bestimmung ließ keinen Zweifel daran, dass Illyrien zu dieser Zeit von einer Fluchtbewegung großen Ausmaßes heimgesucht wurde und dass dabei andere Gründe im Spiel waren als der Steuerdruck, der selbständige Bauern unter das Patrocinium mächtiger Großgrundbesitzer trieb (oben S. 127f.). Pächter (Kolonen) und Landsklaven suchten bessere Arbeitsbedingungen. Sie machten sich den offenbar starken Arbeitskräftemangel zu Nutze, um ihre Situation zu verbessern. Für den Staat stand dagegen das Steuerproblem im Vordergrund, wie die Bindung der Kolonen an den Boden deutlich machte.

Zur Steuerpolitik der römischen Kaiser seit Constantin dem Großen machte Themistius in seiner 368 gehaltenen ›Rede zum fünfjährigen Regierungsjubiläum‹ des Valens die konkrete Angabe, dass die Steuerhöhe von Jahr zu Jahr gestiegen sei (Themist. or. 8,18). Jeder Kaiser hatte seinen Anteil an dieser Steigerung, jeder nahm aber auch für sich in Anspruch, der allgemeinen Tendenz entgegengewirkt zu haben. Zu diesem Widerspruch trugen die unterschiedlichen Gegebenheiten in Ost und West ebenso bei wie die unterschiedlichen Verlautbarungen der einzelnen Kaiser. An Valens rühmte Themistius, dass er im vierten Jahr seiner Regierung (368) die Ansage der Steuerhöhe (*indictio*) um ein Viertel reduziert habe (Themist. a. O.). Schon 365 hatte Valens in einem Erlass an den *praefectus praetorio per Orientem* verboten, zusätzliche Steueransagen (*superindictiones*) vorzunehmen (Cod. Theod. 11,16,11). Dementsprechend positiv fiel das Gesamturteil aus, das Ammianus Marcellinus über Valens als Steuerpolitiker fällte: Er habe alles darangesetzt, die Provinzen von den Steuerlasten zu befreien und vor Steuererhöhungen zu bewahren (Amm. Marc. 31,14,2). Über Valentinian urteilte Ammian zusammenfassend ähnlich positiv (30,9,1), doch entsprachen dem nicht seine Einzelbeobachtungen (z. B. 30,5,6). Zosimus brach auch insgesamt den Stab über die Steuerpolitik dieses Kaisers, dem er den Vorwand in den Mund legte, er brauche das Geld für die Soldaten (Zosim. 4,16,1). Die Wiedereinführung der von Julian ausgesetzten Darbringung des Kranzgoldes (*aurum coronarium*) schon im Jahre 364 setzte ein deutliches Zeichen (Cod. Theod. 12,13,2)! Andererseits hatte das Anziehen der Steuerschraube durch Valentinian eine bemerkenswerte Nebenwirkung für die Stabilität der Währung: Gemäß einem Gesetz des Jahres 366 wurden die bei Steuerzahlungen in die Staatskasse gelangenden Solidi eingeschmolzen. Die Neuprägungen erhielten (im Abschnitt) den Reinheitsvermerk OBryzum, „geläutertes Gold". In einem weiteren Gesetz (von 367) wurde festgesetzt, dass bei Steuerzahlungen 72 Solidi einem römischen Pfund entsprächen (Cod. Theod. 12,6,12 + 13).

Wenn soeben Unterschiede hinsichtlich der Steuerpraxis in West und Ost deutlich wurden, so gehörten diese zu den Begleiterscheinungen der zunehmenden Verselbständigung der beiden Reichsteile, die schon durch die Lage ihrer 'Hauptstädte' Trier und Antiochia an der Peripherie des Reiches in Erscheinung trat. Aber auch wenn man das Gewicht auf die 'ideellen' Hauptstädte Rom und Constantinopel verlagerte, so war deren Nebeneinander ebenso symptomatisch für den Prozess des Auseinanderdriftens von West und Ost. Noch war Rom die Nummer Eins in der Rangfolge der Städte des Reiches, wie sie der ›Ordo urbium nobilium‹ des Ausonius präsentierte, aber Constantinopel folgte direkt dahinter als Nummer Zwei, und es war ganz offenbar, dass die Stadt am Bosporus im Begriff stand, Rom an Bedeutung zu überholen. Machte ein Kaiser sie zu seiner dauernden Residenz, so war ihre Stunde gekommen. Das sollte nicht mehr lange dauern (unten S. 162).

Rom hatte im Wettstreit der Städte das ganze Prestige seiner mehr als tausendjährigen Vergangenheit in die Waagschale zu werfen. Die Denkmäler der Stadt spiegelten die Geschichte wider, die Werke der Historiker hielten sie wach, das an der Tradition orientierte Wirken der Senatsaristokratie verklärte sie. Die zuletzt noch (357) von Constantius II. bewunderten Bauwerke Roms (oben S. 68) bedurften natürlich der ständigen Wartung. Es zeichnete einen Kaiser aus, wenn er sich darum kümmerte und die Stadt auch dann noch verschönerte, wenn sie nicht mehr seine Residenz war. Valentinian hat dem Bausektor in Rom große Aufmerksamkeit geschenkt. Achtungsvoll sprach er in einem Erlass, der die Instandhaltung der Aurelianischen Mauer betraf (Cod. Theod. 14,6,3 [365]), von der „Ewigen Stadt" (*aeterna urbs*). Über die Wasserleitungen wissen wir, dass die Aqua Claudia in der I. Region einen neuen Verteiler erhielt (Corp. Inscr. Lat. VI 31 963 [365]). Im Jahre 367 wurde die wiederhergestellte aurelische Brücke über den Tiber (heute: Ponte Sisto) unter dem Namen Pons Valentiniani dem Verkehr übergeben (Corp. Inscr. Lat. VI 31 402). Drei Jahre später (370) war die Reparatur des Pons Cestius (von der Tiberinsel zum östlichen Flussufer) vollendet. Diese Brücke erhielt den Namen Pons Gratiani (heute heißt sie wieder Ponte Cestio). Eine der beiden Dedikationsinschriften ist noch an Ort und Stelle (am östlichen Tiberufer) vorhanden (Corp. Inscr. Lat. VI 1175). Inschriftliche Kunde existiert auch noch von einem Forum, das auf dem Palatin „für das römische Volk" angelegt wurde, und von Säulenhallen, die beim Macellum Liviae (in der Nähe von Santa Maria Maggiore) auf dem Esquilin „die Stadt verschönerten" (Corp. Inscr. Lat. VI 1177 + 1178).

Die Fürsorgepflicht verband den Kaiser in besonderem Maße mit der stadtrömischen Plebs. Ihre Versorgung mit Lebensmitteln gehörte seit den Zeiten des Augustus zu den Kriterien, nach denen man die Regierung eines Kaisers beurteilte. Es galt ja, an 200 000 oder doch wenigstens 120 000 ärmere Bürger (Cass. Dio 55,10,1 bzw. Cod. Theod. 14,4,10) kostenlos Brot, Fleisch und Öl abzugeben und darüber hinaus in ausreichendem Maße verbilligten Wein für sie bereitzustellen. Die Kaiser, die dazu beigetragen hatten, diesen reichhaltigen Freitisch zu decken, waren in bester Erinnerung. Als letzter großer Wohltäter galt Aurelian (270–275). Er hatte die Fleischversorgung eingeführt, statt Weizen gebackene Brote ausgeben lassen und für billigen Wein gesorgt (Hist. Aug. Aur. 35,1–2 + 48,4). An diesen (pannonischen) Vorgänger knüpfte Valentinian an. 369 verfügte er in einer an das Volk gerichteten Konstitution, dass das kostenlos verabreichte Brot künftig von besserer Qualität sein solle: Das mit Beimischung versehene Brot (*panis sordidus*) wurde durch „reines Brot" (*panis mundus*) ersetzt. Von diesem erhielt jeder Berechtigte täglich 36 Unzen (ca. 1000 g). Die Gewichtsmenge des vorher verteilten Mischbrotes hatte 50 Unzen (ca. 1350 g) betragen (Cod. Theod. 14,17,5). Um den Preis des in den Bäckereien zum Kauf angebotenen Brotes für die Gesamtbevölkerung Roms billig zu halten, bekamen die Bäcker (*pistores*) jährlich 200 000 *modii* (rund 17 500 hl) Getreide zu einem Preis, der niedriger lag als der Marktpreis. Das war schon lange so; Valentinian schärfte ein, dass gutes Getreide in einwandfreiem Zustand angeliefert werden müsse (Cod. Theod. 14,15,1 [364]). Die Bäckereibesitzer selbst waren fest an ihren Stand, ja an ihren Betrieb gebunden (Cod. Theod. 14,3,8

[365]). Ein Austritt aus der Standesorganisation (*corpus pistorum*), etwa um Geistlicher zu werden, wurde von Valentinian für nichtig erklärt (Cod. Theod. 14,3,11 [365]). Das *corpus pistorum* war damit eine echte Zwangskorporation. Das Gleiche galt für das *corpus naviculariorum*, in dem die für den Getreidetransport zuständigen Schiffseigner zusammengeschlossen waren (vgl. Cod. Theod. 13,5,11 [365]), sowie für das *corpus suariorum*, dem die Schweinehändler angehörten (vgl. schon Cod. Theod. 14,4,1 [334]). Was den verbilligten Wein betraf, so setzte Valentinian in einer Konstitution des Jahres 364 fest, dass er ein Viertel (25%) weniger kosten solle, als der Marktpreis betrug (Cod. Theod. 11,2,2,1).

Zusammen mit seinen Maßnahmen zur Sicherung und Verbesserung der Lebensmittelversorgung Roms unternahm Valentinian den Versuch, ein System der ärztlichen Versorgung für die Plebs aufzubauen. Er ordnete 358 an, in jeder der 14 Regionen eine Art Gesundheitsamt einzurichten, dem ein vom Staat bezahlter Arzt (*archiatros*) vorstehen sollte. Valentinian wies diese Amtsärzte ausdrücklich an, sich um die Ärmeren und nicht nur um die Reichen zu kümmern (Cod. Theod. 13,3,8). Wie das Gesundheitswesen bekam auch das Bildungswesen Valentinians ordnende Hand zu spüren. 370 erließ er ein Hochschulgesetz, das dem *magister census*, einem Unterbeamten des Stadtpräfekten, weitgehende Kontrollfunktionen über die Studenten (Personalien, Benehmen, Einhaltung der Studienzeit [bis zum 20. Lebensjahr], Studienabschluss) einräumte. Der Kaiser wollte jährlich einen Bericht über die Absolventen der Hochschule haben, um tüchtige Kräfte für den Staatsdienst zu gewinnen (Cod. Theod. 14,9,1). Reglementierenden Charakter hatte schließlich auch das Rangtitel-Gesetz, das Valentinian 372 an den römischen Stadtpräfekten Ampelius richtete. Es gliederte das senatorische Rangprädikat des Clarissimats (vgl. oben S. 27) nach den von den einzelnen *viri clarissimi* ausgeübten staatlichen Funktionen auf. Zu viele gab es, die den Rangtitel *vir clarissimus* trugen, zu unterschiedlich waren die Funktionen, die sie ausübten. Valentinian hob zwei Gruppen hoher Staatsbeamter aus der 'Masse' der *viri clarissimi* heraus und verlieh ihnen neue Rangtitel: *Praefecti urbi, praefecti praetorio, magistri equitum, magistri peditum* durften sich jetzt *viri illustres* nennen. Nach ihnen rangierten der *quaestor sacri palatii*, der *magister officiorum*, der *comes sacrarum largitionum*, der *comes rerum privatarum* (vgl. oben S. 48f.) sowie die prokonsularischen Statthalter, die *magistri scriniorum* und die *vicarii*. Sie alle hießen *viri spectabiles*. Auch innerhalb der beiden neuen Rangklassen galt das Prinzip der Über- und Unterordnung. Alle nicht zu *illustres* und *spectabiles* 'beförderten' senatorischen Amtsträger blieben *viri clarissimi*. Das im Codex Theodosianus zersplittert erhaltene Gesetz Valentinians (VI 7,1 + 9,1 + 11,1 + 14,1 + 22,4) gab der hierarchischen Struktur der römischen Führungsschicht des 4. Jahrhunderts ihre mehr oder weniger endgültige Form.

Die auf Rom bezogenen Erlasse Valentinians, seine Fürsorge für die Plebs und seine baulichen Aktivitäten in der „Ewigen Stadt" standen in einem eigenartigen Gegensatz zu der Tatsache, dass er Rom nie besuchte und die stadtrömische Aristokratie mehr oder weniger verachtete (Amm. Marc. 30,8,10). Die Prozesse, welche Maximinus, sein (pannonischer) Vertrauensmann in Rom, von 368 bis 371 als *praefectus annonae* bzw. *vicarius urbis* gegen Angehörige dieses Kreises wegen Magie, Ehebruch und anderer Delikte inszenierte, vergifteten die Atmosphäre (Amm. Marc. 28,1,5–40). Das schlechte Verhältnis zwischen Kaiser und Senat bzw. der in ihm vertretenen Aristokratie währte bis zum Tode Valentinians (375). Dann beeilte Gratian sich, in einer Botschaft an den Senat (zum 1. Januar 376) seine Absicht kundzutun, das Verhältnis auf eine neue Grundlage zu stellen. Der Senat sah darin den Beginn eines neuen Zeitalters (Symm. ep. 1,13,2); die kaiserlichen Münzen bestätigten diese Auffassung mit der Legende GLORIA NOVI SAECVLI (Rom. Imp. Coin. IX 64, Nr. 10b). Ein wichtiges Unterpfand für die Glaubwürdigkeit der Kehrtwendung Gratians war die Hinrichtung des berüchtigten Maximinus, der von Valentinian zum *praefectus praetorio Galliarum* befördert worden war (Amm. Marc. 28,1,57 [April/Mai 376]). Im August 376 kam Gratian dann selbst nach Rom, um hier sein zehnjähriges Regierungsjubiläum zu feiern – Kaiser und Senat hatten wieder zusammengefunden! Aber schon kündigte sich ein neuer Konflikt an: Gratian weigerte sich, als Christ die Robe des *pontifex maximus* anzulegen (Zosim. 4,36,5). Der religionspolitische Streit um den Victoria-Altar warf seine Schatten voraus (unten S. 152, 159f., 173).

Zu der Decennalienfeier seines Neffen Gratian sandte Valens den 'Hofredner' Themistius von Antiochia nach Rom (Themist. or. 13,21), womit auch der Ostkaiser dem „Haupt der Welt" seine Reverenz erwies. Er hatte dies übrigens schon vorher auf eine andere Weise getan, nämlich durch die auf seine Anregung hin entstandenen Darstellungen der römischen Geschichte des Eutropius und des Festus. Die Verfasser waren als Hofbeamte (*magistri memoriae*) von Valens zu ihrer Aufgabe als Historiker ausersehen worden.

Diese bestand darin, jeweils eine „Kurzdarstellung" der römischen Geschichte zu schreiben – ein ›Breviarium‹. Beide Geschichtsbücher schlossen mit Jovian; geschrieben wurden sie vor 370. Die Gattung der Breviarien entsprach, wie sich schon bei den ›Caesares‹ des Aurelius Victor gezeigt hat (oben S. 83 f.), dem Bedürfnis der Zeit nach knapper Unterrichtung über die Vergangenheit, und sie übte auch in der Folgezeit eine nachhaltige Wirkung aus. Mehr als 80 Handschriften eines jeden der beiden Breviarien sprechen für deren Popularität. Valens' Beitrag zur Kenntnis der römischen Geschichte und damit zum Lobe Roms war also durchaus beachtlich.

Im Jahr 375 liefen Gerüchte durch das Reich, dass die Völker jenseits der Donau, von den Quaden am Donauknie im Westen bis zu den Goten am Schwarzen Meer im Osten, über den Fluss drängten (Amm. Marc. 31,4,2). Die Völkerbewegung hatte unterschiedliche Ursachen. Während im Osten der Hunnensturm die Goten an die Reichsgrenze trieb, stachelte im Westen der römische Festungsbau auf dem Gebiet der Quaden (oben S. 118) diese an, ins Reich einzufallen. Die Goten überschritten etwa Mitte 376 die Donau und überschwemmten Thrakien (unten S. 137–139). Die Quaden aber waren schon im Sommer 374 in Pannonien eingedrungen, mit ihnen die Sarmaten (Amm. Marc. 29,6,6 + 6,8). Auch im Jahre 375 zogen sie plündernd in den Provinzen Pannonia secunda und Valeria umher.

Valentinian erhielt die Nachricht von dem Unglück, das seine pannonische Heimat betroffen hatte, im Herbst 374. Er entschloss sich zum persönlichen Eingreifen, musste damit aber wegen der fortgeschrittenen Jahreszeit bis zum Frühjahr 375 warten (Amm. Marc. 30,3,1–3). Die Zwischenzeit benutzte er, um mit den Alamannen ins Reine zu kommen: Es ging um die gegenüber Mogontiacum/Mainz am Main ansässigen Bucinobantes, die Valentinian unter ihrem König Macrianus bisher vergeblich zu überwinden versucht hatte. Jetzt (374) kam ein Vertrag zu Stande, der den „königlichen Unruhestifter" pazifizierte und zu einem treuen Bundesgenossen machte (Amm. Marc. 30,3,4–6). Zu dieser Zeit gingen auch die Unruhen in Afrika zu Ende, die durch den Maurenfürsten Firmus ausgelöst worden waren. Dieser hatte nach dem Tode seines Vaters, des Klientelkönigs Nubel, seinen Stiefbruder Zammac ermordet und war deshalb mit dem römischen Militärbefehlshaber, dem *comes Africae* Romanus, in Streit geraten, in dessen Verlauf er von Rom abfiel, vielleicht sogar die Kaiserwürde usurpierte. Verstärkt durch Truppen der Nachbarstämme schuf er sich in der Provinz Mauretania Caesariensis eine Machtbasis. Valentinian schickte Anfang 373 den nach seinen Erfolgen in Britannien (oben S. 115f.) zum *magister equitum* beförderten Theodosius nach Afrika und gab ihm Truppen aus Gallien, Pannonien und Mösien mit (Amm. Marc. 29,5,4; Zosim. 4,16,3). Theodosius griff Firmus von der Nachbarprovinz Mauretania Sitifensis aus an und gewann die großen Städte der Caesariensis zurück; im Februar 374 zog er in Tipasa ein (Amm. Marc. 29,5,31). Schließlich trieb er Firmus ins Atlas-Gebirge – und zum Selbstmord. Theodosius kehrte auf triumphale Weise nach Sitifis zurück (Amm. Marc. 29,5,54–56). Der Jubel über seinen Erfolg konnte jedoch nicht vergessen machen, dass dieser mit ungeheurer Brutalität errungen worden war. Gewissermaßen die Quittung dafür erhielt Theodosius in dem Prozess, der 375 zu seiner Verurteilung wegen Hochverrats und 376 zu seiner Hinrichtung in Carthago führte.

Als sich Valentinian im Frühjahr 375 mit den Truppen aus Gallien Pannonien näherte, brach die quadisch-sarmatische Koalition (oben S. 134) auseinander. Die ins Reichsgebiet eingedrungenen Horden zogen sich über die Donau zurück. Valentinian unternahm gegen die Quaden einen Zangenangriff: Von Carnuntum/Petronell (bei Wien) aus ließ er den Heermeister Merobaudes in ihr Gebiet einrücken; er selbst ging mit seiner Heeresgruppe bei Aquincum/Budapest über die Donau (Amm. Marc. 30,5,13). Das Quadenland wurde systematisch verwüstet. Nach der Rückkehr ans rechte Donauufer schlug Valentinian sein Hauptquartier in Brigetio (an der Grenze der Provinzen Pannonia I und Valeria) auf. Hierhin kam eine Gesandtschaft der Quaden, um ein Ende des Krieges zu erreichen. Zu diesem Zweck versprachen sie die Bereitstellung von Truppen und machten weitere Zugeständnisse (Amm. Marc. 30,6,1). Obwohl Valentinian bei den Verhandlungen einen Schlaganfall erlitt und bald darauf starb, scheint der Vertrag mit den Quaden zu Stande gekommen zu sein. Jedenfalls verhielten sie sich in der Folgezeit ruhig; ihre Kampfkraft war gebrochen (vgl. Amm. Marc. 29,6,1). Die Sarmaten dagegen blieben weiterhin eine Gefahr für die Donaugrenze. Schon 378 drangen sie wieder ins Reich ein (unten S. 144).

Valentinian starb am 17. November 375 im 55. Lebensjahr und im 12. Jahr seiner Regierung. Sein Leichnam wurde nach Constantinopel gebracht, wo 364 das Doppelkaisertum der beiden Brüder begründet worden war (oben S. 110). Seine Ruhestätte fand er in der Apostelkirche. Das Mausoleum Constantins des Großen in der von ihm gegründeten Stadt am Bosporus hatte das Kaisertum offenbar so eng mit dieser verbunden, dass auch einem Kaiser, der sein Wirkungsfeld im Westen gesucht hatte, keine größere Ehre widerfahren konnte, als im Tode mit dem Ahnherrn des neuen, christlichen Kaisertums in Constantinopel vereint zu sein – im Übrigen ein bezeichnender Hinweis auf die noch vorhandene ideelle Einheit des Kaisertums trotz des Teilungsvorgangs von 364! Ein weiteres Mal kam es freilich nicht mehr zur Überführung der Leiche eines Westkaisers in den Osten.

Fünf Tage nach dem Tod Valentinians trat das gegen Quaden und Sarmaten aufgebotene Heer in Aquincum/Budapest zur Wahl eines neuen Kaisers zusammen. Die Heermeister Equitius und Merobaudes wollten durch die Übertragung des Kaisertums auf den vierjährigen jüngsten Sohn Valentinians gleichen Namens Entwicklungen im Heer verhindern, die der Dynastie Valentinians schaden könnten. So wurde der Knabe, den der Vater mit ins Illyricum genommen hatte, von seinem Aufenthaltsort herbeigeholt und am 22. November 375 zum Kaiser ausgerufen. Gratian, der in Trier geblieben war, erkannte seinen Stiefbruder als gleichberechtigten Augustus an, übernahm aber die Aufsicht über ihn, obwohl er selbst erst 16 Jahre alt war. Nominell erhielt Valentinian II. Italien, Illyricum und Afrika als Reichsteil (Amm. Marc. 30,10,1–6; Zosim. 4,19,1–2). Nutznießer der Kaisererhebung in Aquincum war Merobaudes. Durch sein Eintreten für die Belange der valentinianischen Dynastie stieg sein Einfluss am westlichen Kaiserhof. Er konkurrierte mit dem des Ausonius, des Erziehers Gratians, der inzwischen die Stellung des *quaestor sacri palatii* erlangt hatte und 378 zum *praefectus praetorio Galliarum* ernannt wurde. Ein Gallier als Prätorianerpräfekt und ein Germane als Heermeister lenkten nun die Geschicke des Westreiches!

Valens stand den Entwicklungen im Westen fern; das Einrücken des Jünglings Gratian in die Stellung seines Vaters hat er ebenso hingenommen wie die Erhebung des Kindes Valentinian zum zweiten Augustus des Westens. Im Laufe des Jahres 377 war er froh, dass die Verbindung zum Westen intakt geblieben war, denn er brauchte dringend dessen militärische Unterstützung gegen die Goten in Thrakien. Die Ereignisse auf dem Balkan zwangen Valens auch, die in Armenien und dem nördlich angrenzenden Iberien zur Sicherung des römischen Einflusses stationierten Truppen abzuziehen und mit dem Perserkönig Schapur II. ein Bündnis einzugehen (Amm. Marc. 31,7,1–3), das anscheinend Roms Verhältnis zu Armenien auf den Stand zurückschraubte, den Jovian 363 hatte einräumen müssen (oben S. 107). Jahrelang hatte Valens versucht, in Armenien wieder

Fuß zu fassen. Der mit römischer Hilfe dort auf den Thron gekommene König Papa schien dazu die Möglichkeit zu bieten, doch zerschlug sich diese; Valens ließ daraufhin Papa ermorden (Amm. Marc. 30,1,18–21).

Die Gotengefahr an der unteren Donau war, wie erwähnt (oben S. 134), durch das Vordringen der Hunnen verursacht. Diese hatten, aus Zentralasien kommend, um 370 die Alanen (zwischen Wolga [Rha] und Don [Tanais]) überrannt und 375 die Ostgoten (Greutungen) des Königs Ermanarich (zwischen Don und Dnjestr [Danastrus]) besiegt (Amm. Marc. 31,3,1–2). 376 warfen sie die Westgoten (Terwingen) des Athanarich vom Dnjestr an den Sereth (Gerasus) zurück und behielten auch hier die Oberhand über sie (Amm. Marc. 31,3,5–8). Die Hunnen waren ein nomadisches Reitervolk, das in Kampf und Beutemachen den Lebensinhalt sah. Furcht erregendes Aussehen, virtuoser Umgang mit Pferden und beispiellose Schnelligkeit machten sie fast unbesiegbar (vgl. Amm. Marc. 31,2,1–12). Ihr Einbruch in Europa löste eine Kettenreaktion aus: „Die Hunnen stießen auf die Alanen, die Alanen auf die Goten, die Goten auf die Taifalen und Sarmaten" (Ambros. expos. in Luc. 10,10). Das letzte Glied der Kette bildete die Abwanderung eines Teils der Westgoten unter Athanarich in die Karpaten und die Vertreibung der dort ansässigen taifalischen und sarmatischen Bevölkerung (Amm. Marc. 31,4,13).

Die „germanische Völkerwanderung", wie man die 375/376 beginnenden Ereignisse summarisch bezeichnet, brachte das Römische Reich in schwere Bedrängnis. Zunächst (376) erschienen die Westgoten (Terwingen) an den Pforten des Imperiums. Bei ihnen hatte der Zusammenstoß mit den Hunnen zum Auseinanderfall des Stammes geführt, wobei auch religiöse Gründe eine Rolle spielten: Nach dem Friedensschluss von 369 (oben S. 120) war auf römischen Druck hin die christliche Mission bei den Goten verstärkt worden (Theodoret. hist. eccl. 4,37,1–3), so dass die Zahl der Christen unter ihnen zunahm. Athanarich aber blieb bei dem Glauben seiner Väter, ja er ließ die Christen verfolgen (Sozom. hist. eccl. 6,37,12). Das rief Opposition gegen ihn hervor, deren Wortführer Fritigern war. Innere Kämpfe folgten. Als nun die Niederlage gegen die Hunnen das Schicksal des Stammes in Frage stellte, machte Fritigern sich anheischig, dessen Aufnahme ins Römische Reich bei Valens zu erreichen. Während also Athanarich mit seinem Anhang den Karpaten zustrebte (s. o.), führte Fritigern zusammen mit Alaviv den größeren Teil des Stammes an die Donau. Die Zahl der Flüchtlinge soll 200 000 betragen haben (Eunap. fragm. 42). Sie lagerten gegenüber Durostorum/Silistra (Moesia II), wo der Fluss sich überqueren ließ und ein Legionslager die Möglichkeit zur Kontaktaufnahme mit den Römern bot.

Fritigern schickte eine Botschaft an Valens, in der er den Kaiser um Land für seinen Stamm in Mösien oder Thrakien bat und dafür versprach, dass die waffenfähigen Männer Kriegsdienst im römischen Heer leisten würden (Amm. Marc. 31,4,1; Jord. Get. 131). Die Aussicht, sozusagen mit einem Schlag das Rekrutierungsproblem lösen zu können, bewog Valens, die Dedition Fritigerns anzunehmen und den Goten die Aufnahme ins Reich zu gewähren. Sie sollten Lebensmittel erhalten und in Thrakien angesiedelt werden. Für die Überquerung der Donau wurden römische Schiffe zur Verfügung gestellt, aber diese reichten nicht aus, so dass die Goten auch Flöße und ausgehöhlte Baumstämme benutzten. Da der Fluss Hochwasser führte, kamen viele in den Fluten um. Die Römer versuchten, die am rechten Ufer Ankommenden zu zählen, aber das erwies sich bald als unmöglich (Amm. Marc. 31,4,4–6). Auch die befohlene Entwaffnung der Goten wurde nur ungenügend durchgeführt (Zosim. 4,20,6).

Gleichzeitig mit den Westgoten (Terwingen) kamen auch Ostgoten (Greutungen) unter den Fürsten Alatheus und Safrax über die Donau ins Reich. Ihnen war die offizielle Aufnahme abgeschlagen worden, sie nutzten vielmehr die Konzentration der römischen Donauflotte bei Durostorum, um weiter östlich unbehelligt den Fluss zu überqueren und sich „weit entfernt von Fritigern", d. h. in der Provinz Scythia (Dobrudscha), eine Ausgangsbasis für weitere Unternehmungen zu schaffen (Amm. Marc. 31,4,12–13 + 5,3). Mit den Greutungen waren Scharen von Alanen und Hunnen ein Bündnis eingegangen, so dass auch die Invasion in der Scythia „immense" Ausmaße annahm (Amm. Marc. 31,8,1).

Die Römer wurden durch die Ankunft der Westgoten auf Reichsboden vor gewaltige Probleme gestellt. Die Verpflegung einer derart großen Menschenmenge war eine ebenso schwer zu lösende Aufgabe wie deren Ansiedlung. Valens hatte den Militärbefehlshaber der thrakischen Diözese (*comes rei militaris per Thracias*) Lupicinus damit betraut. Doch dieser versagte auf der ganzen Linie. Durch mangelhafte Lebensmittelversorgung gerieten die Goten in größte Not, und die menschenverachtende Behandlung seitens der römischen Soldaten und Beamten versetzte sie in maßlose Wut. Nicht nur wurden ihnen die Kinder weggenommen und als Geiseln nach Kleinasien geschafft (Zosim. 4,26,2), sie mussten auch Familienmitglieder als Sklaven stellen, um etwas Essbares zu bekommen – und erhielten dann tote Hunde als Nahrung (Amm. Marc. 31,4,11)! Lupicinus brachte die Goten durch militärischen Druck dazu, die Uferregion zu verlassen und sich auf den Weg südwärts nach Marcianopel zu begeben. Mehr als ein halbes Jahr brauchte der Treck, um die etwa 120 km lange Strecke zu bewältigen; Anfang 377 traf er vor Marcianopel ein. Die Goten waren voller Hoffnung, dass hier ihre Hungersnot ein Ende fände (Amm. Marc. 31,5,2 + 5,4–5).

In Marcianopel wollte Lupicinus die Spannungen, die sich zwischen ihm und den beiden Gotenführern Fritigern und Alaviv aufgebaut hatten, durch eine Zusammenkunft bei einem Gastmahl beseitigen. Das misslang gründlich. Während des Gastmahls verlangten die vor den Toren der Stadt lagernden Goten Einlass, um Verpflegung zu beschaffen. Daraus entstand ein Tumult, von dem Lupicinus Mitteilung erhielt. Er ließ daraufhin die vor seinem Hauptquartier, dem Ort der Zusammenkunft, postierten Leibwächter der Gotenführer umbringen, erlaubte aber Fritigern, sich zu seinen Landsleuten zu begeben, um sie zu beruhigen. Dessen Ankunft hatte indes den entgegengesetzten Effekt: Die Goten erzürnte das Geschehene, sie schwärmten zu Plünderungszügen aus und verwüsteten das umliegende Land (Amm. Marc. 31,5,5–8). Der Aufstand war entfacht, die Waffen begannen zu sprechen.

Gegen die plündernden Gotenscharen sammelte Lupicinus seine Truppen. Daraufhin formierten sich auch die Goten zum Kampf. 9 Meilen (13 km) vor Marcianopel kam es zur Schlacht, in der die Römer von den Goten fast vollständig vernichtet wurden. Die Waffen der Gefallenen bildeten für die Sieger eine wertvolle Beute (Amm. Marc. 31,5,9). Ebenso wertvoll war für sie der Übertritt zweier aus Goten bestehender Einheiten des römischen Heeres, die ihrerseits in Schwierigkeiten geraten waren und nun die Streitmacht Fritigerns verstärkten (Amm. Marc. 31,6,1–4). Schließlich kam den Goten zugute, dass sich ihnen bei den Streifzügen, die sie jetzt in alle Richtungen hin unternahmen, viele versklavte Landsleute anschlossen, dazu Arbeiter aus den Goldminen und Steuerschuldner. Alle diese Menschen sowie die gefangen genommenen Einwohner der angegriffenen Dörfer waren insofern von Nutzen, als sie die Goten zu Vorratshäusern und Verstecken führten. Im Ganzen brachte diese Phase der gotischen Invasion furchtbares Leid über die Bevölkerung Thrakiens; Exzesse jeder Art waren an der Tagesordnung (Amm. Marc. 31,6,5–8).

Die Niederlage von Marcianopel veranlasste die Römer, den Goten neue Truppen entgegenzustellen. Sie kamen teils aus Armenien, teils aus dem Westreich (vgl. oben S. 136). Als erste erschienen die Legionen aus Armenien auf dem Plan. Ihnen gelang es, die Goten nach Norden in die Dobrudscha (Prov. Scythia) abzudrängen. Als dann das westliche Truppenkontingent anlangte, unternahmen im Spätsommer 377 die vereinigten römischen Streitkräfte einen Angriff auf die in ihrer „Wagenburg" (*carrago*) lagernden Goten. Der Schlachtort hieß Ad Salices („An den Weiden") und lag 25 Meilen (37 km) nördlich von Istros in der Nähe der Donaumündung. Einen Sieger gab es in dem erbittert geführten Kampf nicht, nur große Verluste auf beiden Seiten. Die Römer zogen schließlich in Richtung auf Marcianopel ab und begnügten sich damit, die Pässe des die Dobrudscha abriegelnden Haemus/Balkan zu sperren. Die Goten warteten sieben Tage, bis sie aus ihrer Wagenburg hervorkamen (Amm. Marc. 31,7,1–8,1).

Der Plan der Römer ging offenbar dahin, die Feinde in der unwirtlichen Dobrudscha auszuhungern (Amm. Marc. 31,8,1). Um diesem Schicksal zu entgegen, versuchten die Goten des Fritigern, die Passsperren zu überwinden. Als ihnen das nicht gelang, verbündeten sie sich mit den anderen in die Dobrudscha gekommenen Invasoren, den Greutungen, Alanen und Hunnen (Amm. Marc. 31,8,4, vgl. oben S. 138). Das brachte ihnen nicht nur eine nummerische, sondern auch eine taktische Verstärkung. Denn die neuen Verbündeten waren Reiterkrieger. Mit ihrer Hilfe gelang der Ausbruch aus der Dobrudscha. Die Römer zogen sich nach Süden in Richtung Constantinopel bzw. (die von Gratian geschickten Truppen) nach Westen in Richtung Beroea zurück: Die Goten verfolgten beide Heeresteile. Von den nach Süden ziehenden Truppen überfielen sie die Nachhut bei Dibaltum und rieben sie auf (Amm. Marc. 31,8,9–10). Die nach Westen marschierenden Truppen unter dem Kommando des *magister equitum per Illyricum* Frigeridus versuchten, bei Beroea eine Sperrstellung zu errichten, doch ließ sich diese nicht halten. Frigeridus ging daher auf den Succi-Pass, der die Grenze zwischen Ost- und Westreich markierte (oben S. 111), zurück. Dabei traf er auf Taifalen, welche die Donau überschritten hatten und zusammen mit Greutungen plündernd umherzogen. Frigeridus schlug sie und siedelte ihre nicht unbeträchtlichen Reste in Oberitalien bei den Städten Mutina, Regium und Parma an (Amm. Marc. 31,9,1–4 + 10,21).

Die Zeit vom Herbst 377 bis zum Sommer 378 brachte über die thrakische Diözese erneut (vgl. oben S. 139) unsagbares Leid. „Wie wilde Tiere, die aus ihren Käfigen ausgebrochen waren", stürmten die Barbaren aus der Dobrudscha in alle Richtungen, um ihren Hunger zu stillen und Beute zu machen: Gräueltaten kennzeichneten ihre Wege (Amm. Marc. 31,8,6–7). Der Tross der Goten dürfte im so genannten Kessel von Kasanlyk nördlich von Beroea überwintert haben (vgl. die „Straßengeschichtskarte der Diözese Thrakien" bei U. Wanke, Die Gotenkriege des Valens, 1990, Anhang). Als Valens in Thrakien erschien, bestimmte Fritigern die östlich von Beroea gelegene Ebene von Cabyle zum Sammelplatz seiner Krieger (Amm. Marc. 31,11,5).

Valens brachte den größten Teil der ihm zur Verfügung stehenden Streitmacht des Ostens mit nach Thrakien. Das waren 30 000 oder gar 40 000 Mann. Sie sammelten sich im Juni 378 in der Nähe des kaiserlichen Landguts Melanthias, 27 km nordwestlich von Constantinopel. Von dort aus setzten sie sich im Juli 378 nach Adrianopel in Marsch und gelangten in die Nähe der Stadt, nämlich bis Nice, einer Station der zum Succi-Pass und nach Serdica führenden Heerstraße (Amm. Marc. 31,11,1–2). Valens hoffte, sich hier mit den von Westen heranrückenden Streitkräften Gratians vereinigen zu können.

Gratian war zwar im Anmarsch, aber er hatte sich verzögert, weil Fritigern ihm berittene Alanen entgegengeschickt hatte, die seine Ankunft im Donauhafen Castra Martis (Prov. Dacia ripensis) behinderten (Amm. Marc. 31,11,6). Das Heer aus dem Westen kam ohnehin später als vorgesehen. Denn Gratian musste vor seinem Aufbruch aus Gallien erst noch gegen die alamannischen Lentienses (im Bodenseegebiet) zu Felde ziehen, welche im Februar 378 die bevorstehende Schwächung der Rheinfront zu einem Einfall über den zugefrorenen Rhein nutzten. Sie konnten zwar zurückgeschlagen werden, kamen dann aber mit ihrer gesamten Streitmacht (40 000 Mann) wieder. Gegen sie schickte Gratian zwei hervorragende Militärs, die *comites* Nannienus und Mallobaudes, denen er auch Kohorten unterstellte, die bereits auf dem Weg nach Osten waren und zurückgerufen wurden. Bei Argentaria (Horburg im Elsass) schlugen die beiden Feldherren die Alamannen vernichtend; nur 5000 entkamen in den Schwarzwald. Gratian glaubte nun, er könne die Lentienser vollständig unterwerfen. Zu diesem Zweck überschritt er auf seinem Weg in den Osten selbst den Rhein und erreichte nach längeren Kämpfen tatsächlich die *deditio* des Stammes (Amm. Marc. 31,10,2–17).

Die Nachricht vom Sieg Gratians über die Lentienser beeindruckte Valens sehr und rief in ihm den Wunsch wach, es seinem jungen Neffen gleichzutun (Amm. Marc. 31,12,1), d.h., allein die Goten zu schlagen. Der Wunsch wurde zum Entschluss, als Umstände eintraten, die es nahe zu legen schienen, die Goten anzugreifen, ohne das Eintreffen Gratians abzuwarten. Dazu gehörte der Erfolg des Heermeisters Sebastianus, der einen Trupp Goten, der vom Plündern zurückkehrte, am Hebrus (der Maritza) nordwestlich von Adrianopel vernichtete (Amm. Marc. 31,11,2–4). Vor allem aber gehörte dazu die Meldung, das Gros der gegen die Römer anrückenden Goten sei nur etwa 10000 Mann stark (Amm. Marc. 31,12,3). So befahl denn Valens den Aufbruch von Nice (oben S. 141) und rückte in gefechtsbereiter Marschordnung näher an Adrianopel heran, wo er sich zur Schlacht vorbereitete. Ein Brief Gratians mit der Ankündigung, er werde bald eintreffen, vermochte Valens ebenso wenig von seinem Entschluss abzubringen, den Kampf sofort aufzunehmen, wie die im Kriegsrat dagegen vorgebrachten Argumente (Amm. Marc. 31,12,4–7).

Bevor es zur Schlacht kam, schickte Fritigern mehrmals Gesandte zu Valens, doch wurden keine wirklichen Verhandlungen geführt. Die Forderung Fritigerns nach Überlassung Thrakiens (Amm. Marc. 31,12,8) zeigte, dass es den Goten auf eine geschlossene Ansiedlung ankam. Dagegen aber gab es mancherlei Bedenken von römischer Seite, so dass Valens wohl deshalb nicht darauf einging. Die weiteren Versuche Fritigerns, mit Valens in Kontakt zu treten (Amm. Marc. 31,12,12 + 12,14), zielten darauf ab, Zeit zu gewinnen, da die Reiterei der Greutungen (oben S. 140) noch nicht am Schlachtort erschienen war.

Am 9. August 378 rückte Valens den Goten, die wiederum (vgl. oben S. 140) eine Wagenburg errichtet hatten, entgegen. Das römische Heer musste bei glühender Hitze eine lange Strecke überwinden und traf erst am frühen Nachmittag auf den Feind (Amm. Marc. 31,12,10–11). Die Schlacht kam sozusagen ohne Kommando zu Stande, nämlich durch das Ungestüm zweier römischer Einheiten, deren Fehlverhalten Reaktionen auf beiden Seiten auslöste. Entscheidend war dann das überraschende Eingreifen der feindlichen Reiterei (Amm. Marc. 31,12,16–17): Sie umzingelte das römische Heer, das dann durch den Frontalangriff des in seiner nummerischen Stärke unterschätzten gotischen Fußvolkes niedergemetzelt wurde (Schlachtbericht: Amm. Marc. 31,13,1–29). Zwei Drittel des römischen Heeres fielen, nur ein Drittel entkam im Dunkel der Nacht. Unter den Gefallenen befanden sich der Kaiser Valens, zwei Heermeister und 35 Tribune. Die Niederlage in der Schlacht bei Adrianopel war hinsichtlich ihres Ausmaßes nur mit der bei Cannae (216 v. Chr.) erlittenen vergleichbar, aber anders als diese hatte sie auch eine katastrophale Wirkung: Sie bildete, wie ein Zeitgenosse (Rufin. hist. eccl. 1,13) es ausdrückte, den „Anfang des Unheils", welches nun über das Römische Reich hereinbrach.

Mit dem Jahr 378 beschloss Ammianus Marcellinus (vgl. oben S. 82f.) sein Geschichtswerk. Als „ehemaliger Soldat und als Grieche" verabschiedete er sich von seinen Lesern. Seinen eventuellen Nachfolgern empfahl er, ihr Werk erst in Angriff zu nehmen, wenn sie „nach Alter und Kenntnisstand" reif dafür seien und bereit, ihrer Sprache „einen höheren Stil" zu geben (Amm. Marc. 31,16,9). Ammian durfte sich zugute halten, die Tradition der römischen Annalistik, die in Tacitus ihren Höhepunkt erreicht hatte, auf diesem Niveau weitergeführt zu haben. Dabei zeigte er ein sicheres Gefühl dafür, wann und wie er das annalistische Prinzip den Gegebenheiten anpassen müsse. Das beste Beispiel findet sich im 26. Buch: Dort berichtete er zunächst, dass Valentinian und Valens 364 das Reich in einen Ost- und einen Westteil getrennt hätten (26,5,1–4; oben S. 110f.), dann trat er mit der Ankündigung hervor, dass er fortan die Ereignisse gebündelt nach ihren Schauplätzen in Ost und West behandeln werde (26,5,15). Mit dieser Kompositionsvariante brachte Ammian Realitätswandel und Geschichtsdarstellung auf geradezu frappante Weise in Übereinstimmung. Mit Adrianopel aber wählte er einen Schlusspunkt, der wie ein Fanal wirkte – und den Leser mit vielen offenen Fragen zurückließ.

Der Leichnam des bei Adrianopel gefallenen Kaisers Valens war unter den Toten der Schlacht nicht auffindbar. Wohl deshalb berichtete Ammian über seinen Tod auch die Version, er sei nach seiner Verwundung in eine Hütte gebracht worden und darin verbrannt (Amm. Marc. 31,13,14–16). Die orthodoxen Christen mochten darin einen Hinweis auf das Feuer der Hölle sehen, das den Arianer Valens erwartete. Im offiziellen Sprachgebrauch aber erhielt Valens zusammen mit seinem Bruder Valentinian das Divus-Prädikat (Cod. Theod. 11,28,9).

5. DIE ERHEBUNG DES CHRISTENTUMS ZUR STAATSRELIGION DURCH THEODOSIUS DEN GROSSEN

(379–395)

Nach der Katastrophe von Adrianopel (9. August 378) vergingen fünf Monate, ehe das Ostreich am 19. Januar 379 in der Person des Theodosius einen neuen Kaiser erhielt, mehr als vier Jahre dauerte es, bis das Gotenproblem durch den Ansiedlungsvertrag vom 3. Oktober 382 gelöst war.

Der Schlachtentod des Valens machte den 19-jährigen Westkaiser Gratian zum rangältesten Augustus und gab ihm Verfügungsgewalt über den Osten. Sein Hauptquartier schlug er in Sirmium (an der Grenze von Pannonia II und Moesia I) auf. Angesichts des zerschlagenen Ostheeres und der gotischen Plünderungszüge in den Donauprovinzen war es dringend notwendig, die einzuleitenden Gegenmaßnahmen einem erfahrenen Militär anzuvertrauen. Gratian war gut beraten, für diese Aufgabe den 31-jährigen Theodosius, Sohn des gleichnamigen, 376 hingerichteten Heermeisters Valentinians I. (oben S. 135), auszuwählen. Theodosius hatte im Stab seines Vaters militärische Erfahrungen gesammelt und diese als Militärbefehlshaber (*dux*) der Moesia I gegen die Sarmaten 374 unter Beweis gestellt. Gerade gegen die Sarmaten galt es auch jetzt wieder einzuschreiten. Sie hatten das Durcheinander nach der Schlacht von Adrianopel benutzt, um in die Provinz Moesia I einzufallen. Theodosius war nach der Hinrichtung seines Vaters in die spanische Heimat (Gallaecia im Nordwesten der Pyrenäenhalbinsel) zurückgekehrt. Dort erhielt er die Aufforderung Gratians, ins Hauptquartier nach Sirmium zu kommen. Hier angelangt, wurde er zum Heermeister befördert und gegen die Sarmaten ins Feld geschickt. Den Sieg über sie (vgl. Paneg. Lat. 2[12],10,2) benutzte Gratian, um Theodosius der Heeresversammlung in Sirmium als geeigneten Kandidaten für die Kaiserwürde des Ostens vorzustellen (a.O. 32,2). Am 19. Januar 379 wurde Theodosius zum Augustus erhoben. Um ihn in den Stand zu setzen, gegen die Goten großräumig zu operieren, erhielt er vorübergehend auch die beiden zum Westreich gehörenden, an

Thrakien angrenzenden Diözesen Dacia und Macedonia zugewiesen (Sozom. hist. eccl. 7,4,1). Dadurch bot sich für ihn Thessalonice/Saloniki als Hauptquartier an.

Die Goten hatten unmittelbar nach der Schlacht von Adrianopel versucht, die großen Städte – Adrianopel selbst, Perinth und Constantinopel – einzunehmen, waren aber an deren Mauern gescheitert. Dann schwärmten sie aus und suchten alle Provinzen von den Meerengen im Osten bis zu den Julischen Alpen im Westen heim (Amm. Marc. 31,15,2–15 + 16,3–7). Da Gratian Ende Frühjahr/Anfang Sommer 379 über Aquileia und Mailand nach Gallien zurückkehrte, musste Theodosius allein mit den Goten fertig werden. Für das erforderliche Heer standen ihm zunächst nur die Truppen zur Verfügung, die in den von Gratian abgetretenen Diözesen Dacia und Macedonia stationiert waren. Um diesen Kern galt es, die versprengten Reste der bei Adrianopel geschlagenen Armee des Valens zu sammeln. Darüber hinaus aber waren Verstärkungen nötig. Um solche zu erlangen, griff Theodosius zu allen Mitteln. Nicht nur wurden Land- und Grubenarbeiter rekrutiert (Themist. or. 14,1), sondern auch umherziehende Goten angeworben. Damit Letztere die Einheiten, in die sie eingereiht wurden, nicht zersetzten, wurden diese in bestimmtem Umfang nach Ägypten verlegt, wodurch dort stationierte Truppen für den Einsatz auf dem Balkan frei wurden (Zosim. 4,30,1–5).

In der Zeit der Heeresbildung (379) begnügte Theodosius sich mit Einzelaktionen gegen die Goten, die aber immerhin dazu führten, dass der südliche Teil der Diözese Thrakien von den Plünderern befreit wurde. Daran war Theodosius selbst beteiligt (Jord. Get. 27,140), vor allem aber errang eine unter dem Kommando des Modares operierende Truppe einen spektakulären Erfolg: Ein Gotentreck von 4000 Wagen wurde überfallen und vernichtet. Modares war bezeichnenderweise ein Gotenfürst, der „einige Zeit früher" in römische Dienste getreten war. Theodosius belohnte ihn mit dem Heermeisteramt (Zosim. 4,25,2–4). Am Jahresende konnte das kaiserliche Hauptquartier eine Meldung herausgeben, welche Siege über Goten, Alanen und Hunnen verkündete; sie traf am 17. November 379 in Constantinopel ein (Cons. Const., Chron. Min. I 243).

Im Jahre 380 änderten die Goten ihre Taktik. Sie sammelten unter Fritigerns Führung ihre zersplitterten Kräfte und zogen von der Moesia secunda südwärts in die Provinzen Macedonia und Thessalia. Theodosius stellte sich ihnen mit den verfügbaren Truppen entgegen, wurde aber geschlagen und musste zusehen, wie die Goten nun Makedonien und Thessalien ausplünderten (Zosim. 4,31,3–5). In dieser Not wandte er sich um Hilfe an Gratian, der sofort ein Expeditionskorps unter dem Kommando der in seinen Diensten stehenden Franken Bauto und Arbogast in das bedrohte Gebiet schickte. Mit vereinten Kräften gelang es, die Goten nach Norden zurückzutreiben (Zosim. 4,32,1 + 33,1–2). Gratian selbst bekam es mit den Greutungen unter den Fürsten Alatheus und Safrax (vgl. oben S. 138) zu tun, die sich westwärts gewandt hatten und Pannonien heimsuchten (Jord. Get. 140). Der Westkaiser erschien im Spätsommer 380 an Ort und Stelle, um die Lage zu bereinigen. Eine Zusammenkunft mit Theodosius gab ihm freie Hand für Verhandlungen mit den Ostgoten (Greutungen) über deren Ansiedlung. Theodosius hatte seinerseits einen ersten Versuch in dieser Hinsicht mit den Westgoten in Makedonien unternommen (Zosim. 4,33,3). Gratian kam mit Alatheus und Safrax überein, dass die Ostgoten und ihr Anhang (Alanen, Hunnen) in Pannonien Land erhielten und künftig als Bundesgenossen (*foederati*) dem Reich angehörten (Jord. Get. 141–142).

Die militärischen Erfolge der Generäle Bauto und Arbogast sowie der politische Schachzug Gratians befreiten das Westreich praktisch von der Gotengefahr. So nahm denn Gratian auch wieder (vgl. oben S. 144f.) die Diözesen Dacia und Macedonia unter seine Obhut, was Theodosius veranlasste, sein Hauptquartier in Thessalonice aufzugeben und Constantinopel zu seiner Residenz zu machen; am 24. November 380 hielt er seinen Einzug (Socr. hist. eccl. 5,6,6). Schon sechs Wochen später erlebte die Bevölkerung der Stadt ein weiteres imposantes Ereignis: Athanarich, der von seinen terwingischen Stammesgenossen (oben S. 137) vertrieben worden war, kam mit seiner engeren Gefolgschaft nach Constantinopel und wurde von Theodosius feierlich empfangen (Zosim. 4,34,4). Weitere zwei Wochen später starb der alte Gotenfürst, und wiederum erwies Theodosius ihm die höchste Ehre: Er ließ ihm ein Staatsbegräbnis zuteil werden (Amm. Marc. 27,5,10).

Theodosius' freundliches Verhalten gegenüber Athanarich war zweifellos auf die Goten Fritigerns berechnet, deren Aufenthalt auf Reichsboden einer Klärung bedurfte, wenn nicht die Kampfhandlungen erneut ausbrechen sollten. Tatsächlich kam es nun zu Verhandlungen, die auf römischer Seite von dem Heermeister Saturninus geführt wurden. Es dauerte aber zwanzig Monate, bis die einzelnen Abmachungen von beiden Seiten gutgeheißen wurden. Die Goten waren dabei in einer besonders schwierigen Situation, weil

Seuchen in ihren Reihen wüteten (Ambros. ep. 51[15],7). Am 3. Oktober 382 trat der Vertrag in Kraft, der den Goten in der weithin entvölkerten Provinz Moesia secunda Land anwies, das sie bebauen und gegen Eindringlinge verteidigen sollten. Ihre Stammesorganisation blieb erhalten, ihre Autonomie gewahrt. Den Römern gegenüber waren sie Bundesgenossen (*foederati*) und gegen Entgelt zur Bereitstellung von Truppen verpflichtet, die unter eigenen Führern ins Feld rückten. So bildeten die Goten innerhalb des Römischen Reiches (Romania) einen gotischen Staat (Gothia): Ein neues Modell des Umgangs der Römer mit fremden Völkern war ins Leben getreten.

Die den Goten Fritigerns zugestandene Autonomie betraf auch die kirchlichen Verhältnisse. Denn 381 war auf dem Konzil von Constantinopel (unten S. 149–151) bei der Übertragung der Diözesanverfassung auf die Kirchenorganisation festgelegt worden, dass „die barbarischen Völker" bei der bis dahin bestehenden Organisationsform bleiben dürften. Das hatte insofern große Bedeutung, als dadurch der von Theodosius bekämpfte Arianismus ein Refugium erhielt. Die Goten waren Arianer, und die Missionare des Gotenbischofs Wulfila (oben S. 73) verbreiteten diese Form des Christentums. Wulfila persönlich versuchte noch 382/383, seinem Glaubensbekenntnis Anerkennung bei Theodosius zu verschaffen; er starb darüber (383). Umso wichtiger war die durch das Konzil von Constantinopel sanktionierte organisatorische Selbständigkeit der gotischen Kirche als Vehikel für das Überleben des Arianismus.

Der Friede mit den Goten (382) war eines der beiden herausragenden Ereignisse der Anfangsjahre des Theodosius und wurde in Constantinopel gebührend gefeiert. Der Kaiser belohnte die Verdienste seines Unterhändlers Saturninus mit dem Konsulat für 383. Zu dessen Amtsantritt am 1. Januar hielt Themistius seine ›Dankrede an den Kaiser für den Frieden mit den Goten‹ (or. 16), die unsere Hauptquelle für den Inhalt des Foedus von 382 bildet. Das andere bedeutende Ereignis der ersten Regierungsjahre des Theodosius stellte das später so genannte 2. ökumenische Konzil von Constantinopel (381) dar, von dem schon kurz die Rede war.

Die Einberufung eines Konzils für Mai 381 bildete einen integrierenden Bestandteil der Religionspolitik des Theodosius, deren Vorbild offenbar diejenige Constantins des Großen war. Theodosius hatte aus seiner spanischen Heimat die Überzeugung von der 'Richtigkeit' des nicaenischen Glaubensbekenntnisses mitgebracht, und seine Taufe im Herbst 380 durch Bischof Acholius von Thessalonice bestärkte ihn darin. Dieser seiner Überzeugung wollte er allgemeine Anerkennung verschaffen und dem Christentum die verlorene Einheit zurückgeben. Dazu aber war im 'arianischen' Osten ein gehöriges Stück Arbeit nötig. Denn die Häretiker befanden sich hier gegenüber den Orthodoxen in der Überzahl. Theodosius ging schon ein Jahr nach Erlangung der Kaiserwürde rigoros ans Werk. Am 27. Februar 380 erließ er von Thessalonice aus ein Edikt, in dem er klärte, welche Christen sich als Rechtgläubige (*catholici*) bezeichnen dürften. Als Kriterium nannte er den (nicaenischen) Glauben an die Dreieinigkeit Gottes, wie ihn die Bischöfe Damasus von Rom und Petrus von Alexandria (Nachfolger des Athanasius) verträten. Diejenigen, die in ihrem Glaubensbekenntnis davon abwichen, seien Ketzer (*haeretici*); ihre Versammlungsstätten dürften nicht den Namen „Kirchen" (*ecclesiae*) beanspruchen. Theodosius drohte ihnen mit dem göttlichen Gericht sowie seiner eigenen Strafgewalt und verlieh dadurch seinem im Eingangssatz formulierten Willen Nachdruck, dass „alle Völker", die seiner Leitung unterständen, dem wahren Glauben anhängen sollten (Cod. Theod. 16,1,2). Das Edikt des Theodosius war zwar an das Volk von Constantinopel adressiert, der Intention nach aber war es für die gesamte Reichsbevölkerung (*cunctos populos*) bestimmt. Mit ihm begann der Kampf gegen die Häretiker; es folgten von 381 bis 384 neun weitere Gesetze. In ihnen wurden ins Einzelne gehende Restriktionen und Sanktionen gegen mehr als ein Dutzend christlicher Splittergruppen verhängt. Am härtesten traf sie der Verlust der Kirchengebäude an die Katholiken. Der 'Arianismus' des Ostens verlor seine Dominanz.

Nach der theoretischen Scheidung der Häretiker von den Orthodoxen durch das Edikt vom 27. Februar 380 musste Theodosius die praktischen Konsequenzen aus dieser Abgrenzung ziehen, als er neun Monate später (24. November 380) Constantinopel zu seiner Residenz machte. Hier waren alle Kirchen im Besitz der Arianer; die kleine nicaenische Gemeinde versammelte sich in einem privaten Gebäude (Greg. Naz. or. 42,2). Bischof der Stadt war der Arianer Demophilus (oben S. 123); die Orthodoxen wurden seit kurzem von Gregor von Nazianz, dem Freund des Basilius von Caesarea, betreut. Theodosius zwang Demophilus, die Kirchen aufzugeben und die Stadt zu verlassen (Socr. hist. eccl. 5,7,4–9). Es erwies sich aber als schwierig, die Apostelkirche in Besitz zu nehmen; die arianische Bevölkerung randalierte gegen Gregor und die Orthodoxen. Theodosius sah sich daher veranlasst, persönlich und unter militärischem Schutz die Übergabe an Gregor vorzunehmen (Greg. Naz. carm. 11,1325-1341). Die Aktion ließ an seiner Absicht, die religiösen Verhältnisse im Osten zu ändern, keinen Zweifel.

Der von Theodosius unternommenen nicaenischen Erneuerung des Christentums im Osten kam eine Maßnahme zugute, die Valens 378 kurz vor seinem Abmarsch aus Antiochia in den Gotenkrieg getroffen hatte. Durch sie waren die ihres nicaenischen Glaubens wegen Verbannten begnadigt worden. So kehrten u. a. die Bischöfe Petrus und Meletius (vgl. oben S. 123, 125) nach Alexandria bzw. Antiochia zurück. Auch Priester und Mönche durften ihre Zwangsaufenthalte verlassen (Rufin. hist. eccl. 11,13). Die Orthodoxie gewann dadurch zweifellos an Boden. Meletius von Antiochia wurde sogar von Theodosius ausersehen, die Präsidentschaft des für 381 einberufenen Konzils zu übernehmen.

Es waren mehrere Gründe, die Theodosius bewogen, die Bischöfe seines Reichsteils zu einem Konzil zusammenzurufen. Vor allem wollte er sein eigenes Bekenntnis zum Nicaenum als das Bekenntnis der ganzen Kirche des Ostens sicherstellen. Außerdem lag ihm daran, die Bischöfe der östlichen Diözesen persönlich kennen zu lernen. Schließlich galt es, der von ihm zur Hauptstadt des Ostreiches ausersehenen Gründung Constantins des Großen auch in der Kirchenorganisation eine Vorzugsstellung zu verschaffen. Theologische Gründe traten hinzu, um den Zusammentritt eines vom Kaiser inaugurierten Konzils zu rechtfertigen: Seit Nicaea (325) war die Natur des Heiligen Geistes von den Theologen eifrig diskutiert worden, so dass in dieser Hinsicht von „Lücken" im Nicaenum gesprochen werden konnte (Greg. Naz. ep. 102). Vor allem Basilius von Caesarea hatte für die „Person" des Heiligen Geistes klärende Formulierungen gefunden (oben S. 124f.), die geeignet waren, die kurze Formel des Nicaenums („Wir glauben an den Heiligen Geist") „ausführlicher" zu gestalten (Theodoret. hist. eccl. 5,9,13). Aber auch sonst gab es das Bedürfnis nach Ergänzungen des Textes von Nicaea. So hatten die 379 zu einem Konzil in Antiochia versammelten Bischöfe in 'ihr' Glaubensbekenntnis die Jungfrau Maria und den römischen Statthalter Pontius Pilatus aufgenommen, um Geburt und Tod Jesu Christi zu verdeutlichen. Eine 'offizielle' Einfügung dieser Zusätze in das Nicaenum lag nahe.

Etwa 150 Bischöfe oder deren Vertreter kamen im Mai 381 in Constantinopel zusammen und nahmen nach feierlicher Begrüßung durch den Kaiser ihre Beratungen unter dem Vorsitz des Bischofs Meletius von Antiochia auf. Als dieser schon bald starb, übernahm der inzwischen zum Bischof von Constantinopel geweihte Gregor von Nazianz die Leitung. Aber gegen ihn, den praxisfernen Theologen, erhob sich mancher Widerstand, so dass er sich entschloss, Bischofsamt und Konzilsvorsitz niederzulegen, freilich nicht ohne in der Apostelkirche eine große ›Abschiedsrede‹ (or. 42) zu halten. An die Stelle Gregors trat Nectarius, ein Senator, der erst noch getauft werden musste, bevor er die Bischofsweihe empfing. Mit beachtlichem Geschick brachte der erfahrene Jurist das Konzil zu einem guten Ende. Aus diesem Anlass richtete er am 9. Juli 381 im Namen der 150 Bischöfe ein Dankschreiben an Theodosius (Mansi, Sacr. Conc. Coll. III 557), in dem er die wesentlichen Ergebnisse des Konzils aufzählte und um deren Bestätigung bat.

Als wichtigstes Ergebnis konnte Nectarius dem Kaiser das Glaubensbekenntnis präsentieren, das die Eintracht der Christen untereinander erneuern sollte. Dazu wurde das Nicaenum um den Artikel über den Heiligen Geist („der Herr ist und lebendig macht ...") erweitert sowie die Aussagen über die Menschwerdung des Gottessohnes („hat Fleisch angenommen durch den Heiligen Geist von der Jungfrau Maria") und seinen Kreuzestod („unter Pontius Pilatus") präzisiert. Als Nicaeno-Constantinopolitanum erhielt es Ausschließlichkeitscharakter; alle anders lautenden Bekenntnisse wurden als häretisch verurteilt (can. 1). Noch heute bildet das „große Glaubensbekenntnis" des Konzils von Constantinopel die Grundlage der christlichen Lehre (Text: H. Denzinger, Kompendium der Glaubensbekenntnisse, Freiburg [37]1991, S. 83–85).

Zwei der in Constantinopel beschlossenen Canones betrafen administrative Probleme: Das Konzil übertrug die in Nicaea getroffene Regelung, dass die Bischöfe der Provinzhauptstädte zu Metropoliten avancierten (oben S. 34), auf die inzwischen abgeschlossene Diözesenordnung: Jede der fünf staatlichen Diözesen im Osten wurde nun auch ein kirchliches Verwaltungsgebiet mit einem Bischof, der die anderen Bischöfe der Diözese überragte (can. 2) – dem Patriarchen (Socr. hist. eccl. 5,8,4–5). Sodann traf das Konzil eine Entscheidung über den Rang des Bischofs von Constantinopel im Rahmen der Kirchenorganisation. Nächst dem Bischof von Rom sollte er der ranghöchste sein, weil Constantinopel „das neue Rom" sei. Damit wurde die bisherige Vormachtstellung Alexandrias auf Constantinopel übertragen. Die Hauptstadt des Ostreiches war jetzt auch der höchste Bischofssitz des Ostens (can. 3). Noch ein weiterer Canon war gegen Alexandria gerichtet. Er erklärte eine von dort erfolgte Einmischung in die Besetzung des Bischofsstuhles von Constantinopel für rechtswidrig (can. 4). In all dem trug das Konzil dem Willen des Kaisers Rechnung. Kirche und Staat befanden sich auf dem gleichen Kurs.

Aus dem Westen war auf dem Konzil von Constantinopel nur Bischof Acholius von Thessalonice (oben S. 147) anwesend, aber mehr als Gast und Vertrauter des Kaisers denn als stimmberechtigter Teilnehmer. Die führenden Vertreter des Westens, Damasus von Rom und Ambrosius von Mailand, standen der östlichen Initiative ablehnend gegenüber und nahmen deshalb von den Beschlüssen des Konzils keine Notiz, drangen vielmehr auf die Zusammenkunft eines allgemeinen Konzils in Rom (Ambros. ep. extra collect. 9[13],6). Daran wiederum wollten die östlichen Bischöfe nicht teilnehmen – die politische Trennung von Ost und West beeinflusste auch die kirchlichen Entscheidungen. 382 versammelte sich erneut ein Konzil in Constantinopel, auf dem Nectarius den Text eines Briefes festlegen ließ, der den in Rom tagenden westlichen Amtsbrüdern die Resultate des vorjährigen „allgemeinen" Konzils von Constantinopel summarisch zur Kenntnis brachte (Text: Theodoret. hist. eccl. 5,9,1–15). Die Charakterisierung des Konzils als „ökumenisch" wurde im Westen natürlich ebenso ignoriert wie dessen Beschlüsse. Insbesondere die Rangerhöhung Constantinopels (can. 3) fand hier kein Echo und erst recht keine Anerkennung (vgl. unten S. 155).

Wie das Konzil von Constantinopel als zweites ökumenisches Konzil neben das erste von Nicaea trat, so Theodosius neben Constantin den Großen: Beide waren Schutzherren kirchengeschichtlich bedeutender Konzilien, beide waren der Kirche eng verbunden. Dennoch gab es Unterschiede in der äußeren Form dieser Verbindung: Theodosius war als getaufter Christ (oben S. 147) wirkliches Mitglied der Kirche, Constantin hatte die Taufe erst auf dem Sterbebett empfangen (oben S. 49f.). Schwerer aber wog, dass Theodosius nicht mehr durch den *pontifex maximus*-Titel 'belastet' war, der die Aufsicht über den heidnischen Staatskult beinhaltete. Constantin hatte den Titel noch geführt, und seine Nachfolger behielten ihn bei – bis Theodosius ihn bei seiner Kaisererhebung (379) erst gar nicht annahm. Es war dies ein Akt von geradezu epochaler Bedeutung im Verhältnis des Staates zur christlichen Kirche: Frei von den Zwängen der heidnischen Tradition konnte Theodosius nun dem Christentum die Rolle der Staatsreligion zuweisen – als „allerfrömmster Kaiser", wie das erwähnte Dankschreiben der Bischöfe ihn titulierte. Von daher erklärt sich sein scharfes Vorgehen gegen die Häretiker (oben S. 147f.) ebenso wie das gegen die Apostaten, das hier nachzutragen ist: In zwei Gesetzen aus den Jahren 381 und 383 verhängte Theodosius über diejenigen Christen, die zum Heidentum abgefallen waren bzw. abfielen, eine empfindliche Strafe: Er entzog ihnen die Testierfähigkeit, d.h. einen wesentlichen Teil des römischen Bürgerrechts (Cod. Theod. 16,7,1 + 2). Gerade die Art der Strafe ließ deutlich erkennen, dass das Christentum dabei war, die Stelle der Staatsreligion einzunehmen.

Am 19. Januar 383 beging Theodosius in Constantinopel sein fünftes Regierungsjubiläum. Im Mittelpunkt der Feierlichkeiten stand die Erhebung seines erst sechsjährigen Sohnes Arcadius zum Augustus. Sie erfolgte dort, wo schon Valens die Kaiserwürde empfangen hatte: auf einem Hebdomon genannten Platz, der 7 Meilen (10 km) von der Stadt entfernt lag und dem Marsfeld in Rom entsprach (Cons. Const., Chron. Min. I 233). Das Ostreich hatte jetzt wie das Westreich zwei Augusti. Doch sollte dieser Zustand im Hinblick auf die beiden Augusti des Westreichs nur etwas mehr als ein halbes Jahr dauern, dann fand Gratian am 25. August 383 bei der Auseinandersetzung mit dem Usurpator Magnus Maximus (unten S. 157) den Tod.

Acht Jahre lang (seit 375) hatte der Sohn Valentinians I. an der Spitze des Westreiches gestanden. Aus dieser Zeit interessieren hier vor allem die religionspolitischen Entwicklungen, die sich im Westen vollzogen. Denn sie trugen auf ihre Weise dazu bei, das Christentum als Staatsreligion zu etablieren. Bei seinem Besuch in Rom 376 hatte Gratian zu erkennen gegeben, dass er seine Stellung als oberster Staatspriester (*pontifex maximus*) nicht wahrzunehmen gedächte (oben S. 133). Wann er die Konsequenz daraus zog und den *pontifex maximus*-Titel ablegte, ist nicht sicher zu sagen. Das Verhalten des Theodosius, der den Titel 379 nicht annahm (oben S. 151), könnte Vorbildcharakter für Gratian gehabt haben. Gratian entzog den Priestern und Vestalinnen die seit alters gewährten staatlichen Zuwendungen, nahm ihnen das Privileg der Steuerfreiheit und konfiszierte ihren zum Wohl der Tempel ererbten Grundbesitz (Symm. rel. 3,11–15). Damit hörte der in Rom noch betriebene heidnische Staatskult auf zu existieren. Die Betroffenen hatten mit Recht den Eindruck, dass ihrer Religion der Staatscharakter genommen wurde (a.O. § 18). Seinen symbolischen Ausdruck fand das Erlöschen des heidnischen Staatskults in der Beseitigung des Victoria-Altars aus dem römischen Senatsgebäude (Curia), womit die Sitte ihr Ende fand, der Victoria vor der Senatssitzung zu opfern (vgl. Herodian.

Die Erhebung des Christentums zur Staatsreligion 153

5,5,7). Schon Constantius II. hatte den Altar aus der Kurie entfernen lassen (oben S. 69), aber unter Julian war er wieder aufgestellt worden.

Die heidnischen Senatoren Roms, deren Zahl noch beträchtlich gewesen zu sein scheint, schickten eines ihrer angesehensten Mitglieder, den als Redner berühmten Symmachus (vgl. oben S. 113, 116f.), mit einer Gesandtschaft nach Mailand, wo Gratian seit 381 residierte, um die Aufhebung der heidenfeindlichen Maßnahmen zu erreichen. Die christlichen Senatoren aber informierten den römischen Bischof Damasus von dieser Mission, der seinerseits Ambrosius, seinen Amtsbruder in Mailand, um Intervention am Kaiserhof bat. So kam es, dass die Gesandtschaft des Senats keinen Zutritt zu Gratian erhielt und die Verfügungen gegen das Heidentum in Kraft blieben (Ambros. ep. 72[17],10; Symm. rel. 3,1).

Ambrosius war 374 zum Bischof von Mailand gewählt worden – als Laie, der nicht einmal die Taufe empfangen hatte. Seine vornehme Abkunft und seine eigene Karriere – er war zum Zeitpunkt seiner Wahl Statthalter (*consularis*) der Provinz Aemilia et Liguria – ließen erwarten, dass er auch kirchenpolitisch aktiv werden würde. Die Gelegenheit dazu kam, als Gratian 378 nach der missglückten Hilfsexpedition gegen die Goten (oben S. 141) im Illyricum mit dem dort virulenten 'Arianer'-Problem konfrontiert wurde. In dieser Situation bat Gratian den Mailänder Bischof um eine Darstellung der von ihm vertretenen christlichen Lehre. Ambrosius schrieb daraufhin sein Werk ›De fide‹, dessen zwei erste Bücher er 380 Gratian in Mailand überreichen ließ; drei weitere Bücher folgten. Hauptzweck des Werkes war es, die Gefährlichkeit des Arianismus zu erweisen. Dabei ging Ambrosius so weit zu behaupten, die Gotennot im Osten sei als Strafe Gottes für den dort geförderten Arianismus anzusehen (Ambros. de fide 2,16). Den Kaiser suchte Ambrosius auf die orthodoxe Richtung festzulegen und ihm die Führerschaft im Kampf gegen die Häretiker zuzuweisen. Typisch dafür war die Anrede, die er 380 in einem mit seinem Werke ›De fide‹ in Zusammenhang stehenden Brief an Gratian wählte: *Christianissime principum*, „Allerchristlichster der Kaiser" (Ambros. ep. extra collect. 12[1],1).

Gratians Entscheidung über sein religionspolitisches Vorgehen im Illyricum wurde erleichtert durch die von Valens kurz vor seinem Tode gestattete Rückkehr der wegen ihres orthodoxen Glaubens Verbannten (oben S. 149). Gratian erstreckte 378 bei seinem Aufenthalt in Sirmium diesen Begnadigungsakt auf Illyricum, so dass auch in diesem Grenzgebiet zwischen Ost und West die Orthodoxie ihr Haupt erheben konnte und ein Zustand der religiösen Duldung eintrat, an dem allerdings drei hier verbreitete radikale Sekten nicht teilhaben sollten, die Eunomianer, die Photinianer und die Manichäer (Socr. hist. eccl. 5,2,1).

Nächst dem Illyricum verlangten die Verhältnisse in Afrika Gratians religionspolitisches Engagement. Der Firmus-Aufstand (oben S. 134f.) hatte den Donatisten Auftrieb gegeben, so dass es nach Niederschlagung der Usurpation (373/374) nötig wurde, mit dem Frieden im Allgemeinen auch den religiösen Frieden wiederherzustellen. Zu diesem Zweck sandte Gratian in den Jahren 376 und 377 zwei gesetzliche Verfügungen nach Afrika, welche sich gegen die Versammlungen der Donatisten in Stadt und Land sowie gegen die Wiedertaufe wandten (Cod. Theod. 16,5,4 + 16,6,2). 379 sah er sich dann veranlasst, eine strenge Scheidung zwischen Donatismus und Katholizismus vorzunehmen; ein „kürzlich aufgetauchtes Reskript" hatte diesbezüglich für Verwirrung gesorgt. Gratian erklärte dieses für ungültig und ließ als „katholisch" nur gelten, was sein Vater (Valentinian I.) und er selbst in zahlreichen Verlautbarungen auf Dauer so bezeichnet hätten. Die Donatisten sollten nicht einmal mehr für Christen gehalten werden (Cod. Theod. 16,5,5).

In Übereinstimmung mit Theodosius (oben S. 152) erließ Gratian im Jahre 383 ein Gesetz gegen die Apostasie vom Christentum, womit auch im Westen die Zugehörigkeit zu letzterem ein für alle Mal festgeschrieben wurde. Im Unterschied zu Theodosius stellte Gratian jedoch nicht nur den Abfall zum Heidentum, sondern auch den zum Judentum und zum Manichäismus unter Strafe (Cod. Theod. 16,7,3). Als solche verfügte er die Aberkennung der Testierfähigkeit, die Theodosius 381 erstmalig für Apostaten festgesetzt hatte. Diese wurden mithin künftig vom Staat als Straftäter behandelt, da sie von der dem Staat kongruenten Religion abgefallen waren.

Einen eigenen Stellenwert erlangte unter Gratian die Kirche in Rom durch eine Entwicklung, die aufs Engste mit der Person des Bischofs Damasus verknüpft war. Dieser hatte sich mit Hilfe Valentinians I. 366 gegen seinen Widersacher Ursinus durchgesetzt (oben S. 125), der aus Rom verbannt wurde, aber weiterhin über Anhänger in der Stadt verfügte. 378 kam es zu einer erneuten Konfrontation der beiden Gruppen, und wieder erlangte Damasus die Hilfe des Kaisers, diesmal des Gratian: Die Anhänger des Ursinus wurden bis zum 100. Meilenstein aus Rom verbannt (Coll. Avell. 13,2). Ursinus selbst erregte 381 Unruhe in Mailand. Abermals wurde Gratian um sein Einschreiten gebeten – von Ambrosius im Auftrag des Konzils von Aquileia (381), und zwar mit einem aufschlussreichen Argument: Die Umtriebe des Ursinus schadeten dem Ansehen der römischen Kirche als dem „Haupt der römischen Welt" (Ambros. ep. extra collect. 5[11],4).

Die Hervorhebung der römischen Kirche als *caput orbis Romani* entsprach dem von Damasus mit Nachdruck vertretenen Anspruch auf den Primat des Bischofs von Rom über die anderen Bischöfe. Diesen begründete er mit den beim Evangelisten Matthäus (16,18) überlieferten Worten Jesu: „Du bist Petrus, und auf diesem Felsen will ich meine Kirche bauen ..." Das römische Konzil von 382 (vgl. oben S. 151) verlieh dem Anspruch des Damasus dekretale Form (erhalten im 3. Kapitel des so genannten ›Decretum Gelasianum‹): Rom sei der erste der drei auf Petrus zurückgehenden Bischofssitze und gegenüber den beiden anderen (Alexandria und Antiochia) dadurch ausgezeichnet, dass außer Petrus auch Paulus hier das Martyrium erlitten habe. Die alte Hauptstadt des Reiches erhielt durch die Kirche neues Gewicht, der Kaiser im 'Papst' einen Konkurrenten seiner Würde.

Die Ambitionen des Damasus, die römische Kirche zum Hort der gesamten Christenheit zu machen, äußerten sich auf vielfältige Weise, am augenfälligsten wohl in dem Bemühen, der Grabstätte des Apostels Paulus an der Via Ostiensis außerhalb der Stadtmauern die gleiche großartige Form zu geben, wie sie das Grab des Apostels Petrus auf dem Vatikan durch Constantin den Großen erhalten hatte (oben S. 31). Der Antrag an den Kaiser, die Kosten zu übernehmen, wurde 384 von Valentinian II. positiv beschieden (Coll. Avell. 3), und so entstand in den nächsten Jahren nach dem Vorbild von Sankt Peter die mächtige Basilica San Paolo fuori le mura; ihre Fertigstellung erfolgte erst unter Honorius (unten S. 193). Die Ehrung „für Paulus, den Apostel und Märtyrer" (die Grabinschrift PAULO APOSTOLOMART. ist unter dem Altar noch heute zu sehen) war der Höhepunkt einer Kampagne, mit der Damasus die meist außerhalb der Stadt gelegenen Märtyrergedenkstätten und die dort begangenen Feste enger als bisher mit der Bischofskirche, dem Lateran, und den aus Stiftungen von Gemeindemitgliedern entstandenen „Titelkirchen" im Stadtinneren verband. Er selbst schrieb Epigramme zum Lob der Märtyrer und ließ sie, von Künstlerhand in Marmor gemeißelt, an ihren Gräbern in den Katakomben anbringen. Fast 60 solcher ›Epigrammata Damasiana‹ sind bekannt (Ausgabe: A. Ferrua, 1942). Zugleich machten bauliche

Maßnahmen die Katakomben besser zugänglich. So entstand im Bereich der Callistus-Katakombe die längste unterirdische Treppe Roms: die Damasustreppe an der Via Ardeatina (33 m tief). Der Märtyrerkult gelangte zu voller Blüte. Er zog auch Pilger aus der Ferne an, wie das Beispiel des spanischen Dichters Prudentius zeigte, der etwa 402/3 die römischen Märtyrergräber besuchte. In seinem dichterischen Schaffen nahmen die Märtyrer einen wichtigen Platz ein: Er stellte 14 Hymnen auf römische und spanische Märtyrer zu einem Buch zusammen, das er ›Siegeskränze‹ (Peristephanon) nannte.

Unter Damasus scheint sich in Rom ein tief greifender Wandel in der Liturgie vollzogen zu haben: Die griechische Sprache wurde aufgegeben und das Lateinische eingeführt. Bei diesem Vorgang spielte offenbar die Interpretation des paulinischen Verdikts über das „Zungenreden" (1 Kor. 14) als Stellungnahme gegen die Verwendung einer Fremdsprache in der Liturgie die ausschlaggebende Rolle. Damasus erkannte als unabdingbare Voraussetzung für den Übergang zur Volkssprache das Vorhandensein einer einheitlichen Übersetzung der Heiligen Schriften des Alten und Neuen Testaments ins Lateinische. Und er hatte den Mann zur Hand, der das besorgen konnte: Hieronymus. Der aus Dalmatien stammende Gelehrte hatte in Rom die traditionelle Bildung erworben, in Antiochia theologische Studien betrieben und in der Wüste Chalcis (bei Antiochia) als Einsiedler Hebräisch gelernt. Nachdem er 379 in Antiochia zum Priester geweiht worden war, kam er über Constantinopel 382 nach Rom, wo Damasus ihn in seine Dienste nahm und mit der Revision der bereits vorhandenen lateinischen Bibeltexte betraute. Diesen Auftrag führte Hieronymus in den Jahren 382–385 für das Neue Testament aus und setzte ihn ab 386 in Bethlehem für das Alte Testament fort, entschloss sich dann aber zu einer Neuübersetzung des hebräischen Urtextes. Das gewaltige Werk war 406 beendet und ist als die „allgemein verbreitete" lateinische Bibel (›Vulgata‹) in die Literatur eingegangen.

Als Damasus 384 starb, hinterließ er eine römische Kirche, deren Ruf als „Apostolischer Stuhl" (*sedes apostolica*) bzw. als „Stuhl Petri" (*cathedra Petri*) er begründet, deren Ausstrahlungskraft als Zentrum geistlichen Lebens er vervielfacht hatte. Man denke nur an das Weihnachtsfest, das von Rom in den Osten gelangte: 354 erschien es (als Ersatz für das Geburtsfest des Sol Invictus) im ›Kalender des Filocalus‹ (oben S. 68), 386 erwähnte Johannes Chrysostomus in seiner ›Weihnachtspredigt‹ in Antiochia, dass Fest und Datum vor etwa zehn Jahren von Rom übernommen worden seien (Joh. Chrys. in diem natalem D.N. Jesu Christi 1 [Patrol. Graec. 49,219]).

In der Amtszeit des Damasus erlebte das christliche Rom einen gewaltigen Auftrieb, das heidnische durch Gratians Maßnahmen im Jahre 383 (oben S. 154) die entscheidende Schwächung. In ihrem Aufbegehren gegen die Unterdrückung des alten Götterglaubens erhielten dessen Repräsentanten im Senat und der Aristokratie Argumentationshilfe durch zwei Ereignisse des Jahres 383: die Missernte in weiten Teilen des Mittelmeerraumes, die zu einer allgemeinen Hungersnot führte, und die Ermordung Gratians infolge der Usurpation des Magnus Maximus. Beide Ereignisse wurden von den Heiden als Strafe für Gratians Angriff auf ihre Kulte gedeutet (Symm. rel. 3,15; Ambros. ep. 73[18],34). 384 kam es dann zu einem neuen Versuch, die Aufhebung der Maßnahmen Gratians (vgl. oben S. 152ff.) zu erwirken – bei Valentinian II., dem Stiefbruder des ermordeten Westkaisers (unten S. 158f.).

Die Usurpation des Magnus Maximus überraschte Gratian. Der Militärbefehlshaber in Britannien hatte gegen Picten und Scotten an der Nordgrenze erfolgreich gekämpft und war im Frühjahr 383 von seinen Truppen zum Imperator ausgerufen worden. Da er sich Chancen gegen Gratian ausrechnete, der beim Heer nicht beliebt war, setzte er schon bald nach Gallien über. Gratian erfuhr davon, als er einen Feldzug gegen die Alamannen vorbereitete (Socr. hist. eccl. 5,11,2). Von Verona, wo er sich am 16. Juni 383 aufhielt (Cod. Theod. 1,3,1), eilte er nach Paris, um Maximus entgegenzutreten. Seine Truppen verließen ihn aber, bevor es zur Schlacht kam, und gingen zu Maximus über. Wahrscheinlich trug die Bevorzugung alanischer Einheiten durch Gratian und die dadurch hervorgerufene Missstimmung im Heer (Epit. de Caes. 47,6) zu der Desertion bei. Gratian ergriff die Flucht, wurde aber bei Lyon eingeholt und am 23. August 383 getötet (Cons. Ital., Chron. Min. I 298). Gallien und Spanien fielen dem Maximus zu, der also nun über die gesamte gallische Prätorianerpräfektur (Britanniae, Galliae, Hispaniae) gebot. Als Residenz wählte er Trier.

Der Tod Gratians machte den zwölfjährigen Valentinian II. zum rangältesten Augustus. Im realen Kräftespiel blieb er natürlich der „Junge", welcher der Leitung bedurfte. Diese übernahm nun am Hof zu Mailand seine Mutter Iustina gemeinsam mit dem fränkischen Heermeister Bauto (vgl. oben S. 146) – und dem Mailänder Bischof Ambrosius. Letzterer unternahm noch 383 im Auftrag des Kaiserhofes eine Gesandtschaftsreise zu Maximus nach Trier, um diesen von weiteren Expansionsplänen abzuhalten. Bauto sicherte unterdes die Alpenpässe gegen einen Überfall des Maximus auf Italien (Ambros. ep. 30[24],7). Es gab freilich auch Kontakte des Usurpators zu Theodosius in Constantinopel, wobei anscheinend verwandtschaftliche Beziehungen (Maximus stammte aus Spanien) eine Rolle spielten (Paneg. Lat. 2[12],24). Jedenfalls fühlte Theodosius sich bewogen, hinsichtlich der neuen Verhältnisse im Westen seinerseits aktiv zu werden. Er trat 384 mit Valentinian II. in Verbindung und vereinbarte mit ihm, den Verlust der gallischen Präfektur einstweilen hinzunehmen, d. h., Maximus de facto anzuerkennen. So hoffte er, diesen von der Besitzergreifung Italiens abhalten zu können. Eine gewisse Basis für die Übereinkunft mit ihm bot sein katholisches Bekenntnis: Maximus hatte sich kurz vor seiner Erhebung zum Augustus taufen lassen (Coll. Avell. 40,1) und war streng orthodox, wie sich bald zeigen sollte (unten S. 160f.).

Im Gegensatz zu Theodosius und Maximus war Valentinians Orthodoxie keineswegs eine feste Größe. Seine Mutter Iustina neigte dem Arianismus zu und suchte ihren noch ungetauften Sohn in diese Richtung zu lenken. Sein einflussreicher Heermeister Bauto war Heide (Ambros. ep. extra collect. 10[57],3). Als 'dritte Kraft' hatte der Bischof Ambrosius es daher am Hof zu Mailand schwer, Valentinian vor arianischen und heidnischen Einflüssen zu bewahren und dessen Religionspolitik auf der orthodoxen Linie zu halten. Umso höher muss der Erfolg bewertet werden, den er nach beiden Richtungen hin erzielte.

Im Herbst 384 kam es zu einer ersten Machtprobe im Consistorium Valentinians II. Symmachus, der 382 vergeblich versucht hatte, bei Gratian Audienz zu erhalten, um ihn zur Rücknahme seiner Verfügungen gegen die heidnischen Kulte in Rom zu bewegen (oben S. 153), hatte im Juli 384 das Amt des Stadtpräfekten in Rom erlangt. In dieser Funktion wurde er bei Valentinian II. in Mailand vorstellig, da die Konstellation am Hofe des jungen Kaisers ihm für sein Anliegen günstig erschien. Tatsächlich erzielte Symmachus mit seinem brillant formulierten Bittgesuch, der ›3. Relatio‹, große Wirkung im kaiserlichen Consistorium. Die Bündelung der Argumente für die Auffassung, Roms große Vergangenheit sei das Werk der alten Götter, ließ die Bitte um Duldung der diesen gewidmeten Kulte als maßvoll und angemessen erscheinen. Doch Ambrosius war schnell mit seiner Entgegnung zur Stelle. Nicht nur die an den Kaiser gerichtete Drohung, ihn aus der Kirche auszuschließen (Ambros. ep. 72[17],13), sondern auch die aus dem Geist des Christentums geführte Widerlegung der Relatio des Symmachus (Ambros. ep. 73[18]) brachte den Umschwung im Consistorium: Es blieb bei den Anordnungen Gratians; der Victoria-Altar wurde nicht wiederaufgestellt.

Ein halbes Jahr später, in der ersten Hälfte des Jahres 385, kam es zum so genannten Mailänder Kirchenstreit, der bis nach Ostern 386 dauerte. In ihm ging es um das Wiederaufflackern des Arianismus in Mailand (vgl. oben S. 153) und um die Verteidigung der Kirche gegen den Zugriff des Staates. Unter dem Einfluss seiner Mutter Iustina und deren arianischem Hofbischof Auxentius von Durostorum verlangte Valentinian II. von Ambrosius die Abtretung der an der Stadtgrenze Mailands gelegenen Basilica Portiana, die er der Benutzung als arianischer Hofkirche zuführen wollte. Ambrosius wurde in den Kaiserpalast bestellt, wo die Angelegenheit im Consistorium zur Sprache kam. Das Kirchenvolk Mailands demonstrierte derweil vor dem Palast, und es kam zu Ausschreitungen gegen das eingesetzte Militär. Um diese zu beenden, wurde Ambrosius gebeten, die Menge zu beruhigen. Er tat es mit der Versicherung, dass die Basilica unangetastet bleibe (Ambros. ep. 75a[21a],29). Die Sache als solche war damit aber nicht ausgestanden. Der Hof sann auf eine andere Möglichkeit, sein Ziel – eine Kirche für die Arianer – zu erreichen.

Am 23. Januar 386 erließ Valentinian II. ein Gesetz, das den Anhängern des einst von Constantius II. protegierten homoiischen Glaubensbekenntnisses (oben S. 71) Versammlungsfreiheit gewährte und Auflehnung dagegen mit schwerer Strafe bedrohte (Cod. Theod. 16,1,4). Im Zusammenhang mit diesem Gesetz wurde Ambrosius in der Woche vor Ostern vom Kaiserhof erneut aufgefordert, eine Kirche, die Basilica nova innerhalb der Stadtmauern, für den arianischen Gottesdienst zur Verfügung zu stellen oder doch die Basilica Portiana abzutreten. Als er beides ablehnte, versuchten kaiserliche Beamte, die Basilica Portiana zu beschlagnahmen. Wieder trat das Kirchenvolk in Aktion und besetzte die Basilica (Ambros. ep. 76[20],2–4). Auch in der Stadt selbst eilten die Gläubigen in die beiden Kirchen, die Basilica vetus und nova. In einer von beiden hielt sich auch Ambrosius auf, predigte und ließ das Volk Hymnen zu Ehren der göttlichen Dreifaltigkeit singen, die er selbst gedichtet und komponiert hatte (Ambros. ep. 75a[21a],34). Er stilisierte damit den Kampf des Kaisers gegen ihn, den Bischof, zum Kampf gegen Gott. Seinen Kampfruf entnahm er der Bibel (Matth. 22,21): „Gebt dem Kaiser, was des Kaisers, und Gott, was Gottes ist."

Der Kirchenstreit in Mailand verschärfte sich, als der Kaiser Soldaten zur Basilica Portiana schickte, die das Geschehen dort kontrollieren sollten. Indes erwiesen sich die Soldaten als nicht zuverlässig. Ein Teil von ihnen verließ die Posten und nahm an Feierlichkeiten teil, die Ambrosius in einer der beiden erwähnten Stadtkirchen veranstaltete. Nicht zuletzt unter dem Eindruck dieser niederschmetternden Nachricht gab Valentinian Befehl, das Militär zurückzuziehen (Ambros. ep. 76[20],9–13 + 26). Ambrosius hatte auch den zweiten Angriff gegen die Mailänder Kirchen abgeschlagen. Er konnte das Osterfest mit Genugtuung über die Stärkung seiner Stellung gegenüber dem arianisch dominierten Kaiserhof begehen. Dieser jedoch sah die Machtprobe noch nicht als verloren an. Die Entscheidung sollte nach den Vorstellungen der von Ambrosius scharf angegriffenen Kaiserin Iustina eine Disputation über den rechten Glauben zwischen Auxentius und Ambrosius bringen.

Ambrosius widersprach in einem dem Kaiser übersandten Brief der an ihn ergangenen Aufforderung, im kaiserlichen Consistorium mit Auxentius vor Schiedsrichtern, welche von den Kontrahenten bestimmt werden sollten, zu disputieren, indem er sich darauf berief, dass Klerus und Volk ihn daran hinderten, anderswo als in der Kirche über den Glauben zu streiten. Die Stadt zu verlassen, wie man ihm anheim gestellt hatte, weigerte er sich, da dies Verrat an Christus sei und den Arianern die Kirchen ausliefere (Ambros. ep. 75[21],17–19). In einer Predigt, dem ›Sermo contra Auxentium‹, berief er sich für sein Verhalten auf das Petrus-Wort: „Man muss Gott mehr gehorchen als den Menschen" (Act. apost. 5,29) – und hatte aufs Ganze gesehen Erfolg damit: Die Mailänder Kirchen blieben im Besitz der Katholiken; die vom Kaiserhof geforderte Disputation zwischen Auxentius und Ambrosius fand nicht statt. Der Bischof war sich allerdings im Klaren darüber, dass man nun von ihm sagen würde, er vermöge mehr als der Kaiser, hielt dem aber entgegen, dass es ihm nur darum gehe, dem Kaiser etwas zu verwehren, was er sich gegenüber Gott anmaße: das Recht, über die Kirche zu verfügen (Ambros. ep. 75a[21a],1 + 30–31).

Ging es im Mailänder Kirchenstreit um die Zurückweisung eines vom Kaiser gegen die Kirche erhobenen Machtanspruchs, so wurde gleichzeitig (385/386) im Falle des spanischen Sektengründers Priscillianus der Kaiser – Magnus Maximus, der Usurpator – gerade von kirchlicher Seite angegangen, seine (jurisdiktionelle) Macht im Interesse der Kirche einzusetzen. Es kam in Trier zum Prozess gegen Priscillian, dem außer Magie auch Hinneigung zum Manichäismus, der seit Diocletian verfemten Religion des Persers Mani, vorgeworfen wurde. Maximus verurteilte ihn und einige ihm nahe Stehende zum Tode und ordnete ihre Hinrichtung an (Sulp. Sev. chron. 2,50,6–51,3). Bischof Martin von Tours hatte vergeblich versucht, Maximus von diesem Bluturteil abzuhalten. Ambrosius von Mailand, der zur Zeit des Prozesses gegen Priscillian ein zweites Mal (vgl. oben S. 157f.) im Auftrag Valentinians bei Maximus in Trier war – er sollte die Herausgabe des Leichnams Gratians erreichen –, missbilligte das Geschehen (Ambros. ep. 30[24],12), und Bischof Siriacus von Rom, der Nachfolger des Damasus, protestierte in aller Form gegen die Hinrichtung (Coll. Avell. 40). Den einsichtigen Kirchenführern war eben bewusst, dass mit der Anstrengung des Ketzerprozesses gegen Priscillian eine verhängnisvolle Bahn beschritten wurde. Sie führte dann ja auch letztlich zur „Inquisition" des Mittelalters und der frühen Neuzeit. Im Übrigen zog sich der Kampf gegen die Priscillianisten in Spanien und Südgallien noch Jahrzehnte hin.

Die Jahre 385/386, in denen mit dem Mailänder Kirchenstreit und dem Trierer Prozess gegen Priscillian Schatten auf das Verhältnis zwischen Staat und Kirche im Westen fielen, brachten im Osten ein Ereignis hervor, das sich ähnlich belastend auf das Verhältnis des Staates zum Heidentum auswirkte. Gemeint sind die vom Prätorianerpräfekten Cynegius durchgeführten Tempelzerstörungen. Theodosius hatte dem Präfekten im Zusammenhang mit einem Erlass gegen die Zukunftsdeutung (Cod. Theod. 16,10,9) den Auftrag erteilt, die Verhältnisse an den Tempeln des Ostens und Ägyptens zu inspizieren und erforderlichenfalls repressive Maßnahmen zu ergreifen. Cynegius legte den Auftrag im weitesten Sinne aus (Zosim. 4,37,3). So kam es zu Tempelschließungen und -zerstörungen. In Erinnerung blieb vor allem (Theodoret. hist. eccl. 5,22) die Niederreißung des Zeustempels in Apamea (Syrien). Abstoßend wirkte das Verhalten der zu solchen Aktionen herbeigeeilten Mönche. Der Rhetor Libanius geißelte es in einer Denkschrift, die er Theodosius zustellte (or. 30,46). In ihr wies er zur Rechtfertigung seines Protestes auf das Kulturgut hin, das mit den Tempeln zugrunde ging. Theodosius dürfte die Handlungsweise seines übereifrigen Präfekten Cynegius ohnehin eher beunruhigt als befriedigt haben. Denn ihm lag am Wohlwollen wirklich weiter Kreise der Bevölkerung seines Reichsteils. Und die Heiden bildeten einen noch immer beträchtlichen Prozentsatz! Zudem griff er auf sie auch bei der Auswahl seiner Führungskräfte zurück. Vielleicht war es eine Art Wiedergutmachung, dass er nach dem Tode des Cynegius (388) einen Heiden, Tatianus, als dessen Nachfolger einsetzte.

Theodosius war, wie oben S. 148 erwähnt, am 24. November 380 feierlich in Constantinopel eingezogen. Von diesem Tage an diente ihm die Stadt als Residenz, bis er im Spätsommer 387 gegen Magnus Maximus in den Westen aufbrach (unten S. 164). In diesen sieben Jahren avancierte Constantinopel endgültig zur Hauptstadt des Ostreiches, wie schon die 381 erfolgte Rangerhöhung als Bischofssitz erkennen ließ (oben S. 150). 384 brüstete sich Themistius als Stadtpräfekt damit, dass die Bautätigkeit über die constantinischen Mauern hinausging (or. 18,10). 386 krönte Theodosius den Bau eines neuen Forums mit der Errichtung einer Siegessäule, welche die Trajans in Rom zum Vorbild hatte, wie überhaupt das ganze Forum dem Trajans nachgebildet war. Das Forum Theodosii (oder: Forum Tauri [nach seiner vorherigen Bezeichnung]) wurde westlich von dem Constantins (oben S. 29) angelegt und übertraf dieses an Größe und Pracht. Die erwähnte Theodosiussäule erinnerte an den Sieg, welchen der Heermeister Promotus 386 über vorwiegend aus Greutungen (Ostgoten) bestehende Barbarenscharen in Thrakien errungen hatte. Theodosius war selbst an den Ort des Geschehens geeilt (Zosim. 4,39,4) und hielt bei seiner Rückkehr nach Constantinopel einen triumphalen Einzug (Cons. Const., Chron. Min. I 244). Nach dem Sieg über Magnus Maximus (388) erhielt auch der Hippodrom einen Blickfang durch die Aufrichtung des unter Julian (oben S. 99) nach Constantinopel gekommenen ägyptischen Obelisken auf der Spina (Corp. Inscr. Lat. III 737). Das „Neue Rom" am Bosporus ließ alle anderen Städte des Ostens hinter sich, vor allem Antiochia, das noch unter Valens Residenzstadt gewesen war (oben S. 121).

Antiochia geriet im Jahre 387 sogar in Gefahr, den Status als Metropole der Provinz Syria an die Rivalin Laodicea zu verlieren, und zwar aus folgendem Grund: Theodosius hatte zur Behebung der Finanznot des Staates eine Sondersteuer ausgeschrieben. Als diese im Februar 387 in Antiochia eingefordert wurde, entstand darüber ein Aufstand, der schlimme Formen annahm. Es wurden nämlich vom Mob, der sich der Sache angenommen hatte, Bilder und Statuen der Kaiserfamilie demoliert. Das waren Majestätsverbrechen, die Theodosius nicht ungeahndet lassen konnte. Er bestrafte denn auch Antiochia mit sofortiger Degradierung als Metropolis zugunsten von Laodicea, ordnete die Schließung der Bäder an, verbot Spiele jeglicher Art und sperrte die Getreidespenden. Mit der Untersuchung der Vorfälle betraute er den *magister militum* Hellebichus und den *magister officiorum* Caesarius. Vonseiten der Antiochener setzte nun ein hektisches Bemühen ein, die kaiserlichen Bevollmächtigten zur Milde zu bewegen. Dabei taten sich Vertreter der führenden Kreise ebenso hervor wie Priester und Mönche; die Letzteren waren aus der Umgegend in die Stadt geströmt. Die meiste Aufmerksamkeit erregten die zwanzig oder mehr Fastenpredigten, die Johannes Chrysostomus in der „Großen Kirche" hielt; sie wurden als ›Statuenpredigten‹ bekannt. Weniger spektakulär war das Auftreten des Rhetors Libanius gegen diejenigen Lokalpolitiker, welche die Stadt verließen (or. 23). Später verfasste Libanius zwei Panegyrici auf die kaiserlichen Beauftragten Hellebichus und Caesarius (or. 21/22) sowie zwei fiktive Eingaben an den Kaiser (or. 19/20), in denen er eine Analyse des Ereignisablaufs bot.

Die Katastrophe, die mit den vom Kaiser angeordneten Vergeltungsmaßnahmen und den von seinen Emissären zu erwartenden Strafurteilen über Antiochia hereinzubrechen drohte, suchte der Bischof der Stadt, Flavianus, durch eine eiligst unternommene Reise an den Kaiserhof nach Constantinopel abzuwenden. Es gelang ihm tatsächlich, Theodosius umzustimmen, zumal auch der nach erfolgter Untersuchung zum Rapport in Constantinopel erschienene *magister officiorum* Caesarius zur Milde riet. Theodosius nahm die gegen Antiochia verfügten Maßnahmen zurück, die gefällten, aber noch nicht vollstreckten Todesurteile wurden aufgehoben. Das Unheil war abgewehrt, und übergroße Freude breitete sich in der Stadt aus, als Bischof Flavianus mit den guten Nachrichten aus Constantinopel zurückkehrte. In seiner Osterpredigt (der letzten der Statuenpredigten) feierte Johannes Chrysostomus den Erfolg des Bischofs als Sieg über das traditionelle System der Patronage: Nicht mehr die Mächtigen und Reichen waren die Patrone der Stadt, sondern die Kirche und der Bischof. Letzterer stand sozusagen auf dem Sprung, die 'Stadtherrschaft' zu übernehmen.

Der Gnadenakt des Theodosius für Antiochia fiel zeitlich in etwa zusammen mit dem Abkommen, das eine persische Gesandtschaft in Constantinopel zwischen dem Kaiser und dem Großkönig zu Stande brachte (vgl. Liban. or. 19,62). Es ging dabei um den Einfluss in Armenien, dessen Verlust (unter Jovian) Valens vergeblich wettzumachen versucht hatte (oben S. 136f.). Wie Faustus von Buzanta in seiner ›Geschichte Armeniens‹ (6,1) berichtete, wurde die Aufteilung des Landes in Einflusszonen vereinbart. Rom erhielt im Westen ein kleines Gebiet, etwa $1/5$, Persien das restliche Armenien, etwa ⁴/₅ des Landes, im Osten. In beiden Teilen regierten entsprechend orientierte Klientelkönige. Doch schon bald ersetzte Theodosius in der römischen Zone diese Regierungsform durch die Ausübung der direkten Herrschaft, bei der ein *dux* (oder *comes*) *Armeniae* die militärischen Aufgaben wahrnahm.

Im Sommer 387 trat ein Ereignis ein, das Theodosius schlagartig zwang, seine volle Aufmerksamkeit dem Westen zuzuwenden: Er erhielt von Valentinian II. einen Hilferuf aus Thessalonice/Saloniki im Illyricum. Dorthin war der junge Kaiser mit seiner Mutter (Iustina) und Schwester (Galla) vor Maximus geflohen. Es hatte Verhandlungen über schwebende Fragen zwischen den beiden Westherrschern gegeben, die für Valentinian von seinem Vertrauten Domninus in Trier geführt worden waren. Maximus nutzte die Gelegenheit und gab dem Gesandten Truppen mit, welche Valentinian gegen Barbaren in Pannonien einsetzen sollte. Durch diese List bewerkstelligte er auch für sein nachfolgendes Heer und sich selbst den Alpenübergang. Er besetzte Norditalien und machte Aquileia zu seiner Residenz (Zosim. 4,42,3–43,2) – die Machtverhältnisse im Westen hatten sich radikal geändert!

Theodosius begab sich im Herbst 387 nach Thessalonice und konferierte mit Valentinian. Er versprach ihm, gegen Maximus zu Felde zu ziehen, verlangte dafür aber die Abkehr Valentinians vom Arianismus (Theodoret. hist. eccl. 5,15,3). Da er seit einem Jahr Witwer war – seine Gattin Flacilla war Anfang 386 gestorben –, nahm er Galla, die Schwester Valentinians, zur Frau, wodurch die Bande zwischen den beiden Kaiserhäusern enger geknüpft wurden. Wie er die Machtverteilung sah, ließ er etwa den Künstler darstellen, der für die Decennalienfeier am 19. Januar 388 das Missorium anfertigte, das heute im Museum der Königlichen Akademie zu Madrid aufbewahrt wird (Abbildung: Schlunk/Hauschild, Hispania Antiqua. Die Denkmäler der frühchristl. und westgot. Zeit, 1978, Farbtafel I): Das Relief des als „Geschenk" bestimmten, 50 Pfund (16 kg) schweren Silbertellers zeigt den thronenden Theodosius mit den ihm 'untergebenen' und daher kleiner dargestellten Jungkaisern Valentinian II. (zur Rechten) und Arcadius (zur Linken). Valentinian ist als der ältere und 'mächtigere' von beiden noch dadurch gekennzeichnet, dass sein Thron gegenüber dem des Arcadius etwas mehr im Vordergrund steht.

Im ersten Halbjahr 388 bereitete Theodosius den Feldzug gegen Maximus vor. Es war ein beachtliches, freilich 'östlich' strukturiertes Heer, das er zu Beginn des Sommers nach Westen in Marsch setzte.

Alle Völkerschaften des Orients hatten Kontingente gestellt; zahlreich waren auch die donauländischen Barbaren mit Goten, Hunnen und Alanen vertreten (Paneg. Lat. 2[12],32,4 + 39,2). Aber nach Zahl und Kampfkraft war dieses Heer doch der stärker 'römisch' geprägten Armee des Maximus unterlegen (vgl. Oros. 7,35,2). Theodosius machte dieses Manko durch seine Strategie wett. Er stellte eine Flotte zusammen, mit der er Valentinian (und seine Mutter Iustina) nach Italien entsandte. Dadurch veranlasste er Maximus, seinerseits eine Flotte auszurüsten, um die Inbesitznahme Italiens durch Valentinian zu verhindern (Zosim. 4,45,4–46,1). Da Maximus die Flotte seinem Heermeister Andragathius anvertraute, fehlte dieser mit den auf die Schiffe abkommandierten Truppen bei der Entscheidung zu Lande, die in Pannonien fiel. Hier führte Marcellinus, der Bruder des Maximus, das Kommando; der Usurpator selbst blieb in Aquileia. Theodosius siegte über die gegnerischen Truppen bei Siscia und Poetovio (an Savus und Dravus), rückte gegen Aquileia vor und ließ Maximus, der sich ihm ergab, hinrichten (Ambros. ep. 74[40],22–23). Valentinian erreichte mit der Flotte unbeschadet Rom; sein Gegner Andragathius stürzte sich ob seines Misserfolgs ins Meer. Italien war gewonnen; nach Gallien wurde Arbogast, der Heermeister Valentinians, entsandt. Er beseitigte den dort zurückgelassenen Sohn des Maximus (Victor) und ergriff Besitz von der gallischen Präfektur (Zosim. 4,47,1). Der Sieg des Theodosius war vollständig!

Der tote Usurpator (*tyrannus*) verfiel der Memoria-Strafe: Seine Amtshandlungen wurden weitgehend für ungültig erklärt (Cod. Theod. 15,14,6–8). Die von ihm gegen Theodosius ins Feld gestellten Soldaten dagegen erfuhren alle die Gnade (*venia*) des Siegers (Paneg. Lat. 2[12],35,5). Theodosius behielt sie unter den Fahnen, zumal er darin eine willkommene Gelegenheit erblickte, dem Heer des Ostens, das durch die Niederlage von Adrianopel (378) fast völlig vernichtet worden war und seitdem nur mühsam wiederaufgebaut werden konnte, neue Kräfte zuzuführen. So übernahm er denn aus dem Heer des Maximus zahlreiche „auserlesene Einheiten" in das seine (Zosim. 4,47,2). Diese Aktion wiederum nahm er zum Anlass, Organisation und Kommandoverhältnisse des Ostheeres neu zu regeln: Es gab von nun an zwei jeweils aus Fußtruppen und Reiterei zusammengesetzte Armeen, deren Garnison der Hof war. Ihre Befehlshaber (*magistri*) erhielten daher das Epitheton „(am Hofe) anwesend" (*praesentales*) sowie den Zusatz *equitum et peditum* bzw. *utriusque militiae*, der darauf hinwies, dass ihr Kommando sich auf „beide Waffengattungen" erstreckte. Neben die beiden Armeen bei Hofe traten solche, die in den Großräumen des Ostreiches stationiert waren, nämlich im Orient, in Thrakien und im Illyricum (das derzeit Theodosius unterstand). Die drei Armeen umfassten ebenfalls Infanterie und Kavallerie, so dass ihre Befehlshaber wie jene bei Hofe den Titel *magistri utriusque militiae* führten, allerdings mit den unterscheidenden Zusätzen *per Orientem, per Thracias, per Illyricum*. Insgesamt gab es also nun fünf Heermeister des neuen Typs (vgl. Zosim. 4,27,1–2). Die ihnen unterstehenden Truppenkörper wurden in den orientalischen Teil des Staatshandbuchs der ›Notitia Dignitatum‹ unter den Rubriken 5–9 eingetragen.

Die Reformbestrebungen des Theodosius auf dem Gebiet des Heerwesens wirkten offenbar bei der Entstehung eines Werkes mit, das sich als ›Abriss des Militärwesens‹ (Epitoma rei militaris) bezeichnete und einen hohen Würdenträger zum Verfasser hatte: Flavius Vegetius Renatus. Es war dem Kaiser (ohne dessen Namen zu nennen) gewidmet und sollte ihm Beispiele aus der Vergangenheit darbieten, an denen er sich bei seinem Handeln orientieren könne. Vegetius wollte Lehrbuchautor sein und als solcher Einfluss gewinnen. Das ist ihm weniger für seine Zeit, desto mehr aber für die späteren Jahrhunderte gelungen. Zahlreiche Handschriften (ca. 150), prominente Leser (Friedrich der Große, Napoleon) und die oranische Heeresreform (Ende des 16. Jahrhunderts) beweisen es.

Zu Beginn des Jahres 389 entschloss Theodosius sich, seinen Kollegen im Kaisertum, den inzwischen fast 18-jährigen Valentinian II., mit der Wahrnehmung der Regierung in dem von Arbogast 'wiedergewonnenen' Gallien zu betrauen. Valentinian begab sich nach Trier; die Münzstätte feierte seine „Glück verheißende Ankunft" mit einer Festprägung in Gold (Rom. Imp. Coin. IX 30, Nr. 88). Glück aber hatte Valentinian weder selbst in Gallien, noch brachte er es den von Maximus heimgesuchten gallischen Provinzen (vgl. Paneg. Lat. 2[12],24,4–5). Eigentlich Regierender war der oberste Heermeister Arbogast, der militärische und zivile Ämter nach Gutdünken vergab. An der Rheingrenze sorgte er für Ruhe, indem er die Franken zu Vertragsabschlüssen mit Geiselstellung zwang (Greg. Tur. 2,9), zu Valentinian aber ging er auf Konfrontationskurs, der schon nach drei Jahren (392) zur Katastrophe führte (unten S. 169).

Valentinians Entsendung nach Gallien kam einer Abschiebung gleich. Denn Theodosius brach kurz darauf zu einem Rombesuch auf, begleitet von seinem vierjährigen Sohn Honorius, den er aus

Constantinopel kommen ließ. Er wollte seinen Sieg über Maximus feiern und seine damit erworbene Macht über das Westreich demonstrieren, dazu auch seine Dynastie ins Licht stellen. Bei diesem Programm hätte Valentinians Anwesenheit nur gestört. So zog Theodosius denn am 13. Juni 389 im Triumph in Rom ein (Cons. Ital., Chron. Min. I 298) und absolvierte das inzwischen zur Routine erstarrte Zeremoniell eines kaiserlichen Rombesuchs (Paneg. Lat. 2[12],47,3–4). Im Senat wurde er durch eine Prunkrede geehrt, in welcher der gallische Rhetor Pacatus den Kaiser als idealen Princeps darstellte und seinen Sieg über Maximus als Wiederherstellung von Frieden und Freiheit apostrophierte. Es handelte sich um die soeben zitierte Rede 2 (12) im Corpus der ›Panegyrici Latini‹. Wie von den Senatoren wurde Theodosius auch vom Klerus empfangen (Socr. hist. eccl. 5,14,7). Die römische Kirche war ja gerade in diesen Jahren dabei, aus ihrer Rolle als Hüterin der Apostelgräber den Anspruch auf Führung der ganzen Christenheit abzuleiten (oben S. 155; vgl. auch den Hymnus ›Apostolorum Passio‹ des Ambrosius [W. Bulst, Hymni Latini antiquissimi, 1956, 50]). Als Repräsentantin des „verjüngten" (christlichen) Rom trat sie neben den Senat, den Wächter des alten (heidnischen) Rom. Theodosius war sich dieses Nebeneinanders bewusst und verteilte entsprechend sein Wohlwollen. Als solches müssen die Heiden die Ernennung eines der ihren, Ceionius Rufius Albinus, zum Stadtpräfekten, die Christen aber die Verkündung eines neuen Festkalenders, der u. a. die Sonntage enthielt (Cod. Theod. 2,8,19), verstanden haben. Am 30. August 389 verließ Theodosius Rom (Cons. Ital., Chron. Min. I 298) und nahm in Mailand Residenz.

Theodosius' Aufenthalt in Mailand (389–391) wurde überschattet von einem Ereignis, das im Frühjahr 390 in Thessalonice stattfand. Der Heermeister für das Illyricum, Buthericus, hatte einen bekannten Wagenlenker wegen des Vorwurfs der Päderastie in Haft nehmen lassen. Deshalb und wegen der Einquartierung von Truppen erhob sich ein Volksaufstand, der Heermeister wurde getötet und mehrere Beamte verletzt. Als Theodosius davon erfuhr, gab er Befehl, eine Strafaktion vorzunehmen. Diese führte dazu, dass im Zirkus und in der Stadt Tausende von Menschen – es wird die Zahl 7000 genannt (Theodoret. hist. eccl. 5,17,3) – durch die Soldaten massakriert wurden. Die Schreckensnachricht aus Thessalonice rief Ambrosius, den Bischof von Mailand, auf den Plan. In einer Eingabe an den Kaiser (ep. extra collect. 11[51]) stellte er ihm seine Verfehlung vor Augen. Er forderte ihn auf, wie König David seine

Sünde zu bekennen und Buße zu tun, andernfalls werde er ihn vom Messopfer ausschließen.

Es war nicht das erste Mal, dass Ambrosius sich Theodosius entgegenstellte, weil dessen Verhalten seinen Vorstellungen von einem Kaiser als Mitglied der Kirche widersprach. Schon 388, kurz nach der Ankunft des Theodosius in Mailand, hatte Ambrosius den Kaiser getadelt, weil dieser den Bischof von Callinicum am Euphrat (Osrhoene) zum Wiederaufbau der auf dessen Anstiftung hin zerstörten Synagoge verurteilt hatte. Ambrosius rückte diese Reaktion des Kaisers in die Nähe der Christenverfolgung, weil sie den Bischof von Callinicum zur Apostasie zwinge, als welche der Bau eines jüdischen Gotteshauses durch einen Christen verstanden werden müsse (Ambros. ep. 74[40],7). Es gelang Ambrosius schließlich, Theodosius zur Rücknahme der Strafe zu bewegen, wobei wohl auch eine Rolle spielte, dass der Kaiser als Gottesdienstbesucher sich nicht der Maßregelung durch den Mailänder Bischof aussetzen wollte. Immerhin hatte dieser eine andere Vorstellung von der Behandlung des Kaisers in der Kirche als sein Amtsbruder in Constantinopel. Während Theodosius dort die Messe innerhalb des Altarraumes mitfeiern durfte, musste er in Mailand auf Geheiß des Ambrosius außerhalb des Altarraumes Platz nehmen (Sozom. hist. eccl. 7,25,9). Wenn also Ambrosius 390 wegen des Blutbades von Thessalonice dem Kaiser gar androhte, das Messopfer in seiner Gegenwart nicht zu feiern, so musste dies auf Theodosius großen Endruck machen. Tatsächlich entschloss er sich, der Bußforderung des Ambrosius nachzukommen und seine Sünde öffentlich zu bekennen (Ambros. de obitu Theod. 34). Dieser Akt fand am Weihnachtsfest 390 in der Mailänder Bischofskirche statt. Ambrosius feierte ihn als Geburtsstunde einer neuen Kaisertugend, der Demut (*humilitas*).

Ambrosius sah in Theodosius „ein Muster ungewöhnlicher Frömmigkeit" (Ambros. ep. extra collect. 11[51],12). Der Bußakt von Mailand bestätigte diese Ansicht, und die nachfolgenden Gesetze gegen das Heidentum entsprangen der gleichen Quelle. In diesen Gesetzen der Jahre 391/2 verbot Theodosius jedem, die Tempel zu betreten, Götterbilder zu verehren und Opfertiere zu schlachten. Auch ganz private Äußerungen des heidnischen Kults waren fortan untersagt. Hohe Strafen wurden festgesetzt und die Richter angewiesen, mit deren Verhängung nur ja nicht zu säumen, andernfalls müssten sie 30 Pfund (ca. 10 kg) Gold als Strafe bezahlen (Cod. Theod. 16,10,10–12). Damit wurde die Axt an die Reste des Heidentums gelegt, und zwar im wörtlichen Sinne: Denn infolge dieser

Die Erhebung des Christentums zur Staatsreligion 169

Gesetze, von denen eines speziell für Ägypten bestimmt war, kam es zu Tempelzerstörungen, unter denen die des großartigen Serapistempels zu Alexandria besonderes Aufsehen erregte (Theodoret. hist. eccl. 5,22,3–6). Eine Weltchronik aus dieser Zeit schloss ihren Bilderzyklus mit diesem Ereignis (Bauer/Strzygowski, Denkschr. d. Wiener Akad. 51, 1905, Taf. 6). Der Gott der Christen war nun auch der Herr des Nils. Folglich wurde die bisher im Serapistempel aufbewahrte Nilelle (zur Messung des Wasserstandes) in eine nahe gelegene christliche Kirche gebracht.

Theodosius verließ zu Beginn der zweiten Jahreshälfte 391 Italien und kehrte nach Constantinopel zurück, wo er bis zum Frühjahr 394, also fast drei Jahre, den Angelegenheiten des Ostreichs seine Aufmerksamkeit schenkte. Dann wurde ihm erneut ein Aufbruch in den Westen abverlangt. Dort hatte Valentinian II. am 25. Mai 392 sein Leben verloren. Ohne den Rückhalt seiner Mutter Iustina – sie war Ende 388 gestorben – konnte er sich gegen die Machtgelüste seines Heermeisters Arbogast nicht durchsetzen (oben S. 166). Ein Vermittlungsversuch des Bischofs Ambrosius, um den Valentinian gebeten hatte, kam nicht mehr zu Stande (Ambros. de obitu Valent. 25–27). Arbogast hielt den zwanzigjährigen Kaiser im Palast zu Vienna/Vienne quasi gefangen und trug an seinem Tod – Valentinian wurde erhängt aufgefunden – zumindest Mitschuld. Die Leiche Valentinians wurde nach Mailand gebracht und neben der seines Bruders Gratian, die nach dem Ende des Maximus hierhin gelangt war (vgl. oben S. 165), beigesetzt – wahrscheinlich in einem bei der Kirche S. Lorenzo errichteten Mausoleum, der heutigen Cappella di S. Aquilino. Ambrosius hielt dem auf so tragische Weise ums Leben gekommenen jungen Kaiser die Leichenrede: ›De obitu Valentiniani‹. Das Westreich hatte keinen eigenen Kaiser mehr! Doch schon bald sorgte Arbogast für 'Ersatz': Da Theodosius auf den Tod Valentinians nicht spontan reagierte, ließ der Heermeister am 22. August 392 in Lugdunum/Lyon einen höheren Hofbeamten (*magister scrinii*), den ehemaligen Rhetoriklehrer Eugenius, zum Augustus erheben.

Eugenius war Christ, aber einer, der nur oberflächlich dem neuen Glauben anhing. Arbogast dagegen war Heide. Diese Konstellation ermunterte die altgläubige Fraktion des römischen Senats zu einer intensiven Kontaktaufnahme mit der neuen Führungsspitze des Westreichs. Es ging – immer noch – um den Victoria-Altar und die staatlichen Zuschüsse für die römischen Priesterschaften (oben S. 152). Eugenius lehnte zweimal ab, das Rad zurückzudrehen und die Verhältnisse wiederherzustellen, wie sie vor Gratians Maßnahmen gegen die heidnischen Kulte in Rom (382) herrschten. Dann aber, beim dritten Vorstoß der heidnischen Senatoren, fand er einen Weg, deren Begehren zu entsprechen: Er schenkte ihnen als Privatpersonen die seinerzeit konfiszierten Tempelgüter zur freien Verfügung (Ambros. ep. extra collect. 10[57],6). Denn für Eugenius war es ein Gebot der Selbsterhaltung, Anhang zu gewinnen, vor allem seit Theodosius durch Erhebung seines zweiten Sohnes, Honorius, zum Augustus (23. Januar 393) deutlich gemacht hatte, dass er nicht bereit war, Eugenius als Westkaiser anzuerkennen. Mit dem Gunsterweis für die heidnische Aristokratie Roms verpflichtete sich Eugenius deren Haupt, den *praefectus praetorio* für Italien, Illyrien und Afrika, Virius Nicomachus Flavianus, und stellte damit die Weichen für seinen Einmarsch in Italien (Frühjahr 393).

Bei Nicomachus Flavianus handelt es sich um jenen Mann, den Macrobius (um 430, unten S. 241) in seinen ›Saturnalien‹ zusammen mit Symmachus (oben S. 158f.) und anderen als Gesprächspartner bei dem ins Jahr 384 zurückführenden Gastmahl im Hause des Vettius Agorius Praetextatus (oben S. 122) auftreten ließ. Das Gespräch kreist um den von den Versammelten hoch geschätzten Dichter Vergil und vermittelt eine Vorstellung von der Geisteshaltung jener aristokratischen Gesellschaft, die unerschütterlich an den kulturellen und religiösen Idealen der römischen Vergangenheit festhielt. Der Sohn des Nicomachus war 393 Stadtpräfekt und heiratete in diesem Jahr eine Tochter des Symmachus. Dieser Verbindung verdankt wohl das Elfenbeindiptychon mit der Aufschrift *Nicomachorum* bzw. *Symmachorum* seine Entstehung, dessen Hälften in London (Victoria and Albert Museum) bzw. Paris (Musée de Cluny) aufbewahrt werden (Abbildung: R. Klein, Symmachus, 1971, Abb. 1 + 2). Auf ihm sind Priesterinnen beim Opfern dargestellt.

Von dem Kreis um Symmachus und Nicomachus ging im Jahre 393 die Initiative zu einer spektakulären Wiederbelebung der alten Religion in Rom aus. Es waren vor allem die massenwirksamen Kulte, welche Nicomachus, der spiritus rector, favorisierte, d.h. die der Magna Mater, des Mithras und der Isis. Ein anonymer Christ hat in einem Gedicht, dem so genannten ›Carmen contra paganos‹, die hektische Aktivität jener Monate festgehalten und seinen Spott darüber ausgegossen (Edition: Th. Mommsen, Ges. Schr. VII 485–498). Es kam auch wieder zur Aufstellung des Victoria-Altars in der Kurie (Paulin. vit. Ambros. 26). Parallel zu dem Geschehen in Rom avancierte Hercules zum Bannerträger der Truppen des Eugenius und

Jupiter zum Schlachtenlenker für die Entscheidung zwischen dem Usurpator und Theodosius, die dann 394 erfolgte.

Theodosius führte gegen Eugenius und Arbogast den Großteil des Ostheeres unter den Befehlshabern der beiden Hofarmeen (oben S. 165f.), Timasius und Stilicho, sowie zahlreiche barbarische Hilfstruppen ins Feld. Das Hauptkontingent der letzteren, angeblich 20000 Mann (Jord. Get. 28,145), stellten die 382 in Mösien angesiedelten Goten (oben S. 147). Ihr Anführer war Alarich, der spätere König, freilich ohne selbständige Befehlsgewalt. Eine solche wäre ja wohl auch kaum angebracht gewesen bei einem Mann, der noch vor kurzem gegen die Römer in Thrakien gekämpft hatte. Alarich war nämlich 391 unter Bruch des Bündnisses von 382 mit Kriegerscharen unterschiedlicher Herkunft über den Balkan (Haemus) gekommen und hatte in Thrakien so großen Schrecken hervorgerufen, dass Theodosius persönlich gegen ihn ausrückte. Später übernahm der Heermeister Thrakiens, Promotus, das Kommando gegen die Eindringlinge, und nachdem dieser im Kampf sein Leben verloren hatte, Stilicho, der Alarich 392 besiegte und mit ihm ein neues *foedus* schloss (Claudian. de cons. Stil. 1,115). Es war dieses (erneuerte) Bündnis, auf Grund dessen die Goten 394 Theodosius Heeresfolge gegen Eugenius leisteten.

Auch Eugenius hatte die regulären Truppen seines Heeres durch eine beträchtliche Anzahl von Hilfstruppen (Franken, Alamannen) ergänzt, um die Auseinandersetzung mit Theodosius bestehen zu können. Im Sommer 394 zog er von Mailand, wo er ein Jahr lang residiert hatte, nach Aquileia und von dort an den Rand der Julischen Alpen, von deren Höhen das Heer des Theodosius den Weg in die Ebene nehmen musste. An geeigneten Stellen des mutmaßlichen Schlachtfeldes ließ Eugenius Statuen des blitzeschleudernden Jupiter aufstellen (Augustin. de civ. Dei 5,26). Das strategische Konzept des Heermeisters Arbogast schien zunächst aufzugehen: Am ersten Schlachttag (5. September 394) wurde die Vorhut des Ostheeres beim Abstieg in das Tal des Frigidus (Wippach [Nebenfluss des Isonzo]) westlich von Emona/Laibach an der Straße nach Aquileia fast ganz vernichtet; 10000 Goten sollen gefallen sein (Oros. 7,35,19). Am nächsten Tag (6. September 394) aber gelang es Theodosius, den Gegner zur offenen Feldschlacht zu zwingen und zu schlagen. Begünstigt wurde er dabei von einem plötzlich aufkommenden Sturm mit Richtung auf die gegnerischen Reihen. So siegte das Labarum, d.h. das Zeichen Christi, welches dem Heer des Theodosius vorangetragen wurde, über die Bilder des Hercules, mit denen Eugenius und Arbogast die Feldzeichen ihres Heeres geschmückt hatten (Theodoret. hist. eccl. 5,24,4). Die von Eugenius aufgestellten Jupiterstatuen ließ Theodosius nach der Schlacht demolieren (Augustin. de civ. Dei 5,26). Eugenius selbst wurde von den Soldaten vor Theodosius geschleppt und getötet; Arbogast brachte sich selbst um. Das Heer des Usurpators bat den Sieger um Gnade, die ihm auch gewährt wurde (Zosim. 4,58,6).

Theodosius lag daran, dass möglichst viele, die sich durch den Anschluss an den „Tyrannen" Eugenius gegen ihn, den rechtmäßigen Kaiser, verfehlt hatten, in den Genuss einer Amnestie kämen, die den inneren Frieden wiederherstellen sollte (Ambros. de obitu Theod. 4). Die Ausfertigung der betreffenden Erlasse dauerte allerdings ihre Zeit, so dass beim bald erfolgenden Ableben des Theodosius einige noch nicht publiziert waren. Sein Sohn Honorius hat sie nach seinem Regierungsantritt schnellstmöglich auf den Weg gebracht (Cod. Theod. 15,14,9 + 15,14,11–12). Handelte es sich dabei um die rechtlichen Belange des betroffenen Personenkreises, so kümmerte sich Theodosius zunächst um die religiöse Seite des Problems. Die Machtprobe zwischen ihm und Eugenius war ja durch das Wirken des Arbogast und des Nicomachus Flavianus zu einem Kampf zwischen Christentum und Heidentum transformiert und durch das Gottesurteil der Bora (des Sturmwindes) auf dem Schlachtfeld entschieden worden (vgl. Oros. 7,35,22). Nicomachus hatte (ebenso wie Arbogast) Selbstmord begangen (Rufin. hist. eccl. 11,33) und damit das Scheitern seines religiösen Aufbegehrens signalisiert. In Rom, dem Schauplatz der heidnischen Restauration des Nicomachus, herrschte Niedergeschlagenheit und Sorge um das weitere Schicksal der beteiligten Senatorenkreise. Es war ein Zeichen des Umdenkens, dass die Söhne der heidnischen Senatoren in den Kirchen Schutz suchten (Augustin. de civ. Dei 5,26). Hier setzte Theodosius mit seinem Versöhnungs- und Bekehrungswerk an!

Es ist überliefert, dass Theodosius nach seinem Sieg am Frigidus Rom ein zweites Mal (vgl. oben S. 166f.) besuchte und im Senat eine programmatische Rede hielt, die darin gipfelte, dass er den noch heidnischen Teil der Senatoren aufforderte, den „Irrtum" einzusehen, den der alte Götterglaube darstelle, und zum Christentum überzutreten, das ihnen allen Verzeihung gewähre (Zosim. 4,59,1). In diesem Zusammenhang scheinen auch die Worte des Bedauerns über den Selbstmord des Nicomachus gefallen zu sein, die eine spätere Inschrift festgehalten hat: er (Theodosius) wünsche, dass der verehrungswürdige Mann noch am Leben wäre (Corp. Inscr. Lat. VI

Die Erhebung des Christentums zur Staatsreligion 173

1783). Der Sohn jedenfalls erhielt Verzeihung – auf Fürsprache seines Schwiegervaters Symmachus, der selbst der kaiserlichen Gnade teilhaftig wurde. Die anderen Söhne der heidnischen Senatoren, die das Kirchenasyl in Anspruch genommen hatten, wurden allesamt begnadigt, freilich mit der Auflage, sich zum Christentum zu bekehren (Augustin. de civ. Dei 5,26).

Theodosius' massive Forderung, mit der heidnischen Vergangenheit zu brechen, stellte die angesprochenen Senatorenkreise vor eine schwere Entscheidung. Einerseits war auch für sie nicht zu übersehen, dass dem Christentum die Zukunft gehörte, andererseits ließ ihr hoher Bildungsstand und ihr ausgeprägter Konservatismus die Loslösung von der Götterwelt, die 1200 Jahre über Rom gewacht hatte, nur schwer zu. Dieses Dilemma hat sich niedergeschlagen in zwei unterschiedlichen Darstellungen über die Reaktion der Senatoren auf das Ansinnen des Theodosius: Dem heidnischen Geschichtsschreiber Zosimus zufolge wäre kein einziger Übertritt zum Christentum erfolgt (Zosim. 4,59,2). Der christliche Dichter Prudentius dagegen verkündete emphatisch, dass zahlreiche Senatorenfamilien christlich geworden seien (Prudent. contra Symm. 1,566–568). Die Diskrepanz dürfte so zu erklären sein, dass die 394 unter dem Zwang der Verhältnisse erfolgten Übertritte zum Christentum keine echten Bekehrungen darstellten und später zumindest in einigen Fällen revidiert wurden. Jedenfalls gab es auch weiterhin eine heidnische Opposition, die sich bei passender Gelegenheit zu Worte meldete. Gegen sie machte im Jahre 403 Prudentius mit dem Werk Front, aus dem die oben zitierte Notiz über die positive Reaktion der Senatoren auf die 'Bekehrungspredigt' des Theodosius stammt: ›Contra Symmachum‹.

Das in Versform vorgelegte Werk des Prudentius suchte die inzwischen berühmt gewordene ›3. Relatio‹ des Symmachus über den Victoria-Altar mit neuen (über Ambrosius' Entgegnung hinausführenden) Argumenten zu widerlegen. Das Streitobjekt selbst hatte nur für kurze Zeit wieder an seinem Platz in der Kurie gestanden (oben S. 170); durch den Sieg des Theodosius war dieses Intermezzo ebenso abrupt beendet worden wie jenes der Jupiterstatuen auf dem Schlachtfeld am Frigidus (oben S. 171). Prudentius' Argumentation gegen Symmachus zielte darauf ab, die römische Weltherrschaft als das Werk des einen Gottes erscheinen zu lassen, die gesamte römische Vergangenheit also für das christliche Rombild zu reklamieren. Dadurch wollte er den vergangenheitsorientierten heidnischen Senatoren ermöglichen, bei Annahme des Christentums die Ideologie des heidnischen Rom, wie vor allem Vergil sie verkündet hatte, beibehalten zu können. Wesentliche Gedanken dieses Konzeptes legte er Theodosius in den Mund, den er anlässlich seines Rombesuchs (394) eine große Rede halten ließ (Prudent. contra Symm. 1,415–505).

Theodosius hatte nach dem Sieg über Eugenius den Mailänder Bischof Ambrosius brieflich gebeten, eine feierliche Dankmesse für Gottes Hilfe zu zelebrieren (Ambros. ep. extra collect. 2[61],4). Als er dann selbst in Mailand Residenz nahm, bereitete er eine große Siegesfeier vor. Dazu ließ er seinen bereits zum Augustus erhobenen zehnjährigen Sohn Honorius aus Constantinopel kommen. Die Feier fand Anfang Januar 395 statt (Socr. hist. eccl. 5,26,3). Honorius sollte die Herrschaft über das Westreich übernehmen, Stilicho das Heermeisteramt über die gesamten Truppen des Westens (Zosim. 4,59,1). Theodosius wollte nach Constantinopel zurückkehren und dort noch einmal den Sieg über Eugenius feiern (Ambros. de obitu Theod. 16). Am 17. Januar 395 aber machte der Tod allen Plänen des noch nicht fünfzigjährigen Kaisers ein Ende. Die Anstrengungen des voraufgegangenen Feldzugs waren für ihn zu stark gewesen.

Vierzig Tage nach dem Tod des Theodosius richtete Ambrosius in Mailand die Trauerfeier für ihn aus (25. 2. 395). In seiner Leichenrede (›De obitu Theodosii‹) erwähnte er an zentraler Stelle (§ 5) den letzten Willen des Verstorbenen im Hinblick auf dessen Söhne Arcadius und Honorius. Da Theodosius ihnen schon ihre Rechtsstellung als Augusti im Osten bzw. Westen angewiesen hatte, habe er auf dem Sterbebett nur noch hinzugefügt, dass der anwesende Heermeister Stilicho als Verwandter – er war mit Serena, der Nichte des Theodosius, verheiratet – die Obhut über beide Söhne übernehmen solle. Im Übrigen zeichnete Ambrosius in seiner Predigt das Bild eines Kaisers, dessen Wesensmerkmal die aus dem Glauben (*fides*) erwachsene Frömmigkeit (*pietas*) war, einer Frömmigkeit, die ihn befähigte, den höchsten Vollkommenheitsgrad eines Christen, die Demut (*humilitas*) zu erreichen (§ 12). Es war eine neue Kaiserideologie, die Ambrosius an der Person des Theodosius festmachte, die Ideologie des allerchristlichsten Kaisers (*Christianissimus Imperator*). Aus ihr leitete er die herausragende Tat des Verstorbenen, das Verbot des heidnischen Kults, ab (§ 4), aber auch dessen Siege auf dem Schlachtfeld (§ 7), kurzum: sein ganzes Handeln. Ambrosius bereite damit den Boden für die Apostrophierung des Theodosius als „der Große", welche zuerst die Väter des Konzils von Chalcedon (451) vornahmen und die dann allgemein üblich wurde (vgl. Marcell. Comes, Chron. Min. II 64).

Auf die Trauerfeier in Mailand folgte die Überführung der Leiche nach Constantinopel, wo Theodosius im Mausoleum der Apostelkirche beigesetzt wurde. Seine beiden Gattinnen ruhten bereits dort, Flacilla seit 385, Galla seit 394. Letztere war kurz vor dem Aufbruch des Theodosius in den Krieg gegen Eugenius an einer Fehlgeburt gestorben. Honorius blieb als neuer Westkaiser in Mailand zurück. Ambrosius hoffte, ihn durch die Leichenrede für seinen Vater anzuspornen, diesen nachzuahmen. Im Übrigen stand er bereit, als Ratgeber des jungen Kaisers tätig zu werden. Diese Hoffnung trog jedoch. Stilicho ließ neben sich keinen anderen Ratgeber bei Honorius Einfluss gewinnen. Zudem starb Ambrosius schon im Jahre 397. Er wurde in seiner Kirchengründung, der Basilica Martyrum (S. Ambrogio), beigesetzt. Außer dieser kündeten noch drei weitere Basiliken von seinem kirchenbaulichen Wirken, nämlich die Basilica Virginum (S. Simpliciano), die Basilica Salvatoris (S. Dionigi) und die Basilica Apostolorum (S. Nazaro). In der literarischen Hinterlassenschaft des Ambrosius befanden sich viele Schriften, die eine starke Wirkung ausübten, so etwa ›De officiis ministrorum‹ als erste christliche Ethik und ›De sacramentis‹ als Meilenstein auf dem Wege der Ausbildung des Messkanons und des Verständnisses der Messe als Opfer.

Mit Theodosius und Ambrosius waren die Repräsentanten einer Epoche dahingegangen, in der Staat und Kirche so zueinander gefunden hatten, dass die seit Constantin bestehende Verbindung unauflöslichen und ausschließlichen Charakter annahm. Der allerchristlichste Kaiser Theodosius garantierte die Verklammerung, Bischöfe wie Ambrosius und Damasus befestigten sie. Das christliche Rom überlagerte in Idee und Wirklichkeit das heidnische. Die Chancen des Heidentums schrumpften auf ein Minimum zusammen.

6. VERFESTIGUNG DER REICHSTEILUNG – FANAL DER GERMANENINVASION

Die Herrschaft der Theodosiussöhne Arcadius (395–408) und Honorius (395–423)

Mit dem Tod des Theodosius (395) erlangten seine 18 bzw. 10 Jahre alten Söhne Arcadius und Honorius die Herrschaft über das Ost- bzw. Westreich. Die eigentliche Regierung im Osten lag in den Händen des Prätorianerpräfekten Rufinus, der seit 392 als Nachfolger des Tatianus (oben S. 162) dieses Amt innehatte. Im Westen übernahm 395 Stilicho mit dem Amt des obersten Heermeisters die Leitung der Regierung an Stelle des noch im Kindesalter stehenden Honorius. Dem letzten Willen des Theodosius entsprechend (oben S. 174), fühlte Stilicho sich aber auch für Arcadius, d.h. für die Geschicke des Ostreichs verantwortlich, dies umso mehr, als das von Theodosius gegen Eugenius ins Feld geführte Ostheer seinem (Stilichos) Kommando ebenso unterstand wie das Westheer (Zosim. 5,4,2). Es war klar, dass die aus dem Osten stammenden Verbände dorthin zurückgeführt werden mussten. Dazu gab es sogar einen unmittelbaren Anlass: Die Entblößung des Ostens von Truppen (vgl. Hieron. ep. 77,8,2) hatte im Winter 394/95 zu einer Barbareninvasion über die zugefrorene Donau geführt, an der vor allem Hunnen beteiligt gewesen zu sein scheinen. Sie hatte u.a. die Folge, dass sich die Goten in der Moesia secunda erneut (vgl. oben S. 171) in Bewegung setzten – unter Führung Alarichs, der nach der Schlacht am Frigidus, verärgert über seine Behandlung durch die Römer, mit den von ihm befehligten gotischen Hilfstruppen nach Mösien zurückgekehrt war (Zosim. 5,5,4). Die Balkanprovinzen wurden wieder schrecklich heimgesucht, selbst bis in die Umgebung von Constantinopel gelangten die plündernden Scharen (Claudian. in Rufin. 2,26–28 + 36–60).

Stilicho zog im Frühjahr 395 mit dem gesamten Reichsheer in die bedrängten Gebiete. In Thessalien traf er auf Alarich und schloss ihn in seiner Wagenburg ein (Claudian. in Rufin. 2,100–129). Als die Belagerung sich hinzog, erhielt Stilicho vom Kaiser Arcadius den Befehl, diese aufzugeben, vielmehr die Truppen des Ostheers nach

Verfestigung der Reichsteilung – Fanal der Germaneninvasion 177

Constantinopel zu schicken. Rufinus hatte dem Kaiser offenbar die Gefahr vor Augen gestellt, welche das Eingreifen Stilichos im Illyricum für das 'Eigenleben' des Ostreichs bedeutete (vgl. Claudian. in Rufin. 2,152–162). Stilicho kam dem Befehl nach, wenn auch nicht in vollem Umfang. Er behielt nämlich von den Einheiten des Ostheeres etliche, und zwar die besten, für das Westheer zurück (Zosim. 5,4,2). Zudem scheint er seinen Hass auf Rufinus dadurch befriedigt zu haben, dass er dem Kommandeur der nach Constantinopel in Marsch gesetzten Truppen, dem Goten Gainas, Instruktionen für die Beseitigung des Rufinus mit auf den Weg gab. Jedenfalls wurde der Prätorianerpräfekt, als er am 27. November 395 im Gefolge des Kaisers Arcadius die heimkehrenden Truppen empfing, von diesen ermordet. Der als Freund Stilichos am Kaiserhof in Mailand tätige Dichter Claudianus hat in seiner Invektive ›Gegen Rufinus‹ die Szene genau beschrieben (Claudian. in Rufin. 2,336–427).

Den Platz des Kaiserberaters nahm nun der Eunuch Eutropius ein, der als *praepositus sacri cubiculi* (vgl. oben S. 30) die Politik des Ostreichs in den nächsten Jahren (bis 399) bestimmte. Er hatte schon vor der Ermordung des Rufinus auf Arcadius Einfluss gewonnen, am meisten durch die Vermittlung der Heirat des Kaisers mit Aelia Eudoxia, der Tochter des fränkischen Heermeisters Bauto (27. April 395). Mit Stilicho verband ihn die Interessengemeinschaft gegen Rufinus. Eine Frucht der allerdings nur kurze Zeit (395/396) währenden Übereinstimmung zwischen Ost und West scheint die Teilung der illyrischen Präfektur gewesen zu sein, welche strategischen Rücksichten Rechnung trug: Die Diözesen Macedonia und Dacia blieben im Besitz des Ostreichs, die Diözese Pannoniae wurde dem Westreich angegliedert.

Nachdem Stilicho im Herbst 395 mit dem Westheer aus dem Illyricum nach Italien abgezogen war, machte Alarich sich mit seinen Scharen auf den Weg in die Peloponnes. Dort verweilte er für längere Zeit, so dass es den Anschein hatte, als ob er sich auf Dauer festsetzen wollte. Um dies zu verhindern, aber auch, um seine Macht zu demonstrieren, unternahm Stilicho 397 eine See-Expedition zur Peloponnes, obwohl er damit auf das Territorium des Ostreiches übergriff (Joh. Ant. fragm. 190 [Fragm. Hist. Graec. IV 610]). Es gelang ihm, die Goten auf die Hochebene von Pholoe in Elis (bei Olympia) zu drängen und einzuschließen (Zosim. 5,7,1–2). Anscheinend reichte dies, um Alarich zu bestimmten Zusagen zu bewegen. Jedenfalls betrachtete Stilicho seine Expedition als beendet und kehrte nach Italien zurück. Die Folgen waren schwer wiegend: Der

Senat in Constantinopel erklärte Stilicho zum Staatsfeind und konfiszierte seine im Osten gelegenen Güter, Afrika sagte sich unter Gildo vom Westreich los und erkannte nur Arcadius als Kaiser an, Alarich zog aus der Peloponnes nach Epirus und verheerte nun diese Landschaft.

Die Hostiserklärung gegen Stilicho kam einer Kriegserklärung des Ostreiches an das Westreich gleich; die Lossagung Gildos von Honorius war gewissermaßen die erste Kriegshandlung (Zosim. 5,11,1–2), denn sie blockierte die Getreidezufuhr für Rom und schuf dort eine ernste Versorgungslage. Schnelles Handeln war geboten. Stilicho ließ im Namen des Honorius dem Senat in Rom ein Schreiben zugehen, das die Körperschaft aufforderte, Gildo zum Staatsfeind zu erklären. Dies geschah „nach alter Sitte" (Symm. ep. 4,5, 1–3). So konnte Stilicho denn rechtmäßig gegen den Abtrünnigen vorgehen. Das Kommando über die dafür bereitgestellten Truppen übernahm Mascezel, der in Italien lebende Bruder Gildos. Er siegte in der Schlacht bei Theveste (Africa Proconsularis) und ließ Gildo auf der Flucht gefangen nehmen. Der *hostis publicus* (Corp. Inscr. Lat. IX 4051) wurde am 31. Juli 398 hingerichtet (Cons. Ital., Chron. Min. I 298).

Damit war Afrika unter die Herrschaft des Honorius zurückgekehrt, so dass auch im Süden die Grenzziehung zwischen den beiden Reichsteilen in Kraft treten konnte, die im Norden durch die Teilung der illyrischen Präfektur (oben S. 177) erfolgt war. Den Grenzpunkt zwischen den Diözesen Africa (West) und Aegyptus (Ost), d.h. zwischen den Provinzen Tripolitana und Libya, bildeten die Arae Philaenorum, eine Stelle an der Großen Syrte, die etwa 50 km westlich von dem aus dem 2. Weltkrieg bekannten Ort El Agheila (im heutigen Libyen) lag. Durch diesen Grenzpunkt führte der 19. Längengrad, der nach Norden hin bei Skutari (Albanien) auf das europäische Festland stößt und von dort an, dem antiken Scodra (Dalmatien), in etwa die Grenze zwischen den Diözesen Pannoniae (West) und Dacia (Ost) bildete. An der Donau war Singidunum/Belgrad der Endpunkt. Die Grenzlinie hatte schon im Jahre 305 eine Rolle gespielt (oben S. 1f.). In Afrika fungierte sie auch als Sprachgrenze, insofern in der Tripolitana Lateinisch gesprochen wurde, in der Libya Griechisch. Auf dem Balkan dagegen wich die lateinisch-griechische Sprachgrenze von der politischen Grenzziehung zwischen West und Ost ab. Die Sprachgrenze begann an der Adriaküste zwischen Apollonia und Dyrrhachium, verlief nach Osten bis zum Orbelus-Gebirge bei Zletovo im heutigen Mazedo-

Verfestigung der Reichsteilung – Fanal der Germaneninvasion

nien und bog dann nach Norden in Richtung auf Naissus/Nisch bzw. Montana/Mihailovgrad um. Von dort an folgte sie in einiger Entfernung dem Lauf der Donau nach Osten (Karte: B. Gerov, Bonner Jahrb., Beiheft 40, 1980, S. 149).

Mit Alarich musste die Regierung in Constantinopel fertig werden. Sie bot dem Goten ein neues Bündnis an und versprach ihm eine neue Heimat in der makedonischen Landschaft Emathia (Claudian. bell. Goth. 496–497). Alarich selbst sollte als Heermeister für Illyrien fungieren und damit zu seinem wohl 395 erlangten gentilen Königtum ein römisches Amt übernehmen, das ihm Verfügungsgewalt über die staatlichen Ressourcen gewährte (Claudian. bell. Goth. 535–539). Der letztere Punkt des 397 zu Stande gekommenen Bündnisses war ein wesentlicher Fortschritt gegenüber dem Foedus von 382 (oben S. 147). Denn die Ernennung Alarichs zum Heermeister bedeutete die Integration der Goten in den römischen Staat, während sie vorher (in Mösien) einen Staat im Staat gebildet hatten. Das damals entwickelte Modell erfuhr jetzt eine zukunftsträchtige Ausgestaltung.

Die Bindung Alarichs in Makedonien ermöglichte es dem Machthaber des Ostreichs, Eutropius, 398 gegen die Hunnen ins Feld zu ziehen, die im Sommer 395 über den Kaukasus nach Armenien eingefallen waren und dann Kappadokien, Kilikien, Mesopotamien und Syrien heimgesucht hatten (Claudian. in Eutr. 2,28–35). Der Eunuch übernahm selbst den Oberbefehl über die Truppen, mit denen er die Hunnen bekämpfte, obwohl doch sein Amt als Oberkämmerer (*praepositus sacri cubiculi*) nichts mit dem Militärwesen zu tun hatte. Machthunger war das Motiv für diesen singulären Vorgang: Eutropius wollte zu seinem Einfluss bei Hofe auch einen solchen beim Heer gewinnen. Der Feldzug verlief offenbar erfolgreich; gekämpft wurde u. a. in Armenien (Claudian. in Eutr. 2,367). Bei der Rückkehr nach Constantinopel erhielt Eutropius höchste Beweise der kaiserlichen Gunst: Er wurde zum *patricius* ernannt und zum *consul* für 399 designiert (Zosim. 5,17,4); Statuen sollten ihm überall errichtet werden (vgl. Cod. Theod. 9,40,17) – Eutropius hatte den Gipfel seiner Karriere erreicht.

Das Jahr 399, das mit dem Konsulatsantritt des Eutropius begann, endete mit der Hinrichtung des schon im August entmachteten Eunuchen. Es waren mehrere Entwicklungen, die zu seinem Sturz führten; in Gang gesetzt wurde er im Frühjahr 399 durch den Aufstand der Greutungen (Ostgoten), die 386 nach ihrer Niederlage gegen den Heermeister Promotus (oben S. 162) als *coloni* in Phrygien angesiedelt worden waren. Unter ihrem Anführer Tribigildus hatten sie am Hunnenfeldzug des Eutropius teilgenommen, waren dafür aber ihrer Meinung nach nicht genügend entlohnt worden. Wahrscheinlich wollte Tribigildus für sich und seine Volksgruppe die gleiche Stellung erlangen, die Alarich und den Westgoten 397 zugestanden worden war (oben S. 179). In seiner Enttäuschung griff er zu dem Druckmittel eines Plünderungszuges durch Kleinasien. Dabei erhielt er Verstärkung durch flüchtige Sklaven und andere Unzufriedene, so dass die von ihm ausgehende Gefahr wuchs (Zosim. 5,13,2–4).

Eutropius sah sich genötigt, die Armee zu mobilisieren und zwei Heermeister eigens für den Kampf gegen die Aufständischen zu erennenen. Der eine, Leo, stand ihm persönlich nahe, die Ernennung des anderen, Gainas, war eine Notlösung. Der Gote Gainas wartete, seit er 395 im Auftrag Stilichos das Ostheer nach Constantinopel zurückgeführt hatte (oben S. 177), auf die Beförderung zum höchsten Militäramt, die Eutrop ihm vorenthielt, um selbst zu höchster Macht zu gelangen. Patriziat und Konsulat des Eunuchen erregten daher den Neid des Goten (Zosim. 5,17,4); sein eigenes, in der Stunde der Not erfolgtes Avancement vermochte die Gegnerschaft zu Eutrop nicht zu beseitigen. Während Gainas die Sicherung der Meerengen übernahm, verfolgte Leo die Scharen des Tribigildus in Kleinasien. Obwohl der Letztere inzwischen eine schwere Niederlage gegen eine einheimische Miliz in Pamphylien erlitten hatte (Zosim. 5,15,5–16,5), gelang es ihm, im Sommer 399 mit neuen Kräften Leo zu schlagen und zu töten (Zosim. 5,17,1–2). Nun ruhten alle Hoffnungen auf Gainas.

Die Gunst der Stunde nutzend, konspirierte Gainas mit Tribigildus, um den Sturz des Eutropius zu erreichen (Zosim. 5,17,5). Da auch die Kaiserin Eudoxia die Zeit für gekommen hielt, wegen erlittener Unbill mit dem Eunuchen abzurechnen (Sozom. hist. eccl. 8,7,3), und in der Person des früheren Stadtpräfekten Aurelianus ein Mann bereitstand, der an Stelle Eutrops die 'Regierung' übernehmen könnte, enthob Arcadius den *praepositus sacri cubiculi* seines Amtes und ernannte Aurelianus zum *praefectus praetorio*. Um Schlimmerem zu entgehen, floh Eutrop ins Kirchenasyl zu Johannes Chrysostomus, den er 398 zum Bischof von Constantinopel hatte weihen lassen. Johannes nutzte die Gelegenheit zu einer großen Predigt (›In Eutropium‹), in der er die Zuhörer ermahnte, dem Schutzflehenden seine Missetaten zu verzeihen. Nichtsdestoweniger prangerte er deren Ursache an: Gier nach Macht und Reichtum

(Patrol. Graec. 52,391–396). Eutrop wurde auf die Insel Cypern verbannt und sein Andenken geächtet (Cod. Theod. 9,40,17 [17. August 399]), dann (noch vor Jahresende) nach Constantinopel zurückgebracht, wegen Majestätsverbrechens zum Tode verurteilt und in Chalcedon hingerichtet (Zosim. 5,18,2).

Sturz und Hinrichtung Eutrops reichten Gainas inzwischen nicht mehr, um seinen Ehrgeiz zu befriedigen; er wollte auf die Regierung in Constantinopel maßgeblichen Einfluss gewinnen. In Aurelian witterte er einen neuen Gegner, und das mit gutem Grund. Dieser versuchte nämlich, den Kaiser auf eine Politik festzulegen, welche die Machtstellung germanischer Heerführer, wie Gainas einer war, nicht zuließ. Synesius von Cyrene, der spätere Bischof von Ptolemais, vertrat diesen Standpunkt in einer Rede, die er in der Zeit nach dem Amtsantritt seines Freundes Aurelian als *praefectus praetorio* (August 399) am Hof des Arcadius hielt. Als Fürstenspiegel besonderer Art ist die Rede des Synesius ›Über das Königtum‹ in die Literatur eingegangen. Als Programmkundgebung dagegen hatte sie statt der erhofften die entgegengesetzte Wirkung: Gainas tat sich mit Tribigildus zusammen; in Thyatira (Lydien) vereinigten sie ihre Streitkräfte (Zosim. 5,18,5). Durch einen im Frühjahr 400 unternommenen Marsch an den Hellespont bzw. nach Chalcedon bedrohten sie Constantinopel und zwangen Arcadius zu Verhandlungen. Diese fanden in Chalcedon statt und brachten Gainas die Erfüllung seiner Forderungen, darunter die Verbannung des *praefectus praetorio* Aurelianus (Socr. hist. eccl. 6,6,9), die dem von Synesius propagierten 'Antigermanismus' die Spitze abbrach.

Gainas erhielt von Arcadius die Bestätigung seines Heermeisteramtes und die Zustimmung zu seiner Absicht, mit den ihm folgenden Truppen in Constantinopel Quartier zu nehmen (Socr. hist. eccl. 6,6,13–14). Ende April 400 rückte er mit „einigen 10 000 Mann" in die Stadt ein und versuchte, auch insofern von ihr Besitz zu ergreifen, als er eine Kirche verlangte, in der er und seine arianischen Goten ihren Gottesdienst feiern könnten. Mit Hilfe des Bischofs Johannes Chrysostomus konnte Arcadius diesen Übergriff verhindern (Theodoret. hist. eccl. 5,32,1–7). Nichts aber ließ sich dagegen machen, dass die Barbaren zum Schrecken der Bevölkerung, besonders der Geschäftsleute, wurden. Es bedurfte vielmehr göttlicher Hilfe, um den Kaiserpalast vor ihren Anschlägen zu bewahren (Socr. hist. eccl. 6,6,15–21)! Andererseits musste Gainas einsehen, dass er Constantinopel nicht auf Dauer halten konnte. So entschloss er sich nach etwa zehn Wochen, nämlich am 12. Juli 400 (Chron. Pasch. ad an. 400, Chron. Min. II 66), die Stadt zu räumen. Dabei aber kam es zur Katastrophe: Als Gainas schon mit dem Großteil der Truppen abgezogen war, entwickelte sich in der Stadt ein Volksaufstand gegen die zurückgebliebenen 7000 Goten. Diese suchten Schutz in einer nahe beim Kaiserpalast gelegenen Kirche – in der Hoffnung auf deren Asylie. Auf ausdrücklichen Befehl des Arcadius aber wurde die Kirche in Brand gesetzt, so dass alle Goten ums Leben kamen (Zosim. 5,19,4–5). Constantinopel war von der Barbarengefahr befreit, freilich durch einen unerhörten Gottesfrevel.

Gainas wurde zum Staatsfeind erklärt (Socr. hist. eccl. 6,6,27) und an seiner Stelle Fravitta, ebenfalls ein Gote, zum Heermeister ernannt. Dieser machte von sich reden, als er etwa im Oktober 400 in einer Seeschlacht am Hellespont Gainas daran hinderte, von Europa (Thrakien) nach Kleinasien zu gelangen (Zosim. 5,21,1–4). Nur geringe Reste der Streitmacht des Gainas entkamen – und dieser selbst. Er zog an die Donau und setzte auf die nördliche Seite des Flusses über, geriet aber dort (in der Walachei) schon bald mit dem Hunnenfürsten Uldin aneinander und fiel. Seinen abgeschlagenen Kopf schickte Uldin nach Constantinopel. Die Ankunft der ›Trophäe‹ wurde unter dem 3. Januar 401 in den Annalen vermerkt (Chron. Pasch. ad an. 401, Chron. Min. II 66). Von Tribigildus wusste man schon seit seinem Marsch auf Constantinopel (oben S. 181) nichts mehr zu berichten.

Die Besetzung durch die Goten im Jahre 400 war für Constantinopel ein Ereignis, das in seiner Bedeutung durchaus mit der Einnahme Roms durch die Gallier im Jahre 387 v. Chr. verglichen werden kann. Die Befreiung von den Feinden bildete in beiden Fällen ein Grunderlebnis, welches das Gefühl auslöste, unter göttlichem Schutz zu stehen. Dadurch wiederum wurde das Selbstbewußtsein gefördert und die Eigenständigkeit gestärkt. Als Ausdruck dieser Stimmungslage im Constantinopel des Jahres 400 ließ Arcadius auf der südlichen Abzweigung der am Forum des Theodosius sich gabelnden „Mittelstraße" (Mese) ein weiteres Forum erbauen und eine ca. 50 m hohe Säule errichten, deren Reliefschmuck die Gotengefahr und ihre Überwindung (in Spiralbändern nach Art der Trajanssäule in Rom) darstellte; im Jahre 421 wurde sie durch eine Statue des Arcadius bekrönt (Marcell. Comes, Chron. Min. II 75). Von der im 18. Jahrhundert beseitigten Arcadius-Säule haben sich Zeichnungen erhalten (in der Bibliothek des Trinity College Cambridge und in der Bibliothèque Nationale, Paris), die eine Vorstellung von ihr ermöglichen (Abbildung: W. Müller-Wiener, Bildlexikon zur Topographie Istanbuls, 1977, S. 250).

Der Aufstand des Tribigildus und die nachfolgenden, von Gainas dominierten Ereignisse waren nicht nur militärisch-politisch eine Lektion für das sich etablierende Ostreich, sie warfen auch Schlaglichter auf die alles andere als stabilen sozialen Verhältnisse in den 'betroffenen' Gebieten des Ostens. Alarmierend war vor allem der Zulauf, den 399 die Goten des Tribigildus durch Sklaven und Kolonen in Kleinasien erhielten (oben S. 180). Offenbarte doch diese Fluchtbewegung die weit verbreitete Unzufriedenheit mit den auf dem Lande herrschenden Arbeits- und Lebensbedingungen. Der Trend in der Landwirtschaft ging ja dahin, die unterschiedlichen Abhängigkeitsverhältnisse zu nivellieren. Die Bindung der Kolonen an das Land, für das sie steuerpflichtig waren, bildete das Vehikel, mit dem diese Nivellierung herbeigeführt wurde. Nachdem 371 Valentinian I. eine entsprechende Verfügung für Illyrien erlassen hatte (oben S. 128), waren unter Theodosius weitere Landstriche in diese Regelung einbezogen worden (Palästina, Thrakien: Cod. Iust. 11,51,1 + 11,52,1). Arcadius ging noch einen Schritt weiter: In einem an den Prokonsul der Provinz Asia gerichteten Erlass entzog er im Jahre 396 den Kolonen das Recht, gegen ihre Grundherren zu klagen, es sei denn, ihnen würden überzogene Pachtzahlungen zugemutet. Als Grund für die Rechtsminderung gab er an, die Kolonen seien gewissermaßen Sklaven (Cod. Iust. 11,50,2). Eben diese Erniedrigung der *coloni* zu *servi terrae* aber machte sie zu potentiellen Flüchtlingen – wie die Sklaven. Es war daher konsequent, dass die Gesetzgebung die Aufnahme eines flüchtigen Kolonen genauso hoch bestrafte wie die eines flüchtigen Sklaven, nämlich mit doppeltem Ersatz (Flüchtling und einen weiteren Kolonen bzw. Sklaven) sowie 12 Pfund (ca. 4 kg) Silber Fiskalbuße (Cod. Iust. 11,48,12,2).

Die Nivellierung der Abhängigkeitsverhältnisse in der Landwirtschaft erfolgte vor dem Hintergrund eines inzwischen (vgl. oben S. 129) chronisch gewordenen Arbeitskräftemangels, der die Grundherren veranlasste, weniger zurückhaltend bei der Aufnahme eines flüchtigen Sklaven oder Kolonen zu verfahren (vgl. Cod. Iust. 11,48,12 pr.). Sie nahmen sogar Arbeiter aus den staatlichen Manufakturen (Waffenschmiede, Leinen-, Wollweber) auf, obwohl sie sich dadurch der Gefahr aussetzten, bis zu 5 Pfund Gold als Strafe bezahlen zu müssen (Cod. Theod. 10,20,8). Arcadius verfügte 398 darüber hinaus, dass die Arbeiter in den Waffenfabriken durch ein Brandmal an der Hand gekennzeichnet werden sollten, damit sie bei Verlassen ihrer Arbeitsstätte erkannt werden könnten (Cod. Theod. 10,22,4) – wie die Sklaven, deren Brandmarkung für diese Zeit ebenfalls bezeugt ist (Ambros. de obitu Valent. 58).

Sklaven und Kolonen erschienen 399 Seite an Seite in der Miliz, die ein reicher Grundherr mit Namen Valentinus in Pamphylien den Scharen des Tribigildus entgegenstellte und sie fast vernichtete (oben S. 180). Die Tatsache, dass Valentinus seine eigenen Sklaven und Kolonen zu einer Miliz formierte, mit der er schon öfters Räuberbanden abgewehrt hatte, ließ erkennen, wie sehr die Grundherren bezüglich der Sicherheit ihrer Güter auf sich selbst gestellt waren. Ein Gesetz des Jahres 391 hatte ihnen ausdrücklich die Selbstverteidigung erlaubt (Cod. Theod. 9,14,2), ein weiteres sollte ihnen bald die Anlage von Befestigungen im Bereich ihrer Güter gestatten (Cod. Iust. 8,10,10 [420]) – der Staat trat Schutzfunktionen an private Potentaten ab und förderte dadurch die Ausbildung von Grundherrschaften (vgl. oben S. 127f.).

Ein der Initiative des Valentinus vergleichbarer Vorgang war die Bildung einer privaten Gefolgschaft um Gainas. Der Aufstieg des Goten zum Heermeister des Ostreichs war nämlich von dessen Bemühen begleitet, sich eine gewisse Unabhängigkeit vom römischen Militärapparat zu bewahren. So sammelte er zahlreiche Stammesgenossen um sich, die nur ihm, nicht der römischen Militärführung als solcher unterstanden (Theodoret. hist. eccl. 5,32,1). Sie bildeta den Kern seiner Machtposition, seine Leibwache. Für solche Leibwächter, die etwa auch den Prätorianerpräfekten Rufinus umgaben (Claudian. in Rufin. 2,75–77), kam zu dieser Zeit der Name „Buccellarii" (von *buccella*, „Kommissbrot") auf. Mit dem Buccellariertum trat eine neue, militärisch geprägte Form des Patrociniums ins Leben: Hohe Offiziere nahmen für den Leibwächterdienst geeignete Leute in ihre Klientel auf und erlangten durch Gewährung von Schutz und Unterhalt deren Treueversprechen. Dieses bildete eine Sicherheitsvorkehrung für den Patron und eröffnete ihm Möglichkeiten, die Buccellarii in eigenem Interesse einzusetzen. Aufs Ganze gesehen fügte das Buccellariertum der staatlichen Heeresorganisation private Elemente ein.

Nach dem Ende des Gainas wurde Thrakien im Jahre 401 von einer „Hunnenplage" heimgesucht. Bei den Räuberbanden, die das flache Land unsicher machten, handelte es sich in Wirklichkeit um flüchtige Sklaven und Deserteure, welche sich der Verfremdung („Hunnen") bedienten, um zu vertuschen, dass sie straffällig geworden waren. Dahinter verbarg sich, was die Deserteure anging, ein immer offener zu Tage tretendes Übel: Soldaten verließen ihre Einheiten und machten sich die Wirren der Zeit zunutze, indem sie sich vor allem mit flüchtigen Sklaven zu Räuberbanden zusammenschlossen und die allgemeine Unsicherheit erhöhten. In Thrakien war 401 das Chaos so groß, dass der Heermeister Fravitta einen regelrechten Feldzug gegen die „Hunnen" führen musste (Zosim. 5,22,3).

Fravitta war im Jahr 401 Konsul. Er hatte dieses Ehrenamt zum Dank für seinen Sieg über Gainas erhalten. Bei der soeben erwähnten Bereinigung der Verhältnisse in Thrakien erwies er sich erneut als umsichtigen Militär. Verhängnisvoll wirkte sich dagegen seine Einmischung in die Politik aus. Er geriet mit einem einflussreichen Höfling, dem *comes* Johannes, Anhänger der Kaiserin Eudoxia, wegen der Beziehungen zum Westreich aneinander – und zog den Kürzeren: seine kritischen Äußerungen kosteten ihn das Leben (Eunap. fragm. 71,3).

Aelia Eudoxia, seit 395 Gemahlin des Arcadius (oben S. 177), hatte am 9. Januar 400 die Augusta-Würde erhalten (Marcell. Comes, Chron. Min. II 66). Damit wurde ihr auch offiziell eine maßgebliche Stellung am Hofe und in der Politik zuerkannt. Auf Münzen erschien ihr mit dem Diadem geschmücktes Haupt, über dem die Hand Gottes einen Kranz als Zeichen der göttlichen Erwählung hielt. Die Rückseite zeigte das Christogramm; die Umschrift verkündete den Wahlspruch der Kaiserin: SALVS ORIENTIS FELICITAS OCCIDENTIS, „Heil des Ostens – Glück des Westens" (Abbildung: Kent/Overbeck/Stylow, Die röm. Münze, 1973, Nr. 734). Bilder Eudoxias wurden in alle Provinzen geschickt, auch in die des Westreichs, wogegen freilich Honorius protestierte (Coll. Avell. 38,1). Als Erhöhung ihres Einflusses durfte Eudoxia die Erhebung ihres noch nicht einjährigen Sohnes Theodosius zum Augustus am 10. Januar 402 (Marcell. Comes, Chron. Min. II 67) betrachten. Ihre Religiosität, die sich z. B. in der Teilnahme an einer Reliquienprozession von Constantinopel zu dem 9 Meilen (13,5 km) entfernten Vorort Drypia zeigte, fand höchstes Lob in einer Predigt des Johannes Chrysostomus (Patrol. Graec. 53,457–478). Andererseits machte sich eben diese Frömmigkeit der Bischof Porphyrius von Gaza (Phönizien) zunutze, um den kaiserlichen Befehl zur Zerstörung des berühmten Marnas-Tempels in Gaza zu erlangen (Marc. Diac. vit. Porphyr. 39–50).

Johannes Chrysostomus hatte, seit er 398 zum Bischof von Constantinopel geweiht worden war (oben S. 180), vor allem durch seine

Tätigkeit als Prediger großen Anklang beim gläubigen Volk gefunden, auch wenn seine moralischen Forderungen sehr weit gingen. Weniger beliebt war er bei den Klerikern und den Mönchen, da seine disziplinarischen und asketischen Ansprüche ihnen zu rigoros erschienen. Grimmige Feinde hatte er unter den Bischöfen. Sein Hauptgegner war Theophilus von Alexandria, der lieber einen Mann seiner Wahl auf dem Bischofsstuhl von Constantinopel gesehen hätte. Von ihm ging der Anstoß zum Sturz des Johannes Chrysostomus aus. Theophilus warf ihm nämlich vor, die Origenisten zu unterstützen, die er (Theophilus) aus Ägypten ausgewiesen habe. Dabei handelte es sich um eine von den so genannten langen Brüdern angeführte Mönchsgruppe, welche die Lehre des 254 gestorbenen Theologen Origenes vertrat, man dürfe sich Gott nicht wie einen Menschen vorstellen. Nach Constantinopel gelangt, erreichten die 'langen Brüder' vom Kaiser, dass Theophilus in die Hauptstadt zitiert wurde, um sein Vorgehen gegen die origenistischen Mönche vor Johannes Chrysostomus zu rechtfertigen (Pallad. dial. 8,18–22). Im Herbst 403 traf Theophilus in Constantinopel ein. Seine Ankunft veränderte die Situation mit einem Schlag. Denn es gelang dem Alexandriner, Johannes Chrysostomus aus der Rolle des Richters in die des Angeklagten zu manövrieren. Schon wenige Wochen nach seinem Eintreffen in Constantinopel konnte Theophilus auf der Eichensynode (nach einem „Eiche" genannten Landgut) bei Chalcedon mindestens 36 Bischöfe gegen Johannes Chrysostomus versammeln (Pallad. dial. 3,12–13).

Es war nicht schwer für Theophilus, Belastungsmaterial gegen Johannes Chrysostomus zu finden. Solche, die es ihm zutrugen, gab es zuhauf. Zu viele hatte Johannes durch Wort und Tat verärgert, erzürnt, verletzt. Zu groß war die Missgunst, die er sich soeben erst (402) durch Ausdehnung seiner Jurisdiktionsgewalt auf Asia zugezogen hatte (Pallad. dial. 13,146–15,107). Zu schwer wog schließlich der Verlust des Rückhalts, den er bisher durch die Kaiserin Eudoxia genossen hatte. Ihre Gunst verscherzte er sich durch eine Predigt, die von weiblichen Torheiten (Socr. hist. eccl. 6,15,1–4) handelte und von der Eudoxia annahm, dass sie gegen sie gerichtet sei. Da Johannes Chrysostomus sich weigerte, vor seinen Anklägern auf der Eichensynode (Herbst 403) zu erscheinen, wurde er für abgesetzt erklärt und von Arcadius verbannt. Doch schon am nächsten Tag annullierte der Kaiser seine Entscheidung und rief Johannes zurück – ein nächtliches Erdbeben hatte Eudoxia veranlasst, auf Arcadius entsprechend einzuwirken (Theodoret. hist. eccl. 5,35,5). Theophilus kehrte nach Alexandria zurück, ließ aber nicht von Johannes Chrysostomus ab. In einem Pamphlet bezeichnete er ihn als „Feind der Menschheit" (Facund. pro defens. trium capit. 6,5,17). Aber nicht nur Theophilus vergiftete von neuem die Atmosphäre, auch Johannes trug dazu bei: Erbost über den Lärm, den Volksbelustigungen an einer in der Nähe der Hagia Sophia aufgestellten Statue der Eudoxia (Inschriftenbasis: Corp. Inscr. Lat. III 736) verursachten, ließ er sich zu abfälligen Bemerkungen über die Kaiserin hinreißen. Er verglich sie sogar mit Herodias, die nach dem Haupt Johannes des Täufers verlangte (Socr. hist. eccl. 6,18,1–5). Die Antwort aus dem Kaiserhaus erfolgte umgehend. Johannes wurde zur Verantwortung gezogen und schließlich abgesetzt. Am 20. Juni 404 verließ er Constantinopel, um in das ihm zugewiesene Exil (Kukusus in Armenien) zu gehen. Sein Abgang endete mit einer Katastrophe: Die Hagia Sophia ging in Flammen auf (Marcell. Comes, Chron. Min. II 68).

Johannes Chrysostomus starb 407 auf dem Transport zu einem noch abgelegeneren Verbannungsort (Pityus am Schwarzen Meer) in Comana (Pontus). 438 wurde sein Leichnam nach Constantinopel heimgeholt und in der Apostelkirche beigesetzt (Socr. hist. eccl. 7,45,2–3). 1204 nahmen die Venetianer die Reliquien mit nach Italien. So fand Johannes in Rom (Chorkapelle von St. Peter [linkes Seitenschiff]) seine letzte Ruhestätte. Die Überführung vom Osten in den Westen bezeichnete symbolhaft die weltweite Wirkung des „Goldmundes" (Chrysostomus), wie Johannes seit dem 6. Jahrhundert genannt wurde. Sein großes Vorbild war der Apostel Paulus, dessen Briefe er in seinen diesbezüglichen Homilien eindringlich erklärte. Überhaupt wurde das ›Neue Testament‹ von ihm in unübertrefflicher Weise unters Volk gebracht; 90 Homilien verwandte er allein auf das Matthäus-Evangelium. Ein zentrales Anliegen war ihm die Vermittlung der Lehre von der Eucharistie als der Wiederholung des Kreuzesopfers Christi. Die noch heute in der griechisch-katholischen Kirche gebrauchte Chrysostomus-Liturgie stammt zwar nicht von dem großen Prediger, spiegelt aber seine 'Welt' wider.

Wenige Monate nach der Verbannung des Johannes Chrysostomus, nämlich am 6. Oktober 404, starb die Kaiserin Eudoxia; wenige Monate nach dem Tod des exilierten Bischofs fand auch Kaiser Arcadius sein Ende (1. Mai 408). Damit gelangte ein siebenjähriger Junge, Theodosius II., seit 402 bereits im Besitz der Augustus-Würde, an die Spitze des Ostreichs.

188 Verfestigung der Reichsteilung – Fanal der Germaneninvasion

Im Westreich beschwor der Tod des Arcadius im Jahre 408 einen Streit zwischen Honorius und seinem Heermeister Stilicho herauf. Dabei ging es um die Frage, wer von beiden in Constantinopel das Regiment übernehmen sollte: der Bruder des Verstorbenen (Honorius) oder der von Theodosius I. auf dem Sterbebett (oben S. 176) bestellte Sachwalter des Gesamtreichs (Stilicho). Es schien, als ob Stilicho sich durchsetzen würde, da gelang es Olympius, einem einflussreichen Hofbeamten, Honorius einzureden, Stilicho plane, den jungen Theodosius zu beseitigen und seinen eigenen fast zwanzigjährigen Sohn Eucherius (von der Serena [oben S. 176]) zum Augustus des Ostens zu erheben. Der Kaiser, der sich in Ticinum/ Pavia befand, reagierte mit einem Haftbefehl gegen den nach Ravenna aufgebrochenen Heermeister. Dieser floh, nachdem unterwegs seine hunnische Buccellariertruppe niedergemacht worden war, in eine ravennatische Kirche, verließ sie aber wieder auf bestimmte Zusagen hin. Ein neuer Befehl des Kaisers ordnete dann seine Hinrichtung als Staatsfeind an (Zosim. 5,31,1–34,4); sie wurde am 22. August 408 vollzogen (Cons. Ital., Chron. Min. I 300).

Mit Stilicho fand ein Mann seinen Untergang, der mehr als ein Dutzend Jahre (seit 395) die Geschicke des Westreichs bestimmt hatte. Das Elfenbeindiptychon im Domschatz von Monza (Lombardei) zeigt den gebürtigen Vandalen in Feldherrntracht mit Lanze und Schild; auf Letzterem sind die Büsten seiner 'Schützlinge' Arcadius und Honorius angebracht. Auf der anderen Tafel ist seine Gattin Serena dargestellt mit einer Rose in der Rechten; ihr edelsteinbesetzter Gürtel weist auf die Zugehörigkeit zum Kaiserhaus hin. Am linken Bildrand steht Eucherius, der (kleine) Sohn des Paares (Abbildung: R. Delbrueck, Die Consulardiptychen, 1929, Nr. 63). Nach Stilicho fanden auch Eucherius und Serena 408 den Tod.

Stilichos erstes großes Erfolgserlebnis in seiner 'Regentschaft' war die Rückgewinnung Afrikas durch den Krieg gegen Gildo im Jahre 398. Die dabei befolgte Zusammenarbeit mit dem Senat in Rom (oben S. 178) spiegelte ein Standbild wider, welches der Senat für Stilicho auf dem Forum errichten ließ (Corp. Inscr. Lat. VI 1730). Der Senat hatte freilich auch allen Grund, dem *magister utriusque militiae* dankbar zu sein, und zwar nicht nur, weil die Versorgung mit Getreide aus Afrika wiederhergestellt war, sondern auch, weil aus dem konfiszierten riesigen Besitz Gildos und seiner Anhänger große Summen nach Rom flossen, welche für die Restaurierung von Gebäuden, die Regulierung des Anio und die Trockenlegung von Sümpfen Verwendung fanden (Corp. Inscr. Lat. IX 4051). Stilichos

'Belohnung' von Seiten des Kaisers bestand in der Gewährung des Konsulats für das Jahr 400. Im Übrigen war Stilicho seit 398 durch seine Tochter Maria Schwiegervater des Honorius.

Die Befreiung Afrikas von der Herrschaft Gildos hatte eine starke religionspolitische Aktivität der von Stilicho dominierten Regierung des Westreichs zur Folge. Dabei ging es einmal um die Beseitigung der 'Reste' des Heidentums in Afrika, zum anderen um die Bekämpfung des Donatismus, der unter Gildo erneut stark in Erscheinung getreten war.

Die heidnischen Tempel bildeten, wo sie noch standen, Steine des Anstoßes für ihre christliche Umgebung – und den christlichen Staat, zumal wenn sie ein Stadtbild prägten, wie das in Carthago der Fall war. Diese Situation nutzten die Vertreter der wiederhergestellten kaiserlichen Gewalt in Carthago, die *comites* Gaudentius und Iovinus, zu einem spektakulären Zerstörungsakt: Am 19. März 399 ließen sie die Tempel in der Stadt niederreißen und die Standbilder der Götter zertrümmern (Augustin. de civ. Dei 18,54). Es folgte am 20. August 399 ein kaiserlicher Erlass an den Prokonsul von Africa, der die Beamten zur Beseitigung derjenigen Götterbilder ermächtigte, an denen Kulthandlungen vorgenommen wurden. Die Tempel als solche sollten jedoch erhalten bleiben (Cod. Theod. 16,10,18). In Bezug auf letztere verfügte ein Gesetz vom 15. November 407, dass sie staatlicher Nutzung zugeführt werden sollten (Cod. Theod. 16,10,19).

Vorangetrieben wurden die staatlichen Maßnahmen gegen das Heidentum durch Petitionen der Kirche, d. h. der auf den Konzilien in Carthago zusammenkommenden Bischöfe. So richtete etwa das am 16. Juni 401 eröffnete Konzil einen Appell an den Kaiser, er möge die in Afrika noch vorhandenen Tempel zerstören lassen (can. 2). Mehr aber noch als das Heidentum bildete der Donatismus Gegenstand der Beratungen und Beschlüsse auf den Konzilien in Carthago. Der Donatismus war mit Gildo eine Interessengemeinschaft eingegangen, und die Aktivitäten der Circumcellionen (vgl. oben S. 59, 90) hatten dessen Herrschaft stabilisiert. Das Anwachsen der Schismatiker zerriss das Christentum Nordafrikas in zwei etwa gleich starke Blöcke (411 standen 286 katholische Bischöfe 279 donatistischen gegenüber: Gesta coll. Carthag. 1,213–215). Im Jahre 401 richtete der Bischof von Rom, Anastasius, an die afrikanischen Bischöfe das dringende Ersuchen, die donatistische Bedrohung der kirchlichen Einheit nicht tatenlos hinzunehmen (Mansi, Sacr. Conc. Coll. III 770–771). Der Brief dokumentiert eine Situation, in der die katholische Seite darum bemüht war, mit den Donatisten ins Gespräch zu kommen und eine friedliche Wiedervereinigung zu erreichen. Es war dies die Linie, welche Augustinus, der Bischof von Hippo Regius, für richtig hielt und im Zusammenwirken mit seinem Metropoliten, Aurelius von Carthago, verfolgte.

Augustinus, geboren in Thagaste, war 395 zum Bischof von Hippo Regius in der Proconsularis geweiht worden. Bis 386 hatte er in Mailand einen Rhetoriklehrstuhl innegehabt und war 387 durch Ambrosius getauft worden. In der Auseinandersetzung mit den Donatisten profilierte er sich als führender Streiter für den wahren Glauben und die Einheit der Kirche. In den Jahren von 400 bis 405 verfasste er die Kampfschriften ›Contra epistulam Parmeniani‹ und ›Contra litteras Petiliani‹. In ihnen legte er seine soeben angedeutete Grundposition der gütlichen Annährung beider 'Parteien' dar, gab aber auch deutlich zu verstehen, dass er ein Eingreifen des Staates für durchaus legitim halte, und zwar auf Grund der vom Apostel Paulus im ›Römerbrief‹ vertretenen Obrigkeitslehre. Die Praxis veranlasste Augustinus dann zur Bevorzugung der letzteren Alternative.

Im Juni 404 schickten die zum neunten Mal unter dem Metropoliten Aurelius von Carthago zu einem Konzil zusammengetretenen Bischöfe Afrikas eine Gesandtschaft an Kaiser Honorius. Diese überbrachte ihm eine Bittschrift, in der das Scheitern der Bemühungen um einen friedlichen Ausgleich mit den Donatisten beklagt und Übergriffe gegen Katholiken angeprangert wurden. Die Konzilsväter baten Honorius um gesetzliche Schritte zugunsten der Einheitsbestrebungen und um Schutz gegen die donatistischen Ausschreitungen (Conc. Carthag. IX = Cod. eccl. Afric. can. 93 [Mansi, Sacr. Conc. Coll. III 794–798]). Der kirchliche Vorstoß hatte Erfolg. Am 12. Februar 405 erließ Honorius ein Bündel von Verfügungen gegen die Donatisten. Über die Einzelbestimmungen setzte er den Grundsatz, dass es nur eine Kirche gebe, in der alle ihr Heil suchen müssten (Cod. Theod. 16,5,38). Als größtes Ärgernis bekämpfte der kaiserliche Gesetzgeber die Wiedertaufe (oben S. 22, 126, 154). Sie diente ihm als Mittel, den Donatismus als Häresie (nicht nur als Schisma) zu klassifizieren und die für Häretiker (bzw. Apostaten) geltenden Strafen auf die Donatisten in verschärfter Form anzuwenden. So traf alle, welche an einer Wiedertaufe aktiv oder passiv beteiligt waren, der Verlust des Testierrechts (vgl. oben S. 152). Sklaven, die zur Wiedertaufe gezwungen würden, sollten, wenn sie zur katholischen Kirche flüchteten, die Freiheit und den Schutz der Kirche erlangen. Die Versammlungen der Donatisten wurden verboten und die Beamten angewiesen, streng über die Einhaltung des Verbots zu wachen, andernfalls müssten sie eine Strafe von 20 Pfund Gold bezahlen (Cod. Theod. 16,6,5).

Das kaiserliche Eingreifen in den Streit zwischen Katholiken und Donatisten brachte den Ersteren gewisse 'Bekehrungs'erfolge, wie Augustinus 408 in einem Brief (ep. 93,5,16–18) stolz verkündete. Im gleichen Jahr aber wurde Stilicho hingerichtet, dem Katholiken und Donatisten gleicherweise die Urheberschaft an den kaiserlichen Gesetzen zum afrikanischen Schisma zuschrieben. Augustinus beeilte sich daher, in einem Brief an den neuen führenden Mann am Hofe des Honorius, den zum *magister officiorum* avancierten Olympius (oben S. 188), um Bestätigung der bisher ergangenen Gesetze zu bitten (Augustin. ep. 97,2). Tatsächlich erreichte er, dass die antidonatistische Linie der kaiserlichen Gesetzgebung sich fortsetzte (Cod. Theod. 16,5,44–46), Stilichos 'Leistung' auf diesem Feld also ungeschmälert blieb.

Während der Krieg gegen Gildo nur eine von Stilicho vergebene 'Auftragsarbeit' war (oben S. 178), musste der Heermeister gegen Alarich selbst zu Felde ziehen. Der Westgotenkönig hatte beim Aufenthalt in Makedonien die Möglichkeit, als Funktionär des römischen Staates zu handeln (oben S. 179), genutzt, um sein Kriegspotential zu steigern. Im Herbst 401 hielt er die Zeit für gekommen, seinem Volk bessere Lebensbedingungen im Westen zu verschaffen. Andere germanische Völker waren schon dabei, ihre Wohnsitze vom Osten in den Westen zu verlegen, so die Vandalen, die zusammen mit den Alanen in Noricum und Rätien erschienen. Stilicho musste sich mit ihnen auseinander setzen – im Kampf und in Verhandlungen. Letztlich war er froh, sie als Foederaten militärisch gegen Alarich einsetzen zu können (vgl. Claudian. bell. Goth. 363–403).

Alarich nahm seinen Weg über die Julischen Alpen und betrat am 18. November 401 den Boden Italiens (Cons. Ital., Chron. Min. I 299). Im Winter belagerte er Aquileia, und im Frühjahr 402 erschien er vor Mailand. Honorius dachte an Flucht, aber Stilicho brachte rechtzeitig Entsatz (Claudian. de VI cons. Honor. 453–469). Alarich zog nun weiter in Richtung Turin, als sei der Alpenübergang nach Gallien sein Ziel, schwenkte dann aber nach Süden ab, vielleicht weil er fürchtete, den von Stilicho aus Gallien und Britannien angeforderten Truppen (Claudian. bell. Goth. 416–422) zu begegnen. Er wäre dann von zwei Seiten bedroht gewesen, denn Stilicho selbst war ihm von Mailand aus gefolgt. Bei Pollentia (Ligurien) schlug Alarich ein Lager auf. Am Ostersonntag, dem 6. April 402, griffen die in Stilichos Diensten stehenden Alanen das gotische Lager an und eroberten es; den Gegenangriff der Goten fing Stilicho auf. Die Schlacht konnte als römischer Sieg gelten, wurde jedenfalls als ein solcher Stilichos besungen (Claudian. bell. Goth. 580–647).

Durch Verhandlungen brachte Stilicho den Westgotenkönig dazu, das Gebiet südlich des Padus/Po zu räumen, bewirkte dadurch aber indirekt, dass Alarich nun den Plan fasste, über Rätien nach Gallien zu gelangen (Claudian. de VI cons. Honor. 127–132 + 229–232). Um dies zu verhindern, musste Stilicho erneut den Kampf aufnehmen. Im Herbst 402 siegte er bei Verona, und zwar so klar, dass er Alarich zum Rückzug über die Julischen Alpen zwingen konnte. Er wies ihm Land im dalmatisch-pannonischen Raum an (Sozom. hist. eccl. 9,4,4) und nahm ihn mit seinem Volk ins Foederatenverhältnis auf. In Anbetracht der Tatsache, dass die Goten Alarichs bis 401 im Ostreich ansässig gewesen waren (oben S. 191), musste ihre Ansiedlung in einer Grenzzone als Drohgebärde gen Osten wirken, zumal Alarich 405 zum *magister militum* für West-Illyrien ernannt wurde.

Die Bedrohung Italiens, insbesondere Mailands, durch Alarich 401/402 hatte zur Folge, dass Honorius mit dem Kaiserhof eine besser geschützte Residenz bezog: Ravenna. Das erste Gesetz der kaiserlichen Kanzlei aus der neuen Hauptstadt des Westens trug das Datum vom 6. Dezember 402. Es handelte bezeichnenderweise von Aushebungen (Cod. Theod. 7,13,15). Ebenso bezeichnend war, dass diesem Gesetz bald (3. Februar 403) ein solches über Deserteure folgte (Cod. Theod. 7,18,11). Der Einfall Alarichs in Italien hatte Wirkungen, die bis nach Rom hin reichten. Sie führten hier zu hektischen Arbeiten an der Aurelianischen Mauer (Corp. Inscr. Lat. VI 1188–1190), deren Höhe von ca. 6 m auf ca. 10 m gebracht wurde. Ein neuer Wehrgang mit über 7000 Zinnen bildete nun den Abschluss zwischen den mehr als 380 Türmen (Beschreibung der Stadtmauer im ›Einsiedler Pilgerführer‹ [G. Walser, Historia Einzelschrift 53, 1987, 213–217]). Auf dem rechten Tiberufer wurde das Mausoleum Hadrians in den Verteidigungsring einbezogen.

Die Erfolge im Kampf gegen Alarich bewogen Honorius, einen Triumph zu feiern, und zwar in Rom. Er verknüpfte ihn mit dem Antritt seines 6. Konsulats am 1. Januar 404. Teilhaber an allen Ehrungen war Stilicho, der sogar an der Seite des Kaisers im Triumphwagen fahren durfte, wie Claudian in seinem Panegyricus ›Auf den 6. Konsulat des Kaisers Honorius‹ hervorhob (578–583). Für 405 wurde er zum zweiten Konsulat designiert. Der Romaufenthalt des Honorius war natürlich für die Römer eine wohltuende Erinnerung an die alte Stellung der Stadt als Hauptstadt des Reiches. Dem Senat schmeichelte es, dass Honorius in der Kurie einen Rechenschaftsbericht über die vorangegangenen Ereignisse erstattete – im Angesicht der Victoria-Statue, die – ohne den Altar – wieder aufgestellt worden war (Claudian. a. O. 588–602): Dem Stadtbild Roms kam zugute, dass die großartige Basilica über dem Grab des Apostels Paulus an der Via Ostiensis (oben S. 155) jetzt vollendet wurde. Honorius ließ dies durch eine Mosaik-Inschrift in der Apsis verkünden (Inscr. Lat. Christ. vet. I 1761). Das Pompeius-Theater auf dem Marsfeld hatte er bereits in den Jahren zuvor grundlegend erneuern lassen (Corp. Inscr. Lat. VI 1191); von der Verstärkung der Aurelianischen Mauer war schon die Rede.

Die Freude über die Abwehr der Westgoten-Invasion hielt nicht lange an. Noch waren nicht zwei Jahre seit dem Triumph des Honorius vergangen, als Italien von einem neuen Goten-Einfall heimgesucht wurde. Diesmal (Ende 405) waren es Ostgoten, die zusammen mit anderen germanischen Völkerschaften über die Donau nach Pannonien eindrangen und von dort gegen Italien vorrückten. Ihr Anführer hieß Radagaisus, ihre Zahl soll wenigstens 200 000 betragen haben (Oros. 7,37,13). Stilicho musste gewaltige Anstrengungen unternehmen, um ihnen angemessen begegnen zu können. Als Notmaßnahme griff er zur Einstellung von Sklaven ins Heer: Ein Gesetz vom 17. April 406 versprach allen Sklaven, die sich meldeten, die Freilassung (Cod. Theod. 7,13,16). Vor allem aber warb er Alanen (in Rätien [oben S. 191]) und Hunnen (in der Walachei [oben S. 182]) an; Letztere erschienen mit ihrem Fürsten Uldin an der Spitze. Außerdem nahm Stilicho den Westgoten Sarus, einen Feind Alarichs, in seine Dienste, der über eine kleine, aber kampfkräftige Buccellariertruppe verfügte (Zosim. 5,26,4; Oros. 7,37,12).

Von Ticinum/Pavia rückte Stilicho im Sommer 406 gegen die Feinde aus, die inzwischen bei Florentia/Florenz standen und die Stadt belagerten. Er zwang sie, sich in das Berggelände bei Faesulae/Fiesole zurückzuziehen und schloss sie hier ein. Hunger und Krankheiten schwächten ihre Kampfkraft, so dass die gegen sie vorgetragenen Angriffe zu großen Verlusten und zur Kapitulation führten. 100 000 sollen den Tod gefunden haben (Augustin. de civ. Dei 5,23). Radagaisus selbst wurde auf der Flucht ergriffen und am 23. August 406 hingerichtet (Cons. Ital., Chron. Min. I 299). Die zahlreichen Gefangenen kamen auf den Sklavenmarkt und bewirkten

194 Verfestigung der Reichsteilung – Fanal der Germaneninvasion

hier einen Preissturz (auf einen Solidus: Oros. 7,37,16). Wer für den Kriegsdienst geeignet schien, wurde in das römische Heer eingestellt (Zosim. 5,26,5).

Über den Sieg von Faesulae sandte Honorius die bombastische Meldung nach Rom, „dass das Volk der Goten auf alle Zeit ausgelöscht sei". Senat und Volk errichteten ihm daraufhin auf dem nördlichen Marsfeld einen Ehrenbogen, und zwar dort, wo der Pons Neronianus über den Tiber führte (Corp. Inscr. Lat. VI 1196). Auf dem Forum wurden ihm und Stilicho Ehrenstatuen dediziert (Corp. Inscr. Lat. VI 31 987 + 1278).

Die Siegesstimmung nach der Überwindung des Radagaisus erhielt jedoch schon vier Monate später einen empfindlichen Dämpfer. Vom Rhein kam die Nachricht, dass sich um die Jahreswende 406/407 eine Völkerlawine über den Fluss nach Gallien gewälzt habe. Vandalen, Alanen und Sueben hatten sich mit einer Vielzahl von Völkerschaften zusammengetan, um in neue Lebensräume vorzustoßen. Der Rheinübergang erfolgte bei Mogontiacum/Mainz; die Franken (als römische Foederaten) hatten ihn nicht verhindern können. Der geglückte Einbruch führte dazu, dass auch Alamannen und Burgunder auf das linke Rheinufer übersetzten. All diesen Völkern war Gallien sozusagen wehrlos ausgeliefert; plündernd zogen die einzelnen Scharen „zwischen Alpen und Pyrenäen, Ozean und Rhein" umher (Hieron. ep. 123,7; Karte: Chr. Courtois, Les Vandales et l'Afrique, 1955, S. 46).

Die Katastrophe am Rhein und die Verheerung Galliens riefen 407 in Britannien einen Usurpator auf den Plan, der sich anheischig machte, Gallien von den Feinden zu befreien. Constantinus III. – so nannte er sich – setzte mit dem Rest der britannischen Truppen aufs Festland über und nahm den Kampf gegen die Eindringlinge auf. Vom Standpunkt der Regierung in Ravenna aus blieb er natürlich ein Usurpator, und so sandte Stilicho den Goten Sarus (oben S. 193) mit einem Truppenkontingent nach Gallien. Dieser hatte zunächst Erfolge gegen Constantinus, musste sich dann aber wieder über die Alpen zurückziehen (Zosim. 6,2,1–6). So blieb Gallien in doppelter Hinsicht für Honorius verloren: Es hatte einen eigenen Kaiser und war landhungrigen Eroberern preisgegeben. Für Britannien endete mit dem Jahr 407 die römische Herrschaft endgültig.

Der Radagais-Einfall in Italien (405/406) und die sich anschließenden Ereignisse in Gallien (407) hinderten Stilicho daran, den Plan zu verfolgen, Ost-Illyricum mit Hilfe Alarichs für das Westreich zu gewinnen. Alarich war aus seiner grenznahen Stationierung (oben S. 192) ins Ostreich eingefallen und hatte Epirus verwüstet (Sozom. hist. eccl. 9,4,4). Stilicho wollte ihn durch eine Schiffsexpedition über die Adria unterstützen, kam aber aus besagten Gründen nicht dazu (Zosim. 5,27,2). Jetzt (Anfang 408) präsentierte Alarich die Rechnung: Er forderte vom Westreich 4000 Pfund Gold und marschierte mit seinen Soldaten bis Emona/Laibach (Slowenien), d.h. an die Grenze Italiens, um seiner Forderung Nachdruck zu verleihen. Stilicho erreichte vom Senat in Rom die Bereitstellung dieser Summe, um den Frieden mit Alarich zu gewährleisten, musste sich aber sagen lassen, dass das Geld nicht Frieden, sondern Knechtschaft bringe (Zosim. 5,29,1 + 29,9). Zur Auszahlung gelangte es dann doch nicht, denn es traten die schon geschilderten Ereignisse ein, die zur Hinrichtung Stilichos führten (oben S. 188).

Die Ereignisse der Jahre 407/408 führten, so schien es, das Westreich dem Abgrund zu. Sie waren es, die Hieronymus (vgl. oben S. 156) bestärkten, in seinem eben jetzt veröffentlichten ›Daniel-Kommentar‹ das vierte Reich des von Daniel ausgelegten Traumes des Nebukadnezar (Dan. 2,40) auf Rom und dessen Untergang zu beziehen (Patrol. Lat. 25,504). Größeres Aufsehen erregte eine Handlung Stilichos: Er ließ die Sibyllinischen Bücher verbrennen (Rutil. Namat. de red. 2,51–52), wahrscheinlich, um die Verbreitung eines Unheil verkündenden Spruches zu verhindern. Im Zusammenhang mit einer antiheidnischen Gesetzgebungsattacke am 15. November 407 (Cod. Theod. 16,10,19) scheint auch die erst kürzlich im Senat wieder aufgestellte Victoria-Statue (oben S. 193) endgültig beseitigt worden zu sein. So waren denn die letzten Jahre Stilichos geprägt von einem Aufbäumen gegen drohendes Verderben.

Dieses Verderben nahm mit Alarich seinen Lauf, dessen Position sich durch den Sturz Stilichos insofern verbesserte, als 30000 von diesem nach Italien geholte Germanen zu den Goten übergingen (Zosim. 5,35,6). Nachdem Verhandlungen mit Honorius sich zerschlagen hatten, erteilte Alarich im Herbst 408 den Befehl zum Einmarsch in Italien und zum Zug auf Rom. Die Goten zogen über Aquileia zunächst westwärts auf der Via Postumia bis Cremona, dann südostwärts auf der Via Aemilia nach Ariminum/Rimini und weiter nach Picenum, schließlich wieder westwärts auf der Via Salaria nach Rom (Zosim. 5,37,2-4). Alarich belagerte die Stadt und brachte die Einwohner durch Hunger in größte Not. Für seinen Abzug verlangte er die Ablieferung allen Goldes und Silbers sowie die Übergabe aller barbarischen Sklaven (Zosim. 5,40,4). So erhielt er denn 5000 Pfund Gold (1,6 t) und 30000 Pfund Silber (9,6 t); die

Sklaven folgten ihm in sein Lager, das er in Etrurien aufschlug (Zosim. 5,41,4 + 42,3).

Alarich aber wollte mehr als Gold und Silber, er wollte Land für sein Volk und das Heermeisteramt für sich selbst. In Verhandlungen mit Iovius, dem *praefectus praetorio Italiae*, die durch Vermittlung des Senats in Rimini zu Stande kamen, ging es um die Ansiedlung der Goten in Venetien, Noricum und Dalmatien, um Soldzahlungen und Getreidelieferungen (Zosim. 5,48,3). Honorius, an den Iovius die Forderungen Alarichs weiterleitete, war jedoch nicht bereit, auf diese einzugehen und erst recht nicht, dem Gotenkönig das Heermeisteramt zu übertragen. Um doch noch zu einer Übereinkunft zu kommen, schickte Alarich eine Gesandtschaft italischer Bischöfe zum Kaiser nach Ravenna. Sie sollte ihm die Gefahr einer Eroberung Roms durch die Goten vor Augen stellen und ihn zugleich davon in Kenntnis setzen, dass Alarich nur mehr die Ansiedlung in Noricum sowie die Zusicherung von Getreidelieferungen zur Bedingung eines Bündnisses mache (Zosim. 5,50,2). Am Kaiserhof hielt man das Abrücken Alarichs von seinen früheren Forderungen (nach mehr Land, Geld und dem Heermeisteramt) für ein Zeichen seiner Versorgungsnotlage und lehnte das angebotene Bündnis ab. Daraufhin griff der Gotenkönig Ende 409 erneut zum Druckmittel der Belagerung Roms.

Alarich nahm Besitz von den großen Getreidevorräten, die in Ostia lagerten, und machte dadurch den Senat gefügig, seinem Wunsch auf Einsetzung eines Gegenkaisers zu entsprechen. So wurde der Stadtpräfekt Attalus vom Senat zum Augustus erhoben, der Alarich verabredungsgemäß zum Heermeister ernannte. In seinen weiteren Personalentscheidungen zeigte Attalus allerdings Eigenständigkeit. Vor dem Senat brüstete er sich sogar, er werde Roms Herrschaft über die Welt wiederherstellen (Zosim. 6,7,3). Sein Hauptanliegen war die Sicherung der Getreidezufuhr aus Afrika, doch wollte er an den dazu erforderlichen militärischen Maßnahmen die Goten nicht beteiligen. Desto begieriger nahm er deren Hilfe in Anspruch, um in Italien als Kaiser anerkannt zu werden. Alarich zog mit ihm deshalb 410 durch die Provinzen Aemilia und Liguria (Zosim. 6,10,1–2). Inzwischen litt Rom Hunger, da der Versuch, Afrika zum Abfall von Honorius zu bringen, gescheitert war und kein Getreide von dort nach Rom gelangte. Als Attalus sich auch jetzt weigerte, gotische Soldaten nach Afrika zu entsenden, wohl aus Angst, sie könnten sich dort niederlassen, nahm Alarich ihm seine kaiserliche Würde. Der Akt fand in Rimini statt; Diadem und Purpur sandte der Gotenkönig an Honorius nach Ravenna (Zosim. 6,12,2). Dieser amnestierte am 6. August 410 die Anhänger des „Tyrannen" (Cod. Theod. 9,38,12). Attalus selbst blieb im Gefolge Alarichs.

Mit der Absetzung des Attalus eröffnete Alarich sich die Möglichkeit, wieder mit Honorius zu verhandeln. Es kam zu einer persönlichen Zusammenkunft des Kaisers mit dem Gotenkönig in der Nähe von Ravenna. Aber diese wurde gestört durch einen Überfall, den der in des Kaisers Dienst stehende Buccellarierführer Sarus (oben S. 194) auf das gotische Heer verübte. Alarich sah darin eine gezielte Aktion, brach die Verhandlungen ab und marschierte nach Rom. Am 24. August 410 (Prosp., Chron. Min. I 466) überließ er seinen Soldaten die Stadt zur dreitägigen Plünderung. Die Beute war riesig. Zu ihr gehörte auch eine vornehme Gefangene: Galla Placidia, die Schwester des Honorius (Oros. 7,40,2). Die Gebäude der Stadt nahmen nur vereinzelt Schaden, der bekannteste Fall von Brandstiftung betraf den Palast der Valerii auf dem Caelius (Vita s. Melaniae [Graeca] 14). Vor allem die Kirchen blieben von Zerstörungen verschont, allen voran St. Peter und St. Paul. Alarich soll ausdrücklich befohlen haben, ihren Asylcharakter zu wahren (Oros. 7,39,1). So boten sie zahlreichen Menschen Schutz vor den plündernden Goten.

Die Stadt Rom konnte also ihr 'Gesicht' wahren, nicht aber ihren Nimbus. Denn Letzterer bestand darin, dass sie seit der Eroberung durch die Gallier (387 v. Chr.), also seit 800 Jahren, keinen Feind in ihren Mauern gehabt und darauf den Ewigkeitsanspruch ihrer selbst (*Roma aeterna*) und des von ihr errichteten Reiches (*imperium sine fine*) aufgebaut hatte. Die Identifikation von Stadt und Reich kam denn auch in der von Hieronymus angestimmten Klage zum Ausdruck, dass „in der einen Stadt der ganze Erdkreis" untergegangen sei (Hieron. ennar. in Ezech. 1,1–2). Andererseits warf das epochale Ereignis die Frage auf, ob 'höhere Mächte' es bewirkt hätten. In Rom hatten heidnische Kreise bei der ersten Belagerung durch Alarich (408) den Plan gehegt, durch etruskische *haruspices* öffentliche Opfer an die alten Götter zur Abwendung der Eroberung darbringen zu lassen. Der Plan scheiterte freilich an der verlangten Teilnahme des gesamten Senats (Zosim. 5,41,1–3). Umgekehrt ließ Honorius in einem Gesetz vom 26. Juni 409 unmissverständlich verlauten, dass das Heil des Staates vom Heil der katholischen Kirche abhänge (Cod. Theod. 16,5,47). Nach der Katastrophe des Jahres 410 erhoben nun die Heiden ihre Stimmen und machten die Vernachlässigung der alten Götter für den Fall Roms verantwortlich. Bei den Christen aber herrschte große Verwirrung darüber, wie ihr Gott denn ein solches Unglück zulassen konnte, es sei denn, er wollte damit ein Zeichen setzen, dass das Ende der Welt gekommen sei.

In dieser brisanten Situation hielt Augustinus seine Stunde für gekommen, zur Verteidigung des Christentums gegen die heidnischen Vorwürfe und zur Tröstung der Christen in ihren Ängsten die Lehre vom Gottesstaat vorzutragen, der gemeinsam mit dem Erdenstaat und im Widerstreit mit ihm die Geschichte durchzieht, aber am Ende den Sieg erringt und den ihm Angehörenden die ewige Seligkeit beschert. Die ersten drei Bücher ›De civitate Dei‹ konnte Augustinus bereits 413 veröffentlichen; das ganze Werk (22 Bücher) war 426 vollendet. Außerdem veranlasste Augustinus den ihm verbundenen spanischen Presbyter Orosius, der als Flüchtling nach Afrika gekommen war, ein Geschichtswerk zu verfassen, welches den Heiden vor Augen führen sollte, dass die Weltgeschichte voller Katastrophen wie der gegenwärtigen sei, aber trotzdem das Walten Gottes widerspiegele. Orosius schrieb seine sieben Bücher umfassende ›Historia adversus paganos‹ in den Jahren 417/418. In beiden Werken, dem Gottesstaat Augustins und der Weltgeschichte des Orosius, stand im Rahmen der Apologie des Christentums das Römische Reich sozusagen auf dem Prüfstand – und erfuhr seine Rechtfertigung aus dem Ratschluss Gottes.

Der Fall Roms im Jahre 410 und die Bedeutung, die diesem im Hinblick auf den Untergang des Westreichs beigemessen wurde, lassen es geraten erscheinen, die Geschehnisse in den einzelnen Teilen dieses Gebildes unter dem Gesichtspunkt ihres Einflusses auf den Gesamtprozess Revue passieren zu lassen.

Die Lage im Donauraum charakterisierte der hl. Hieronymus, der selbst aus dieser Gegend stammte, im Jahre 409 mit der bitteren Feststellung, dass seit dem Einbruch der Goten ins Reich (376) viel römisches Land „vom Schwarzen Meer bis zu den Julischen Alpen" an die Barbaren verloren gegangen sei. Von Pannonien wusste er gar zu berichten, dass gewisse Bevölkerungsschichten zu Feinden der Römer geworden seien und sich 406/407 am Zug der Vandalen, Alanen und Sueben nach Gallien beteiligt hätten (Hieron. ep.123,15). Ein Gesetz des Jahres 408 sprach von einer Massenflucht aus dem Illyricum vor den Barbaren und warnte vor den Gefahren, welche den Flüchtlingen drohten. Die Bevölkerung in den Aufnahmegebieten wurden aufgefordert, alle Anstrengungen zu unternehmen, um ihnen zu helfen. Insbesondere sollten diejenigen, welche den Barbaren in die Hände gefallen waren, freigekauft und freie Menschen vor Versklavung, d.h. vor Beanspruchung als herrenlose Sklaven durch eigene Landsleute, bewahrt werden (Cod. Theod. 5,7,2 + 10,10,25).

Italien wurde erst 412 von den Goten geräumt, war also vier Jahre lang (vgl. oben S. 195) in deren Händen. Alarich zog 410 von Rom aus südwärts, um an der Straße von Messina nach Sizilien überzusetzen. Da dieses Unternehmen, das vermutlich zur Niederlassung in Afrika führen sollte, hauptsächlich wegen des Mangels an Schiffen scheiterte, wandte er sich wieder nach Norden. Noch in Bruttium traf ihn dann aber ein früher Tod. Bei Consentia/Cosenza soll er im Flussbett des Basentus/Busento sein Grab gefunden haben (Jord. Get. 158), das auf die Gemüter der Menschen eine geheimnisvolle Wirkung ausübte (vgl. August von Platens Gedicht ›Das Grab im Busento‹ [aus dem Jahre 1820]). Nachfolger Alarichs als König der Westgoten wurde dessen Schwager Athaulfus. Er führte das Volk 412 an der Küste des Tyrrhenischen Meeres entlang über die Alpen nach Gallien (Chron. Gall., Chron. Min. I 654), wobei die Durchzugsgebiete den Eindruck hinterließen, von einer Heuschreckenplage befallen worden zu sein (Jord. Get. 159). Insgesamt hatten die Provinzen Süd- und Mittelitaliens in den Jahren 408–412 so sehr unter den Goten gelitten, dass Honorius ihnen für die nächsten fünf Jahre (beginnend mit der 10. Indiktion = 412) einen Steuernachlass von $4/5 = 80\%$ gewährte (Cod. Theod. 11,28,7). Dabei muss man berücksichtigen, dass es bereits vor dem Durchzug der Goten reichlich Ödland (*agri deserti*) in Süditalien gab. 395 hatte Honorius 528042 *iugera* (133 225 ha) solchen Landes aus den Katastern Kampaniens streichen, d.h. von Steuern befreien lassen (Cod. Theod. 11,28,2).

Die Goteninvasion war der äußere Anlass für einen Aufsehen erregenden Vorgang in einer der vornehmsten und reichsten Familien Roms, nämlich der der Valerii: Melania (die Jüngere), Erbtochter des Valerius Publicola und verheiratet mit ihrem Vetter Valerius Pinianus, kam nach dem frühen Tod ihrer beiden Kinder mit ihrem Mann überein, asketisch zu leben und ihren gesamten Besitz zu verkaufen. Dabei handelte es sich um Güter, die „sozusagen über die ganze Welt" verstreut waren und einen Jahresertrag von 120 000 Solidi (ca. 1700 Pfund Gold) erbrachten. Große Schwierigkeiten waren zu überwinden, ehe Kaiser Honorius die Provinzstatthalter anwies, den Verkauf vorzunehmen und den Erlös an Melania und ihren Gatten auszuhändigen (Vita s. Melaniae [Graeca] 19 + 15 + 12).

Diese verließen Rom, bevor Alarich 410 die Stadt eroberte, und begaben sich nach Süditalien. Von dort gelangten sie nach Afrika und ließen sich in Thagaste (Proconsularis) nieder, wo sie zwei Klöster gründeten und eine umfangreiche Wohltätigkeit entfalteten. Später (417) siedelten sie nach Palästina über.

Das asketische Leben, welches Melania und Pinianus in Thagaste unter Betreuung durch den Ortsbischof Alypius führten, hatte ihnen in Italien Paulinus von Nola, ein entfernter Verwandter der Valerii (Paulin. Nolan. ep. 29,5), vorgelebt. Aus Aquitanien stammend und zum Rhetor ausgebildet, war er im Staatsdienst bis zum Statthalter (*consularis*) Kampaniens aufgestiegen. Danach zum Christentum bekehrt und zum Priester geweiht, kam er 395 mit seiner Frau Theresa nach Nola (Kampanien), um in der Nähe des Grabes seines Lieblingsheiligen Felix ein Kloster zu gründen. Sein großes Vermögen verwandte er auf Kirchenbauten sowie die Unterhaltung eines Hospizes für Arme und Pilger. Als die Goten 410 auf dem Marsch von Rom in den Süden (oben S. 199) Nola heimsuchten, war Paulinus bereits Bischof der Stadt (Augustin. de civ. Dei 1,10). Sein hoher Bildungsstand, seine zahlreichen Briefpartner und seine jährlichen Reisen nach Rom (zum Fest St. Peter und Paul) machten ihn zu einer Zentralfigur des kirchlichen Lebens seiner Zeit und zu einem wichtigen Zeugen für die lebensverändernde Wirkung der Askese.

Paulinus von Nola fühlte sich natürlich besonders eng den gallischen Vorkämpfern der asketischen Bewegung verbunden – seinen Landsleuten. Mit Martin von Tours (vgl. oben S. 127), seinem großen Vorbild, war er in Gallien zusammengetroffen. Sulpicius Severus, der Biograph Martins und Gründer einer Mönchsgemeinschaft in Primuliacum bei Toulouse, zählte seit 395 zu den bevorzugten Briefpartnern des Paulinus. Von der Asketengruppe in Lerinum/Lérins bei Cannes, die Honoratus kurz nach 400 begründete, erhielt er öfters Besuch.

Gallien wurde, wie erwähnt (oben S. 194), im Jahre 407 ein Opfer der Vandalen, Alanen und Sueben. Die furchtbaren Verwüstungen, welche die drei Völker anrichteten, fasste der aquitanische Bischof Orientius in das Bild zusammen: „Ganz Gallien rauchte als ein einziger Scheiterhaufen" (Orient. commonit. 2,184). Nachdem in Gallien für sie sozusagen nichts mehr zu holen war, wandten sie sich 409 nach Spanien – „einem sehr reichen Land, wie sie gehört hatten" (Sozom. hist. eccl. 9,12,7). Wahrscheinlich machte ihnen aber auch die Festigung der Herrschaft Constantins III. (oben S. 194) zu schaffen. Dieser arrangierte sich nämlich mit Franken, Alamannen und Burgundern, indem er ihnen den Schutz der Rheingrenze gegen weitere Eindringlinge übertrug, so dass er die Hände frei bekam, um sich der Lage im Innern Galliens zu widmen. 408 nahm er Arelate/Arles in Besitz und machte die Stadt zu seiner Residenz sowie zum Sitz der vorher in Trier ansässigen gallischen Prätorianerpräfektur. Aber seine Herrschaft währte nicht lange. Ihr bereitete Constantius, der neue 'starke Mann' am Hof in Ravenna, das Ende. Constantius, der aus Naissus/Nisch im Illyricum stammte, war nach dem Sturz des bis 410 'regierenden' Olympius (oben S. 188) zum *magister militum* ernannt worden. 411 erschien er mit einem Heer in Gallien, belagerte Arles und erreichte die Kapitulation des „Tyrannen", dem er das Leben zusicherte. Trotzdem wurde Constantinus III. auf dem Weg nach Ravenna im Auftrag des Honorius getötet (Sozom. hist. eccl. 9,15,2–3).

Gefangennahme und Tod Constantins III. bedeuteten indes nicht die Rückkehr Galliens unter die Herrschaft des Honorius. Eine neue Usurpation brachte Iovinus, einem Mitglied der gallischen Senatsaristokratie, die Augustus-Würde. Maßgeblichen Anteil hatten an diesem Vorgang neben den Standesgenossen des Iovinus die Burgunder unter ihrem König Gundahar. Auch die anderen Verbündeten Constantins III. – Alamannen und Franken – unterstützten den neuen 'gallischen' Kaiser (vgl. Oros. 7,40,4). Iovinus wurde aber seines Kaisertums nicht froh. Denn schon kurz nach seiner Erhebung erschien Athaulf mit den Westgoten (oben S. 199) in Gallien – offenbar, um sich hier niederzulassen. Athaulf erkannte, dass er dies weniger mit Iovinus' als mit Honorius' Hilfe bewerkstelligen könne, zumal er als wichtiges Faustpfand Galla Placidia, die Schwester des Honorius (oben S. 197), bei sich hatte. Er kam daher mit dem Kaiser überein, gegen die Zusicherung von Korn und Land Iovinus zu bekämpfen und Galla Placidia aus ihrem Geiseldasein zu entlassen. In Erfüllung dieser Abmachung belagerte Athaulf 413 den Iovinus in Valentia/Valence an der Rhône, nahm ihn gefangen und lieferte ihn an Dardanus, den *praefectus praetorio* des Honorius, aus. Iovinus wurde hingerichtet. Gallien war damit von den „Tyrannen" befreit, nicht aber von den Fremden im Land – und den eigenen Aufständischen. Bei Letzteren handelte es sich um die Bagauden in der Aremorica, dem Küstengebiet zwischen den Flüssen Liger/Loire und Sequana/Seine, die sich 407 von Rom getrennt und ein eigenes Gemeinwesen errichtet hatten. Die Fremden im Land, das waren Goten und Burgunder.

Die Burgunder erhielten 413 von Honorius einen Foederatenvertrag, der ihnen Wohnsitze im linksrheinischen Gebiet zusicherte (Prosp., Chron. Min. I 467). Nach dem ›Nibelungenlied‹ war Worms die Hauptstadt dieses „Reiches", das bis 436 bzw. 443 existierte (unten S. 224). Orosius behauptete in seiner 417/418 geschriebenen Weltgeschichte zu wissen, dass die Burgunder „kürzlich" den katholischen Glauben angenommen hätten (Oros. 7,32,13). Das wäre ein Hinweis auf ihre Assimilationsfähigkeit.

Mit den Goten kam der vereinbarte 'Handel' (oben S. 201) nicht zu Stande. Athaulf hatte zwar, wie erwähnt, Iovinus beseitigt, Galla Placidia aber auszuliefern, weigerte er sich. Er erhielt daher von Honorius nicht das dringend benötigte Getreide, so dass er sich gezwungen sah, in Südgallien Stadt und Land heimzusuchen (Olympiod. fragm. 22,1). Von den Städten konnte er Narbo/Narbonne und Tolosa/Toulouse erobern; Burdigala/Bordeaux ergab sich ihm freiwillig. Anfang 414 überraschte er Goten und Römer mit einem spektakulären Unterfangen: Er heiratete Galla Placidia in Narbo, und zwar in römischer Form (Olympiod. fragm. 24). Athaulf soll diese Verbindung dahingehend gekennzeichnet haben, dass er nun nicht mehr danach trachte, das Römische Reich zu einem gotischen zu machen. Er wolle vielmehr in die Geschichte eingehen als der Mann, der mit Hilfe der Goten das Römische Reich erneuert habe. Zu dieser Erkenntnis sei er durch Erfahrung und durch den Rat seiner nunmehrigen Gemahlin gelangt (Oros. 7,43,2–7). Aus der gotisch-römischen Ehe ging ein Sohn hervor, der den Namen Theodosius erhielt – nach dem großen Kaiser dieses Namens, seinem Großvater. Das Kind starb aber noch im gleichen Jahr (Olympiod. fragm. 26,1).

Die Vermählung Athaulfs mit Galla Placidia versetzte Honorius in Wut, hatte er doch seine Schwester dem Heermeister Constantius als Gemahlin zugedacht. Dieser erlebte gerade einen steilen Aufstieg: 414 wurde er Konsul, 415 erhielt er die Patricius-Würde. Die nächste Stufe sollte die Verschwägerung mit Honorius sein. Dazu aber musste er Galla Placidia den Goten entreißen. 414 begann er den Kampf gegen Athaulf. Von Arles aus organisierte er eine Blockade der südgallischen Häfen (Oros. 7,43,1). Athaulf beantwortete die Herausforderung mit der abermaligen Erhebung des Attalus (oben S. 196) zum Augustus und ermöglichte diesem eine Hofhaltung in Bordeaux. Als sein Finanzminister (*comes sacrarum largitionum*) fungierte der in Bordeaux ansässige Enkel des Ausonius, Paulinus von Pella, der seine eigenen Lebensschicksale in Gedichtform als Danksagung an Gott (›Eucharisticus‹) festgehalten hat.

Verfestigung der Reichsteilung – Fanal der Germaneninvasion 203

Die Not zwang Athaulf, mit seinem Volk Südgallien zu verlassen und über die Pyrenäen nach Spanien zu ziehen. Gegen Ende des Sommers 415 befand er sich in Barcino/Barcelona. Hier wurde er ein Opfer der Blutrache: Er hatte 412 den gotischen Buccellarierführer Sarus (oben S. 192) getötet. Nun ereilte ihn der Anschlag eines Gefolgsmannes des Sarus. Die schwere Verwundung führte zum Tod. Auf dem Sterbebett soll Athaulf von der Rückgabe seiner Frau Galla Placidia an ihren Bruder Honorius und vom Frieden mit den Römern gesprochen haben (Olympiod. fragm. 26,1). Dazu kam es aber erst 416, nachdem Vallia, der neue Westgotenkönig, versucht hatte, sein Volk über die Meerenge von Gibraltar nach Afrika zu führen. Der Misserfolg trieb ihn Constantius in die Arme. Es kam zu einem Vertragsabschluss, der den Westgoten endlich das ersehnte Getreide, nämlich 600000 *modii* (52500 hl) einbrachte (Olympiod. fragm. 30). Dafür mussten sie die Vandalen, Alanen und Sueben (oben S. 200) in Spanien bekämpfen – und Galla Placidia ausliefern (Oros. 7,43,12–13).

Der Vertrag mit Vallia war ein großer politisch-militärischer Erfolg des Constantius, die Rückkehr der Galla Placidia ein dynastisches Ereignis ersten Ranges. Hinzu kam, dass auch Attalus, der 'gotische' Gegenkaiser, Constantius in die Hände gefallen war, der ihn an Honorius auslieferte. All dies machte auf Letzteren einen so starken Eindruck, dass er sich entschloss, in Rom einen Triumph zu feiern. Dieser fand im Mai 416 statt. Dabei führte Honorius den Römern Attalus als Symbol des Sieges vor. Anschließend wurde der „Tyrann" an der Hand verstümmelt und auf die Liparischen Inseln verbannt (Prosp., Chron. Min. I 468). Constantius trat am 1. Januar 417 sein 2. Konsulat an – und heiratete Galla Placidia (Olympiod. fragm. 33,1). Aus der Ehe gingen zwei Kinder hervor: (Iusta Grata) Honoria und Valentinianus (III.), die sich später beide ins Buch der Geschichte eintrugen (unten S. 226 bzw. 210).

Im Jahre 417 kehrte Rutilius Namatianus, ein Mitglied des in Gallien ansässigen senatorischen Adels, von Rom, wo er das Amt des Stadtpräfekten bekleidet hatte, in seine Heimat zurück. Über seine Reise schrieb er ein Gedicht (›De reditu suo‹), in dem er die jämmerlichen Zustände, die er in Gallien vorfand, beklagte, sie aber dem Preis unterordnete, den er Rom und seinen Leistungen für die Welt darbrachte. Als Heide ließ er es sich nicht nehmen, das sich in Gallien ausbreitende Mönchtum als Widersinn des Menschseins zu brandmarken. Insgesamt schuf er mit seinem Gedicht ein Spiegelbild der Zerrissenheit des spätantiken Lebens.

Mit dem Jahr 417 begannen sich die Dinge in Gallien zum Besseren zu wenden. Die Aremorica wurde zurückerobert, die dort erfolgte Umkehrung der Sozialordnung aufgehoben und die römische Verwaltung wieder eingerichtet (Rutil. Namat. de red. 1,213–216). Die Auvergne, die Heimat der Arverner um Clermont-Ferrand in der Aquitania I, wurde 418 von der Kontribution befreit, die Honorius ihr wegen Unterstützung des Usurpators Iovinus auferlegt hatte (Sidon. Apollin. carm. 7,207–214). Im gleichen Jahr, am 17. April 418, wurde der Landtag der sieben Provinzen der Diözese Viennensis (Aquitania I + II, Novempopulana, Narbonensis I + II, Viennensis, Alpes Maritimae) durch kaiserliches Edikt neu konstituiert (Ep. Arel. 8 [Mon. Germ. Hist. Epp. III 13–15]). Er war in den Jahren vor der Heimsuchung Galliens durch die Vandalen, Alanen und Sueben (407/408) geschaffen worden, hatte dann aber in den folgenden Wirren seine Existenz eingebüßt.

Das *concilium septem provinciarum* hatte seinen Sitz in Arelate/Arles und setzte sich zusammen aus den Provinzstatthaltern, den in den Provinzen ansässigen hohen Würdenträgern (*honorati*) und den Vertretern der Provinzstädte (*curiales*). Jedes Jahr sollte zu festgesetzter Zeit über die anstehenden Probleme Südgalliens beraten werden. Die erste, 418 einberufene Sitzung hatte es gleich mit einem hochbrisanten Problem zu tun: der Ansiedlung der Westgoten in der Aquitania II, dem Gebiet zwischen Garunna/Garonne und Liger/Loire. Constantius muss bei seiner Tätigkeit in Gallien zu der Überzeugung gekommen sein, dass das Land eines Stabilisierungsfaktors bedürfe, um den Stürmen der Zeit gewachsen zu sein. Die Goten konnten seiner Meinung nach diese Funktion erfüllen, wenn sie im Gefüge Galliens entsprechend platziert würden und ihr Lebensunterhalt sichergestellt wäre. Über letztere Fragen dürfte 418 auf der Versammlung des gallischen Adels debattiert worden sein. Das Ergebnis war offenbar die Rückberufung der Westgoten aus Spanien (oben S. 203) und die Anweisung zur Niederlassung in Aquitania II und einigen benachbarten Gebieten der Provinzen Novempopulana und Narbonensis I. Hauptstadt der „Reichsbildung" wurde Tolosa/Toulouse in Aquitanien.

Die Problematik der Zuweisung Aquitaniens an die Westgoten bestand in der Tatsache, dass es sich um ein bevölkertes Gebiet mit intakten Eigentumsverhältnissen handelte – im Unterschied etwa zu den weithin entvölkerten Donaugebieten. Es galt daher, eine Lösung zu finden, welche beiden Seiten, Römern und Goten, gerecht würde. Diese sah anscheinend so aus, dass die erforderliche „Teilung" nur das Steueraufkommen der Ländereien betraf. Zwei Drittel (*sortes Gothicae*) davon gingen an die Goten für deren militärische Präsenz, ein Drittel (*tertia Romanorum*) verblieb den Römern für Staatszwecke (vgl. Cod. Euric. 277). Was die „Einquartierung" (*hospitalitas*) anging, so ließen sich Gesetze, die für temporäre Fälle ergangen waren, auf die dauernd „einquartierten" Goten anwenden. Danach musste der Quartierherr ein Drittel seiner Wohnfläche an den „Gast" abtreten (Cod. Theod. 7,8,5 [398]). Im Einzelnen wird das Neben- und Miteinander von Römern und Goten natürlich zu mancherlei Misshelligkeiten geführt haben, im Ganzen aber dürfte das Experiment beide Seiten zufrieden gestellt haben. König Vallia starb freilich 418, als die Einrichtung der Goten in ihren neuen Wohnsitzen im vollen Gange war (Hydat., Chron. Min. II 19). Constantius dagegen wurde wegen seiner Verdienste um die Wiederherstellung der Ordnung in Gallien die singuläre Zuerkennung eines dritten Konsulats (420) zuteil.

Zu dieser Zeit hatte sich auch die Lage in Spanien nach einem turbulenten Jahrzehnt weitgehend beruhigt. Spanien war für die Vandalen, Alanen und Sueben, die, wie erwähnt (oben S. 200), 409 das von ihnen verwüstete Gallien verlassen hatten, sozusagen die letzte Hoffnung, zu geordnetem Leben zurückzufinden. Zunächst allerdings ließen sie auch auf ihren Zügen durch die Iberische Halbinsel dem ihnen inzwischen zur Gewohnheit gewordenen Plünderungs- und Verwüstungsdrang freien Lauf (Hydat., Chron. Min. II 17–18 zum Jahre 410). Spanien gehörte in diesen Jahren zum Einflussbereich des 'gallischen' Kaisers Constantinus III., dessen Heermeister Gerontius die Verbindung sichern sollte. Dieser aber machte sich in Spanien gewissermaßen selbständig und versuchte Constantinus auszuschalten. In den Rahmen dieser Bestrebungen gehörte die 411 mit den Vandalen, Alanen und Sueben getroffene Vereinbarung, dass sie ihr Wanderleben aufgeben und sich in bestimmten, durch das Los zu ermittelnden Landesteilen niederlassen sollten (Oros. 7,40,9). Dabei fiel den Sueben und den hasdingischen Vandalen der Nordwesten (Gallaecia) zu, die Alanen erhielten Gebiete in der Mitte (Lusitania/Carthaginiensis) zugewiesen, die silingischen Vandalen schließlich wurden mit Wohnsitzen im Süden (Baetica) ausgestattet (Hydat., Chron. Min. II 18). Diese, wie gesagt, auf das Konto des Gerontius gehende Maßnahme, hatte indes nur wenige Jahre Bestand (Gerontius kam noch 411 um). 412 erschien Athaulf mit den Westgoten in Spanien, und 416 schloss Constantius im Namen des Honorius mit Vallia, dem Nachfolger Athaulfs, jenes

Abkommen, das die Westgoten gegen Getreidelieferung dazu verpflichtete, die als Feinde Roms betrachteten Vandalen, Alanen und Sueben zu vernichten (oben S. 203).

Vallia verrichtete in den Jahren 416–418 „im Namen Roms" ganze Arbeit. Zunächst rottete er die silingischen Vandalen nahezu aus. Nur ein kleiner Rest von ihnen blieb übrig, der sich mit den hasdingischen Vandalen vereinigte. Sodann wandte Vallia sich gegen die Alanen und löschte sie als Volk aus. Auch die Überreste dieser Invasoren verbanden sich mit den hasdingischen Vandalen (Hydat., Chron. Min. II 19). Letztere profitierten von der Abberufung Vallias nach Gallien (418). Die vermeintliche Freiheit nutzend, griffen sie ihre Nachbarn, die Sueben, an, wurden aber durch ein diesen zu Hilfe kommendes römisches Heer so in die Enge getrieben, dass sie in die vor kurzem noch von Silingen eingenommenen Gebiete der Baetica abzogen. Hier behaupteten sie sich, auch als die Römer sie erneut (421) angriffen (Hydat., Chron. Min. II 20). So führte die Barbareninvasion in Spanien zu dem Ergebnis, dass den Römern zwei Provinzen verloren gingen, die Gallaecia im Nordwesten an die Sueben und die Baetica im Süden an die Vandalen.

Nachdem vorstehend die Ereignisse des auf die Eroberung Roms (410) folgenden Jahrzehnts in Italien, Gallien und Spanien verfolgt worden sind, ist nun noch Afrika in die Beobachtung einzubeziehen. Hier wurde der Fall Roms insofern hochgespielt, als reiche Römer, die auf ihren afrikanischen Gütern Zuflucht gesucht hatten, ihrem Lamento freien Lauf ließen. Die Heiden unter ihnen verstiegen sich dabei zu der Behauptung, die „christlichen Kaiser" trügen die Schuld an der Katastrophe (Augustin. ep. 136,2). Solche Vorwürfe veranlassten, wie schon erwähnt, Augustinus, den Bischof von Hippo Regius, seinen ›Gottesstaat‹ zu schreiben (oben S. 198). Ihn widmete er dem kaiserlichen Sonderbevollmächtigten Marcellinus, der 410 von Ravenna nach Carthago entsandt wurde, um eine „Zusammenkunft" (*collatio*) katholischer und donatistischer Bischöfe zu leiten und deren 'Religionsgespräch' dahingehend zu entscheiden, welche Gemeinschaft als rechtgläubig zu gelten habe (Gesta coll. Carthag. 1,4). In der Verbindung zwischen Augustinus und Marcellinus trafen sich also die akuten religiösen Probleme: die Bewältigung der Krise nach dem Fall Roms und die endgültige Entscheidung des Streites zwischen Katholiken und Donatisten.

Die „Zusammenkunft" der katholischen und donatistischen Bischöfe Nordafrikas in Carthago Anfang Juni 411 war allein schon wegen der hohen Zahl der Teilnehmer (565: oben S. 189) ein Großereignis. Stadt und Land wurden davon gleichermaßen berührt, da in den Städten der Katholizismus dominierte, auf dem Land der Donatismus. Die ausführlichen Akten des dreitägigen Verfahrens (›Gesta collationis Carthaginiensis‹) spiegeln die Einzelheiten aufs Genaueste wider. Am 8. Juni 411 verkündete Marcellinus das Urteil; es fiel zu Gunsten der Katholiken aus. Die Zugehörigkeit zum Donatismus war künftig strafbar. Die Kirchen der Donatisten mussten den Katholiken übergeben werden. Honorius veröffentlichte am 30. Januar 412 ein Gesetz, das einen Strafenkatalog für Donatisten jeglichen Standes enthielt (Cod. Theod. 16,5,52). Dieser tat seine Wirkung, wenngleich noch um 420 von einigen donatistischen Bischöfen die Rede ist (Augustin. c. Gaudent. 1,37,47). So war denn der Zusammentritt von 279 donatistischen Bischöfen bei dem Verfahren vor Marcellinus im Jahre 411 der letzte große Auftritt des Donatismus vor seinem Untergang. In diesen aber scheinen die Donatisten Marcellinus mithineingezogen zu haben. Er wurde 413 im Zusammenhang mit dem Aufstand des Heraclianus (unten S. 208f.) hingerichtet (vgl. Augustin. ep. 151).

Der Tod des Marcellinus entriss Augustinus einen wertvollen Bundesgenossen, verdankte er ihm doch u.a. auch den Hinweis auf die Vorgänge um den Pelagianismus in Carthago (Augustin. ep. 139,3), die zu einem weltweiten Streit führten, an dem er (Augustinus) führend teilnahm. Pelagius war in Britannien geboren und hatte in Rom studiert. Durch das Tauferlebnis zum Asketen geworden, nahm er im Rom der 90er Jahre des 4. Jahrhunderts seine theologische Lehrtätigkeit auf, die wegen ihres elitären Charakters bestimmte Kreise der römischen Aristokratie stark ansprach. Vor allem fand Pelagius mit seiner Lehre über die menschliche Natur, die von sich aus tugendhaft und zur Vollkommenheit fähig sei, großen Anklang. Gerade damit aber verstieß er gegen die offizielle kirchliche Lehre, nach der es vielmehr die Gnade Gottes sei, die den Menschen tugendhaft mache und zur Vollendung führe. Pelagius leugnete dementsprechend auch, dass die Sünde Adams der Urgrund der menschlichen Verdorbenheit sei, sich also vererbe, womit er dem Apostel Paulus widersprach, der im Römerbrief (5,12) geschrieben hatte: „In Adam haben wir alle gesündigt." Mit der Erbsünde verwarf Pelagius auch die Notwendigkeit der Kindertaufe.

410 kam Pelagius und sein Schüler Caelestius auf der Flucht vor den Goten nach Afrika. Während Pelagius nach Palästina weiterreiste, blieb Caelestius in Carthago und verbreitete hier die Lehren seines Meisters. Das führte zu seiner Exkommunikation durch ein

carthagisches Konzil (411). Er verließ daraufhin Afrika und begab sich nach Ephesus, wo er das Ziel, zum Priester geweiht zu werden, das er schon in Carthago verfolgt hatte, erreichte. Pelagius erregte unterdes mit seinen Lehren in Jerusalem Aufsehen. Das veranlasste Augustinus, sich mit ganzer Kraft dem Pelagianismus entgegenzustellen. Er verfasste mehrere Schriften, von denen hier nur das Buch ›Über die Natur und die Gnade‹ aus dem Jahre 415 genannt werden soll. Nach Jerusalem schickte er seinen Vertrauten Orosius (oben S. 198), um vor Entscheidungen zu Gunsten des Pelagius zu warnen (415). Nichtsdestoweniger kam es zu einer solchen Konzilsentscheidung (in Lydda [Diospolis]), die 416 in Carthago bekannt wurde. Sofort bekräftigte ein carthagisches Konzil die Verurteilung des Caelestius und des Pelagianismus von 411 (s. o.) und sandte die betreffenden Beschlüsse mit der Bitte um Bestätigung an Innocenz, den Bischof von Rom. Dieser entsprach 417 der Bitte aus Afrika und schloss die Pelagianer aus der Kirchengemeinschaft aus (Augustin. ep. 175/176 + 181/182). Augustinus hielt den Streit für beendet. Seine diesbezügliche Äußerung in einer Predigt (Augustin. serm. 131,1): *causa finita est* ging in der Form *Roma locuta, causa finita* unter die Sprichwörter ein.

Wenige Monate nach seiner Entscheidung gegen den Pelagianismus starb Innocenz. Sein Nachfolger Zosimus nahm eine andere Haltung zu dem brisanten Problem ein. Caelestius, der persönlich in Rom vorstellig wurde, und Pelagius, der ein Glaubensbekenntnis (›Libellus fidei‹) nach Rom schickte, verstanden es, den römischen Bischof von ihrer Rechtgläubigkeit zu überzeugen: Da die afrikanischen Bischöfe von Zosimus keinen Sinneswandel erwarteten, wandten sie sich an den Kaiser in Ravenna. Dieser mochte besorgt sein über die Spaltung der Christen Roms in Anhänger und Gegner des Pelagius (vgl. Prosp., Chron. Min. I 468). Jedenfalls erließ er am 30. April 418 ein Edikt, welches die Pelagianer aus Rom vertrieb (Mansi, Sacr. Conc. Coll. IV 444–445). Etwa gleichzeitig (Anfang Mai 418) versammelten sich mehr als 200 Bischöfe zu einem Konzil in Carthago und verurteilten in ausführlicher Form (9 canones) den Pelagianismus (Mansi, Sacr. Conc. Coll. III 810–816). Zosimus beugte sich offenbar mehr dem Druck als der Einsicht und bestätigte seinerseits die Verurteilung der Pelagianer. Pelagius selbst starb bald nach 418, seine Lehre hielt sich untergründig noch eine Zeit lang.

Afrika war in dem hier zu betrachtenden Zeitraum zwar hauptsächlich Schauplatz religiöser Streitigkeiten (Donatismus, Pelagianismus), doch ging von hier auch ein keineswegs unbedeutendes militärisches Unternehmen aus. Sein Initiator war Heraclianus, der für die maßgebliche Beteiligung an der Hinrichtung Stilichos 408 die führende Position in Afrika (*comes Africae*) erhalten hatte. Nach Jahren der loyalen Haltung gegenüber Honorius, wofür er mit der Designation zum Konsulat für 413 belohnt wurde, unternahm er eben in diesem Jahr den Versuch, in Italien Fuß zu fassen. Wahrscheinlich wollte er den Aufstieg des Constantius (oben S. 203) stoppen und an dessen Stelle treten. Für die Überfahrt von Afrika nach Italien hatte er 3700 Schiffe zusammengebracht (Oros. 7,42,13); seine Truppen müssen entsprechend zahlreich gewesen sein. Beim Anmarsch auf Rom wurde er durch ein von Marinus kommandiertes Heer geschlagen. In der Schlacht sollen 50000 Mann gefallen sein (Hydat., Chron. Min. II 18). Heraclianus floh nach Carthago; hier wurde er getötet. Marinus nahm seine Stelle als *comes Africae* ein. – Dass Afrika 410 bzw. 416 ins Blickfeld der Westgoten trat, ist bereits erwähnt worden (oben S. 203). Nach 418 waren es die Vandalen, welche Afrika als das 'gelobte Land' betrachteten und von Spanien aus Vorbereitungen zu seiner Inbesitznahme trafen. Es dauerte allerdings bis 429, ehe diese Pläne Wirklichkeit wurden (unten S. 230).

Die Lage im Reich, welche eine starke Hand erforderte, und die Notwendigkeit, die Nachfolge im weströmischen Kaisertum zu sichern, bewogen Honorius im Jahre 421, seinen Schwager, den *patricius* und *magister militum* Constantius, zum Augustus zu erheben. Der so Geehrte hatte eine fulminante Karriere und großartige Verdienste um den Staat aufzuweisen. Aus seiner Ehe mit der Schwester des Kaisers Honorius, Galla Placidia (oben S. 203), war als zweites Kind ein Sohn hervorgegangen, der schon durch seinen Namen, Valentinianus (nach seinem Urgroßvater Valentinian I.), dynastische Ansprüche erhob. Galla Placidia erhielt den Augusta-Titel, mit dem bisher keine der Kaisergemahlinnen in dem seit 364 verselbständigten Westreich beehrt worden war. Die neue Konstellation des westlichen Kaisertums dauerte jedoch nur sieben Monate, dann starb Constantius III. an einer Rippenfellentzündung (Olympiod. fragm. 33,1). Galla Placidia geriet schon bald mit Honorius in Streit, der zur Folge hatte, dass sie sich Anfang 423 mit ihren beiden Kindern nach Constantinopel absetzte (Olympiod. fragm. 38). Noch im gleichen Jahr, am 27. August, starb Honorius. Die Entscheidung über das Schicksal des Kaisertums im Westen lag nun im Osten.

7. GESETZESSAMMLUNG UND HUNNENABWEHR

Ost- und Westreich unter Theodosius II. (408–450)
und Valentinian III. (425–455)

Der Tod des Honorius in Ravenna (27. August 423) machte dessen 22-jährigen Neffen Theodosius II. in Constantinopel zum Herrn auch des Westreichs; ein Münzbild feierte ihn als „Ruhm des Erdkreises" (Abbildung: Kent/Overbeck/Stylow, Die röm. Münze, 1973, Nr. 750). In Rom aber erhob sich Ende 423 ein Hofbeamter mit Namen Johannes zum Augustus des Westens. Das veranlasste Theodosius zum Handeln. Ihm kam dabei zustatten, dass Galla Placidia, die Schwester des Honorius, sich in Constantinopel befand (oben S. 209). Er hatte bisher deren Stellung als Augusta und damit die Thronanwartschaft ihres Sohnes Valentinian nicht anerkannt, jetzt änderte er seine Haltung und sandte beide zur Wahrung des legitimen Kaisertums im Herbst 424 mit Heeresmacht nach Italien. Unterwegs, in Thessalonice/Saloniki, wurde Valentinian zum Caesar ernannt. Im Frühjahr 425 nahmen die oströmischen Truppen Ravenna ein; Johannes fand sein Ende durch Hinrichtung. Am 23. Oktober 425 schließlich wurde in Rom die Erhebung des sechsjährigen Valentinian zum Augustus vollzogen; die kaiserlichen Insignien hatte Theodosius aus Constantinopel geschickt (Olympiod. fragm. 46).

Die Übertragung des Kaisertums auf Valentinian III. implizierte die Notwendigkeit einer Regentschaft für die Zeit seiner Unmündigkeit. Zu dieser Aufgabe fühlte seine Mutter Galla Placidia sich auf Grund ihrer Persönlichkeitsstruktur und ihrer Lebenserfahrung in starkem Maße berufen. Schon bald wurden in Ravenna Münzen geprägt, welche die Augusta von der Hand Gottes gekrönt darstellten (Abbildung: Kent/Overbeck/Stylow, Die röm. Münze, 1973, Nr. 754), wie das im Osten erstmals auf Münzen für Aelia Eudoxia geschehen war (oben S. 185). Galla Placidia ließ es aber nicht bei der Propaganda bewenden. Es drängte sie, ihre innere Überzeugung vom Herrscheramt kundzutun, d. h., eine Leitlinie ihres Handelns festzulegen. So kam es zu der programmatischen Erklärung, die sie 429 im Namen ihres Sohnes abgab: Der Princeps sei durch die Gesetze gebunden und seine Autorität hänge von der Autorität des Rechtes ab (Cod. Iust. 1,14,4). Das war eine Aussage, wie sie einst Plinius in Bezug auf Trajan getroffen hatte (Plin. paneg. 65,1); sie zeigte die tiefe Verwurzelung Galla Placidias in der römischen Prinzipatsidee.

Ihre Absicht, der Autorität des Rechtes Geltung zu verschaffen, brachte Galla Placidia am deutlichsten durch den Erlass des so genannten Zitiergesetzes im Jahre 426 zum Ausdruck (Cod. Theod. 1,4,3). Dabei ging es um die Frage, welchen römischen Juristen bei Verwendung ihrer Schriften vor Gericht die größte Autorität zukomme. Die Entscheidung lautete, dass künftig nur noch die vier spätklassischen Juristen Papinianus, Paulus, Ulpianus und Modestinus, die in der 1. Hälfte des 3. Jahrhunderts gewirkt hatten, sowie der Verfasser des meistbenutzten Institutionenwerkes, Gaius (2. Hälfte des 2. Jahrhunderts), von den Anwälten als Stützen für die Urteilsfindung „rezitiert" werden sollten. Bei unterschiedlicher Meinung dieser fünf Juristen sollte die größere Zahl entscheiden, bei etwa sich ergebender Gleichheit des Zahlenverhältnisses die Meinung obsiegen, zu der Papinianus sich bekannt habe. Das „Zitiergesetz" von 426 gab den Äußerungen der letzten großen Repräsentanten der römischen Jurisprudenz gesetzesgleiche Kraft, andererseits nahm es den gegenwärtigen Vertretern der Zunft die Möglichkeit zur Entwicklung neuer normativer Entscheidungskriterien. Die Rechtsprechung zehrte jetzt fast nur noch aus dem Arsenal der Vergangenheit.

Dieses Arsenal zu bestücken und verfügbar zu machen, war auch das Ziel eines Unternehmens, das von Theodosius II. 429 in Gang gesetzt wurde. Eine von ihm ernannte Kommission sollte die bereits vorhandenen Sammlungen der kaiserlichen Konstitutionen von Hadrian bis Diocletian (Codex Gregorianus, Codex Hermogenianus) um eine Zusammenstellung der seit Constantin ergangenen Gesetze ergänzen. In einem weiteren Werk sollte das geltende Recht nach Sachgebieten geordnet dargeboten werden, wie es sich aus Kaiserkonstitutionen und Juristenschriften herausziehen lasse (Cod. Theod. 1,1,5). Die Arbeit der Kommission erbrachte jedoch keine publikationsfähigen Ergebnisse, so dass Theodosius 435 eine neue Kommission mit einer weniger komplizierten Aufgabe betraute. Sie bestand im Wesentlichen in der Sammlung der constantinischen und nachconstantinischen Kaiserkonstitutionen (wie schon 429 vorgesehen), doch erhielten die Kommissionsmitglieder größere Freiheiten für den Umgang mit ihnen, indem sie Änderungen, Hinzufügungen und Aufteilungen vornehmen konnten (Cod. Theod. 1,1,6). Dieser Auftrag ließ sich innerhalb von drei Jahren erfüllen.

Der ›Codex Theodosianus‹ wurde am 15. Februar 438 in Constantinopel veröffentlicht, sodann dem Senat in Rom zugesandt und am 1. Januar 439 für das Gesamtreich in Kraft gesetzt. Die neue Gesetzessammlung enthielt 16 Bücher; diese waren in Titel eingeteilt, unter denen die betreffenden Gesetze in chronologischer Reihenfolge figurierten. Insgesamt wurden auf diese Weise mehr als 3000 Kaiserkonstitutionen erfasst. Theodosius war überzeugt, mit diesem Werk die seinem Zeitalter gestellte „wahre Aufgabe" (*verum negotium*) erfüllt zu haben (Nov. Theod. 1,1). Tatsächlich bildete die offizielle Sammlung und Sichtung einer solchen Masse von Kaiserkonstitutionen ein Erfordernis der Zeit. Jahrzehntelang hatte die von dem anonymen Verfasser der Schrift ›De rebus bellicis‹ angestimmte Klage über die „verwirrenden und widersprüchlichen Anordnungen der Gesetze" (21,1) im Raum gestanden. Jetzt lag sozusagen für jeden Streitfall das Material zur Rechtsfindung bereit, und zwar mit Geltung in beiden Reichsteilen. Es war wohl wirklich der günstigste Zeitpunkt, den Theodosius gewählt hatte, um die Archive in Ost und West nach Abschriften von Kaiserkonstitutionen durchforschen zu lassen. Die Tage für ein solches Zusammenwirken beider Regierungen waren gezählt. Mit dem Inkrafttreten des Codex Theodosianus hörte ohnehin die einheitliche Geltung der neu hinzukommenden Gesetze in beiden Reichsteilen auf: Es bedurfte der ausdrücklichen Zustimmung Valentinians, ob ein von Theodosius erlassenes Gesetz im Westen gelten sollte oder umgekehrt (Nov. Theod. 1,5–6). So ragte denn der Codex Theodosianus wie ein Monolith in die neue Zeit hinein, deren Rechtskultur er, wie noch zu zeigen sein wird (unten S. 280f.), maßgeblich prägte.

Mit dem Codex Theodosianus von 438 errichteten die verantwortlichen Redaktoren ihrem Kaiser ein Monument, das dem von Anthemius in den Jahren 408 bis 413 geschaffenen Denkmal, der Theodosianischen Landmauer Constantinopels, würdig zur Seite trat. Beide Werke, das Gesetzbuch und die Stadtmauer, verliehen einem Kaiser, der ansonsten farblos wirkte, Kolorit; sie ließen ihn als tatkräftig erscheinen, wo er doch zeitlebens abhängig blieb. Theodosius II. stand zunächst (bis 414) unter dem Einfluss des *praefectus praetorio* Anthemius, dann erlangte mehr und mehr seine Schwester Pulcheria, seit 414 Augusta, „Kontrolle über die Regierung" (Sozom. hist. eccl. 9,1,5). 421 arrangierte sie die Heirat ihres Bruders mit Aelia Eudocia. Sie riskierte damit allerdings, dass ihr in der neuen Augusta (seit 423) eine Rivalin heranwuchs, was tatsächlich eintrat. Seit etwa 440 gelang es dann dem Eunuchen Chrysaphius als Kommandeur der kaiserlichen Leibwache, die Herrschaftsambitionen beider Augustae auszuschalten und selbst die Lenkung des Kaisers zu übernehmen, so dass nun von einer „Eunuchenherrschaft" gesprochen werden konnte (Joh. Ant. fragm. 191 [Fragm. Hist. Graec. IV 612]).

Theodosius II. hat in seiner 42-jährigen Regierungszeit Constantinopel nur selten verlassen. Reisen an den Hellespont (436) oder nach Asien (443) waren so außergewöhnliche Ereignisse, dass sie in den Chroniken vermerkt wurden (Marcell. Comes, Chron. Min. II 79 + 81). Aber auch in Constantinopel mied Theodosius die Öffentlichkeit. Er lebte abgeschieden in seinem Palast, dem er als asketisch gesinnter Christ ein klosterähnliches Gepräge gab. Pulcheria, welche mit 14 Jahren öffentlich das Gelübde der Jungfräulichkeit abgelegt hatte, förderte gerade diese Seite der Lebensgestaltung ihres Bruders (Sozom. hist. eccl. 9,1,3 + 9,3,1–2). Dessen Frömmigkeit ging so weit, dass er am liebsten ganz Constantinopel in eine Kirche verwandelt hätte (Socr. hist. eccl. 7,22,17).

Der Absonderung des Kaisers im Palast entsprach in gewisser Weise die Abschließung Constantinopels gegen Angriffe von der Land- und Seeseite. Die Theodosianische Landmauer schob das Stadtgebiet um ca. 1,5 km nach Westen vor, so dass dieses mit ca. 1400 ha dem Areal Roms innerhalb der Aurelianischen Mauer gleichkam. Die Arbeiten an der neuen Stadtbefestigung begannen 408 und waren 413 beendet (Cod. Theod. 15,1,51). Es handelte sich um zwei 15 m voneinander entfernte Mauerzüge mit je 96 Türmen. Die Türme der Hauptmauer waren bis zu 20 m, die der Vormauer 10 m hoch. Zusammen mit dem 18 m breiten und 7 m tiefen Graben maß die ganze Verteidigungsanlage 60 m. Sie entstand, wie schon erwähnt, unter der Leitung des *praefectus praetorio* Anthemius (Corp. Inscr. Lat. III 739). Theodosius verewigte sich an 'seiner' Mauer im Jahre 425 durch die Ausschmückung des südlichsten der sechs großen Tore zum „Goldenen Tor". Die Inschrift (Corp. Inscr. Lat. III 735) bezeichnete die Dekoration als Erinnerung an die Niederwerfung des Tyrannen Johannes (oben S. 210).

447 wurde das Befestigungswerk durch ein schweres Erdbeben beschädigt; 57 Türme mussten repariert werden (Marcell. Comes, Chron. Min. II 82 + Corp. Inscr. Lat. III 734). Im Ganzen aber widerstand die Landmauer den Naturgewalten und gab der Stadt zusammen mit den seit 439 bezeugten Seemauern am Goldenen Horn und

am Marmara-Meer (Chron. pasch. ad an. 439, Chron. Min. II 80) fast 800 Jahre lang den Nimbus der Uneinnehmbarkeit.

Die Tatsache, dass der Vergrößerung des Stadtgebiets durch die Theodosianische Mauer die flächenmäßige Angleichung Constantinopels an Rom erreicht wurde, ist schon erwähnt worden. Hier muss hinzugefügt werden, dass die Stadterweiterung Constantinopel auch noch in anderer Weise Rom gleichstellte: Das neue Rom wies nun wie das alte sieben Hügel und vierzehn Regionen auf! Um 425 erschien auch eine Stadtbeschreibung Constantinopels (›Notitia Urbis Constantinopolitanae‹) mit genauer Aufzählung der Bauten, Plätze, Häfen usw. Sie trat neben die schon aus constantinischer Zeit stammende ›Notitia Urbis Romae‹. Eine Bereicherung erfuhr unter Theodosius II. der Hippodrom Constantinopels durch die vier vergoldeten Bronzepferde aus Chios, die 1204 von den Venetianern nach Venedig verschleppt und später auf der Galerie über dem Hauptportal von San Marco aufgestellt wurden (vgl. den Ausstellungskatalog „Die Pferde von San Marco", 1982).

Ein Erlass des Theodosius ließ im Jahre 425 die Universität Constantinopel ins Blickfeld treten. An ihr hatte es bisher anscheinend keinen festen Stellenplan der staatlich besoldeten Professoren gegeben, und auch über die für den Lehrbetrieb zu nutzenden Räumlichkeiten herrschte offenbar keine hinreichende Klarheit. Indem der Erlass anordnete, dass die Lehrveranstaltungen der 'öffentlichen' Professoren in einem bestimmten Gebäude, dem *auditorium Capitolii*, stattfinden sollten, verlieh er der Universität erst eigentlich das Image einer öffentlichen Institution. Die Lehrtätigkeit der 'Privatdozenten' hatte in Privathäusern zu erfolgen. Die Zahl der 'öffentlichen' Professoren legte der Erlass auf 31 fest: je 10 für lateinische und griechische Grammatik, 3 für lateinische, 5 für griechische Rhetorik, 1 für Philosophie, 2 für Jurisprudenz (Cod. Theod. 14,9,3). In einer drei Tage später ausgefertigten Verfügung verlieh Theodosius sechs Professoren für ihre Verdienste den Rang eines *comes primi ordinis* (vgl. oben S. 28). Künftig sollten alle Universitätsprofessoren, die zwanzig Jahre erfolgreich gelehrt und unbescholten gelebt hatten, dieser Ehre teilhaftig werden. Die Prüfung der Kriterien übertrug der Kaiser dem Senat (Cod. Theod. 6,21,1).

Es war kein Zufall, dass Theodosius dem Senat von Constantinopel die Aufsicht über den Lehrkörper der Universität anvertraute. Ihm lag überhaupt an einer stärkeren Beteiligung dieses Gremiums an den Regierungsaufgaben. Die wichtigste in diese Richtung zielende Maßnahme war die 446 getroffene Entscheidung, dass Gesetze von nun an nicht mehr nur im Konsistorium, sondern auch im Senat beraten werden sollten (Cod. Iust. 1,14,8). Die Begründung lautete: „weil das, was auf euren Rat hin festgelegt wird, zum Glück des Reiches und zu unserem Ruhm beiträgt".

Seit Constantinopel den ersten Platz unter den Bischofssitzen des Ostens einnahm (oben S. 150), war die Besetzung des Patriarchenstuhls immer auch eine hochpolitische Angelegenheit, wie sich besonders im Falle des Johannes Chrysostomus gezeigt hatte (oben S. 185–187). Als 428 eine Neubesetzung erforderlich wurde, favorisierte Theodosius den Syrer Nestorius, einen ausgezeichneten Prediger, der sich in Antiochia theologisch geschult hatte, zum Priester geweiht worden war und nun in der Nähe dieser Stadt als Mönch lebte. Es war keine gute Wahl. Denn dem neuen Patriarchen fehlte das diplomatische Geschick, um mit den komplexen Verhältnissen in Constantinopel fertig zu werden. So war es keineswegs klug, den Kaiser in einer Predigt aufzufordern, die Häretiker von der Erde zu vertilgen (Socr. hist. eccl. 7,29,4). Das daraufhin von Theodosius erlassene Gesetz zählte 23 häretische Gruppen auf und belegte sie mit strengen Strafen (Cod. Theod. 16,5,65). Ebenso unklug war es, Pulcheria, der Schwester des Kaisers, bestimmte Vorrechte beim Gottesdienstbesuch zu nehmen. Geradezu fahrlässig aber verhielt Nestorius sich gegenüber der von Pulcheria besonders geförderten Verehrung der „Gottesmutter" Maria. Er ließ es nämlich zu, dass einer seiner Priester gegen den Gebrauch dieses Titels predigte: Maria sei ein menschliches Wesen, Gott aber könne nicht von einem solchen geboren worden sein (Socr. hist. eccl. 7,32,1–2). Das rief Widerspruch und Streit hervor. Letzterer nahm an Schärfe zu, als Nestorius selbst sich zu der Ansicht bekannte, Maria habe nur den Menschen Christus geboren, nicht aber den Gott, der er auch sei, denn Gott habe keine Mutter. Damit war das Problem nach dem Verhältnis der beiden Naturen in Christus aufgeworfen, das der Begriff „Gottesmutter" in sich trug.

Der von Nestorius in Constantinopel entfachte Streit griff auf die anderen Zentren der Christenheit über. Zum Wortführer der Opposition schwang sich der Patriarch von Alexandria, Cyrillus, auf, der fürchtete, dass die von der alexandrinischen Lehrtradition als Einheit betrachtete Gottheit und Menschheit Christi durch den Angriff des Nestorius auf die „Gottesmutter" Schaden nehmen könnte. Memnon, der Bischof von Ephesus, schloss sich ihm an, war doch die Hauptkirche von Ephesus der „Gottesmutter" Maria geweiht. Sowohl bei Cyrillus als auch bei Memnon spielte allerdings auch die

Rivalität zum Patriarchenstuhl in Constantinopel eine Rolle. Ausschlaggebend für das Vorgehen gegen Nestorius war die Haltung Coelestins, des Bischofs von Rom. Von Cyrill über die Angelegenheit informiert, billigte er ausdrücklich den strittigen Begriff „Gottesmutter" und ließ durch ein römisches Konzil (430) Nestorius zum Widerruf seiner Abweichungen von der orthodoxen Lehre auffordern. Mit der Zustellung des betreffenden Schreibens beauftragte er Cyrillus. Dieser nun gliederte die theologischen Vorwürfe gegen Nestorius in zwölf Punkte auf, deren jeden er mit der Bannandrohung versah. Nestorius antwortete darauf ebenfalls mit zwölf Anathematismen – die Entscheidung musste eine höhere Instanz fällen, d.h. ein allgemeines (ökumenisches) Konzil. Theodosius berief es am 19. November 430 zum Pfingstfest des nächsten Jahres nach Ephesus ein.

Theodosius stand in der Auseinandersetzung zwischen Nestorius und Cyrillus auf der Seite 'seines' Patriarchen. Die Eingaben Cyrills bedachte er mit Tadel und rügte insbesondere, dass der alexandrinische Bischof sich auch an die Damen des Kaiserhofes gewandt hatte. Von diesen hielt Eudocia zu Nestorius, Pulcheria betrachtete ihn als ihren und ihres Glaubens Feind, favorisierte also Cyrillus. Der Kaiser warf Cyrillus vor, Zwietracht in der kaiserlichen Familie gesät zu haben.

Zu Pfingsten 431 (7. Juni) waren noch nicht alle eingeladenen Bischöfe in Ephesus eingetroffen. Insbesondere fehlten die Syrer mit Johannes von Antiochia an der Spitze. Als sich deren Ankunft länger hinzog, drängten die anwesenden etwa 200 Bischöfe auf Eröffnung des Konzils. Sie erfolgte am 22. Juni 431. Cyrillus übernahm den Vorsitz; in dieser Position handelte er auch als Stellvertreter des Bischofs von Rom. Nestorius weigerte sich, an der Sitzung teilnehmen. Auf dieser prüften die Bischöfe, ob die Aussagen des Nestorius über die Natur Christi und die Mutterschaft Marias mit dem nicaenischen Glaubensbekenntnis und dem Zeugnis der Kirchenväter übereinstimmten. Nachdem dies verneint worden war, wurde noch ein Bericht über vergebliche Versuche, Nestorius umzustimmen, entgegen genommen. Dann erfolgte das Urteil: Nestorius wurde als Bischof von Constantinopel abgesetzt und aus dem Klerus ausgestoßen.

Wenige Tage nach diesem Beschluss kamen die syrischen Bischöfe in Ephesus an. Als Johannes von Antiochia über die Verurteilung des Nestorius in Kenntnis gesetzt wurde, versammelte er seine Suffragane und Anhänger zu einem Konzil, das er, obwohl es nur

43 Teilnehmer zählte, als die eigentliche „heilige Synode" bezeichnete. Dieses Minderheitskonzil verurteilte das Vorgehen Cyrills gegen Nestorius sowie die Hilfe, die er dabei von Memnon, dem Bischof von Ephesus, erhalten habe, erklärte beide zu Irrlehrern und verhängte über sie die Strafe der Absetzung vom Bischofs- und Priesteramt.

Die 'Ergebnisse' der beiden Konzilien und die durch sie entstandene Verwirrung verlangten dringend nach dem Eingreifen des Kaisers. Deshalb bemühten sich beide Parteien, Theodosius für ihre Sicht der Dinge zu gewinnen. Die Nachrichtenübermittlung nach Constantinopel aber war tückisch, so dass der Kenntnisstand des Kaisers lückenhaft blieb. Zudem spielten Hofintrigen eine nicht geringe Rolle. So kam es zu der seltsam anmutenden Entscheidung, dass sowohl der Beschluss des von Cyrill präsidierten Konzils als auch das unter der Leitung des Johannes von Antiochia zu Stande gekommene Minderheitsvotum vom Kaiser bestätigt wurde. Dementsprechend ordnete Theodosius die Verhaftung des Nestorius sowie Cyrills und Memnons an – die Verwirrung mündete in eine Pattsituation. Um sie zu überwinden, setzte erneut eine hektische Betriebsamkeit ein. Vor allem Cyrill versuchte mit allen Mitteln, aus dem Gefängnis frei zu kommen. Er wandte ungeheure Summen auf, um einflussreiche Personen bei Hofe dazu zu bringen, in seinem Sinne beim Kaiser zu wirken – und hatte Erfolg. Während Nestorius in das Kloster bei Antiochia, in dem er vor seiner Erhebung zum Bischof von Constantinpel gelebt hatte, zurückgebracht wurde, kamen Cyrill und Memnon frei. Am 30. Oktober 431 zog Cyrill unter dem Jubel der Bevölkerung in Alexandria ein.

Das Konzil von Ephesus wurde von Theodosius aufgelöst, wobei er ausdrücklich bedauerte, dass es nicht zu einer Einigung geführt habe. Diese Einigung herzustellen, legte er den Kirchen von Alexandria und Antiochia ans Herz. Tatsächlich setzten solche Bemühungen ein. Es dauerte aber geraume Zeit, bis Johannes von Antiochia die Verurteilung des Nestorius anerkannte und Cyrillus einen Teil seiner Anathematismen (oben S. 216) zurücknahm. 433 einigte man sich auf die Formel, dass Christus „wahrer Gott und ... wahrer Mensch" sei und dass in ihm eine „Vereinigung von zwei Naturen" bestehe. „Deshalb bekennen wir, dass Christus Einer ist ... und dass die hl. Jungfrau Mutter Gottes ist." Dieses Bekenntnis fand weithin Anerkennung. Der nestorianische Streit war damit beendet, Nestorius wurde 435 mit der Strafe der Verbannung belegt, seine Schriften 448 den Flammen übergeben. Cyrillus dagegen konnte bis zu seinem Tod im Jahre 444 sein Bischofsamt ausüben. Seine auf dem Konzil von Ephesus gehaltene Marienpredigt ›Lob der Gottesmutter‹ (Cyrill. hom. 4) erlangte Berühmtheit, seine Schrift ›Dass Christus Einer sei‹ hielt das theologische Problem des Konzils für alle Zeiten fest.

Die Vorgänge auf dem Konzil von Ephesus sind außergewöhnlich gut dokumentiert. Die maßgebende wissenschaftliche Ausgabe der Akten des 3. ökumenischen Konzils von E. Schwartz (Acta Conciliorum Oecumenicorum Tom. I, Vol. 1–5, 1923–1930) vereinigt mehrere antike Sammlungen, die praktisch jedes Detail festgehalten haben. In eine dieser Sammlungen ist, wohl wegen der zeitlichen Nähe zum Konzil, auch ein Gesetz des Theodosius vom 23. März 431 in griechischer Übersetzung eingegangen, das den christlichen Kirchen in Bezug auf das Asylrecht den gleichen Status verlieh, wie ihn die Kaiserstatuen besaßen (Act. Conc. Oec. I 1,4 p. 61–65). In verkürzter Form wurde das Gesetz in den Codex Theodosianus aufgenommen (9,45,4). Veranlasst war es durch einen Vorfall in Constantinopel, bei dem eine Gruppe bewaffneter Sklaven in die Hagia Sophia eingedrungen war, einen Priester getötet und dann Selbstmord begangen hatte (Socr. hist. eccl. 7,33,1–3). Das Asylgesetz des Theodosius verbot daher, dass jemand bewaffnet in einer Kirche Schutz suche. Ansonsten sollten die Kirchen allen, die von Angst gequält würden, offen stehen und Schutz gewähren. Um dem Schutz rechtliche Qualität zu verleihen, regelte das Gesetz die Handhabung der kirchlichen Asylie aufs Genaueste. Sie bildete von nun an eine offizielle Institution, welche die Rolle der Kirche als Hüterin des sozialen Friedens, die sie schon mit dem Bischofsgericht übernommen hatte (oben S. 45), beträchtlich stärkte.

Die Gesetze Theodosius II. gaben sich gerne als grundsätzliche Verlautbarungen mit umfassenden Regelungen. Diese Tendenz ließ sich schon dem Häretikergesetz des Jahres 428 entnehmen (oben S. 215). Sie setzte sich im Asylieerlass von 431 fort und kam erneut in dem Gesetz vom Jahre 438 gegen Juden, Häretiker und Heiden zum Ausdruck (Nov. Theod. 3). Die wichtigste Aufgabe des Kaisers – so verkündete die Einleitung – sei die Sorge für den wahren Glauben, denn von seiner Befolgung hänge die Wohlfahrt der Menschheit ab. Das Gesetz galt besonders den Juden. Es bestätigte die Geltung aller Restriktionen, welche dem Judentum seit Constantin dem Großen auferlegt worden waren. Dazu gehörten der Ausschluss von „Ehren und Würden", die Einschränkung der Baumaßnahmen für Synagogen auf bereits bestehende Synagogen und das Verbot,

Christen zu beschneiden. Die Begründung für die mit schweren Strafen belegten Verbotsbestimmungen lautete: Als Feinde Gottes seien die Juden auch Feinde des römischen Staates.

Juden und Christen bildeten dort, wo sie in größerer Zahl nebeneinander lebten, eine latente Gefahr für die öffentliche Sicherheit. Das war besonders in Alexandria der Fall. Es genügte manchmal ein kleiner Anlass, um ein großes Unheil daraus entstehen zu lassen. So war es im Jahre 415, als die Juden wegen des Auftritts eines Pantomimen am Sabbat in Wut gerieten und diese an den Christen ausließen. Es kam zu einem nächtlichen Blutbad. Dieses beantworteten die Christen am nächsten Tag unter Führung ihres Bischofs Cyrillus mit der Austreibung der Juden aus der Stadt und der Plünderung ihres Besitzes. Die Vorkommnisse führten zu einem Zerwürfnis zwischen dem Vorsteher der ägyptischen Provinzen (*praefectus Augustalis*) Orestes und dem Bischof Cyrillus von Alexandria, das zu neuen Unruhen führte, bei denen Orestes verwundet wurde. Die Atmosphäre in Alexandria war so vergiftet, dass der christliche Pöbel sich sogar an der hoch angesehenen heidnischen Philosophin Hypatia vergriff. Als vermeintliche Komplizin des Orestes wurde sie auf grausamste Art ermordet (Socr. hist. eccl. 7,13–15).

Die Erwähnung der Amtsbezeichnung *praefectus Augustalis* für den früheren *praefectus Aegypti* erfordert eine Nachinformation: Die Dreiteilung Ägyptens, wie Diocletian sie geschaffen hatte (Iovia [Norden], Herculia [Mitte], Thebais [Süden]), war inzwischen einer Vierteilung gewichen. Der Ostteil der Iovia mit Pelusium bildete seit 341 eine eigene Provinz unter dem Namen Augustamnica. Der Westteil mit Alexandria hieß nun Aegyptus. Auch die Herculia wechselte ihren Namen: Zu Ehren des Kaisers Arcadius wurde sie nach 386 Arcadia genannt. Seit 382 bildeten die Provinzen Ägyptens zusammen mit Libya prima und secunda eine eigene Diözese (erste Erwähnung: Cod. Theod. 12,1,97 [8. März 383]). An ihrer Spitze stand der Statthalter von Aegyptus, der von jetzt an *praefectus Augustalis* hieß und zur Rangklasse der *viri spectabiles* (oben S. 132 f.) gehörte.

Außer den Veränderungen in der Administration Ägyptens müssen hier kurz die Entwicklungen nachgetragen werden, welche zu einer Umwälzung der Agrarverhältnisse Ägyptens durch die Patrocinienbewegung (vgl. oben S. 127 f.) führten. Das Ergebnis dieser Entwicklungen präsentierte ein von Theodosius II. 415 erlassenes Gesetz (Cod. Theod. 11,24,6). Ihre Anfänge reichten mehr als 50 Jahre zurück: 360 war Constantius II. dagegen eingeschritten, dass Bauern (*coloni*) sich unter den Schutz Mächtiger begaben, um der Steuerzahlung zu entgehen. Das betreffende Gesetz (Cod. Theod. 11,24,1) bürdete dem „Patron" die Steuerschuld des „Flüchtlings" auf und ordnete die Rückkehr des Letzteren in sein Dorf an. Unter dem Druck der Gesetzgebung dieses Typs änderten die „Patrone" in Ägypten ihre Methode: Sie ließen sich von den Schutz suchenden Bauern deren Land übereignen und beschäftigten darauf die früheren Eigentümer als Pächter. Als *sub patrocinio* stehend führte dieses Land steuerlich nun ein ungeklärtes Dasein, niemand zahlte die darauf liegende Steuer. Der Staat setzte eine Untersuchungskommission ein, die aber wegen der verworrenen Situation zu keinem Ergebnis kam. Im Jahre 415 erließ daher Theodosius II. das schon erwähnte Gesetz (Cod. Theod. 11,24,6), welches einen neuen Weg zur Sicherung der Steuerzahlung beschritt. Es machte von einem Stichjahr (397) an die „Patrone" für die Steuerschuld des von ihnen in Besitz genommenen Landes verantwortlich und bestimmte, dass sie nunmehr als rechtmäßige Besitzer dieses Landes behandelt würden. Das Gesetz legalisierte also die zwischen 397 und 415 erfolgte Besitzumwälzung sowie die damit verbundene Herabdrückung der Schutz suchenden Bauern auf den Status abhängiger, d.h. an den Boden gebundener Kolonen. Es gab sich dem Wahn hin, damit das Patrocinium als solches beseitigt zu haben. Indes wurden auch nach 415 Patrocinien – wenngleich in verschleierter Form – begründet (vgl. Cod. Iust. 11,54,1).

Die Patrocinienbewegung war keineswegs, wie es durch die sämtlich aus dem Ostreich stammenden diesbezüglichen Gesetze des Codex Theodosianus (11,24,1–6) scheinen könnte, auf die Provinzen des Ostens beschränkt, sie machte sich auch im Westen bemerkbar und wurde hier sogar durch ein besonders aufschlussreiches Zeugnis dokumentiert. Dabei handelte es sich um das ca. 440 entstandene Werk ›Über die Regierung Gottes‹ des gallischen Mönchs Salvianus, der nach Jahren der Askese im Kloster Lerinum/Lérins (oben S. 200) als Presbyter in Massilia/Marseille wirkte. Salvian beklagte den durch Steuerdruck bewirkten erbärmlichen Zustand vieler Kleinbauern und beschrieb deren verzweifeltes Bemühen, ihren Hof behalten zu können. Als letztes Mittel griffen sie zu dessen Übereignung an einen benachbarten reichen Grundherrn, der ihnen das Nutzungsrecht an ihrem bisherigen Eigentum überließ. Ihre Kinder aber verloren jeglichen Rechtsanspruch, sanken zu Kolonen herab oder mussten gar als Sklaven dienen (Salv. 5,38–43).

Salvian erwähnte aber auch noch andere Verhaltensweisen. Es gab Bauern, die ihren Hof aufgaben und sich den Bagauden (vgl.

oben S. 201) anschlossen (Salv. 5,23), die in den 30er Jahren des 5. Jahrhunderts weite Teile Mittelgalliens unter ihre Kontrolle brachten und gewaltigen Zulauf, vor allem von Sklaven und Kolonen, hatten. Wieder andere, in Not geratene Bauern ließen ihre Höfe im Stich und flohen zu den Westgoten in Aquitanien, von denen sie sich eine bessere Behandlung erhofften (Salv. 5,24–26). Die Goten bildeten insofern eine Alternative, als sie mit der römischen Regierung nicht gerade gut standen. Wiederholt drangen sie auf römisches Gebiet vor und schienen gewillt, ihr 'Reich' zu erweitern. 425 und 430 war Arles ihr Ziel, 436 Narbonne.

Die Patrocinienbewegung in Gallien und die Flucht zu Bagauden und Barbaren waren für Salvian Teile einer großen Misere, an der er hauptsächlich der gallischen Aristokratie die Schuld gab. Ihre Mitglieder, etwa hundert Geschlechter, beherrschten als Grundbesitzer das wirtschaftliche und politische Leben Galliens. Sie nutzten diese Macht rigoros aus, vor allem, seit nach der Usurpation Constantins III. (407–411) ständig einer von ihnen den Posten des *praefectus praetorio Galliarum* inne hatte. Die gallischen Aristokraten gehörten dem Senatorenstand an; die meisten waren rangmäßig *clarissimi* bzw. *spectabiles* (oben S. 132f.), etwa ein Dutzend war in die höchste senatorische Rangklasse, die der *illustres*, aufgestiegen. Längst nahmen sie nicht mehr an Senatssitzungen in Rom teil, sondern konzentrierten sich ganz auf ihren gallischen Lebensraum. Hier stellten sie nicht nur die höhere Beamtenschaft, sondern nahmen auch wichtige Bischofssitze ein, die ja gerade im Gallien der 1. Hälfte des 5. Jahrhunderts vielfältige Möglichkeiten boten, zu Ansehen und Einfluss zu gelangen. In besonderem Maße galt das für Arles, wo Honoratus (426–428) und Hilarius (428–449) als Mitglieder des senatorischen Adels ihre Wirksamkeit im Bischofsamt entfalteten.

Hilarius machte dadurch von sich reden, dass er für Arles Rechte in Anspruch nahm, die weit über die Metropolitanstellung des Bistums hinausgingen. Die darauf hinzielenden Handlungen erregten den Widerspruch der betroffenen Amtsbrüder, die sich in Rom bei Leo, der seit 440 den Stuhl Petri inne hatte, beschwerten. Leo war seinerseits bestrebt, den Primat in Glaubens- und Rechtsfragen über alle Kirchen des Westens zu erlangen. So nahm er die Gelegenheit wahr, Hilarius, der persönlich in Rom vorstellig wurde, in seine Schranken zu weisen und 445 von Kaiser Valentinian III. ein Gesetz zu erwirken, das seine Entscheidung gegen Hilarius bestätigte und grundsätzlich den 'päpstlichen' Primat für das Westreich dekretierte (Nov. Valent. 17). Über die Bedeutung dieses valentinianischen Gesetzes für das 'Papsttum' wird noch zu sprechen sein (unten S. 238), hier sollte nur auf die Verquickung von adeliger Herkunft und bischöflichem Machtstreben in der Person des Hilarius von Arles hingewiesen werden.

Die nach dem Tod der Kaiser Constantius III. (421) und Honorius (423) sich verstärkende Bedrohung Nordgalliens durch die Franken und die einsetzende Beunruhigung Südgalliens durch die Goten riefen einen Mann auf den Plan, der die Geschicke Galliens und des Westreichs bis zu seinem Tod (454) bestimmen sollte: Aetius aus Durostorum/Silistra an der unteren Donau (im heutigen Bulgarien). Der Sohn eines römischen Heermeisters (Gaudentius) hatte einige Zeit als Geisel bei den Hunnen gelebt (Greg. Tur. 2,8). Bei der Usurpation des Johannes im Jahre 423 wurde er daher mit der Mission betraut, hunnische Hilfstruppen für den zu erwartenden Kampf mit dem Ostreich anzuwerben. Es gelang ihm, ein Heer von angeblich 60000 Mann nach Italien zu führen (Philostorg. hist. eccl. 12,14), doch war bei seiner Ankunft (425) Johannes schon tot. Aetius musste sich jetzt mit Galla Placidia (oben S. 210) arrangieren. Das Ergebnis bestand einerseits in der Rücksendung des größten Teils der Hunnen, andererseits in der Übertragung des gallischen Heermeisteramtes auf Aetius. Erste Erfolge in Gallien und die Ermordung des obersten Heermeisters Felix in Ravenna (430) ließen Aetius nach diesem Amt greifen. Als *magister utriusque militiae* verteidigte er 430/431 Rätien gegen die Juthungen und warf in Noricum einen Aufstand nieder (Hydat., Chron. Min. II 22). Daraufhin wurde er zum Konsul für 432 designiert. In diesem Jahr aber kam es zum Streit mit dem von Galla Placidia nach Italien zurückgerufenen Militärbefehlshaber Afrikas, Bonifatius, der als Günstling der Kaiserin die Stellung des Aetius einnehmen sollte. Der Aufeinanderprall der beiden Kontrahenten bei Ariminum/Rimini endete zwar mit dem Sieg des Bonifatius, doch erlitt dieser eine so schwere Verwundung, dass er kurz danach starb. Aetius wiederum fühlte sich in Italien nicht sicher; er floh deshalb – zum Hunnenkönig Rua an die Donau (Prosp., Chron. Min. I 473).

Hatten die Hunnen 425 für Aetius nur als Truppenreservoir gedient, so avancierten sie 432 für ihn zum politischen Faktor: Mit ihrer Hilfe wollte er seine Stellung als oberster Feldherr des Westreichs zurückgewinnen und seinen Einfluss am Hof in Ravenna sicherstellen. So kam es zu Verhandlungen, die sich ins Jahr 433 hinüberzogen. Für die Hunnen brachten sie das Zugeständnis der territorialen Nutzung „Pannoniens" (wohl des größten Teils der

Diözese dieses Namens, vgl. Prisc. fragm. 7) und für Aetius neue hunnische Hilfstruppen zum Einsatz in Gallien sowie als Druckmittel gegen die Regierung in Ravenna. Galla Placidia musste den Abmachungen zustimmen. Nach der Rückkehr des Aetius vom Hof des Hunnenkönigs Rua wurde er erneut zum obersten Heermeister des Westreichs ernannt und erhielt den Patricius-Titel. 435 erschien er wieder in Gallien, wo sich die Lage von verschiedenen Seiten her zugespitzt hatte.

In der früheren Phase seines Aufenthalts in Gallien (425–430) hatte Aetius sich darum bemüht, die Rheinfranken am Nieder- und Mittelrhein von weiteren Einfällen in das linksrheinische Gebiet abzuhalten. Trier war von ihnen zwischen 410 und 420 dreimal heimgesucht worden (Salv. 6,89), wobei die Entfernung der einstigen Kaiserresidenz von der Rheingrenze die Tiefe der Vorstöße manifestierte. 428 war es Aetius gelungen, den linksrheinischen Uferstreifen, den die Franken eingenommen hatten, im Kampf zurückzugewinnen und mit den Invasorengruppen ein Vertragsverhältnis herzustellen (Prosp. + Hydat., Chron. Min. I 472 + II 22). Im Gegensatz zu den Rheinfranken saßen ihre salischen Stammesbrüder schon seit langem in Toxandria, dem Gebiet südlich der unteren Maas, als Foederaten auf römischem Boden (oben S. 60). Aber auch sie bekamen Expansionsgelüste. Ihr König Chloio, der erste namentlich bekannte Merowinger, versuchte, das Siedlungsgebiet seines Stammes nach Südwesten (zur Somme hin) zu erweitern. Aetius trat den Salfranken zwischen 440 und 450 im Lande der Atrebaten beim Vicus Helenae entgegen und unterband ihre Eigenmächtigkeiten (Sidon. Apollin. carm. 5,211–216). Die Frankengefahr durfte damit auch an dieser 'Front' als gebannt gelten.

435/436 erreichte der Unruhezustand, in dem Gallien sich seit dem Einbruch der Vandalen, Alanen und Sueben (406/407) befand, einen neuen Höhepunkt: Die Burgunder griffen von ihrem 'Reich' um Borbetomagus/Worms aus in die benachbarte Provinz Belgica I über (Sidon. Apollin. carm. 7,233–235). Die Bagaudenbewegung erfasste unter Führung des Tibatto fast ganz Gallien (Chron. Gall., Chron. Min. I 660). Die Westgoten des 'Tolosanischen Reiches' suchten die Narbonensis I heim und belagerten die Hauptstadt Narbo/Narbonne (Prosp., Chron. Min. I 475). Aetius, der gerade wieder in Gallien eingetroffen war, musste größte Anstrengungen unternehmen, um der Lage Herr zu werden.

Dem Ausgreifen der Burgunder vermochte Aetius 435 mit Heeresmacht Einhalt zu gebieten. Ihr König Gundicharius bat um Frieden und erhielt ihn. Aber schon im nächsten Jahr (436) wurde dieser Friede durch die Hunnen, die Aetius mit nach Gallien gebracht hatte, zunichte gemacht. Sie überfielen die Burgunder und rieben den Stamm zu einem Großteil auf; auch der König kam ums Leben (Prosp., Chron. Min. I 475). Bereits die Zeitgenossen bezeichneten dieses Ereignis als „denkwürdig" (Chron. Gall., Chron. Min. I 660), und die Folgezeit hat daraus das ›Nibelungenepos‹ entstehen lassen, welches die Dunkelheit um das Ende des Königs Gunther und seiner Mannen vollends undurchdringlich machte.

Gegen die Bagauden errang Aetius 437 insofern einen großen Erfolg, als ihr Anführer Tibatto gefangen genommen werden konnte. Seine Hinrichtung nahm der Bewegung viel von ihrer Gefährlichkeit (Chron. Gall., Chron. Min. I 660). Im Übrigen suchte Aetius dem Bagaudentum dadurch beizukommen, dass er in bestimmten Distrikten Galliens Gruppen wehrhafter Barbaren gewissermaßen als Sicherheitsfaktoren ansiedelte. So erhielten Alanenscharen Landanweisungen für die Gegend um Valentia/Valence an der Rhône (440) und Aurelianum/Orléans an der Loire (442). 443 siedelte Aetius die der Vernichtung durch die Hunnen entgangenen Burgunder in der Sapaudia (Savoyen) südlich des Genfer Sees an (Chron. Gall. zu den drei genannten Jahren, Chron. Min. I 660).

Mit Militäraktionen der Westgoten hatte Aetius schon in den Jahren 425 und 430 zu tun gehabt. Damals waren sie gegen Arelate/Arles gerichtet (Prosp. + Hydat., Chron. Min. I 471 + II 21); ihre Abwehr erforderte keinen großen Aufwand. Jetzt, 436, führte König Theoderich I. (Theoderid) selbst die Truppen, welche Narbo/Narbonne einnehmen sollten; das kam einer Kriegserklärung gleich. Aetius schickte Litorius, seinen Kollegen im Heermeisteramt, zum Entsatz von Narbonne und übertrug ihm auch die weitere Kriegführung gegen die Westgoten. Litorius drängte sie auf ihre Hauptstadt Tolosa/Toulouse zurück. Hier kam es zur Schlacht, in der allerdings die Goten Sieger blieben. Litorius wurde verwundet und starb in der Gefangenschaft. Theoderich aber war nun zum Frieden bereit. Ihn schloss 439 der *praefectus praetorio Galliarum* Avitus, der spätere Kaiser, für die Römer ab (Sidon. Apollin. carm. 7,295–315). Im Blick auf die Zukunft, welche für Gallien die weltgeschichtliche Entscheidung auf den Katalaunischen Feldern (451) bereithielt (unten S. 227), war der Friede mit den kriegstüchtigen Westgoten von allergrößter Bedeutung.

Gallien bildete also, wie soeben vorweggenommen, in der Mitte des Jahrhunderts den Schauplatz eines gigantischen Kriegstheaters.

Hauptakteur war der Hunnenkönig Attila, der 445 nach der Ermordung seines Bruders Bleda die Alleinherrschaft in dem Reich übernommen hatte, das von der Ukraine bis nach Ungarn reichte. Nach Attilas Einschätzung handelte es sich bei Gallien um eine „Vereinigung zwieträchtiger Völker" (Jord. Get. 39,204). In dieser Meinung mochten ihn die aus Gallien zurückgekehrten Krieger ebenso bestärkt haben wie Flüchtlinge, die von dort ins Hunnenreich gelangten; der Bagaudenführer Eudoxius war einer von ihnen (Chron. Gall., Chron. Min. I 662). Den Zug nach Westen bereitete Attila sorgfältig vor, besonders durch einen 447 vorgetragenen Angriff auf die von der Donau aus erreichbaren Provinzen des Oströmischen Reiches. Siebzig Städte soll er erobert haben; die Hunnen gelangten bis an die Thermopylen (Chron. Gall. + Marcell. Comes, Chron. Min. I 662 + II 82). Schnell aber ließ Attila sich auf Friedensverhandlungen ein. Er brauchte offenbar Geld. Denn er verlangte (nach den Angaben eines späten Chronisten [Theoph. ad an. mundi 5942]) 6000 Pfund Gold (ca. 2 t) als Sofortzahlung und 2100 Pfund Gold als jährlich zu zahlenden Betrag. Der Letztere war das Sechsfache des Jahrgelds, mit dem das Ostreich wohl schon in den 20er Jahren die Integrität seiner Grenzen von den Hunnen erkauft hatte und immerhin das Dreifache des seit 435 gezahlten jährlichen 'Tributs', der Attila veranlasste, den oströmischen Kaiser (Theodosius II.) als seinen Untertanen zu bezeichnen (Prisc. fragm. 1 + 12).

Im Zuge von Verhandlungen zwischen Ostrom und den Hunnen war 449 der griechische Geschichtsschreiber Priscus als Mitglied einer Gesandtschaft am Hof Attilas. Die Beschreibung dieser Gesandtschaftsreise im Rahmen einer ›Byzantinischen Geschichte‹, die von den 30ern bis in die 70er Jahre des 5. Jahrhunderts reichte, bot ihm die Gelegenheit, Einzelheiten über die Struktur des Hunnenreiches und die Persönlichkeit Attilas einer breiteren Öffentlichkeit zur Kenntnis zu bringen. Danach befanden sich die Hunnen im Stadium der Zivilisierung. Attila aber erschien als Inkarnation hunnischen Wesens: Sein untersetzter, dunkelhäutiger Körper trug einen mächtigen Kopf mit platter Nase und Schlitzaugen, die ständig in Bewegung waren; ein schütterer grauer Bart vervollständigte die asiatische Physiognomie. Attilas Gang spiegelte sein starkes Selbstbewusstsein wider, das vor allem auf Kriegstüchtigkeit beruhte und ins Unermessliche gewachsen war, seit er das Schwert des Kriegsgottes besaß, das ein Hirte aufgefunden und ihm gebracht hatte. Attila war überzeugt, dass dieses Schwert ihn zum Herrn der Welt machen werde (Prisc. fragm. 9 + 10 = Jord. Get. 35,182–183).

Der ideologische Antrieb, das Reich nach Westen bis an den Ozean auszudehnen, wurde durch eher zufällige Beschleunigungsfaktoren in die Wirklichkeit umgesetzt: den Hilferuf eines Frankenprinzen und das Heiratsangebot der Schwester des weströmischen Kaisers Valentinian. Bei den Franken wandte sich in der Erbauseinandersetzung nach dem Tod eines nicht näher bezeichneten Königs der ältere der beiden Söhne an Attila, der jüngere an Aetius. Da der Römer darauf einging, sah auch der Hunnenkönig sich veranlasst, die erbetene Hilfe zuzusagen. Bei der Schwester des Kaisers Valentinian handelte es sich um Honoria (oben S. 203), die den Augusta-Titel trug und im Jungfrauenstand verbleiben sollte. Da sie in unziemlicher Weise dagegen verstieß, wurde sie nach Hinrichtung ihres Liebhabers der Augusta-Würde entkleidet und zur Ehe mit einem Senator gezwungen. Von diesem Zwang suchte sie sich zu befreien, indem sie Attila um Intervention bat und ihm einen Ring als Unterpfand schickte. Der Hunnenkönig betrachtete diesen als Verlobungsring und forderte von Valentinian die Hälfte des Westreichs als Mitgift für seine Braut (Prisc. fragm. 16).

Das Heer Attilas, welches sich Anfang 451 von Pannonien nach Gallien in Bewegung setzte, bestand nicht nur aus Hunnen; alle unterworfenen Völker stellten ihre Kontingente, vor allen Ostgoten und Gepiden (Jord. Get. 38,199). Die Gesamtzahl der Krieger soll, nachdem sie unterwegs ständig gewachsen war, eine halbe Million betragen haben (Jord. Get. 35,182). Die Invasion, die Gallien bevorstand, ließ sich in Ausmaß und Bedeutung durchaus mit der vergleichen, die Griechenland vor fast tausend Jahren (480 v. Chr.) durch die Perser unter Xerxes erlitten hatte, obwohl das persische Invasionsheer mehr als dreimal so groß gewesen sein soll (Herodot. 7,60,1). Attila führte sein Heer an der Donau entlang zum Neckar, dann nordwärts ins Maingebiet und an den Rhein, den er wohl bei Neuwied überschritt. So gelangte er in die Belgica I (Sidon. Apollin. carm. 7,319–328). Am 7. April 451 eroberte er Mettis/Metz und erschien nach Ausplünderung der Belgica I im Sommer 451 vor Aurelianum/Orléans (Greg. Tur. 2,6), das er durch Verrat der dort wohnenden Alanen (vgl. oben S. 224) zu erobern hoffte. Orléans lag im Übrigen an der Grenze zum Westgotenreich, das Attila gerne auf seine Seite gezogen hätte (Jord. Get. 36,186).

Die hunnische Gefahr rief Aetius aus Italien nach Gallien. In Arles ging er daran, ein Heer zusammenzuziehen, das dem Attilas gewachsen wäre. Zu diesem Zweck richtete er Truppenanforderungen an alle am Schicksal Galliens interessierten Völker – einheimische und 'fremde'. Am wichtigsten war die Zusage des Westgotenkönigs Theoderich, mit seinem gesamten Heer in den Kampf zu ziehen; Avitus, der ehemalige Prätorianerpräfekt (oben S. 224) und spätere Kaiser, brachte es fertig, diese Zusage zu erwirken (Sidon. Apollin. carm. 7,328–353). Weiteren gewichtigen Zuzug erhielt Aetius von den Burgundern und Franken. Sogar die auf Selbständigkeit bedachten Bretonen der Aremorica (Bretagne) schickten ein Truppenkontingent (Jord. Get. 36,191). Durch Heranrücken an Orléans gelang es Aetius, den Hunnenkönig zu zwingen, von der Stadt abzulassen, deren Verteidigung bezeichnenderweise der Bischof Anianus in die Hand genommen hatte. Die Hunnen und ihre Verbündeten zogen in Richtung auf die Katalaunischen Felder (bei Châlons-sur-Marne) ab, damit sich in der unvermeidlichen Entscheidungsschlacht ihre stärkste Waffe, die Reiterei, entfalten könne.

Das Schlachtgeschehen begann mit einem nächtlichen Zusammenstoß zwischen den Franken des Aetius und den Gepiden Attilas. Dabei soll es 15 000 Gefallene gegeben haben (Jord. Get. 41,217). In der Hauptschlacht stellte Attila die Ostgoten den auf dem rechten Flügel der Schlachtreihe des Aetius stehenden Westgoten entgegen, so dass es zu einem schrecklichen Bruderkampf kam. In ihm blieben die Westgoten Sieger, hatten aber ihren König Theoderich als Gefallenen zu beklagen. Auch das übrige Kampfgetümmel verlief äußerst blutig; ein Berichterstatter sprach von einem durch das Blut der Verwundeten und Gefallenen angeschwollenen Bach (Jord. Get. 40,208). Das Ergebnis der Vielvölkerschlacht war das Zurückweichen Attilas auf sein Lager. Das Schlachtfeld soll von 165 000 Gefallenen bedeckt gewesen sein (Jord. Get. 41,217).

Attila blieb nach der Schlacht in seinem Lager, wo er einen Scheiterhaufen hatte errichten lassen, in den er sich stürzen wollte, falls die Feinde eindringen würden (Jord. Get. 40,213). Tatsächlich planten die Westgoten unter ihrem neuen König Thorismund, dem ältesten Sohn Theoderichs, durch einen Angriff auf das hunnische Lager ihren getöteten König zu rächen. Aetius hielt Thorismund davon ab, riet ihm vielmehr, in sein Reich zurückzukehren, damit die in Tolosa verbliebenen Brüder sich nicht des Königshortes und der Herrschaft bemächtigten (Jord. Get. 41,216). Rückkehr in die Heimat empfahl Aetius auch den Franken mit dem Hinweis auf die Gefahr, welche der bevorstehende Rückzug Attilas dort heraufbeschwören könne (Greg. Tur. 2,7). Der römische Patricius muss sich seines Sieges und der Zwangsläufigkeit des hunnischen Rückzugs sehr sicher gewesen sein! In der Tat führte Attila dann unter Zurücklassung eines Teils der Beute sein Heer an die Donau und nach Ungarn zurück. Zwar drang er im nächsten Jahr (452) nochmals nach Westen vor, doch galt dieser Zug Italien (unten S. 239). In Gallien war der Status quo gewahrt, allerdings nur durch den vollen Einsatz der Kräfte, welche die Zukunft des Landes bestimmen sollten: Westgoten, Franken, Burgunder. Diesen Völkern prägte sich das Ereignis der Hunnenabwehr tief ein, zunächst durch die Verluste, welche sie erlitten hatten (vgl. Lex Burg. 17,1), dann durch das Hochgefühl der vollbrachten Leistung. Letzteres ließ sie schon bald Gallien als ihr Eigentum betrachten und dementsprechend handeln (unten S. 254–259).

Die römische Herrschaft in Gallien, die Aetius auf den Katalaunischen Feldern gegen die Hunnen verteidigt hatte, war also eine prekäre. Während hier aber immerhin der Schein gewahrt blieb, hatte die Römerzeit in Britannien um die Mitte des 5. Jahrhunderts auch den letzten Schein einer wie immer gearteten Fortexistenz nach dem Truppenabzug des Jahres 407 (oben S. 194) verloren. Zwar gab es in der ersten Hälfte des Jahrhunderts noch kirchliche Kontakte zwischen Gallien und Britannien – 429 war Bischof Germanus von Autossiodunum/Auxerre auf der Insel, um Reste des Pelagianismus (oben S. 207f.) zu bekämpfen (Prosp., Chron. Min. I 472) –, aber die römischen Verwaltungsstrukturen wurden allmählich von einheimischen abgelöst. 441/442 erfolgte dann eine große Sachseninvasion, die neue Verhältnisse schuf (Chron. Gall., Chron. Min. I 654). 449 schließlich kam diejenige Welle der Angeln und Sachsen ins Land, welche den künftigen Charakter Britanniens prägte (Beda hist. eccl. 1,15). Die Wirren der Übergangszeit zwischen römischer und angelsächsischer Herrschaft hat in der Mitte des 6. Jahrhundert der britische Mönch Gildas in seiner Schrift ›De excidio et conquestu Britanniae‹, „Von der Verwüstung und Wehklage Britanniens", beschrieben (Chron. Min. III 25–85). Die Situation des Christentums in Britannien war im Wesentlichen durch die Existenz der drei großen, in constantinische Zeit zurückreichenden Bischofssitze Eburacum/York, Lindum/Lincoln und Londinium/London bestimmt. In Irland begann die Christianisierung mit dem hl. Patrick (Patricius), den Bischof Germanus von Auxerre 432 auf die Insel entsandte.

Das Ausscheiden Britanniens aus der gallischen Prätorianerpräfektur ließ diese auf Gallien selbst (mit den oben erwähnten starken Einschränkungen) und Spanien schrumpfen, wobei auch südlich der Pyrenäen die römische Herrschaft an Ausdehnung und Effizienz verloren hatte (oben S. 206). Die Machtverhältnisse, welche hier nach den im römischen Auftrag von dem Westgotenkönig Vallia 416–418 durchgeführten Unternehmungen gegen Vandalen, Alanen und Sueben entstanden waren – Suebenreich im Nordwesten (Gallaecia), Niederlassung der Alanen und Vandalen im Süden (Baetica) –, erfuhren im Jahre 429 durch den Übergang der Vandalen und Alanen nach Afrika eine Änderung. Die Sueben ergriffen die Gelegenheit, ihre Herrschaft nach Süden, ja über ganz Spanien auszudehnen. Zunächst wandten sie sich gegen die römischen Mitbewohner in Gallaecia. Diese griffen zur Selbsthilfe, waren aber den Sueben nicht gewachsen. Eine Gesandtenreise des Bischofs Hydatius zum Patricius Aetius nach Gallien (431) brachte zwar nicht die erbetene militärische Hilfe, führte aber zu einer diplomatischen Aktion des Aetius bei den Sueben, die 433 zum Frieden führte – wohlgemerkt: zum Frieden zwischen den Sueben und den Gallaeci, die als Vertragspartner auftraten. Es dauerte allerdings bis 438, ehe die Sueben diesen Frieden auch einhielten. In diesem Jahr begannen sie mit der Expansion in Richtung auf die Provinzen Lusitania und Baetica. 439 fiel Emerita Augusta/Merida, die Hauptstadt von Lusitania, 441 Hispalis/Sevilla in der Baetica in ihre Hände. Auch die Tarraconensis und Carthaginiensis waren Ziele ihrer Übergriffe. 454 kam eine Einigung zu Stande, welche Spanien zwischen Sueben und Römern aufteilte: Ersteren fiel der ganze Westen (Gallaecia, Lusitania, Baetica) zu, Letztere blieben im Besitz des Ostens (Tarraconensis, Carthaginiensis). Der schon erwähnte Bischof Hydatius aus Gallaecia hat in seiner ›Chronik‹ das Hin und Her dieser Jahre festgehalten (Chron. Min. II 21–27).

Die Sueben profitierten, wie gesagt, von dem Auszug der Vandalen zu ihrem afrikanischen Unternehmen. Dieses war sorgfältig vorbereitet: Schon 425 hatten die Vandalen ihre neu erworbenen nautischen Fähigkeiten durch Fahrten zu den Balearen und nach Mauretanien erprobt (Hydat., Chron. Min. II 21). 428 trat ein neuer König an ihre Spitze: Geiserich. Er sah in dem Übergang nach Afrika die ihm von Gott gestellte Aufgabe (Salv. 7,54). Die politisch-militärische Lage begünstigte sein Vorhaben: Der Streit des Militärbefehlshabers in Afrika, Bonifatius, mit dem obersten Heermeister in Ravenna, Felix, war eskaliert. Bonifatius wurde, weil er nicht zum Rapport nach Italien gekommen war, 427/428 „regelrecht" (*publico nomine*) bekriegt (Prosp., Chron. Min. I 471–472). Zur gleichen Zeit drangen in Ausnutzung der römischen Schwäche die Mauren verwüstend in die Provinzen des römischen Afrika ein (Augustin. ep. 220,7).

429 setzte Geiserich eine 80 000 Köpfe zählende, aus Vandalen und Alanen bestehende Menschenmenge von Iulia Traducta/Gibraltar nach Tingis/Tanger über (Vict. Vit. 1,2) und begann den Marsch nach Osten, der von Volubilis über Alteva an die Küste nach Portus Magnus und Caesarea/Cherchel, dann wieder in einiger Entfernung vom Meer über Auzia – Sitifis – Cirta – Sicca nach Carthago führte (Karte: L. Schmidt, Geschichte der Wandalen, [2]1942, „Geiserichs Wege in Nordafrika" [am Schluss]). Da die Vandalen die stark befestigte Hauptstadt der Proconsularis nicht einnehmen konnten, wandten sie sich wieder nach Westen und zogen an der Küste entlang in Richtung auf Hippo Regius. Auf diesem Marsch trat ihnen Bonifatius, der inzwischen (oben S. 229) in seiner Stellung als *comes Africae* bestätigt worden war, mit den ihm zur Verfügung stehenden Streitkräften entgegen. Er wurde geschlagen und musste mit den Resten seiner Truppen in Hippo Regius Zuflucht suchen (Procop. bell. Vand. 1,3). Die Vandalen begannen im Juni 430, die Stadt zu belagern.

Der Weg, den die Vandalen durch die afrikanischen Provinzen der Römer nahmen, war für die Bewohner der Städte und Dörfer ein Weg des Schreckens. Raub, Mord, Brand und Versklavung drohten ihnen, wenn sie blieben, das Betteldasein, wenn sie flohen. Vor allem die Besitzenden wurden Opfer des Vandalentrecks, da sie nicht nur von den Barbaren, sondern oftmals auch von ihren eigenen Sklaven bedroht wurden. Zudem loderten auch die alten religiösen Gegensätze zwischen Donatisten und Katholiken wieder auf, welche sich die Vandalen als Arianer bei ihren Bekehrungsaktionen zu Nutze machten. Die schrecklichen Ereignisse fanden verhüllt oder unverhüllt ihren Niederschlag in den Predigten (serm. 344 + 345), welche Augustinus, der Bischof von Hippo, 430 in der belagerten Stadt hielt. Seiner Pflicht als Seelsorger war er schon zu Beginn der Vandaleninvasion (429) nachgekommen, als er den Klerikern in den einzelnen Gemeinden die Weisung erteilte, die ihnen anvertraute Herde nicht zu verlassen, bevor nicht auch das letzte Schäflein in Sicherheit gebracht sei (ep. 228,5).

Augustinus starb fast 76-jährig im dritten Monat der Belagerung von Hippo am 28. August 430. Drei Jahre zuvor hatte er sein literarisches Œuvre überschaut und „Korrekturen" an seinen 93 Werken mit insgesamt 232 Büchern (ohne die Predigten und Briefe) vorgenommen. In diesen ›Retractationes‹ kam Augustinus auch wiederholt auf seine neben dem ›Gottesstaat‹ (oben S. 198) bedeutendste literarische Leistung zurück, seine „Selbstbekenntnisse", welche er zwischen 397 und 401 niedergeschrieben hatte. Die ›Confessiones‹ enthielten die Darstellung seines (bewegten) Lebens bis zu seiner Taufe im Jahre 387 (Buch 1–9) und eine Betrachtung über seine 'Weltanschauung' nach diesem Wendepunkt (Buch 10–13). Konzeption, Ausführung und Wirkung dieser Autobiographie sprengten alle Maßstäbe und sicherten ihrem Autor einen bevorzugten Platz in der Weltliteratur. – Augustins Leichnam wurde zunächst in Hippo beigesetzt, dann aber wegen der feindseligen Haltung der Vandalen nach Sardinien gebracht und dort ehrenvoll bestattet. Als die Insel in den ersten Jahrzehnten des 8. Jahrhunderts von den Sarazenen heimgesucht wurde und das Grab Augustins in Gefahr geriet, verwüstet zu werden, „kaufte" der Langobardenkönig Liutprand die Gebeine und ließ sie in seine Hauptstadt Pavia überführen. Dort wurden sie in der Kirche S. Pietro in ciel d'oro beigesetzt (wo sie noch heute ruhen). Nach der Lokaltradition soll dies im Jahre 722 geschehen sein. Die Translation ist beschrieben in einem aus dem 12. Jahrhundert stammenden Manuskript, das sich in Dublin (Trinity College) befindet (Abdruck: Dictionnaire d'Archéologie Chrétienne XIII 2769–2770).

Hippo Regius fiel im Jahre 431 nach 14-monatiger Belagerung in die Hände der Vandalen, die aber selbst durch Hunger große Verluste erlitten hatten. Bonifatius, der aus der Stadt entkommen konnte, erhielt Hilfe durch ein von Aspar kommandiertes Expeditionskorps des Ostreichs. Auch der Regierung in Constantinopel war nämlich die Festsetzung der Vandalen in Afrika unheimlich. Noch einmal kam es zum Kampf zwischen Römern und Vandalen; Letztere blieben Sieger (Procop. bell. Vand. 1,3). Aspar übernahm nun (432) die Verteidigung Carthagos, während Bonifatius von Galla Placidia nach Italien zurückberufen wurde, um an Stelle des Aetius als oberster Heermeister des Westreichs zu fungieren. Wie schon erwähnt (oben S. 222), setzte er sich im Kampf gegen Aetius durch, starb aber kurz danach an der erlittenen Verwundung. Mit Bonifatius' Namen blieb der Verlust des römischen Afrika verbunden, und es bildete sich die Vorstellung, Bonifatius könne die Vandalen zur Festigung seiner persönlichen Stellung nach Afrika gerufen haben. Als Procopius von Caesarea mehr als hundert Jahre später sein Werk über den ›Vandalenkrieg‹ Justinians schrieb, war dies jedenfalls in Constantinopel die herrschende Meinung (1,3).

Die unsichere Lage in Afrika, insbesondere die latente Bedrohung Carthagos und damit der Getreidetransporte nach Rom, ließ die Regierung in Ravenna diplomatisch aktiv werden. Sie sandte einen Unterhändler (Trigetius) nach Hippo, wo Geiserich residierte, um die Vandalen vertraglich an feste Wohnsitze zu binden. Ein solcher Vertrag kam am 11. Februar 435 zu Stande. Er wies den Vandalen „einen Teil Afrikas", wahrscheinlich den Westen der Proconsularis sowie die Provinzen Numidia und Mauretania Sitifensis, „zur Ansiedlung" zu (Prosp., Chron. Min. I 474). Geiserich dürfte der Vertrag willkommen gewesen sein, bestätigte dieser doch die Vandalen im Besitz der von ihnen okkupierten Gebiete des römischen Afrika. Zudem gab er dem König Zeit und Gelegenheit, sich auf weitere Unternehmungen vorzubereiten. Denn anzunehmen, dass Geiserich seine Ambitionen auf Carthago aufgegeben, vielmehr die Niederlassung innerhalb der vertraglich festgelegten Grenzen als endgültig betrachtet hätte, lässt sein späteres Verhalten nicht zu. Dieses kulminierte in der überraschenden Einnahme Carthagos am 19. Oktober 439 (Prosp., Chron. Min. I 477), die ihn in den Stand setzte, im nächsten Jahr (440) eine große Flotte in See stechen zu lassen – mit einem für die Römer zunächst nicht erkennbaren Ziel. Kaiser Valentinian III. erklärte daraufhin Geiserich zum Reichsfeind und forderte alle Küstenbewohner des Westreichs auf, zusätzlich zu den staatlichen Verteidigungsmaßnahmen eigene Vorkehrungen gegen eine Invasion zu treffen (Nov. Valent. 9 vom 24. Juni 440). Die Vandalen landeten auf Sizilien und verheerten weite Teile der Insel (Prosp., Chron. Min. I 478), schifften sich aber wieder ein, als sie Kenntnis davon erhielten, dass eine oströmische Flotte auf dem Weg nach Westen sei. Valentinian, der seit 437 mit einer Tochter Theodosius' II. verheiratet war (unten S. 234), hatte diese Hilfe von seinem Schwiegervater erbeten. Die oströmische Flotte gelangte zwar nach Sizilien (441), kehrte aber bald wieder in die heimischen Gewässer zurück – die vandalische Gefahr bedrohte erneut die Küsten des Westreichs, und Rom erhielt kein Getreide mehr aus Carthago. Es war diese Sachlage, die Valentinian veranlasste, mit Geiserich wegen eines neuen Vertragsabschlusses in Verbindung zu treten.

Der Vertrag, der 442 geschlossen wurde (Prosp., Chron. Min. I 479), trug den durch Geiserich geschaffenen territorialen Veränderungen Rechnung: Den Vandalen wurden die Proconsularis und die südlich sich anschließende Byzacena, d.h. die wesentlichen Gebiete des heutigen Tunesien, zur Niederlassung und Nutzung überantwortet. Die Provinzen Numidia und Mauretania Sitifensis, die ihnen 435 zugewiesen worden waren, kehrten dafür unter die römische Verwaltung zurück. Geiserich erhielt damit denjenigen Teil des römischen Afrika, der bisher in der Hauptsache Rom mit Getreide versorgt hatte. Um die katastrophalen Folgen eines gänzlichen Ausfalls der afrikanischen Getreidelieferungen zu mildern, wurde in dem Vertrag von 442 vereinbart, dass Geiserich jährlich eine bestimmte Menge Getreide als „Tribut" (was immer damit gemeint sein mochte) nach Rom schicken sollte (Procop. bell. Vand. 1,4). Zur Sicherung des Vertrages ging Hunerich, der Sohn Geiserichs, als Geisel nach Ravenna. Freilich spielte dabei auch der Gedanke mit, es könne eine Familienverbindung zwischen dem vandalischen Königs- und dem römischen Kaiserhaus (durch Valentinians Tochter Eudocia) zu Stande kommen.

Der Vertrag von 442 ermöglichte es Geiserich, sich in Afrika endgültig zu etablieren. Den Tag der Einnahme Carthagos (19. Oktober 439) ließ er als Beginn der Datierung nach Königsjahren festsetzen. Seine Krieger und ihre Familien siedelte er in der Proconsularis an, wobei die Tausendschaft als Distributionsprinzip eine Rolle spielte. Die einzelnen Landlose wurden zusammenfassend als *sortes Vandalorum* bezeichnet; sie waren steuerfrei (Procop. bell. Vand. 1,5). Für sich selbst nahm Geiserich die Byzacena in Besitz (Vict. Vit. 1,13). Die Landnahme der Vandalen traf besonders die großen Gutsherren. Sie verließen in der Mehrzahl ihre Güter, denn sonst hätten sie als Kolonen auf ihren eigenen Feldern arbeiten müssen. Kaiser Valentinian suchte das Schicksal der Vertriebenen zu mildern, indem er ihnen einen Zahlungsaufschub für ihre Schulden erwirkte und einen Neuanfang auf dem Boden der mauretanischen Provinzen ermöglichte (Nov. Valent. 12 + 34,3). Diejenigen Römer, deren Land von den Vandalen nicht in Anspruch genommen wurde, weil man es als minderwertig einstufte, konnten es weiter bewirtschaften, mussten aber hohe Steuern dafür entrichten (Procop. bell. Vand. 1,5). Für die Abhängigen änderte sich durch die Übereignung des Landes an die Vandalen von Rechts wegen nichts: Die Sklaven und Kolonen erhielten einen neuen Herrn, dessen Naturell freilich in der Praxis zu einer Verschlechterung, aber auch zu einer Verbesserung ihrer Lage führen konnte. Eine schwere Bedrängnis bedeutete die Etablierung des Vandalenreiches für die katholische Kirche, da Geiserich bestrebt war, den Arianismus als Staatsreligion durchzusetzen. Das galt vor allem für das Siedlungsgebiet der Vandalen in der Proconsularis, wo katholische Gottesdienste ganz und gar verboten waren (Vict. Vit. 1,18). Es wurde als ein besonderes Entgegenkommen Geiserichs angesehen, dass er auf Bitte Valentinians 454 die Wiederbesetzung des seit 439 vakanten Bischofsstuhles von Carthago gestattete (Vict. Vit. 1,24).

Der Verlust der beiden reichsten afrikanischen Provinzen war für Valentinian ein schwerer Schlag, zumal dieser Verlust gekoppelt war mit der Verwüstung der beiden anderen Provinzen, in denen die Vandalen sich aufgehalten hatten: Numidia und Mauretania Sitifensis. 445 sah Valentinian sich gezwungen, den letzteren Provinzen die Steuern auf ein Achtel der Höhe vor der Vandaleninvasion zu ermäßigen (Nov. Valent. 13 pr.). Sizilien hatte schon 440/441 einen Steuernachlass (1/7) erhalten, um die von den Vandalen angerichteten Schäden zu verkraften (Nov. Valent. 1,2). Die Insel trug jetzt zusammen mit Sardinien die Hauptlast der Versorgung Roms mit Getreide (vgl. Salv. 6,68). Das Ausscheiden der Proconsularis mit Carthago als Sitz des Vikars von Afrika aus der römischen Administration hatte im Übrigen den Wegfall des letzteren Amtes (vgl. oben S. 17) zur Folge. Seine Funktion übertrug Valentinian dem Stadtpräfekten von Rom, der damit für Appellationen aus den verbliebenen afrikanischen Provinzen zuständig wurde (Nov. Valent. 13,12).

Für Valentinian stellte sich nach den in jeder Hinsicht schmerzhaften Ereignissen in Afrika insbesondere die Frage, wie die dadurch eingetretenen Verluste der Staatskasse einigermaßen wettgemacht werden könnten. Es war bezeichnend für die katastrophale Lage, dass Valentinian u. a. zu einer höchst einschneidenden Maßnahme griff: Er erhöhte die Umsatzsteuer, die jahrhundertelang 1% des Warenwertes betragen hatte (*centesima rerum venalium*) auf mehr als 4%! Die Steuer hieß jetzt *siliquaticum*, weil eine *siliqua* für einen Warenwert von einem *solidus* entrichtet werden musste. Ein *solidus* aber zählte 24 *siliquae*, so dass die Steuer genau gerechnet 4 1/6 % ausmachte (Nov. Valent. 15). Die einst von Constantin dem Großen unter dem Namen *siliqua* eingeführte Silbermünze wog allerdings längst nicht mehr 3,4 g (oben S. 29), sondern war nur mehr 2,2 g schwer; ihr Rechenwert aber betrug weiterhin 1/24 des *solidus*.

Die Reaktionen Valentinians auf die durch Geiserichs Eroberung Carthagos (439) entstandene Lage waren die ersten selbständigen Regierungshandlungen des Kaisers, der 437 sein 18. Lebensjahr vollendet hatte. In diesem Jahr heiratete er in Constantinopel Licinia Eudoxia, die Tochter Theodosius' II., mit der er 438 nach Ravenna zurückkehrte (Marcell. Comes, Chron. Min. II 79). 439 wurde Eudoxia zur Augusta erhoben. Bis 437 hatte Galla Placidia die Regierung im Namen ihres Sohnes geführt (vgl. oben S. 210). Eine ihrer letzten Verfügungen in der zwölfjährigen 'Regentschaft' war es, aus Anlass der Hochzeit Valentinians Sirmium an das Ostreich abzutreten – eine Entscheidung, die ihr starke Kritik einbrachte (Cassiod. var.

9,1,9). Galla Placidia blieb auch nach der Heirat ihres Sohnes eine einflussreiche Persönlichkeit, aber Valentinian suchte sich mehr und mehr ihrem Einfluss zu entziehen, u. a. dadurch, dass er in Ravenna eine eigene Residenz (auf dem schon von Honorius genutzten Palastareal) bauen ließ, in der er sich öfter aufhielt (Agnell. 40). Jedenfalls war es unberechtigt, wenn die ›Gallische Chronik‹ (Chron. Min. I 663) Valentinians selbständige Regierung erst mit dem Tod Galla Placidias (450) beginnen ließ.

Mit der Erweiterung des Kaiserpalastes durch Valentinian III. erhielt die *ad Laureta* genannte Örtlichkeit, die wahrscheinlich bei den Ausgrabungen der Jahre 1908–1914 südlich und östlich von S. Apollinare Nuovo (Ecke Via di Roma/Via Alberoni) entdeckt worden ist, einen imposanten Charakter. Dem Ausbau der kaiserlichen Residenz entsprach die Ausgestaltung des bischöflichen Baukomplexes um die nach dem Bischof Ursus benannte Basilica (Ursiana), den heutigen Dom. Sie verlieh der von Valentinian verfügten Erhebung Ravennas zum Metropolitansitz Ausdruck (Agnell. 40). Die prächtigste Zutat war die Taufkapelle des Bischofs Neon (Baptisterium Neonianum). Die beiden Residenzen wurden durch eine Kolonnadenstraße miteinander verbunden. Galla Placidia hatte eine enge Beziehung zu den Kirchen in Ravenna, von denen die Basilica di S. Giovanni Evangelista (nordöstlich des Palastes, in der Nähe des Hauptbahnhofs) ihre früheste Gründung war. Im Nordwesten bei S. Vitale stiftete sie die Kirche S. Croce, mit der ursprünglich ihr Mausoleum verbunden war. Obwohl Galla Placidia nicht in ihm beigesetzt wurde, blieb sie für die Ravennaten über die Jahrhunderte hinweg „ihre Kaiserin" (E. Stein, Histoire du Bas-Empire I, 1959, 583 Anm. 98). 450 begleitete sie ihren Sohn nach Rom. Dort verstarb sie am 27. November des gleichen Jahres (Hydat., Chron. Min. II 26). Auch Valentinian kehrte nicht mehr nach Ravenna zurück. Die Rolle der Stadt als Kaiserresidenz war aufs Ganze gesehen zu Ende. 455 richtete zudem eine Feuersbrunst großen Schaden an (Agnell. 42).

Valentinian kam 450 nicht zum ersten Mal nach Rom. Abgesehen davon, dass er als Kind dort 425 zum Augustus erhoben worden war (oben S. 210), hatte er sich seit 440 öfters in der Stadt am Tiber aufgehalten, 445–447 sogar für mehrere Jahre in Folge. Der Rombesuch Valentinians im Jahre 450 aber war insofern anderer Natur, als Valentinian offenbar von vornherein geplant hatte, länger in der Stadt zu bleiben und in ihr zu regieren. Wahrscheinlich kam ein nicht geringer Anteil an diesem Entschluss dem römischen Bischof Leo zu, der sich in den im Osten wieder aufgeflammten Streit um die beiden Naturen in Christus eingeschaltet hatte und dringend der kaiserlichen Hilfe bedurfte. Jedenfalls wandte er sich sofort nach Ankunft des Kaisers in Rom bei der feierlichen Begrüßung in der Peterskirche (22. Februar 450) mit der Bitte an ihn, seine Mutter und seine Gattin, bei Theodosius II. die Position des orthodoxen Glaubens gegenüber den Beschlüssen des Konzils von Ephesus (449) zu vertreten (Leo ep. 55). Aber auch sonst gab es Gründe für Valentinian, von Ravenna nach Rom umzusiedeln, so etwa den, im Kampf gegen den Schrumpfungsprozess, der das Westreich erfasst hatte (vgl. Salv. 7,49), den Mythos Roms als Hort des Kaisertums zu mobilisieren.

Bei dem dogmatischen Streit über die zwei Naturen in Christus ging es um die Form ihrer Vereinigung. Der Nachfolger Cyrills von Alexandria (seit 444), Dioscurus, vertrat die Ansicht, die Vereinigung der göttlichen und der menschlichen Natur sei in der Form erfolgt, dass die göttliche Natur die menschliche so stark dominierte, dass nur mehr von einer Natur gesprochen werden könne. Eben diesen Monophysitismus propagierte 448 in Constantinopel ein einflussreicher Klostervorsteher (Archimandrit) mit Namen Eutyches. Er wurde daraufhin vom Patriarchen Flavianus zur Rechenschaft gezogen und als Häretiker verurteilt. Eutyches erreichte aber eine Revision seines Falles, die ihrerseits zur Einberufung eines Konzils führte, das im August 449 in Ephesus zusammentreten sollte. Es war zu erwarten, dass Dioscurus von Alexandria auf dem Konzil die Hauptrolle spielen und den Monophysitismus gegen Flavianus von Constantinopel zum Siege führen würde. Dem suchte Leo entgegenzuwirken, indem er an Flavianus die ›Epistola dogmatica‹ (ep. 28 vom 13. Juni 449) richtete, in der er die katholische Zwei-Naturen-Lehre in klassischer Form darlegte. Leo hoffte, sein Brief werde dem Konzil als Leitschnur dienen. Dioscurus aber wusste dessen Verlesung zu verhindern und seine eigenen Absichten durchzusetzen. Flavianus wurde abgesetzt und in die Verbannung geschickt, der Monophysitismus damit 'hoffähig' gemacht.

Die Legaten, die Leo auf dem Konzil zu Ephesus vertraten, protestierten gegen die Absetzung Flavians, und dieser selbst appellierte an Leo, der daraufhin ein Konzil in Rom abhielt, das sich mit den Vorgängen in Ephesus befasste. An Theodosius schrieb Leo am 13. Oktober 449 einen Brief (ep. 44), in dem er den Ostkaiser bat, „die verbrecherische Tat" von Ephesus rückgängig zu machen und ein neues, größeres Konzil auf italischem Boden anzuberaumen. Auf ihm solle die Appellation Flavians behandelt und die Einheit im Glauben wiederhergestellt werden.

So weit war die Auseinandersetzung um die „Räubersynode", wie man das Konzil von Ephesus in Anlehnung an Leos Wortgebrauch (ep. 95,2: *latrocinium*) bezeichnete, gediehen, als der Hof von Ravenna nach Rom übersiedelte. Leo brachte nun (450) Valentinian, Galla Placidia und Eudoxia dazu, in Briefen an Theodosius II. und dessen Schwester Pulcheria die Sache des römischen Stuhles zu vertreten (Leo ep. 55–58). Theodosius aber blieb in seinen Antworten hart, ja er verstieg sich zu der Behauptung: „Flavianus ist durch göttlichen Urteilsspruch seiner menschlichen Stellung enthoben worden" (Leo ep. 64). Da starb Theodosius am 28. Juli 450 durch einen Sturz vom Pferd. Seine Schwester Pulcheria erhielt so die Möglichkeit, im Sinne der Orthodoxie gegen den Monophysitismus, den sie als Irrlehre erkannt hatte, vorzugehen. Damit kam die Entwicklung in Gang, die 451 zum Konzil von Chalcedon und zur Verurteilung des Monophysitismus führte (unten S. 242–245).

Leo hatte gegenüber dem Konzil von Ephesus die Autorität des römischen Stuhles geltend gemacht und die an ihn ergangene Einladung zur Teilnahme so interpretiert, als habe der Kaiser gleichsam Petrus selbst in dem Streit um die Person Christi hören wollen (Leo ep. 33). Diese Argumentation entsprach ganz dem Selbstverständnis Leos, der sich nicht nur als Nachfolger des heiligen Petrus auf dessen Stuhl, sondern auch als Erbe (*heres*) der dem Apostel von Christus verliehenen Macht sah (serm. 94,3-4). Die Teilhabe des Petrus an der Macht Christi aber ergab sich für Leo aus Matth. 16,18–19: „Du bist Petrus, und auf diesem Felsen will ich meine Kirche bauen ..." sowie: „Dir will ich die Schlüssel des Himmelreiches geben." Den letzteren Vers deutete er als Bevorzugung des Petrus, da die Binde- und Lösegewalt durch ihn auf die anderen Apostel übergegangen sei. Eine gleiche Bevorzugung leitete er aus dem Christus-Bekenntnis des Petrus (Matth. 16,17) ab: Es erfolgte auf himmlische Eingebung (Predigt aus dem Jahre 444: Leo serm. 95). Aus all dem zog Leo den Schluss, dass durch Petrus die römische Kirche den Führungsanspruch (*principatus*) gegenüber „allen Kirchen des ganzen Erdkreises" besitze (Leo ep. 65,2).

Als „Erster unter den Bischöfen in der ganzen Welt" hatte sich schon der römische Bischof Coelestin (422–432) in der Widmungsinschrift der Kirche S. Sabina (auf dem Aventin) bezeichnet, und die Rangstellung des Stuhls Petri war bereits von Damasus (366–384, oben S. 155) betont worden. Leo verknüpfte diese Ansprüche zu einem Netz des 'päpstlichen' Primats, das er über die Kirchen in aller Welt warf. Entscheidend gestärkt wurde Leo bei seinem Aufschwung vom römischen Bischof zum Papst durch das Gesetz Valentinians III. vom 8. Juli 445, welches die Theorie Leos vom Primat des Apostolischen Stuhls in die Praxis überführte, indem es dem *papa Romanus* die oberste Gerichtsbarkeit in kirchlichen Belangen für alle Provinzen des Westreiches verbriefte (Nov. Valent. 17). Suchte man im Stadtbild Roms nach dem Ausdruck der machtvollen Stellung, zu der das Papsttum in der 1. Hälfte des 5. Jahrhunderts gelangte, so bot sich die Kirche S. Maria Maggiore auf dem Esquilin als Blickfang an. Zwischen 400 und 430 gebaut, wurde sie von Sixtus III. (432–440) vollendet und geweiht – der Gottesmutter, die vom Triumphbogenmosaik aus noch heute die ganze Kirche durchwaltet. Das Besondere an diesem großartigen Bauwerk war die Tatsache, dass es seine Errichtung päpstlicher Initiative und päpstlichen Mitteln verdankte.

Mit Valentinian III. arbeitete Leo in der Kirchenpolitik eng zusammen. Dadurch war es ja zu dem eben erwähnten Erlass gekommen, der ihm – im Streit mit Hilarius von Arles (oben S. 221 f.) – die Bestätigung seiner Gerichtshoheit über die westliche Kirche durch den Kaiser eingebracht hatte. Ähnlich verhielt es sich mit dem Manichäergesetz, das Valentinian am 19. Juni 445 erließ (Nov. Valent. 18): Leo war 443 gegen Manichäer eingeschritten, die, aus Afrika vor den Vandalen geflohen, in Rom ihrer zuletzt im Jahre 425 (Cod. Theod. 16,5,62) verbotenen Religionsausübung nachgingen. Valentinian verschärfte die bestehenden Strafen und verschaffte damit Leos Vorgehen Nachdruck. Noch in einem weiteren signifikanten Fall trat das Zusammenwirken von Kaiser und Papst in Erscheinung: Leo hatte 443 auf den weit verbreiteten Übelstand hingewiesen, dass Sklaven zu Priestern geweiht würden (Leo ep. 4,1). Er tadelte dieses Verhalten, da den Sklaven auf Grund ihres niedrigen Standes die Würdigkeit für das Priesteramt fehle, gab aber keine Anweisungen, was mit den zu Priestern geweihten Sklaven zu geschehen habe. Im Jahre 452 nahm Valentinian sich dieser Materie an, und zwar unter dem pragmatischen Gesichtspunkt, dass es den Sklaven verwehrt werden müsse, durch den Eintritt in den Klerikerstand den Fesseln der Sklaverei zu entgehen. Er erließ daher ein entsprechendes Verbot für die Zukunft. Bei den Fällen der Vergangenheit unterschied er zwischen höherem und niederem Dienst. Wer es zum Presbyter oder Bischof gebracht habe, solle in seinem Stande verbleiben, den übrigen Sklaven befahl er, zu ihren Herren zurückzukehren oder einen Ersatzsklaven zu stellen (Nov. Valent. 35). Das Verhältnis von Sklaverei und Priestertum war damit von kirchlicher und staatlicher Seite geklärt.

Einen gewaltigen Autoritätszuwachs verschaffte Leo sich und dem Papsttum durch die Gesandtschaftsreise zum Hunnenkönig Attila im Jahre 452. Attila war wie im Vorjahr zu einem Zug von Ungarn nach Westen aufgebrochen. Diesmal bildete Italien sein Ziel. Er überstieg die Julischen Alpen und fiel mit seinen Kriegern plündernd und verwüstend über die Gegenden nördlich des Padus/ Po her. Aquileia, Mediolanum/Mailand und Ticinum/Pavia litten schwer. Unschlüssig, ob er nach Rom ziehen und Honoria als seine Frau heimführen solle (vgl. oben S. 226), empfing er am Mincius (bei Mantua) eine römische Gesandtschaft, bestehend aus zwei Senatoren – und dem Papst Leo. Attila fühlte sich durch den Besuch „des höchsten Priesters" sehr geehrt und zeigte sich willfährig gegenüber dessen Bitte, Rom nicht zu behelligen (Prosp., Chron. Min. I 482). Der Abzug Attilas nach Osten erfolgte zwar mit der Drohung, er werde Italien noch schlimmer heimsuchen, wenn man ihm nicht Honoria mit einer entsprechenden Mitgift nachsende (Jord. Get. 42,219–223), aber es war klar, dass er diese Forderung nur erhob, um sein Gesicht zu wahren. So konnte Leo die Rettung Roms der Wirkung seiner Persönlichkeit und seines Amtes zuschreiben. Raffael hat 1512–1514 diesem Triumph auf seinem Gemälde in der Stanza di Eliodoro der Gemächer Julius' II. im Papstpalast des Vatikans 'himmlischen' Ausdruck verliehen.

Im Jahre 453 wurde die römische Welt von dem Alptraum befreit, Attila könne ein weiteres Mal als „Gottesgeißel" (Isid. hist. Goth. 28 nach Ezech. 7,10) daherkommen. Der Hunnenkönig starb an einem Blutsturz. Seine Söhne stritten um das Erbe, die unterworfenen Völker lösten sich aus dem Bundesgenossenverhältnis. 454 kam es in Pannonien am Fluss Nedao zu einer Schlacht zwischen Gepiden und Hunnen. Letztere wurden geschlagen und verloren angeblich 30000 Mann. Die Gepiden nahmen daraufhin das hunnische Gebiet östlich des Donauknies in Besitz. Von den Hunnen blieben nur kleinere Teile im bisher beanspruchten Lebensraum zurück, der größere Teil zog nach Osten ins nördliche Schwarzmeergebiet ab (Jord. Get. 50,259–264).

Aetius überlebte Attila, seinen Gegner in der Schlacht auf den Katalaunischen Feldern, nur um ein Jahr. 454 fiel er von der Hand Valentinians, obwohl noch kurz zuvor Eidschwüre zwischen dem Kaiser und seinem obersten Heermeister ausgetauscht worden waren – bei der Verlobung der Kaisertochter Placidia mit dem Sohn des Aetius, Gaudentius (Prosp., Chron. Min. I 483). Wahrscheinlich erdrückte den Kaiser die Macht des Patricius und die von diesem angestrebte noch engere Verbindung zum Kaiserhaus. Angetrieben zu der Untat wurde Valentinian von dem machtgierigen *primicerius sacri cubiculi* Heraclius, der am 21. September 454 bei der Audienz im Kaiserpalast auf dem Palatin zugegen war, als Aetius sein Leben verlor (Hydat., Chron. Min. II 27). Der Eunuch übernahm nun – für kurze Zeit (s. u.) – die Rolle des ersten Ratgebers Valentinians.

Valentinian sah sich nach dem Mord an Aetius zu Schritten gezwungen, die der Schadensbegrenzung dienen sollten. Zunächst trat er vor den Senat, um Verständnis für seine Handlungsweise zu wecken (Joh. Ant. fragm. 201,4 [Fragm. Hist. Graec. IV 615]). Die Umsetzung der geplanten Maßnahmen gelang ihm nur oberflächlich. Denn sechs Monate später wurde er Opfer einer senatorischen Verschwörung, an deren Spitze der *princeps senatus* Petronius Maximus stand, der dann auch Valentinians Nachfolge antrat. Genau so wichtig erschien es Valentinian, die umfangreiche Gefolgschaft des Aetius, seine *buccellarii*, für den kaiserlichen Dienst zu gewinnen. Auch damit hatte er nur scheinbar Erfolg: Zwei Gefolgsleute des Aetius rächten ihren Herrn, indem sie Valentinian am 16. März 455 bei einer Inspektion der Gardetruppen auf dem Marsfeld ermordeten; mit ihm fand der Eunuch Heraclius den Tod (Prosp., Chron. Min. I 483–484). Ganz vergebens war der Versuch Valentinians, die Völker, mit denen Aetius Verträge abgeschlossen hatte, bei der Stange zu halten (Hydat., Chron. Min. II 27). Sie kümmerten sich nicht um die durch Gesandte überbrachten kaiserlichen Mahnungen, sondern ließen ihrem Ausdehnungsdrang freien Lauf (unten S. 254–259). Dadurch aber wurde offenbar, dass mit Aetius die Stütze des Westreichs fortgefallen war und dieses nun zusammenbrach (Marcell. Comes, Chron. Min. I 86). Schon nach seinem zweiten Konsulat (437) hatten Senat und Volk von Rom dem obersten Heermeister eine Statue im Atrium libertatis (bei der Kurie) gesetzt, auf deren Basisinschrift er wegen seiner Siege über Burgunder und Goten als „Garant der Freiheit" (*vindex libertatis*) bezeichnet wurde (Corp. Inscr. Lat. VI 41389). Zum Antritt seines dritten Konsulats im Jahre 446 pries der Dichter Merobaudes in seinem ›Panegyricus‹ die Friedenszeit, die Aetius durch seine Siege heraufgeführt habe. Mit der Schlacht auf den Katalaunischen Feldern (451) erreichten dann seine Leistungen für die Sicherheit Roms und des Westens ihren Höhepunkt.

Aetius hatte seinen Aufstieg in starkem Maße dem Rückhalt, den der Senat ihm bot, zu verdanken. Umgekehrt war der Senat Aetius für die Unterstützung verbunden, die dieser ihm bei einer Prestigeangelegenheit hatte zuteil werden lassen: 431 wurde Virius Nicomachus Flavianus, der im Zusammenhang mit der Usurpation des Eugenius 393 eine Wiederbelebung des alten Götterglaubens ins Werk gesetzt und 394 nach der Niederlage des Eugenius gegen Theodosius den Großen Selbstmord begangen hatte (oben S. 172), durch ein im Namen der Kaiser Theodosius II. und Valentinian III. erlassenes Dekret von der offiziellen Verunglimpfung seines Andenkens befreit, der er 37 Jahre lang verfallen war (Corp. Inscr. Lat. VI 1783). Das Rehabilitationsdokument verschaffte einem immer noch einflussreichen Kreis heidnischer Senatoren, denen die Werte der Vergangenheit Kraftquelle ihres Lebens waren, Genugtuung. Diesem Kreis gehörten u. a. der Sohn des Rehabilitierten sowie Macrobius Ambrosius Theodosius an. Beide waren hohe Staatsbeamte (*praefecti praetorio*), aber auch kulturell stark engagiert. Nicomachus iunior bemühte sich um den 'reinen' Text des Geschichtsschreibers Livius, Macrobius um das Ansehen des Dichters Vergil (oben S. 170). Komplettiert wurde die Arbeit dieses Kreises am Kulturgut der Vergangenheit durch den Vergil-Kommentar des Servius, der wie das ›Saturnalien-Gespräch‹ des Macrobius um diese Zeit erschien. Roms literarisches Erbe befand sich in guten Händen – unter der Ägide des Aetius.

8. NEUE ENTWICKLUNGEN IN OST UND WEST

Vom Konzil in Chalcedon bis zum Ende
des weströmischen Kaisertums

(451–476)

Mit dem Tod Theodosius' II. (450) und der Ermordung Valentinians III. (455), d.h. nach dem Ende der von Theodosius dem Großen begründeten Dynastie, begann für das Kaisertum in Ost und West eine jeweils neue Phase seiner Existenz. Während nun dem Kaisertum im Osten mit dem Ehrentitel „Neuer Constantin" für Marcian (451) und der Krönung Leos I. durch den Patriarchen von Constantinopel (457) Elemente eingefügt wurden, die eine stabilisierende Wirkung ausübten, bemächtigte sich des Kaisertums im Westen eine inflationäre Entwicklung (10 Kaiser in 20 Jahren), welche zur Aushöhlung der Institution als solcher führte. 476 ließ dann der in Italien zum König erhobene Odovacar durch eine Gesandtschaft des römischen Senats dem Kaiser in Constantinopel (Zeno) die Insignien (*ornamenta Palatii*, Anon. Vales. 64) des von ihm abgesetzten Romulus Augustulus überreichen und erklären, der Westen brauche keinen eigenen Kaiser mehr (Malch. fragm. 10).

Der in diesem Kapitel zu betrachtende Zeitraum begann in Ost und West synchron mit einem völlig unterschiedlichen, welthistorischen Ereignis: Im Osten trat 451 das 4. ökumenische Konzil in Chalcedon zusammen, im Westen wurde in eben diesem Jahr die Hunneninvasion auf den Katalaunischen Feldern abgewehrt. Da das letztere säkulare Ereignis bereits im Zusammenhang mit dem Wirken des Aetius (oben S. 226f.) behandelt worden ist, kann hier der Blick voll auf das kirchliche Großereignis im Osten gerichtet werden.

Die Einladung zu dem Konzil, das ursprünglich in Nicaea zusammentreten sollte, dann aber wegen der besseren Kommunikation mit dem Kaiserhof nach Chalcedon transferiert wurde, ging von Kaiser Marcianus aus. Dieser stammte aus Thrakien und hatte sich als Soldat unter der Protektion des Heermeisters Aspar zum Gardetribun hochgedient. Aspar war es dann auch, der Marcian für den

Neue Entwicklungen in Ost und West 243

vakanten Kaiserthron vorschlug. Allerdings galt es, den Ansprüchen der Schwester des Theodosius, Pulcheria Augusta, Rechnung zu tragen. Mit ihr kam es zu der Übereinkunft, dass sie unter Wahrung ihres Jungfräulichkeitsgelübdes (oben S. 213) Marcian die Hand zur Ehe reichen solle, um den neuen Kaiser zu legitimieren. So wurde denn Marcian am 25. August 450, etwa einen Monat nach dem Tod des Theodosius, von Senat, Volk und Heer in Constantinopel zum Augustus erhoben – gemäß dem Willen des Verstorbenen, wie es hieß (Chron. pasch. ad an. 450, Chron. Min. II 83). Eine seiner ersten Handlungen war die Abfassung eines Briefes an Papst Leo in Rom (Leo ep. 73), in dem er um dessen Fürbitte bei Gott für seine Regierung bat und Leos Vorschlag aufgriff, ein allgemeines Konzil mit der Wiederherstellung des durch die „Räubersynode" (449) gestörten kirchlichen Friedens zu betrauen (oben S. 237). Auch Pulcheria schrieb an Leo; sie berichtete von dem Wandel der kirchlichen Verhältnisse, der nach dem Tod des Theodosius im Osten eingetreten sei. Vor allem habe der Patriarch Anatolius von Constantinopel Leos ›Epistola dogmatica‹ (oben S. 236) als verbindlich für die Zwei-Naturen-Lehre anerkannt (Leo ep. 77).

Leo hätte es zwar lieber gesehen, wenn das vorgesehene Konzil in einer Stadt Italiens zusammengetreten wäre, trotzdem unterstützte er die Pläne Marcians und Pulcherias für die Bischofsversammlung im Ostreich. An eine persönliche Teilnahme Leos war wegen der Unruhe, die der Hunnensturm heraufbeschworen hatte, allerdings nicht zu denken; das galt auch für die anderen Bischöfe des Westreichs. Der Papst bestellte daher Legaten, die an seiner statt auf dem Konzil den Vorsitz führen sollten (Leo ep. 89).

Das Konzil von Chalcedon fand vom 8. Oktober bis zum 1. November 451 statt (Akten: Act. Conc. Oec. Tom.II, Vol.1–6, 1932–1938). Die Zahl von ungefähr 600 Teilnehmern (Bischöfen und Stellvertretern) übertraf bei weitem die der drei bisherigen ökumenischen Konzilien (vgl. oben S. 34, 149, 216). In den ersten Sitzungen kamen die Vorgänge auf der „Räubersynode" von Ephesus (449), insbesondere die Vorwürfe gegen den alexandrinischen Patriarchen Dioscurus (oben S. 236), zur Sprache; sie führten zur Absetzung des Alexandriners. Die dogmatische Frage, deretwegen das Konzil eigentlich einberufen worden war, wurde auf der Sitzung am 17. Oktober 451 dadurch vorentschieden, dass die Mehrheit der Konzilsväter einen Eid darauf leistete, dass die ›Epistola dogmatica‹ des Papstes Leo (auch: Tomus Leonis) mit dem Glaubensbekenntnis, das in Nicaea (325) und Constantinopel (381) beschlossen worden war, übereinstimme. Denn die Folge davon war, dass der Monophysitismus, wie ihn Eutyches vertrat (oben S. 236), als Irrlehre deklariert, Eutyches selbst mit dem Bann belegt wurde. Was die Formulierung der Zwei-Naturen-Lehre anging, so betonte die betreffende Erklärung des Konzils, dass Christus, wie schon 433 verkündet (oben S. 217), „wahrer Gott und wahrer Mensch" sei, und dass, wie nun dogmatisiert wurde, diese beiden Naturen „unvermischt, unverwandelt, ungeschieden und ungetrennt" eine Person, eben die des Gottmenschen Jesus Christus, bildeten.

Die Zusammenkunft der Konzilsväter am 25. Oktober 451 erhielt durch die Anwesenheit des Kaiserpaares und des Senats einen besonderen Charakter. Nach einer einleitenden Rede des Kaisers wurde die von 355 'zeichnungsberechtigten' Bischöfen unterschriebene Erklärung des Konzils zur Zwei-Naturen-Lehre verlesen. Der Kaiser fragte dann, ob darin die Meinung aller zum Ausdruck komme, und erhielt zur Antwort: „Wir alle glauben dies ... Wir alle sind orthodox." Es folgten Akklamationen, die Marcian als „neuen Constantin", Pulcheria als „neue Helena" priesen und beide als „Lichter des orthodoxen Glaubens". Am Ende der Sitzung dankte Marcian Gott für die wiederhergestellte Einheit im Glauben und drohte allen, die wieder Streit erregen würden, mit schweren Strafen.

Das Konzil von Chalcedon beschäftigte sich in den weiteren Sitzungen noch mit einer Reihe von Fragen, die nichts mit seiner dogmatischen Zweckbestimmung zu tun hatten. Die Ergebnisse wurden in 28 Canones festgehalten. Von diesen war der letzte (28.) Canon hochbrisant. Er wiederholte nämlich die auf dem Konzil von Constantinopel (381) dekretierte Rangerhöhung Constantinopels zum zweithöchsten Bischofssitz nach Rom (oben S. 150) und verfügte nunmehr die Unterordnung der Diözesen Thrakien, Pontus und Asien (Asiana) unter das Patriarchat des Neuen Rom. Die päpstlichen Legaten protestierten gegen diesen Canon; nichtsdestoweniger wurde er unter die Beschlüsse des Konzils aufgenommen. Als Kaiser Marcian sich 452 brieflich an Papst Leo wandte, um dessen Zustimmung zu diesem Canon sicherzustellen (Leo ep.100,3), ergriff Leo die Gelegenheit, seine grundsätzliche Ablehnung der Erhöhung des bischöflichen Stuhles von Constantinopel kund zu tun, und zwar wegen des fehlenden apostolischen Ursprungs (Leo ep.104,3-4). Der Kaiserin Pulcheria gegenüber erklärte er den betreffenden Canon geradezu für ungültig – „gemäß der Autorität des hl. Petrus" (Leo ep.105,3). Dagegen gab Leo den dogmatischen

Entscheidungen des Konzils von Chalcedon auf nochmaliges Drängen des Kaisers 453 in aller Form seine Zustimmung (Leo ep. 114). Leos Aufbegehren gegen den Canon 28 des Konzils von Chalcedon muss natürlich vor dem Hintergrund seines eigenen Primatstrebens (oben S. 237f.) gesehen werden. Wenn er sich dabei zum Sachwalter der Patriarchate von Alexandria und Antiochia machte, die durch die Rangerhöhung Constantinopels ihren zweiten bzw. dritten Rang verloren, so war dies ebenso als Vorwand zu bewerten wie die Behauptung, der Vorgängercanon des Konzils von Constantinopel (381) sei niemals dem Apostolischen Stuhl in Rom vorgelegt worden (Leo ep. 106,2 + 5). Leo befürchtete eben, die Erhebung Constantinopels auf den zweiten Rang der Bischofsstühle sei in Wirklichkeit eine Gleichstellung mit Rom, da sie Constantinopel den Primat im Osten zuweise. Tatsächlich entwickelten sich die Verhältnisse in diese Richtung – sehr zur Zufriedenheit des Kaisers, dem letztlich das Avancement 'seines' Patriarchen zugute kam.

Marcians Kaisertum hatte durch die Akklamationen der Bischöfe auf dem Konzil von Chalcedon eine beträchtliche Verstärkung seiner Legitimitätsbasis erfahren. Denn die Titulierung als „neuer Constantin" verknüpfte ihn mit der constantinischen Dynastie. Das war umso wichtiger, als durch den Tod der Kaiserin Pulcheria 453 die 'lebendige' Verbindung mit der theodosianischen Dynastie verloren ging. Darüber hinaus stellten die Akklamationen „neuer Paulus" und „neuer David" den christlichen Charakter des marcianschen Kaisertums in helles Licht (Act. Conc. Oec. II 2,2 p. 9), so dass Papst Leo in einem 454 geschriebenen Brief nicht zögerte, Marcian als „allerchristlichsten Kaiser" anzureden (Leo ep. 134,1), wie er das schon im Falle Theodosius' II. getan hatte (Leo ep. 43,2). Eine Verstärkung dieses christlichen Charakters des östlichen Kaisertums brachte dann die Thronbesteigung Leos I. im Jahre 457. Bei dieser fand erstmalig die Krönung des neuen Kaisers durch den Patriarchen von Constantinopel statt (Theoph. ad an. mundi 5950). Eine solche Krönung (freilich durch den Patriarchen von Antiochia) hatte schon Theodosius der Große im Traum gesehen (Theodoret. hist. eccl. 5,6,1). Die eigentliche Brücke zum Krönungsvorgang des Jahres 457 aber bildete das Münzbild mit der Hand Gottes, welche Constantin den Großen krönte (oben S. 50f.). Denn dieses Bildmotiv wurde weiter verwendet bis hin zu Pulcheria und lieferte die Erklärung für die Rolle des Patriarchen: Er vollzog die Krönung als Werkzeug der Hand Gottes. Die kirchliche Krönung war der sichtbare Ausdruck des kaiserlichen Gottesgnadentums.

Der Thronbesteigung Leos war ein eigenartiges Ereignis vorangegangen: Der Senat von Constantinopel hatte dem Heermeister Aspar, dem mächtigsten Mann am Hofe des verstorbenen Marcian, die Kaiserwürde angeboten. Doch Aspar soll dieses Angebot mit der Bemerkung abgelehnt haben, er fürchte, es könne sich durch ihn eine Gewohnheit herausbilden. So berichtete den Vorfall jedenfalls der Ostgotenkönig Theoderich der Große fast ein halbes Jahrhundert später in einem Schreiben an das römische Konzil des Jahres 501 (Mon. Germ. Hist., Auct. Ant. XII 425). Aspar wollte offenbar keinen Präzedenzfall dafür schaffen, dass Heermeistern das Kaisertum sozusagen in den Schoß falle. Zudem dürfte er sich darüber im Klaren gewesen sein, dass seine barbarische Abkunft – sein Vater war Alane, seine Mutter Gotin – und sein arianisches Bekenntnis auf manchen Widerstand gestoßen wären. Aber eine Möglichkeit, das Kaisertum in seine Familie zu bringen, sah Aspar doch. Er verlangte von Leo, den er als Kaiser in Vorschlag brachte, dass er eine eheliche Verbindung zwischen einer seiner Töchter und dem Sohn Aspars mit Namen Patricius ins Auge fasse. Leo kam diesem Verlangen nach und bestimmte seine jüngere Tochter Leontia als Braut für Patricius, den er zum Konsul für 459 ernannte, aber auf die Hochzeit warten ließ. Sie erfolgte erst 470. Zuvor war Patricius zum Thronfolger (Caesar) erhoben worden (Vict. Tonn., Chron. Min. II 188). Diese Entscheidung hatte Aspar dem Kaiser freilich abringen müssen. Denn Leo verfolgte seit 467 noch einen anderen Weg, um seine Nachfolge zu sichern. Ein Fürst der Isaurier war mit seinem Gefolge aus Kilikien nach Constantinopel gekommen und unter dem Namen Zeno in die Dienste Leos getreten. Dieser gab ihm in eben jenem Jahr (467) seine älteste Tochter Ariadne zur Frau, verlieh ihm das Heermeisteramt und beehrte ihn mit dem Konsulat für 469. In dem 471 ausbrechenden Machtkampf zwischen Aspar und Zeno ergriff Leo die Partei des Isauriers. Aspar wurde ermordet, sein Sohn Patricius von der Thronfolge ausgeschlossen. Als Leo 474 starb, gelangte Zeno auf den Thron und regierte – das Zwischenspiel des Basiliscus (475/476) eingerechnet – bis 491.

Für das Kaisertum im Westen war die Ermordung Valentinians III. im Jahre 455 insofern eine Katastrophe, als sie die Eroberung und Plünderung Roms durch die Vandalen (unten S. 251f.) zur Folge hatte, wodurch das gerade wieder erstarkte Ansehen der alten Hauptstadt (oben S. 235) ebenso schweren Schaden nahm wie die Kaiserwürde des vom Senat erhobenen Petronius Maximus, der nach zweieinhalbmonatiger 'Herrschaft' im Tiber endete (Prosp.,

Chron. Min. I 484). Die nach dem Tod des Petronius Maximus von der gallischen Aristokratie und dem Westgotenkönig Theoderich II. betriebene Kaiserproklamation des Heermeisters Avitus in Arles (9. Juli 455) rief – als Gegner – einen Mann auf den Plan, von dem es in den nächsten 16 Jahren (456–472) mehr oder weniger abhing, wer in Rom bzw. Ravenna als Kaiser 'fungierte'. Der Mann war Ricimer, Sohn eines Suebenfürsten und einer westgotischen Königstochter. Er hatte sich 456 im Kampf gegen die Vandalen ausgezeichnet und das oberste Heermeisteramt erlangt. Als Avitus im Laufe des Jahres 456 in Rom, wohin er sich begeben hatte, Schwierigkeiten mit der Senatsaristokratie bekam, stellte Ricimer sich auf deren Seite. Avitus zog sich nach Gallien zurück, versuchte dann aber doch, wieder in Italien Fuß zu fassen. Bei Placentia wurde er am 17. Oktober 456 geschlagen (Cons. Ital., Chron. Min. I 304). Kurz danach verlor der 'gallische' Kaiser das Leben. 15 Monate im Purpur waren ihm vergönnt gewesen. Seine letzte Ruhestätte fand er in der Auvergne, seiner Heimat (Greg. Tur. 2,11).

Nach dem Tod des Avitus blieb die Besetzung des Kaisertums im Westen einige Monate in der Schwebe. Es sah zunächst so aus, als ob Ricimer das Westreich im Auftrag des Ostkaisers 'verwalten' wollte, denn er wurde von Leo am 28. Februar 457 zum *patricius* ernannt. Dann aber entschloss er sich, Maiorianus, einen ihm nahe stehenden, erfahrenen Offizier, den Leo soeben zum zweiten Heermeister für das Westreich befördert hatte, in seinen Ambitionen auf den Kaiserthron zu unterstützen. Maiorian wurde am 1. April 457 in Ravenna als Kaiser ausgerufen. In seiner vierjährigen Regierung legte er große Tatkraft an den Tag, scheiterte aber gerade an einer Aufgabe, die auf ihn als Militär zugeschnitten zu sein schien: am Krieg gegen die Vandalen (unten S. 253). Der Misserfolg bewog Ricimer, den aus Spanien nach Italien zurückkehrenden Kaiser bei Dertona in Ligurien des Purpurs zu entkleiden und am 7. August 461 auf entehrende Weise hinrichten zu lassen (Cons. Ital., Chron. Min. I 305).

Wieder dauerte es einige Monate, bis ein 'passender' Kaiser gefunden war. Diesmal schob Ricimer die höchste Würde einem Manne zu, von dem nicht zu erwarten stand, dass er irgendein Maß an Selbständigkeit zeigen werde. Sein Name war Libius Severus, und er wurde am 19. November 461 in Ravenna zum Kaiser proklamiert. Nachdem er zunächst auch dort residiert hatte, kam er 463 nach Rom, wo er am 14. November 465 starb. Ricimer war in den vier Jahren, in denen Libius Severus das Kaisertum inne hatte, der unumschränkte 'Regierungschef'. Seine Stellung ähnelte so sehr der eines selbständigen Herrschers, dass ein späterer Chronist (Marcellinus Comes) ihn als *rex* bezeichnete (Chron. Min. II 88). Auf Bronzemünzen des Libius Severus, deren Vorderseite der Kaiser bildlich und namentlich einnahm, wurde die Rückseite mit dem Monogramm Ricimers versehen (Rom. Imp. Coin. X 408, Nr. 2714). Inschriftlich erhielt der *patricius* kaisergleiche Ehren (vgl. Corp. Inscr. Lat. X 8072).

Nach Petronius Maximus und Avitus waren auch die von Ricimer protegierten Westkaiser Maiorianus und Libius Severus im Ostreich nicht anerkannt worden. Die dadurch bedingte Unterbrechung der Beziehung beider Reichsteile zueinander machte sich der Vandalenkönig Geiserich zu Nutze, um daraus im wahrsten Sinne des Wortes Kapital zu schlagen: Er entließ 462 Eudoxia und Placidia, Witwe bzw. Tochter Valentinians III., aus der Gefangenschaft, in die sie 455 bei der Plünderung Roms durch die Vandalen geraten waren (unten S. 252), und schickte sie nach Constantinopel (Hydat., Chron. Min. II 32). Dafür erhielt er einen Teil des Vermögens, welches Valentinian III. im Osten besessen hatte. Dieses Lösegeld wurde als Mitgift für Eudocia, die andere Tochter Valentinians, deklariert, die nach ihrer Gefangennahme Hunerich, den Sohn Geiserichs, 456 geheiratet hatte (Prisc. fragm. 30). Durch die im Zusammenhang mit der Gefangenenfreigabe des Jahres 462 getroffenen Vereinbarungen hielt Geiserich das Ostreich davon ab, das Westreich in seinem Kampf gegen die Vandalen zu unterstützen. Gerade diese Unterstützung aber brauchte Ricimer, um die Bedrohung der Küsten Siziliens und Italiens abzuwehren. So kam es nach dem Tode des Libius Severus (465) zu einer Wiederannäherung von West und Ost. Eine Gesandtschaft des römischen Senats bat in Constantinopel Kaiser Leo um die Bestellung eines Kaisers für den Westen (Theoph. ad an. mundi 5957). Die Wahl Leos fiel auf Anthemius, der im Ostreich zum *magister militum* und *patricius* aufgestiegen war. Allerdings dauerte es über ein Jahr, ehe die Zeremonie der Kaisererhebung in Gang gesetzt wurde. Am 25. März 467 erhielt Anthemius in Constantinopel den Caesartitel (Joh. Ant. fragm. 209,1 [Fragm. Hist. Graec. IV 617]); am 12. April 467 erfolgte dann kurz vor dem Einzug in Rom (am 3. Meilenstein: Cassiod. chron., Chron. Min. II 158) die Akklamation zum Augustus.

Anthemius suchte sich mit Ricimer gut zu stellen, indem er ihm seine Tochter zur Frau gab. Meriten als Kaiser wollte er vor allem auf militärischem Gebiet erlangen. Doch der 468 gemeinsam mit dem Ostreich unternommene Feldzug gegen die Vandalen scheiterte ebenso wie 469 die Abwehr des westgotischen Angriffs auf die römischen Positionen in Gallien (unten S. 253f., 257). 470 geriet Anthemius bei oppositionellen Regungen in Rom mit Ricimer aneinander, der daraufhin mit seiner 6000 Mann starken Privatarmee (*buccellarii*) Rom verließ und in Mailand Quartier nahm. Ein Vermittlungsversuch des Bischofs Epiphanius von Pavia hatte nur kurze Zeit Erfolg, dann (472) belagerte Ricimer den Kaiser in Rom. Am 11. Juli 472 wurde Anthemius von einem Neffen Ricimers, dem späteren Burgunderkönig Gundobad, getötet.

Der Streit zwischen Anthemius und Ricimer veranlasste den Ostkaiser Leo, einen durch die Vandaleninvasion von 455 nach Constantinopel verschlagenen Angehörigen des römischen Hochadels, Flavius Anicius Olybrius, nach Rom zu entsenden. Olybrius war mit Placidia, der Tochter Valentinians III., verheiratet und durch deren Schwester Eudocia mit dem vandalischen Thronfolger Hunerich verschwägert (vgl. oben S. 248). Mancherlei machte also Olybrius zu einem Kandidaten für den mit Anthemius nicht mehr 'passend' besetzten Kaiserthron. Ricimer nutzte dann auch die Gelegenheit der Ankunft des Olybrius vor den Toren Roms (im April 472), um ihn durch die Belagerungstruppen zum Augustus ausrufen zu lassen. Olybrius starb allerdings schon ein halbes Jahr nach seiner Akklamation am 2. November 472. Ricimer ging ihm im Tode voran. Sein Todesdatum war der 19. August 472.

Mit dem Tod Ricimers trat das westliche Kaisertum in die letzte Phase seiner Agonie. Drei Jahre noch wurde es in Ravenna bzw. Rom auf künstliche Weise am Leben gehalten, und zwar von den gleichen Kräften, die auch in der Ära Ricimer für seine Erhaltung gesorgt hatten: dem Patriziat des Westens und dem Kaisertum des Ostens. Olybrius hatte Gundobad, den Neffen Ricimers, zum obersten Heermeister und *patricius* ernannt. Dieser ließ allerdings vier volle Monate verstreichen, ehe er nach dem Tod des Olybrius einen neuen Kaiser kreierte, nämlich den Befehlshaber der kaiserlichen Leibwache: Glycerius. Die Zeremonie fand am 3. März 473 in Ravenna statt (Cons. Ital., Chron. Min. I 306). Nur etwas mehr als ein Jahr konnte Glycerius sich in dieser Stellung halten. Dann, im Juni 474, landete an der Tibermündung (Portus) Iulius Nepos, ein Verwandter des Kaisers Leo. Nepos hatte Dalmatien im Einvernehmen mit dem Ostkaiser verwaltet und sollte nun als Westkaiser fungieren. Es kam zu einem Arrangement, demzufolge Glycerius sein Kaisertum aufgab und sich zum Bischof von Salona (Dalmatien) weihen ließ. Nepos wurde in Rom zum Kaiser erhoben und nahm dann in Ravenna Residenz (Anon. Vales. 36).

Nepos ernannte Orestes, einen weltgewandten Mann, der u. a. am Hofe des Hunnenkönigs Attila als Sekretär gewirkt hatte, zum obersten Heermeister und *patricius*; Gundobad kehrte in seine Heimat zurück, wo die burgundische Königswürde auf ihn wartete. Orestes erblickte in der erlangten militärischen Macht die Möglichkeit, eigensüchtige Pläne zu verfolgen. Er wandte sich gegen Nepos und trieb ihn aus Ravenna (28. August 475) übers Meer nach Salona (Dalmatien). Zwei Monate später, am 31. Oktober 475, tat Orestes den nächsten Schritt: Er verschaffte seinem Sohn Romulus, einem Kind, die Kaiserwürde. Damit erreichte die Abwertung, welche der Kaisername schon lange erfahren hatte, ihren absoluten Tiefpunkt. Denn deutlicher als in dem Spottnamen für Romulus: Augustulus, „Kaiserchen", konnte nicht zum Ausdruck gebracht werden, dass nur noch die tatsächliche Macht zählte und dass diese im militärischen Kommando verbunden mit dem Patricius-Titel ihren adäquaten Ausdruck gefunden hatte. Es war daher geradezu zwangsläufig, dass das Kaisertum als entbehrlich angesehen wurde. Diese Erkenntnis setzte schon ein Jahr nach der Erhebung des Kinderkaisers ein neuer militärischer Machthaber, Odovacar, in die Tat um.

Odovacar kam aus dem Dunkel, das die Auflösung des Hunnenreiches umgab. Er hatte anscheinend einen thüringischen Vater und eine skirische Mutter. Seine 'Wanderjahre' führten ihn in den Westen, wo er etwa 470 dem hl. Severin in dessen Klause bei Favianis/Mautern (Noricum Ripense/Österreich) seine Aufwartung machte. Der Heilige riet ihm, nach Italien zu gehen, dort werde er „großen Ruhm erlangen" (Eugipp. vit. s. Sev. 7). Odovacar ließ sich in die Foederatentruppen einreihen, die bei den ständigen Kämpfen um den Kaiserthron eine maßgebliche Rolle spielten. So kämpfte er für Ricimer gegen Anthemius und für Orestes gegen Nepos. Nach der Vertreibung des Letzteren (s. o.) verlangten die Foederaten – Thüringer, Heruler, Skiren (Jord. Get. 46,242) – von Orestes ihren Lohn in Form einer Ansiedlung in Italien. Die Ablehnung der Forderung führte im Sommer 476 zum Aufstand, an dessen Spitze sich Odovacar stellte. Die Truppen erhoben ihn am 23. August 476 zum König (*rex*) und zogen mit ihm gegen Orestes, den sie am 28. August 476 in Placentia töteten. Am 4. September 476 nahmen sie Ravenna ein, und es kam zu der bereits erwähnten Absetzung des Romulus. Odovacar hielt das „Kaiserchen" für so ungefährlich, dass er ihm eine Pension von 6000 Solidi pro Jahr gewährte und einen geeigneten

Neue Entwicklungen in Ost und West 251

Wohnsitz bei Neapel anwies (Cons. Ital., Chron. Min. I 310). Das Kaisertum im Westen war für Odovacar mit der Absetzung des Romulus nicht nur de facto beseitigt, es hatte sich für ihn auch der Idee nach überlebt. Die Zukunft Italiens sollte nach seiner Vorstellung der Ostkaiser in die Hände eines Stellvertreters mit Patricius-Rang legen. Jedenfalls ließ er diese Würde durch die eingangs erwähnte Gesandtschaft des römischen Senats für sich von Kaiser Zeno erbitten (Malch. fragm. 10). Unabhängig davon nahm Odovacar für sich das Recht in Anspruch, die Truppen, die ihn zum König ausgerufen hatten, mit dem geforderten Landanteil (1/3) zu versorgen (Procop. bell. Goth. 1,1,5). Es dürften an die 6000 Heruler und andere Foederaten gewesen sein, die auf diese Weise für ihre Dienste entlohnt wurden.

Wenige Monate nach der Königserhebung Odovacars und der Absetzung des Romulus Augustulus starb in Carthago der Vandalenkönig Geiserich (25. Januar 477). Noch kurz vor seinem Tode hatte er mit Odovacar ein Abkommen getroffen, demzufolge Sizilien, das sich in den Händen der Vandalen befand, gegen Zahlung eines jährlichen Tributs in italische Verwaltung überging (Vict. Vit. 1,14). Damit fand eine Auseinandersetzung ihr Ende, die 429 mit dem Übergang der Vandalen nach Afrika begonnen, also über 40 Jahre angedauert hatte. Vorangegangen war dem Abkommen über Sizilien der Abschluss eines „Ewigen Friedens" (Procop. bell. Vand. 1,7,26) zwischen dem Ostkaiser Zeno und Geiserich im Jahre 474. Denn den Krieg gegen die Vandalen hatte nicht nur das Westreich geführt, auch das Ostreich war in ihn hineingezogen worden. Geiserich erlangte in dem Friedensschluss von 474 die Anerkennung des territorialen Bestandes seines Staates, d.h. auch der Eroberungen, die er seit 455 gemacht hatte (s.u.). Dafür erhielten die Katholiken in Carthago das Zugeständnis, ihre Religion frei auszuüben (Vict. Vit. 1,51). Römische Gefangene im Besitz des Königs durften ohne Lösegeld heimkehren, solche, die in Privatbesitz übergegangen waren, konnten freigekauft werden (Malch. fragm. 3).

Die Auseinandersetzung zwischen Römern und Vandalen durchzog den in diesem Kapitel zu behandelnden Zeitraum (455–476) wie ein roter Faden. Sie begann für die Römer mit einem schmerzhaften Erlebnis: der Einnahme Roms durch die Vandalen am 2. Juni 455. Ausgelöst wurde die Flottenexpedition Geiserichs an die Tibermündung durch den Notruf der Witwe Valentinians III., Eudoxia, und ihrer Tochter Eudocia an den Vandalenkönig. Die beiden sollten den Nachfolger Valentinians, Petronius Maximus, bzw. dessen Sohn,

Palladius, heiraten. Eudocia aber war Hunerich, dem Sohn Geiserichs versprochen, der 442 (Eudocia war damals erst drei Jahre alt) für einige Zeit als Geisel nach Ravenna gekommen war (oben S. 233). Geiserich ergriff die Gelegenheit zu einem Gewaltstreich und erschien mit einer großen Flotte im Hafen von Portus. An der Spitze seiner Truppen, zu denen auch zahlreiche Maurenkontingente zählten, zog er auf der Via Portuensis nach Rom. An der Porta Portuensis hatte er eine Begegnung mit Papst Leo (Prosp., Chron. Min. I 484), die ihn dazu bestimmte, auf Mord und Brandstiftung zu verzichten. Die 14-tägige Plünderung Roms war indes furchtbar genug. Alles, was Wert besaß, wurde geraubt und auf die Schiffe gebracht. Der Kaiserpalast auf dem Palatin verlor seinen letzten Schmuck, der Jupitertempel auf dem Kapitol die Hälfte seines vergoldeten Daches. Auch die kostbaren Geräte, die Titus 70 n. Chr. aus dem Tempel in Jerusalem nach Rom gebracht hatte, fielen den Vandalen in die Hände. Unter den zahlreichen Gefangenen, die nach Carthago mitgenommen wurden, befand sich die Kaiserin Eudoxia mit ihren Töchtern Eudocia und Placidia (Procop. bell. Vand. 1,5,3–5 + 2,9,5). Für das 'Wüten' der Vandalen in Rom hat Henri Grégoire, Bischof von Blois, 1794 im Hinblick auf die Zerstörung von Kunstwerken durch die Jakobiner in der Französischen Revolution den Ausdruck „Vandalismus" geprägt. Der hinkende Vergleich belastet noch heute das Andenken der Vandalen. Geiserich verließ am 16. Juni 455 Rom und segelte mit seiner gewaltigen Beute nach Carthago zurück; ein mit Statuen schwer beladenes Schiff soll er allerdings unterwegs verloren haben. In Rom wies Papst Leo in einem großen Dankgottesdienst am 6. Juli 455 die Rettung der Stadt dem Wirken der göttlichen Gnade zu (Leo serm. 71).

Geiserich nutzte die Schwäche der römischen Staatsmacht, die bei der Einnahme Roms so eklatant in Erscheinung getreten war, unverzüglich und rigoros aus: Er ergriff Besitz von den afrikanischen Provinzen, die Rom noch nominell gehörten: Tripolitanien, Numidien, Mauretanien. Die vandalische Herrschaft umfasste nun alle römischen Provinzen in Afrika (Vict. Vit. 1,13). Im Zuge weiterer Unternehmungen streckte Geiserich seine Hände auch nach den Inseln des westlichen Mittelmeeres aus. Vor allem Sizilien versuchte er den Römern zu entreißen. 456 landeten Vandalen auf der Insel. Doch die römische Gegenwehr ließ sie nicht zur Entfaltung kommen; sie wurden bei Agrigent geschlagen (Sidon. Apollin. carm. 2,367), ihre Flotte dann bei Corsica vernichtet (Hydat., Chron. Min. II 29). Es war Ricimer, der mit diesen Siegen Hoffnungen weckte, die Vandalen doch in die Schranken weisen oder gar ihre Macht brechen zu können. Diese Hoffnungen verstärkten sich, als 457 mit Maiorian ein Mann Kaiser wurde, der militärisches Talent mit dem Blick für das Notwendige verband. Tatsächlich fasste Maiorian den Plan, die Vandalen entscheidend zu schlagen, und zwar in 'ihrem' Land. Von Spanien aus sollte ein Heer nach Afrika (Mauretanien) übersetzen und den Marsch auf Carthago antreten. Eine Flotte von 300 Schiffen wurde zusammengebracht; der Kaiser erschien 460 selbst in Carthago Nova/Cartagena; der Vandalenkönig geriet in Furcht. Da Maiorian sich auf Verhandlungen nicht einließ, versuchte Geiserich, mit List und Tücke das Unternehmen zu verhindern: Er verwüstete Mauretanien, um den Vormarsch zu erschweren, und es gelang ihm, einen Teil der vor Anker liegenden römischen Schiffe an sich zu bringen (Hydat., Chron. Min. II 31). Jetzt war es Maiorian, der um Verhandlungen bitten musste. Der Friede, der zu Stande kam, war „schmachvoll" (Joh. Ant. fragm. 203 [Fragm. Hist. Graec. IV 616]). Wahrscheinlich musste Maiorian außer der Anerkennung des Besitzstandes der Vandalen in Afrika die Balearen, Sardinien und Corsica an sie abtreten.

Das Scheitern der Unternehmung Maiorians führte, abgesehen von Absetzung und Tod des Kaisers (oben S. 247), zu der Einsicht, dass nur ein gemeinsames Vorgehen von Ost und West die Vandalen in die Knie zwingen könne. Die Gelegenheit hierzu bot die Erhebung des Oströmers Anthemius zum weströmischen Kaiser im Jahre 467 (oben S. 248). Es begannen gewaltige Rüstungen im Ostreich. Sie verschlangen nach Lyd. de mag. 3,43 die Summe von 65000 Pfund Gold und 700000 Pfund Silber (24,5 bzw. 229,1 t). 1100 Schiffe wurden bereit gestellt und ein Heer von 100000 Mann zusammen gebracht (Theoph. ad an. mundi 5961 + Procop. bell. Vand. 1,6,1). Eine scheinbar perfekte Strategie sollte der Herrschaft der Vandalen im Mittelmeer ein Ende machen. Dem Westen fiel dabei die Aufgabe zu, gegen die Inseln, insbesondere gegen Sardinien, vorzugehen. Marcellinus, der in Dalmatien eine selbständige Herrschaft ausübte, ließ sich gewinnen, diesen Schlag zu führen. Nach Tripolitanien wurde 468 ein Heer unter Heraclius entsandt; es sollte von Osten gegen Carthago vorrücken. Direkt gegen die Stadt wandte sich das Gros der Streitkräfte mit der riesigen Flotte unter Basiliscus. Dieser aber machte durch sein Zaudern, vielleicht auch durch seine Bestechlichkeit, den ganzen Plan zunichte. Am Promonturium Mercurii/Kap Bon ankernd, ließ er sich durch Geschenke zu einem fünftägigen Waffenstillstand überreden, den Geiserich dazu benutzte, einen Überfall vorzubereiten. Als günstiger Wind eintrat, ließ er in Brand gesetzte Schiffe bei Nacht gegen die römische Flotte los. Die Wirkung war verheerend: Der größte Teil der Schiffe ging durch Feuer und im Kampf mit den angreifenden Vandalen verloren; der Rest trat die Flucht an. Das ganze Unternehmen brach zusammen. Heraclius zog sich aus Tripolitanien zurück, und Marcellinus wurde, nachdem er Sardinien gewonnen hatte, auf Sizilien ermordet (Procop. bell. Vand. 1,6,8–25).

Die Katastrophe der oströmischen Armada am Kap Bon gab den Vandalen gewaltigen Auftrieb. Nach der Wiedergewinnung Sardiniens bemächtigten sie sich auch Siziliens und waren damit im Besitz aller großen Inseln des westlichen Mittelmeeres. Ihr afrikanisches Herrschaftsgebiet erstreckte sich von Mauretanien im Westen bis Tripolitanien im Osten. Zu ihm zählten auch die maurischen Stämme der Wüstenregionen an der Südgrenze (vgl. Sidon. Apollin. carm. 5,335–338). Geiserich konnte beruhigt den Friedensfühlern entgegen sehen, die insbesondere aus Constantinopel zu erwarten waren, da er seit 468 vornehmlich die Küsten des Ostreiches mit seinen Beutezügen heimsuchte. Tatsächlich kam ja dann 474 mit Kaiser Zeno jener „ewige Friede" zu Stande, von dem oben S. 251 bereits die Rede war. Die gleichfalls schon erwähnte Überlassung Siziliens an Odovacar stellte auch im Westen einen dauerhaften Friedenszustand zwischen Römern und Vandalen her (476/477). Ein Schatten fiel allerdings auf die letzten Jahre Geiserichs durch die 'Flucht' seiner Schwiegertochter Eudocia, der Gemahlin seines Sohnes Hunerich, die sich nach Geburt eines Sohnes (Hilderich) und 16-jähriger Ehe ins Heilige Land absetzte, wo sie schon bald starb. Sie habe dem Arianismus entfliehen wollen, sagte man (Vict. Vit. 3,4,9). Das arianische Bekenntnis der Vandalen bildete ja auch für die provinzialrömische Bevölkerung, insbesondere ihre Geistlichkeit, einen Stein des Anstoßes, oder konkret: Es lieferte ständig Konfliktstoff. Unterdrückung der Katholiken und sozialer Unfriede waren die Folgen.

Dem Machtgewinn Geiserichs nach dem Tod Valentinians III. und der Anerkennung, die sein die römische Herrschaft in Afrika ablösendes Reichsgebilde durch Zeno und Odovacar fand, entsprach die Ausbreitung des Tolosanischen Reichs der Westgoten über Gallien und Spanien, die zunächst vom Kaiser Nepos und dann vom neuen Machthaber Italiens, Odovacar, anerkannt wurde. Der Aufstieg des Westgotenreichs zu größter Ausdehnung und Blüte war das Werk des Königs Eurich, der 466 an die Stelle seines Bruders Theoderich II. trat und bis 484 regierte. Um 475 ließ er für die Goten seines Reiches durch römische Juristen ein Gesetzbuch schaffen, in dem das römische Recht in seiner späten, vulgarisierten Form mit dem gotischen, das noch auf früher Stufe stand, eine Verbindung einging (›Codex Euricianus‹) – nach dem Ansiedlungsexperiment von 418 (oben S. 204f.) ein weiteres Muster römisch-germanischer Synthese. Als das Kaisertum in Ravenna erlosch, hatte Sidonius Apollinaris (unten S. 257) die Vision, das Westgotenreich übernehme die Funktion des Imperium Romanum (Sidon. Apollin. ep. 8,9,19–55).

In Spanien wurden die Westgoten „mit römischer Ermächtigung" (*ex auctoritate Romana*) aktiv. Erst (454) waren es Aufstände der Landbevölkerung (Bagaudae), dann (456) Übergriffe der Sueben, welche die römische Regierung veranlasste, gotische Hilfstruppen für den Einsatz jenseits der Pyrenäen anzufordern. Die Sueben drangsalierten die römische Bevölkerung in den ihnen überlassenen Provinzen Westspaniens (oben S. 229) und hielten sich nicht an die Abgrenzung ihres Gebietes von dem der Römer. Bei ihren Strafaktionen gegen die Sueben drangen die Westgoten systematisch von Norden nach Süden vor. 456 kämpften sie in Gallaecia, 457 in Lusitania, 458 stand ein gotisches Detachement bereits in der Baetica (Hydat., Chron. Min. II 31). In der Folge traten mehr und mehr eigensüchtige Absichten der Westgoten in Bezug auf Spanien hervor, zunächst materielle, dann auch territoriale. Letztere erhielten den entscheidenden Impuls durch Eurich, der sich nach seiner Thronbesteigung (466) nicht mehr als Bündnispartner der Römer betrachtete (Sidon. Apollin. ep. 7,6,4). 468 begann er die Eroberung Spaniens. Den Römern entriss er die nominell noch ihnen gehörige Tarraconensis, den Sueben nahm er Lusitania, so dass sie auf Gallaecia im Nordwesten beschränkt wurden. Unter diesen Umständen erhielt die Expedition, die Kaiser Maiorianus 460 zur Aufnahme des Krieges gegen die Vandalen nach Cartagena unternahm (oben S. 253), nachträglich den Charakter eines Abschiedsbesuchs im römischen Spanien. Für den fließenden Herrschaftsübergang lieferte der Militärbefehlshaber Vincentius ein signifikantes Beispiel: 465 stand er noch als *dux Tarraconensis* in römischen Diensten, wenige Jahre später erschien er als westgotischer *dux Hispaniarum*! In der Verwaltung vollzog sich der Wechsel analog.

Während die Expansion der Westgoten in Spanien ihrem Tolosanischen Reich sozusagen ein zweites Standbein verschaffte und neue Ressourcen eröffnete, war die Erweiterung der aquitanischen Basis in Gallien auf das Erreichen 'natürlicher' Grenzen im Norden (Loire) und Osten (Loire/Rhône) gerichtet (Sidon. Apollin. ep. 3,1,5).

Dadurch traten die Provinzen Aquitania I und Narbonensis I in ihren Blickkreis. 462 nutzte Theoderich II. einen Streit zwischen den römischen Militärbefehlshabern Agrippinus und Aegidius, die unterschiedlichen Kaisern anhingen (Libius Severus bzw. Maiorianus), um die Stadt Narbo/Narbonne und ihr Umland im römischen Teil der Narbonensis I (vgl. oben S. 204, 223) in seinen Besitz zu bringen. Aegidius, der aus Gallien stammte, zog sich vor den Westgoten nach Norden über die Loire zurück. Mit Hilfe der Salfranken unter dem Merowinger Childerich schlug er das ihn verfolgende westgotische Heer bei Orléans und verhinderte damit vorläufig einen Bodengewinn der Westgoten an der Loire (Chron. Gall., Chron. Min. I 664). Andererseits brachte dieser Sieg der römischen Sache in Gallien keinen Nutzen; denn Aegidius, der Maiorian nahe verbunden gewesen war, hatte nach dessen Hinrichtung durch Ricimer jede Verbindung zur römischen Regierung in Italien abgebrochen. Er widmete sich jetzt ganz der Aufgabe, den von ihm schon Mitte der 50er Jahre geschaffenen Herrschaftsbezirk in Nordgallien (zwischen Loire und Somme) zu behaupten, der im Osten bis zur Maas reichte und im Westen an die Aremorica (Bretagne) grenzte. Hauptstadt dieses Gebildes war Augusta Suessionum/Soissons in der Provinz Belgica II. Als Aegidius 464 starb, ging die Herrschaft auf seinen Sohn Syagrius über. Vater und Sohn galten den Franken als „Könige der Römer" (Greg. Tur. 2,12 + 27).

Eine hybride Herrschaft, wie Aegidius und Syagrius sie im Schatten der Salfranken auf dem Boden der Belgica II ausübten, praktizierten Arigius und sein Sohn Arbogast in der Belgica I. Trier bildete in den 60er und 70er Jahren den Kern ihres Herrschaftsbereichs. Da die Rheinfranken einen breiten Uferstreifen links des Flusses mit Köln und Mainz in Besitz genommen hatten, müssen sie die 'Regierung' der beiden Römer in Trier toleriert haben. An den *comes* Arbogast richtete Sidonius Apollinaris um 475 einen Brief (4,17), der bemerkenswerte Einzelheiten zur Situation im Trierer Raum enthielt. Danach hatte die römische Rechtsordnung im Umkreis der Stadt ihre Geltung verloren und die lateinische Sprache „in belgischen und rheinischen Landen" ihre Vormacht eingebüßt. Angesichts der fränkischen Übermacht stand Arbogast in Trier ebenso auf verlorenem Posten wie Syagrius in Soissons!

Der Abkehr des *magister militum* Aegidius und des *comes* Arbogast von Rom muss der Fall des *praefectus praetorio Galliarum* Arvandus an die Seite gesetzt werden, der 469 durch eine Anklage seitens des Landtags der sieben [südgallischen] Provinzen (oben

S. 204) in Rom bekannt wurde. Arvandus war mit dem Westgotenkönig Eurich in Verbindung getreten und hatte ihm den Plan unterbreitet, der Herrschaft des Kaisers (Anthemius) in Gallien ein Ende zu bereiten. Er solle die Bretonen in der Aremorica, die noch zu Rom hielten, ausschalten und mit den Burgundern eine Teilung der nominell noch römischen Gebiete in Gallien vornehmen (Sidon. Apollin. ep. 1,7). Eurich begann 469 den Krieg in Gallien, und zwar an zwei Fronten, in der Aquitania I an der Loire und in der Narbonensis I an der Rhône. An der Loire-Front bekam Eurich es mit 12000 Bretonen zu tun, die auf römisches Ansuchen hin aus der Aremorica herbeigeeilt waren. Bei Bourges (Biturigae/Avaricum) kam es zum Kampf, in dem Eurich Sieger blieb. Die Reste der Bretonen schlugen sich zu den Burgundern durch. Eurich setzte sich im Nordteil der Aquitania I fest (Jord. Get. 45,237–238). Als Statthalter ernannte er den römischen *dux* Victorius – ein weiteres Zeichen der Kontinuitätswahrung (vgl. oben S. 255). Im Süden öffnete Eurich sich durch den 471 „jenseits der Rhône" errungenen Sieg über ein von Anthemius zum Schutz von Arles nach Gallien geschicktes römisches Heer (Chron. Gall., Chron. Min. I 664) den Weg zu den Städten des Rhônetales (Arles, Avignon, Orange, Valence), in die er verwüstend einbrach (vgl. Sidon. Apollin. ep. 6,12,8). Eine Besitzergreifung aber erfolgte nicht, wahrscheinlich, weil die Burgunder Anstalten machten einzuschreiten.

Die entscheidenden Fortschritte im Kampf um die Ausdehnung des Westgotenreiches in Gallien erzielte Eurich in der Aquitania I, wo schließlich nur noch Arverni (Augustonemetum/Clermont-Ferrand), die Hauptstadt der Auvergne, den gotischen Angriffen standhielt. Hier war Sidonius Apollinaris, der Lobredner dreier Kaiser (Avitus, Maiorianus, Anthemius), um 470 zum Bischof der Stadt geweiht worden und wirkte nun 471–474 als Seele des Widerstandes gegen die Westgoten. Die eigentliche Verteidigung leitete sein Schwager Ecdicius; Hilfe kam von den Burgundern. Doch Eurich wollte unbedingt Clermont in seinen Besitz bringen (vgl. Sidon. Apollin. ep. 3,1,4), was ihm denn auch 475 gelang: Kaiser Nepos sah ein, dass die römische Sache in der Auvergne verloren war. So sandte er den Bischof Epiphanius von Ticinum/Pavia an den Hof des Gotenkönigs in Tolosa/Toulouse, um den Kämpfen ein Ende zu machen. In dem Friedensvertrag erkannte Nepos die Eroberungen Eurichs in Spanien und Gallien an. Der Westgotenkönig wurde damit auch Herr über die Auvergne und konnte Clermont in Besitz nehmen. Ecdicius hatte sich rechtzeitig aus der Stadt abgesetzt; er wurde 475 von Nepos nach Italien gerufen und mit dem Amt des obersten Heermeisters betraut. Sidonius Apollinaris musste für kurze Zeit in die Verbannung gehen, konnte dann aber wieder sein Bischofsamt in Clermont ausüben. Dabei arbeitete er eng mit dem 'gotischen' *dux* Victorius (oben S. 257) zusammen (Sidon. Apollin. ep. 7,17,1)! Die römische Herrschaft in Gallien beschränkte sich jetzt auf einen schmalen Streifen an der Südküste von der Rhônemündung bis zu den Seealpen mit der Durance (Druentia) als Grenze gegen das Burgunderreich im Norden. Auch dieser Rest der einst „das gesamte Gebiet jenseits der Alpen" (oben S. 157) umfassenden gallischen Prätorianerpräfektur ging verloren, als 477 Odovacar mit Eurich übereinkam, dass dieser Küstenstreifen mit Arelate/Arles und Massilia/Marseille den westgotischen Eroberern gehören solle (Procop. bell. Goth. 1,2,20).

Während die Westgoten ihre Ausdehnung in Gallien mit Hilfe der Waffen betrieben, konnten die Burgunder ihr ursprünglich kleines Staatsgebiet am Genfer See (oben S. 224) auf friedliche Weise vergrößern, nämlich im Einverständnis mit den Großgrundbesitzern der betreffenden Landstriche Galliens. Das war schon 457 so, als König Gundowech nach Westen in die Lugdunensis I ausgriff und Lugdunum/Lyon in seine Hände brachte (Sidon. Apollin. carm. 5,572–573). Kaiser Maiorian konnte 458 zwar die Inbesitznahme der Stadt durch die Burgunder rückgängig machen, aber nach seinem Tod (461) erhob Gundowech Lyon zur Hauptstadt seines Reiches (anstelle von Genava/Genf), das nun einen beträchtlichen Teil der Provinz Lugdunensis I einnahm. Die große Gelegenheit zur Ausdehnung nach Süden bot sich 471 nach der Niederlage der Römer gegen die Westgoten „jenseits der Rhône" (oben S. 257). Die Burgunder fühlten sich jetzt unter dem neuen König Chilperich für die südlich an ihr Staatsgebiet angrenzenden römischen Provinzen (Viennensis, Narbonensis II, Alpes Graiae, Alpes Maritimae) verantwortlich, deren Territorien sie bis an die Durance (Druentia) okkupierten (s. o.). Im Norden erhielten Autun (Augustodunum) in der Lugdunensis I und Besançon (Vesontio) in der Maxima Sequanorum den Charakter von Grenzbastionen der burgundischen Expansion.

Das Burgunderreich grenzte im Nordosten (mit der Burgundischen Pforte) an den alamannischen Machtbereich. Die Alamannen profitierten vom Verfall der römischen Macht in Gallien nach dem Tod des Aetius (454) insofern, als sich ihnen dadurch die Möglichkeit bot, ihr Siedlungsgebiet rechts des Oberrheins über den Fluss hinweg ins Elsass und die Nordschweiz zu erweitern (Sidon. Apollin. carm. 7,373–375). Vorstöße ins Innere Galliens führten bis Langres (Lingones), ja bis nach Troyes (Augustobona). Im Norden drangen die Alamannen bis in die Gegend von Worms (Borbetomagus) vor, wo die Franken ihre Gegner wurden, mit denen sie später sogar auf deren eigenem Territorium kämpften (Zülpich 496). 457 unternahmen alamannische Krieger von der Raetia I aus über Chur (Curia) und den Splügenpass einen Einfall nach Italien, der bis zu den Campi Canini (bei Bellinzona am Lago Maggiore) führte (Sidon. Apollin. carm. 5,373–377). „Beständige Angriffe der Alamannen" auf Orte in der Raetia II registrierte die ›Vita s. Severini‹ des Eugippius. Sie reichten bis Passau (Batavis) an der Grenze nach Noricum Ripense (Eugipp. vit. s. Sev. 19,1).

Die Situation in den Donauprovinzen Rätien und Noricum war nach dem Zerfall des Hunnenreiches (453/454), abgesehen von der soeben erwähnten alamannischen Bedrohung, durch das Einrücken neuer Völker in die von den Hunnen aufgegebenen Gebiete geprägt. So ergriffen die Rugier Besitz von Landstrichen gegenüber Noricum Ripense auf dem linken Donauufer (Niederösterreich); die Ostgoten wurden von Kaiser Marcian in die östlich an Noricum angrenzenden pannonischen Provinzen eingewiesen (Jord. Get. 50,264). Die Rugier traten zu den Römern in ein Foederatenverhältnis, das ihnen anscheinend den Schutz der Bevölkerung Ufernoricums übertrug. Denn, wie sich der Severinsvita des Eugippius entnehmen lässt, übten sie in bestimmten Orten der Provinz den Wachdienst aus (1,4). Nach und nach aber fühlten sie sich als Herren der Provinzbewohner (8,2). Sie sannen sogar auf einen Zug nach Italien, doch scheiterte dieser Plan daran, dass ihnen ihre Feinde, die Ostgoten, den Weg durch Binnennoricum, das sie von Pannonien aus unter ihre Kontrolle gebracht hatten, versperrten (5,1). Von den ehemals 'regulären' Besatzungen der Limeskastelle gab es offenbar nur noch wenige, welche die Stellung hielten, und diese, z. B. Passau, bekamen keinen Sold mehr aus Italien (20,1).

Das Wirken des heiligen Severin in Ufernoricum zwischen 467 und 482 war darauf gerichtet, dem vielfach gequälten Land eine Überlebenschance zu verschaffen. Nach Lage der Dinge konnte diese nur in der Mobilisierung und Organisierung der eigenen Kräfte bestehen. Severin ging an diese Aufgabe mit der Forderung nach einem rigoros gelebten Christentum („Fasten, Beten, Almosen") heran und erzielte beachtliche Erfolge. So stellte etwa die Einführung des „Zehnten" das soziale Gleichgewicht her. Die Gründung von Klöstern schuf Muster einer neuen Lebensform. Dazu kam, dass Severin die Fähigkeit besaß, Notwendiges, wie die Räumung gefährdeter Orte (Passaus und anderer), zu erkennen und konsequent durchzusetzen. Ebenso fiel ins Gewicht, dass er gegenüber den fremden Mächten (Alamannen, Rugier) eine große Autorität in die Waagschale werfen konnte. Die 'weltliche' Facette seiner Persönlichkeit könnte ihren Grund in einer früheren verantwortlichen Tätigkeit Severins als Funktionär des weströmischen Staates haben. Sein geistliches Charisma beruhte nicht zuletzt auf seinen Wundertaten, die sein Schüler Eugippius in der 511 verfassten ›Vita s. Severini‹ gebührend hervorhob.

Im Jahre 473 trat mit der Abwanderung der Ostgoten aus Pannonien eine neue Lage ein: Italien war bedroht. Denn der unter dem König Vidimer stehende Teil des Volkes wandte sich westwärts und zog durch Noricum über die Julischen Alpen nach Italien. Hier aber starb Vidimer. Der gerade zum Kaiser erhobene Glycerius nutzte die Niedergeschlagenheit der Ostgoten, um den gleichnamigen Sohn und Nachfolger Vidimers zu veranlassen, nach Gallien zu den Westgoten weiter zu ziehen und sich mit ihnen zu vereinigen (Jord. Get. 56,283–284). Der andere, stärkere Teil der Ostgoten unter dem König Thiudimer und seinem Sohn Theoderich marschierte von Singidunum/Belgrad südostwärts nach Naissus/Nisch. Das Schicksal dieses Volksteils, der den Namen der Ostgoten berühmt gemacht hat, ist freilich hier nicht zu behandeln, sondern gehört in später darzustellende Zusammenhänge (unten S. 266 f.).

Obwohl Pannonien von den Ostgoten in ausgeplündertem Zustand zurückgelassen wurde, übte es doch eine gewisse Anziehungskraft auf die Expansionsgelüste der germanischen Völker jenseits der Donau aus. So setzten sich die Heruler im Donauknie (Prov. Valeria) fest; ihre Streifzüge führten bis an die Ostgrenze Rätiens (Eugipp. vit. s. Sev. 24,1–3). Die Gepiden nahmen Sirmium/Mitrovica (Prov. Pannonia II) in Besitz; 488 musste Theoderich der Große sich hier im Kampf gegen sie den Weg nach Westen öffnen (unten S. 271). Die südlichste der pannonischen Provinzen, die Savia, scheint von Feinden unbehelligt geblieben zu sein; sie fand jetzt Anschluss an Dalmatien, das seit 454 ein Sonderdasein führte.

Die Abspaltung Dalmatiens von der Zentrale des Westreichs hatte ihren Grund in der Ermordung des Aetius durch Valentinian III. (454). Der Militärbefehlshaber der Provinz Dalmatia, Marcellinus, ein Freund des Aetius, sagte sich daraufhin von Valentinian los und suchte Anlehnung an das Ostreich (Procop. bell. Vand.

1,6,7). Im Auftrag des von Constantinopel nach Rom entsandten und dort zum Augustus erhobenen Anthemius übernahm er eine maßgebende Rolle im Vandalenkrieg des Jahres 468, wurde aber auf Sizilien ermordet (oben S. 254). Seine Stelle in Dalmatien nahm sein Neffe Iulius Nepos ein, der eine Schwester des Ostkaisers Leo zur Frau hatte. 474 schickte ihn Leo als Nachfolger des Olybrius gegen Glycerius nach Italien (oben S. 249f.). Als Kaiser konnte Nepos sich nur bis 475 in Ravenna halten, dann kehrte er nach Dalmatien zurück, wo er 480 ermordet wurde (Cons. Ital., Chron. Min. I 311). Odovacar, der sich als Rächer des Nepos gerierte, nahm 482 dessen Herrschaftsbereich (einschließlich der Savia) für sich in Beschlag (Cons. Ital., Chron. Min. I 313).

Wendet man sich nun dem Kernland des Westreichs, Italien, zu, so ist zunächst daran zu erinnern, dass sowohl Nord- als auch Süditalien in dem hier zu betrachtenden Zeitraum durch Kriegsereignisse schwer mitgenommen wurden, die Städte nördlich des Po von Aquileia bis Pavia durch den Einfall der Hunnen (452), die Küstenregionen Süditaliens (und Siziliens) durch die ständigen Invasionen der Vandalen. Ravenna litt 455 unter einer Feuersbrunst (oben S. 235), Rom wurde im gleichen Jahr durch Geiserich geplündert (oben S. 251f.), worauf 457 eine große Hungersnot folgte (Joh. Ant. fragm. 202 [Fragm. Hist. Graec. IV 616]). Nimmt man den schweren Ausbruch des Vesuvs im Jahre 473 (Marcell. Comes, Chron. Min. II 90) hinzu, so ergibt sich ein recht düsteres Bild für die letzten Jahrzehnte der Kaiserherrschaft in Italien, das sich auch nur wenig aufhellen lässt. Der einzige Kaiser unter den neun Nachfolgern Valentinians III., welcher den verbreiteten Missständen zu steuern versuchte, war Maiorianus. Er richtete sein Augenmerk besonders auf die Städte, d. h. deren Leitungsgremien, die Kurien. Ihre Mitglieder, die Kurialen, bezeichnete er in der Einleitung seines diesbezüglichen Gesetzes aus dem Jahre 458 (Nov. Maior. 7) als „Lebenskräfte des Staates" und als „Stützen der Städte", ihre Versammlung als „kleineren Senat". Maiorian ergriff in diesem Gesetz Maßnahmen, die Kurialen, die sich ihren Pflichten entzogen hatten, wieder in die Stadträte zurückzubringen, und er traf Vorsorge, dass künftig solche „Desertionen" unterblieben. Andererseits ließ der Kaiser es sich angelegen sein, die Kurien umfassend vor Übergriffen staatlicher Instanzen zu schützen. Mit diesem Gesetz stand ein anderes, wenige Monate früher erlassenes in engstem Zusammenhang, das die Institution des *defensor plebis* (oben S. 128) wieder einführte. Alle Städte sollten einen solchen Vertrauensmann wählen, der vor allem für die Belange der einfachen Bürger zuständig war. Der Gewählte bedurfte der kaiserlichen Bestätigung (Nov. Maior. 3).

Maiorian stützte sich bei seinen Reformbestrebungen auf ein in der römischen Tradition verwurzeltes Konzept. Kriegswesen, Gesetze und Religion, so ließ er sich vernehmen, seien die Säulen, auf denen der Staat ruhe; sie gelte es zu stärken (Nov. Maior. 6 pr.). Sein Kaisertum sah er durch die Kundgebungen des Senats und der Soldaten sowie das göttliche Wohlwollen legitimiert (Nov. Maior. 1). Die Zustimmung der Untertanen suchte er durch einen Schuldenerlass zu gewinnen, der die Außenstände der Staatskassen bis zur laufenden Indiktion tilgte, allerdings mit einer Ausnahme: Die Lieferanten von Schweinefleisch für die Verteilung in Rom mussten ihre Rückstände nachliefern, damit die Lebensmittelversorgung „der verehrungswürdigen Stadt" nicht stocke (Nov. Maior. 2,1). Diese Ausnahme bedeutete für das *corpus suariorum* jedoch keine Ungebühr, da ihm erst vor wenigen Jahren (452) eine neue staatliche Subvention zugebilligt worden war (Nov. Valent. 36), die Einwohner Roms aber versicherte der Kaiser mit dieser Geste seiner Fürsorge. In einem anderen Gesetz des Jahres 458 sah Maiorian sich allerdings veranlasst, sie zu tadeln, da ihr Verhalten dem Ansehen ihrer Stadt schade. Es ging um die zur Gewohnheit gewordene Unsitte, die alten Monumente der Stadt als Steinbrüche zu benutzen. Das Gesetz verbot dies und belegte den Richter, der solches gestattete, mit einer Strafe von 50 Pfund Gold, die fehlbaren Angestellten der Bauverwaltung mit dem Abhauen einer Hand (Nov. Maior. 4,1). Diese drastischen Sanktionen waren offenbar nötig, um dem Denkmalschutz zur Durchsetzung zu verhelfen. So weit war es mit den sichtbaren Zeichen der römischen Vergangenheit gekommen!

Es ist hier nochmals auf den epochalen Akt der Überbringung der Kaiserinsignien des Westreichs nach Constantinopel im Jahre 476 zurückzukommen (vgl. oben S. 242), und zwar unter dem Gesichtspunkt, dass Odovacar dafür eine Gesandtschaft des römischen Senats aussah. 500 Jahre war es her, dass der damalige Senat den Adoptivsohn Caesars zum Augustus erhoben und ihm die Sorge für das Imperium Romanum anvertraut hatte (27 v. Chr.). Bis zuletzt galt daher dieses Gremium als der ideelle Hort der Kaisergewalt, wie soeben das Beispiel Maiorians gezeigt hat. Nun war diese Rolle ausgespielt und das westliche Kaisertum dahin. Das Königtum Odovacars entstammte nicht der römischen Tradition. Umso mehr mussten sich die Blicke auf das Papsttum richten, das sich unter Leo dem Großen, der bis 461 auf dem Stuhl Petri saß, endgültig als Autorität etabliert hatte, welche in der Weltregierung mit dem Kaisertum konkurrierte. Wenn dies auch erst später (494) durch Papst Gelasius formuliert wurde (Gelas. ep. 12), so beanspruchte doch schon Leo die Geltung dieses Grundsatzes. Das Papsttum wuchs in diese Rolle umso schneller hinein, als die Streitigkeiten, welche im Osten um die Zwei-Naturen-Lehre des Konzils von Chalcedon päpstliche Verlautbarungen erforderlich machten, das Gewicht des Apostolischen Stuhles beträchtlich verstärkten.

Schon 452 kam es zu Unruhen wegen der in Chalcedon verkündeten Lehre. Der Mönch Theodosius, der am Konzil teilgenommen hatte, wiegelte seine in den Klöstern Palästinas lebenden mehr als 10 000 Mitbrüder durch die Behauptung auf, in Chalcedon sei der wahre Glaube, nämlich der an nur eine Natur in Christus, verraten worden. Unterstützt wurde er von Eudocia, der Witwe Theodosius' II., die in Jerusalem lebte. An Juvenal, den Patriarchen von Jerusalem, richtete Theodosius die Aufforderung, die Beschlüsse von Chalcedon mit dem Anathema zu belegen. Als er sich weigerte, vertrieben ihn die Mönche; Theodosius trat an die Stelle Juvenals. Im ganzen Land kam es zu ähnlichen Vorfällen. Papst Leo schrieb 453 sowohl an Eudocia als auch an die palästinensischen Mönche (Leo ep. 123 + 124). Letzteren versuchte er, die Zwei-Naturen-Lehre so einfach wie möglich zu erklären und sie zum katholischen Glauben zurückzuführen. Es bedurfte freilich der militärischen Nachhilfe, um die Mönche zur Ruhe und wenigstens einen Teil von ihnen zur Anerkennung des Chalcedonense zu bringen. Theodosius floh 453 zum Sinai, und Juvenal konnte seinen Patriarchenstuhl wieder einnehmen. Papst Leo dankte 454 dem Kaiser Marcian mit bewegten Worten (Leo ep. 126).

In Ägypten führte die Wahl eines neuen Patriarchen an Stelle des in Chalcedon abgesetzten Dioscurus zu Unruhen, da die Alexandriner ebenso wie die Kopten in starkem Maße dem Monophysitismus anhingen und nicht dulden wollten, dass ein Anhänger der Lehre von Chalcedon gewählt würde. Durch Militäreinsatz konnte der Glaubenszwist zunächst unter Kontrolle gehalten werden. 457 aber, nach dem Tod des Kaisers Marcian, brach er in voller Schärfe aus. Angeführt von einem Kleriker namens Timotheus, ermordete die fanatisierte Volksmenge den Patriarchen von Alexandria, Proterius, und beging noch andere schreckliche Dinge. Timotheus ließ sich zum Patriarchen weihen und besetzte die Bischofsstühle im ganzen Land mit Monophysiten. Über die Beschlüsse von Chalcedon sprach ein von ihm initiiertes Konzil den Bannfluch aus. Bei all diesen Maßnahmen gingen ihm die Mönche des Deltas und des Niltals tatkräftig zur Hand. Dabei ist zu bedenken, dass es inzwischen (vgl. oben S. 23 f.) Hunderte von Klöstern in Ägypten gab, die großen Zulauf hatten, u. a. von Sklaven. Das galt auch und gerade für das Weiße Kloster bei Sohag in der Nähe von Ptolemais mit seinen 2200 Mönchen und 1800 Nonnen, dem Schenute von Atripe bis 466 als Abt vorstand. Die Mönche in den Klöstern Ägyptens fühlten ihre Gemeinschaften durch Chalcedon bedroht, nicht nur, weil ihnen die Zwei-Naturen-Lehre aufgezwungen wurde, sondern auch, weil der Canon 4 den Klostervorstehern unter Androhung der Exkommunikation die Aufnahme von Sklaven ohne Einwilligung ihrer Herren verbot.

Die Kunde von den Ereignissen in Ägypten gelangte durch einige Bischöfe, denen es gelungen war, zu fliehen, nach Constantinopel. Die Flüchtlinge richteten eine Eingabe an Kaiser Leo, aber auch Timotheus suchte durch eine Gesandtschaft den Kaiser für sich zu gewinnen. Leo befasste Anatolius, den Patriarchen von Constantinopel, mit der Angelegenheit und holte auch die Meinung sämtlicher Metropoliten des Ostreichs ein. Anatolius wiederum bat Papst Leo um Intervention beim Kaiser. Leo handelte sofort: Er stellte dem Kaiser die Notwendigkeit des Eingreifens in Ägypten und des Festhaltens an den Beschlüssen von Chalcedon vor Augen (Leo ep. 145). Im Laufe des nun einsetzenden Briefwechsels mit dem Kaiser (vgl. Leo ep. 156) nahm der Papst auch ausführlich Stellung zu der Richtigkeit des in Chalcedon verkündeten Zwei-Naturen-Dogmas. Der betreffende Brief (Leo ep. 165) ergänzte das Lehrschreiben an Flavianus, den Tomus Leonis (Leo ep. 28, oben S. 236). Nachdem der Kaiser auch von den Metropoliten des Ostreichs die übereinstimmende Meinungsäußerung erhalten hatte, dass Timotheus abgesetzt werden müsse und die Beschlüsse von Chalcedon nicht angetastet werden dürften, schritt er zur Tat: Er enthob Timotheus 460 seines Amtes und verbannte ihn – zur Freude und Genugtuung Leos, des Papstes (Coll. Avell. 51). Der Nachfolger von Timotheus, der den gleichen Namen trug, aber auf dem Boden des Konzils von Chalcedon stand, konnte der Kirche Ägyptens mit einigem Geschick 15 Jahre lang Ruhe verschaffen.

Der Sturm, den das Konzil von Chalcedon entfacht hatte, erreichte erst spät, nämlich 469/470, Syrien. Ein aus Constantinopel nach Antiochia gekommener Mönch mit Namen Petrus Fullo, „der Gerber", brachte mit seiner monophysitischen Propaganda den antiochenischen Patriarchen Martyrius so sehr in Bedrängnis, dass er sein

Amt aufgab. Petrus wurde sein Nachfolger, aber nur für kurze Zeit (470/471), dann ließ Kaiser Leo ihn durch ein Konzil absetzen; er selbst ordnete seine Verbannung an. Nichtsdestoweniger hat Petrus Fullo eine deutliche Spur in der Geschichte des Monophysitismus hinterlassen. Er fügte nämlich in das Trishagion („Dreimalheilig") der Messliturgie den Zusatz „der du für uns bist gekreuzigt worden" ein, so dass der Eindruck entstand, die ganze Dreieinigkeit sei gekreuzigt worden. Der Monophysitismus erhielt dadurch zu dem dogmatischen auch ein liturgisches Kennzeichen.

Den stärksten Schlag gegen das Chalcedonense führte der Usurpator Basiliscus, der 475 den Kaiser Zeno aus Constantinopel vertrieben hatte. 476 richtete er an den aus der Verbannung zurückgerufenen und wieder zum Patriarchen von Alexandria erhobenen Timotheus sein ›Encyclion‹, in dem er aus eigener Machtvollkommenheit die Beschlüsse des Konzils von Chalcedon aufhob und jeden zum Staatsfeind erklärte, der sich dagegen auflehne (Euagr. hist. eccl. 3,4). Während aus Rom ein Protestschreiben des Papstes Simplicius gegen die Rückberufung des Timotheus und dessen neue Untaten einging (Coll. Avell. 56), beeilten sich an die 500 Bischöfe aus Ägypten, Palästina und Syrien, die von Basiliscus geforderte Unterschrift unter sein Rundschreiben zu setzen (Euagr. hist. eccl. 3,5). Der Monophysitismus schien zu triumphieren. Aber in Constantinopel stieß Basiliscus auf den hartnäckigen Widerstand des Patriarchen Acacius, der im Zusammenwirken mit dem berühmten Säulenheiligen Daniel das Volk gegen den Usurpator aufbrachte (Vit. Dan. 73–84). Um sich an der Macht zu halten, entschloss sich Basiliscus schließlich, sein ›Encyclion‹ zu widerrufen. Doch es war zu spät. Das Volk stellte sich auf die Seite des Constantinopel belagernden Zeno (Euagr. hist. eccl. 3,7–9), der Ende August 476 wieder seinen Thron einnahm. Basiliscus fand sein Ende in Kappadokien, wo Zeno ihn in einer trockenen Zisterne verhungern ließ (Anon. Vales. 43).

Es könnte angesichts der Wirren und Abspaltungstendenzen, welche das Chalcedonense hervorrief, so scheinen, als habe Marcian, der Kaiser des Konzils, durch die Entscheidung einer theologischen Streitfrage leichtfertig die Einheit der Kirche und den Frieden des Reiches aufs Spiel gesetzt. In Wirklichkeit hatte die „Räubersynode" von Ephesus (449, oben S. 236) die theologische Unsicherheit über die Menschwerdung Christi so verstärkt, dass sie dringend der Klärung bedurfte. Dafür aber lag mit der ›Epistula dogmatica‹ des Papstes Leo ein Dokument vor, dessen ausgewogene Form als Entscheidungsgrundlage dienen konnte. Marcian durfte daher wahrheitsgemäß behaupten, sein Ziel sei es gewesen, weitere Entzweiung unter den Völkern zu verhindern. Im Übrigen war verantwortungsbewusstes Handeln auch auf anderen Gebieten ein Kennzeichen seiner Politik. So sorgte er in der Finanzpolitik dafür, dass der Schuldenerlass, mit dem er zu Beginn seiner Regierung auf die Steuerrückstände der Jahre 437 bis 447 verzichtete (Nov. Marcian. 2), die Staatskasse nicht sonderlich beeinträchtigte. Er kündigte nämlich den von Theodosius II. mit dem Hunnenkönig Attila geschlossenen Bündnisvertrag (oben S. 225), der das Ostreich zur Zahlung von jährlich 2100 Pfund Gold verpflichtete (Prisc. fragm. 15).

Diese und andere Einsparungen ermöglichten es Marcian, einen Staatsschatz in Höhe von 100000 Pfund Gold (32,75 t) anzusammeln (Lyd. de mag. 3,43), der seinem Nachfolger Leo sehr zustatten kam, als er sich 467 zu den großen Rüstungsmaßnahmen für den Krieg gegen die Vandalen entschloss: 65000 Pfund Gold und 700000 Pfund Silber kostete das Unternehmen (oben S. 253). Leo strapazierte dadurch natürlich die Staatsfinanzen, und auch sonst stach sein Finanzgebaren von dem Marcians ab. Er ging z.B. 473 wieder ein Foederatenverhältnis mit fast den gleichen hohen Jahrgeldern (2000 Pfund Gold) ein, wie sie Marcian gegenüber Attila als untragbar empfunden hatte (s.o.). Der neue Vertragspartner war der Ostgote Theoderich Strabo (Malch. fragm. 2), der schon seit den 60er Jahren im Dienste Ostroms als Söldnerführer stand.

Bei den Truppen, die Theoderich Strabo befehligte, handelte es sich um Teile der Ostgoten, die sich nach dem Ende der Hunnenherrschaft von dem Gros ihres Volkes, das 454 mit Genehmigung Kaiser Marcians in Pannonien einrückte (oben S. 259), abgespalten hatten und als Foederatenverbände ins oströmische Heer eingetreten waren. Strabo unterstand dem obersten Heermeister Aspar, der, selbst gotisch-alanischer Herkunft, seine Macht, abgesehen von den Goten seiner Buccellariertruppe, eben auf die gotischen Foederatenverbände Strabos, seines Schwagers, stützte. Die große Stunde Strabos kam nach dem Tode Aspars 471, als dessen Buccellarier gegen Leo rebellierten und sich in Thrakien mit den Truppen Strabos vereinigten. Diese erhoben nun Strabo zum „König der Goten" (Marcell. Comes, Chron. Min. II 92). Als solcher verlangte er vom Kaiser die Anerkennung dieser Stellung und das selbständige Kommando über seine Truppen. Leo entsprach diesen Forderungen. Er ernannte den Gotenkönig zum obersten Heermeister und versprach in einem wohl 473 zu Stande gekommenen Foederatenvertrag, jähr-

Neue Entwicklungen in Ost und West

lich die oben schon erwähnte ungeheure Summe Goldes zu zahlen. Nach dem Tode Leos wurde Theoderich Strabo 474 von dem neuen Kaiser Zeno als Heermeister abgesetzt (Joh. Ant. fragm. 210 [Fragm. Hist. Graec. IV 618]). Er unterstützte daher den Putsch des Basiliscus, versuchte aber, sich nach dessen Fehlschlag 476 mit Zeno zu arrangieren. Zeno jedoch ließ ihn 477 zum Staatsfeind erklären, da er sich einem anderen Theoderich verpflichtet fühlte, der ihm bei seiner Rückkehr auf den Thron geholfen hatte. Dieser andere Theoderich war der Sohn des Thiudimer, der seinem Vater 474 im Königtum gefolgt war.

Die Ostgoten Thiudimers waren auf ihrer Wanderung (oben S. 260) von Naissus/Nisch nach Makedonien weitergezogen, wo sie in den Territorien von sieben Städten (u. a. Pella und Pydna) ein Unterkommen fanden (Jord. Get. 6,287). Aber schon bald begab der neue König Theoderich sich mit dem Volk wieder auf die Wanderschaft. Sie führte nach Niedermösien (Bulgarien). Im Raum um Novae/Sistowa ließen sie sich nieder. Hier erhielt Theoderich 476 das Angebot Zenos, ihm bei der Wiedergewinnung der Herrschaft zu helfen (Anon. Vales. 42). Zeno nannte ihn „Freund" und machte ihn zum obersten Heermeister mit Patricius-Rang (vgl. Malch. fragm. 11), d. h., er gewann Theoderich als Gegengewicht gegen den Namensvetter mit dem Beinamen Strabo, der nicht gewillt war, seine Position aufzugeben. Die Feindschaft der beiden Theoderiche gegeneinander (bis 481) war damit vorprogrammiert. Wichtiger aber war die weltgeschichtliche Perspektive, dass im gleichen Jahr (476), in dem Odovacar im Westen das Kaisertum beseitigte, Theoderich der Große im Osten zu der Stellung aufstieg, die es ihm zwölf Jahre später (488) ermöglichte, vom Ostkaiser Zeno den Auftrag zu erwirken, gegen Odovacar nach Italien zu ziehen und dort die Herrschaft zu übernehmen.

9. 'GOTISCHES' KÖNIGTUM – 'BYZANTINISCHES' KAISERTUM

Die Zeit Theoderichs des Großen

(474–526)

Mit dem Heermeisteramt und der Patricius-Würde erlangte Theoderich 476 eine der höchsten Stellen in der Hierarchie des Oströmischen Reiches. König der Ostgoten war er seit 474. Den ersten Schlachtensieg aber hatte er bereits 471 errungen, als er in Pannonien den Sarmaten Singidunum/Belgrad entriss (Jord. Get. 55,282). Von diesem letzteren Datum an rechnete er offenbar seine Befehlsgewalt. Denn im Jahre 500 feierte er in Rom die 30-jährige Herrschaftsausübung, die Tricennalien (unten S. 279). Andererseits wurde er in Italien 493 nochmals zum König ausgerufen (unten S. 273), so dass auch seine Königsherrschaft in Italien (bis zu seinem Tode 526) rund 30 Jahre währte (Anon. Vales. 59).

Theoderich verdankte sein Avancement zum *magister militum* und *patricius*, dem sich noch die Erhebung zum Waffensohn Zenos anschloss (Jord. Get. 57,289), der Absicht des Kaisers, ihn gegen die Goten des 477 zum Staatsfeind erklärten anderen Theoderich, des „Schielers", einzusetzen. Dazu kam es aber erst 479, als auch Illus, der einflussreiche isaurische Landsmann und Berater Zenos, dies für richtig hielt (Theoderich Strabo hatte sich an einer gegen beide gerichteten Verschwörung beteiligt). Geplant war ein gemeinsames Unternehmen gegen Strabo in Thrakien, doch wurde nichts daraus. Als Theoderich aus Niedermösien (Marcianopolis) über den Haemus/Balkan in Richtung Hadrianopolis vorrückte, suchte er die kaiserlichen Truppen vergeblich. Dafür stieß er unvermutet auf den Gegner: Strabo (Malch. fragm. 15). Es entstand die groteske Situation, dass die beiden Theoderiche übereinkamen, nichts gegeneinander zu unternehmen, sondern getrennte Gesandtschaften nach Constantinopel zu schicken. Zeno bemühte sich, Theoderich weiter gegen Strabo bei der Stange zu halten (u. a. durch eine Siegesprämie von 1000 Pfund Gold) – vergebens. Da entschloss sich der Kaiser zu einer Kehrtwendung: Er akzeptierte die Forderung Strabos auf

'Gotisches' Königtum – 'Byzantinisches' Kaisertum 269

Zahlung der Unterhaltskosten für seine 13000 Soldaten durch die Staatskasse und gab ihm wieder den Posten des obersten Heermeisters, den er von Leo erhalten hatte (oben S. 266). Theoderich aber, den bisherigen Inhaber dieses Amtes, setzte er ab (Malch. fragm. 16 + 17).

Die Zurücksetzung durch Zeno veranlaßte Theoderich, sein Heer zur Plünderung ins südliche Thrakien und weiter nach Makedonien zu führen. Schließlich machte er sich über die Provinz Nova Epirus her, deren Hauptstadt Dyrrhachium/Durazzo (Albanien) in seine Hände fiel. Dort hielt er sich bis 482 auf (Malch. fragm. 18). In diesem Jahr zog er nach Thessalien, d.h., er machte Anstalten, Griechenland heimzusuchen. Um dies zu verhindern, versuchte Zeno ernsthaft, Theoderich wieder unter Vertrag zu nehmen. Die Verbindung zwischen Kaiser und Gotenkönig war zwar nie abgerissen, aber durch dauernde Kämpfe stark beeinträchtigt. Zeno besaß insofern Handlungsfreiheit, als er Strabo schon kurz nach der Ernennung zum Heermeister (479/480) seines Postens wieder enthoben hatte. 481 verunglückte Strabo dann tödlich. Der Vertrag, der 483 zwischen Zeno und Theoderich zu Stande kam, wies den Ostgoten Wohnsitze in den Provinzen Moesia II und Dacia ripensis zu, wobei die Vergrößerung des ursprünglich von den Goten okkupierten Areals um Novae (oben S. 267) wohl dem Zuwachs Rechnung trug, den Theoderichs Goten nach dem Tode Strabos durch dessen Scharen erfahren hatten. Theoderich erhielt wieder seine Bestallung als patrizischer Heermeister und wurde für 484 zum Konsul designiert (Marcell. Comes, Chron. Min. II 92).

Zum Konsulatsantritt am 1. Januar 484 begab Theoderich sich nach Constantinopel. Die Stadt war ihm wohl bekannt. Hatte er in ihr doch zehn Jahre lang als Geisel gelebt, vom achten bis zum achtzehnten Lebensjahr (Jord. Get. 52,271 bzw. 55,282). Seit er sie verlassen hatte (471), war mehr als ein Dutzend Jahre vergangen. Nun kehrte er, etwas über 30 Jahre alt, in die Kaiserstadt zurück, um die repräsentativen Pflichten wahrzunehmen, die ihm seine neue Würde, das Konsulat, abverlangte. Er nutzte die Gelegenheit allerdings auch zu einem spektakulären Racheakt an dem Sohn seines früheren Gegenspielers Strabo. Theoderich tötete ihn bei einer Begegnung in Constantinopel mit eigener Hand, angeblich, weil er Grund zur Blutrache hatte, aber wohl auch, weil er keine neue Gefahr für sein Verhältnis zu Zeno heraufziehen lassen wollte.

Im Laufe des Jahres 484 begab Theoderich sich als Reichsfeldherr in den Osten. Illus, seit 481 *magister militum Orientis* in Antiochia, brach mit Zeno und stiftete Verwirrung durch Erhebung eines Gegenkaisers (Leontius). Die Expedition gegen ihn führte zur Einschließung der Aufständischen in der isaurischen Festung Papyrion, Theoderich aber wurde vorzeitig nach Constantinopel zurückgerufen. Er durfte zwar einen triumphalen Einzug in die Stadt halten und sich durch eine Reiterstatue vor dem Kaiserpalast verewigen (Jord. Get. 57,289), doch muss ihm der Entzug des Kommandos missfallen haben. Denn schon 486 brach er von Mösien aus plündernd in Thrakien ein, 487 zog er gar gegen Constantinopel (Marcell. Comes, Chron. Min. II 93). Vielleicht hatte er sich von dem persönlichen Zusammentreffen mit Zeno eine Verbesserung der Lebensbedingungen seines Volkes versprochen. Die zugewiesenen Wohnsitze scheinen jedenfalls nicht den Vorstellungen entsprochen zu haben, die er mit der endgültigen Bleibe der Ostgoten verband. Wohin Theoderichs Blicke gerichtet waren, hatte er schon 480 zu erkennen gegeben, als er Zeno das Angebot machte, den in Dalmatien lebenden Westkaiser Nepos nach Italien zurückzuführen (Malch. fragm. 18).

Die Lage in Italien ließ auch Zeno daran denken, Theoderich dort ein Betätigungsfeld und den Ostgoten eine neue Heimat zu verschaffen. Seit dem Tod des Nepos (480) hatte Odovacar bei Zeno eine gewisse Anerkennung als Herrscher Italiens erlangt, war dann aber im Zusammenhang mit dem Illus-Aufstand (484) in den Verdacht der Konspiration geraten. Um Odovacar zu binden oder gar auszuschalten, ermunterte Zeno die Rugier in Niederösterreich (oben S. 259) zu einem Angriff auf Italien (Joh. Ant. fragm. 214,7 [Fragm. Hist. Graec. IV 621]). Odovacar aber schlug sie 487, noch bevor sie die Donau überschritten hatten. Das rugische Königspaar geriet in Gefangenschaft und fand in Italien den Tod. Der Königssohn Friderich versuchte 488 eine Erneuerung des Kampfes, scheiterte aber und floh mit den Resten der Rugier – zu Theoderich nach Novae.

Die Ankunft der Rugier in Novae war der Auslöser für das Abkommen zwischen Zeno und Theoderich, demzufolge Theoderich nach Italien ziehen sollte, um Odovacar die Herrschaft, die er seit 476 ausübte, zu entreißen und an Stelle des Kaisers zu regieren, bis dieser selbst nach Italien komme (Anon. Vales. 49). Im Herbst 488 brach Theoderich zu seinem Zug nach Westen auf. Ihm folgten alle diejenigen Goten, die ausdrücklich ihre Zustimmung erklärten (Jord. Get. 57,292). Andere Barbaren, vor allem Rugier, schlossen sich dem Treck an; sogar Römer nahmen daran teil. Schätzungen zufolge waren es 100 000 Menschen, die sich in Bewegung setzten,

'Gotisches' Königtum – 'Byzantinisches' Kaisertum   271

davon 15 000 bis 20 000 Krieger. Der Weg führte an der Donau entlang bis Singidunum/Belgrad, dann die Save aufwärts nach Sirmium/Mitrovica. Den Weitermarsch zur Drau nach Mursa/Osijek sperrten die hier ansässigen Gepiden. Es kam zu schweren Kämpfen, in denen Theoderich Sieger blieb (Ennod. paneg. 28–34). Im Frühjahr 489 zog Theoderich über Poetovio/Pettau und Emona/Laibach in Richtung Aquileia. Am Isonzo (*ad fluvium Sontium*) stieß er auf Odovacar, der dort eine verschanzte Stellung bezogen hatte. Theoderich griff ihn am 28. August 489 (Cassiod. chron., Chron. Min. II 159) an und zwang ihn zum Rückzug nach Verona. Einen Monat später, am 27. September 489, kam es bei Verona zur Schlacht, die nach anfänglichen Vorteilen für Odovacar am Ende doch siegreich für Theoderich ausging, der sie als Entscheidung wertete. Nach ihr erhielt er in der Sage den Namen Dietrich von Bern (Verona = Berona), der ihn auf dem Weg zur großen geschichtlichen Persönlichkeit („der Große") begleitete.

Mit der Schlacht von Verona gewann Theoderich Oberitalien. Er nahm Mailand in Besitz, wo ihn der einflussreiche Bischof von Ticinum/Pavia, Epiphanius, aufsuchte, um dem neuen Herrn Italiens seine Aufwartung zu machen. Der Abfall von Odovacar, der in Ravenna Zuflucht gesucht hatte, betraf nicht nur die Städte, sondern auch die Truppen. Der prominenteste Übertritt war der des Heermeisters Tufa. Theoderich glaubte, ihm vertrauen zu können und schickte ihn mit seinen durch Goten verstärkten Truppen gegen Odovacar nach Ravenna. Kurz vor Erreichen des Ziels, bei Faventia/Faenza, wechselte Tufa aber erneut die Seite, nahm die Goten gefangen und lieferte sie dem von Ravenna herbeigeeilten Odovacar aus (Anon. Vales. 51–52), der nun wieder operativ gegen Theoderich vorgehen konnte. Cremona und Mailand fielen in seine Hände; Pavia, wohin Theoderich sich zurückzog, wurde von ihm belagert. Im rechten Augenblick erhielt Theoderich Hilfe durch ein westgotisches Heer, das aus der Provence herangerückt war. Odovacar musste die Belagerung von Pavia aufgeben; er ging auf die Adda (Etsch) zurück. Theoderich folgte ihm. Am 11. August 490 kam es zum dritten Mal zur Schlacht zwischen den beiden Kontrahenten. Wieder siegte Theoderich; Odovacar begab sich endgültig in den Schutz Ravennas (Anon. Vales. 53).

Ravenna wurde im Osten vom Meer, im Norden und Westen von Sümpfen geschützt. Die Stadt war also zu Lande einzig von Süden her zugänglich (Jord. Get. 29,148). Hier, an der Via Popilia, schlug Theoderich in der Nähe eines Pinienwaldes, 2 km südlich der Basilica S. Apollinare in Classe (an der Lokalität „Ca' Bianca", wo 1965 eine Basilica aus der Zeit Theoderichs entdeckt worden ist) sein Hauptlager auf. Es war stark genug, am 15. Juli 491 einen großen Ausfallversuch Odovacars abzuschlagen (Anon. Vales. 54), reichte aber nicht aus, die Kapitulation herbeizuführen, solange Odovacar von der See her Verpflegung erhielt. Immerhin konnte Theoderich das Lager seinen Untergebenen anvertrauen und sich persönlich nach Pavia begeben, wo die Rugier Friderichs (oben S. 270), die er dort zurückgelassen hatte, die Bevölkerung drangsalierten. Das Herannahen Theoderichs führte zu einem kurzen Zusammengehen Friderichs mit Tufa, dem Feldherrn Odovacars. 492 kam es zum Kampf zwischen beiden, der Tufa den Tod brachte (Cons. Ital., Chron. Min. I 321). Auch Friderich verlor bald darauf sein Leben.

Theoderich eroberte nun Ariminum/Rimini und gelangte dadurch in den Besitz von Schiffen, die er zur Blockade Ravennas verwenden konnte. Diese begann am 29. August 492 (Cons. Ital., Chron. Min. I 318) und führte zu einer schlimmen Hungersnot unter den Eingeschlossenen (Jord. Get. 57,294). Aber Odovacar hielt noch bis in den Februar des Jahres 493 aus, ehe er den Bischof von Ravenna, Johannes, mit Kapitulationsverhandlungen beauftragte. Die Rabenschlacht, wie der dreijährige Kampf um Ravenna in der Sage genannt wurde, war zu Ende.

Bischof Johannes von Ravenna brachte zwischen Odovacar und Theoderich eine Vereinbarung zu Stande, die eine gemeinsame Herrschaft der beiden über Italien vorsah. Daraufhin zog Theoderich am 5. März 493 feierlich in die Stadt ein. Die vereinbarte Doppelherrschaft währte jedoch nur wenige Tage. Dann ermordete Theoderich seinen Gegenspieler im Kaiserpalast *ad Laureta*. An der Vorsätzlichkeit der Tat gab es keinen Zweifel, denn Theoderich hatte Befehl gegeben, auch alle Gefolgsleute Odovacars zu töten (Anon. Vales. 56). Sein Ausspruch nach vollbrachtem Schwerthieb: „Nicht einmal Knochen scheint der Kerl zu haben" ließ einen Hang zur Brutalität hervortreten. Offiziell wurde Blutrache als Motiv für Theoderichs Handlungsweise angegeben (Joh. Ant. fragm. 214a [Fragm. Hist. Graec. V/1 29]). Nach einer anderen Version soll Theoderich einem Mordanschlag Odovacars zuvorgekommen sein (Anon. Vales. 55).

Theoderich hatte nun den von Zeno erhaltenen Auftrag, Odovacar zu besiegen, in extremer Form erfüllt. Schon nach seinem Sieg in der Schlacht an der Adda 490 hatte er eine Gesandtschaft mit Festus, dem „Haupt" des Senats, an der Spitze nach Constantinopel geschickt, um die endgültige Bestätigung seiner Herrschaft zu erreichen. Da Zeno sich dazu (noch) nicht entschließen konnte, ordnete Theoderich 491 eine weitere Gesandtschaft an ihn ab, die von dem hochadligen Senator Faustus Niger geleitet wurde. Sie konnte insofern nichts ausrichten, als Zeno inzwischen gestorben war und der neue Kaiser Anastasius sich in dieser Sache nicht exponieren wollte. Da griffen die 'Goten', d. h. die Anhänger Theoderichs in Italien, zur Selbsthilfe: Sie erhoben 493 den Sieger über Odovacar zum König, womit sie ihrerseits Theoderich in der ihm von Zeno versprochenen Herrschaft über Italien „bestätigten" (Anon. Vales. 53 + 57). Theoderich gelangte durch diesen Akt in eine Stellung, die ihn, wenn auch nur usurpatorisch, zum „Herrscher über Goten und Römer" machte (Jord. Get. 57,295). Der Königstitel von 493 war also von ganz anderer Qualität als der, den Theoderich 474 von seinem Vater übernommen hatte (oben S. 268); er beinhaltete die territoriale Herrschaft über Italien.

Die Regierung, die Theoderich mit der Königserhebung 493 antrat, war eine „Vorwegnahme der Herrschaft" (Anon. Vales. 64), die Zeno ihm zugedacht, aber eben nicht bestätigt hatte. Theoderich wusste sehr wohl um den „vorläufigen" Charakter seines Herrschaftsauftrags (vgl. Anon. Vales. 49: *ut praeregnaret*), wie die beiden Gesandtschaften nach Constantinopel beweisen. Ebenso klar war ihm, dass eine „Notwendigkeit" bestehe, „die Herrschaft auszuüben" (Ennod. vit. Epiph. 131: *regnandi necessitas*). So ging er denn mit Elan an die Aufgaben heran, die seiner harrten, verlor dabei aber nicht aus dem Blick, seinem Regiment doch noch die Bestätigung durch den Kaiser in Constantinopel zu erwirken. Wie er sich diese vorstellte, war schon seit der Gesandtschaft von 490 ersichtlich: Er hoffte, dass der Kaiser ihn als König der Goten, der er seit 474 war, mit Insignien versehen werde, die ihn insbesondere den Römern gegenüber als Stellvertreter des Kaisers auswiesen. In erster Linie dachte er dabei an das Purpurgewand (Anon. Vales. 53: *vestis regia*, wobei *regia* „kaiserlich" bedeutet). 497 unternahm er einen neuen Versuch, und diesmal erreichte der wie 490 als Gesandter fungierende Festus, dass Anastasius die 476 von Odovacar erhaltenen „kaiserlichen Insignien" (*ornamenta Palatii*) des Romulus Augustulus (oben S. 242) in den Westen „zurückschickte" (Anon. Vales. 64). Theoderich nahm sie als Unterpfand seiner kaisergleichen Stellung entgegen. Sein Geschlecht, das der Amaler, wurde nun zur *gens purpurata* (Cassiod. var. 4,39,2). Auch der durch die Waffensohnschaft zu Zeno (oben S. 268) erlangte Name Flavius, den einst Constantin der Große in der Kaisertitulatur zur Geltung gebracht hatte (oben S. 3), konnte nun seinen Glanz entfalten. Theoderich stellte ihn an die Spitze seiner Titulatur: Flavius Theodericus rex (vgl. die beiden Briefe aus dem Jahre 501: Mon. Germ. Hist., Auct. Ant. XII S. 420 + 424).

Die Etablierung seiner Herrschaft in Italien leitete Theoderich 493 mit einem Erlass ein, der diejenigen Römer, die bis zuletzt auf Seiten Odovacars gestanden hatten, mit dem Verlust der Testierfähigkeit und anderen vermögensrechtlichen Beschränkungen bestrafte. Die Betroffenen wandten sich an ihre Bischöfe, von denen zwei, Laurentius (Mailand) und Epiphanius (Pavia), es unternahmen, Theoderich umzustimmen. Es gelang ihnen, wenn auch mit Mühe, den Gotenkönig zu einer Amnestie zu bewegen, wie sie die Kaiser bei entsprechenden Anlässen (vgl. oben S. 126) zu gewähren pflegten (Ennod. vit. Epiph. 122–135). Diese Amnestie bereitete den Boden für ein vertrauensvolles Verhältnis zwischen Theoderich und seinen neuen Untertanen. Es hätte freilich durch die unvermeidliche Ansiedlung der Goten in bestimmten Teilen Italiens schnell wieder gestört werden können. Dass es nicht dazu kam, war der Art des dabei angewandten Verfahrens und dem mit ihm betrauten *praefectus praetorio* Liberius zu verdanken. Liberius hatte Odovacar die Treue gehalten und besaß großen Rückhalt bei seinen senatorischen Standesgenossen. Es war ein Glücksgriff Theoderichs, diesen Mann zu seinem Prätorianerpräfekten zu machen. Was das Verfahren anging, so hatte die Ansiedlung der Heruler Odovacars die Quote vorgegeben, nach der die 'Landteilung' vorgenommen wurde: ein Drittel (*tertia*) für die Barbaren (Procop. bell. Goth. 1,1,8). Dass damit, wie schon im Falle der Niederlassung der Westgoten in Aquitanien (oben S. 204f.), die auf dem Land lastende Steuer gemeint war, hat die moderne Forschung gegenüber der älteren, die von einer Realteilung ausging, wahrscheinlich gemacht: Die Goten erhielten außer dem Wohnraum, der ihnen von den *civitates*, denen sie zugewiesen wurden, zur Verfügung gestellt werden musste, ein Drittel des Steueraufkommens aller *civitates*. Da die aktiven Soldaten auch Sold und Donative vom König bekamen, waren die finanziellen Verhältnisse der Goten so gut, dass sie Grundbesitz erwerben und sich dadurch den Römern gleichstellen konnten. Der Kauf musste durch einen Beamten (*delegator*) beurkundet werden, der dem Käufer eine „Quittung" (*pittacium*) ausstellte (Cassiod. var. 1,18,2). Mit dem Bodenerwerb wurden die Goten steuerpflichtig – wie die Römer. Man konnte also durchaus sagen, dass die 'Landteilung' Römer und Goten habe zusammenwachsen lassen (Cassiod. var. 2,16,4–5).

Was den Umfang der Gotenansiedlung betraf, so handelte es sich um ein weitaus größeres Unternehmen als die Versorgung der Heruler durch Odovacar 476 es gewesen war (vgl. oben S. 250f.). Die Verteilung der Goten auf die einzelnen Landstriche Italiens erfolgte hauptsächlich nach strategischen Gesichtspunkten, aber auch nach dem Vorhandensein der für die „Einquartierung" erforderlichen Gegebenheiten. Am stärksten trat die Präsenz der Goten in Oberitalien (Ravenna, Verona, Mailand, Turin), wo eine schnelle Mobilisierbarkeit vonnöten war, hervor. In Mittelitalien wurden vor allem die Aemilia, Picenum und Samnium zu Niederlassungen der Goten. Unteritalien blieb ziemlich frei von ihnen (Karten: V. Bierbrauer, Die ostgotischen Grab- und Schatzfunde in Italien, 1975, S. 29 + 40/41). Außerhalb Italiens fanden die Goten in den Provinzen Dalmatia und Savia neue Wohnsitze.

Mit der Ernennung des Liberius zum *praefectus praetorio* übernahm Theoderich die Struktur der römischen Verwaltung Italiens. Das hatte zwar auch Odovacar getan, doch besaß die Handlungsweise Theoderichs insofern eine andere Qualität, als sie auf einer Rechtsstellung beruhte, die allgemein als kaisergleich bezeichnet werden konnte, während Odovacar nur bestimmte kaiserliche Rechte usurpiert hatte. Kaisergleich war Theoderich nicht nur hinsichtlich seiner Rechtsstellung, sondern auch hinsichtlich seiner Herrschaftslegitimation. Sie bestand in der Überzeugung, „mit Gottes Hilfe" zu regieren (Cassiod. var. 6,1,7: *iuvante deo*). Als Herrscher von Gottes Gnaden aber unterstand alles seinem Willen, auch wenn Theoderich einschränkend erklärte, dass er diesen am Urteil bzw. Nutzen aller messe (Cassiod. var. 1,12,1). Einen Richter hatte er nicht über sich, da er selbst sein eigener Richter war (Cassiod. var. 6,4,2). Von diesen Voraussetzungen her bildete die Ernennung des Liberius zum *praefectus praetorio* durch Theoderich die Anknüpfung an die 'legitimen' Verhältnisse der Kaiserherrschaft in Italien. Das *palatium* in Ravenna übernahm wieder in vollem Umfang die Funktion des administrativen Zentrums.

Der wichtigste Beamte am Hof war der *magister officiorum*, der Chef aller *officia* (Kanzleien). Seinen Stab bildeten die *comitiaci*, aus deren Kreis die *principes* der einzelnen *officia* hervorgingen. Die *comitiaci* fungierten als Überbringer königlicher Weisungen an römische Staatsbeamte. Gingen solche Anordnungen an gotische Militärpersonen, so wurden die Boten aus dem Gefolge des Königs selbst genommen; sie hießen *saiones. Comitiaci* und *saiones* garantierten eine lückenlose Kontrolle der Zivil- und Heeresadministration. Im Rang (*vir illustris*) mit dem *magister officiorum* gleich stehend, aber auf Grund des Nahverhältnisses zum König in der Hierarchie des Palatiums noch höher angesiedelt als jener, bildete der *quaestor palatii* gleichsam das Sprachrohr des Königs. Er formulierte die königlichen Anordnungen und stimmte sie mit früheren Kaisergesetzen ab; er führte auch das Beamtenverzeichnis (*notitia dignitatum*) und fertigte die Bestallungsurkunden aus (Cassiod. var. 6,5,1 + 4 + 5). – Die bekanntesten Inhaber der beiden hier vorgestellten Hofämter waren Cassiodorus, Spross einer senatorischen Familie aus Bruttium (Scylacenum bei Messina), und Boethius, der Philosoph, gleichfalls senatorischer Abkunft. Cassiodor hatte das Amt des *quaestor palatii* von 507 bis 511, das des *magister officiorum* von 523 bis 527 inne, Letzteres als Nachfolger des Boethius (522/523). Früchte der Tätigkeit Cassiodors waren die ›Variae‹ (amtliche Schreiben und Formulare). Boethius wurde sein Amt zum Verhängnis; er fand 524 den Tod durch Hinrichtung (unten S. 294f.). Im Gefängnis schrieb er seine ›Consolatio philosophiae‹, eine Trostschrift, die ihm das Lebensende erleichtern sollte – und die Weltliteratur um ein wichtiges Stück bereichert hat.

Ein besonderes Gremium der Staatsverwaltung bildeten die Inhaber der drei hohen Finanzämter, die *comites sacrarum largitionum, rerum privatarum, patrimonii*. Von ihnen war der *comes sacrarum largitionum* der eigentliche Finanzminister; das *sacer* des Titels erinnerte an seinen „kaiserlichen" Vorgänger. Wie dieser war der Finanzminister Theoderichs u. a. für die Münzprägung verantwortlich. Er müsse, so hieß es in seiner Bestallungsurkunde, das Abbild des Königs auf Münzen setzen, „damit künftige Jahrhunderte von unseren Zeiten erfahren" (Cassiod. var. 6,7,3). Dieser Anordnung ist es zu verdanken, dass das 1894 bei Sena Gallica/Senigallia an der Adria gefundene, heute im Münzkabinett des Thermen-Museums in Rom aufbewahrte Goldmultiplum (3 Solidi) Theoderichs (vgl. unten S. 280) der Nachwelt das Aussehen des Gotenkönigs erhalten hat. Im Abschnitt der Rückseite wurde mit COMOB (= *comes obryci*) die Verantwortlichkeit des *comes sacrarum largitionum* hervorgehoben, dessen Untergebener der für die Feinheit des Goldes zuständige *comes obryci* (*auri*) war. Im Allgemeinen wurden unter Theoderichs Herrschaft (wie schon unter der Odovacars) Münzen mit den Bildern des jeweils regierenden oströmischen Kaisers geprägt. Theoderich ließ jedoch (wie ebenfalls schon Odovacar) auf der

Rückseite häufig sein Monogramm anbringen (F. F. Kraus, Die Münzen Odovacars und des Ostgotenreiches in Italien, 1928, S. 82–99, mit Abb. auch des Goldmultiplums).

Wie der *comes sacrarum largitionum* waren auch der *comes rerum privatarum* und der *comes patrimonii* dem Range nach *viri illustres*. Von diesen beiden verwaltete der Erstere die ehemals kaiserlichen, jetzt königlichen Liegenschaften, der Letztere den Teil des königlichen Vermögens, den Theoderich im erbrechtlichen Sinne als ihm gehörig betrachtete. Den Kern des Patrimoniums bildete der Amalerschatz, den Theoderich anhäufte und der am Ende seines Lebens neben anderen Kostbarkeiten 400 „Zentner" = 40 000 Pfund Gold (13 t) enthielt (Procop. bell. Goth. 1,2,26). Es entsprach der Bedeutung, die dem *comes patrimonii* zukam, dass auch Goten in dieses Amt gelangten, also in die römische Ämterhierarchie eindrangen. Im Übrigen war an der Wartung des Amalerschatzes auch der (gotische) *praepositus cubiculi*, der oberste Kämmerer, in bestimmter Weise beteiligt.

Es erscheint angebracht, den Blick nochmals auf die Prätorianerpräfektur zu lenken, um ihre Einbindung in das ostgotische System der Staatsverwaltung genauer zu bestimmen, aber auch, um mit dem territorialen Umfang ihres Wirkungskreises denjenigen des ostgotischen Staates überhaupt zu umreißen. Die Stellung des *praefectus praetorio* war der des Königs in etwa angenähert. „Denn gewisse Rechte sind diesem Amt sogar mit uns gemeinsam", lässt Cassiodor im Ernennungsschreiben Theoderich sagen. Es sei fast so, dass er Gesetze erlassen könne, da er ja Rechtsfälle ohne Berufungsmöglichkeit entscheiden dürfe (Cassiod. var. 6,3,3). Dementsprechend ragte der *praefectus praetorio* auch dem Range nach über die *illustres* hinaus; *magnificus* wurde er tituliert (Cassiod. var. 2,24,2 u. ö.). Seine Kompetenz erstreckte sich auf die Zivilverwaltung des gesamten Ostgotenreiches; *pater imperii* nannte ihn daher das Ernennungsformular. 19 Provinzen umfasste die italische Präfektur. Italien selbst einschließlich der Alpes Cottiae gliederte sich in zwölf solcher Gebilde. Sie waren aus den ursprünglich acht von Diocletian geschaffenen annonarischen (nördlichen) und suburbicarischen (südlichen) Provinzen durch Teilung hervorgegangen. Dazu kamen die im weiteren Sinne zu Italien gehörigen beiden rätischen Provinzen im Norden und Sizilien im Süden, so dass sich die Zahl der 'italischen' Provinzen auf insgesamt 15 erhöhte. Außerhalb Italiens unterstanden dem *praefectus praetorio Italiae* Noricum Mediterraneum (Noricum Ripense war 488 von Odovacar aufgegeben worden), Savia, Dalmatia und seit 504 Pannonia Sirmiensis (unten S. 283). Vorausgreifend sei hier noch bemerkt, dass 511 auch die gallische Prätorianerpräfektur wieder ins Leben trat (unten S. 284). Sie umfasste allerdings nur den Küstenstreifen zwischen Rhône und Seealpen (mit Teilen der Provinzen Viennensis, Narbonensis II und Alpes Maritimae), den Odovacar 477 den Westgoten überlassen hatte (oben S. 258).

Die Provinzen unterstanden je nach ihrer Bedeutung *consulares*, *correctores* oder *praesides*. Diese wurden vom Prätorianerpräfekten dem König zur Ernennung vorgeschlagen. Als Instanz zwischen ihnen und dem Präfekten fungierte für die suburbicarischen Provinzen ein *vicarius* mit Sitz in Rom. Die Statthalter der annonarischen Provinzen hatten dagegen den Präfekten in Ravenna direkt über sich. Ausgenommen vom Provinzialregiment war unter Theoderich (wie unter den Kaisern) die Stadt Rom. Sie hatte im *praefectus urbi* einen dem *praefectus praetorio* entsprechenden höchsten Amtsträger, der als *vir illustris* jenem im Rang nur wenig nachstand. Ernannt wurde er vom König. Der *praefectus urbi* übte die Kontrolle über Rom und die Umgebung bis zum 100. Meilenstein aus. Seiner Rechtsprechung unterstanden auch die Senatoren. Denn er fungierte als Vorsitzender des *iudicium quinquevirale*, eines aus fünf Senatoren bestehenden Standesgerichts. Als Senatspräsident hatte der Stadtpräfekt die Möglichkeit, auf die Senatsbeschlüsse in seinem bzw. des Königs Interesse einzuwirken.

War Theoderich mit der Besetzung der Stadtpräfektur die entscheidende Handhabe für die Kontrolle des Senats anheim gegeben, so konnte er auch auf die personelle Struktur des Gremiums einwirken. Denn in den Senat gelangten alle diejenigen, die der König in Ämter beförderte, welche ihren Inhabern den Rang eines *vir illustris* verschafften. Außer Patriziern und gewesenen Konsuln hatten nämlich nur *illustres* Stimmrecht im Senat. Theoderich bat zwar regelmäßig die Senatoren um Zustimmung zu den von ihm vorgenommenen Erweiterungen ihres Kreises, ließ aber keinen Zweifel daran, dass die eigentliche Entscheidung bei ihm lag (Cassiod. var. 2,3,7: *nostro iudicio*). Diese Einstellung fand übrigens die volle Billigung des Kaisers Anastasius, der in einem Brief an den Senat ausdrücklich Theoderichs diesbezügliche Kompetenz betonte: der König habe die Macht und den Auftrag, über die Senatoren zu herrschen (Hormisd. ep. 12). Theoderich war also auch dem Senat gegenüber der absolute Herrscher.

Im Jahre 498 wurde der Senat durch die Papstwahl, aus der Symmachus und Laurentius am gleichen Tag (22. November), aber an verschiedenen Orten (Lateran bzw. S. Maria Maggiore) als neue Päpste hervorgingen, gespalten. Denn es ging bei dieser Papstwahl nicht nur um stadtrömische Belange, die Klerus und Senat bei der inzwischen eingetretenen Interessenverquickung gleichermaßen tangierten, sondern auch um die staats- wie kirchenpolitisch brisante Frage, ob das durch den Monophysitismus belastete Verhältnis zum Osten (unten S. 263–265) normalisiert werden könne oder sich weiter verhärte. Der Name des Laurentius stand für die Annäherung an den Osten, der des Symmachus für das strikte Festhalten am Konzil von Chalcedon. Von den Senatoren schien die Mehrzahl dem Laurentius zuzuneigen. Da eine Einigung zwischen den Anhängern der beiden Päpste nicht zu erwarten war und es in Rom zu Unruhen kam, übernahm Theoderich es, nach dem Vorbild, das einst (366) Kaiser Valentinian I. im Streit der Päpste Damasus und Ursinus gegeben hatte (oben S. 125), die Entscheidung auf Grund äußerer Kriterien zu fällen. Er lud Symmachus und Laurentius vor sein Tribunal nach Ravenna und bestätigte den Ersteren als Papst, weil er mehr Stimmen auf sich vereinigt habe und früher geweiht worden sei (Lib. Pont. I, S. 260 Duch.). Symmachus hielt nach seiner Bestätigung durch Theoderich in Rom ein Konzil ab (1. März 499), auf dem für die Zukunft festgelegt wurde, dass bei Doppelwahlen „die Meinung der Mehrheit" (*sententia plurimorum*) gelten sollte. Dem Gotenkönig dankte das Konzil in feierlicher Form (Mon. Germ. Hist., Auct. Ant. XII 403–405). Theoderich selbst betrachtete seine Friedensstiftung in der römischen Kirche als günstige Voraussetzung für seinen geplanten Rombesuch (Anon. Vales. 65).

Wie schon bemerkt (oben S. 268), war der eigentliche Grund für Theoderichs Reise nach Rom die Feier der 30. Wiederkehr seiner Erhebung zum König der Goten. In Rom aber kannte man solche Regierungsjubiläen nur als Kaiserfeste. Überhaupt waren bisher nur Kaiser durch einen feierlichen Einzug in die Stadt (*adventus*) und die dazu gehörigen Rituale geehrt worden. Indem Theoderich sich in diese Tradition stellte, bekannte er sich sozusagen an geheiligtem Ort zur gotisch-römischen Synthese – als *rex* (*Gothorum*) und *princeps Romanus* (Cassiod. var. 3,16,3). Darüber hinaus setzte er ein weiteres Zeichen: Durch seinen Besuch in der Peterskirche überbrückte der Arianer den Gegensatz zu den Katholiken. „Als wenn er ein Katholik wäre, nahte er sich ehrfurchtsvoll dem heiligen Petrus", hielt der Chronist fest (Anon. Vales. 65).

Im Senat wurde Theoderich mit den einem Princeps zukommenden Beifallsbekundungen empfangen; er revanchierte sich mit einer Rede programmatischen Charakters. Diese richtete er zugleich an das Volk von Rom, das sich an einem in unmittelbarer Nähe des Senatsgebäudes gelegenen Platz, der „ad Palmam" hieß, versammelt hatte. Theoderich versicherte den Senatoren, dass die Staatsverwaltung in römischen Händen bleiben werde, und er versprach, sich an die Gesetze früherer Principes zu halten. Sodann kündigte er an, dass er jährlich 120000 *modii* Getreide für den ärmeren Bevölkerungsteil und 200 Pfund Gold für die Reparatur der öffentlichen Bauten bereitstellen werde. Die Rede hinterließ einen gewaltigen Eindruck und führte dazu, dass Theoderich – mit Erfolg – gebeten wurde, sie in Erz meißeln und öffentlich ausstellen zu lassen (Anon. Vales. 60 + 66–67 + 69).

Mit seinem Besuch und den diesem nachfolgenden Maßnahmen versetzte Theoderich Rom in einen Glückszustand (vgl. die Ziegelstein-Inschriften mit ROMA FELIX: Corp. Inscr. Lat. XV 1668–1670). Sein Lobredner, der Bischof Ennodius von Pavia, sprach von der Verjüngung, die Rom durch Theoderich erfahren habe (Ennod. paneg. 56). Cassiodor bezog diese ganz konkret auf die Renovierung der Bauten früherer Kaiser (var. 1,25,3). Von den diesbezüglichen Arbeiten fiel die Ausbesserung der Stadtmauer am meisten in die Augen. Der Senat dankte Theoderich gerade für diese, dem Prestige der Stadt besonders zugute kommende Initiative mit der Aufstellung einer goldenen Reiterstatue (Isid. hist. Goth. 39). Im Übrigen profitierten alle Großbauten Roms von den Erneuerungsbestrebungen Theoderichs: Pompeiustheater, Colosseum, Circus Maximus ebenso wie die Aquädukte und Kloaken. Natürlich wurde auch der Kaiserpalast auf dem Palatin wieder in Stand gesetzt – als Wahrzeichen des von Theoderich vertretenen kaiserlichen Herrschaftsanspruchs. Von diesem kündete auch das schon erwähnte Goldmultiplum (oben S. 276), das sehr wahrscheinlich aus Anlass des Rombesuchs geprägt und vom König an ein Mitglied seines gotischen Gefolges verschenkt wurde. Auf der Vorderseite erschien Theoderich in kaiserlicher Tracht (*paludamentum*) und kaiserlicher Geste (*pacator orbis*). Die Umschrift REX THEODERICVS PIVS PRINC(eps) I(nvictus) S(emper) bezeichnete seine hybride Herrscherstellung als König der Goten und Princeps der Römer. Die Rückseite brachte mit der Victoria auf der Weltkugel und der Bezeichnung Theoderichs als VICTOR GENTIVM weitere Teile der vom Gotenkönig übernommenen Kaiserideologie zur Darstellung.

In die Jahre um 500 fiel die Veröffentlichung des ›Edictum Theoderici‹, eines für Römer und Goten bestimmten Gesetzbuches, welches hauptsächlich auf dem Codex Theodosianus und den diesem vorangegangenen Kodifikationen (Codex Gregorianus, Codex Hermogenianus) beruhte, die jeweilige Materie aber, wenn nötig, den veränderten Verhältnissen anpasste. Theoderich wollte mit dieser Rechtsaufzeichnung die Rechtsunsicherheit beseitigen, die in der Umbruchszeit nach dem Ende des weströmischen Kaisertums entstanden war und sich durch das Nebeneinander von Goten und Römern verstärkt hatte. Aus diesem Nebeneinander ein „bürgerliches Miteinander" (*civilitas*) auf der Grundlage der Gerechtigkeit (*iustitia*) zu machen und überhaupt „zwischen Gleichen und Ungleichen unparteiische Gerechtigkeit zu üben" (Cassiod. var. 5,29,3), war sein vornehmstes Ziel. Nur so konnte er zwei Völker „wie eines" (*in uno*) regieren und Italien eine 30-jährige „Glückszeit" (*felicitas*) bescheren (Anon. Vales. 59–60).

Theoderichs Entschluss, ein einziges Gesetzbuch für zwei Völker, Ostgoten und Römer, zu schaffen, unterschied sich von den gleichzeitigen Bestrebungen des Westgoten- und Burgunderkönigs, separate Gesetzbücher für die römischen Bewohner ihrer Reiche zusammenstellen zu lassen. Von den beiden Kodifikationen war die ›Lex Romana Visigothorum‹ des Königs Alarich II. (506), auch ›Breviarium Alarici‹ genannt, die bedeutendere. Sie enthielt nicht nur Kaiserkonstitutionen aus dem Codex Theodosianus und den Novellen, sondern auch eine Epitome der Institutionen des Gaius und Fragmente aus den Sentenzen des Paulus. Außerdem war vielen Texten eine erklärende oder paraphrasierende Interpretation beigefügt. Die Lex Romana Visigothorum galt in Südgallien auch nach der Eroberung durch die Franken – ebenso wie die ›Lex Romana Burgundionum‹ des Königs Gundobad (Anfang 6. Jahrhundert). Letztere bot das gleiche Quellenmaterial wie die Lex Romana Visigothorum, aber in bearbeiteter Form. Vor dem Hintergrund der eher abgrenzenden Kodifikationen der Westgoten und Burgunder musste der integrierende Charakter des Edictum Theoderici umso stärker hervortreten, auch als Zeichen der Sonderstellung des Ostgotenreichs unter den Germanenreichen auf römischem Boden.

Als von Zeno mit der Herrschaft über Italien beauftragter, von Anastasius mit den kaiserlichen Herrschaftsinsignien ausgestatteter Gotenkönig (oben S. 273), der über das Kernland des Römischen Reiches und die „Hauptstadt der Welt" gebot, war Theoderich überzeugt, dass er die anderen Germanenkönige im Rang übertreffe (Cassiod. var. 1,1,3). Eben deshalb fühlte er sich aber auch verpflichtet, sie in ein System einzubinden, welches die ehemalige Zugehörigkeit ihrer Staatengebilde zum Weströmischen Reich in Erinnerung riefe, dieses also gewissermaßen erneuere. So versuchte er, eine auf „Eintracht" (*concordia*) beruhende Gemeinschaft der Germanenreiche auf römischem Boden zu Stande zu bringen. Als Mittel dazu diente ihm eine ausgedehnte Heirats- und Bündnispolitik, durch welche die Königshäuser der Franken, Westgoten, Burgunder und Vandalen mit dem der Ostgoten verbunden wurden (Cassiod. var. 5,43,1). Theoderich selbst heiratete 493 (oder 494) Audofleda, die Schwester des Frankenkönigs Chlodwig, des Hauptakteurs im gallischen Raum, der 486 den letzten halbwegs römischen Besitz in Gallien, das Herrschaftsgebiet des Syagrius zwischen Loire und Somme (oben S. 256), durch die Schlacht von Soissons an sich gebracht hatte. Seine beiden Töchter aus erster Ehe verheiratete Theoderich 494 mit dem Westgotenkönig Alarich II. bzw. dem burgundischen Thronfolger Sigismund (Anon. Vales. 63). Alarich hatte Theoderich im Kampf gegen Odovacar unterstützt (oben S. 271). Die Familienverbindung führte die Brudervölker noch enger zusammen. Anders hatten sich die Burgunder beim Kampf Theoderichs um Italien verhalten. Ihr König Gundobad war in Ligurien eingefallen und hatte eine nach Tausenden zählende Menge Menschen ins Burgunderreich entführt. Die Ehe des Thronfolgers Sigismund mit einer ostgotischen Prinzessin konnte diesen feindlichen Akt vergessen machen. Tatsächlich erfolgte eine Rückführung der Ligurer in ihre Heimat (Ennod. vit. Epiph. 136–141). Im Jahre 500 gelang es Theoderich, auch mit den Vandalen eine Heiratsverbindung herzustellen: Seine Schwester Amalafrida wurde die Frau des Vandalenkönigs Thrasamund (Anon. Vales. 68). Den politischen Charakter der Eheschließung unterstrich die 'Mitgift' der Braut: die Westecke Siziliens mit Lilybaeum/Marsala (vgl. Corp. Inscr. Lat. X 7232). Die Vandalen erhielten damit einen wichtigen Hafen für ihre Kriegsflotte, Theoderich aber mochte hoffen, sich auf eben diese Flotte notfalls stützen zu können, da er selbst ja keine besaß. Im Übrigen gab er seiner Schwester ein militärisches Gefolge von 6000 Mann mit auf den Weg nach Carthago (Procop. bell. Vand. 1,8.12).

Den Bemühungen Theoderichs, die Germanenreiche auf ehemals römischem Boden durch verwandtschaftliche Bande mit dem ostgotischen Königshaus sozusagen im Gleichgewicht zu halten, war aufs Ganze gesehen kein Erfolg beschieden. Als Störenfried erwies sich vor allem der Frankenkönig Chlodwig, der mit seinem Ausdehnungsdrang und der wohl 498 erfolgten Annahme des katholischen

Glaubens eigene Wege beschritt. 506 griff Chlodwig die Alamannen an, gegen die er schon zehn Jahre früher in der vom Mythos umrankten Schlacht von Tolbiacum/Zülpich gekämpft hatte (Greg. Tur. 2,30 + 37), und besiegte sie. Als er sich anschickte, das alamannische Gebiet in Besitz zu nehmen und den flüchtigen Teil des Volkes zu verfolgen, gebot Theoderich ihm Einhalt, indem er die Flüchtlinge unter seinen Schutz stellte (Cassiod. var. 2,42). Er siedelte sie in den beiden rätischen Provinzen an, wo Menschenleere herrschte und Land zur Verfügung stand (vgl. Ennod. paneg. 72); einen Teil von ihnen schickte er in die gerade (504) gewonnene Provinz Pannonia Sirmiensis (Cassiod. var. 30,50,2–3).

Schon ein Jahr nach dem Angriff auf die Alamannen wandte Chlodwig sich gegen das Westgotenreich, dessen Nachbarn ja die Franken waren, seit sie die Loire erreicht hatten (oben S. 255f.). Chlodwig profitierte davon, dass die katholischen Gallo-Römer im arianischen Westgotenreich einen Herrschaftswechsel zugunsten der nunmehr katholischen Franken nicht ungern sahen. Er bezeichnete daher den Krieg, den er 507 unternahm, als gegen die Arianer gerichtet (Greg. Tur. 2,35 + 37). Theoderich versuchte, das Unheil, das dem Westgotenreich drohte, abzuwenden, indem er an Chlodwig appellierte, die Eintracht der germanischen Staaten nicht aufs Spiel zu setzen (Cassiod. var. 3,4,1). Im gleichen Sinne wurde er bei den Burgundern vorstellig, die im eigenen Interesse Chlodwigs Annexionsgelüste unterstützten. Erfolg hatte er nicht. Chlodwig schlug im Verein mit den Burgundern die Westgoten im Sommer 507 bei Vouillé nordwestlich von Poitiers; König Alarich II. fiel. Zu Beginn des nächsten Jahres wurde die Hauptstadt Tolosa/Toulouse an der Garonne erobert – die westgotische Herrschaft in Gallien fand ihr Ende.

Theoderich hatte seinem Schwiegersohn Alarich Hilfe zugesagt, konnte diese aber nicht zeitig genug leisten. Offenbar wurde er von der Plötzlichkeit des fränkischen Angriffs überrascht. Ein Hinderungsgrund dürfte auch die Bedrohung der italischen Adriaküste durch die oströmische Flotte gewesen sein, eine Nachwirkung der Streitigkeiten um Sirmium (unten S. 285). Die Vandalen vermochte Theoderich jedenfalls nicht zum Einsatz ihrer Flotte gegen die oströmische zu bewegen (Cassiod. var. 1,15). So konnte er erst 508 ein Heer nach Gallien schicken. Es befreite Arelate/Arles von der fränkisch-burgundischen Belagerung und eroberte Narbo/Narbonne von den Burgundern zurück – die Verbindung zwischen dem Ostgotenreich in Italien und dem Westgotenreich in Spanien war freigekämpft. Eine Strafexpedition in das burgundische Gebiet nördlich der Durance sollte die Burgunder von künftigen Vorstößen in die Küstenregion abschrecken.

Die Annexion des Tolosanischen Westgotenreiches durch Chlodwig war für Theoderich nicht nur ein Schlag gegen die von ihm betriebene Politik der germanischen Solidarität, sie gefährdete auch den von ihm beanspruchten Vorrang unter den Staaten auf dem Boden des ehemaligen Weströmischen Reiches. Denn als Chlodwig 508 nach Tours zurückkehrte, erhielt er hohen Besuch aus Constantinopel. Kaiser Anastasius ließ ihm durch eine Gesandtschaft die Ernennungsurkunde zum Ehrenkonsul überreichen und ihn mit einem purpurnen Königsornat (Tunika, Paludamentum) sowie einem Diadem ausstatten (Greg. Tur. 2,38). Theoderich wertete diesen Schritt des Anastasius als Herabsetzung seiner eigenen Stellung gegenüber dem Hof in Constantinopel und beeilte sich, dies dem Kaiser in einer Note ausführlich vor Augen zu stellen (Cassiod. var. 1,1). Im Übrigen aber hatte die 'Erhöhung' Chlodwigs für Theoderich keine Folgen, denn der Frankenkönig starb schon 511. Diesem selbst aber nutzte die kaiserliche Ehrung insofern, als seine gallorömischen Untertanen ihn in der neuen Tracht, die er ihnen bei einem Umritt vorführte, desto leichter als Herrscher akzeptierten (Greg. Tur. a. O.).

Bei den Westgoten hatte sich Gesalech, der illegitime Sohn Alarichs II., nach dessen Tod (507) die Königswürde verschafft. Theoderich, der um die Erbansprüche seines Enkels Amalarich fürchtete, gab Befehl an seine Truppen, Gesalech auszuschalten, was aber erst 511 gelang, nachdem er bei Barcino/Barcelona geschlagen worden war. Theoderich übernahm nun die Vormundschaftsregierung für seinen noch nicht volljährigen Enkel, so dass die Reiche der Ostgoten in Italien und der Westgoten in Spanien durch Personalunion vereinigt wurden. Nördlich der Pyrenäen reichte das Westgotenreich an der Mittelmeerküste in einem schmalen, Septimanien genannten Streifen bis an die Rhônemündung. Die Fortsetzung dieses Streifens bis zu den Seealpen nahm Theoderich für das Ostgotenreich in Besitz. Es handelte sich dabei um den Rest der gallischen Prätorianerpräfektur, auf den die römische Herrschaft jenseits der Alpen gegen Ende des weströmischen Kaisertums zusammengeschrumpft war. Odovacar hatte das Gebiet 477 an die Westgoten abgetreten (oben S. 258). Folgerichtig ließ Theoderich 511 die gallische Prätorianerpräfektur mit Sitz in Arles wieder aufleben. 523 erweiterte er deren Areal nach Norden um das burgundische Gebiet zwischen Durance und Isère (Cassiod. var. 8,10,8). König Sigismund hatte im Jahre zuvor seinen Sohn aus der Ehe mit Theoderichs inzwischen verstorbener Tochter getötet. Die Untat hatte eine militärische Aktion der Ostgoten gegen das Burgunderreich zur Folge, die in der Annexion besagten Gebietes gipfelte.

König Sigismund war für Theoderich ein Stein des Anstoßes. Schon als Kronprinz war er unter dem Einfluss des Bischofs Avitus von Vienne vom arianischen zum katholischen Glauben übergetreten. Ebenso hatte er in dieser Zeit den Kontakt mit Kaiser Anastasius gesucht und von ihm den Ehrentitel „patricius" erhalten. Nach seiner Königserhebung (516) richtete er an diesen eine Ergebenheitsadresse, die den Eindruck erweckte, als habe er sein Königreich von ihm empfangen und sei dessen Amtsträger. Theoderich verweigerte der burgundischen Gesandtschaft die Durchreise, worüber Sigismund sich in einem auf anderem Wege nach Constantinopel gesandten Schreiben bei Anastasius beschwerte (Avit. ep. 93 + 94). Der Gotenkönig sah in Sigismunds Handlungsweise einen unfreundlichen Akt gegen sich als den Repräsentanten der Kaisergewalt im Westen. Die Angelegenheit verlor dann allerdings durch den Tod des Anastasius (518) ihre Brisanz und wurde vollends zur Nebensache, als Sigismund 522 Theoderichs Enkel töten ließ, womit er einen direkten Grund für Theoderichs Eingreifen (s. o.) bot. Sigismund selbst fand, 523 von den Franken geschlagen, im Jahr darauf einen elenden Tod.

Den Ereignissen, die 511 mit der Erneuerung der gallischen Prätorianerpräfektur zu einer den Umständen entsprechenden Wiederherstellung des Römischen Reiches im Westen führten, war 504 an der Ostgrenze dieses Reichsteils eine ebenso symbolträchtige Handlung vorausgegangen: Theoderich hatte die Provinz Pannonia II den Gepiden entrissen und damit die alte Grenze zwischen Ost- und Westreich (oben S. 271) wiederhergestellt. Nun war allerdings Sirmium, die Hauptstadt der Provinz, 437 von Galla Placidia an das Ostreich abgetreten worden (oben S. 234), so dass man in Constantinopel argumentieren konnte, Theoderich habe mit Sirmium oströmisches Gebiet in Besitz genommen. Zudem kam es zu einem militärischen Zusammenstoß zwischen dem gotischen Expeditionskorps und den in diesen Gegenden operierenden oströmischen Truppen. All dies nahm Theoderich in Kauf, um Sirmium, die einstige „Grenzwacht Italiens" (Ennod. paneg. 60), für sein Reich zu gewinnen! Eine ernste Krise in der Beziehung zwischen Anastasius und Theoderich war die Folge. Sie wurde erst 510 durch den Kompromiss beigelegt, dass Theoderich den östlich von Sirmium gelegenen Zipfel der neuen Provinz, die den Namen Pannonia Sirmiensis erhielt, an den Kaiser abtrat.

In der Person des Anastasius stand dem Königtum Theoderichs, das trotz aller Anlehnung an die römische Tradition 'gotisch' geprägt war und dazu arianische Färbung besaß, ein Kaisertum gegenüber, das gerade mit der Wahl des Jahres 491 seine 'byzantinische' Form erhalten hatte. Diesem Kaisertum, den Entwicklungen im Osten überhaupt sowie den Beziehungen zum Westen gilt es nun, deutlichere Konturen zu verleihen.

In Constantinopel hatte die Vorstellung vom „Neuen Rom" (oben S. 162) so feste Gestalt angenommen, dass die Griechen, welche in der Hauptstadt und im ganzen Ostreich die Führungsrolle spielten, sich „Römer" („Rhomäer") nannten und von ihren Herrschern als Nachfolger der altrömischen Kaiser verlangten, dass sie dieses Rhomäertum repräsentierten. Bei der Wahl des Jahres 491 erhob das im Hippodrom versammelte Volk die weitere Forderung, der Kaiser müsse rechtgläubig (orthodox) sein (Const. Prophyr. de caerim. 1,92). Da der von der Kaiserin-Witwe Ariadne vorgeschlagene Hofbeamte (*decurio silentiariorum*) Anastasius im Verdacht stand, Monophysit zu sein, verlangte der Patriarch Euphemius, dass er einen Eid leiste, „den Glauben unversehrt zu erhalten und keine Neuerung in die heilige Kirche Gottes hineinzutragen" (Euagr. hist. eccl. 3,32). Im Zusammenwirken von Senat und Volk von Constantinopel sowie den Truppen der Hauptstadt wurde Anastasius sodann zum Kaiser erhoben und vom Patriarchen gekrönt. Einige Monate später heiratete er die Frau seines Vorgängers Zeno, Ariadne, so dass er auch die dynastische Legitimität erlangte. All dies fand in Constantinopel statt; die Hauptstadt prägte das Kaisertum. Dieses trat nun vollends in seine 'byzantinische' Phase.

Unter den Akklamationen, die Anastasius nach seiner Krönung zuteil wurden, befand sich auch die Aufforderung, wie Marcian zu regieren (Const. Porphyr. de caerim. 1,92). Die rund 40 Jahre zurückliegende Regierung Marcians war offenbar in guter Erinnerung geblieben. Sie hatte vor allem in der Steuer- und Finanzpolitik wegweisende Akzente gesetzt (oben S. 266). Anastasius knüpfte tatsächlich an sie an. Die herausragende Maßnahme war die 498 verfügte Abschaffung der von Constantin dem Großen 314 eingeführten *auri lustralis collatio*, auch Chrysargyron genannt (oben S. 17), welche die Handel- und Gewerbetreibenden fast 200 Jahre lang stark belastet hatte. Anastasius erhöhte die Wirkung seines Aufhebungsdekrets

(Cod. Iust. 11,1,1) noch dadurch, dass er die Steuerverzeichnisse vernichten ließ; in Constantinopel geschah dies im Hippodrom (Zonar. 14,3,11), in Edessa feierte man die Maßnahme durch ein großes Fest, das jährlich wiederholt werden sollte (Jos. Styl. 31).

Die Abschaffung der *auri lustralis collatio* hatte Breitenwirkung und gab dem Wirtschaftsleben neue Impulse. Die gleiche Absicht verfolgte Anastasius mit seiner Münzreform, deren Anfänge ebenfalls in das Jahr 498 fielen. Sie sollte den Geldverkehr erleichtern (Marcell. Comes, Chron. Min. II 95). Zu diesem Zweck ließ Anastasius vier neue Bronzemünzen schaffen, die auf der Rückseite Wertangaben trugen (M = 40, K = 20, I = 10, E = 5 *nummi* [*sestertii*]). Sie befriedigten den Kleingeldbedarf des täglichen Lebens und festigten dadurch die Stabilität der Währung. Im Übrigen gaben sie dem Münzsystem Ostroms seine typisch byzantinische Form.

Anastasius hat sich in den 27 Jahren seiner Regierung (491–518) kontinuierlich bemüht, die Staatsverwaltung zu verbessern, und zwar zum Wohle der Bürger und zum Nutzen des Staates. Trotz aller Ausgaben, die er zu leisten hatte (u. a. einmal 5000 Pfund Gold für den Rückkauf von Gefangenen, Joh. Ant. fragm. 214e 14 [Fragm. Hist. Graec. V/1 33]), brachte er es fertig, seinem Nachfolger einen mit 320000 Pfund Gold (105 t) gefüllten Staatsschatz zu hinterlassen (Procop. anecd. 19,7). Der Vergleich mit den für Marcian (100000) einerseits und Theoderich (40000) andererseits überlieferten Zahlen (oben S. 266, 277) lässt die gewaltige Finanzkraft des Byzantinischen Reiches, aber auch die geniale Finanzstrategie des Anastasius erkennen.

Das Epitheton „riesig", das dem von Anastasius angesammelten Staatsschatz zukommt, muss noch einem anderen Werk dieses Kaisers zuerkannt werden: der „Langen Mauer", die er auf der thrakischen Halbinsel etwa 60–70 km westlich von Constantinopel vom Schwarzen Meer bis zum Marmara-Meer auf einer Länge von ca. 77 km bauen ließ. Sie sollte Constantinopel schon im Vorfeld der Theodosianischen Mauer (oben S. 213) schützen, und zwar hauptsächlich gegen die transdanubischen Bulgaren, die zwischen 493 und 502 öfters Thrakien heimsuchten (Marcell. Comes, Chron. Min. II 96). Die Mauer scheint in den Jahren nach 502 errichtet worden zu sein. Procopius von Gaza erwähnte sie rühmend in seinem zwischen 503 und 506 verfassten ›Panegyricus auf Anastasius‹ (c. 21).

Während Anastasius den Schutz der Hauptstadt gegen Angriffe der Bulgaren von jenseits der Donau für dringend geboten erachtete, hielt er es nicht für erforderlich, sich an einem Projekt zu beteiligen, das den Hunnen Einfälle von jenseits des Kaukasus ins persisch-römische Gebiet verwehrte. Die Perser hatten den für die Überschreitung des Gebirges in Frage kommenden Pass, die „Kaspischen Tore" (*Caspiae Pylae* beim heutigen Derbent am Ostufer des Kaspischen Meeres), durch ein Festungswerk gesperrt und versucht, von den Vorgängern des Anastasius finanzielle Unterstützung dafür zu erhalten (Prisc. fragm. 31 + 37). Zeno hatte eine Zeit lang Subsidien gezahlt, sich dann aber geweigert, die Zahlungen wieder aufzunehmen. Anastasius folgte ihm in dieser ablehnenden Haltung, als auch er um Zahlung angegangen wurde (Jos. Styl. 20 + 23). Die Folge war dann allerdings der Perserkrieg von 502–506.

Verwicklungen mit den Persern hatte es in der auf die Teilung Armeniens (387 [oben S. 163f.]) folgenden Zeit öfters gegeben, aber sie waren nicht von der Art, dass sie beide Reiche ernsthaft berührt hätten. Die Perser hatten ja im 5. Jahrhundert viel mit den „Weißen Hunnen", den Hephthaliten, zu schaffen, die weite Teile des Sassanidenreiches im Osten okkupierten. Die Kämpfe gegen sie verschlangen große Mittel und waren der eigentliche Grund für die persischen Geldforderungen an Byzanz. Der Krieg, den Anastasius 502–506 führen musste, stellte also die erste größere Auseinandersetzung zwischen Byzanz und Persien seit mehr als 100 Jahren dar. Er brachte den Byzantinern zunächst (502/503) empfindliche Verluste: Theodosiopolis in Armenien/Erzurum in der Osttürkei sowie Amida in Mesopotamien gingen verloren. In der Osrhoene gelangten die Perser bis Edessa (Jos. Styl. 48–53). 503/504 konnten die ins Feld gestellten byzantinischen Truppen das Kriegsglück wenden, wobei ihnen Nomadeneinfälle ins Perserreich zustatten kamen. 505 wurde ein Waffenstillstand geschlossen, der die noch in persischer Hand befindliche Stadt Amida gegen Zahlung von 1000 Pfund Gold an Byzanz zurückbrachte. Im Friedensvertrag von 506 erklärte Anastasius sich dann bereit, sieben Jahre lang 550 Pfund Gold an die Perser zu zahlen (Procop. bell. Pers. 1,9,4 + 24) – offenbar für die Unterhaltung der Festung an den „Kaspischen Toren", womit ein Kompromiss in der lange schwebenden Frage gefunden war. Aus dem Erfolg des persischen Überfalls im Jahre 502 zog Anastasius die Konsequenzen, die Grenzbefestigung in Armenien und Mesopotamien zu verstärken. Im Zuge dieser Baumaßnahmen wurde Theodosiopolis zu einer gewaltigen Festung ausgestaltet und Dara (ca. 17 km nordwestlich vom persischen Nisibis gelegen) als Bollwerk aus dem Boden gestampft (Procop. aed. 3,5,3–8 bzw. 2,1,4–10). Daras Funktion gegen die Perser entsprach in etwa der der „Langen Mauer" auf der thrakischen Halbinsel gegen die Bulgaren.

Militärische Auseinandersetzungen hatte Anastasius nicht nur mit Grenzvölkern, sondern auch mit Feinden im Innern des Reiches zu führen. Gleich zu Beginn seiner Regierung musste er gegen die Isaurier einschreiten, die lieber einen der Ihren als Nachfolger Zenos (des Isauriers) gesehen hätten. Die aus Constantinopel in ihre Heimat zurückgekehrten Anhänger Zenos brachten ein Heer zusammen, mit dem sie 492 gegen die Hauptstadt marschierten. In Phrygien bei Cotyaium (heute: Kütahya in der Westtürkei) geschlagen, zogen die Reste der Aufständischen nach Isaurien zurück. Hier kam es zu einem Kleinkrieg, der erst 497 sein Ende fand (Marcell. Comes, Chron. Min. II 94–95). Die Niederwerfung der Isaurier hatte für die Staatskasse die erfreuliche Folge, dass die 5000 Pfund Gold, die bisher jährlich an dieses Barbarenvolk gezahlt worden waren, künftig anderen Zwecken zugeführt werden konnten (Euagr. hist. eccl. 3,35).

Die zweite große militärische Herausforderung im eigenen Reich, der Anastasius begegnen musste, ging 513 von Vitalianus aus, einem Goten, der die Foederatentruppen in Thrakien kommandierte. Er fühlte sich und seine Truppen von der kaiserlichen Regierung vernachlässigt, schrieb aber auch die Überwindung der zwischen Ost und West bestehenden Kirchenspaltung (s. u.) auf seine Fahnen. Dreimal erschien er vor Constantinopel, zweimal auch von der See her. Anastasius suchte ihn zu besänftigen, indem er ihn zum *magister militum per Thracias* ernannte und die Einberufung eines Konzils zur Beilegung des Schismas versprach. Da Letzteres auf sich warten ließ, setzte Vitalianus 515 alles auf eine Karte. Seine Flotte wurde jedoch am Goldenen Horn in Brand gesetzt, seine Landtruppen geschlagen, er selbst seines Kommandos enthoben. In den restlichen drei Jahren der Regierung des Anastasius trat Vitalianus nicht wieder in Erscheinung (Marcell. Comes, Chron. Min. II 98–99).

Die religiöse Motivierung, die Vitalianus seinem Aufstand gab, zwingt zu einem Rückblick auf die religionspolitische Entwicklung seit 476, dem Jahr, in dem der Usurpator Basiliscus mit seinem ›Encyclion‹ versuchte, den Monophysitismus zur herrschenden Lehre zu erheben (oben S. 265). Zeno gewann in diesem Jahr seinen Thron gerade wegen seiner Rechtgläubigkeit zurück. Er war auch guten Willens, den durch Basiliscus angerichteten Schaden wieder gut zu machen. Nichtsdestoweniger beschritt auch er (wie Basiliscus) den Weg, Glaubensfragen durch ein Kaisergesetz zu regeln. Der Patriarch von Constantinopel, Acacius, drängte ihn 482 zur Veröffentlichung einer „Vereinigungsformel" (›Henoticon‹), welche die Glaubenssätze des Konzils von Chalcedon über die Natur Christi ausklammerte und auf entsprechende Aussagen der Konzilien von Nicaea (325) und Constantinopel (381) zurückgriff. So sollte der Friede zwischen den Anhängern und Gegnern des Konzils von Chalcedon hergestellt werden. In Wirklichkeit aber fügte das Henoticon den beiden Lagern nur ein drittes hinzu, das sich den kaiserlichen Standpunkt zu Eigen machte (Euagr. hist. eccl. 3,14 + 3,30). Von Rom aus erging ein scharfes Schreiben an Zeno. Papst Felix III. warf dem Kaiser vor, mit dem Henoticon die Freiheit der Kirche verletzt zu haben. In Bezug auf die Angelegenheiten Gottes habe er sich der Kirche zu beugen, nicht ihr zu befehlen (Felix ep. 8). Das war eine Kampfansage an den byzantinischen Caesaropapismus. Acacius wurde 484 durch eine römische Synode seines Priestertums für verlustig erklärt und aus der Kirchengemeinschaft ausgeschlossen. Acacius seinerseits strich den Namen des Papstes aus den Messgebeten (Diptychen) – das Acacianische Schisma trennte Ost und West.

Als Anastasius an die Regierung gelangte, war Acacius zwei Jahre tot; das von ihm initiierte Henoticon aber wirkte weiter und mit diesem der Streit um den rechten Glauben. Der neue Patriarch, Euphemius, ein Anhänger des Chalcedonense, verlangte von Anastasius, wie schon erwähnt, einen Eid auf die Orthodoxie. Diese schriftliche Erklärung versuchte der Kaiser später – vergebens – zurückzubekommen (Vict. Tonn., Chron. Min. II 192). Denn im Herzen blieb er Monophysit. Euphemius und sein Nachfolger auf dem Patriarchenstuhl (Macedonius) endeten in der Verbannung. Unter Timotheus kam es 512 in Constantinopel zum Eklat. Als der Patriarch zuließ, dass bei der Messe dem Trishagion das 'monophysitische' „der du für uns bist gekreuzigt worden" (oben S. 265) hinzugefügt wurde, brach ein Volksaufstand aus, der in der Stadt große Verwüstungen anrichtete und sogar dazu führte, dass ein neuer Kaiser vorgeschlagen wurde. Anastasius meisterte die heikle Situation mit viel Geschick und Courage. Der 82-Jährige ging gestärkt aus der Machtprobe hervor.

Es war dann der Aufstand des Vitalianus (oben S. 289), der Anastasius den Kontakt mit dem Papst in Rom suchen ließ. Seit 514 hatte Hormisdas den Stuhl Petri inne. 515–517 fanden Unterhandlungen statt. Aber sie endeten abrupt: 517 wies Anastasius die päpstlichen Gesandten von seinem Hof, und er schrieb nach Rom, er werde sich künftig in Schweigen hüllen, denn Vorschriften lasse er sich vom Papst nicht machen (Coll. Avell. 138). Schon in einem Schreiben an den römischen Senat hatte der Kaiser die Rolle des

Papstes in der Frage der Beilegung des Acacianischen Schismas auf die Fürsprache bei Gott herabgedrückt – als späte Antwort auf die Lehre von den zwei Gewalten, die Papst Gelasius ihm 494 vorgetragen hatte, der zufolge die weltliche Gewalt sich der geistlichen in Sachen des Glaubens unterzuordnen habe (Gelas. ep. 12).

Mit dem Acacianischen Schisma hatte der Gotenkönig Theoderich zunächst nur indirekt zu tun: Er musste sich in den Jahren 501–506 erneut mit den Parteiungen in Rom beschäftigen, die bei der Papstwahl des Jahres 498 in Symmachus und Laurentius zwei kirchenpolitisch gegensätzlich orientierte Persönlichkeiten zu Päpsten erhoben hatten (oben S. 278f.). Wiederum ging aus den langen und schweren Auseinandersetzungen Symmachus als Sieger hervor, d. h. der Mann, der konsequent die Linie des Gelasius verfolgte. Kaiser Anastasius war für ihn ein Häretiker, der sich anmaßte, seinen Irrglauben allen aufzuzwingen. In einem wahrscheinlich 507 geschriebenen Brief wies der Papst den Kaiser auf ihre Gleichstellung hinsichtlich des Weltregiments hin, wobei er nicht vergaß, den göttlichen Dingen, die er als Papst verwaltete, den höheren Stellenwert beizulegen und dem Kaiser aus diesem Arsenal die gebührende Strafe anzudrohen (Symm. ep. 10). An der dadurch herbeigeführten Verhärtung des Kirchenstreits mit Byzanz hatte Theoderich, wie ersichtlich, nur geringen Anteil, nämlich den, dass er Symmachus zweimal im Amt bestätigte.

Stärker involviert war Theoderich in die Kontakte des Papstes Hormisdas und des römischen Senats mit Kaiser Anastasius in den Jahren 515–517 (oben S. 290); sie geschahen mit seiner ausdrücklichen Billigung. Dementsprechend war der von Anastasius ausgehende Abbruch der Verhandlungen zugleich ein unfreundlicher Akt gegen Theoderich. Im Jahr darauf (518) starb Anastasius, und Justin, der Kommandeur der Palastwache (*comes excubitorum*), gelangte auf den Kaiserthron. Er stand bereits im siebten Lebensjahrzehnt, stammte aus Illyrien – und war katholisch. Sein Bekenntnis hatte einen radikalen Wechsel in der Kirchenpolitik zur Folge. Schon wenige Tage nach der Kaisererhebung Justins wurde in Constantinopel auf Wunsch des Volkes ein großes Chalcedon-Fest gefeiert, Vitalianus, der sich unter Anastasius zum Sachwalter der Überwindung des Acacianischen Schismas gemacht hatte (oben S. 290), erhielt das oberste Heermeisteramt. An Papst Hormisdas schickte Justin nicht nur die Anzeige seiner Thronbesteigung, sondern ließ ihm auch die Einladung überbringen, Bevollmächtigte nach Constantinopel zur Aufnahme von Verhandlungen über die Einheit der Kirche zu entsenden.

An den nun einsetzenden Bemühungen, die Wiedervereinigung der Ost- mit der Westkirche herbeizuführen, war Theoderich maßgeblich beteiligt. Der Gesandte des Kaisers, der dem Papst die Briefschaften aus Constantinopel zustellen sollte, Gratus, ein hoher Kanzleibeamter, begab sich zuerst zu Theoderich nach Ravenna, um ihn für das Einigungswerk zu gewinnen. Immerhin hatte ja Theoderich durch die kirchliche Trennung vom Osten seine politische Stellung in Italien festigen können. Jetzt aber war auch ihm an der Kircheneinheit gelegen, weil ihre Herstellung die Möglichkeit bot, mit Byzanz in nähere Beziehungen zu treten wegen seiner Nachfolgepläne. Bei diesen spielte seine Tochter Amalaswintha – einen Sohn hatte er nicht – die entscheidende Rolle. Seit 515 war Amalaswintha mit dem Westgoten Eutharich verheiratet; 516 hatte sie einen Sohn, Athalarich, zur Welt gebracht. Da dieser noch zu klein war, wünschte Theoderich (65), dass Eutharich sein Nachfolger werde. Um dies sicherzustellen, sollte Kaiser Justin ihn zu seinem Waffensohn machen, so wie einst Kaiser Zeno Theoderich an Sohnes statt angenommen hatte. Ferner sollte Eutharich das Konsulat erhalten, um auch in dieser Beziehung mit Theoderich gleichzuziehen (vgl. oben S. 269). Erst nachdem Gratus dies alles zugesichert hatte, reiste er nach Rom weiter, um beim Papst seine Aufträge zu erfüllen (Hormisd. ep. 44).

Der päpstlichen Gesandtschaft, die nun nach Constantinopel aufbrach und dort vor allem mit dem Patriarchen Johannes verhandelte, war ein voller Erfolg beschieden. Johannes unterzeichnete am 28. März 519 den ›Libellus‹, die „Glaubensformel des Hormisdas" (*Regula fidei Hormisdae*), die der Papst schon in den Verhandlungen unter Anastasius zur Grundlage der Einigung erhoben hatte (Coll. Avell. 116 b). Damit war das 35-jährige Schisma beendet. Als der Papst von dem freudigen Ereignis offiziell Nachricht erhielt, pries er Gott und den Kaiser im Namen der ganzen Kirche (Coll. Avell. 160 + 168).

Inzwischen hatte Eutharich in Rom sein Konsulat angetreten. Bei dem feierlichen und bedeutsamen Akt – Eutharich war als Konsul Kollege des Kaisers Justin – hielt Cassiodor ihm im Senat eine Lobrede. Die Spiele, die Eutharich dem Volk im Colosseum gab, erinnerten in ihrer Vielfalt und Pracht an die glanzvollen Zeiten der Stadt. „In diesem Jahr sah Rom viele Wunderdinge", vermerkte dazu der Chronist, und er berichtete weiter von ähnlich großen Feierlichkeiten, die anschließend unter den Augen Theoderichs in Ravenna für Eutharich stattfanden (Cassiod. chron., Chron. Min. II 161).

Die Hochstimmung des Jahres 519 wich in Ost und West schnell dem Alltag mit seinen vielfältigen Reaktionen auf die neue Situation in Kirche und Staat. Im Osten erfolgten Zwangsmaßnahmen zur Anerkennung des Konzils von Chalcedon: Alle Bischöfe mussten sich schriftlich zum Chalcedonense bekennen. Wer es nicht tat, wurde abgesetzt, so der Patriarch von Antiochia, Severus. Auf diese Weise verlor der Monophysitismus in Kleinasien, Syrien und Palästina seine Stützen. Halten konnte er sich dagegen in Ägypten, gegen dessen Patriarchen, Timotheus, Kaiser und Papst nicht ankamen. Die koptische Kirche erhielt unter ihm (517–535) feste Konturen als monophysitische Bastion. Severus von Antiochia, der in Alexandria Aufnahme gefunden hatte, wurde ihr großer Heiliger. Mit seinem Werk ›Contra impium grammaticum‹ gab er dem Monophysitismus die dogmatische Grundlage.

An der Kirchenpolitik Justins waren in starkem Maße Vitalianus und Iustinianus beteiligt. Letzterer war der Neffe des Kaisers und sein Adoptivsohn. 520 wusste er es zu bewerkstelligen, dass Vitalianus, der in diesem Jahr Konsul war, beseitigt wurde. Das Amt des obersten Heermeisters, das Vitalianus 518 erhalten hatte (oben S. 291), fiel nun ihm (Justinian) zu. 521 bekleidete er das Konsulat. Unter dem Einfluss Justinians bezog die kaiserliche Religionspolitik in die Verfolgung der Monophysiten seit 524/525 auch andere Häretiker, darunter im Osten lebende arianische Goten, ein. Das führte zu einer Intervention Theoderichs, des arianischen Gotenkönigs, der seine eigene Toleranz gegenüber den Katholiken Italiens schlecht belohnt sah. Er verlangte vom Papst – seit 523 saß Johannes I. auf dem Stuhl Petri –, eine Gesandtschaft nach Constantinopel zu führen, die den Kaiser zu einer Änderung seiner arianerfeindlichen Haltung bewegen sollte. Das Schicksal dieser Gesandtschaft gehört freilich noch in einen anderen Ereigniszusammenhang, der hergestellt werden muss, bevor über ihren Verlauf und das Ende des Papstes Johannes berichtet werden kann.

Die Wiedervereinigung der Kirchen unter dem Dach von Chalcedon führte bei den Katholiken Italiens zu einem gesteigerten Bewusstsein, den wahren Glauben unversehrt bewahrt zu haben. Dieses Selbstbewusstsein ließ alte Aversionen aufleben und führte beim geringsten Anlass zu Aggressionen. So kam es in Ravenna und Rom zu Ausschreitungen gegen die Juden, deren Synagogen angezündet wurden. Theoderich reagierte scharf: Die Schuldigen mussten die Synagogen auf eigene Kosten wiederaufbauen, Mittellose, die keinen Beitrag dazu leisten konnten, wurden öffentlich ausgepeitscht.

'Gotisches' Königtum – 'Byzantinisches' Kaisertum

Der Verfasser der anonymen Chronik über die Zeit Theoderichs versah diese in die Jahre 519/520 gehörende Nachricht mit der Bemerkung, nun habe der Teufel von Theoderich Besitz ergriffen, womit er die in die letzten Jahre des Königs fallenden Ereignisse als Taten eines Besessenen kennzeichnen wollte (Anon. Vales. 81–82). Das bekannteste dieser Ereignisse war das Vorgehen Theoderichs gegen den *magister officiorum* Boethius, den Philosophen, in den Jahren 523 und 524.

Boethius war 522 sozusagen mit einem Paukenschlag auf der politischen Bühne erschienen. Seine beiden Söhne erlangten in diesem Jahr den Konsulat, er selbst das Amt des Kanzleichefs in Ravenna. Hier wurden ihm allerdings kaum Sympathien entgegengebracht, und solche zu gewinnen, war er nicht der Mann. Er legte sich mit allen an, die er als „Bösewichter" (*improbi*) erkannt zu haben meinte (Boeth. cons. phil. 1,4,8). Feindschaften waren die Folge. Zur Gefahr wurden diese Feindschaften für Boethius, als 523 ein Brief des *patricius* Albinus an Kaiser Justin abgefangen wurde, in dem Äußerungen über die Herrschaft Theoderichs standen, die als hochverräterisch angesehen werden konnten. Der Brief gelangte an einen Bürovorsteher der Kanzlei (*referendarius*) mit Namen Cyprianus, der ihn an seinen Chef Boethius weiterleitete. Dieser versuchte, den Fall herunter zu spielen, vor allem aber, den König aus dem Spiel zu lassen. Das wiederum veranlasste Cyprianus, die Sache direkt vor Theoderich zu bringen.

Theoderich hielt sich in Verona auf. Dorthin berief er sein *consistorium* zur Beratung über den Fall des Albinus. Boethius suchte seinen Standesgenossen zu decken, indem er dessen angebliches Verbrechen als etwas darstellte, das er selbst und der ganze Senat begangen haben könnten. Dies wiederum bewog Cyprianus, seine Anklage auf Boethius auszudehnen. Zeugen behaupteten unter anderem, er habe in einem Brief erwähnt, dass er seine Hoffnung auf die „römische Freiheit" setze (Boeth. cons. phil. 1,4,26). Das konnte – weit ausgelegt – bedeuten, dass er die Herrschaft Theoderichs als Tyrannis betrachtete. Daraus ließ sich natürlich eine Majestätsanklage konstruieren. Boethius behauptete zwar, die gegen ihn erhobenen Anschuldigungen seien falsch, doch Theoderich ordnete ein Gerichtsverfahren vor dem senatorischen Standesgericht, dem *quinquevirale iudicium*, an. Es tagte unter dem Vorsitz des römischen Stadtpräfekten Eusebius in Ticinum/Pavia und sprach über Boethius das Todesurteil. Die Hinrichtung erfolgte 524. Ob auch Albinus, vor den Boethius sich schützend gestellt hatte, hingerichtet wurde, lässt sich den Quellen nicht entnehmen. Wohl ist bekannt, dass Symmachus, der seinen Schwiegersohn Boethius im Prozess verteidigt hatte, in Ravenna vor Gericht gestellt, verurteilt und hingerichtet wurde (Anon. Vales. 85–87 + 92).

Da Theoderich von seinem Begnadigungsrecht keinen Gebrauch machte, wurde ihm der Tod des Boethius und des Symmachus angelastet. Der Geschichtsschreiber Prokop bezeichnete Theoderichs Verhalten als „das erste und letzte Unrecht gegen seine Untertanen" (Procop. bell. Goth. 1,1,39). Und noch heute ist auf dem Sarkophag des Boethius in der Kirche San Pietro in Ciel d'Oro in Pavia zu lesen, „der ungerechte König Theoderich" sei schuld am Schicksal des Philosophen. Der Anonymus Valesianus sprach gar von Martern, unter denen Boethius gestorben sei (Anon. Vales. 87). In Wahrheit hatte Theoderich sich um ein korrektes Verfahren gegen einen Mann bemüht, der sein Vertrauen enttäuscht und Dinge gesagt und getan hatte, die den Tatbestand des Hochverrats durchaus erfüllten. Das Urteil war hart, aber kein „Unrecht". Vollstreckt wurde es offenbar mit dem Schwert, wie sich aus der Eintragung im Liber Pontificalis ergibt, dessen Verfasser einen Martertod sicher vermerkt hätte, wo Boethius doch in die Schar der Heiligen aufgenommen wurde (Lib. Pont. I, S. 276 Duch.).

Gegen Theoderich kann also nicht, wie in der Moderne manchmal geschehen, der Vorwurf des Justizmordes erhoben werden, wohl aber der des politisch unklugen Verhaltens. Mit Boethius und Symmachus wurde der ganze Senat getroffen, wobei noch besonders ins Gewicht fiel, dass Symmachus das „Haupt des Senats" (*caput senatus*) war. Es wollte nicht viel besagen, dass der Senat sich von Boethius distanzierte (Boeth. cons. phil. 1,4,23). Der Riss und das Ressentiment waren da, sie bestimmten das Klima des künftigen Miteinanders. Über diesem lastete ohnehin die brisante Frage, wie es nach dem Tode Theoderichs – der König war jetzt über 70 Jahre alt – weitergehen sollte. Denn Eutharich, auf den Theoderich seine Hoffnungen gesetzt hatte (oben S. 292), war 523 gestorben. Die Gefahr einer Einflussnahme Constantinopels auf die Dinge in Italien lag nahe. Sie musste Nervosität beim König hervorrufen, wie sie wohl auch schon beim Boethius-Prozess im Spiel war.

In solche Atmosphäre drang die Nachricht von der Arianerverfolgung im Osten (oben S. 293). Theoderich glaubte, durch den Papst Druck auf den Kaiser ausüben zu können, und trug dem Amtsinhaber Johannes auf, in Constantinopel von Justin die Sistierung der Arianerverfolgung, die Rückgabe der beschlagnahmten Kirchen und die Rückführung der Zwangsbekehrten in ihre Glaubensgemeinschaft zu erwirken. Der Papst nahm den diplomatischen Auftrag trotz kirchenrechtlicher Bedenken an, weigerte sich aber, die übertriebene Forderung nach Restituierung der zum katholischen Glauben übergetretenen Arianer zu vertreten. Nichtsdestoweniger entsandte Theoderich 525 den Papst mit fünf Bischöfen und vier Senatoren nach Constantinopel. Dort wurde dem Nachfolger des hl. Petrus ein grandioser Empfang zuteil, und er erreichte auch die Zustimmung des Kaisers zu den beiden ersten der von Theoderich erhobenen Forderungen. Der Gotenkönig aber empfing den Papst nach seiner Rückkehr (526) ungnädig, wohl weniger wegen der Nichtberücksichtigung seiner ominösen dritten Forderung als aus Ärger über das Auftreten des Papstes in der Rolle des Hauptes der Christenheit statt in der seines Gesandten. Wenige Tage später starb Johannes in Ravenna. Es waren wohl die Strapazen der Reise und die Erregung über Theoderichs Ungnade, die seinen Tod herbeiführten (Anon. Vales. 88–91 + 93). Die kirchliche Überlieferung aber gab allein Theoderich die Schuld und machte Johannes zum Märtyrer und Heiligen (Lib. Pont. I, S. 276 Duch.).

Wie die Thronbesteigung Justins (518) das Verhältnis Theoderichs zu Byzanz veränderte, so beeinflusste die Regierungsübernahme Hilderichs die Beziehungen zwischen Goten und Vandalen. Hilderich war der Sohn Hunerichs und der Eudocia, Tochter Valentinians III. (oben S. 248). Letztere hatte ihrem Sohn eine katholikenfreundliche Haltung anerzogen, die sich nun auswirkte, ihn aber in Gegensatz zu Amalafrida, der Gattin des verstorbenen Königs Thrasamund, brachte. Amalafrida war als Theoderichs Schwester bisher die Garantin des Bündnisses zwischen Goten und Vandalen, das durchaus auch eine arianische Allianz war, gewesen. Jetzt wandte Hilderich sich von diesem Bündnis ab – und dem Kaiser in Constantinopel zu. Justin erschien demonstrativ auf der Vorderseite vandalischer Silbermünzen (W. Wroth, Western & Provincial Byzantine Coins of the Vandals, Ostrogoths and Lombards, 1911, 13, Nr. 1–2). 525 kam es zur Katastrophe: Hilderich ließ das gesamte gotische Gefolge Amalafridas (oben S. 282) niedermetzeln und die Königin selbst in den Kerker werfen, wo sie dann starb.

Theoderich geriet in furchtbare Wut über das Geschehen in Carthago und sann auf Rache – als Bruder Amalafridas und König der Goten. Eine Bestrafung des abtrünnigen Vandalenkönigs schien ihm umso dringender erforderlich, als dem einst von ihm geknüpften Bündnissystem (oben S. 281 f.) nach dem Ausscheren des Frankenreiches nun mit dem Vandalenreich auch der andere Eckpfeiler verloren zu gehen drohte. Nach Afrika aber konnte Theoderich nur mit einer Flotte gelangen. Er gab deshalb Befehl, in kürzester Zeit 1000 Schiffe zu bauen; sie sollten sich am 13. Juni 526 in Ravenna als Invasionsflotte formieren (Cassiod. var. 5,16–17). Der Auslaufbefehl jedoch ließ auf sich warten. Den König befiel eine schwere Krankheit (Ruhr); sie führte am 30. August zum Tode. Vor seinem Ableben hatte er Athalarich, den zehnjährigen Sohn seiner Tocher Amalaswintha (und Eutharichs), als Erben seiner Königsherrschaft eingesetzt und den Großen des Reiches den jungen König, Senat und Volk von Rom sowie den Kaiser in Constantinopel ans Herz gelegt (Jord. Get. 59,304). Für Athalarich sollte seine Mutter Amalaswintha die Regentschaft führen.

Theoderichs Leichnam wurde in dem Mausoleum beigesetzt, das er sich zu Lebzeiten außerhalb der Stadtmauern im Nordosten Ravennas hatte errichten lassen (Anon. Vales. 96). Der aus Steinquadern bestehende ca. 16 m hohe Rundbau war zweigeschossig konstruiert: Im oberen Stockwerk fand der König in einem Porphyrsarkophag seine letzte Ruhe. Zum Wunderwerk machte den Grabbau die Kuppel: ein Monolith von mehr als 10 m Durchmesser, 3 m Höhe und einem Gewicht von 230 t. Theoderich stellte sein Mausoleum gewissermaßen neben die großen Mausoleen der Kaiser (Augustus, Hadrian) in Rom und verewigte sich mit ihm in der Stadt, die er zu neuer Blüte gebracht hatte. Außer dem Mausoleum kündeten von dem Wirken Theoderichs in Ravenna zahlreiche Bauwerke, allen voran der Palast und die Hofkirche (heute: Sant'Apollinare Nuovo).

Seinen Palast hatte Theoderich auf dem Areal errichtet, das schon von den Kaisern Honorius und Valentinian III. für ihre Palastbauten genutzt worden war (oben S. 235). Die (arianische) Hofkirche kam hinzu, Theoderich baute sie „von Grund auf" (*a fundamentis*), wie die Inschrift besagte, die bis ins 18. Jahrhundert in der Apsis von Sant'Apollinare Nuovo zu lesen war (Corp. Inscr. Lat. IX 280). Die Marmorsäulen und Mosaikzyklen der Basilica vermitteln dem heutigen Besucher einen Eindruck von der Pracht, die einst auch den Palast auszeichnete, den Theoderich übrigens auf einem der Mosaikbilder an der rechten Wand des Mittelschiffs darstellen ließ. Der Palast Theoderichs wurde im 8. Jahrhundert ein Objekt der Begehrlichkeit Karls des Großen, der Marmor und Mosaike zusammen mit einem Reiterstandbild Theoderichs nach Aachen bringen ließ, um seinen Palast zu schmücken (Agnell. 94).

Wie Theoderich den Goten am Hof eine arianische Kirche zuordnete, so auch denen in der Stadt. Für sie erbaute er in der Nähe des Palastes (nordwestlich von ihm, an der Via di Roma) die Kirche, die jetzt Chiesa dello Spirito Santo heißt (Agnell. 86). Sie war die Kathedrale des arianischen Bischofs. Zu ihr gehörte das Baptisterium, welches bis heute an seine einstige Bestimmung erinnert („Baptisterium der Arianer"). Von den sonstigen Bauten Theoderichs in Ravenna sei hier wenigstens der wiederhergestellte Aquädukt erwähnt, den Kaiser Trajan erbaut hatte. Insgesamt lief die Bautätigkeit, die Theoderich in Ravenna entfaltete, darauf hinaus, seine Hauptstadt mit der alten Kaiserstadt Rom auf eine Stufe zu heben. Als politische Vision ließ er dieses Ziel auf einem Mosaik im Speisesaal seines Palastes darstellen: er selbst zwischen den Personifikationen von Rom und Ravenna (Agnell. 94).

Fast gleichzeitig mit dem Ableben Theoderichs in Ravenna wurde das Ostreich von einer Katastrophe großen Ausmaßes heimgesucht. Antiochia, die alte Kaiserresidenz in Syrien, fiel einem furchtbaren Erdbeben zum Opfer, bei dem 250 000 Menschen in der Stadt und ihrer Umgebung den Tod gefunden haben sollen (Malal. chronogr. 17,16). Mit Antiochia sank die Stadt, die im Osten als einzige vom Nimbus her mit Constantinopel konkurrieren konnte, dahin. Der berühmte Rhetor Procopius von Gaza hielt in einer großen Trauerrede (Monodie) das weltbewegende Ereignis fest (I. Bekker, Anecdota Graeca I, 1814, Neudr. 1965, 153, 21–23). Es gab nun keine Konkurrenz mehr für Constantinopel/Byzanz. Die Stadt verkörperte in ausschließlicher Weise das Byzantinische Reich. Dieses erlebte schon bald einen Herrscherwechsel. Denn Justin erhob am 1. April 527 seinen Adoptivsohn Justinian zum Augustus, dessen Frau Theodora zur Augusta. Nach vier Monaten gemeinsamer Herrschaft starb Justin am 1. August 527, und Justinian konnte als alleiniger Herr des Reiches die Dinge in Angriff nehmen, die er in den Jahren seiner Thronanwartschaft als notwendig erkannt hatte.

10. JUSTINIAN UND DER AUSGANG DER ANTIKE

(527–565)

Wer sich heutzutage in die Besucherscharen einreiht, um die Mosaiken an den Wänden der Basilica di San Vitale in Ravenna zu betrachten, begegnet auf den Mosaiken der Apsis dem Kaiserpaar Justinian und Theodora geradezu persönlich. Zwanzig Jahre nach dem Herrschaftsantritt geschaffen (San Vitale wurde 547 oder 548 konsekriert), vermitteln die Darstellungen des Kaisers und der Kaiserin an der Nord- bzw. Südwand der Apsis eine Vorstellung von der Majestät, welche die Regierung des Kaiserpaares auszeichnete (Abbildungen: B. Rubin, Das Zeitalter Justinians, I, 1960, Taf. 7 + Taf. 9). Sie hatte ihren Grund in den Persönlichkeiten Justinians und Theodoras, aber auch in den Erfolgen vor allem der ersten Jahre bis zum Triumph über die Vandalen im Jahre 534.

Justinian stammte aus der Gegend um Naissus/Nisch im lateinischsprachigen Gebiet Illyriens (Moesia superior bzw. Dardania), und zwar aus einfachen Verhältnissen, war aber mit dem Stolz ausgestattet, den die Menschen dort allgemein auf ihr Römertum empfanden, das schon einen Constantin (den Großen) hervorgebracht und dem Reich viele Soldaten geschenkt hatte. Von seinem Onkel, dem Kaiser Iustinus, adoptiert, der ihm eine angemessene Bildung zuteil werden ließ, stieg Justinian zum *praefectus praetorio* (520) und zum Mitaugustus (527) auf (oben S. 298). Sein Durchsetzungsvermögen zeigte er, als er 525 Theodora, eine frühere Schauspielerin, heiraten wollte. Er erwirkte dazu ein Gesetz Justins, welches das Verbot der Heirat zwischen Senatoren und Schauspielerinnen, das einst Augustus erlassen hatte, aufhob (Cod. Iust. 5,4,23). Von seinem Gespür für die Bedeutung der hauptstädtischen Bevölkerung zeugten die aufwendigen Spiele, die er 521 und 528 in Constantinopel gab; sie erregten höchste Bewunderung (Marcell. Comes, Chron. Min. II 101–102). Über seine Arbeitswut prägte der Zeitgenosse Prokop das Dictum, er könne „unmöglich ruhig sitzen" (Procop. anecd. 12,27), und Justinian selbst sagte von sich, dass er sich Tag und Nacht um seine Untertanen sorge (Nov. Iust. 8 praef.). In Sachen der Religion brachte Justinian eine ausgeprägte Orthodoxie mit auf den Kaiserthron.

Theodora kam aus dem Zirkusmilieu in Constantinopel – ihr Vater war Bärenwärter – und hatte eine ausschweifende Jugend als Schauspielerin und Kokotte hinter sich, als sie um 520 Justinian begegnete. Ihr dämonisches Wesen und ihre Raffinesse faszinierten, abgesehen von ihren körperlichen Vorzügen, die im Grunde bäuerliche Natur des kaiserlichen Adoptivsohnes. So kam es dazu, dass Theodora großen Einfluss auf ihn gewann. Nachdem Justinian zum Augustus erhoben worden war – und Theodora zur Augusta –, konnte man daher die Regierung als „Doppelherrschaft" bezeichnen (Zonar. 14,6,1). Mehr als zwanzig Jahre (Theodora starb 548) hielt dieser Zustand an, der eine Fülle wichtiger Entscheidungen hervorgebracht hat, die oft die Handschrift Theodoras trugen. In der Religionspolitik freilich vertraten Kaiser und Kaiserin nicht die gleiche Richtung: Während Justinian, wie erwähnt, die Orthodoxen favorisierte, hielt Theodora es mit den Monophysiten. Misshelligkeiten zwischen den Gatten erwuchsen daraus nicht.

Für Justinian galt der Grundsatz, dass die außenpolitische Sicherheit des Reiches Vorrang vor der Innenpolitik habe. So begann er seine Regierung mit der Sicherung der gefährdeten Ostgrenze. Seit etwa 522 gab es Streitigkeiten mit Persien um das Königtum Lazica am südöstlichen Ufer des Schwarzen Meeres im Vorland des Kaukasus. Der zur Herrschaft gelangte König Tzath ließ sich seine Würde persönlich in Constantinopel von Justin bestätigen, empfing die Taufe und heiratete eine Römerin. Er erneuerte damit ein früheres Klientelverhältnis, das aber inzwischen persischem Einfluss gewichen war. Dass das römische Übergreifen nach Lazica nicht zum Krieg mit Persien führte, hing u. a. daran, dass der Perserkönig Kavad den Plan lancierte, seinen jüngsten Sohn Chosroes von Justin adoptieren zu lassen. Er wollte auf diese Weise sicherstellen, dass Chosroes sein Nachfolger werde. Die Ablehnung des Planes durch Justin führte zu neuen Verwicklungen. Sie entzündeten sich an Iberia, dem Staat, an den Lazica östlich grenzte. Als die Perser versuchten, die christlichen Bewohner für ihre Religion, den Mazdaismus, zu gewinnen, riefen diese die Hilfe der Römer an, die Justin ihnen von Lazica aus gewährte. Es kam zu Kampfhandlungen, die sich nach Persisch-Armenien hinüberzogen. Dies war die Situation, die Justinian 527 vorfand.

Die Reaktion des neuen Kaisers auf die Konzentration des Kriegsgeschehens im Norden der Perserfront bestand in einer Änderung der dortigen Kommandoverhältnisse: Führte bisher der *magister militum per Orientem* das Kommando auch in diesem Raum, so erhielt nun (528) ein neu ernannter *magister militum per Armeniam* diese Befugnis. Der Posten wurde mit Sittas, einem kriegserfahrenen Goten besetzt, der eine Schwester Theodoras zur Frau hatte. Als *magister militum per Orientem* wurde 529 Belisar bestellt, ein Germane aus dem illyrisch-thrakischen Grenzgebiet und naher Gefolgsmann Justinians. Er hatte schon 530 einen persischen Angriff auf Dara abzuwehren. Im nächsten Jahr griffen die Perser im Süden bei Callinicum an und errangen gewisse Erfolge. Das angebliche Versagen Belisars bei den letzteren Kämpfen veranlasste Justinian zur Abberufung des Heermeisters. Sittas musste 530 einen Durchbruch der Perser auf Satala (unter nördlicher Umgehung von Theodosiopolis/Erzurum) hinnehmen, errang dann aber dort einen Sieg. 531 wurde er nach der Abberufung Belisars in dessen Befehlsbereich beordert, doch zwang ihn ein Angriff der Perser auf Martyropolis (Römisch-Armenien) zur Rückkehr nach Norden. Der Tod des Perserkönigs Kavad am 8. September 531 änderte dann die Lage insgesamt.

Mit dem neuen Großkönig Chosroes kam 532 ein Friedensschluss zu Stande, der so genannte Ewige Friede (Procop. bell. Pers. 1,22, 17). Er verpflichtete Justinian zur Zahlung von 11 000 Pfund Gold (3,6 t) und zu der Zusicherung, die Kommandozentrale aus Dara (in unmittelbarer Nähe von Nisibis) wegzuverlegen. Dafür sollte territorial der Zustand vor Kriegsbeginn zurückkehren und den Römern die Truppengestellung für die Verteidigung der „Kaspischen Tore" (oben S. 287f.) erlassen sein.

Die Rückberufung Belisars von der Perserfront nach Constantinopel erwies sich im Nachhinein als Glücksfall. Denn so war der erfahrene Kriegsmann mit einer beträchtlichen Begleittruppe (*buccellarii*) zugegen, als im Januar 532 in der Hauptstadt der so genannte Nika-Aufstand der Zirkusparteien ausbrach: Die „Grünen" und die „Blauen" hatten wieder einmal Streitigkeiten ausgetragen. Als der Stadtpräfekt diese durch Verhaftung der Rädelsführer zu schlichten suchte, schlossen sich beide Gruppen zusammen, verhinderten die Hinrichtung der Verhafteten und stürmten das Gefängnis. Dann ergossen sie sich mit dem Kampfruf „Nika" („Siege!") unter Mord und Brandstiftung über die Stadt. Ihrem Wüten fiel sogar die Hagia Sophia zum Opfer. Da die Zirkusparteien sich auch als politische Organe fühlten, suchten sie bei dieser Gelegenheit ihre politischen Ziele durchzusetzen. Diese gipfelten in der an den Kaiser gerichteten Forderung, zwei missliebige Beamte, den *praefectus praetorio* Johannes den Kappadokier und den *quaestor sacri palatii* Tribonianus, zu entlassen. Obwohl Justinian der Not gehorchend die Forderung erfüllte, führte das nicht zur Beruhigung der Volksmenge. Sie wählte vielmehr einen Gegenkaiser (Hypatius) und zog mit ihm ins Hippodrom. Hier ereilte sie allerdings ihr Schicksal. Justinian, der auf den Rat Theodoras von einer Flucht abgesehen hatte, ließ Belisar mit seinen Soldaten gegen die Menge vorgehen. Unterstützt wurde Belisar von Mundus, dem *magister militum per Illyricum*, der zufällig in der Stadt war. Bei dem Gemetzel sollen 30000 Menschen getötet worden sein. Der Aufstand war damit niedergeschlagen. Die führenden Köpfe wurden streng bestraft. Der Wiederaufbau Constantinopels ließ den Nimbus Justinians (und den Theodoras) hell erstrahlen. Die 537 fertig gestellte Hagia Sophia (unten S. 312) wurde zum Wahrzeichen der neuen Zeit – dem Zeitalter Justinians, das sich auch dadurch kundtat, dass Justinian 537 verfügte, nunmehr nach Kaiserjahren zu datieren, nicht mehr nach den Konsuln. Wenige Jahre später (541) schaffte er das Konsulat überhaupt ab.

Für Belisar brachte sein Einsatz im Nika-Aufstand die Betrauung mit dem Oberbefehl im Vandalenkrieg (533). Die siegreiche Beendigung dieses Krieges wiederum führte 534 zu der Ehre eines sonst nur dem Kaiser vorbehaltenen Triumphes in Constantinopel. Mit dem Krieg gegen das Vandalenreich in Afrika nahm Justinian eine günstige Gelegenheit wahr, das verhasste Gebilde auf ehemals römischem Boden zu beseitigen. Unter Hilderich (seit 523) schien es zwar so, als sei ein Zusammengehen möglich (oben S. 296), doch wurde der König 530 wegen militärischer Misserfolge (gegen die Mauren) vom Heer abgesetzt und 533 hingerichtet. An seine Stelle trat Gelimer. Justinian sah darin die Möglichkeit, als Rächer Hilderichs aufzutreten (Procop. bell. Vand. 1,9,24) und den Krieg gegen Gelimer vorzubereiten. 10000 Mann an Fußtruppen und 5000 an Reiterei wurden zusammengebracht. Sie sollten auf 500 Lastschiffen, die von 92 Kriegsschiffen begleitet wurden, nach Afrika übergesetzt werden (Procop. bell. Vand. 1,11,2 + 1,11,13–15).

Das Unternehmen begann mit der Abfahrt von Constantinopel, „um die Sommersonnenwende" 533 (Procop. bell. Vand. 1,12,1). Nach Verproviantierung an der Ostküste Siziliens (in der Nähe des Ätna), wozu die Goten ihre Zustimmung gegeben hatten, landete das Heer bei Caput Vada in der Kleinen Syrte und begann den Marsch nach Carthago; die Flotte begleitete das Heer zur Rechten. Gelimer wusste es zu bewerkstelligen, mit dem vandalischen Heer in den Rücken Belisars zu gelangen. Sein Plan ging dahin, an günstiger Stelle (einem Engpass bei Ad Decimum) die Römer von drei Seiten anzugreifen. Dazu ließ er seinen Bruder Ammatas mit Truppen aus Carthago dem römischen Heer entgegenziehen und schickte 2000 Mann seiner eigenen Soldaten unter seinem Vetter Gibamund in die linke Flanke Belisars. Der Plan misslang jedoch – Ammatas und Gibamund fielen im Kampf, bevor das vandalische Haupttheer unter Gelimer heran war. Dieses konnte dem Angriff Belisars nicht standhalten, sondern ergriff die Flucht. Belisar marschierte nun nach Carthago, wohin ihm die Flotte folgte. Am 15. September 533, einen Tag nach dem Fest des hl. Cyprian, zog er an der Spitze seines Heeres in Carthago ein (Procop. bell. Vand. 1,21,21).

Gelimer gab sich noch nicht geschlagen. Bei Bulla Regia sammelte er sein zersprengtes Heer, vereinigte sich mit einem Expeditionskorps, das er unter seinem Bruder Tzazo nach Sardinien geschickt hatte, und gewann Mauren für seine Sache. Im Dezember 533 rückte er gegen Carthago vor. 30 km vor der Stadt bei einem Ort namens Tricamarum stieß er mit Belisar zusammen. Wiederum verlor er die Schlacht (sein Bruder Tzazo fand dabei den Tod), wiederum musste er fliehen. Die Flucht führte ihn in eine maurische Felsenfestung an der Grenze Numidiens und Mauretaniens. Dort konnte er sich bis ins Frühjahr 534 gegen die von Belisar geschickten Belagerungstruppen halten, dann ergab er sich unter der Bedingung, dass er im Reich Justinians mit Landbesitz ausgestattet werde. In Carthago traf er mit Belisar zusammen, der ihn bis zur Überfahrt nach Constantinopel in Gewahrsam hielt.

Belisar schickte nach der Schlacht von Tricamarum und der Flucht Gelimers Truppenabteilungen an die Peripherie des afrikanischen Vandalenreiches (Caesarea bzw. Tripolis) sowie auf die zugehörigen Inseln (Sardinien, Corsica, Balearen). Er ergriff damit Besitz vom gesamten Vandalenreich, das nun durch zwei Verordnungen Justinians vom 13. April 534 seine zivile und militärische Organisation erhielt (Cod. Iust. 1,27,1 + 2). Die dem Reich neu gewonnenen Gebiete wurden einem eigenen *praefectus praetorio* bzw. *magister militum* unterstellt. Die kirchlichen Verhältnisse Afrikas regelte eine Verfügung Justinians des Jahres 535, die der katholischen Kirche ihre von den Vandalen enteigneten Güter zurückgab (Nov. Iust. 37). Justinian war um diesen Gesetzgebungsakt von einem gesamtafrikanischen Konzil, das 535 in Carthago tagte, gebeten worden. 217 Bischöfe nahmen daran teil, ein Zeichen, dass die katholische Kirche in Afrika an Bedeutung gewann. Der Kaiser nahm denn auch die Gelegenheit wahr, über Arianer und Donatisten, Juden und Häretiker sein Verdikt auszusprechen, so dass er der Meinung sein konnte, Afrika nicht nur dem Reich, sondern auch der katholischen Kirche zurückgewonnen zu haben.

Ideologisch propagierte Justinian die Eroberung Afrikas als Befreiung von einer Zwangsherrschaft (Cod. Iust. 1,27,1,1). Praktische Auswirkung hatte diese Parole vor allem in der Proconsularis, wo Geiserich die römischen Gutsbesitzer enteignet und die Mehrzahl der Vandalen angesiedelt hatte (oben S. 233). Jetzt wurde den Vandalen ihr Besitz genommen und den Erben der enteigneten Römer eine Frist von fünf Jahren gesetzt, innerhalb der sie Anspruch auf ihr altes Eigentum erheben konnten (Nov. Iust. 36 pr.); bis dahin gehörte das Land dem Fiskus. Dagegen wehrten sich die vandalischen Frauen, die mit römischen Soldaten eine Ehe eingegangen waren; sie trieben ihre Männer zum Aufstand, den Belisar 536, von Sizilien kommend (unten S. 309), niederschlug. Es dauerte aber noch mehr als ein Jahrzehnt, ehe Afrika zur Ruhe kam. Außer der Landfrage gab es ja noch andere Probleme, die für Unruhe sorgten: Das Verbot des Arianismus wurde schon erwähnt. Die Durchsetzung des römischen Steuersystems sorgte nicht weniger für Konflikte.

Die Eroberung des Vandalenreiches durch Belisar löste bei der Bevölkerung Constantinopels große Freude aus. Hörte man doch, dass auch der riesige Vandalenschatz erbeutet worden sei (Procop. bell. Vand. 2,4,40); an ihm hoffte man zu partizipieren. Vor allem freute sich natürlich Justinian. Afrika sei nach dem Willen Gottes wieder der römischen Herrschaft und der Befehlsgewalt des Kaisers hinzugefügt worden, ließ er sich vernehmen (Const. „Imperatoriam" 1). Dankbar gewährte er dem Generalfeldmarschall Belisar die Ehre des Triumphes, wie ihn die Feldherren der Republik gefeiert hatten. Dieser singuläre Staatsakt fand Ende 534 in Constantinopel statt; er zeichnete sich zusätzlich durch die Mitführung der Beute aus, die einst (70 n. Chr.) Titus im Tempel zu Jerusalem gemacht und Geiserich 455 mit den anderen in Rom geraubten Gegenständen nach Carthago gebracht hatte (oben S. 252). Auch die prunkvollen Geräte aus dem Königspalast in Carthago und die vielen Tausend Talente Silber des vandalischen Staatsschatzes erregten Aufmerksamkeit. Gelimer selbst schritt inmitten seiner Sippe, begleitet auch von den schönsten und größten seiner Krieger, dem Hippodrom entgegen. Hier warf er sich, zusammen mit Belisar, der den Weg ebenfalls zu Fuß zurückgelegt hatte, vor dem Kaiserthron

Justinian und der Ausgang der Antike   305

nieder. Gelimer und die Seinen erhielten für ihren künftigen Lebensunterhalt Güter in Galatien; auf Belisar wartete eine neue Aufgabe: der Gotenkrieg (Procop. bell. Vand. 2,9,1–14).

Am 1. Januar 535 trat Belisar das ihm verliehene Konsulat an. Bei dieser Gelegenheit wiederholte er die Feierlichkeiten des Triumphes. Auf seinem Weg durch Constantinopel warf er kostbare Stücke aus der vandalischen Beute unters Volk, dessen Gunst er sich dadurch sicherte (Procop. bell. Vand. 2,9,15–16). Bei Justinian hatte er durch seine Rückkehr als solche Bedenken gegen seine Person zerstreut, die durch Verleumdungen aus dem Kreis seiner Offiziere entstanden waren; er verfolge in Afrika eigene Pläne (Procop. bell. Vand. 2,8,4). Belisars Leistung im Vandalenkrieg rief bei den Zeitgenossen Bewunderung hervor, doch erkannten sie auch, dass die Vandalen, nachdem sie sich in Afrika niedergelassen hatten, der Verweichlichung anheim gefallen waren (Procop. bell. Vand. 2,6,5–9).

Das Jahr 533, in dem das Vandalenreich erobert und dem Römischen Reich einverleibt wurde, bezeichnete Justinian als für ihn „überaus glücklich". Dabei dachte er aber nicht nur an jene Waffentaten Belisars, welche die Grenzen des Reichs erweitert hatten, sondern auch an die Vollendung desjenigen Werkes, das der französische Humanist Gothofredus in seiner Ausgabe von 1583 mit dem Namen „Corpus iuris civilis" versehen hat: die Dreiheit ›Codex Iustinianus‹, ›Digesta‹ und ›Institutiones‹. Die beiden letzteren Teilstücke wurden zum 30. Dezember 533 in Kraft gesetzt (Const. „Tanta" 23). Der Codex Iustinianus war schon seit dem 16. April 529 in Benutzung (Const. „Summa" 5), wurde jetzt aber erweitert und den beiden anderen Rechtsbüchern angepasst. Die neue Auflage trat am 29. Dezember 534 in Kraft; die erste Auflage verlor ihre Gültigkeit (Const. „Cordi" 4). Wie für die Eroberung Afrikas, so hatte Justinian auch für die Rechtskodifikation den passenden Mann zur Hand, seinen 'Justizminister' Tribonianus. Das Konzept dieser Großtat aber war sein, des Kaisers, geistiges Eigentum und fügte sich mit seinem Programm der territorialen Wiederherstellung des alten Römischen Reiches zu der eindrucksvollen Maxime zusammen (Const. „Summa" pr.): „Der beste Schutz des Staates beruht auf zwei Grundlagen, den Waffen (*arma*) und den Gesetzen (*leges*)".

Die für das Corpus iuris civilis vorgesehene Materie wurde einzelnen Kommissionen unter der jeweiligen Leitung Tribonians zugewiesen. Die meisten Mitglieder hatte die Digestenkommission

(17 einschließlich Tribonian). Sie musste ja auch 2000 Bücher mit 3 Millionen Zeilen durcharbeiten (Const. „Tanta" 1 + 9). Dass sie dies in nur drei Jahren (530–533) vollbrachte, war eine Glanzleistung. In Gang gesetzt wurde das ganze Kodifikationswerk des Corpus iuris civilis 528 mit dem Auftrag zur Abfassung des Codex Iustinianus (Const. „Haec").

Der ›Codex Iustinianus‹ von 534 sollte, wie schon der (nicht erhaltene) von 529, die drei früheren Codices (Gregorianus, Hermogenianus, Theodosianus) ersetzen, die einzelnen Kaiserkonstitutionen verbessern und durch die inzwischen von Justinian erlassenen ergänzen. So kamen mehr als 4600 Konstitutionen (rund 400 von Justinian) zusammen, die auf 12 Bücher verteilt wurden. – In die ›Digesta‹ gingen die wichtigsten Passagen (Fragmente) aus ca. 200 Juristenschriften (den oben erwähnten 2000 Büchern) in sorgfältiger Gliederung (50 Bücher mit Unterteilung in Titel) ein. Nur diese Auszüge, die gegebenenfalls den neuen Rechtszuständen angepasst wurden, sollten als „Gesetze" gelten und das ganze Juristenrecht ersetzen. – Mit den ›Institutiones‹ erhielt der Rechtsunterricht ein verbindliches Lehrbuch. Es beruhte im Wesentlichen auf den Institutionen des Gaius (2. Jahrhundert n. Chr.), berücksichtigte aber auch andere Bücher propädeutischen Charakters. – In engem Zusammenhang mit der Rechtskodifikation stand die 533 erlassene Studienordnung, die in minutiöser Weise den Rechtsunterricht auf die Digesten ausrichtete (Const. „Omnem").

Die Rechtskodifikation Justinians verdankte ihre Entstehung einer bestimmten Konstellation. Diese bestand einmal, wie schon angedeutet, in dem Zusammentreffen zweier Persönlichkeiten, denen das gleiche Ziel vorschwebte, aus der Rechtsmaterie der Vergangenheit einen „Tempel der Gerechtigkeit" (*templum iustitiae*) für die Gegenwart zu erbauen (Const. „Tanta" 20). Zum anderen fühlten sich Justinian und Tribonian von einer Bewegung getragen, welche dem alten römischen Recht eine Schlüsselrolle bei der Juristenausbildung einräumte. Zentren dieser Bewegung waren die Rechtsschulen in Constantinopel und Berytus/Beirut. So war es für Tribonian nicht schwer, kompetente Mitarbeiter zu finden. In die Digestenkommission berief er z. B. je zwei Professoren aus Constantinopel und Berytus sowie elf an diesen Stätten ausgebildete und jetzt in der Prätorianerpräfektur tätige Anwälte (mit ihm selbst und dem *magister officiorum* waren das die oben erwähnten 17 Mitglieder). Schließlich muss die Rechtskodifikation Justinians hineingestellt werden in das gerade zu Beginn einer Regierung starke

Bemühen des Kaisers, alles seiner Autorität (*auctoritas*) zu unterwerfen. Durch die Bearbeitung, welche Justinian dem alten römischen Recht angedeihen ließ, wurde es sein Recht, erhielt durch ihn seine Autorität (Const. „Deo auctore" 6). Und da er dabei Gottes Hilfe erfuhr, war seine Kodifikation sozusagen Gottes Werk (Const. „Tanta" pr.).

Nach Justinians Vorstellung sollte das Corpus iuris „für alle Zeit" (*in omne aevum*) Gültigkeit besitzen und in jedem Rechtsfall eine Entscheidung möglich machen (Const. „Tanta" 23). Zu einer solchen Wirkung ist das voluminöse Werk jedoch nicht gelangt. Man ging schnell daran, es für die Praxis herzurichten, z.B. durch Paraphrasierung der einzelnen Teile. So verfasste Theophilus von Berytus, Mitglied der Institutionenkommission, eine griechische Paraphrase dieses Lehrbuchs. Vom Codex Iustinianus und den Digesten entstanden ähnliche Bearbeitungen. Diese sekundären Formen des Corpus iuris gingen im 9. Jahrhundert (unter Leo VI. [886–911]) in die ›Basiliken‹ ein, die das „Kaiserrecht" in griechischer Sprache darboten (60 Bücher) und eine beachtliche Wirkung auf das Rechtsleben im Byzantinischen Reich ausübten. Griechisch als Gesetzessprache verwendete übrigens schon Justinian selbst seit 535 für seine Novellen (*novellae leges*). Das kam dem lateinischen Corpus iuris nicht gerade zugute! Eine private Sammlung hat 168 Novellen Justinians aufbewahrt.

Im Westen hatte das Corpus iuris nur geringe Chancen, Geltung zu erlangen, obwohl Justinian im Jahre 554 seine Einführung offiziell vorschrieb (Nov. Iust. app. 7,11). Zu sehr hatte man sich an das Vulgarrecht gewöhnt, und zu schnell ging die byzantinische Herrschaft über Italien wieder verloren. Desto stärker war die Wirkung, welche seit der Mitte des 11.Jahrhunderts von der Wiederentdeckung der lange verlorenen Digesten ausging. In Bologna bildete sich die Schule der Glossatoren, die den Text mit fortlaufenden Anmerkungen versahen. So entstand ein neues Verständnis des römischen Rechts, das sich über ganz Europa ausbreitete und die Rechtsentwicklung über Jahrhunderte nachhaltig beeinflusste.

Wie Justinian es verstand, seine Rechtskodifikation mit dem militärischen Geschehen in Afrika zu einer propagandistisch wirksamen Formel (*arma atque leges*) zu verbinden, so benutzte er den Gewinn Afrikas und die dort erforderliche Neueinrichtung der römischen Provinzialverwaltung zu einer Reform dieses Zweiges der Staatsorganisation im ganzen Reich. Auch dabei wurde ihm (wie beim Corpus iuris) kompetente Hilfe zuteil. Es war der *praefectus praetorio Orientis* Johannes der Kappadokier, auf dessen Sachverstand Justinian für seine diesbezügliche Verfügung vom 15. April 535 (Nov. Iust. 8) zurückgreifen konnte. Die Bedeutung, welche Justinian dieser Konstitution beimaß, lässt sich am besten an der Publikationsvorschrift für das ihr beigefügte Edikt ablesen: Das Edikt ging an die Bischöfe und Patriarchen, die es in den Kirchen bekannt machen und mit den heiligen Geräten aufbewahren sollten. Am besten sei es, meinte der Kaiser, wenn der Text des Edikts in Stein gehauen und in den Vorhallen der Kirchen aufgestellt würde.

Was Justinian und seinen Prätorianerpräfekten zu dem legislativen Eingreifen bewog, war in der Hauptsache die Korruption, welche bei der Besetzung der Provinzialstatthalterposten eingerissen war, indem die Kandidaten an die verschiedensten Amtsstellen Geldsummen für die Erlangung ihrer Posten bezahlen mussten. Das wiederum hatte dazu geführt, dass die Geschädigten darauf aus waren, von der Provinzialbevölkerung ihren 'Einsatz' zurückzuerhalten. Justinian glaubte, das Übel dadurch an der Wurzel fassen zu können, dass er in dem Edikt genau festlegte, an wen und wie hohe 'Gebühren' die einzelnen Statthalter zu entrichten hatten. Sie reichten von 63 bis 196 Solidi je nach dem Rang der Statthalterschaft. Mit dem Edikt verbunden war das Formular eines Eides, den die Statthalter künftig zu leisten hatten. Er verlangte von ihnen die ausdrückliche Erklärung, dass sie ihr Amt nur mit den gesetzlich vorgesehenen Zahlungen erlangt hätten und keine weiteren leisten würden. Außerdem mussten sie schwören, treu zu Justinian und Theodora zu stehen.

In Ergänzung zu der Konstitution vom 15. April 535 erging einen Tag später die Aufforderung Justinians an den *quaestor sacri palatii* – Tribonian hatte dieses Amt wieder inne –, den Statthaltern beim Amtsantritt genaue Anweisungen (*mandata*) für ihren Kompetenzbereich aushändigen zu lassen (Nov. Iust. 17). Die wichtigste Veränderung bestand darin, dass die Statthalter nunmehr direkt dem Prätorianerpräfekten unterstanden, d.h. die *vicarii* als Zwischeninstanzen (oben S. 96) abgeschafft wurden. Hier spürt man deutlich die Handschrift Johannes des Kappadokiers, der seine eigene Stellung als Prätorianerpräfekt verstärken wollte. Das Gleiche gilt von der Mahnung Justinians an seine Untertanen, ihrer Steuerpflicht nachzukommen (Nov. Iust. 8,10), denn so konnte der Präfekt seine rigorosen Methoden des Steuereinzugs letztlich auf den Kaiser zurückführen. Am schlechtesten war es um die Steuermoral in Ägypten bestellt. Johannes erwirkte deshalb 539 von Justinian die

Einsetzung von Sonderbeamten (*tractores* und *scrinarii*) zur Überwachung der Steuereintreibung in den Provinzen des Nillandes (Edict. Iust. 13).

Das soeben erwähnte Edikt von 539 enthielt umfangreiche Anordnungen über die Reform der Administration Ägyptens. Es bildete den Abschluss einer Reihe ähnlicher Statute für andere Provinzen (z.B. Nov. Iust. 103 für Palästina), die, zusammen mit den beiden Verordnungen über die Statthalter, die Provinzialverwaltung des Byzantinischen Reiches auf feste Füße stellten. Johannes der Kappadokier, der sich mit dieser Reform ein Denkmal schuf, hatte noch die Genugtuung, 540/541 auf einer Reise durch die Provinzen seiner Präfektur (Oriens) vom Großteil der Bevölkerung gefeiert zu werden (vgl. Lyd. de mag. 3,62), dann wurde er durch eine Intrige Theodoras von der politischen Bühne entfernt (Procop. bell. Pers. 1,25,3–44).

Inzwischen hatte Belisar den 535 begonnenen Krieg gegen die Goten auf Sizilien und in Italien zu einem vorläufigen Ende geführt und kehrte 540 zur Übernahme des Kommandos im wieder ausgebrochenen Perserkrieg nach Constantinopel zurück.

Der Gotenkrieg hatte den gleichen Anlass wie der Vandalenkrieg: einen politischen Mord. Amalaswintha, die Tochter Theoderichs des Großen, war von ihrem Vetter Theodahad, den sie nach dem Tode ihres Sohnes Athalarich 534 zum König eingesetzt hatte, auf eine Insel im Bolsena-See (Volsinii/Etrurien) gebracht und dort in den ersten Monaten des Jahres 535 getötet worden. Justinian, der mit Amalaswintha in guter Verbindung stand – 533 wäre es fast zur Übersiedlung der Gotin ins Ostreich gekommen –, sah sich durch ihre Ermordung zum Handeln veranlasst. Er ließ Mundus, den *magister militum per Illyricum*, in Dalmatien einrücken und schickte Belisar mit der Flotte nach Sizilien. Dieser ging in Catania an Land und brachte von dort aus die ganze Insel in seinen Besitz; am 31. Dezember 535 zog er unter dem Jubel der Bevölkerung in Syrakus ein (Procop. bell. Goth. 1,17–18). 536 setzte er von Messana nach Rhegium über und zog durch Bruttium und Lukanien nach Kampanien. Dort stieß er auf starken Widerstand, der in Neapel sein Zentrum hatte. Es kam zu einer Belagerung der Stadt, die nach zwanzig Tagen zur Eroberung führte.

Die Goten sahen in dem Verlust Neapels eine Fehlleistung ihres Königs und setzten ihn ab. Als neuen König erhoben sie Witigis, einen bewährten Heerführer. Dieser gab die Stellung der Goten bei Terracina auf und zog nach Ravenna, wo er, um sich mit der Amalerdynastie zu verbinden, Matasunta, die Tochter Amalaswinthas und Enkelin Theoderichs des Großen, heiratete. Seine Hauptaufgabe sah Witigis darin, ein starkes Heer zu sammeln, mit dem er Belisar entgegentreten könne, der am 9. Dezember 536 Rom eingenommen und die Verteidigungsanlagen der Stadt (Aurelianische Mauern) verstärkt hatte (Procop. bell. Goth. 1,14,15). Witigis zog zu seiner Verstärkung auch die in der gallischen Präfektur stehenden gotischen Truppen an sich. Das einst von den Westgoten übernommene Gebiet (oben S. 258) trat er an die Franken ab, die dafür versprachen, den Goten im Kampf gegen Belisar beizustehen (Procop. bell. Goth. 1,13–26).

Als Witigis sah, dass Belisar Rom zum Zentrum seiner Unternehmungen im übrigen Italien machte, entschloss er sich zur Belagerung der Stadt mit allen verfügbaren Kräften. Einen vollständigen Belagerungsring vermochte er allerdings nicht zu errichten; mit sieben Lagern umschloss er etwa die Hälfte der Mauer, vom Grabmal Hadrians mit der Porta S. Petri im Westen bis zur Porta Praenestina bei S. Maria Maggiore im Osten. Die Einschließung begann am 12. März 537 und dauerte bis zum 21. März 538: 1 Jahr und 9 Tage (Procop. bell. Goth. 2,10,13). Zu Kämpfen kam es hauptsächlich vor den Stadttoren. Da Belisar nur über 5000 Soldaten verfügte, musste er die Stadtbevölkerung zum Wachdienst heranziehen. Um dem Lebensmittelmangel vorzubeugen, schickte er Frauen und Kinder sowie Sklavinnen und Sklaven nach Kampanien und Sizilien. Tatsächlich gelang es Witigis, durch Einnahme des Hafens Portus die Versorgung Roms mit Lebensmittel zu gefährden. Hunger und Seuchen breiteten sich unter den Belagerten aus. Aber auch bei den Belagerern machten sich die gleichen Erscheinungen bemerkbar. Schließlich setzten Truppenverstärkungen aus Constantinopel Belisar in den Stand, Ariminum/Rimini besetzen zu lassen und dadurch Ravenna zu bedrohen. Witigis hob daraufhin die Belagerung Roms auf und marschierte mit seinem Heer nach Ariminum, das er belagerte.

Belisar verließ im Juni 538 Rom und suchte die Vereinigung mit einem 7000 Mann starken Heer, das unter dem *praepositus sacri cubiculi* Narses, einem Eunuchen, in Picenum an Land gegangen war. Zusammen marschierten die beiden Feldherren von Firmum aus nach Ariminum; die Flotte begleitete das Heer in Küstennähe. Die Aktion führte zum Erfolg: Die gotische Besatzung von Ariminum verließ die Stadt und setzte sich nach Ravenna ab. Dagegen gelang es den kaiserlichen Truppen nicht, Mediolanum/Mailand vor der Eroberung durch die Goten zu bewahren. Die Stadt hatte durch ihren Bischof von Belisar eine Besatzung erbeten, die später noch verstärkt wurde. Nun wurde sie von den Goten und einem 10000 Mann zählenden Hilfskorps der Burgunder belagert. Letztere waren im Auftrag der Franken erschienen. Kompetenzstreitigkeiten zwischen Belisar und Narses verhinderten eine schnelle Hilfe, so dass Mailand im März 539 von den Germanen erobert wurde, die alle Männer töteten und die Frauen zu Sklavinnen der Burgunder machten (Procop. bell. Goth. 2,21,39). Da sich der Streit um den Oberbefehl zwischen Belisar und Narses auch bei anderen Kampfhandlungen in Italien nachteilig auswirkte, berief Justinian Narses nach Constantinopel zurück (Procop. bell. Goth. 2,22,4).

Nach der Eroberung Ariminums hätte Belisar nach Norden marschieren und Ravenna belagern können. Er wandte sich aber südwärts, weil starke gotische Kräfte in Auximum lagen, die ihm in den Rücken hätten fallen können. Sieben Monate brauchte er für die Belagerung der Hauptstadt Picenums, dann konnte er mit der Einschließung Ravennas beginnen.

Als Belisar vor Auximum stand, drangen fränkische Kriegsscharen unter dem König Theudebert über die Alpen nach Ligurien vor, überschritten bei Ticinum/Pavia den Po und wandten sich gegen alle, auf die sie südlich des Flusses stießen. Die Goten meinten zwar, die Franken kämen zu ihrer Unterstützung, doch machten diese ihre eigene, auf Beute lauernde Rechnung auf. Lediglich die ausbrechenden Seuchen verhinderten ihr weiteres Vordringen. So blieb die fränkische Invasion ohne Einwirkung auf die Operationen Belisars gegen Auximum und Ravenna. Wohl brachte sie den Franken territoriale Gewinne in den Kottischen Alpen und Venetien (Procop. bell. Goth. 3,33,7).

Während der Belagerung Ravennas kam es in Folge der herrschenden Hungersnot zu Verhandlungen zwischen Witigis und Justinian. Es schien sich auch eine Verständigung anzubahnen, die dem Gotenkönig das Land nördlich des Po und die Hälfte des Staatsschatzes belassen hätte, aber Belisar widersetzte sich dieser Lösung. Ihm kam zustatten, dass eine Faktion der Goten ihm den Vorschlag machte, in seiner Person das Kaisertum des Westens wiederaufleben zu lassen. Indem Belisar diese Frage offen ließ, den übrigen Bedingungen aber zum Schein zustimmte, erreichte er die Übergabe Ravennas und zog im Mai 540 in die Stadt ein. Er nahm Witigis in seinen Gewahrsam und bemächtigte sich des ganzen Königsschatzes der Goten. Mit dieser wertvollen Beute fuhr er nach Constantinopel, wohin Justinian ihn zurückberufen hatte (Procop. bell. Goth. 3,1,1).

Für etwas mehr als ein halbes Jahr lebte Belisar jetzt, umgeben von seiner 7000 Mann starken Haustruppe, neben Justinian in der Hauptstadt. Sein allmorgendlicher Gang zum Forum glich, wie ein Zeitgenosse es ausdrückte, einem Festzug (Procop. bell. Goth. 3,1,5–6). Er war eben der zweite Mann nach dem Kaiser. Der Abstand zu diesem freilich wurde deutlich, wenn man einen Blick auf die wenige Jahre zuvor fertig gestellte neue Hagia Sophia warf. Bei ihrer Einweihung am 27. Dezember 537 soll Justinian ausgerufen haben: „Ehre sei Gott, dass er mich für würdig befunden hat, ein solches Werk zu vollenden. Salomon, ich habe dich besiegt!" (Narr. de s. Sophia 27, Script. orig. Constantinop. I 105). Die von Anthemius aus Tralles und Isidorus aus Milet erbaute Kuppelbasilica (Länge: 100 m, Scheitelhöhe der Kuppel: 56 m, Durchmesser: 31 m) vollendete gewissermaßen die Stadtgründung Constantins des Großen. So sah es jedenfalls der Auftraggeber des in das 9. oder 10. Jahrhundert gehörenden Stiftermosaiks über der Tür vom Südvestibül in den Narthex: Constantin und Justinian zur Linken und Rechten der Gottesmutter mit dem Jesuskind überreichen Modelle der Stadt bzw. der Hagia Sophia (Abbildung: G. Prinzing, in: Forschungen zur byzantinischen Rechtsgeschichte, Fontes Minores VII, 1986, Abb. 1 + 2). Die Wirkung der Hagia Sophia auf den Betrachter wurde noch gesteigert durch das seit ca. 544 in ihrer Nähe stehende 35 m hohe Reiterdenkmal Justinians, das dem 'christlichen' Machtanspruch des Kaisers – er hielt in seiner Linken den Globus mit dem Kreuz – Ausdruck verlieh.

Justinian hat sein Gottesgnadentum mit Vehemenz vertreten. Vor allem in den Gesetzen führte er seine Herrschergewalt immer wieder auf Gott zurück (z. B. Const. „Deo auctore" pr.). Er ging so weit zu verkünden, er sei von Gott als „lebendes Gesetz" auf die Erde gesandt worden (Nov. Iust. 105,2,4), und er legte dies so aus, dass ihm damit Staat und Kirche gleichermaßen anvertraut seien (Nov. Iust. 6 pr.). Es war dies die Gegenposition zur Zwei-Gewalten-Lehre des Gelasius (oben S. 263, 291) und musste deshalb das Papsttum in Rom bei entsprechendem Anlass auf den Plan rufen. Ein solcher Anlass ergab sich 543 mit dem Edikt, in dem Justinian „Lehrsätze" (*capitula*) der drei Theologen Theodoretus von Cyrus, Ibas von Edessa und Theodor von Mopsuestia für häretisch erklärte. Das Edikt stellte den halbherzigen Versuch dar, durch 'Opferung' der drei den Monophysiten missliebigen Theologen das Konzil von

Chalcedon und sein Ergebnis zu 'retten'. Es fand im Osten weithin Zustimmung, im Westen aber erbitterte Ablehnung, die sich im „Drei-Kapitel-Streit" (543–553) artikulierte.

Verärgerung erregte vor allem Justinians Anmaßung, Glaubensfragen, die durch allgemeine Konzilien und die Zustimmung des Stuhles Petri geklärt werden müssten, selbst zu entscheiden (Ferrand. ep. 6,8–9). Eine wichtige Rolle fiel daher dem Papsttum zu. Papst Vigilius ließ das kaiserliche Dokument unbeantwortet, was zur Folge hatte, dass Justinian oder vielmehr: Theodora ihn im November 545 verhaften und nach Constantinopel schaffen ließ. Hier wurde er mit allen möglichen Mitteln zur Unterschrift gedrängt. In seiner Not floh der Papst zwei Tage vor dem Weihnachtsfest des Jahres 551 nach Chalcedon ins Kirchenasyl und machte durch eine Enzyklika die katholische Christenheit auf seine unwürdige Situation aufmerksam (Mansi, Sacr. Conc. Coll. IX 50–55). Das Insistieren des Papstes auf einem allgemeinen Konzil ließ den Kaiser nun einlenken. Er berief eine solche Versammlung, das 5. ökumenische Konzil, nach Constantinopel, wohin auch der Papst zurückkehrte. Er nahm aber ebenso wie der Kaiser nicht an den Sitzungen teil. Das Konzil von 553 verurteilte die Drei Kapitel, und der Papst erkannte die Verurteilung an. Eine Annäherung von Gegnern und Anhängern des Chalcedonense war freilich nicht die Folge. Die Monophysiten im Osten sahen sich durch die Verurteilung der Drei Kapitel in ihrer Ablehnung des Chalcedonense bestätigt, die Orthodoxen im Westen waren enttäuscht über das von ihnen als Beeinträchtigung des Chalcedonense empfundene wankelmütige Verhalten des Papstes. Der Kaiser schließlich musste einsehen, dass so dem Monophysitismus nicht beizukommen war, der weiterhin in Ägypten vorherrschte und in Palästina, Syrien und Kleinasien seine Positionen behauptete, ja durch die geheimen Aktivitäten des Jacobus Baradaeus, des Bischofs von Edessa (seit 542), sogar verbesserte.

Der Versuch Justinians, Monophysiten und Orthodoxe durch die Verurteilung der Drei Kapitel zu einen, war Teil seines Regierungsprogramms, welches die Einheit im rechten christlichen Glauben als „das höchste Gut für alle Menschen" bezeichnete (Nov. Iust. 132 pr.). Schon 527, als er neben Justin trat, bestätigte er sämtliche von seinen Vorgängern erlassene Gesetze gegen Häretiker, Heiden, Juden und kündigte eigene ergänzende Maßnahmen gegen diese Personengruppen an. Er ließ auch wissen, wie er dabei vorgehen wollte: Diejenigen, die Gott nicht richtig verehrten, sollten an der Erlangung irdischer Güter gehindert werden. So durften sie nicht

Anwälte werden, weil ihnen die göttlichen Gesetze verschlossen seien (Cod. Iust. 1,5,12,4–8). Auch Professorenstellen konnten sie nicht bekleiden, da die Gefahr bestand, dass ihr Irrglaube bei den ihnen anvertrauten Jugendlichen Schaden anrichtete (Cod. Iust. 1,5,18,4). 529 ließ Justinian die Akademie in Athen schließen (Malal. chronogr. 18,47), womit die neuplatonische Ersatzreligion offiziell ihr Ende fand. Einen Einblick in ihr Wesen gab Damascius, das letzte Schulhaupt, in der Biographie seines Lehrers Isidorus (›Vita Isidori‹).

Ein Dorn im Auge war für Justinian die immer noch weite Verbreitung des Heidentums im westlichen Kleinasien, die in starkem Gegensatz zu der Bedeutung stand, welche Ephesus, der Vorort des Christentums in dieser Gegend, genoss; sie sollte nach den Vorstellungen des Kaisers noch gesteigert werden durch den großartigen Kirchenbau, den er der Stadt zugedacht hatte: die Basilica über dem Grab des Apostels Johannes, die nach Art der Apostelkirche in Constantinopel gestaltet wurde und 130 mal 40 m maß. Justinian fand in einem Mönch namens Johannes, der später Bischof von Ephesus wurde, einen Mann, der es um 542 unternahm, die Heiden im Hinterland von Ephesus zum christlichen Glauben zu bekehren. Nach seinen eigenen Angaben sollen es 70 000 Menschen gewesen sein, die er taufte. Die Missionierung war mit der Zerstörung von Tempeln und der Verbrennung 'heiliger' Schriften sowie mit dem Bau christlicher Kirchen verbunden (Joh. Ephes. hist. eccl. 3,2,44 + 3,3,36–37).

Im Jahre 540, in dem Belisar, der den Gotenkrieg zu einem gewissen Abschluss gebracht hatte, aus dem Westen (Italien) nach Constantinopel zurückkehrte (oben S. 311f.), wurde die Hauptstadt durch die Nachricht aus dem Osten (Syrien), der Perserkönig Chosroes habe Antiochia erobert und dem Erdboden gleichgemacht, in große Bestürzung versetzt. Im nächsten Jahr (541) wurde bekannt, dass Chosroes in Lazica eingefallen sei und die Festung Petra am Schwarzen Meer eingenommen habe. 542 schließlich wütete in Constantinopel die Pest, die von Ägypten aus „die ganze Welt" erfasste (Procop. bell. Pers. 2,22–23).

Der Großkönig nahm Streitigkeiten zwischen zwei arabischen, teils mit Persien, teils mit Byzanz verbundenen Stämmen zum Vorwand, den „Ewigen Frieden" von 532 (oben S. 301) durch einen Heereszug nach Antiochia zu brechen. Die Stadt wurde nicht nur geplündert und bis auf die Hauptkirche eingeäschert, sondern auch ihrer gesamten Bevölkerung beraubt, die nahe der Königsresidenz

Ctesiphon eine neue Wohnstätte erhielt (Procop. bell. Pers. 2,14, 1–4). Nach Lazica wurde Chosroes von den Einwohnern selbst gerufen, die mit der römischen Herrschaft unzufrieden waren. Der Rückmarsch des persischen Heeres hatte seinen Grund außer in der Pest, die ihre Opfer forderte, in der Aktivität Belisars in Mesopotamien (Procop. anecd. 2,27–28).

Justinian entsandte Belisar im Frühjahr 541 als *magister militum per Orientem* in seinen alten Wirkungskreis (oben S. 301). Belisar versuchte, Nisibis zu belagern, und er schickte einen Truppenverband zum Plündern in die Gebiete jenseits des Tigris. Beide Unternehmungen hatten keinen Erfolg. Nisibis erwies sich als zu stark befestigt und bemannt, die 'Plünderer' kehrten nicht zum Hauptheer zurück. 542 konnte Belisar zwar durch Anwendung einer Kriegslist (bei Zeugma) und diplomatisches Geschick einen erneuten Vorstoß des Perserkönigs auf römisches Gebiet paralysieren, doch kam dieser Erfolg gegen die Verleumdungen nicht auf, die im Zusammenhang mit dem Pestbefall Justinians nach Constantinopel drangen und Theodoras Zorn erregten. Sie erreichte, dass Belisar im Winter 542/543 sein Kommando entzogen wurde. Er musste auch seine Haustruppe (7000 *buccellarii*) auflösen und 3000 Pfund Gold von seinem Vermögen abtreten (Procop. anecd. 4,1–5 + 13–15 + 30).

Nach der Abberufung Belisars verlor die römische Kriegführung gegen die Perser jegliches Format. 543 wurde im persischen Armenien gekämpft, 544 in der römischen Provinz Osrhoene (Edessa), 545 folgte ein fünfjähriger Waffenstillstand. Die letzte Phase des Krieges fand 549–555 in Lazica statt, wo immerhin Petra den Persern entrissen werden konnte (551). Nach einigen Jahren der Waffenruhe und reger Verhandlungstätigkeit kam 561 ein Friedensvertrag mit 50-jähriger Laufzeit zu Stande (ausführlich erhalten bei Menand. fragm. 3. Übers.: B. Rubin, Das Zeitalter Justinians, I, 1960, 523–530). Darin verpflichtete sich Byzanz, jährlich 30 000 Goldmünzen (fast 420 Pfund) zu zahlen, und zwar für die ersten sieben Jahre in einer Summe, dann für drei Jahre, von da an Jahr für Jahr. Chosroes versprach dafür, die Kaukasus-Pässe, vor allem die „Kaspischen Tore", gegen die Hunnen zu verteidigen und den Christen im Perserreich freie Religionsausübung zu gestatten. Die übrigen Punkte des Vertragswerkes regelten alle zwischen den beiden Großmächten strittigen Fragen, so dass eine dauerhafte Friedenszeit erwartet werden durfte, zumal die von Justinian an der Ostgrenze angelegten Befestigungsanlagen abschreckend wirkten. Prokop hat sie in seinem Werk über die Bauten (›Aedificia‹) im 2. und 3. Buch beschrieben.

Als um das Jahr 555 die Kampfhandlungen an der Ostgrenze nachließen, war im Westen die Entscheidung gegen die Goten schon gefallen; 552 hatte Narses sie in der Schlacht am Vesuv herbeigeführt. Zwischen den beiden Kriegen bestand insofern eine Verbindung, als der Gotenkönig Witigis durch seinen 539 erfolgten Hilferuf an den Perserkönig Chosroes (Procop. bell. Goth. 2,22,17–20) nicht unwesentlich zu dem 540 erfolgten Zug des Letzteren gegen Antiochia beigetragen hatte.

Nach der Einnahme Ravennas und der Wegführung des Königs Witigis in die Internierung (oben S. 311) versuchten die in Oberitalien verstreuten Goten, unter einem neuen König ihre Kräfte zu sammeln und ihren Staat wieder aufzurichten. Das gelang allerdings erst im dritten Anlauf; zwei Könige endeten 540/541 durch Mord. Im Herbst 541 übernahm Totila in Ticinum/Pavia die Königswürde, die er erst 552 in der Schlacht bei Busta Gallorum (Umbrien) verlor. Elf Jahre lang hat er durch seine Taten den Gotennamen noch einmal zum Leuchten gebracht und durch die Einnahme Roms im Jahre 546 auch literarischen Ruhm erlangt; Felix Dahns Roman ›Ein Kampf um Rom‹ (1877) kreist um dieses Ereignis.

Totila zog 542 mit den ihm zur Verfügung stehenden 5000 Mann (Procop. bell. Goth. 3,4,1) nach Süden, um sich in den Besitz Neapels zu setzen. Die byzantinischen Truppen brauchte er dabei nicht zu fürchten, sie waren auf einzelne Festungen verteilt, von denen Totila nur diejenigen angriff und schleifte, die, wie Benevent, als Basen gegen ihn dienen könnten (Procop. bell. Goth. 3,6,1). Von seinem Lager bei Neapel aus brachte er ganz Süditalien unter seine Kontrolle. Auch baute er eine große Anzahl von Schnellseglern, mit denen er den Angriff einer gegnerischen Flotte abschlug; die erbeuteten Schiffe verstärkten die gotische Flotte beträchtlich (Procop. bell. Goth. 3,6,5 + 6,24–25). Nachdem noch ein weiterer Flottenangriff mit Hilfe eines großen Sturmes abgewehrt worden war, konnte Totila Anfang 543 die Kapitulation Neapels entgegennehmen.

Totilas Aufenthalt in Süditalien brachte für die wirtschaftlichen und sozialen Verhältnisse dieser Regionen (Bruttium, Lucania, Apulia, Calabria) einschneidende Veränderungen mit sich. Die Sklaven flohen von den großen Gütern und traten gegen das Versprechen, nicht wieder an ihre Herren ausgeliefert zu werden, in Totilas Heer ein; die Kolonen erhielten die Zusicherung, das Land, das sie bear-

Justinian und der Ausgang der Antike   317

beiteten, sollte ihnen gehören. Es war dies das Ende der senatorischen Latifundienwirtschaft und der Übergang zu neuen Strukturen (Procop. bell. Goth. 3,9,3).

543 bereitete Totila die Belagerung Roms vor, u. a. dadurch, dass er sich gegen Tibur/Tivoli wandte, das 544 in seine Hände fiel. Ende 545 begann er die eigentliche Einschließung Roms, die schon bald zu einer Hungersnot in der Stadt führte. Eine Getreideflotte, die der Papst Vigilius von Sizilien aus nach Rom schickte, wurde von den Goten abgefangen (Procop. bell. Goth. 3,15,9–12). Diese erhielten auch weiterhin Zuzug von Sklaven, über deren Rückgabe zu verhandeln Totila ablehnte.

544 zog Justinian aus den verworrenen Befehlsverhältnissen in Italien die Konsequenz und betraute Belisar erneut mit dem Oberbefehl, verlangte jedoch von ihm, dass er sein Heer mit eigenen Mitteln aufstelle. Belisar warb in Thrakien etwa 4000 Mann an, mit denen er nach Westen marschierte. Nachdem er sie ausgebildet hatte, setzte er von Dyrrhachium/Durazzo (Epirus) nach Hydruntum/Otranto über und fuhr mit der Flotte durch die Straße von Messina nach Portus, dem Hafen Roms. Von dort aus unternahm er den Versuch, durch einen auf dem Tiber vorgetragenen Angriff Rom Entsatz zu bringen. Das Unternehmen scheiterte jedoch. So konnte Totila am 17. Dezember 546 durch die Porta Asinaria (im Südosten) in die Stadt einrücken.

In Rom fand Totila nur mehr etwa 500 Leute aus dem einfachen Volk und etliche Senatoren vor. Beide Gruppen schickte er nach Kampanien. Seinen Soldaten gestattete er die Plünderung der Stadt, verbot ihnen aber Mord und Vergewaltigung. Er selbst suchte die Peterskirche auf, um zu beten. Nach Constantinopel schickte er Gesandte mit einem Friedensangebot, erhielt jedoch zur Antwort, dafür sei Belisar zuständig (Procop. bell. Goth. 3,20,14–30 + 3,21, 18–25). Nach 40 Tagen verließ Totila Rom (Marcell. Comes, Chron. Min. II 108) als ausgestorbene Stadt. Etwa 25 km westlich von ihr schlug er ein Lager auf, das die Truppen Belisars in Schach halten sollte. Er selbst begab sich mit einem Reiterheer nach Süditalien, wo neue Entwicklungen seine Anwesenheit erforderlich machten.

In Hydruntum war nach der Abfahrt Belisars ein kaiserlicher Heeresverband aus Dyrrhachium angelangt, der unter dem Kommando des Johannes, eines Neffen des einst von Justinian beseitigten Heermeisters Vitalianus (oben S. 293), stand. Johannes versuchte, Süditalien zurückzugewinnen, und hatte gewisse Erfolge zu verzeichnen. Totila zwang nach seiner Ankunft die Truppen des

Johannes, sich nach Hydruntum zurückzuziehen. Er selbst nahm am Berg Garganus (Apulien) ein Lager in Besitz, das einst Hannibal benutzt hatte; auch legte er in die Festung Aceruntia (Lukanien) eine gotische Besatzung. Johannes wiederum nahm eine günstige Gelegenheit wahr und setzte sich in Tarent fest. Totila sah darin jedoch keinen Grund, länger in Süditalien zu bleiben. Er rückte ab, um sich gegen Ravenna zu wenden.

Belisar nutzte Totilas Engagement im Süden und die Isolierung des gotischen Lagers bei Rom, um von Portus aus gegen die verlassene Stadt aktiv zu werden. Im April 547 gelang es ihm, mit dem größten Teil seiner Streitmacht Rom zu besetzen und in Verteidigungszustand zu bringen. Dabei kam ihm zustatten, dass Totila die Mauern nur teilweise abgetragen hatte; sie ließen sich in 25 Tagen behelfsweise wiederherstellen. Die Tore allerdings, die Totila sämtlich zerstört hatte, konnten nicht erneuert werden, da es an geeigneten Handwerkern fehlte. Denn die Einwohner Roms kehrten erst allmählich zurück. Immerhin wurde die Stadt wieder mit Leben erfüllt, zumal Belisar dort reichlich Versorgungsgüter lagerte (Procop. bell. Goth. 3,24,1–9).

Als Totila von der Inbesitznahme Roms durch Belisar hörte, brach er den Marsch auf Ravenna ab und wandte sich mit allen verfügbaren Truppen gegen Rom. Seine mehrmaligen Sturmangriffe scheiterten jedoch, so dass er das Unternehmen schon nach kurzer Zeit (Ende Juni 547) aufgab und sich nach Tibur/Tivoli zurückzog, wo er seine Truppen neu formierte. Inzwischen hatte Johannes sich an die Belagerung der gotischen Festung Aceruntia in Lukanien gemacht, ja sogar einen Vorstoß nach Kampanien unternommen. Totila eilte daher nach Lukanien, trieb Johannes nach Hydruntum zurück und besetzte Brundisium/Brindisi, um die Vorgänge in Kalabrien zu überwachen. Tatsächlich sollte nach dem Willen Justinians in diesem Raum die Entscheidung fallen. Der Kaiser sandte Verstärkungen nach Hydruntum und erteilte Belisar den Befehl, sich von Rom nach Kalabrien zu begeben und Totila anzugreifen (Procop. bell. Goth. 3,27,12).

Um die Jahreswende 547/548 stach Belisar in See und gelangte zunächst bis Croton, ging hier an Land und ließ die mitgeführten 700 Reiter die beiden bei Ruscianum/Rossano von den Lukanerbergen herabführenden Pässe besetzen. Dabei stießen sie mit einer Abteilung Totilas zusammen, die das gleiche Ziel verfolgte. Belisars Reiter blieben siegreich, waren dann aber einem mit 3000 Reitern unternommenen Angriff Totilas nicht gewachsen. Die Niederlage veranlasste Belisar, nach Sizilien (Messana) überzusetzen und einen Truppenverband von 2000 Mann, den Justinian gesandt hatte, zu übernehmen. Mit ihm fuhr er nach Hydruntum, wo sich die ganze kaiserliche Streitmacht versammelte.

Totila hatte, wie erwähnt, die strategische Bedeutung von Ruscianum erkannt. Er suchte daher mit allen Mitteln, eine die Gegend beherrschende Festung oberhalb der Stadt, die von kaiserlichen Truppen besetzt gehalten wurde, zu erobern. Die Einschließung führte zu Übergabeverhandlungen und zur Festsetzung eines Tages für die Kapitulation. Genau an diesem Tage aber (21. Juni 548) erschien Belisar mit der Flotte und sämtlichen in Hydruntum verfügbaren Truppen. Unter diesen Umständen kam es natürlich nicht zur Kapitulation der Festung! Dann aber fügte ein gewaltiger Sturm der Flotte großen Schaden zu; sie musste im Hafen von Croton Schutz suchen. Als sie erneut versuchte, die Truppen bei Ruscianum an Land zu bringen, besetzte Totila die ganze Küste, so dass Belisar sich gezwungen sah, das Unternehmen aufzugeben. Wenig später kapitulierte die von Totila belagerte Festung. Der Gotenkönig konnte sich als Herr Süditaliens betrachten. Belisar dagegen musste das Scheitern der vom Kaiser als entscheidend eingestuften Aktion eingestehen. Er wurde im Laufe des Jahres 548 nach Constantinopel zurückbeordert (Procop. bell. Goth. 3,31,25 + 3,35,1–3).

Um die Jahresmitte 549 ging Totila an die erneute Belagerung Roms, die am 16. Januar 550 zur Eroberung führte. Anders als 546 erlitt die Stadt diesmal keine Zerstörungen, Totila ordnete vielmehr den Wiederaufbau der damals beschädigten Gebäude an. Auch ließ er an Römer und Goten die Einladung ergehen, wieder in Rom zu wohnen. Um der Stadt wenigstens etwas von ihrem früheren Glanz zurückzugeben, veranstaltete Totila Wagenrennen, denen er selbst beiwohnte (Procop. bell. Goth. 3,37,1–3). Es waren die letzten Spiele antiken Charakters, die Rom erlebte!

Nach den Erfolgen in Süditalien und der Einnahme Roms befand Totila sich auf dem Höhepunkt seiner Macht. Wie schon 546 unterbreitete er dem Kaiser ein Friedensangebot. Darin erklärte er sich bereit, Sizilien und Dalmatien abzutreten, Tribut zu zahlen und Waffendienste zu leisten (Procop. bell. Goth. 3,37,6 + 4,24,4). Justinian aber ließ den Gesandten nicht einmal vor. Daraufhin (Mai 550) entschloss Totila sich, nach Sizilien überzusetzen, um es als Basis für Angriffe gegen Italien auszuschalten. Die Schätze der Insel und den Ernteertrag des Landes überführte er nach Italien (Procop. bell. Goth. 3,40,19). Die gewaltige Beute gab ihm erneuten Auftrieb. U. a.

ließ er nun Münzen mit eigenem Bildnis und Namen (BADVILA REX) prägen (F. F. Kraus, Die Münzen Odovacars und des Ostgotenreiches in Italien, 1928, 192–196, Nr. 41–67).

Totilas Rückkehr aus Sizilien erfolgte unter dem Eindruck der Rüstungen, die Justinian unternahm, um dem Krieg in Italien die entscheidende Wende zu geben. 551 wurde Narses zum Oberbefehlshaber ernannt und mit enormen Geldmitteln ausgestattet, die es ihm ermöglichten, ein Heer von 25 000 bis 30 000 Mann aufzustellen. Sammelplatz der Truppen, unter denen sich allein 5500 Langobarden befanden (Procop. bell. Goth. 4,24,12), war Salona in Dalmatien. Damit verlagerte sich auch der Schwerpunkt des Kampfgeschehens in Italien. In den Mittelpunkt trat jetzt die Belagerung des mutmaßlichen Invasionshafens Ancona durch die Goten. Auf den Notruf der Belagerten erschienen die Byzantiner mit einer Flotte von 50 Schiffen bei Sena Gallica/Senigallia unweit Ancona und stellten die gotische Belagerungsflotte zur Schlacht. Sie führte zu einem Debakel der 47 gotischen Schiffe. Die überlegene Manövrierkunst der Byzantiner ließ ihnen keine Chance; nur 11 Schiffe konnten sich retten. Die Nachricht von der Niederlage zur See führte auch zur Aufhebung der Belagerung zu Lande (Procop. bell. Goth. 4,23,1–42).

Die Niederlage in der Seeschlacht bei Sena Gallica war nicht das einzige Unglück, das Totila 551 erlitt, auch Sizilien ging ihm verloren. Dagegen durfte er eine mit 300 Schiffen unternommene Flottenexpedition gegen die Küste Griechenlands als Erfolg werten. Auch gelang es ihm, Sardinien und Corsica zu gewinnen. Alle diese Ereignisse aber standen im Banne der Vorbereitungen, die Narses in Salona für den Einmarsch in Italien traf.

Im Frühjahr 552 setzte sich die Heereslawine nach Norden in Bewegung. Der Vormarsch war sorgfältig geplant. Er führte durch die Sümpfe des Podeltas nach Ravenna – zur Überraschung der Goten, die den Poübergang an einer anderen Stelle erwartet und deshalb den ganzen Flusslauf befestigt hatten. Bei Ariminum erreichte Narses die Via Flaminia, an der er seinen Weitermarsch zum Apennin orientierte. Auch Totila rückte aus Rom auf der Via Flaminia an. Bei Taginae in Umbrien schlug er ein Lager auf und bezog dann Stellung bei Busta Gallorum, einem Tal, in dem sich die gotische Reiterei entfalten konnte. Die Gesamtstärke des gotischen Heeres (etwa 15 000 Mann) war der des Narses deutlich unterlegen.

Die Schlacht fand im Juni 552 statt. Totila hatte Reiterei und Fußvolk hintereinander aufgestellt. Mit einem Reiterangriff wollte er das feindliche Zentrum zerstören und die Schwäche des gotischen Fußvolks wettmachen. Der Plan misslang, weil Narses die kampfstarken germanischen Hilfstruppen, Heruler und Langobarden, in die Mitte der Phalanx gestellt hatte. Die zurückgeschlagene gotische Reiterei riss auch das Fußvolk mit in die Flucht. 6000 blieben tot auf dem Schlachtfeld. Totila wurde verwundet und erlag seiner Verletzung auf der Flucht; er fand seine letzte Ruhe in einem Ort namens Caprae (Procop. bell. Goth. 4,32,1–21).

Die Reste des gotischen Heeres sammelten sich in Ticinum/Pavia, wo Teile des gotischen Königsschatzes deponiert waren. Als ihren König wählten sie Teja, den schon Totila mit wichtigen Aufgaben wie der Befestigung des Polaufs (oben S. 320) betraut hatte. Teja führte das neu formierte gotische Heer auf Wegen, die niemand vermuten konnte, nach Kampanien, um den Verlust von Cumae, wo sich der größere Teil des Gotenschatzes befand, zu verhindern. Bevor er abrückte, brachte er die 300 vornehmen römischen Geiseln, die Totila im Gebiet nördlich des Po interniert hatte, um. Ebenso verfuhren die gotischen Besatzungen der kampanischen Städte mit den Senatoren, die Totila dort festgehalten hatte (Procop. bell. Goth. 4,34,1–8). So brachte das Ende des Gotenkrieges der römischen Nobilität einen schweren Aderlass, der, zusammen mit anderen Faktoren, die politische und soziale Stellung dieses Standes einschneidend veränderte.

Narses marschierte nach der Schlacht bei Busta Gallorum auf der Via Flaminia weiter nach Rom, freilich ohne die Langobarden, die er nach Hause entlassen hatte; sie bildeten durch ihre große Zahl eher eine Gefahr denn eine Hilfe. Die Einnahme Roms machte keine Schwierigkeiten, da die wenigen gotischen Verteidiger nicht in der Lage waren, die Mauer in ihrer ganzen Länge zu besetzen. Der Fall der Stadt zog aber auch den des Kastells auf der anderen Seite des Tibers nach sich. Totila hatte, bevor er 547 Rom verließ (oben S. 317), das Mausoleum des Hadrian mit einer Mauer umgeben und zu einer die Stadt beherrschenden Festung gemacht (Procop. bell. Goth. 4,33,14), die als „Borgo" (*burgus*) in den nächsten Jahrhunderten eine bedeutende Rolle spielte. Die Eroberung Roms durch Narses war die fünfte im Gotenkrieg (536, 546, 547, 550, 552) – Symptom einer zu Ende gehenden Zeit.

Der Marsch Tejas nach Kampanien veranlasste Narses, ihm zu folgen. Am Fuße des Vesuvs lagen sich die beiden Heere getrennt durch den Fluss Dracon zwei Monate lang gegenüber. Dann zogen sich die Goten auf den nahen Mons Lactarius zurück und unternahmen von ihm aus einen Verzweiflungsangriff. Teja kämpfte mit nur wenigen Begleitern vor der Front und vollbrachte Wunder der Tapferkeit, bis er beim Wechseln des Schildes von einem Speer tödlich getroffen wurde. Die Goten kämpften auch ohne ihren König weiter, nicht nur an diesem, sondern auch am folgenden Tag (1. und 2. Oktober 552: Cons. Ital., Chron. Min. I 334). Doch dann sahen sie ein, dass es besser sei, den Kampf zu beenden und Narses um freien Abzug zu bitten; er wurde ihnen gewährt (Procop. bell. Goth. 4,35,20–38).

„Und das 18. Jahr des Gotenkrieges ging zu Ende, den Prokop beschrieben hat." Mit diesem Satz beschloss Procopius von Caesarea (Palästina) seine Kriegsgeschichte (›Bella‹), in der er nach den Perserkriegen (2 Bücher) und den Vandalenkriegen (2 Bücher) die Gotenkriege in 4 Büchern als Zeitgenosse, mehr noch: als Augenzeuge dargestellt hat. Als enger Vertrauter Belisars war er im Stab des Feldherrn auf allen drei Kriegsschauplätzen, so dass er Einzelheiten berichten konnte, die sonst unbekannt geblieben wären. Als Geschichtsschreiber hatte er das sichere Gefühl, mit den „Kriegen" die wesentliche Leistung der Regierung Justinians, die Restauration des Imperium Romanum, der Nachwelt zu überliefern. Das letzte Buch der Gotenkriege betraf die Ereignisse des Jahres 552 und wurde im Jahre 553 veröffentlicht; es war den übrigen Büchern des Gesamtwerks, die 550 publiziert wurden, angehängt.

Prokop fand in Agathias aus Myrina bei Pergamum, der als Anwalt in Constantinopel tätig war, einen Fortsetzer. Seine ›Historien‹ reichen aber nur von 552 bis 558. Sie berichten, wie es nach der Schlacht am Vesuv weiterging.

Narses zog nach der Schlacht am Vesuv gegen Cumae und begann mit der Belagerung der Felsenfestung, die, wie erwähnt, von Totila zum Hort des Königsschatzes ausersehen worden war. Fast ein Jahr lang (Herbst 552 bis Sommer 553) versuchte er alles, um sich der Stadt zu bemächtigen – vergebens. Dann trat ein Gegner auf den Plan, dem es schleunigst zu begegnen galt: Ein alamannisch-fränkisches Heer war unter der Führung zweier alamannischer Brüder, Leuthari und Butilin, über die Alpen gekommen und stand bereits südlich des Po (Agath. 1,11). Das Unternehmen war Teil der fränkischen 'Innenpolitik', die König Theudebert 539 begonnen hatte (oben S. 311) und König Theudebald jetzt (553) fortsetzte. Narses versuchte, die Provinzen Tuscia und Aemilia zu sperren, konnte aber nicht verhindern, dass der feindliche Heerhaufen sich nach Süden wälzte – trotz des einsetzenden Winters. In Samnium teilten Butilin und Leuthari ihre Truppen. Butilin zog mit dem größeren Teil plündernd durch die Regionen am Tyrrhenischen Meer (Campania, Lucania, Bruttium), Leuthari suchte mit dem kleineren Teil der Truppen Apulia und Calabria an der Adria heim. Für die einen war Rhegium, für die anderen Hydruntum der südlichste Punkt ihres Zuges (Agath. 2,1).

Um die Jahreswende 553/554 gelangte Narses in den Besitz von Cumae, ohne dass er einen Schwertstreich führen musste. Der Kommandant der Festung, Aligern, ein Bruder Tejas, bat die Belagerer um freies Geleit nach Ravenna (Classis), wo Narses sich aufhielt, und bot dem byzantinischen Oberbefehlshaber die Übergabe Cumaes und des gotischen Königsschatzes an, wenn er und seine Leute in kaiserliche Dienste treten dürften. Narses stimmte begeistert zu, und zwar auch deshalb, weil zum Königsschatz der Königsornat gehörte. Hatte Belisar mit Witigis einen leibhaftigen Gotenkönig in seine Hände gebracht (oben S. 311), so konnte nun Narses darauf verweisen, dass er das gotische Königtum als solches ausgelöscht habe.

Den Rest des Winters 553/554 verbrachte Narses in Rom. Zum Frühjahr 554 beorderte er die Truppen aus dem Winterquartier dorthin. Er musste aber bis weit in den Sommer hinein warten, ehe Butilin sich auf seinem Heimmarsch Kampanien näherte. Auf die diesbezügliche Nachricht rückte Narses ihm entgegen. Bei Capua errichtete Butilin eine Wagenburg; in ihrer Nähe schlug Narses sein Lager auf. 30 000 Alamannen und Franken sollen 18 000 kaiserlichen Soldaten gegenüber gelegen haben (Agath. 2,4).

Während am Tyrrhenischen Meer eine Entscheidungsschlacht gegen die eingedrungenen Alamannen und Franken nötig wurde, bedurfte es an der Adria nur vergleichsweise geringer Anstrengungen, um mit den auf dieser Route eingedrungenen und nun wieder zurückkehrenden Barbaren fertig zu werden. Bei Fanum in Picenum wurde Leutharis Heerhaufen von den dort im Hinterhalt liegenden kaiserlichen Truppen überfallen und geschlagen. Auf dem weiteren Rückmarsch taten in Venetien Seuchen das ihrige, um den Rest aufzureiben; auch Leuthari fand den Tod (Agath. 2,3).

Die Schlacht bei Capua hatte nicht nur wegen der Zahl der Kämpfenden ein anderes Format als die von Fanum, in ihr ging es auch um mehr. Butilin dachte daran, sich zum König von Italien erheben zu lassen, wie die Goten ihm vorschlugen, die sich mit ihm verbündet hatten (Agath. 2,1). Ihm ging es also nicht wie Leuthari nur ums Beutemachen, sondern um den Besitz Italiens. Entsprechend waren seine Zurüstungen für die Schlacht. Butilin aber war der Feldherrnkunst des Narses nicht gewachsen. So kam es zu einer Vernichtungsschlacht, die Butilin den Tod brachte. Das alamannisch-fränkische Unternehmen war gescheitert! Narses' Rückkehr nach Rom glich einem Triumphzug.

Die Goten, die sich noch in Süditalien aufhielten – angeblich 7000 Mann –, sammelten sich nach der Schlacht bei Capua in einer Festung namens Compsa am Fluss Aufidus. Narses ließ sie belagern; im Frühjahr 555 konnte er sie einnehmen. Die gefangen genommenen Goten schickte er nach Constantinopel. – In Norditalien hielten sich noch Brescia und Verona als gotische Festungen. Es dauerte bis 562, ehe Narses sie für den Kaiser in Besitz nehmen konnte. Der letzte Heerführer der Goten, Vidin, ging als Gefangener nach Constantinopel. Mit den gotischen Enklaven verschwanden auch die fränkischen in den Kottischen Alpen und Venetien (vgl. oben S. 311). Italien war von den Alpen bis zur Straße von Messina Bestandteil des Oströmischen Reiches, das seine Sachwalterschaft über das ehemalige Westreich nun in Form der direkten Herrschaft wahrnahm.

Bei der Reorganisation Italiens, die Narses nach dem Ende des Gotenkrieges und der nachfolgenden 'Säuberungsaktionen' in Angriff nahm, wandte er sein besonderes Augenmerk der Nordgrenze Italiens zu, die sowohl an den Flanken als auch im Zentrum Veränderungen erfahren hatte. An der westlichen Flanke und im Zentrum waren die Franken durch den Gewinn der gallischen Prätorianerpräfektur (oben S. 310) und die Einverleibung der Burgunder und Alamannen zu direkten Nachbarn Italiens geworden. Die Bajuwaren setzten den Völkerriegel nach Osten fort, wo in der Flanke die Langobarden seit ihrem Einrücken in Pannonien (unten S. 327) die Grenze bedrohten. Narses begegnete der neuen Situation durch Einrichtung von vier Grenzverteidigungsbezirken, deren Zentren (von Westen nach Osten) Segusio/Susa, Comum/Como, Tridentum/ Trient, Forum Iulii (Friaul) waren. Ihre Bedeutung erhellt der Rang ihrer Befehlshaber: Sie trugen allesamt den Titel *magister militum*. Hauptzweck der Befestigungsanlagen dieser Bezirke war die Sicherung der Alpenpässe.

Den Sicherungsmaßnahmen im Norden entsprachen in den übrigen Teilen Italiens die von Narses angeordneten Wiederherstellungsarbeiten an den Befestigungen der Städte (Prosp., Chron. Min. I 337), an Brücken und sonstigen Bauten, die von den Kriegsereignissen, insbesondere von dem Zerstörungsbefehl „des nichtswürdigen Tyrannen Totila" betroffen worden waren (Corp. Inscr. Lat. VI 1199).

Da Narses auch nach Abschluss der Kämpfe, ja sogar über den Tod Justinians hinaus in Italien blieb (bis 567), übte er hier außer der militärischen auch die zivile Obergewalt aus, in der er freilich mit dem *praefectus praetorio Italiae* kollidierte. Das kam etwa darin zum Ausdruck, dass Justinian seine ›Pragmatische Sanktion‹ vom 13. August 554, in der er Anweisungen für die Reorganisation Italiens gab, an Narses und den *praefectus praetorio* Antiochus richtete (Nov. Iust. app. 7).

Die 27 Kapitel der Pragmatischen Sanktion wiesen teils in die Zukunft, teils suchten sie die Verhältnisse wiederherzustellen, wie sie vor Witigis, insbesondere vor Totila herrschten. In eine neue Zeit führte vor allem die Regelung der Statthalterbestellung: Sie sollte im Einvernehmen zwischen den Bischöfen und den „Großen" (*primatibus*) einer Region erfolgen. Der Kandidat musste aus der Provinz stammen, die ihm unterstellt wurde (c. 12). In die umgekehrte Richtung gingen hauptsächlich die Bestimmungen, welche die Maßnahmen, die Totila gegen die Latifundienwirtschaft in Süditalien ergriffen hatte (oben S. 316f.), aufhoben: Die Kolonen sollten sich wieder ihren Gutsherren unterstellen, die geflohenen Sklaven zurückkehren, die aufgeteilten Herden zusammengeführt werden (c. 8 + 17 + 4).

Wie die Pragmatische Sanktion, so verlieh noch ein anderes Gesetz Justinians Einblick in die desolate Situation Italiens (und Siziliens) nach dem Gotenkrieg. Das Gesetz erging im Jahre 556 und verfügte ein Moratorium von fünf Jahren für alle Schulden, die bis zum Einfall der Alamannen und Franken (553/554) entstanden waren. Die Zahlung der Zinsen wurde ganz erlassen, vom Kapital brauchte nur die Hälfte zurückgezahlt werden (Nov. Iust. app. 8). Nimmt man hinzu, dass sieben Jahre nach Ablauf des Moratoriums (568) die Invasion der Langobarden neue Verhältnisse herstellte, so wird man nicht zögern, den mit dem Gotenkrieg offenkundig werdenden Übergang Italiens von der Spätantike ins Frühmittelalter als Agonie zu bezeichnen.

Justinian erließ die Pragmatische Sanktion auf Bitten des Papstes Vigilius (Nov. Iust. app. 7,1), der auf diese Weise zu zeigen suchte, wie viel ihm daran lag, dass auf seine, des Stellvertreters Petri, Intervention hin die Wiederherstellung normaler Verhältnisse erfolgt sei. Für das Papsttum kam es ja darauf an, materiell seinen Anteil an der 'Erbmasse' des alten Westreichs zu sichern und ideell seinem Führungsanspruch im darnieder liegenden Italien Ausdruck zu verleihen.

Papst Vigilius starb 555 bei der Rückkehr aus Constantinopel, wohin ihn der Drei-Kapitel-Streit geführt hatte (oben S. 313). Sein Nachfolger wurde Pelagius, der sich in seinem fünfjährigen Pontifikat (555–561) den angedeuteten Aufgaben mit Erfolg unterzog (vgl. seine Grabinschrift: Inscr. Christ. urb. Rom. II S. 208), obwohl man ihm in der abendländischen Kirche wegen seiner letztendlichen Zustimmung zur Verurteilung der Drei Kapitel mit großem Misstrauen begegnete. Pelagius wandte vor allem dem Grundbesitz der Kirche seine Aufmerksamkeit zu. Denn dieser erfuhr durch die Übernahme des arianischen Kirchenguts eine gewaltige Vermehrung und bedurfte dringend der Organisation. Die Rückgewinnung der in den Kriegszeiten verlorenen Kirchenschätze (Gefäße, Gewänder) betrieb er mit Elan; die Priesterweihen vollzog er mit Gewissenhaftigkeit, d.h. ohne in den Verdacht der Simonie zu kommen. Ein deutliches Zeichen des Wiederaufstiegs der römischen Kirche setzte Pelagius mit dem Bau der den Aposteln Jacobus und Philippus geweihten Kirche an der Via Lata beim Trajansforum (heute Santi Apostoli). Sie brachte im Übrigen byzantinische Bauweise nach Rom, wie sie in Ravenna schon ein Jahrzehnt früher in den von Privathand errichteten Kirchen San Vitale (547 oder 548) und Sant' Apollinare in Classe (549) so herrlich in Erscheinung getreten war.

Bei der Auffüllung des Klerikerstandes griff Pelagius auf ein Reservoir zurück, das sich erst durch bestimmte Entwicklungen der letzten Jahrzehnte als dafür geeignet anbot. Gemeint ist das Mönchtum des Benedictus von Nursia (Umbria). In den ersten Jahrzehnten des 4. Jahrhunderts hatte Johannes Cassianus mit seiner Klostergründung in Massilia/Marseille und seinem umfassenden Werk ›De institutis coenobiorum‹ das östliche Mönchtum als erstrebenswerte Form der Gottsuche dem Abendland vor Augen gestellt. Zwei Jahrhunderte später modifizierte Benedict das östliche Modell in einem wesentlichen Punkt, womit er seinen Klöstern, beginnend mit dem auf dem Monte Cassino (529), die bis in die Neuzeit reichende großartige Wirkung verlieh. Benedict erweiterte die Regeln, nach denen die Mönche ihr Tagewerk in Andacht verbrachten, um das Prinzip der Arbeit: Ihr Leben sollte geteilt sein zwischen Gebet und Arbeit (*orare* und *laborare*). Es dürfte klar sein, dass ein solches Konzept sich auch für das Leben als Priester empfahl, und nicht verwunderlich, dass mit Gregor dem Großen 590 ein Mönch zum Papst geweiht wurde.

Das Ende des Gotenkrieges brachte nicht nur vielfältige Anstren-

Justinian und der Ausgang der Antike   327

gungen hervor, die 'alten' Verhältnisse in Italien wiederherzustellen, sondern bestätigte auch die von Justinian mit Vehemenz vertretene Ansicht, Gott werde ihm das Römische Reich von einem Ozean zum anderen zubilligen (Nov. Iust. 30,11,2 vom 18. März 536). Es war wie eine Fügung des Himmels, dass Streitigkeiten unter den Westgoten in Spanien zu einem Hilferuf an Justinian führten. 552 schickte der Kaiser ein Heer an die Südküste Spaniens (Jord. Get. 58,303), die von Cartagena über Malaca bis Ossonoba in seinen Besitz überging. Die Säulen des Hercules waren nun beide byzantinisch, denn Septem/Ceuta auf der afrikanischen Seite hatte schon 534 den Charakter einer byzantinischen Festung erhalten (Cod. Iust. 1,27,2). Obwohl 554 eine Gegenbewegung gegen die byzantinische Herrschaft in Spanien begann, blieb diese (unter einem *magister militum*) noch sieben Jahrzehnte bestehen.

Während die Ereignisse auf den Kriegsschauplätzen im Osten (Perser), Süden (Vandalen) und Westen (Goten) einigermaßen überschaubar abliefen, war dies im Norden (an der Donau und im gesamten Balkanraum) in keiner Weise der Fall. Die zahlreichen Kastellbauten Justinians sicherten vor allem die Straßen (Procop. aed. Buch 4). Die wichtigste territoriale Veränderung bildete zweifellos die 546 erfolgte Ansiedlung der Langobarden im Bereich des Donauknies (Pannonien). Sie führte dazu, dass Justinian auch dem Umfeld der Langobarden, dem Machtbereich der Gepiden, seine Aufmerksamkeit zuwenden und das darin aufgestaute Konfliktpotential abbauen musste. Das geschah mit einem Heeresaufgebot von 10000 Mann (Procop. bell. Goth. 3,34,40 + 45)! Die kaiserliche Intervention trug insofern ihre Früchte, als die Langobarden 552 Waffenhilfe bei der Niederringung Totilas leisteten (oben S. 320f.), 568 hatte dann allerdings ihr Zug nach Italien die Wiederaufhebung der justinianschen Eroberung und die Etablierung der mittelalterlichen Verhältnisse zur Folge.

Östlich der Gepiden bildeten links der Donau die derzeitigen Wohnsitze der Sklavenen und Hunnen weitere Ausgangsbasen für Einfälle nach Illyrien und Thrakien. 550 gelangten die Sklavenen auf einem großen Raubzug bis Toperus in der Nähe von Abdera (Thrakien), zwölf Tagereisen von Constantinopel entfernt (Procop. bell. Goth. 3,38), 559 geriet die Hauptstadt selbst in Gefahr, von den Hunnen erobert zu werden; Belisar war es, der mit seiner letzten großen Tat – er starb 565 – Constantinopel rettete (Agath. 5,15–20).

Die Bedrohung Constantinopels durch die Hunnen hatte sich gewissermaßen angekündigt: 557 suchten zwei gewaltige Erdbeben die

Stadt am Bosporus heim. Sie führten dazu, dass 558 die Kuppel der Hagia Sophia einstürzte, ein Ereignis, das Justinian mit dreitägiger Ablegung der Kaiserkrone betrauerte. Es dauerte fünf Jahre, ehe am Weihnachtsfest des Jahres 562 die erneute Einweihung der Kirche stattfand. Am 14. November 565 starb Justinian – mehr als 80-jährig – und wurde in dem neu erbauten Mausoleum bei der Apostelkirche beigesetzt, wo seine Gattin Theodora bereits seit 548 ruhte.

Wollte man die 38-jährige Regierung Justinians symbolhaft darstellen, so könnte man dafür den Doppelkopf des Gottes Janus auf frühen römischen Münzen heranziehen (Kent/Overbeck/Stylow, Die römische Münze, 1973, Taf. 6,11 + 13). Wie der Januskopf rückwärts und vorwärts gewandt war, so wies auch das weltgeschichtliche Handeln Justinians in Vergangenheit und Zukunft. Es ließ sozusagen die ganze römische Geschichte noch einmal erstehen und machte sie nutzbar für Byzanz, das nun als eigenständiges Gebilde den Weg in eine neue Zeit antrat.

ANHANG

ZEITTAFEL

n. Chr.
306 Tod des Constantius Chlorus bringt Turbulenzen in die gerade erst etablierte 2. Tetrarchie (Augusti: Constantius Chlorus, Galerius; Caesares: Severus, Maximinus Daia): Usurpation des Constantinus (Sohn des Constantius Chlorus) und des Maxentius. Der 305 zurückgetretene Maximian (Vater des Maxentius) nimmt erneut die Augustus-Würde an.
307 Absetzung und Tod des Severus.
308 Kaiserkonferenz in Carnuntum: Errichtung einer neuen 4. Tetrarchie (anstelle der provisorischen 3.): Galerius, Licinius, Maximinus Daia, Constantinus. Maxentius wird ignoriert.
310 Zusammenbruch des tetrarchischen Systems: 6 Augusti! Tod Maximians.
311 Tod des Galerius. Ende der von diesem fortgesetzten Christenverfolgung Diocletians (Toleranzedikt: Christentum wird *religio licita*; Christen werden zum Gebet für Kaiser und Reich aufgefordert).
312 Sieg Constantins über Maxentius an der Milvischen Brücke. Tod des Maxentius. Triumphbogen (315) mit Hinweis auf die Hilfe der Gottheit. Silbermedaillon (315) mit Christogramm am Helm Constantins.
313 Religionspolitische Abmachung zwischen Constantin und Licinius in Mailand: Religionsfreiheit, Gleichberechtigung des Christentums, Abschaffung des Staatskultes. Eingliederung der Christen in den Staat.
Reformen Constantins: U. a. Einführung des Solidus, Verlängerung des Veranlagungszeitraums für die *annona* von fünf auf 15 Jahre. *Praefectus praetorio* nur noch reiner Zivilbeamter.
Krieg des Maximinus Daia gegen Licinius wegen der Anlehnung des Letzteren an Constantin. Sieg des Licinius bei Adrianopel. Tod des Maximinus Daia bei Tarsus. Licinius Herr des Ostens.
314 Streit um die Bischofswahl in Carthago. Absetzung des Caecilianus, weil an seiner Wahl ein in der diocletianischen Verfolgung nicht standfest gebliebener Bischof beteiligt gewesen ist. Neuer Bischof: Donatus. Der Donatistenstreit führt zum Konzil von Arles, das Caecilianus in seinem Amt bestätigt.
316 Krieg zwischen Constantin und Licinius um die Abgrenzung beider Machtbereiche. Constantin siegt in zwei Schlachten. Licinius muss alle europäischen Provinzen mit Ausnahme der thrakischen an Constantin abtreten. Dieser residiert vorwiegend in Städten der neu gewonnenen Gebiete (Serdica, Sirmium, Thessalonice).

320	Neue kaiserliche Zentralverwaltung (*palatium*, *comitatus*) tritt mit Amt des *magister officiorum* in Erscheinung. Ihm unterstehen die *scrinia memoriae*, *epistularum*, *libellorum* sowie die *scholae palatinae*. Erste Stiftungen christlicher Kirchen durch Constantin in Rom: S. Giovanni in Laterano, SS Pietro e Marcellino (vor der Porta Maggiore) mit Mausoleum (für seine Mutter Helena).
321	Konstitutionen zugunsten der christlichen Kirche: Heiligung des Sonntags, Freilassung in der Kirche (*manumissio in ecclesia*), Zuwendungen von Todeswegen. – Mönchtum in Ägypten (Antonius, Pachomius).
323	Vorbereitung des Krieges zwischen Constantin und Licinius. Letzterer wirft Constantin Übergriff in seine territorialen Rechte vor. Constantin versammelt 130 000 Mann, Licinius 165 000 Soldaten.
324	Zwei Siege Constantins bei Adrianopel (Thrakien) und Chrysopolis (bei Chalcedon). Labarum als neue Kaiserstandarte. Verbannung und Hinrichtung des Licinius (325). Alleinherrschaft Constantins (bis 337). Übertragung des 'westlichen' Regierungssystems mit Provinzen und Diözesen auf den Osten: Laterculus Veronensis. Stellenneubesetzungen mit Senatoren (*clarissimi*). Neuer Rangtitel: *comes*. Einheitliches Währungssystem: Münzprägung in 12 bzw. 13 Münzstätten. Glanzpunkt: Solidus, Schwachstelle: Follis. Orientalisierung des Kaiserhofes: Eunuchen, Proskynese, Diadem. Ausbau von Byzanz zur Residenzstadt. Umbenennung in Constantinopel. Ausschmückung mit Kunstschätzen aus dem Osten. Große kaiserliche und private Bautätigkeit.
325	1. Ökumenisches Konzil von Nicaea. 300 Bischöfe beschließen unter dem Vorsitz von Constantin ein gemeinsames Glaubensbekenntnis (christologischer Zentralbegriff: *homo-usios* bzw. Gottgleichheit), erklären Arius zum Häretiker, setzen einen einheitlichen Ostertermin fest und bestätigen die Vorrechte der Metropoliten gegenüber den Bischöfen. Höhepunkt im Prozess des Hineinwachsens der Kirche in den Staat und der Verquickung des Kaisertums mit dem Christentum. Die von Constantin gewünschte christliche Eintracht wird durch den arianischen Streit auch zukünftig empfindlich gestört.
328	Militärische Abschreckung der Goten an der Donau durch Brückenbau (bei Oescus/Gigen), die Anlage von Kastellen und Truppenstationierung.
332	Erfolgreicher Gotenkrieg Constantins. *Foedus* stellt die römisch-gotischen Beziehungen auf eine neue Grundlage. Goten werden als *foederati* ins Heer aufgenommen und beteiligen sich an der Grenzsicherung der Donau.
335	Constantin komplettiert im 30. Jahr seiner Herrschaft die Nachfol-

geordnung: Seinen Söhnen Constantinus II. (Caesar seit 317), Constantius II. (seit 324) und Constans (seit 333) stellt er seinen Neffen Dalmatius zur Seite. Aufteilung des Reiches in Regierungsgebiete. Weihe der Kirche über der Grabstätte Christi in Jerusalem.

337 Tod des Constantin auf dem Marsch gegen die Perser. Kurz zuvor empfängt er die Taufe. Beisetzung in Constantinopel (im Mausoleum bei der Apostelkirche).
Constantinus II. und Constantius II. vom Heer zu Augusti erklärt, Constans zum Caesar. Beseitigung aller übrigen Familienmitglieder Constantins (u. a. Dalmatius) durch die Soldaten.

338 Konferenz der drei Brüder in Viminacium: Aufteilung der Herrschaftsgebiete. Constantinus II.: Gallien, Spanien, Britannien; Constantius II.: Thrakien, Kleinasien, Orient; Constans: Italien, Illyricum, Makedonien, Achaea, Afrika.

340 Überfall des Constantin II. auf Constans endet mit dem Tod des Ersteren. Constans fällt das Herrschaftsgebiet des Bruders zu. Constans herrscht im Westen, Constantius II. im Osten.

343 Vergeblicher Versuch auf dem Konzil von Serdica den religiösen Gegensatz zwischen Arianern und Orthodoxen zu überwinden.

347 Constans stellt unter Zwang die Einheit der christlichen Kirche in Afrika her. Donatistenverfolgung. Unruhen in Carthago und Numidien (*circumcelliones*). Der Donatismus lebt im Verborgenen weiter.

350 Ausrufung des Magnus Magnentius zum Augustus. Gewaltsamer Tod des missliebigen Constans.

353 Constantius II. sucht die Entscheidung gegen seinen Widersacher im Westen. Siege des Constantius (u. a. bei Mursa, 351) führen schließlich zum Selbstmord des Magnentius, aber auch zur Schwächung der Reichsgrenze in Gallien. Constantius II. verlegt sein Tätigkeitsfeld in den Westen. Sicherung des gallisch-rätischen Raumes und Oberitaliens vor den Alamannen.

355 Zusammenbruch des Verteidigungssystems am Rhein. Einfälle der Germanen nach Gallien (Besetzung des linken Rheinufers, Verwüstung eines breiten Streifens des gallischen Landes, Zerstörung von 45 Städten, u. a. Köln, Mainz, Straßburg). Constantius überträgt seinem Vetter Iulianus die Caesar-Würde und die Sicherung Galliens. In den Folgejahren Vertreibung der Eindringlinge, Wiederherstellung der Städte und Reorganisation der Befestigungsanlagen.

357 30-tägiger Aufenthalt Constantius II. in Rom nach seinem Sieg über die Alamannen am Oberrhein. Aufstellung eines Obelisken im Circus Maximus (heute vor der Lateranbasilika).

360 Konzil von Constantinopel: Constantius versucht, den von Arius entfachten Streit um die *homo-usios*-Formel („wesensgleich") des Nicaenums von 325 durch die *homoi-usios*-Formel („wesensähn-

Zeittafel

lich") beizulegen und die Einheit der Christen wiederherzustellen. Basilius von Caesarea prägt durch seine ›Regulae‹ das griechische Mönchtum.

Constantinopel festigt seine Stellung als „Zweites Rom": administrative Gleichstellung mit Rom durch Ernennung eines *praefectus urbi*, Konsekration der Hagia Sophia.

Augustus-Proklamation des Iulianus (u.a. durch Schilderhebung nach germanischer Sitte). Verhandlungen mit Constantius scheitern. Gegnerschaft der beiden Vettern. Julian kann sich auf die Machtbasis des inzwischen befriedeten Galliens stützen.

361 Öffentlicher Abfall Julians von Constantius. Rüstung der beiden Kontrahenten. Constantius erliegt vor dem Aufeinandertreffen einem Fieber. Iulianus zum Nachfolger designiert.

Restitutionsedikt Julians: Wiedereröffnung bzw. -herstellung der heidnischen Tempel, Wiederherstellung der Grundlagen des Götterkults, Reorganisation der heidnischen Priesterschaft. Aufforderung zur Rückkehr zum alten Götterglauben.

Maßnahmen gegen die christliche Kirche: Aufhebung von Privilegien, Rhetorenedikt (362), Bevorzugung von Heiden bei der Besetzung hoher Stellen in der Reichsverwaltung. Erzeugung einer antichristlichen Grundhaltung.

Reform des Staatswesens: Beseitigung bzw. Aburteilung der Ratgeber und Günstlinge des Constantius. Wiederherstellung der Munizipialverfassung, Lastenerleichterungen für Dekurionen, Förderung der Städte und Constantinopels. Herabsetzung der Steuersätze. Prozessreform.

363 Perserkrieg Julians: Zug des römischen Heeres bis nach Ctesiphon. Abbruch der Belagerung und Rückmarsch. Kampfhandlungen mit den Persern am Tigrisknie: Tod Julians.

Wahl des Gardeoffiziers Iovianus zum Kaiser. Rückzug wird durch die Annahme eines Diktatfriedens erkauft: Abtretung von Territorium (u.a. Nisibis und Singara) und Verlust des armenischen Einflussbereiches.

Rücknahme der antichristlichen Maßnahmen des Vorgängers (Toleranzedikt für alle Kulte).

364 Nach dem Tod des Jovian wird Valentinianus zum Augustus gewählt, der Reichsgebiet, Hofstaat und Heer mit seinem jüngeren Bruder Valens teilt: Valentinian übernimmt die Westhälfte des Reiches (Residenz: Mailand, später Trier), Valens die Osthälfte (Residenz: Constantinopel, später Antiochia). Wichtige Etappe auf dem Weg der Entstehung zweier unabhängiger Reichsgebilde. Zunehmende Verselbständigung der beiden Reichsteile (u.a. in der Steuerpraxis, Religionspolitik und Rechtssprechung).

Beginn des Ausbaus des Donau-Limes: Instandsetzung von Festungsbauten, Wachschiffe.

365–368	Barbareneinfälle in Gallien (Alamannen), in das Bataverland (Franken) und in Britannien (Picten und Scoten am Hadrianswall, Sachsen und Franken an der Küste).
367	Valentinian lässt seinen Sohn Gratian zum Augustus ausrufen.
369	Neue Befestigungsanlagen sichern Britannien und den Rhein (Funktionalisierung des Flusses als Limes, Einrichtung von *burgi* und Stationierung von Kriegsschiffen bei den Mündungen der rechten Nebenflüsse zur Kontrolle der Flusstäler).
372	Rangtitel-Gesetz des Valentinian gliedert das senatorische Rangprädikat des Clarissimats: *viri illustres, viri spectabiles, viri clarissimi*. Es bestimmt die hierarchische Struktur der römischen Führungsschicht im 4. Jahrhundert.
375	Valentinian drängt die nach Pannonien eingedrungenen Quaden über die Donau zurück. Tod Valentinians. Gratian erkennt seinen vierjährigen Stiefbruder Valentinianus II. als gleichberechtigten Augustus an. Nutznießer der Konstellation ist der germanische Heermeister Merobaudes.
375/6	Beginn der „Germanischen Völkerwanderung" (bedingt durch das Andrängen der Hunnen). Westgoten (Terwingen) dringen auf Reichsboden vor. Ansiedlungs- und Verpflegungsprobleme führen zur Schlacht von Marcianopel, in der die Goten die Römer vernichtend schlagen. Thrakien wird von den Goten verwüstet.
378	Valens sucht die militärische Lösung des Gotenproblems. Bei Adrianopel/Thrakien umzingelt die feindliche Reiterei das römische Heer, das gotische Fußvolk metzelt zwei Drittel des römischen Heeres nieder. Valens fällt (August). Beutezüge der Goten in Thrakien, Mösien und Pannonien.
379	Erst nach fünf Monaten erhält das Ostreich in Theodosius einen neuen Kaiser (Januar). Theodosius nimmt als erster Herrscher den *pontifex-maximus*-Titel nicht mehr an. Heeresbildung und erste Einzelaktionen gegen die Goten.
381	2. Ökumenisches Konzil von Constantinopel: Manifestation der Religionspolitik des Theodosius. Geleitet durch das nicaenische Glaubensbekenntnis und im Kampf gegen Häretiker (u. a. den Arianismus) soll die Einheit der Christen hergestellt werden. Das Konzil (150 Bischöfe) ergänzt die Formel des Nicaenums und passt sie den aktuellen Bedürfnissen an: bis heute gebräuchliches großes Glaubensbekenntnis (Nicaeno-Constantinopolitanum). Rangerhöhung Constantinopels zum zweithöchsten Bischofssitz nach Rom. Im Westen lehnt man die Beschlüsse des Konzils ab und drängt auf ein allgemeines Konzil in Rom.
382	Gratian befreit das Westreich durch Ansiedlung der Ostgoten in Pannonien vor der Gotengefahr. Es kommt auch im Ostreich zu Verhandlungen mit den Goten. Der Vertrag vom Oktober 382 weist den Goten Siedlungsgebiet in der Provinz Moesia secunda zu

und macht sie unter Wahrung ihrer Autonomie zu *foederati*. Gotischer Staat (Gothia) innerhalb des Römischen Reiches.

383 Anlässlich der Feierlichkeiten zum 5. Regierungsjubiläum erhebt Theodosius seinen Sohn Arcadius zum Augustus.
Der Westkaiser Gratian findet in der Auseinandersetzung mit dem Militärbefehlshaber in Britannien, Magnus Maximus, den Tod. Dem Usurpator fallen Britannien, Spanien und Gallien zu (Residenz: Trier).

384 Tod des Damasus von Rom. Er begründet den Ruf der römischen Kirche als „Apostolischer Stuhl" und „Stuhl Petri". Nachdrücklich vertritt er den Anspruch des Primats des Bischofs von Rom über die anderen Bischöfe. Unter ihm kommt es in der westlichen Liturgie zur Ablösung der griechischen Sprache und zur Einführung des Lateinischen.

385/6 Mailänder Kirchenstreit: Der vom Arianismus beeinflusste Valentinianus II. verlangt von Bischof Ambrosius von Mailand (Bischof: 374–397) die Überstellung einer Mailänder Kirche für den Gottesdienst der Arianer. Ambrosius kann den Machtanspruch des Kaisers zurückweisen. Die Mailänder Kirchen bleiben im Besitz der Katholiken.

388 Magnus Maximus besetzt Norditalien und zwingt Valentinian II. zur Flucht nach Thessalonice (387). Eingreifen des Theodosius, um den veränderten Machtverhältnissen im Westen zu begegnen. Zweifacher Triumph des Theodosius über Magnus Maximus bei Siscia und Poetovio. Hinrichtung des Usurpators. Valentinian II. wird als Herrscher restituiert (unter der Aufsicht des fränkischen Heermeisters Arbogast).
Heeresreform des Theodosius: Neuregelung der Organisation und der Kommandoverhältnisse des Ostheeres.

390 Mailänder Bußakt: Theodosius begegnet einem Volksaufstand in Thessalonice mit einer Strafaktion, in der 7000 Menschen durch Soldaten massakriert werden. Ambrosius von Mailand verlangt von Theodosius ein öffentliches Sündenbekenntnis und Buße, den Forderungen kommt der Kaiser am Weihnachtsfest nach.

391 Theodosius verbietet alle heidnischen Kulte. Christentum wird Staatsreligion.

392 Valentinianus II. verliert durch Machenschaften des Heermeisters Arbogast sein Leben. Arbogast installiert den ehemaligen Rhetoriklehrer Eugenius als Kaiser des Westens. Gunsterweise für die heidnische Aristokratie Roms: Wiederaufstellung des Victoria-Altars in der Kurie (382 entfernt), Hercules wird zum Bannerträger der Truppen des Eugenius.

393 Theodosius erhebt seinen zweiten Sohn, Honorius, zum Augustus.

394 Entscheidung zwischen dem „heidnischen" Heer des Eugenius (durch Hilfstruppen der Franken und Alamannen verstärkt) und

den „christlichen" Truppen des Theodosius (mit westgotischen Hilfstruppen unter Alarich). Vernichtung der Vorhut des Ostheeres. In offener Feldschlacht werden die Truppen des Eugenius am Frigidus bei Aquileia geschlagen, der Usurpator und Arbogast werden getötet.

Das anschließende Versöhnungswerk des Theodosius zielt darauf hin, der Senatsaristokratie zu verzeihen und den Übertritt zum Christentum zu verlangen. Es gibt auch weiterhin eine heidnische Opposition.

395 Theodosius macht seinen Sohn Honorius zum Kaiser des Westens. Die Regentschaft für den Zehnjährigen führt der Heermeister der Truppen des Westens, der Vandale Stilicho. Theodosius „der Große" (so seit dem Konzil von Chalcedon, 451) stirbt kurze Zeit später. Sein älterer Sohn Arcadius wird zum alleinigen Kaiser des Ostens. Ende der Reichseinheit: Bildung eines Oströmischen und eines Weströmischen Reiches.

397 Seeexpedition des Stilicho zur Peloponnes verletzt das Territorium des Ostreiches. Stilicho wird vom Senat in Constantinopel zum Staatsfeind erklärt. Afrika sagt sich unter Gildo vom Westreich los und erkennt Arcadius als Kaiser an. Getreidezufuhr nach Rom wird blockiert, Folge ist eine ernste Versorgungslage. Erst nach der Hinrichtung Gildos (398) kehrt Afrika unter die Herrschaft des Honorius zurück. In der Folgezeit Bekämpfung des unter Gildo erstarkten Donatismus. In der Auseinandersetzung mit den Donatisten profiliert sich vor allem der Bischof von Hippo Regius, Augustinus. Honorius unternimmt gesetzliche Schritte zugunsten der Einheitsbestrebungen und zum Schutz vor donatistischen Ausschreitungen.

Neuauflage des Foedus mit den Goten: Ansiedlung der Goten in Makedonien, Einbindung der Goten in den römischen Staat (Alarich wird zum Heermeister für Illyrien ernannt).

400 Besetzung Constantinopels durch die Goten unter Gainas. 7000 von ihnen erhoffen in einem Volksaufstand gegen ihr Wüten Schutz in einer Kirche. Auf Befehl des Arcadius wird die Kirche in Brand gesteckt.

402 Die Goten unter Alarich, die im Westen bessere Lebensbedingungen suchen und Oberitalien bedroht haben, werden von Stilicho zurückgeschlagen. Die Goten werden in ein Foederatenverhältnis aufgenommen und im dalmatisch-pannonischen Raum angesiedelt. Honorius verlegt seine Residenz von Mailand nach Ravenna.

404 Der Bischof von Constantinopel, Johannes Chrysostomus („der Goldmund"), begibt sich nach innerkirchlichen Streitigkeiten und nach Verlust seiner Stellung am Kaiserhof ins armenische Exil.

406 Ostgoten und andere germanische Völkerschaften bedrohen Ita-

lien. Stilicho wirbt Alanen, Hunnen und sogar Sklaven für den Heeresdienst an. Sieg über die Eindringlinge.

406/7 Vandalen, Alanen und Sueben überschreiten den Rhein bei Mainz und fallen nach Gallien ein. Der Usurpator Constantinus III. versucht unter Aufgabe Britanniens die Lage in Gallien zu stabilisieren. Seine Herrschaft festigt sich, als er Franken, Alamannen und Burgundern den Schutz der Rheingrenze überträgt und Kräfte für die Sicherung Galliens frei werden. Die Fremdvölker ziehen nach Spanien weiter (409).

408 Kaiser Arcadius stirbt, sein Sohn Theodosius II. (seit 402 Augustus) gelangt an die Spitze des Ostreiches.

Streit zwischen Honorius und Stilicho über die Regentschaft in Constantinopel: Stilicho wird als Staatsfeind hingerichtet.

Alarich und die Westgoten marschieren – nachdem ihr Gesprächspartner Stilicho entmachtet worden ist – in Italien ein und belagern Rom. Abzug erst nach Ablieferung von 5000 Pfund Gold, 30000 Pfund Silber und Übergabe aller barbarischen Sklaven.

Arbeiten an der neuen Stadtbefestigung Constantinopels („Theodosianische Mauer") beginnen (bis 413).

409 Alarich belagert nach ergebnislosen Verhandlungen (mit der Forderung nach Siedlungsland für die Westgoten und Heermeisteramt für sich) erneut Rom und setzt einen Gegenkaiser (Attalus) ein.

410 Absetzung des Attalus und Neuverhandlungen zwischen Honorius und Alarich. Nach ihrem Scheitern erneuter Marsch Alarichs nach Rom und dreitägige Plünderung der Stadt. Nachhaltige Erschütterung der Romidee. Beute besteht u. a. aus Teilen des jüdischen Tempelschatzes, der unter Titus nach Rom verbracht worden ist, Gefangennahme der Schwester des Kaisers, Galla Placidia. Abzug Alarichs nach Süden. Tod bei Cosenza (am Busento). Nachfolger: Athaulf (bis 415).

Auftrieb der heidnischen Opposition: Vernachlässigung der alten Götter wird für den Fall Roms verantwortlich gemacht. Entschluss zur Verteidigung des Christentums gegen die heidnischen Vorwürfe und Tröstung der Christen durch Augustinus (›De civitate Dei‹).

411 Ermordung des gallischen Usurpators Constantinus III. im Auftrag des Honorius. Usurpation des Iovinus, unterstützt von den Burgundern, Alamannen und Franken. Der Einfall der Westgoten unter Athaulf macht der Herrschaft des Iovinus ein Ende (413).

Konzil von Carthago (565 Teilnehmer, darunter 279 donatistische Bischöfe): Im Streit zwischen Katholiken und Donatisten behalten die Ersteren die Oberhand, Zugehörigkeit zum Donatismus wird unter Strafe gestellt, Übergabe der Kirchen an die Katholiken. Letzter großer Auftritt des Donatismus vor seinem Niedergang.

412 Nach vier Jahren räumen die Westgoten Italien. Honorius erlässt

Zeittafel   339

Süd- und Mittelitalien zum Ausgleich für die nächsten fünf Jahre 80% der Steuern.

413 Foederatenvertrag zwischen Honorius und den Burgundern: Zusicherung von Wohnsitzen im linksrheinischen Gebiet (Hauptstadt: Worms).

414 Verhandlungen zwischen Honorius und den Westgoten unter Athaulf scheitern. Athaulf heiratet Galla Placidia, 415 kommt er durch Blutrache um.

416 Vertrag mit dem neuen Westgotenkönig Vallia: Nach dem Zug der Westgoten nach Spanien und vergeblichem Versuch die Meerenge von Gibraltar zu überwinden, kommt es nach Zusicherung von Waffenhilfe gegen die Vandalen, Alanen und Sueben in Spanien und als Gegenleistung für die Freilassung der Galla Placidia zur Lieferung von Getreide (600000 *modii*) an die Westgoten.

418 Rückberufung der Westgoten aus Spanien und Ansiedlung in Aquitanien: Tolosanisches Westgotenreich (bis 507). Hauptstadt: Tolosa/Toulouse. Obwohl es sich um ein bevölkertes Gebiet mit intakten Eigentumsverhältnissen handelt, glückt das Experiment.

Das Konzil von Carthago verurteilt nach innerkirchlichen Streitigkeiten den Pelagianismus (Irrlehre des Pelagius). Ein kaiserliches Edikt vertreibt die Pelagianer aus Rom.

423 Honorius stirbt. Seine Nachfolgeregelung scheitert durch den vorzeitigen Tod des Schwagers Constantius (Constantius III., Augustus seit 421) und durch die Flucht seiner Halbschwester Galla Placidia (samt ihrer beiden Kinder) nach Constantinopel. Die Entscheidung über das westliche Kaisertum kommt dem Ostkaiser, dem Neffen des Honorius, Theodosius II., zu.

425 Erhebung des sechsjährigen Valentinianus III. zum Kaiser des Westreiches. Regierung durch seine Mutter Galla Placidia und den Heermeister Aetius.

426 Zitiergesetz: Nur noch die vier spätklassischen Juristen Papinianus, Paulus, Ulpianus und Modestinus sowie der Verfasser des meistbenutzten Institutionenwerkes, Gaius, dürfen von den Anwälten als Stützen für die Urteilsfindung rezitiert werden.

429 Theodosius II. gibt zur Ergänzung der Sammlung der kaiserlichen Konstitutionen von Hadrian bis Diocletian (Codex Gregorianus, Codex Hermogenianus) eine Zusammenstellung der seit Constantin erlassenen Gesetze in Auftrag. Publikationsfähige Ergebnisse bleiben jedoch aus.

Der neue Vandalenkönig Geiserich (seit 428) sieht den Übergang der Vandalen nach Afrika als gottgewollte Aufgabe an. 80000 Vandalen und Alanen setzen über die Meerenge von Gibraltar und marschieren nach Osten: Vandalenreich in Afrika (bis 533/4). Die Vandaleninvasion bedeutet für die Bewohner Raub, Mord, Brand und Versklavung. Die religiösen Gegensätze zwischen Donatisten und Katholiken brechen wieder auf.

431	Im Streit um den Begriff „Gottesmutter" und das Verhältnis der beiden Naturen in Christus (Mensch und Gott) zwischen Nestorius von Constantinopel und Cyrillus von Alexandria (als Stellvertreter des Bischofs von Rom) fällt das 3. Ökumenische Konzil von Ephesus eine Entscheidung: Nestorius wird abgesetzt und aus dem Klerus ausgestoßen. Ein Minderheitenkonzil verurteilt das Vorgehen des Cyrillus. Der Kaiser bestätigt zunächst beide Konzilsbeschlüsse. Eine Einigung im nestorianischen Streit kommt erst 433 zustande: In Christus besteht eine „Vereinigung von zwei Naturen", Maria ist „Mutter Gottes".
435	Theodosius betraut eine neue Kommission mit der Sammlung der seit 312 erlassenen, constantinischen und nachconstantinischen Kaiserkonstitutionen. Der so genannte Codex Theodosianus wird 438 vorgelegt und 439 für das Gesamtreich in Kraft gesetzt. Die einheitliche Geltung neuer Gesetze in beiden Reichsteilen hört auf: Es bedarf der ausdrücklichen Zustimmung des Kaisers, ob ein im Osten erlassenes Gesetz auch im Westen Geltung hat und umgekehrt.
	Die Festsetzung der Vandalen in Afrika und die damit verbundene Bedrohung Carthagos und der Getreideversorgung Roms lassen den Westkaiser diplomatisch aktiv werden. Ein Vertrag weist den Vandalen „einen Teil Afrikas" zur Ansiedlung zu und soll sie an feste Wohnsitze binden.
435/6	Unruhezustand Galliens erreicht neuen Höhepunkt: Die Burgunder greifen in die Belgica I über, die Bagaudenbewegung erfasst ganz Gallien, die Westgoten des Tolosanischen Reiches überfallen die Narbonensis I. Der Heermeister des Westreiches Aetius muss große Anstrengungen unternehmen, um der Lage Herr zu werden.
439	Frieden mit den Westgoten: Anerkennung des Westgotenreiches in Aquitanien durch die Römer.
442	Neuer Vertrag mit den Vandalen. Er trägt dem territorialen Ausgreifen der Vandalen in Africa und der Einnahme Carthagos (439) Rechnung, überlässt den Vandalen aber mit der Proconsularis und der südlich sich anschließenden Byzacena die Kornkammer Roms. Geiserich wird verpflichtet, eine feste Menge Getreide als Tribut nach Rom zu schicken. Die Vandalen etablieren sich endgültig in Afrika. Bedrängnis der katholischen Kirche, da Geiserich den Arianismus als „Staatsreligion" protegiert. Valentinianus III. versucht, die Verluste der Staatskasse durch die Ereignisse in Afrika durch eine Erhöhung der Umsatzsteuer auf 4 % wettzumachen.
449	Nach einer ersten Sachseninvasion (441/2) kommt eine neue Welle von Angeln und Sachsen nach Britannien, die den Charakter der Insel fortan prägen.
450	Valentinianus III. gibt die Residenz Ravenna auf und regiert fortan von Rom aus.

Tod des Ostkaisers Theodosius II. Nachfolger wird der später als „neuer Constantin" titulierte Gardetribun Marcianus (bis 457).

451 Entscheidungsschlacht auf den Katalaunischen Feldern (bei Châlons-sur-Marne): Das von Pannonien nach Gallien vorrückende Hunnenheer des Attila wird von den geeinten Kräften der Römer, Westgoten (unter Theoderich I.), Burgunder und Franken zurückgeschlagen. Attila und die Hunnen ziehen sich über die Donau in die Theißebene zurück. Tod Attilas (453).
4. Ökumenisches Konzil von Chalcedon: Der dogmatische Streit um die zwei Naturen in Christus (katholische Zwei-Naturen-Lehre vs. Monophysitismus) wird nach der den innerkirchlichen Frieden störenden „Räubersynode" von Ephesus (449) auf dem Konzil von Chalcedon einer Lösung zugeführt: Die Mehrzahl der 600 Teilnehmer leistet einen Eid auf die ›Epistola dogmatica‹ des Papstes Leo, der Monophysitismus hingegen wird als Irrlehre verurteilt. Unruhen in Palästina (452), Ägypten (457) und Syrien (469/70).

454 Aufteilung Spaniens zwischen den Sueben und Römern: Den Sueben fällt der Westen zu, die Römer bleiben im Besitz des östlichen Teils.

455 Sechs Monate nach der Ermordung des Aetius (454) wird Valentinianus III. selbst Opfer einer Verschwörung. Das Westreich verfällt in Agonie und bricht in sich zusammen: Die letzten 20 Jahre seines Bestehens wird es von zehn Kaisern (u. a. Avitus: 455–456; Maiorianus: 457–461; Libius Severus: 461–465; Anthemius: 467–472) regiert, Rom wird 455 durch die Vandalen erobert und geplündert („Vandalismus"). Starker Mann im Westreich (zwischen 456 und 472) ist der oberste Heermeister Ricimer. Vandalen, Westgoten und Burgunder nutzen in der Folgezeit die Schwäche für territoriale Zugewinne.

457 Die durch das Konzil von Constantinopel (381) dekretierte und im Konzil von Chalcedon (451) bestätigte Rangerhöhung des Bischofs von Constantinopel sowie die Verstärkung des christlichen Charakters des östlichen Kaisertums findet sichtbaren Ausdruck in der Krönung des neuen Kaisers Leo I. (bis 474) durch den Patriarchen von Constantinopel (als Werkzeug der Hand Gottes). Kaiserliches Gottesgnadentum.

472 Mit dem Tod des Ricimer tritt das westliche Kaisertum in die letzte Phase seiner Agonie: Es wird drei Jahre – obwohl inzwischen entbehrlich – künstlich durch das Patriziat des Westens und das Kaisertum des Ostens am Leben gehalten.

474 Abschluss eines „Ewigen Friedens" zwischen dem Ostkaiser Zeno (474–491) und dem Vandalenkönig Geiserich: Anerkennung des territorialen Bestandes des Vandalenstaates, der sich nach der Schwächung der römischen Staatsmacht (seit 455) um Gebiete in Afrika und die Balearen, Sardinien und Corsica sowie nach der

Katastrophe der oströmischen Flotte am Kap Bon (468) um Sizilien erweitert hat. Im Gegenzug Gewährung freier Religionsausübung für die Katholiken in Carthago.

475 Friedensvertrag mit den Westgoten: Unter König Eurich (466–484) erreicht das Tolosanische Westgotenreich seine größte Ausdehnung und Blüte. Mit „römischer Ermächtigung" expandieren die Westgoten nach Spanien und breiten sich auch in Gallien aus. Der Friedensvertrag erkennt die Eroberungen in Spanien und Gallien an. 477 fällt der letzte römische Herrschaftsteil in Gallien an die Westgoten.
Zeno gewinnt nach der Usurpation des Basiliscus mit Hilfe des Ostgotenkönigs Theoderich seine Herrschaft zurück. Theoderich wird Heermeister mit Patricius-Rang und steigt zu der Stellung auf, die es ihm ermöglicht, 488 Odovacar in Italien abzulösen.

476 Der in Italien zum König erhobene Odovacar setzt den letzten Kaiser des Westens, Romulus Augustulus, ab, schickt die kaiserlichen Insignien nach Constantinopel und erklärt, dass der Westen keinen eigenen Kaiser mehr brauche. Nach der Vorstellung des Ostkaisers soll das Geschick des Westens fortan in den Händen eines Stellvertreters mit Patricius-Rang liegen. Erlöschen des Weströmischen Reiches.

482 Veröffentlichung einer Vereinigungsformel (›Henoticon‹) durch Kaiser Zeno auf Drängen des Patriarchen Acacius von Constantinopel. Der Versuch Anhänger und Gegner des Konzils von Chalcedon zu einen, trifft auf den Widerstand von Papst Felix III., der sich gegen den byzantinischen Caesaropapismus wehrt. Das Acacianische Schisma (484–519) trennt fortan Ost und West.

483 Nach einem Zerwürfnis zwischen Zeno und Theoderich kommt es zu einem neuen Vertrag mit den Ostgoten: Diese erhalten Wohnsitze in den Provinzen Moesia II und Dacia ripensis, Theoderich wird wieder als patrizischer Heermeister bestellt.

489 Erneute Unstimmigkeiten zwischen Theoderich und Zeno (die zugesagten Wohnsitze scheinen nicht den Erwartungen der Goten entsprochen zu haben) lassen auf beiden Seiten den Plan reifen, den Ostgoten auf Kosten Odovacars in Italien eine neue Heimat zu verschaffen. Nach den für Theoderich erfolgreichen Schlachten am Isonzo und bei Verona gewinnt Theoderich Oberitalien.

490 Theoderich bleibt auch beim dritten Aufeinandertreffen mit Odovacar (Schlacht an der Adda) siegreich. Dieser zieht sich in den Schutz von Ravenna zurück.

491 Erhebung des Anastasius zum Ostkaiser (bis 518). Das Zusammenwirken von Senat und Volk von Constantinopel, der Einfluss der Truppen in der Hauptstadt und die Krönung durch den Patriarchen von Constantinopel geben dem Kaisertum seine typisch byzantinische Form.

Anastasius gibt dem Wirtschaftsleben neue Impulse (u. a. Abschaffung der *auri lustralis collatio*, Münzreform) und versucht, die Staatsverwaltung zu verbessern. Er hinterlässt seinem Nachfolger einen außerordentlich gut gefüllten Staatsschatz.

493 „Rabenschlacht" um Ravenna endet nach dreijährigem Kampf. Dem vereinbarten gemeinsamen Regiment von Theoderich und Odovacar über Italien macht Theoderich nach wenigen Tagen mit der Ermordung des Kontrahenten ein Ende. Die Goten erheben Theoderich zum König und „bestätigen" die von Zeno versprochene Herrschaft über Italien: Ostgotenreich in Italien (bis 552). Der Ostkaiser erkennt Theoderichs Königtum über Italien offiziell erst 497 mit der Überstellung der „kaiserlichen Insignien" an.

Theoderich organisiert in der Folgezeit seine Herrschaft über Italien: Verteilung der Goten auf die einzelnen Landstriche Italiens nach strategischen Gesichtspunkten, Übernahme der Struktur der römischen Verwaltung (u. a. Prätorianerpräfektur), Palast in Ravenna als administratives Zentrum.

Heirats- und Bündnispolitik des Theoderich soll eine auf Eintracht beruhende Gemeinschaft der Germanenreiche auf römischem Boden schaffen: Theoderich ehelicht die Schwester des Frankenkönigs Chlodwig (493 oder 494), seine beiden Töchter werden mit dem Westgotenkönig Alarich II. und dem burgundischen Thronfolger Sigismund verheiratet (494), Theoderichs Schwester Amalafrida wird die Frau des Vandalenkönigs Thrasamund (500). Theoderichs Bemühungen scheitern an den Partikularinteressen (Annexion des Tolosanischen Westgotenreiches in Gallien durch Chlodwig).

498 Papstwahl in Rom bringt zwei Päpste, Symmachus und Laurentius, hervor. Damit verbunden ist die staats- wie kirchenpolitisch brisante Frage, ob das durch den Monophysitismus belastete Verhältnis mit dem Osten normalisiert werden kann oder sich weiter verhärtet. Laurentius steht für die Annäherung an den Osten, Symmachus für das strikte Festhalten am Konzil von Chalcedon. Theoderich übernimmt es, die Entscheidung auf Grund äußerer Kriterien zu treffen: Symmachus wird als Papst bestätigt.

500 Veröffentlichung des ›Edictum Theoderici‹, eines für Römer und Ostgoten bestimmten Gesetzbuches. Westgoten und Burgunder hingegen sind zur gleichen Zeit bestrebt, separate Gesetzbücher für die römischen Bewohner ihrer Reiche zusammenzustellen (Lex Romana Visigothorum, Lex Romana Burgundionum).

502–506 Erste größere Auseinandersetzung mit den Persern nach einem Jahrhundert relativer Ruhe: Empfindliche Verluste für die byzantinischen Truppen (502/3), Wendung des Kriegsglücks (503/4), Waffenstillstand (505), Friedensvertrag (506): Zahlungen des Kaisers zur Unterhaltung der Festung an den Kaspischen Toren zur Abwehr der Hunnen.

Zeittafel

504 Theoderich entreißt den Gepiden die Provinz Pannonia II und stellt die alte Grenze zwischen dem Ost- und Westreich wieder her. Wegen der 437 an das Ostreich abgetretenen Provinzhauptstadt Sirmium kommt es zu einer ernsten Krise in der Beziehung zwischen Anastasius und Theoderich. Der Streit wird erst 510 mit einem Kompromiss beigelegt.

519 Die „Glaubensformel des Hormisdas" beendet nach jahrelangen Verhandlungen (515–517 und 518/9) das 35-jährige Acacianische Schisma: Zwangsmaßnahmen zur Anerkennung des Konzils von Chalcedon im Osten. Der Monophysitismus in Kleinasien, Syrien und Palästina verliert seine Stützen. Er kann sich nur in Ägypten halten (Ausbildung der koptischen Kirche).

524 Hinrichtung des *magister officiorum* und Philosophen Boethius durch Theoderich (Anklage: Hochverrat).

526 Tod des Theoderich. Beisetzung in seinem Mausoleum in Ravenna. Als Erben der Königsherrschaft setzt er seinen Enkel Athalarich ein.
Erdbeben in Antiochia (Syrien) und Umgebung: 250000 Menschen sollen den Tod gefunden haben.

527 Justin (Kaiser seit 518) erhebt seinen Adoptivsohn Justinianus zum Augustus, dessen Frau Theodora zur Augusta. Nach vier Monaten gemeinsamer Herrschaft stirbt Justin. Justinianus wird zum Alleinherrscher.
Sicherung der gefährdeten Ostgrenze: Änderung der Kommandoverhältnisse (528 Ernennung eines *magister militum per Armeniam*).

529 Schließung der Akademie in Athen.
Gründung des Klosters Monte Cassino und Begründung des westlichen Mönchtums durch Benedict von Nursia (›Regula sancti Benedicti‹).

532 „Ewiger Friede" mit dem Perserreich: Zahlung von 11000 Pfund Gold an den Großkönig, Wiederherstellung des Status quo vor Kriegsbeginn.
Nika-Aufstand der Zirkusparteien: Zerstörung der Hagia Sophia (Neueinweihung 537), Entlassung missliebiger Beamter, Wahl eines Gegenkaisers. Der Gefolgsmann Justinians, Belisar, schlägt den Aufstand nieder: 30000 Menschen sollen getötet worden sein, strenge Bestrafung der Anführer.

533 Vandalenkrieg gegen König Gelimer. Besetzung Carthagos durch die oströmischen Truppen unter Belisar. Siege der Römer bei Tricamarum und in Numidien. Gelimer kapituliert. Justinianus ergreift Besitz vom Vandalenreich, führt es in die römische Verwaltung zurück und restituiert die katholische Kirche. Es dauert über ein Jahrzehnt bis Afrika zur Ruhe kommt (Rückgabe des von den Vandalen enteigneten Landes, Arianismus, Einführung des römi-

schen Steuersystems). Neueinrichtung der römischen Provinzialverwaltung in Afrika gibt den Impuls zu einer Reform dieses Zweiges der Staatsverwaltung im ganzen Reich (Unterbindung der Korruption, Anweisungen für die Statthalter hinsichtlich des Kompetenzbereiches).

533/4 Vollendung des so genannten ›Corpus iuris civilis‹: Codex Iustinianus (528 in Auftrag gegeben, seit 529 in Benutzung, Neuauflage aus dem Jahr 534, soll die früheren Codices ersetzen, die Kaiserkonstitutionen sammeln und durch die von Justinian erlassenen ergänzen), Digesta (wichtige Passagen aus ca. 200 Juristenschriften) und Institutiones (Lehrbuch für den Rechtsunterricht). Sekundäre Form: Basiliken (Kaiserrecht in griechischer Sprache, 9. Jahrhundert). Nur bedingte Geltung des Codex im Westen: Trotz 554 vorgeschriebener Einführung kann er das Vulgarrecht nicht verdrängen.

540 Fall Ravennas und Beendigung des Gotenkrieges (seit 535; u.a. Eroberung Roms 536). Gefangennahme des Gotenkönigs Witigis, Verbringung des Gotenschatzes nach Constantinopel.

552 Mit der Schlacht bei Busta Gallorum endet das gotische Königtum Totilas (seit 541). Vorausgegangen sind die Belagerung und Einnahme Roms durch Totila (546 und 550; 547 Rückeroberung durch Belisar), die Niederlage Totilas in der Seeschlacht von Sena Gallica sowie der Verlust Siziliens (551). Der Oberbefehlshaber der byzantinischen Truppen, Narses, erobert Rom und folgt dem neu gewählten Gotenkönig Teja, den er am Vesuv schlägt. Ende des Ostgotenreiches in Italien (Brescia und Verona halten sich bis 561 als gotische Enklaven). Reorganisation des durch 20-jährigen Krieg verwüsteten Italiens.

553 5. Ökumenisches Konzil von Constantinopel beendigt den so genannten „Drei-Kapitel-Streit". Die 534 von Justinian getroffene Entscheidung, die Lehrsätze (*capitula*) dreier Theologen (Theodoretus von Cyrus, Ibas von Edessa und Theodor von Mopsuestia) für häretisch zu erklären, wird vom Konzil und vom Papst gebilligt. Die Monophysiten werden in ihrer Ablehnung des Chalcedonense bestätigt, die Orthodoxen im Westen sind über das Verhalten des Papstes enttäuscht.

561 Friedensvertrag auf 50 Jahre mit dem persischen Großkönig. Nach dem Bruch des „Ewigen Friedens" (540), mehreren Kriegsphasen (541–544 bzw. 549–555), einem fünfjährigen Waffenstillstand (545–549), einigen Jahren der Waffenruhe und intensiven Verhandlungen kommt es zu einem neuen Friedensvertrag.

565 Tod Justinians. Beisetzung im Mausoleum bei der Apostelkirche.

AUFLÖSUNG DER ABGEKÜRZTEN QUELLENZITATE

Act. apost.	Actus Apostolorum (= Apostelgeschichte)
Act. Conc. Oec.	Acta Conciliorum Oecumenicorum (ed. E. Schwartz)
Agath.	Agathias von Myrina, De imperio Iustiniani Imperatoris
Agnell.	Agnellus von Ravenna, Liber pontificalis ecclesiae Ravennatis
Ambros. de fide	Ambrosius, De fide ad Gratianum
Ambros. de obitu Theod.	Ambrosius, De obitu Theodosii
Ambros. de obitu Valent.	Ambrosius, De obitu Valentiniani
Ambros. ep.	Ambrosius, Epistulae
Ambros. ep. extra collect.	Ambrosius, Epistulae extra collectionem
Ambros. expos. in Luc.	Ambrosius, Expositio in Evangelium secundum Lucam
Amm. Marc.	Ammianus Marcellinus, Res gestae
Année épigr.	Année Épigraphique
Anon. de reb. bell.	Anonymus de rebus bellicis
Anon. Vales.	Anonymus Valesianus
Apoc.	Apocalypsis
App. bell. civ.	Appianus, Bella civilia
Athan. apol. ad Constant.	Athanasius, Apologia ad Constantinum
Athan. apol. c. Arian.	Athanasius, Apologia contra Arianos
Athan. de decret. Nicaen. synod.	Athanasius, (Epistola) de decretis Nicaenae synodi
Athan. de synod.	Athanasius, (Epistola) de synodis Arimini et Seleuciae celebratis
Athan. hist. Arian.	Athanasius, Historia Arianorum ad monachos
Athan. vit. Ant.	Athanasius, Vita Sancti Antonii
Augustin. brev. collat.	Augustinus, Breviculus collationis cum Donatistis
Augustin. conf.	Augustinus, Confessiones
Augustin. c. Gaudent.	Augustinus, Contra Gaudentium Donatistarum episcopum
Augustin. c. litt. Petil.	Augustinus, Contra litteras Petiliani
Augustin. Cresc.	Augustinus, Ad Cresconium grammaticum partis Donati
Augustin. de civ. Dei	Augustinus, De civitate Dei

Auflösung der abgekürzten Quellenzitate 347

Augustin. ep.	Augustinus, Epistulae
Augustin. psalm. c. part. Donat.	Augustinus, Psalmus contra partem Donati
Augustin. serm.	Augustinus, Sermones
Aur. Vict. de Caes.	Aurelius Victor, De Caesaribus
Ausonius Mos.	Decimus Magnus Ausonius, Mosella
Avit. ep.	Alcimus Ecdicius Avitus, Epistulae
Basil. ep.	Basilius von Caesarea, Epistulae
Beda hist. eccl.	Beda Venerabilis, Historia ecclesiastica gentis Anglorum
Boeth. cons. phil.	Boethius, De consolatione philosophiae
can.	canon/canones
Cass. Dio	Cassius Dio Cocceianus, Historia Romana
Cassiod. chron.	Flavius Magnus Aurelius Cassiodorus, Chronica
Cassiod. var.	Flavius Magnus Aurelius Cassiodorus, Variae (epistulae)
Chron. Gall.	Chronica Gallica
Chron. Min.	Chronica Minora (ed. Th. Mommsen)
Chron. Pasch. ad an.	Chronicon Paschale ad annum
Chronogr. an. 354	Chronographus anni CCCLIIII (= Kalender des Filocalus)
Claudian. bell. Goth.	Claudius Claudianus, De bello Gothico
Claudian. de cons. Stil.	Claudius Claudianus, De consulatu Stilichonis (= De laudibus Stilichonis)
Claudian. de VI cons. Honor.	Claudius Claudianus, Panegyricus de sexto consulatu Honorii Augusti
Claudian. in Eutr.	Claudius Claudianus, In Eutropium
Claudian. in Rufin.	Claudius Claudianus, In Rufinum
Cod. eccl. Afric.	Codex ecclesiae Africanae
Cod. Euric.	Codex Euricianus
Cod. Iust.	Codex Iustinianus
Cod. Theod.	Codex Theodosianus
Coll. Avell.	Collectio Avellana (ed. O. Günther)
Conc. Carthag.	Concilium Carthaginense
Conc. Nic.	Concilium Nicaenum
Conc. Serd.	Concilium Serdicense
Conc. Taurin.	Concilium Taurinense
Cons. Const.	Consularia Constantinopolitana
Cons. Ital.	Consularia Italica
Const. Porphyr. de cerim.	Constantinus VII. Porphyrogennetus, De ceremoniis aulae byzantinae
Const. „Cordi"	Constitutio „Cordi" (Überarbeitung des Codex Iustinianus)
Const. „Deo auctore"	Constitutio „Deo auctore" (Herstellung der Digesten)

348 Auflösung der abgekürzten Quellenzitate

Const. „Haec"	Constitutio „Haec" (Herstellung des Codex Iustinianus)
Const. „Imperatoriam"	Constitutio „Imperatoriam" (Inkraftsetzung der Institutiones)
Const. „Omnem"	Constitutio „Omnem" (Studienreform)
Const. „Summa"	Constitutio „Summa" (Inkraftsetzung des Codex Iustinianus)
Const. „Tanta"	Constitutio „Tanta" (Inkraftsetzung der Digesten)
Const. Sirm.	Constitutiones Sirmondianae
Contin. Dion.	Continuatio Dionis
Corp. Inscr. Lat.	Corpus Inscriptionum Latinarum
Cyrill. hom.	Cyrillus von Alexandria, Homiliae
Dan.	Daniel
Edict. Iust.	Edicta Iustiniani
Ennod. paneg.	Magnus Felix Ennodius, Panegyricus dictus clementissimo regi Theoderico
Ennod. vit. Epiph.	Magnus Felix Ennodius, Vita Epiphanii
Ep. Arel.	Epistulae Arelatenses genuinae (= Mon. Germ. Hist., Epp. III 1–83)
Epit. de Caes.	Ps.-Aurelius Victor, Epitome de Caesaribus
Euagr. hist. eccl.	Euagrius von Epiphaneia, Historia ecclesiastica
Eugipp. vit. s. Sev.	Eugippius, Vita Sancti Severini
Eunap. fragm.	Eunapius von Sardes, Fragmente (der Historia)
Euseb. de laud. Constant.	Eusebius von Caesarea, De laudibus Constantini
Euseb. de mart. Palaest.	Eusebius von Caesarea, De martyribus Palestinae
Euseb. hist. eccl.	Eusebius von Caesarea, Historia ecclesiastica
Euseb. vit. Const.	Eusebius von Caesarea, Vita Constantini
Eutr.	Eutropius, Breviarium historiae Romanae (= Breviarium ab urbe condita)
Ezech.	Ezechihel
Facund. pro defens. trium capit.	Facundus von Hermiane, Pro defensione trium capitolorum
Felix ep.	Felix von Rom, Epistulae
Ferrand. ep.	Ferrandus, Epistulae
Firm. Matern. de err.	Iulius Firmicus Maternus, De errore profanarum religionum
Firm. Matern. Math.	Iulius Firmicus Maternus, Mathesis
Fragm. d. griech. Hist.	Die Fragmente der griechischen Historiker (ed. F. Jacoby)

Fragm. Hist. Graec.	Fragmenta Historicorum Graecorum (ed. C. und Th. Müller)
fragm.	fragmentum/fragmenta
Gelas. ep.	Gelasius, Epistulae
Gesta coll. Carthag.	Gesta Collationis Carthaginiensis
Greg. Naz. carm.	Gregorius von Nazianz, Carmina
Greg. Naz. ep.	Gregorius von Nazianz, Epistulae
Greg. Naz. or.	Gregorius von Nazianz, Orationes
Greg. Nyss. or. de deitate fil. et spir.	Gregorius von Nyssa, Oratio de deitate Filii et Spiritus Sancti
Greg. Tur.	Georgius Florentinus Gregorius Turonensis, Historia Francorum
Herodian.	Herodianus, Ab excessu divi Marci
Herodot.	Herodotus, Historiae
Hieron. chron. ad an.	Hieronymus, Chronicum ad annum
Hieron. ennar. in Ezech.	Hieronymus, Ennarationes in Ezechielem
Hieron. ep.	Hieronymus, Epistulae
Hilar. collect. antiarian. Paris.	Hilarius von Poitiers, Collectanea antiariana Parisina
Hilar. append. ad collect. antiarian. Paris.	Hilarius von Poitiers, Appendix ad collectanea antiariana Parisina
Himer. or.	Himerius, Orationes
Hippol. ref.	Hippolytus von Rom, Refutatio omnium haeresium
Hist. aceph.	Historia acephala
Hist. Aug. Aur.	Historia Augusta, Aurelianus
Hormisd. ep.	Hormisdas von Rom, Epistulae
Hydat.	Hydatius, Continuatio Chronicorum Hieronymianorum
Inscr. christ. urb. Rom.	Inscriptiones Christianae urbis Romae (ed. J. B. de Rossi u. a.)
Inscr. Lat. Christ. vet.	Inscriptiones Latinae Christianae veteres (ed. E. Diehl)
Inscr. Lat. Sel.	Inscriptiones Latinae Selectae (ed. H. Dessau)
Isid. hist. Goth.	Isidorus von Sevilla, Historia Gothorum, Vandalorum et Suevorum
Iulian. ep.	Flavius Claudius Iulianus, Epistulae
Iulian. ep. ad Athen.	Flavius Claudius Iulianus, Epistula ad Athenienses
Iulian. Misop.	Flavius Claudius Iulianus, Misopogon
Iulian. or.	Flavius Claudius Iulianus, Orationes
Iuv.	Decimus Iunius Iuvenalis, Saturae
Joh. Ant. fragm.	Johannes von Antiochia, Fragmente (der Historia chronica)

350 Auflösung der abgekürzten Quellenzitate

Joh. Chrys. in diem natalem D. N. Jesu Christi	Johannes Chrysostomus, Homilia in diem natalem domini nostri Jesu Christi
Joh. Ephes. hist. eccl.	Johannes von Ephesus, Historia ecclesiastica
Jord. Get.	Jordanes, De origine actibusque Getarum
Jord. Rom.	Jordanes, De summa temporum vel origine actibusque gentis Romanorum
Jos. Styl.	Josua Stylites, Chronica
1 Kor.	Epistula prima Pauli ad Corinthios (= 1. Korintherbrief)
Lact. de mort. persec.	Lucius Caecilius Firmianus Lactantius, De mortibus persecutorum
Lact. div. inst.	Lucius Caecilius Firmianus Lactantius, Divinae institutiones
Leo ep.	Leo von Rom, Epistulae
Leo serm.	Leo von Rom, Sermones
Lex Burg.	Lex Romana Burgundionum
Lib. Pont. [Duch.]	Liber Pontificalis (ed. L. Duchesne)
Liban. ep.	Libanius, Epistulae
Liban. or.	Libanius, Orationes
Luc.	Evangelium secundum Lucam (= Lukas-Evangelium)
Lyd. de mag.	Johannes Lydus, De magistratibus populi Romani
Malal. chronogr.	Johannes Malalas, Chronographia
Malch. fragm.	Malchus von Philadelphia, Fragmente (der Byzantiaca)
Mansi, Sacr. Conc. Coll.	G. D. Mansi, Sacrorum conciliorum nova et amplissima collectio
Marc. Diac. vit. Porphyr.	Marcus Diaconus, Vita Porphyrii
Marcell. Comes	Marcellinus Comes, Chronicon
Matth.	Evangelium secundum Matthaeum (= Matthäus-Evangelium)
Mon. Anc.	Monumentum Ancyranum (= Res gestae divi Augusti)
Mon. Germ. Hist., Auct. Ant.	Monumenta Germaniae historica, Auctores Antiquissimi
Mon. Germ. Hist., Epp.	Monumenta Germaniae historica, Epistolae
Narr. de s. Sophia	Narratio de aedificatione ecclesiae Sanctae Sophiae Constantinopolitanae
Not. Dign. Occident.	Notitia Dignitatum in partibus occidentis
Not. Dign. Orient.	Notitia Dignitatum in partibus orientis
Not. urb. Constant.	Notitia urbis Constantinopolitanae
Nov. Iust.	Novellae Iustiniani

Auflösung der abgekürzten Quellenzitate 351

Nov. Iust. app.	Novellae Iustiniani. Appendix constitutionum dispersarum
Nov. Maior.	Novellae Maioriani
Nov. Marcian.	Novellae Marciani
Nov. Theod.	Novellae Theodosii
Nov. Valent.	Novellae Valentiniani
Olympiod. fragm.	Olympiodorus, Fragmente (der Historia)
Optat.	Optatus von Mileve, Contra Parmenianum Donatistam
Optat. Append.	Optatus von Mileve, Contra Parmenianum Donatistam – Appendix
Optat. Porfyr.	Publilius Optatianus Porfyrius, Carmina
Orient. commonit.	Orientius, Commonitorium
Oros.	Orosius, Historiae adversum paganos
Pallad. dial.	Palladius von Helenopolis, Dialogus de vita Ioannis Chrysostomi
Paneg. Lat.	Panegyrici Latini
Patrol. Graec.	Patrologiae cursus completus. Series Graeca (ed. J. P. Migne)
Patrol. Lat.	Patrologiae cursus completus. Series Latina (ed. J. P. Migne)
Paulin. Nolan. ep.	Paulinus von Nola, Epistulae
Paulin. vit. Ambros.	Paulinus von Mailand, Vita Ambrosii
Paus.	Pausanias, Descriptio Graeciae
Peregr. Egeriae	Peregrinatio ad loca sancta Egeriae (= Peregrinatio Aetheriae)
Philostorg. hist. eccl.	Philostorgius von Kappadokien, Historia ecclesiastica
Plin. paneg.	Gaius Plinius Caecilius Secundus, Panegyricus
pr.	principium (Anfangsstück vor § 1 einer Rechtskonstitution)
praef.	praefatio
Prisc. fragm.	Priscus von Passion, Fragmente (der Historia Byzantiaca)
Procop. aed.	Procopius von Caesarea, De aedificiis
Procop. anecd.	Procopius von Caesarea, Anecdota (= Historia arcana)
Procop. bell. Goth.	Procopius von Caesarea, De bello Gothico (Buch 5–7 d. Bella)
Procop. bell. Pers.	Procopius von Caesarea, De bello Persico (Buch 1–2 d. Bella)
Procop. bell. Vand.	Procopius von Caesarea, De bello Vandalico (Buch 3–4 d. Bella)
Prosp.	Prosper Tiro von Aquitanien, Epitoma Chronicon

352 Auflösung der abgekürzten Quellenzitate

Prudent. contra Symm.	Aurelius Prudentius Clemens, Contra Symmachum
Res gestae	Res gestae divi Augusti (= Monumentum Ancyranum)
Rom. Imp. Coin.	Roman Imperial Coinage (ed. H. Mattingly, E. A. Sydenham, C. H. V. Sutherland u. a.)
Rufin. hist. eccl.	Rufinus von Aquileia, Eusebii Historia ecclesiastica translata et continuata
Rutil. Namat. de red.	Rutilius Claudius Namatianus, Carmen de reditu suo
Salv.	Salvianus von Massilia, De gubernatione dei
Script. orig. Constantinop.	Scriptores originum Constantinopolitanarum (ed. Th. Preger)
Sidon. Apollin. carm.	Gaius Sollius Sidonius Apollinaris, Carmina
Sidon. Apollin. ep.	Gaius Sollius Sidonius Apollinaris, Epistulae
Socr. hist. eccl.	Socrates von Constantinopel, Historia ecclesiastica
Sulp. Sev. chron.	Sulpicius Severus, Chronica
Sulp. Sev. vit. Mart.	Sulpicius Severus, Vita Sancti Martini
Symm. ep.	Quintus Aurelius Symmachus, Epistulae
Symm. or.	Quintus Aurelius Symmachus, Orationes
Symm. rel.	Quintus Aurelius Symmachus, Relationes
Tac. hist.	Cornelius Tacitus, Historiae
Tert. apol.	Quintus Septimius Florens Tertullianus, Apologeticum
Tert. de praescript. haeret.	Quintus Septimius Florens Tertullianus, De praescriptione haereticorum
Themist. or.	Themistius, Orationes
Theodoret. hist. eccl.	Theodoretus, Historia ecclesiastica
Theoph. ad an. mundi	Theophanes Confessor, Chronographia ad annum mundi
Vict. Tonn.	Victor von Tunnuna, Chronica
Vict. Vit.	Victor von Vita, Historia persecutionis Africanae provinciae
Vit. Dan.	Vita Danielis Stylitae
Vita s. Melaniae [Graeca]	Vita Sanctae Melaniae (Graeca)
Zonar.	Johannes Zonaras, Epitome historiarum
Zosim.	Zosimus, Historia nova

BEMERKUNGEN ZUR QUELLENLAGE

Die Auseinandersetzung mit der Spätantike zwingt dem Historiker den Umgang mit einer Vielzahl von Quellen auf (s. das vorstehende Abkürzungsverzeichnis). Im Gegensatz zu den Materialien, die er für die Kaiserzeit heranzuziehen weiß, sieht er sich in der nachfolgenden Epoche mit – selbst für den Fachmann – unbekannten und entlegenen Autoren konfrontiert. Es ist deshalb gerechtfertigt, ausführlicher als in den beiden vorhergehenden Bänden der ›Grundzüge‹ auf die Quellenlage einzugehen.

An erster Stelle unter den literarischen Quellen steht die **Geschichtsschreibung**. Zu Beginn der behandelten Epoche blickt die lateinischsprachige Geschichtsschreibung auf einen über hundertjährigen Zeitraum ohne historiographische Tradition zurück. Unter den Soldatenkaisern des 3. Jahrhunderts war mit dem Reich die römische Geschichtsschreibung verfallen. Erst Mitte des 4. Jahrhunderts besteht wieder Nachfrage nach historischen Werken, welche das Bedürfnis nach knapper und zweckbestimmter Information widerspiegeln (zu den Anfängen der christlich orientierten Geschichtsschreibung s. u.). Das profane Schrifttum ist vom Kaiser gefördert bzw. in Auftrag gegeben. So verfassen die *magistri memoriae* des Valens, Eutropius und Festus, auf dessen Geheiß hin kurze Abrisse der römischen Geschichte (›Breviarium ab urbe condita‹ bzw. ›Breviarium rerum gestarum populi Romani‹), die in Beschränkung auf die wichtigsten Fakten die Zeit von Romulus bis zum Tod Jovians (364) beschreiben. Als Beispiel und Quelle dient Eutrop dabei u.a. ein Nachschlagewerk für die Stadtrömer, das in verschiedenen, die individuellen Wünsche des Bestellers berücksichtigenden Fassungen zirkulierte, von denen der Nachwelt ein im Jahr 354 verfasstes Exemplar mit reichen Illustrationen erhalten geblieben ist. Der ›Chronograph des Jahres 354‹ (auch ›Kalender des Filocalus‹ bezeichnet) bietet u.a. die Fasten der Stadt Rom von ihrer Gründung bis in das Jahr 354, ein Verzeichnis der Stadtpräfekten seit 254, eine Liste der römischen Bischöfe, eine lateinische Übersetzung der Weltchronik des Hippolytus und eine kurze Stadtgeschichte bis 325. Sehr viel ausführlicher als die bisher genannten Beispiele ist ein Geschichtswerk, das einen Griechen aus Antiochia am Orontes zum Autor hat. Die ›Res gestae‹ des Ammianus Marcellinus (veröffentlicht 392 bzw. 395) behandeln – an die ›Historien‹ des Tacitus anknüpfend – die Zeit von Nerva bis zum Tod des Valens in der Schlacht von Adrianopel (96–378). Von den ursprünglich 31 Büchern sind lediglich Buch 14 bis 31 erhalten, die sich der Zeit ab 353 widmen und schwerpunktmäßig die Regierungszeit Julians darstellen. Ammians Berichte bieten Informationen aus erster Hand, als Stabsoffizier nahm er an zahlreichen Militäroperationen und auch am Perserfeldzug Julians teil. Die sachliche, klare und objektive Darstellung, die den Stoff nach Art der Annalistik chronologisch ordnet, aber mit Kurzbiographien und Exkursen anreichert, machen Ammianus zum bedeutendsten lateinischen Historiker seit Tacitus. Seine ›Res gestae‹ gelten als das letzte große Geschichtswerk der Antike, alles Nachfolgende erreicht kein gleichartiges Niveau. Zu nennen ist zunächst eine Lebensgeschichte Constantins des Großen. Das Fragment vermengt Textpartien von zwei unterschiedlichen Quellen, seit der Erstveröffentlichung im Jahre 1636 durch H. Valesius wird der Autor als Anonymus Valesianus zitiert. Gebräuchlich ist auch der Name ›Excerpta Valesiana‹, der darauf hinweist, das die Sammlung ein weiteres historisches Fragment aus dem 6. Jahrhundert beinhaltet, das die Jahre 474–526 behandelt. Anzuführen sind ferner die Verherrlichung der Erfolge Stilichos in einem historischen Epos durch Claudius Claudianus (›De bello gothico‹, 402) und eine ganze Reihe von Chroniken, die den historischen Stoff in Datenlisten (zumeist mit narrativen Elementen ergänzt) darbieten. Die ›Chronica‹ des Sulpicius Severus von 403 reichen von der Weltschöpfung bis 400 n. Chr. und bieten in erster Linie einen Abriss des Alten Testaments und der Kirchengeschichte. Als Fortsetzung der Chronik des Hieronymus, der die Chronik des Eusebius übersetzt und bis in das Jahr 378 fortgeführt hat, verstehen sich die ›Epitoma Chronicon‹ des Prosper Tiro, welche mit der Eroberung Roms durch Geiserich (455) abbrechen, die ›Chronica Gallica‹ (ursprünglich bis in das Jahr 450) sowie die Chroniken des Hydatius (bis 468), des Cassiodorus (bis 519), des *cancellarius* Kaiser Justinians, Marcellinus Comes (bis 518, später von einem Unbekannten bis 548 erweitert), und schließlich die des Victor von Tunnuna. Dessen Chronik, die in Klosterhaft (wegen seines Widerstandes gegen das Edikt Justinians zu den Drei Kapiteln) entsteht, reicht bis 566/67, erhalten ist aber nur der sich an Prosper anschließende Teil. Zeitgleich, in der Mitte des 6. Jahrhunderts, beschreibt der britannische Mönch Gildas in seiner Schrift ›Von der Verwüstung und Wehklage Britanniens‹ das Schicksal der Insel nach dem Abzug der Römer. Dazu ist sie die einzige zeitgenössische Quelle. Ebenso einzigartig ist die älteste uns erhaltene Geschichte eines Germanenstammes, die der romanisierte Gote Jordanes 551 schriftlich festhält. Sein Werk ›De origine actibusque Getarum‹ ist in erster Linie ein Auszug einer 526 bis 533 entstandenen, heute aber verlorenen Gotengeschichte des Cassiodor, die Jordanes bis 551 fortführt. Jordanes verdanken wir auch eine Darstellung der römischen Geschichte bis in das Jahr 551 (›De summa temporum vel origine actibusque gentis Romanorum‹), die aber kaum Selbständiges besitzt und überwiegend Eusebius-Hieronymus und Marcellinus Comes übernimmt. Das Bestreben, die Geschichte der sich auf dem Gebiet des ehemaligen Imperiums etablierenden Fremdvölker schriftlich zu fixieren, ist auch für die ›Historia Francorum‹ des Bischofs Gregor von Tour zu veranschlagen. Das erste national-christliche Geschichtswerk bietet neben einer Weltgeschichte vor allem Zeitgeschichte bis 592 (Buch 5–10), deren Informationen aufgrund der getreuen Berichterstattung von hohem Wert sind und die Ver-

Bemerkungen zur Quellenlage   355

schmelzung römischer und fränkischer Elemente verdeutlichen. Ähnlichen Hintergrund hat auch die ›Kleinere Chronik‹, die Isidor, der Bischof von Sevilla, im Jahr 624 vollendet. Er beschreibt, wie der Paralleltitel (›Historia Gothorum, Vandalorum et Suevorum‹) verdeutlicht, die Geschichte der Westgoten seit 253/260 (Kap. 1–70), der Vandalen (Kap. 71–84; von 406 bis 535) und der Sueben (Kap. 85–92; von 409 bis 585). Sehr viel früher als die profane Geschichtsschreibung setzt die christlich argumentierende Historiographie ein: Lactanz beschreibt um 313/14 in ›De mortibus persecutorum‹ die Todesarten der Christenverfolger. Damit führt er die christliche Sichtweise in die Geschichtsschreibung ein. Ihm folgen mit gleichem Anspruch über ein Jahrhundert später Augustinus mit ›De civitate Dei‹ und Orosius mit seiner ›Historia adversus paganos‹. Augustinus verfasst seine christliche Geschichtsphilosophie zwischen 413 und 427. Auslöser ist die Eroberung Roms im Jahr 410. Auf Bitten des Augustinus setzt sich Orosius mit der Profangeschichte von der Erschaffung der Welt bis in das Jahr 417 auseinander. In 7 Büchern versucht er zu beweisen, dass sich seit Christi Geburt die Situation der Menschheit zum Besseren gewandelt hat. Er begründet damit die christliche Universalgeschichtsschreibung. Zwei Jahrzehnte zuvor hat Rufinus von Aquileia, in der Abgeschiedenheit eines Klosters, die Kirchengeschichte des Eusebius (s. u.) übersetzt und bis zum Tod des Theodosius (395) fortgeführt. Einblick in eine Randzone des Römischen Reiches bietet die um 484 entstandene ›Historia persecutionis Africanae provinciae‹ des Bischofs von Vita, Victor, der hierin die Lage der katholischen Kirche unter den arianischen Vandalenkönigen Geiserich und Hunerich beschreibt. Der ›Liber Pontificalis‹ wird als reine Namensliste der Päpste gegen Ende des 2. Jahrhunderts angelegt und später zu Lebensbeschreibungen erweitert und in verschiedenen Redaktionen bis 1431 fortgeführt. Auf dem Vorbild dieses stadtrömischen Verzeichnisses erstellt ein Abt aus Ravenna namens Agnellus in der ersten Hälfte des 9. Jahrhunderts eine Urkunden, Quellen und Inschriften auswertende Geschichte der Kirche von Ravenna (›Liber pontificalis ecclesiae Ravennatis‹). Die griechischsprachige Geschichtsschreibung ist ebenfalls in eine christlich orientierte und eine heidnisch ausgerichtete Gruppe zu scheiden. Erstere liefert eine ganze Reihe von Kirchengeschichten. Den Anfang macht die ›Historia ecclesiastica‹ des Eusebius, seit 313 Bischof von Caesarea (Palästina). Ihre letzte Fassung entsteht bis 325 und umfasst 10 Bücher. Wertvoll ist sie vor allem wegen der Tatsache, dass Eusebius auch die Entwicklung der christlichen Lehre (unter Einschluss der christlichen Sekten) schildert. Einigen Handschriften ist an das 8. Buch ein Bericht über das Schicksal der Märtyrer während der Verfolgung in Palästina 303–311 angehängt. Als Fortsetzung und Ergänzung der Eusebischen Kirchengeschichte gelten die gleichnamigen Werke des Philostorgius von Kappadokien, des Theodoretus von Antiochia, des Socrates von Constantinopel und des Euagrius von Epiphaneia. Die 12 Bücher des Philostorgius reichten mindestens bis 425, das häretisch eingeschätzte Werk ist als Ganzes verloren, Teile davon haben sich allerdings in bereinigter Form innerhalb einer späteren Vita erhalten. Die 449/50 vollendete Kirchengeschichte des Theodoretus beschreibt die Jahre 325 bis 428, ihr historischer Wert wird durch die apologetische Tendenz der Darstellung zugunsten der Orthodoxie geschmälert. Sorgfältige Quellenauswertung, genaue Zeitangaben und die zahlreichen eingestreuten Dokumente hingegen machen den hohen Wert der Darstellung des Socrates aus. In 7 Büchern wird die Zeit von 305 bis 439 erfasst. Als Fortsetzung dieser Zusammenstellung versteht sich das Werk des Euagrius. Seine 6 Bücher decken die Zeit von 431 bis 593 ab und gelten als die wichtigste Quelle für die Dogmengeschichte des 5. Jahrhunderts. Die heidnisch ausgerichtete Historie ist vertreten durch Eunapius von Sardes, dessen ›Historia‹ – wie viele andere Werke dieser Gruppe – nur fragmentarisch überliefert ist. Sein Werk behandelt in Fortsetzung der Chronik des Dexippus die Jahre 270 bis 404 (in 14 Büchern). Trotz seiner christenfeindlichen Tendenz ist es gerne von den Kirchenhistorikern benutzt worden. Die Reihe wird fortgesetzt mit dem Geschichtswerk des Olympiodorus aus Theben in Ägypten. Es ist Theodosius II. gewidmet und behandelt in 22 Büchern die Zeit von 407 bis 425. Die wenigen erhaltenen Fragmente zeigen einen gut informierten Beobachter des Zeitgeschehens. Eine zeitliche Fortsetzung liefert Priscus von Passion (Thrakien) mit der ›Historia Byzantiaca‹. Das ebenfalls nur in Bruchstücken auf uns gekommene Werk ist die wichtigste Quelle für die Geschichte der Hunnen (Priscus war Teilnehmer der Gesandtschaft zu Attila im Jahr 449). Behandelt war mindestens der Zeitraum von 433 bis 471, an die der Rhetoriklehrer Malchus von Philadelphia (Syrien) direkt anknüpft. Seine ›Byzantiaca‹ gilt zwar der Zeit seit Constantin dem Großen, vor allem aber den Jahren 473 bis 480. Das Erhaltene zeugt von guter Sachkenntnis und historischem Verständnis. Am zeitlichen Ende der heidnischen Reihe steht die ›Historia nova‹ des Zosimus, der um 500 n. Chr. eine römische Geschichte in 6 Büchern verfasst (unvollendet). Vor allem die Jahre von 305/6 bis 410 werden recht ausführlich erörtert. Trotz Einseitigkeit (antichristliche Haltung) und mangelhafter Chronologie ist die ›Historia nova‹ eine wesentliche Stütze für die Kenntnis der Zeit ab 378. Mit der Lebenszeit des Zosimus sind wir bereits in der Epoche der frühbyzantinischen Geschichtsschreibung angelangt. Nun treten auch Quellen in Altsyrisch auf. In dieser Sprache ist die Chronik des Säulenheiligen Josua verfasst. Die 507 geschaffene Schrift schildert das Geschehen im byzantinisch-sassanidischen Grenzraum seit 495 und den Perserkrieg von 502–506. Hauptquelle für die spätere Auseinandersetzung Ostroms mit den Persern ist ein Werk des Procopius von Caesarea. Ihm, dem *consiliarius* des Belisar und Teilnehmer an der Schlacht von Dara (530), der afrikanischen Expedition gegen die Vandalen und am Italienfeldzug (535–540), verdanken wir eine groß angelegte, griechischsprachige Geschichte der Kämpfe Ostroms bis in das Jahr 553 in 8 Büchern. Die beiden ersten Bücher schildern die Beziehungen zu den Persern (vor allem seit 529) und den Zweiten Perserkrieg (540–545). Buch 3 und 4 wechseln den Schauplatz und behandeln den Vandalenkrieg, wobei eine Geschichte der Westgoten und Vandalen vor 530 und das weitere Schicksal des Volkes und die Ereignisse in Afrika bis 548 den Rahmen bilden. Die Verhältnisse Italiens nach dem Ende des Weströmischen Reiches, Belisars Italienfeldzug und die Zeit bis 550 werden in den drei folgenden Büchern (5–7) geschildert. Der abschließende achte Teil kehrt zu den Schauplätzen der vorhergehenden Bücher zurück und zeigt die weitere Entwicklung von 550 bis zum Zeitpunkt der Veröffentlichung des Buches im Jahr 553 (die vorhergehenden waren bereits 551 publiziert worden). Prokops ›Bella‹ sind trotz Schwächen in der Chronologie Vorbild für die kommenden byzantinischen Historiker. Sie sind vom Streben nach Objektivität geprägt, zeugen aber von starker Sympathie für den Vorgesetzten Belisar (ein völlig anderes Bild des Feldherrn zeigt allerdings eine weitere Schrift Prokops, die nach der Suda, einem byzantinischen Lexikon des 10. Jahrhunderts, ›Anecdota‹ betitelt wird: Die für die Antike einzigartige Schrift ist ein übles Pamphlet gegen Belisar, dessen Gattin Antonia und das Kaiserpaar Justinian und Theodora). Eine Fortsetzung finden die ›Bella‹ des Prokop in einer Schrift des Agathias von Myrina, das mit ›Über die Herrschaft des Justinian‹ übersetzt wird. Das fünf Bücher umfassende und unvollendet gebliebene Geschichtswerk behandelt die Jahre 552 bis 558 (in erster Linie die Kriege gegen die Goten, Franken und Perser) und gilt für viele Ereignisse als singuläre Primärquelle. Die folgenden Jahre lassen sich mit Hilfe der ältesten erhaltenen byzantinischen Weltchronik, sie stammt von Johannes Malalas, rekonstruieren. Zwar sind Anfang und Ende des ursprünglich 18 Bücher habenden Werkes verloren, der Torso reicht aber immerhin bis 563 (er ist in einer späteren Bearbeitung und in einer kirchenslavischen Fassung des 10./11. Jahrhunderts auf uns gekommen). Obwohl man Malalas den Vorwurf machen kann, sein Material kritiklos kompiliert zu haben (mit Irrtümern und Widersprüchen als Folge), hat er sich großer Beliebtheit erfreut. Benutzt hat ihn auch Johannes von Antiochia, dessen griechische Weltchronik (verfasst Anfang des 7. Jahrhunderts) fragmentarisch erhalten ist und bis in das Jahr 610 führt. Aus der selben Zeit stammt die Kirchengeschichte des namensgleichen monophysitischen Bischofs von Ephesus, von der ein Teil in syrischer Sprache (bis in die 80er-Jahre des 6. Jahrhunderts reichend) überliefert ist. Anzuführen ist ferner das so genannte ›Chronicon Paschale‹, ein durch historische Notizen und urkundliche Belege erweitertes chronologisches Verzeichnis, welches ein unbekannter Kleriker aus der Umgebung des Patriarchen von Constantinopel zwischen 631 und 641 verfasst hat. Der Name ›Osterchronik‹ stammt von der einleitenden Betrachtung über die Osterzyklen. Die Chronik umfasst die Zeit von Adam bis 629 (erhalten bis 628), selbständigen Quellenwert besitzt sie vor allem für das 7. Jahrhundert. In den Jahren 810 bis 814 entsteht die Chronik des Theophanus Confessor, Abt eines Klosters bei Cyzicus. Nüchtern und zuverlässig werden die Jahre von 284 bis 813 abgehandelt. Das zuletzt zu nennende Werk, die Weltchronik des Zonaras, führt in die Mitte des 12. Jahrhunderts. Zonaras, ehemals Vorsteher der kaiserlichen Kanzlei (*protasekretis*) unter Kaiser Alexius I., nutzte die Ruhe in einem

Kloster auf der Insel Glyceria, um eine bis 1118 reichende Chronik zu verfassen. Ihre Reichhaltigkeit, das selbständige Quellenstudium und nicht zuletzt die Verwendung inzwischen verlorener Werke machen das Opus – trotz des zeitlichen Abstandes – zu einer wertvollen Quelle für die spätantike Zeit.

Zur Geschichtsschreibung im weiteren Sinne gehört auch die **Biographie**. Bei Kaiserbiographien erklärt sich das zwanglos. Da man die Entwicklung des Imperiums an den Herrschern festmachen kann, sind deren Lebensbeschreibungen zugleich auch Reichsgeschichte. Seit Sueton tritt deshalb die Biographie in Konkurrenz zur Annalistik. Die ›Caesares‹ von Aurelius Victor bieten eine Kaisergeschichte von Augustus bis Constantius II. (360) in Kurzbiographien, erheben sich aber über das rein Biographische, indem sie die einzelnen Vitae in einen Entwicklungszusammenhang stellen und als Einheit begreifen, so dass sich ein Gesamtbild der römischen Kaiserzeit ergibt. Als das Werk publiziert wird (um 360), steht der aus Nordafrika stammende Autor noch am Anfang seiner politischen Karriere, die 389 im Amt des Stadtpräfekten von Rom gipfelt. Ein fälschlicherweise unter dem Namen des Aurelius Victor überliefertes Werk, es trägt den Titel ›Epitome de Caesaribus‹, ergänzt zwar bis auf Theodosius, erreicht aber kein vergleichbares Niveau, sondern stellt 48 kaiserliche Kurzbiographien isoliert nebeneinander. Wertvolle historische Angaben liefern jedoch nicht nur die Lebensdarstellungen der Kaiser, sondern auch die Vitae anderer Personen der Zeitgeschichte. In chronologischer Ordnung ihrer Entstehungszeit sind das die Vita des Ambrosius von Mailand von dessen Sekretär Paulinus, die jener auf Wunsch Augustinus' kurz nach dem Tod des Gewürdigten († 397) niederschreibt, die Biographie (in Dialogform) des Johannes Chrysostomus von Palladius, Bischof von Helenopolis, und das Lebensbild des Anachoreten und Bischofs von Gaza, Porphyrius, aus der Feder des Marcus Diaconus (um 420). Dem verstorbenen Bischof von Pavia, Epiphanius († 496), dem es gelang, das Los der Bevölkerung in der Umbruchszeit im letzten Viertel des 5. Jahrhunderts durch sein Ansehen bei Odovacar und Theoderich entscheidend zu verbessern, widmet sein Nachfolger Ennodius eine Lebensbeschreibung. Das letzte Oberhaupt der Akademie in Athen, Damascius, zeichnet schließlich für die Übermittlung eines Lebensberichtes seines Vorgängers und Lehrers Isidor von Alexandria verantwortlich. Einen Sonderfall der Biographie bedeutet die christliche Hagiographie, Schilderungen des Wirkens einzelner Heiliger, die zumeist reiche Informationen für die Zeitgeschichte bieten. Athanasius von Alexandria, der entschiedene Gegner der Arianer, begründet mit der Vita des ägyptischen Mönches Antonius die literarische Tradition. Die nach 357 entstandene Schrift möchte das asketisch-mönchische Lebensideal fördern (eine anonyme Schrift unter dem Titel ›Historia acephala‹ liefert übrigens selbst biographisches Material zu Athanasius). Die griechischsprachige ›Vita Sancti Antonii‹ des Athanasius und ihre lateinische Übersetzung durch Euagrius im Jahr 388 werden zum Vorbild für die lateinische und griechische Hagiographie. Im Westen entste-

Bemerkungen zur Quellenlage 359

hen vor 397 im Stil der klassischen historischen Biographie die Vita des hl. Martin (von Sulpicius Severus) und die ›Vita Sancti Severini‹ des Eugippius, der lange Jahre mit dem besagten Asketen verbracht hat. Die Lebensbeschreibung gibt uns Kenntnis über die untergehende römische Kultur im Donauraum am Ende des 5. Jahrhunderts. Im Osten sind zu nennen die Schrift über das Leben der hl. Melania, deren Verfasser wertvolle Informationen über das von Alarich besetzte Rom, Nordafrika, das ägyptische Mönchtum und den Kaiserhof in Constantinopel einfließen lässt, und die anonyme Lebensbeschreibung des syrischen Heiligen Daniel, der von 461 bis 493 in Constantinopel auf einer Säule lebte und wegen seiner Weisheit von vielen als Ratgeber bemüht wurde. Eine weitere Sonderform der Biographie ist die Autobiographie, die sich in der Kaiserzeit ansatzweise entwickelt, aber erst unter den Christen wirklich ein eigenes Genus bildet. Das berühmteste Beispiel sind die ›Confessiones‹ des Augustinus, in denen er sein bewegtes Leben bis 387 schildert (entstanden 397/8). An die ›Bekenntnisse‹ erinnert auch die ›Danksagung‹ (›Eucharisticus‹), eine Autobiographie in 616 daktylischen Hexametern, des Paulinus von Pella, die dieser 459 im hohen Alter von 83 Jahren niedergeschrieben hat. Sein Lebensbericht schildert anschaulich die Auswirkungen des Zusammenbruchs des Reiches, der Germanenzüge und der Unruhen innerhalb einer in Auflösung befindlichen Gesellschaft auf den Einzelnen.

Der fließende Übergang zwischen Lebensbeschreibung und **Panegyrik** zeigt sich deutlich an der von Eusebius von Caesarea verfassten Vita des Kaisers Constantin. Die nach dem Tod des Kaisers (337) entstandene Schrift trägt als Lobrede auf die christlichen Tugenden des Constantin Charakterzüge der Panegyrik in sich, die auch vor Übertreibungen nicht Halt macht. Sie greift Überlegungen auf, die Eusebius noch zu Lebzeiten des Constantin in der Festrede anlässlich des 30-jährigen Regierungsjubiläums (Tricennalien) entwickelt hat (336). Die beiden Lobreden des Eusebius sind nicht die einzigen erhaltenen Panegyrici auf Constantin. In einer Sammlung, die man ›Panegyrici Latini‹ nennt, haben sich insgesamt zwölf solcher Reden erhalten, von denen allein fünf dem Constantin gewidmet sind (Nr. 4 von 321, 5 von 311, 6 von 310, 7 von 307 [zusammen mit Maximian] und Nr. 12 von 313). Je eine gelten Theodosius (Nr. 2 von 389, Autor: Pacatus) und Julian (Nr. 3 von 362, Autor: Mamertinus), die Übrigen liegen zeitlich vor der hier behandelten Epoche. Natürlich haben sich außerhalb dieser Sammlung andere Preisreden erhalten. Sie stammen von Claudianus und würdigen Kaiser Honorius anlässlich der Übernahme des dritten, vierten bzw. sechsten Konsulats (aus den Jahren 396, 398 bzw. 404) und den Heermeister und Vandalen Stilicho, der bei Antritt des Konsulats im Jahr 400 die Erneuerung römischen Wesens bescheinigt bekommt (›De consulatu Stilichonis‹ bzw. ›De laudibus Stilichonis‹). Knapp ein halbes Jahrhundert später (446) ist es wieder die Bekleidung eines Konsulats, die Merobaudes zum Lobpreis des Aetius und der Friedenszeit durch dessen Siege führt. Weitere Panegyrici sind dem oströmischen Kaiser Anastasius (von Prokopius von Gaza, entstanden zwischen 503–506) und dem Ostgotenkönig Theoderich (von Ennodius, Bischof von Mailand, aus dem Frühjahr 507) zugedacht. Inhaltlich lässt sich hier auch Prokops Lobschrift ›De aedificiis‹ einordnen, obwohl sie kein Panegyricus im eigentlichen Sinn ist, weil sie nicht als öffentlicher Vortrag konzipiert ist. Der Historiker würdigt die Leistungen Justinians als Bauherr. Die Schrift ist nach 558 zu datieren und geographisch gegliedert. Sie entstand vermutlich, um Vorwürfe gegen die aus der Bautätigkeit entstehenden finanziellen Belastungen zu entkräften.

Eng verwandt mit den Panegyrici sind andere Produkte der Rhetorik, d.h. **Reden** und in christlicher Ausprägung – Predigten und Homilien. Die Orationes bzw. Logoi (gr.) entstehen wegen sehr unterschiedlicher Anlässe. Der spätere Erzieher des Arcadius, der Senator und Rhetoriklehrer Themistius (ca. 317–388), verfasst über 30 politische Vorträge, zumeist offizielle Fest- und Gesandtschaftsreden. Aus dem Kreise um Kaiser Julian, dem wir selbst zahlreiche öffentliche Reden (teilweise im Zusammenhang mit den religiösen Reformprojekten) verdanken, treten Libanius von Antiochia und Himerius von Prusias (Bithynien) als Redner hervor: Unter den mehr als 60 Orationes des Libanius stechen die heraus, die sich auf Kaiser Julian beziehen (or. 12–18 und 24), von Himerius, den Julian als Lehrer der Beredsamkeit an den Hof nach Antiochia berief, sind 32 Reden bewahrt worden, großteils mit aktuellem Anlass. Von einem Schüler des Himerius, Gregor von Nazianz, wiederum sind 45 Reden überliefert. Am bekanntesten sind die fünf theologischen Reden von 380 (or. 27–31), die Reden gegen Julian (or. 4 und 5) und die Rede über die Flucht aus dem Bischofsamt (or. 2). Nur fragmentarisch erhalten sind die acht Reden des Hauptes der heidnischen Senatsaristokratie, Quintus Aurelius Symmachus, zwei davon richten sich an Valentinian I. und eine an Gratian. Dem großen Gegenspieler des Symmachus, Ambrosius von Mailand, sind zwei Trauerreden zuzuschreiben, sie sind anlässlich des Ablebens von Valentinian II. (392) und Theodosius (395) als Nachrufe entstanden. Aus dem Jahr 399 oder 400 stammt eine Rede des Synesius von Cyrene über das Königtum, die er vor Kaiser Arcadius vortrug. Unter den Predigten (*sermones* bzw. *logoi*) sind zu nennen: Die 363 sicher Augustinus zugeschriebenen, die exegetischen Predigten und Homilien des Johannes Chrysostomus, unter denen die acht Predigten gegen die Juden, die zwei gegen die Heiden und die 21 Fasten- oder Säulenpredigten des Jahres 387 n.Chr. herausragen. Weitere Schriftauslegungen sind von Cyrillus, dem Patriarchen von Alexandria (412–444), vorhanden. Die erste Sammlung von Predigten eines Papstes vereinigt 96 Reden von Papst Leo I. (440–461).

Auch der Gattung der **Philosophie** sind historiographisch verwertbare Informationen zu entnehmen. Diesem Genre zuzuordnen sind in unserem Zusammenhang die philosophische Satire ›Misopogon‹ des Kaiser Iulianus (entstanden 362/3), in der jener seinen Zorn über Bürger und Rat der Stadt Antiochia auslässt. Im Kreis der heidnischen Senatsaristokratie entstehen an der Wende zum 5. Jahrhundert die ›Saturnalien‹ des Macrobius, worin verschiedene Gesprächsteilnehmer im Rahmen eines Gastmahles am Saturnalienfest über philosophisch-religiöse und literarische Fragen diskutieren. Das bekannteste philosophische Werk der Spätantike ist aber ›De consolatione philosophiae‹ des Boethius. Dieses Gespräch zwischen einer Personifikation der Philosophie und dem im Gefängnis einsitzenden Verfasser datiert auf 523/24. Es soll Boethius Trost in seiner Situation spenden. Die Wirkung der Schrift ist außerordentlich groß, vor allem im Mittelalter ist sie weit verbreitet.

Da in Boethius' Werk 39 Gedichte eingestreut sind, leitet es zur **Dichtung** über. Geschichtliche Informationen bieten hier beispielsweise die Kaiser Constantin gewidmeten Figurengedichte des Optatianus Porfyrius und der Lobgesang auf die Mosel und ihre Landschaft, die ›Mosella‹ des Ausonius, die jener 371 in Trier verfasst. Gleichwohl Ausonius als Erzieher des Gratian dessen Vater Valentinian I. auf den Feldzügen zum Oberrhein begleitete, geht er kaum auf politische Ereignisse ein. Sehr viel mehr Verwertbares bieten zwei epische Invektiven des Claudianus, in denen er zwei führende Männer des Ostreiches, Rufinus und den Eunuchen Eutropius, angreift (›In Rufinum‹ von 397 und ›In Eutropium‹ aus dem Jahr 399) bzw. das 402 entstandene polemische Lehrgedicht des Prudentius ›Contra Symmachum‹, welches die christlichen Argumente gegen den 384 erfolgten Vorstoß des Senats zugunsten des Heidentums bündelt. Aus dem 5. Jahrhundert sind noch anzuführen: Rutilius Claudius Namatianus' ›Carmen de reditu suo‹, die Beschreibung einer Reise von Rom nach Gallien im Herbst 417, die den Autor zu seinen von den Germanen verwüsteten gallischen Gütern führt, und die ›Carmina‹ des Sidonius Apollinaris, welche die politischen Größen der zweiten Hälfte des Jahrhunderts feiern (u. a. den Schwiegervater des Autors, den Kaiser Avitus, aber auch Maiorianus und Anthemius).

Eine weitere wichtige Quellengruppe ist die **Briefliteratur**, egal ob es sich um Alltagsbriefe, amtliche Schreiben oder stilistische Muster- bzw. Kunstbriefe handelt. Die großen Epistolographen des 4. Jahrhunderts sind Kaiser Julian (zumeist private Korrespondenz, darunter aber auch das 361 verfasste Sendschreiben an den Rat und die Bewohner Athens) und sein enger Vertrauter Libanius, von dem eine gewaltige Sammlung von 1544 Briefen vor allem aus der Zeit von 355 bis 365 und von 387 bis 393 erhalten geblieben ist. Zu den Epistolographen zählen ferner Athanasius von Alexandria, dessen polemisch-apologetische Schriften (gegen die Arianer) als Briefe geführt werden, sowie die Kirchenväter Basilius von Caesarea (über 350 Briefe), Gregor von Nazianz (245 Briefe aus den Jahren 383 bis 389) und Hieronymus (150 Briefe, davon 26 an ihn gerichtete). Empfänger seiner Schreiben ist u.a. auch Augustinus, dessen erhaltene Korrespondenz 308 Stücke umfasst. Dessen Förderer, Ambrosius von Mailand, verwendet die Briefform (77 Briefe sind überliefert), um private, politische und theologische Fragen zu erörtern. Hervorzuheben sind Brief 72 [17] und 73 [18], beides Repliken auf die dritte Relatio des Symmachus, mit der jener die Wiederaufstellung des Victoria-Altars in der Kurie erreichen wollte, ferner Brief

75 [21], in dem sich Ambrosius staatliche Übergriffe in den kirchlichen Bereich verbittet, und auch der Brief 11 [51], der Theodosius nach dem Blutbad von Thessalonice zu öffentlicher Buße auffordert. Von dem soeben erwähnten Symmachus können über 900 Privatbriefe der Jahre 365–402 und weiterhin 49 amtliche Schreiben (›Relationes‹) aus seiner Tätigkeit als Stadtpräfekt studiert werden. Im folgenden 5. Jahrhundert treten als Briefschreiber auf: Paulinus von Nola (seine 49 Briefe schweigen zu Zeitereignissen, belegen aber die zeitgenössische Frömmigkeit), Sidonius Apollinaris (Kunstbriefe in 9 Büchern, welche die epistolographischen Typen vorführen und die weltliche und geistliche Gesellschaft des spätantiken Gallien beleuchten) und Avitus von Vienne (Sammlung von 86 Briefen über dogmatische Fragen). Es schließen sich an Cassiodors ›Variae‹, eine Sammlung der von ihm selbst verfassten amtlichen Schreiben aus der Zeit von 507–537, 12 Briefe des Ferrandus (Diakon in Carthago, gest. 546/7) sowie die Briefe der Päpste Leo (440–461), Felix III. (483–492), Gelasius (492–496) und Hormisdas (514–523). Verschiedene Papst- und Kaiserbriefe (aber auch Edikte, Reskripte und amtliche Berichte) sind ferner in der so genannten ›Collectio Avellana‹, einer Sammlung, die zwischen 556 und 561 entstand, überliefert.

Schier unerschöpflich als Quelle ist die **Rechtsliteratur**. Ihrer chronologischen Folge nach sind das: Die ›Collatio legum Mosaicarum et Romanarum‹, eine gegenständliche Gegenüberstellung von Vorschriften des Alten Testaments und Texten des römischen Rechts, die wohl die Übereinstimmung von biblischem und römischem Recht belegen soll. Sie stammt vom Ende des 4. Jahrhunderts, erhalten ist nur ein Bruchstück. Weitaus bedeutender ist die erste größere Rechtskodifikation, die im Auftrag von Kaiser Theodosius angefertigt und 438 vorgelegt wird. Sie wird nach ihrem Urheber ›Codex Theodosianus‹ benannt. 16 Bücher, nach Materien in Titel gegliedert, vereinigen, chronologisch geordnet, kaiserliche Konstitutionen von 312 n.Chr. an. In der Edition Theodor Mommsens sind dem Codex die so genannten ›Constitutiones Sirmondianae‹ angehängt. Es handelt sich dabei um eine kleine Sammlung von 16 *constitutiones* aus den Jahren 333–425, die zumeist kirchenrechtlichen Inhalt haben. Die nach der Publikation des Codex Theodosianus erlassenen Kaisergesetze werden als nachtheodosianische Novellen bezeichnet. Erhalten sind rund 100 kaiserliche Erlasse aus der Zeit von 438 bis 468. Abgelöst werden der Codex des Theodosius und die Novellen von der Rechtskodifikation des Kaisers Justinian, der 528 eine Juristenkommission unter der Leitung des *quaestor sacri palatii* Tribonianus mit der Sammlung aller noch gültigen Kaiserkonstitutionen beauftragt. Der bereits ein Jahr später publizierte ›Codex vetus‹ ist heute nicht mehr erhalten, weil er 534 durch eine Revision abgelöst wird. Allein diese überarbeitete Fassung ist auf uns gekommen. Sie vereinigt über 4600 Kaiserkonstitutionen von Hadrian bis Justinian in 12 Büchern (ebenfalls in Titel unterteilt). Der ›Codex Iustinianus‹ bildet zusammen mit den ›Institutionen‹ und ›Digesten‹ das ›Corpus iuris civilis‹ (so benannt seit der Edition des Dionysius Gothofredus im Jahr 1583). Die Institutionen sind ein Elementarlehrbuch des Zivilrechts. Exzerpte aus der spätrepublikanischen und frühkaiserzeitlichen Jurisprudenz werden in vier Büchern angeordnet. Die ›Digesten‹ liefern in 50 Büchern Auszüge aus den für die Praxis bestimmten Schriften der klassischen Juristen, wofür 2000 Schriften von 100 v. Chr. bis 240 n. Chr. ausgewertet worden sind. Teil des Corpus sind auch die Novellen Justinians. Zwar gibt es keine amtliche Sammlung der nach 534 erlassenen Kaisergesetze (*novellae leges*), erhalten sind aber drei private Zusammenstellungen, die etwa 180 Bestimmungen überliefern. Die so genannte griechische Novellensammlung wiederum kennt eine Handschrift mit 13 zusätzlichen Novellen im Anhang, denen man die Bezeichnung ›Edicta Iustiniani‹ gegeben hat. Eine gekürzte und griechische Bearbeitung der Kodifikation Justinians entsteht 886 unter Kaiser Leo VI. Seine ›Basiliken‹ haben die Rechtstradition des mittelalterlichen Byzanz nachhaltig bestimmt. Abschließend ist noch auf die Gesetzeswerke der germanischen Nachfolgestaaten hinzuweisen: Dazu zählen der ›Codex Euricianus‹, die Verfügungen des Westgotenkönigs Eurich (466–484), der als erster Herrscher eines germanischen Stammes für sein Volk ein Gesetzbuch kompilieren lässt, das ›Edictum Theoderici‹, eine nach 493 entstandene Zusammenfassung römischer Rechtsvorschriften, die nicht nur für die Römer, sondern auch für die Ostgoten verbindlich ist. Nur für die römischen Bevölkerungsteile gültig gewesen sind hingegen die ›Lex Romana Visigothorum‹ von 506 und die gesetzlichen Bestimmungen der Burgunder (›Lex Romana Burgundionum‹, Anfang des 6. Jahrhunderts).

Die Etablierung des Christentums und das Hineinwachsen der Kirche in den Staat bedingt in Umfang und Überlieferung ein reiches **christliches Schrifttum**. Es widmet sich der Bibelauslegung, Fragen des christlichen Glaubens, dogmatischen Streitpunkten oder einfach nur dem Pilgerwesen. Die ›Expositio in evangelium secundum Lucam‹ des Ambrosius oder die Kommentare zum alttestamentlichen Ezechiel und Daniel des Hieronymus gehören beispielsweise zu den Auslegungstexten. Fragen des christlichen Glaubens werden angeschnitten in den ›Divinae institutiones‹ des Lactantius, einer Apologie des Christentums in sieben Büchern, die zugleich auch das christliche Bekenntnis darlegt (aus der Zeit der Verfolgungen 304–313), und in der Aufforderung des Firmicus Maternus an die Kaiser Constantius II. und Constans, das Heidentum radikal zu beseitigen (›De errore profanarum religionum‹, um 347). Die erste christliche Ethik verdanken wir Ambrosius von Mailand (›De officiis ministrorum‹, nach 386), in ›De sacramentis‹ beschreibt derselbe das sakramentale Leben in den Gemeinden. Ein christliches Lehrgedicht in elegischen Distichen des Orientius trägt den Titel ›Commonitorium‹. Johannes Cassianus übermittelt durch ›De institutis coenobiorum‹ (419–426) dem Westen die geistige Erfahrung des östlichen Klosterlebens, wodurch er das abendländische Mönchtum geprägt und für seine Ausbreitung gesorgt hat. Cyrillus von Alexandria ermöglicht mit seiner Erwiderung ›Adversus libros athei Iuliani‹ die Rekonstruktion eines verlorenen Werkes des Kaisers Julian (›Gegen die Galiläer‹). Das göttliche Weltregiment erfährt in ›De gubernatione dei‹ des Salvianus von Massilia Rechtfertigung, das unvollendete Werk schildert aber auch den Sittenverfall der römischen Gesellschaft in Gallien und Afrika (entstanden zwischen 429 und 451). Eine reiche Literatur hat sich zu dogmatischen Streitpunkten erhalten. Sie richtet sich in erster Linie gegen die Arianer: Athanasius von Alexandria verfasst die ›Apologia ad Constantinum‹, die ›Apologia contra Arianos‹, die ›Epistola de decretis Nicaenae synodi‹ und die ›Historia Arianorum ad monachos‹. Hilarius von Poitiers agiert gegen die Arianer und den arianischen Bischof von Mailand (›Collectanea antiariana‹, ›Contra Arianos vel Auxentium Mediolanensem‹). In ›De fide ad Gratianum‹ versucht Ambrosius, den Gottesbegriff und die Christuslehre der Arianer als falsch zu widerlegen und Kaiser Gratian an den nicaenischen Glauben zu binden. Augustinus tritt als Streiter gegen die Donatisten auf, beispielhaft seien von den zwölf erhaltenen Schriften genannt: ›Psalmus contra partem Donati‹, ›Contra litteras Petiliani‹, ›Contra epistulam Parmeniani‹, ›Breviculus conlationis cum Donatistis‹, ›Ad Cresconium grammaticum partis Donati‹ und ›Contra Gaudentium Donatistarum episcopum‹. Einen Vorläufer hat Augustinus in Optatus, dem Bischof von Mileve, der 370 bzw. 385 mit einer Streitschrift gegen den donatistischen Bischof von Carthago, Parmenianus, (›Contra Parmenianum Donatistam‹) hervortritt. Der britische Mönch Pelagius verteidigt seine für häretisch erklärte Lehre mit dem ›Libellus fidei‹. Das Rechtfertigungsschreiben ist an Papst Zosimus gerichtet. Der Drei-Kapitel-Streit lässt die Schrift ›Pro defensione trium capitulorum‹ des Facundus entstehen. Die Abhandlung ›Contra impium grammaticum‹ des Patriarchen von Antiochia, Severus (512–538), gibt dem Monophysitismus seine dogmatische Grundlage. Bei den Pilgerführern sind anzuführen das ›Itinerarium Burdigalense‹ von 333, ein Bericht über eine Reise nach Jerusalem, und die ›Peregrinatio ad loca sancta‹ (um 400), eine erst 1884 entdeckte Beschreibung der Wallfahrt der Nonne Egeria ins Heilige Land. Wertvolle Informationen enthalten ferner die Ergebnisse der Synoden und ökumenischen Konzilien. Ihre Canones geben Aufschluss über theologische, dogmatische, kirchenpolitische und verwaltungstechnische Fragen. Ein unentbehrliches Hilfsmittel ist immer noch die Sammlung der Konzilsakten des katholischen Theologen Giovanni Domenico Mansi (1692–1769). Ihr Titel lautet ›Sacrorum conciliorum nova et amplissima collectio‹. Die von Mansi persönlich bearbeiteten Bände 1–14 reichen bis in das Jahr 856. Besonders umfangreiches Aktenmaterial hat sich zur Vorgeschichte und zum Sitzungsverlauf der ökumenischen Konzilien von Ephesus (431), Chalcedon (451) und Constantinopel II (553) erhalten. Es ist in den ›Acta Conciliorum Oecumenicorum‹ ediert. Die ausführlichen Akten einer dreitägigen „Zusammenkunft" katholischer und donatistischer Bischöfe Nordafrikas in Carthago Anfang Juni 411 haben sich in den ›Gesta collationis Carthaginiensis‹ erhalten.

Als letzte Kategorie innerhalb der literarischen Quellen seien hier die **Fach- und Verwaltungsschriften** genannt. Am Anfang steht eine Liste der Diözesen und Provinzen, die in einer Abschrift aus dem 7. Jahrhundert in

Verona aufbewahrt und deshalb ›Laterculus Veronensis‹ genannt wird. Sie stammt inhaltlich aus dem Anfang des 4. Jahrhunderts und verzeichnet 12 Diözesen und ca. 100 ihnen zugeordnete Provinzen. Um 334–337 entsteht ›Mathesis‹, ein lateinischsprachiges Werk über die Astrologie in acht Büchern. Sein Autor Firmicus Maternus besitzt zwar nur wenig Fachkenntnis, liefert aber zahlreiche kulturhistorische Nachrichten. Ein anonymer Verfasser gibt um 359/60 in der so genannten ›Expositio totius mundi et gentium‹ einen Überblick über die Teile des Römischen Reiches, wobei er die Eigenheiten der einzelnen Länder, ihre Produkte, ihren Handel und das Leben der dort wohnenden Völker beschreibt. Militärische Fachliteratur sind der ›Anonymus de rebus bellicis‹ und die ›Epitoma rei militaris‹ des Flavius Vegetius Renatus. Erstere gibt Ratschläge zur Herstellung von Verteidigungsbauten (um 370 n.Chr.), die bekanntere Schrift des Vegetius stellt verstreute Quellen übersichtlich zusammen und beleuchtet Heeresorganisation, Taktik, Belagerung und den Seekrieg. Das Handbuch des Vegetius wird bis in das 19. Jahrhundert als militärisches Lehr- und Handbuch benutzt. Aus der selben Zeit stammt auch der inhaltliche Kern der ›Notitia dignitatum‹, einer Handreichung für den internen Dienstgebrauch römischer Behörden. Sie verzeichnet unter Berücksichtigung der Rangordnung der Amtsinhaber die hohen zivilen und militärischen Dienststellen und gibt Aufschluss über die Gliederung des Reiches und die Verteilung der militärischen Einheiten. Das überlieferte Exemplar entstand vermutlich zwischen 425 und 430, es teilt sich in einen westlichen und östlichen Abschnitt. Unter Theodosius II., also in der ersten Hälfte des 5. Jahrhunderts, wird die ›Notitia Urbis Constantinopolitanae‹, eine Übersicht über die 14 Regionen der Stadt und ihre Bauten, niedergeschrieben. Einblick in den Aufbau der römischen Staatsbehörden vermittelt ein 552–554 verfasstes Werk namens ›De magistratibus‹ des Johannes Lydus. Trotz der oft verworrenen Informationen vermittelt es ein treffendes Bild des durch Moralverfall, Intrigen und Unzufriedenheit geschwächten spätantiken Beamtenapparates.

Zwar ist hinsichtlich Umfang und Bedeutung bei den **Inschriften** der Spätantike ein Schwund zu verzeichnen, dennoch liefern sie auch jetzt noch vielfältige Informationen und erweitern unser Bild erheblich. Die Inschriften berichten beispielsweise über Bau- und Ausbesserungstätigkeiten der einzelnen Kaiser (oben S. 131) oder über ihre militärischen Erfolge (oben S. 40). Sie geben uns Einblick in die Einschätzung kaiserlicher Innen- und Religionspolitik (vgl. die Dankinschriften für Kaiser Julian, oben S. 89 und 97). Auch der wachsende Einfluss des Heermeisteramtes kann durch Inschriftenzeugnisse belegt werden (Stilicho: oben S. 188; Aetius: oben S. 240). Selbst der Ostgotenkönig Theoderich lässt seine Leistungen inschriftlich festhalten (oben S. 297). Der Aufstieg des Christentums und die religiöse Umbruchszeit kann vom Triumphbogen Constantins (oben S. 11) bis zur Grabinschrift des Papstes Pelagius (oben S. 326) nachvollzogen werden. Das größte Publikationswerk für Inschriften ist das ›Corpus Inscriptionum Latinarum‹. Es ist 1853 von Theodor Mommsen begründet worden und hat sich zum Ziel gesetzt, die lateinischen Inschriften aus dem gesamten Raum des ehemaligen Imperium Romanum in geographischer und systematischer Ordnung zu erfassen. Es ist noch nicht abgeschlossen. Heute liegen 17 Bände in rund 70 Teilen mit ca. 180000 Inschriften vor. Handlicher und überschaubarer ist eine Auswahl von repräsentativen Inschriften, die 1892–1916 von Hermann Dessau in fünf Bänden hergerichtet worden ist (›Inscriptiones Latinae Selectae‹). Durch archäologische Ausgrabungen werden täglich neue epigraphische Quellen gefunden, sie werden der Fachwelt durch Publikation in der seit 1888 jährlich erscheinenden ›Année Épigraphique‹ bekannt gemacht. Die ›Inscriptiones Christianae urbis Romae‹ und die ›Inscriptiones Latinae Christianae veteres‹ sind Spezialsammlungen für christliche Inschriften. Das erstgenannte Unternehmen ediert seit 1857 die christlichen Inschriften der Stadt Rom, das andere ist eine abgeschlossene Auswahlsammlung altchristlicher Inschriften.

Die **monumentalen Hinterlassenschaften** schließlich ermöglichen dem heutigen Betrachter die Veranschaulichung des Gewesenen. Ein Besuch der Denkmäler, sei es in Rom (Constantinsbogen), Ravenna (Kirchen, Grabmal Theoderichs), Constantinopel (Hagia Sophia, Theodosianische Mauer) oder in Trier (mit der Porta Nigra und der Aula Palatina), bietet Vergegenwärtigung der spätantiken Epoche. Museen wiederum bewahren Kleinkunstwerke. Exemplarisch sei das vermutlich die Apotheose Julians darstellende Elfenbein-Diptychon im Britischen Museum, London oder das Diptychon aus dem Domschatz von Monza, das uns das Aussehen Stilichos übermittelt hat, erwähnt.

Auch wenn die spätantike **Münze** an künstlerischem Wert (vor allem bei der Porträtdarstellung) verliert und sich die Typenvielfalt der Münzrückseiten reduziert, hat sie dennoch als Instrument der Propaganda, als Zahlungsmittel und als Fundobjekt wertvolle Aussagekraft. Hervorzuheben sind zum Beispiel die Legitimationsversuche des Usurpators Maxentius (oben S. 4 f., 9), die bildliche Darstellung der Nachfolgeordnung Constantins auf dem SECVRITAS PERPETVA-Medaillon (oben S. 41) oder das Bemühen Julians, die Rückkehr zum alten Götterglauben zu propagieren (durch den Apisstier, oben S. 101). Der Einzug christlicher Symbolik verdeutlicht den Aufstieg und die Bedeutung des neuen Glaubens: Der Bogen spannt sich vom Labarum (Einbandbild), über das Chi-Rho-Zeichen (oben S. 63) bis hin zur Hand Gottes, welche die Kaiserinnen Aelia Eudoxia und Galla Placidia (oben S. 185, 210) krönt. Das Erscheinen der Monogramme Ricimers auf Bronzemünzen des Libius Severus (oben S. 248), die Abbildung Justins auf vandalischen Silbermünzen (oben S. 296) und die Kombination des Theoderich-Namenkürzels mit dem oströmischen Kaiserporträt (oben S. 276 f.) zeigt auf, welchen Einfluss der Heermeister erlangt hat, welche Bündnisse eingegangen werden und wie sich Herrschaft legitimiert. Als Zahlungsmittel belegen die Münzen den Versuch, die Verhältnisse zwischen Gold – Silber – Kupfer/Bronze wieder auf eine gesunde Grundlage zu stellen. Der jahrhundertelangen Stabilität des constantinischen Goldnominals (Solidus) steht der Abstieg des diocletianischen Follis gegenüber. Sein Gewicht fällt auf einen Bruchteil der ursprünglichen 10 g (bei Einführung im Jahr 294), zugleich reduziert sich auch der Silbergehalt. Reine Silberprägungen werden zur Ausnahme. Unter den Nachfolgern Constantins lösen neue Kupfermünzen (Maiorina und Centenionalis) den Follis ab. Das Münzsystem bleibt lange unangetastet, lediglich der Umlauf von Kleinbronzen nimmt zu. Erst unter Anastasius erfolgt 498 eine neue Reform: Es werden vier neue Bronzemünzen (mit Wertangaben auf der Rückseite) geschaffen, um den täglichen Kleingeldbedarf zu befriedigen. Sie bringen nicht nur Stabilität, sondern begründen auch die byzantinische Form des Währungssystems. Die Bedeutung von Münzen in ihrer Eigenschaft als Fundobjekte zeigt sich beispielhaft für die Zeit Mitte des 4. Jahrhunderts. Die Germaneneinfälle sind durch schriftliche Zeugnisse gut belegt, aber für die Jahre 350–353 bliebe unser Wissen unvollständig, wenn es nicht durch das numismatische Material (vor allem durch Schatz- und Einzelfunde) ergänzt werden könnte. Das große Katalogwerk der römische Kaisermünzen nennt sich ›Roman Imperial Coinage‹ und listet sämtliche bekannte Münztypen seit Augustus auf. Band VI–X berücksichtigen die Münzen der Jahre 294 bis 491. Von ausgewählten Stücken werden im Tafelwerk auch Abbildungen gegeben.

Nachfolgend werden zu den im Überblick genannten Quellengruppen Übersetzungen, Einführungen, Bildmaterial u. a. genannt.

Literarische Quellen

In der Regel werden zweisprachige Ausgaben mit deutschem Paralleltext angegeben. Da eine ganze Reihe von Werken einzelner Autoren nicht in deutscher Übersetzung vorliegt, werden auch englische oder französische Übertragungen genannt. In Ausnahmefällen kann nur auf eine Ausgabe in der Originalsprache zurückgegriffen werden.

Agathangelus (R. W. Thomson). Albany/N.Y. 1976.
Agathias, The Histories (J. D. Frendo). Berlin 1975.
Ambrosius, De obitu Theodosii (M. B. Mannix). Washington 1925.
Ambrosius, De obitu Valentiniani (B. Schmitt). Engelsbach u. a. 1994.
Ambrosius, De sacramentis (J. Schmitz). Freiburg/Breisgau 1990.
Ambrosius, Les devoirs (M. Testard), 2 Bände. Paris 1984–1992.
Ambrosius, Letters (M. M. Beyenka). Washington 2001.
Ambrosius, Lukaskommentar (J. E. Niederhuber). Kempten 1915.
Ammianus Marcellinus (O. Veh/G. Wirth). Amsterdam u. a. ²1997.
Anonymus Valesianus (I. König). Darmstadt 1997 (u. d. T.: Aus der Zeit Theoderichs des Großen).
Athanasius, Apologie a l'empereur Constance (J.-M. Szmysiak). Paris 1958.
Athanasius, Ausgewählte Schriften (A. Stegmann). Kempten 1913.

Athanasius, Leben und Versuchungen des Heiligen Antonius (N. Hovorka). Wien 1925.
Augustinus, Ausgewählte Briefe (A. Hoffmann), 2 Bände. München 1932.
Augustinus, Bekenntnisse (J. Bernhart). Frankfurt a.M. ⁴1994.
Augustinus, Vom Gottesstaat (W. Thimme). München 1997.
Augustinus, Selected Letters (J. H. Baxter). Cambridge 1998.
Augustinus, Traités anti-donatistes (G. Finaert), 5 Bände. Paris 1963–1968.
Aurelius Victor (K. Groß-Albenhausen/M. Fuhrmann). Zürich/Düsseldorf 1997.
Ausonius, Mosella (P. Dräger). Düsseldorf 2002.
Avitus, Letters (D. Shanzer). Liverpool 2002.
Basilius, Briefe (W.-D. Hauschild), 3 Bände. Stuttgart 1973–1993.
Boethius, Trost der Philosophie (E. Gegenschatz). Düsseldorf u.a. 1998.
Cassiodor, The Variae (S. J. B. Barnish). Liverpool 1992.
Chronicon Paschale (M. Whitby). Liverpool 1989.
Claudianus (M. Platnauer), 2 Bände. Cambridge 1922.
Codex Theodosianus (+ Novellae und Constitutiones Sirmondianae) (C. Pharr). Princeton 1952.
Collatio legum Mosaicarum et Romanarum (M. Hyamson). London 1913.
Consularia Constantinopolitana (R. W. Burgess). Oxford 1993.
Corpus iuris civilis
  Institutionen (O. Behrends/R. Knütel/B. Kupisch/H. H. Seiler). Heidelberg ²1997.
  Digesten 1–10 (O. Behrends/R. Knütel/B. Kupisch/H. H. Seiler). Heidelberg 1995.
  Digesten 11ff. (K. E. Otto/B. Schilling/K. F. F. Sintensis), Band 1–4. Leipzig ²1839 und 1831–1832 (Neudr. Aalen 1984).
  Codex Iustinianus (K. E. Otto/B. Schilling/K. F. F. Sintensis), Band 5–6. Leipzig 1832 (Neudr. Aalen 1984–1985).
  Novellae (K. E. Otto/B. Schilling/K. F. F. Sintensis), Band 7. Leipzig 1833 (Neudr. Aalen 1985).
  Edicta Iustiniani (K. E. Otto/B. Schilling/K. F. F. Sintensis), Band 7. Leipzig 1833 (Neudr. Aalen 1985).
Cyrillus, Contre Julien (P. Burguière). Paris 1985.
Cyrillus, Homilien und Briefe zum Konzil von Ephesos (B. M. Weischer), 3 Bände. Wiesbaden 1979–1980.
Damascius, Das Leben des Philosophen Isidoros (R. Asmus). Leipzig 1911.
Ennodius, Panegyricus (Ch. Rohr). Hannover 1995.
Ennodius, Vita Epiphanii (G. M. Cook). Washington 1942.
Epitome de Caesaribus (M. Festy). Paris 1999.
Euagrius (M. Withby). Liverpool 2000.
Eugippius, Das Leben des heiligen Severin (Th. Nüsslein). Stuttgart 1995.
Eunapius (R. C. Blockley). Liverpool 1983 (u. d. T.: The Fragmentary Classicising Historians).
Eusebius, Kirchengeschichte (Ph. Haeuser/H.A. Gärtner). Darmstadt ³1997.

Eusebius, Leben des Kaisers Constantin (J. M. Pfättisch). Kempten 1913.
Eusebius, In Praise of Constantine (H. A. Drake). Berkeley 1976.
Eutropius (F. L. Müller). Stuttgart 1995.
Expositio totius mundi et gentium (J. Rougé). Paris 1966.
Faustus, Geschichte Armeniens (M. Lauer). Köln 1879.
Festus, Breviarium (H. Jacobsen). Karlsruhe 1995.
Firmicus Maternus, Vom Irrtum der heidnischen Religionen (K. Ziegler). München 1953.
Firmicus Maternus, Mathesis (J. R. Bram). Park Ridge 1975.
Gelasius, Briefe (S. Wenzlowsky). Kempten 1880 (= Die Briefe der Päpste, Band 7).
Gildas, The ruin of Britain (M. Winterbottom). London 2002.
Gregor von Nazianz, Briefe (M. Wittig). Stuttgart 1981.
Gregor von Nazianz, Reden (Ph. Haeuser). München 1928.
Gregor von Tour (R. Bucher). Darmstadt 2000.
Hieronymus, Briefe (E. Bauer). Heidelberg 1984.
Hilarius von Poitiers, Ausgewählte Schriften (J. Fisch). Kempten 1878.
Historia acephala (A. Martin). Paris 1985.
Hydatius, Chronicle (R. W. Burgess). Oxford 1993.
Isidor, Geschichte der Goten, Vandalen und Sueven (D. Coste). Essen u. a. ²1990.
Itinerarium Burdigalense (H. Donner). Stuttgart 1979 (u. d. T.: Pilgerfahrt ins Heilige Land).
Iulianus (W. C. Wright), 3 Bände. Cambridge 1913–1923.
Iulianus, Briefe (B. K. Weis). München 1973.
Iulianus, Misopogon (F. L. Müller). Stuttgart 1998.
Iulianus, Philosophische Werke (R. Asmus). Leipzig 1908.
Johannes Cassianus, The Institutes (B. Ramsey). New York 2000.
Johannes Chrysostomus, Ausgewählte Predigten und Reden (G. Leonhardi). Leipzig 1888.
Johannes von Ephesus, Kirchengeschichte (J. M. Schönfelder). München 1862.
Johannes Lydus, On Powers or the Magistracies of the Roman State (A. C. Bandy). Philadelphia 1983.
Johannes Malalas, Chronicle (E. Jeffreys). Melbourne 1986.
Jordanes, Gotengeschichte (W. Martens). Leipzig 1913.
Josua Stylites, Syrische Chronik (A. Luther). Berlin 1997.
Lactantius, The Divine Institutes (M. F. McDonald). Washington 1964.
Lactantius, Ausgewählte Schriften (A. Hartl/A. Knappitsch). Kempten 1919.
Leo, Briefe (S. Wenzlowsky). Kempten 1878 (= Die Briefe der Päpste, Band 4–5).
Leo, Letters (E. Hunt). Washington ²1963.
Leo, Sämtliche Predigten (Th. Steeger), 2 Bände. München 1927.
Libanius, Briefe (G. Fatouros). München 1980.
Libanius, Reden (G. Fatouros). Stuttgart 2002.

Libanius (A. F. Norman), 4 Bände. Cambridge 1969–1992.
Liber Pontificalis (R. Davis). Liverpool ²2000.
Macrobius (Ch. Guittard). Paris 1997.
Macrobius (P. V. Davies). New York u. a. 1969.
Malchus (R. C. Blockley). Liverpool 1983 (u. d. T.: The Fragmentary Classicising Historians).
Marcellinus Comes (B. Croke). Sydney 1995.
Marcus Diaconus, Das Leben des heiligen Porphyrios Bischofs von Gaza (G. Rohde). Berlin 1927.
Merobaudes (F. M. Clover). Philadelphia 1971.
Olympiodorus (R. C. Blockley). Liverpool 1983 (u. d. T.: The Fragmentary Classicising Historians).
Optatus, Traité contre les donatistes (M. Labrousse), 2 Bände. Paris 1995–1996.
Orosius (A. Lippold), 2 Bände. Zürich/München 1985–1986.
Palladius, Das Leben des heiligen Johannes Chrysostomus (L. Schläpfer). Düsseldorf 1966.
Panegyrici Latini (R. A. B. Mynors/C. E. V. Nixon). Berkeley 1994.
Paulinus von Nola, Briefe (M. Skeb). Freiburg 1998.
Paulinus von Pella, Eucharisticus (J. Vogt, in: Studien zur antiken Sozialgeschichte. Festschrift Friedrich Vittinghoff, 534–571. Köln/Wien 1980.
Paulinus, Leben des heiligen Ambrosius (E. Dassmann). Düsseldorf 1967.
Peregrinatio ad loca sancta (H. Donner). Stuttgart 1979 (u. d. T.: Pilgerfahrt ins Heilige Land).
Philostorgius (E. Walford). London 1855.
Pilgerreise der Aetheria (K. Vretska). Klosterneuburg bei Wien 1958.
Priscus (R. C. Blockley). Liverpool 1983 (u. d. T.: The Fragmentary Classicising Historians).
Prokop, Werke (O. Veh), 5 Bände. München 1961–1978 (teilweise 2. Aufl.).
Prudentius (H. J. Thomson), 2 Bände. Cambridge 1949–1953.
Rufinus, Church History (Ph. R. Amidon). New York u. a. 1997.
Rutilius Namatianus, De reditu suo (E. Doblhofer), 2 Bände. Heidelberg 1972–1977.
Salvianus, Erhaltene Schriften (A. Mayer). München 1935.
Sidonius Apollinaris, Poems and Letters (W. B. Anderson), 2 Bände. Cambridge 1936–1965.
Sulpicius Severus, Chroniques (G. de Senneville-Grave). Paris 1999.
Sulpicius Severus, Vita Martini (K. Smolak). Eisenstadt 1997.
Symmachus, Lettres (J.-P. Callu), 3 Bände. Paris 1972–1995.
Symmachus, Reden (A. Pabst). Darmstadt 1989.
Symmachus, Relationes (R. H. Barrow). Oxford 1973.
Themistius, Staatsreden (H. Leppin). Stuttgart 1998.
Theodoret, Kirchengeschichte (A. Seider). München 1926.
Theophanus Confessor, Chronicle (C. Mango). Oxford 1997.
Vegetius, Abriß des Militärwesens (F. L. Müller). Stuttgart 1997.

Victor von Vita, History of the Vandal Persecution (J. Moorhead). Liverpool 1992.
Vita Danielis Stylitae (E. Dawes/N. H. Baynes). London 1977 (u. d. T.: Three Byzantine Saints).
Vita Sanctae Melaniae (St. Krottenthaler). Kempten 1912.
Zosimus (O. Veh/St. Rebenich). Stuttgart 1990.

Sammlung literarischer Quellen:
Lieu, S. N. C./Montserrat, D.: From Constantine to Julian, Pagan and Byzantine Views. A Source History (London 1996).
Klein, R.: Der Streit um den Victoriaaltar. Die dritte Relatio des Symmachus und die Briefe 17, 18 und 57 des Mailänder Bischofs Ambrosius (Darmstadt 1972).
Dodgeon M. H./Lieu, S. N. C.: The Roman Eastern Frontier and the Persian Wars. A Documentary History (London/New York 1991).
Herrmann, J. (Hrsg.): Griechische und lateinische Quellen zur Frühgeschichte Mitteleuropas bis zur Mitte des 1. Jahrtausends u. Z., Band 3–4 (Berlin 1991–1992).
Heine, A. (Hrsg.): Germanen und Germanien in griechischen Quellen. Zusammengestellt und erläutert von B. Neuwald (Kettwig 1992).
Heine, A. (Hrsg.): Germanen und Germanien in römischen Quellen. Zusammengestellt und erläutert von B. Neuwald (Kettwig 1991).
Sánchez León, J. C.: Les sources de l'histoire des Bagaudes. Traduction et commentaire (Paris 1996).
Dirlmeier, C./Gottlieb, G.: Quellen zur Geschichte der Alamannen, Teil 1–3 (Sigmaringen 1976–1979).
Homeyer, H.: Attila. Der Hunnenkönig von seinen Zeitgenossen dargestellt. Ein Beitrag zur Wertung geschichtlicher Größe (Berlin 1951).
Alemany, A.: Sources on the Alans. A Critical Compilation (Leiden u. a. 2000).

Inschriften

Kuhoff, W.: Quellen zur Geschichte der Alamannen, Teil 6: Inschriften und Münzen (Sigmaringen 1984).

Monumentale und andere archäologische Überreste

Kraus, Th.: Das römische Weltreich (Propyläen-Kunstgeschichte 2) (Berlin 1990).
Brenk, B.: Spätantike und frühes Christentum (Propyläen-Kunstgeschichte – Supplementband 1) (Frankfurt a. M. 1985).
Nash, E.: Bildlexikon zur Topographie des antiken Rom, 2 Bände (Tübingen 1961–1962).

Platner, S. B.: A Topographical Dictionary of Ancient Rome (Oxford 1929, Neudr. Rom 1965).

Deichmann, F. W.: Frühchristliche Kirchen in Rom (Basel 1948).

Brandenburg, H.: Roms frühchristliche Basiliken des 4. Jahrhunderts (München 1979).

Müller-Wiener, W.: Bildlexikon zur Topographie Istanbuls (Tübingen 1977).

Deichmann, F. W.: Ravenna. Hauptstadt des spätantiken Abendlandes, 3 Bände (Wiesbaden 1969–1976).

Reusch, W.: Augusta Treverorum. Rundgang durch das römische Trier (Trier [13]1985).

Delbrueck, R.: Spätantike Kaiserporträts. Von Constantinus Magnus bis zum Ende des Westreichs (Berlin 1933, Neudr. Berlin 1978).

Kollwitz, J.: Oströmische Plastik der theodosianischen Zeit (Berlin 1941).

Beck, H./Bol, P. C.: Spätantike und frühes Christentum. Ausstellung im Liebieghaus, Museum alter Plastik, Frankfurt am Main, 16. Dezember 1983 bis 11. März 1984 (Frankfurt a.M. 1983).

Gallien in der Spätantike. Von Kaiser Constantin zu Frankenkönig Childerich. Mainz (29. Oktober 1980–4. Januar 1981), Paris (Februar–April 1981) (Mainz 1980).

Germanen, Hunnen und Awaren. Schätze der Völkerwanderungszeit, die Archäologie des 5. und 6. Jahrhunderts an der mittleren Donau und dem östlich-merowingischen Reihengräberkreis. Germanisches Nationalmuseum, Nürnberg 12. Dezember 1987 bis 21. Februar 1988, Museum für Vor- und Frühgeschichte der Stadt Frankfurt am Main 13. März bis 15. Mai 1988 (Nürnberg 1987).

Delbrueck, R.: Die Consulardiptychen und verwandte Denkmäler, 2 Bände (Berlin u.a. 1926–1929).

Münzen und Währung

Kent, J. P. C./Overbeck, B./Stylow, A. U.: Die römische Münze (München 1973).

Langer, H.-G.: Die Münze als Quelle im Geschichtsunterricht – Zur Quellenarbeit an Münzen der Spätantike. In: Geschichte in Wissenschaft und Unterricht 29, 1978, 19–30.

Overbeck, B.: Christliche Symbolik auf spätrömischen Münzen. In: G. Gottlieb/P. Barceló (Hrsg.): Christen und Heiden in Staat und Gesellschaft des zweiten bis vierten Jahrhunderts. Gedanken und Thesen zu einem schwierigen Verhältnis (München 1992) 131–149.

Garbsch, J. (Hrsg.): Spätantike zwischen Heidentum und Christentum. Ausstellung der Prähistorischen Staatssammlung München in Verbindung mit der Staatlichen Münzsammlung München vom 20. Dezember 1989 bis 1. April 1990 (München [2]1990).

Kent, J. P. C.: The Late Roman Empire 284–491. In: Congresso Internazionale di Numismatica, Roma 11–16 settembre 1961, Band 1 (Rom 1961) 159–177.

Hill, Ph. V./Kent, J. P./Carson, R. A.: Late Roman Bronze Coinage A. D. 324–498 (Neudr. New York 1989).
Toynbee, J. M. C.: Roman Medallions (Neudr. New York 1986).
Gnecchi, F.: I medaglioni Romani, 3 Bände (Bologna 1977).
Alföldi, A. u. E.: Die Kontorniat-Medaillons, 2 Bände (Berlin u. a. 1976–1990).
Wroth, W.: Western & Provincial Byzantine Coins of the Vandals, Ostrogoths and Lombards (London 1911, Neudr. Chicago 1966).
Kraus, F. F.: Die Münzen Odovacars und des Ostgotenreiches in Italien (Halle/Saale 1928, Neudr. Bologna 1967).

Auswahl verschiedener Quellengattungen

Arend, W.: Geschichte in Quellen. Altertum: Alter Orient – Hellas – Rom (München [4]1989).
Arce, J.: Estudios sobre el Emperador Fl. Cl. Juliano. Fuentes literarias, epigrafía, numismática (Madrid 1984).

Quellenkunde

Christ, K.: Römische Geschichte. Einführung, Quellenkunde, Bibliographie (Darmstadt [5]1994) 258–286.
Karagiannopulos, I. E./Weiß, G.: Quellenkunde zur Geschichte von Byzanz. 324–1453, 2 Bände (Wiesbaden 1982).

LITERATURHINWEISE

Die nachfolgende Literaturauswahl soll dem Leser zum einen Überblick über die wichtigsten Gesamtdarstellungen zur Spätantike, zu kapitelübergreifenden Themen und zu einzelnen Hilfsmitteln geben (I. Allgemeine Werke). Zum anderen soll sie eine selbständige Vertiefung von hier behandelten Einzelaspekten ermöglichen (II. Spezielle Literatur zu den einzelnen Kapiteln). Wem diese Zusammenstellung nicht ausreicht, sei verwiesen auf den Literaturanhang in A. Demandt „Die Spätantike" (s.u.) und auf die im Internet zu findenden Ergänzungen (Adresse: http://www.fu-berlin.de/fmi/antike/Bibliographie.html).

I. Allgemeine Werke

Cameron, A./Garnsey, P. (edd.): The Cambridge Ancient History, Band 13: The Late Empire, A.D. 337–425 (Cambridge 1998).

Cameron, A./Ward-Perkins, B./Whitby, M. (edd.): The Cambridge Ancient History, Band 14: Late Antiquity. Empire and Successors, A.D. 425–600 (Cambridge 2000).

Carandini, A./Ruggini L. C./Giardina, A. (edd.): Storia di Roma, Band 3: L'età tardoantica (Turin 1993).

Kornemann, E.: Geschichte der Spätantike (München 1978).

Demandt, A.: Die Spätantike (München 1989).

Stein, E.: Histoire du Bas-Empire, 2 Bände (Paris 1949–1959, Neudr. Paris 1968).

Jones, A. H. M.: The Later Roman Empire. 284–602. A Social, Economic and Administrative Survey, 4 Bände (Oxford 1964).

Martin, J.: Spätantike und Völkerwanderung (München ^{4}2001).

Todd, M.: Die Zeit der Völkerwanderung (Stuttgart 2002).

Clauss, M. (Hrsg.): Die römischen Kaiser. 55 historische Portraits von Caesar bis Iustinian (München 1997).

Temporini-Gräfin Vitzthum, H. (Hrsg.): Die Kaiserinnen Roms von Livia bis Theodora (München 2002).

Kienast, D.: Römische Kaisertabelle. Grundzüge einer römischen Kaiserchronologie (Darmstadt ^{2}1996).

Staesche, M.: Das Privatleben der römischen Kaiser in der Spätantike (Frankfurt a.M. u.a. 1998).

Seeck, O.: Regesten der Kaiser und Päpste für die Jahre 311 bis 476 n.Chr. Vorarbeit zu einer Prosopographie der christlichen Kaiserzeit (Stuttgart 1919, Neudr. Frankfurt a.M. 1964).

Jones, A. H. M./Martindale, J. R./Morris, J. (edd.): The Prosopography of the Later Roman Empire, 3 Bände (Cambridge u. a. 1987–1995).

Die Germanen. Geschichte und Kultur der germanischen Stämme in Mitteleuropa, Band 2: Die Stämme und Stammesverbände in der Zeit vom 3. Jahrhundert bis zur Herausbildung der politischen Vorherrschaft der Franken (Darmstadt ²1987).

Wolfram, H.: Die Goten. Von den Anfängen bis zur Mitte des 6. Jahrhunderts. Entwurf einer historischen Ethnographie (München ³1990).

Geuenich, D.: Geschichte der Alemannen (Stuttgart u. a. 1997).

James, E.: The Franks (Oxford 1988).

Kouznetsov, V./Lebedynsky, I.: Les Alains. Cavaliers des steppes, seigneurs du Caucase (Paris 1997).

Maenchen-Helfen, O.: Die Welt der Hunnen. Herkunft, Geschichte, Religion, Gesellschaft, Kriegführung, Kunst, Sprache (Wiesbaden 1997).

Pohl, W. (ed.): Kingdoms of the Empire. The Integration of Barbarians in Late Antiquity (Leiden u. a. 1997).

Blockley, R. C.: East Roman Foreign Policy. Formation and Conduct from Diocletian to Anastasius (Leeds 1992).

Bruckmüller, E. (Hrsg.): Historischer Weltatlas. Begründet v. F. W. Putzger (Berlin ¹⁰³2001).

Großer historischer Weltatlas, Band 1: Vorgeschichte und Altertum (München ⁶1978).

Rich, J. (ed.): The City in Late Antiquity (London/New York 1992).

Fuhrmann, M.: Rom in der Spätantike. Porträt einer Epoche (Düsseldorf ³1998).

Lançon, B.: Rome dans l'Antiquité tardive (312–604 après J.-C.) (Paris 1995).

Festugière, A. J.: Antioche païenne et chrétienne. Libanius, Chrysostome et les moines de Syrie (Paris 1959).

Downey, G.: A History of Antioch in Syria from Seleucus to the Arab Conquest (Princeton ³1974).

Haas, Ch.: Alexandria in Late Antiquity. Topography and Social Conflict (Baltimore u. a. 1997).

Ennabli, L.: Carthage. Une métropole chrétienne du IVᵉ à la fin du VIIᵉ siècle (Paris 1997).

Piétri, Ch. u. L. (Hrsg.): Das Entstehen der einen Christenheit (250–430) (Freiburg u. a. 1996).

Hefele, K. J./Leclercq, H.: Histoire des conciles d'après les documents originaux, Band 1,1–3,1 (Paris 1907–1909, Neudr. Hildesheim 1973).

Jedin, H. u. a. (Hrsg.): Atlas zur Kirchengeschichte (Freiburg ³1988).

Kunkel, W./Schermaier, M.: Römische Rechtsgeschichte (Köln ¹³2001).

Dulckeit, G./Schwarz, F./Waldstein, W.: Römische Rechtsgeschichte (München ⁹1995).

Rohrbacher, D.: The Historians of Late Antiquity (New York 2002).

Pabst, A.: Divisio regni. Der Zerfall des Imperium Romanum in der Sicht der Zeitgenossen (Bonn 1986).

II. Spezielle Literatur zu den einzelnen Kapiteln

1. VON DER TETRARCHIE ZUR MONARCHIE

Die Grundlegung des Verhältnisses Staat–Kirche durch Constantin den Großen (306–337)

Barnes, T. D.: The New Empire of Diocletian and Constantine (Cambridge 1982).
Piepenbrink, K.: Konstantin der Große und seine Zeit (Darmstadt 2002).
Clauss, M.: Konstantin der Große und seine Zeit (München 1996).
Klein, R.: Constantin der Große. Biographie – Reichspolitik – Christentum. In: H. Altrichter (Hrsg.): Persönlichkeit und Geschichte (Erlangen/Jena 1997) 31–55.
Haussmann, W.: Die zweite Tetrarchie: Untersuchung zur römischen Geschichte der Jahre 305–310 (Diss. Tübingen 1953).
Michel, J.-H.: Le méridien de Scodra et le partage du monde romain de la paix de Brindes à la fin du Bas-Empire. In: Atti dell'Accademia Romanistica Costantiniana. Atti del IV Convegno internazionale. In onore di Mario De Dominicis. Perugia, Spello, Bettona, Todi (1–4 ott. 1979) (Perugia 1981) 179–191.
Klein, R.: Helena. In: Reallexikon für Antike und Christentum, Band 14 (Stuttgart 1988) 355–375.
Cullhed, M.: Conservator urbis suae. Studies in the Politics and Propaganda of the Emperor Maxentius (Stockholm 1994).
Chantraine, H.: Die Erhebung des Licinius zum Augustus. In: Hermes. Zeitschrift für klassische Philologie 110, 1982, 477–487.
Altendorf, H. D.: Galerius. In: Reallexikon für Antike und Christentum, Band 8 (Stuttgart 1972) 786–796.
Gaudemet, J.: Utilitas publica. In: Revue historique de droit français et étranger 29, 1951, 465–499.
Grünewald, Th.: Ein epigraphisches Zeugnis zur Germanenpolitik Konstantins des Grossen: Die Bauinschrift des Deutzer Kastells (CIL XIII 8502). In: H. E. Herzig/R. Frei-Stolba (Hrsg.): Labor omnibus unus. Gerold Walser zum 70. Geburtstag dargebracht von Freunden, Kollegen und Schülern (Stuttgart 1989) 171–185.
Kuhoff, W.: Ein Mythos in der römischen Geschichte. Der Sieg Konstantins des Großen über Maxentius vor den Toren Roms am 28. Oktober 312 n. Chr. In: Chiron 21, 1991, 127–174.
Seeliger, H. R.: Die Verwendung des Christogramms durch Konstantin im Jahr 312. In: Zeitschrift für Kirchengeschichte 100, 1989, 149–168.

Grasmück, L.: Coercitio. Staat und Kirche im Donatistenstreit (Bonn 1964).
Girardet, K. M.: Die Petition der Donatisten an Kaiser Konstantin (Frühjahr 313) – historische Voraussetzungen und Folgen. In: Chiron 19, 1989, 185–206.
Girardet, K. M.: Das Reichskonzil von Rom (313) – Urteil, Einspruch, Folgen. In: Historia. Zeitschrift für Alte Geschichte 41, 1992, 104–116.
Girardet, K. M.: Konstantin d. Gr. und das Reichskonzil von Arles (314). Historisches Problem und methodologische Aspekte. In: D. Papandreou (Hrsg.): Oecumenica et patristica. Festschrift für Wilhelm Schneemelcher zum 75. Geburtstag (Stuttgart u. a. 1989) 151–174.
Raeck, W.: Ankunft an der Milvischen Brücke. Wort, Bild und Botschaft am Konstantinsbogen in Rom. In: J. Holzhausen (Hrsg.): Psyche – Seele – anima. Festschrift für Karin Alt zum 7. Mai 1998 (Stuttgart/Leipzig 1998) 345–354.
Kraft, K.: Das Silbermedaillon Constantins d. Gr. mit dem Christusmonogramm auf dem Helm. In: Jahrbuch für Numismatik und Geldgeschichte 5/6, 1954/55, 151–178. Wiederabgedruckt in: Ders. (Hrsg.): Konstantin der Große (Darmstadt 1974) 297–344.
Schlinkert, D.: Dem Kaiser folgen. Kaiser, Senatsadel und höfische Funktionselite (comites consistoriani) von der „Tetrarchie" Diokletians bis zum Ende der konstantinischen Dynastie. In: A. Winterling (Hrsg.): Comitatus. Beiträge zur Erforschung des spätantiken Kaiserhofes (Berlin 1998) 133–159.
Schlinkert, D.: Ordo senatorius und nobilitas. Die Konstitution des Senatsadels in der Spätantike mit einem Appendix über den Praepositus sacri cubiculi, den „allmächtigen" Eunuchen am kaiserlichen Hof (Stuttgart 1996).
Migl, J.: Die Ordnung der Ämter. Prätorianerpräfektur und Vikariat in der Regionalverwaltung des Römischen Reiches von Konstantin bis zur Valentinianischen Dynastie (Frankfurt a. M. u. a. 1994).
Di Maio, M. u. a.: The Proelium Cibalense et Proelium Campi Ardiensis: The First Civil War of Constantine I and Licinius I. In: Ancient World 21, 1990, 67–91.
Pohlsander, H. A.: The Date of the Bellum Cibalense: A Re-examination. In: The Ancient World 26, 1995, 89–101.
Clauss, M.: Der magister officiorum in der Spätantike (4.–6. Jahrhundert). Das Amt und sein Einfluß auf die kaiserliche Politik (München 1980).
Brandenburg, H.: Die konstantinischen Kirchen in Rom. In: O. Brehm/S. Klie (Hrsg.): Mousikos Aner. Festschrift für Max Wegner zum 90. Geburtstag (Bonn 1992) 27–58.
Odahl, Ch.: The Christian Basilicas of Constantinian Rome. In: Ancient World 26, 1995, 3–28.
Klein, R.: Das Kirchenbauverständnis Constantins d. Gr. in Rom und in den östlichen Provinzen. In: Das antike Rom und der Osten. Festschrift für Klaus Parlasca zum 65. Geburtstag (Erlangen 1990) 77–101.

Nash, E.: Covenerunt in Domum Faustae in Laterno S. Optati Milevitani I, 23. In: Römische Quartalschrift für christliche Altertumskunde und Kirchengeschichte 71, 1976, 1–21.

Scrinari, V. S. M.: Il Laterano Imperiale, 3 Bände (Città del Vaticano 1991–1997).

Deichmann, F. W./Tschira, A.: Das Mausoleum der Kaiserin Helena und die Basilika der Heiligen Marcellinus und Petrus an der Via Labicana vor Rom. In: Jahrbuch des Deutschen Archäologischen Instituts 72, 1957, 44–110.

Bauer, F. A./Heinzelmann, M.: The Constantinian Bishop's Church at Ostia: Preliminary Report on the 1998 Season. In: Journal of Roman Archaeology 12, 1999, 342–354.

Fabbrini, F.: La manumissio in ecclesia (Mailand 1965).

Lippold, A.: Bischof Ossius von Cordova und Konstantin der Große. In: Zeitschrift für Kirchengeschichte 92, 1981, 1–15.

Bacht, H.: Antonius und Pachomius. Von der Anachorese zum Cönobitentum. In: K. S. Frank (Hrsg.): Askese und Mönchtum in der Alten Kirche (Darmstadt 1975) 183–229.

R.-Alföldi, M.: Das labarum auf römischen Münzen. In: U. Peter (Hrsg.): Stephanos nomismatikos. Edith Schönert-Geiss zum 65. Geburtstag (Berlin 1998) 1–21.

Bury, J. B.: The Provincial List of Verona. In: Journal of Roman Studies 13, 1923, 127–151.

Noethlichs, K. L.: Zur Entstehung der Diözesen als Mittelinstanz des Spätrömischen Verwaltungssystems. In: Historia. Zeitschrift für Alte Geschichte 31, 1982, 70–81.

Preger, Th.: Das Gründungsdatum von Konstantinopel. In: Hermes. Zeitschrift für klassische Philologie 36, 1901, 336–342.

Chantraine, H.: Konstantinopel – vom Zweiten Rom zum Neuen Rom. In: Geschichte in Wissenschaft und Unterricht 43, 1992, 3–15.

Kaegi, W. E.: Byzantium and the Decline of Rome (Princeton 1968).

Wirth, G.: Rom und Byzanz. Tradition und Gegenwart. In: A. Wendehorst (Hrsg.): Hauptstädte. Entstehung, Struktur und Funktion (Neustadt a. d. Aisch 1979) 29–43.

Scholten, H.: Der Eunuch in Kaisernähe. Zur politischen und sozialen Bedeutung des Praepositus sacri cubiculi im 4. und 5. Jahrhundert n. Chr. (Frankfurt a. M. u. a. 1995).

Herrmann-Otto, E.: Der Kaiser und die Gesellschaft des spätrömischen Reiches im Spiegel des Zeremoniells. In: P. Kneissl/V. Losemann (Hrsg.): Imperium Romanum. Studien zu Geschichte und Rezeption. Festschrift für Karl Christ (Stuttgart 1998) 346–369.

Kolb, F.: Herrscherideologie in der Spätantike (Berlin 2001).

Girardet, K. M.: Der Vorsitzende des Konzils von Nicaea (325) – Kaiser Konstantin d. Gr. In: K. Dietz/D. Hennig/H. Kaletsch (Hrsg.): Klassisches Altertum, Spätantike und frühes Christentum. Adolf Lippold zum 65. Geburtstag (Würzburg 1993) 331–360.

Girardet, K. M.: Kaiser Konstantin d. Gr. als Vorsitzender von Konzilien. In: Gymnasium. Zeitschrift für Kultur der Antike und Humanistische Bildung 98, 1991, 548–560.

Girardet, K. M.: Das christliche Priestertum Konstantins d. Gr. In: Chiron 10, 1980, 569–592.

Klein, R.: Die Entwicklung der christlichen Palästinawallfahrt in konstantinischer Zeit. In: Römische Quartalschrift für christliche Altertumskunde und Kirchengeschichte 85, 1990, 145–181.

Elsner, J.: The Itinerarium Burdigalense. Politics and salvation in the geography of Constantine's Empire. In: Journal of Roman Studies 90, 2000, 181–195.

Drijvers, J. W.: Helena Augusta. The Mother of Constantine the Great and the Legend of her Finding of the True Cross (Leiden 1992).

Berger, A.: Regionen und Straßen im frühen Konstantinopel. In: Istanbuler Mitteilungen 47, 1997, 349–414.

Bleckmann, B.: Constantin und die Donaubarbaren. In: Jahrbuch für Antike und Christentum 38, 1995, 38–66.

Tudor, D.: Les ponts romains du Bas-Danube (Bukarest 1974).

Spielvogel, J.: Die Gotenpolitik Kaiser Constantins I. im Spiegel altrömischer Tradition und christlicher Orientierung. In: T. Hantos u. a. (Hrsg.): Althistorisches Kolloquium aus Anlaß des 70. Geburtstags von Jochen Bleicken (Stuttgart 1997) 225–238.

Brockmeier, B.: Der Große Friede 332 n. Chr. Zur Außenpolitik Konstantins des Großen. In: Bonner Jahrbücher des Rheinischen Landesmuseums in Bonn und des Vereins von Altertumsfreunden im Rheinlande 187, 1987, 79–100.

Wheeler, E. L.: Constantine's Gothic Treaty of 332: A Reconsideration of Eusebius VC 4.5–6. In: M. Zahariade (ed.): The Roman Frontier at the Lower Danube 4th–6th centuries. The second International Symposium (Murighiol/Halmyris, 18–24 August 1996) (Bukarest 1998) 81–94.

Chantraine, H.: Die Nachfolgeordnung Constantins des Grossen (Stuttgart 1992).

Metzler, D.: Ökonomische Aspekte des Religionswandels in der Spätantike: Die Enteignung der heidnischen Tempel seit Konstantin. In: Hephaistos. Kritische Zeitschrift zu Theorie und Praxis der Archäologie 3, 1981, 27–40.

Schubert, W.: Die rechtliche Sonderstellung der Dekurionen (Kurialen) in der Kaisergesetzgebung des 4.–6. Jahrhunderts. In: Zeitschrift der Savigny-Stiftung für Rechtsgeschichte, Romanistische Abteilung 86, 1969, 287–333.

Johne, K.-P.: Zum Begriff Kolonat in der Spätantike. In: V. Vavrínek (ed.): From Late Antiquity to Early Byzantium. Proceedings of the Byzantinological Symposium in the 16th international Eirene conference (Prag 1985) 97–100.

Bellen, H.: Studien zur Sklavenflucht im römischen Kaiserreich (Wiesbaden 1971).

Langenfeld, H.: Christianisierungspolitik und Sklavengesetzgebung der römischen Kaiser von Konstantin bis Theodosius II. (Bonn 1977).
Grubbs, J. A. E.: Law and Family in Late Antiquity. The Emperor Constantine's Marriage Legislation (Oxford 1995).
Weiss, P. B.: Consistorium und Comites consistoriani. Untersuchungen zur Hofbeamtenschaft des 4. Jh. n. Chr. auf prosopographischer Grundlage (Diss. Würzburg 1975).
Harris, J.: The Roman Imperial Quaestor from Constantine to Theodosius II. In: Journal of Roman Studies 78, 1988, 148–172.
Fowden, G.: The Last Days of Constantine. Oppositional Versions and their Influence. In: Journal of Roman Studies 84, 1994, 146–170.
Mango, C.: Constantine's Mausoleum and the Translation of the Relics. In: Byzantinische Zeitschrift 83, 1990, 51–56.
Krautheimer, R.: Zu Konstantins Apostelkirche in Konstantinopel. In: A. Stuiber (Hrsg.): Mullus. Festschrift Theodor Klauser (Münster 1964) 224–229.

2. DAS ERBE CONSTANTINS DES GROSSEN IN DEN HÄNDEN SEINER SÖHNE (337–361)

Moreau, J.: Constantinus II. In: Jahrbuch für Antike und Christentum 2, 1959, 160–161.
Moreau, J.: Constantius II. In: Jahrbuch für Antike und Christentum 2, 1959, 162–179.
Moreau, J.: Constans. In: Jahrbuch für Antike und Christentum 2, 1959, 179–184.
Vogler, Ch.: Constance II et l'administration impériale (Straßburg 1979).
Seiler, E.-M.: Konstantios II. bei Libanios. Eine kritische Untersuchung des überlieferten Herrscherbildes (Frankfurt a. M. u. a. 1998).
Fortina, M.: La legislazione dell'imperatore Costante (Novara 1955).
Klein, R.: Die Kämpfe um die Nachfolge nach dem Tode Constantins des Großen. In: Byzantinische Forschungen 6, 1979, 101–150.
Wirth, G.: Hannibalian. Anmerkungen zur Geschichte eines überflüssigen Königs. In: Bonner Jahrbücher des Rheinischen Landesmuseums in Bonn und des Vereins von Altertumsfreunden im Rheinlande 190, 1990, 201–232.
Barnes, T. D.: Athanasius and Constantius. Theology and Politics in the Constantinian Empire (Cambridge 1993).
Kannengiesser, Ch.: Athanase d'Alexandrie, évêque et écrivain. Une lecture des traités contre les Ariens (Paris 1983).
Martin, A.: Athanase d'Alexandrie et l'Eglise d'Egypte au IVe siècle 328–373 (Rom 1996).
Beaver, R. B.: The Donatist Circumcelliones. In: Church History. Studies in Christianity & Culture 4, 1935, 123–133.

Tietze, W.: Lucifer von Calaris und die Kirchenpolitik des Constantius II. Zum Konflikt zwischen dem Kaiser Constantius II. und der nikänisch-orthodoxen Opposition (Lucifer von Calaris, Athanasius von Alexandria, Hilarius von Poitiers, Ossius von Córdoba, Liberius von Rom und Eusebius von Vercelli) (o. O. 1976).

Brennecke, H. Ch.: Hilarius von Poitiers und die Bischofsopposition gegen Konstantius II. Untersuchungen zur 3. Phase des Arianischen Streites (337–361) (Berlin u. a. 1984).

Barnes, T. D.: The Capitulation of Liberius and Hilary of Poitiers. In: Phoenix. The Journal of the Classical Association of Canada 46, 1992, 256–265.

Blockley, R. C.: Constantius II and Persia. In: C. Deroux (ed.): Studies in Latin Literature and Roman History, Band 5 (Brüssel 1989) 465–490.

Mosig-Walburg, K.: Zur Schlacht bei Singara. In: Historia. Zeitschrift für Alte Geschichte 48, 1999, 330–384.

Portmann, W.: Die 59. Rede des Libanios und das Datum der Schlacht von Singara. In: Byzantinische Zeitschrift 82, 1989, 1–18.

Drinkwater, J. F.: The Revolt and Ethnic Origin of the Usurper Magnentius (350–353), and the Rebellion of Vetranio (350). In: Chiron 30, 2000, 131–159.

Bleckmann, B.: Die Schlacht von Mursa und die zeitgenössische Deutung eines spätantiken Bürgerkrieges. In: H. Brandt (Hrsg.): Gedeutete Realität. Krisen, Wirklichkeiten, Interpretationen (3.–6. Jh. n. Chr.) (Stuttgart 1999) 47–101.

Haas, C.: The Alexandrian Riots of 356 and George of Cappadocia. In: Greek, Roman and Byzantine Studies 32, 1991, 281–301.

Lorenz, St.: Imperii fines erunt intacti. Rom und die Alamannen 350–378 (Frankfurt a. M. u. a. 1997).

Beyerle, F.: Der Alamannen-Feldzug des Kaisers Constantius II. von 355 und die Namengebung Constantia (Konstanz). In: Zeitschrift für Geschichte des Oberrheins 104, 1956, 225–239.

Wigg, D. G.: Münzumlauf in Nordgallien um die Mitte des 4. Jahrhunderts n. Chr. Numismatische Zeugnisse für die Usurpation des Magnentius und die damit verbundenen Germaneneinfälle (Berlin 1991).

Gärtner, H. A.: Kaiser Constantius II. besucht Rom. In: Ktema. Civilisations de l'Orient, de la Grèce et de Rome antiques 19, 1994, 293–298.

Fowden, G.: Nicagoras of Athens and the Lateran Obelisk. In: Journal of Hellenic Studies 107, 1987, 51–57.

Salzman, M. R.: On Roman Time. The Codex-Calendar of 354 and the Rhythms of Urban Life in Late Antiquity (Berkeley u. a. 1990).

Mittag, P. F.: Alte Köpfe in neuen Händen. Urheber und Funktion der Kontorniaten (Bonn 1999).

Szidat, J.: Der Feldzug Constantius' II. an der mittleren Donau im Jahre 358 n. Chr. In: Historia. Zeitschrift für Alte Geschichte 21, 1972, 712–720.

Girardet, K. M.: Kaiser Konstantius II. als „episcopus episcoporum" und das

Herrscherbild des kirchlichen Widerstandes. In: Historia. Zeitschrift für Alte Geschichte 26, 1977, 95–128.

Haendler, G.: Wulfila. In: M. Greschat (Hrsg.): Gestalten der Kirchengeschichte, Band 2: Alte Kirche (Stuttgart u. a. 1984) 63–74.

Schäferdiek, K.: Das gotische Christentum im vierten Jahrhundert. In: K.-F. Kraft u. a. (Hrsg.): Triuwe. Studien zur Sprachgeschichte und Literaturwissenschaft. Gedächtnisbuch für Elfriede Stutz (Heidelberg 1992) 19–50.

Grieser, H.: Asketische Bewegungen in Kleinasien im 4. Jahrhundert und ihre Haltung zur Sklaverei. In: H. Bellen/H. Heinen (Hrsg.): Fünfzig Jahre Forschungen zur antiken Sklaverei an der Mainzer Akademie 1950–2000. Miscellanea zum Jubiläum (Stuttgart 2001) 381–400.

Blum, W.: Curioso und Regendarii. Untersuchungen zur Geheimen Staatspolizei der Spätantike (München 1969).

Szidat, J.: Die Usurpation Iulians. Ein Sonderfall? In: F. Paschoud/J. Szidat (Hrsg.): Usurpationen in der Spätantike. Akten des Kolloquiums „Staatsstreich und Staatlichkeit", 6.–10. März 1996, Solothurn/Bern (Stuttgart 1997) 63–70.

Enßlin, W.: Zur Torqueskrönung und Schilderhebung bei der Kaiserwahl. In: Klio. Beiträge zur Alten Geschichte 35, 1942, 268–298.

Drexhage, H.-J. u. a.: Die „Expositio totius mundi et gentium". Eine Handelsgeographie aus dem 4. Jahrhundert n. Chr., eingeleitet, übersetzt und mit einführender Literatur (Kap. XXII–LXVII) versehen. In: Münstersche Beiträge zur Antiken Handelsgeschichte 2,1, 1983, 3–41.

3. RÜCKKEHR ZU DEN ALTEN GÖTTERN?
Iulianus Apostata (361–363)

Bowersock, G. W.: Julian the Apostate (Cambridge 1978).

Giebel, M.: Kaiser Julian Apostata. Die Wiederkehr der alten Götter (Düsseldorf/Zürich 2002).

Rosen, K.: Kaiser Julian auf dem Weg vom Christentum zum Heidentum. In: Jahrbuch für Antike und Christentum 40, 1997, 126–146.

Weis, B. K.: Das Restitutions-Edict Kaiser Julians (Bruchsal 1933).

Klein, R.: Kaiser Julians Rhetoren- und Unterrichtsgesetz. In: Römische Quartalschrift für christliche Altertumskunde und Kirchengeschichte 76, 1981, 73–94.

Hardy, B. C.: Kaiser Julian und sein Schulgesetz. In: R. Klein (Hrsg.): Julian Apostata (Darmstadt 1978) 387–408.

Bischoff, B./Nörr, D.: Eine unbekannte Konstituion Kaiser Julians (c. Iuliani de postulando) (München 1963).

Klein, R.: Die Bedeutung von Basilius' Schrift „ad adolescentes" für die Erhaltung der heidnisch-griechischen Literatur. In: Römische Quartalschrift für christliche Altertumskunde und Kirchengeschichte 92, 1997, 162–176.

Kolb, A.: Kaiser Julians Innenpolitik: Grundlegende Reformen oder traditionelle Verwaltung? Das Beispiel des cursus publicus. In: Historia. Zeitschrift für Alte Geschichte 47, 1998, 342–359.

Haehling, R. v.: Die Religionszugehörigkeit der hohen Amtsträger des Römischen Reiches seit Constantins I. Alleinherrschaft bis zum Ende der Theodosianischen Dynastie (324–450 bzw. 455 n.Chr.) (Bonn 1978).

Elmer, G.: Die Kupfergeldreform unter Julianus Philosophus. In: Numismatische Zeitschrift 70, 1937, 25–42.

Rosen, K.: Julian in Antiochien oder Wie eine Theorie in der Praxis scheitert. In: W. Schuller (Hrsg.): Politische Theorie und Praxis im Altertum (Darmstadt 1998) 217–230.

Wiemer, H.-U.: Ein Kaiser verspottet sich selbst: Literarische Form und historische Bedeutung von Kaiser Julians ›Misopogon‹. In: P. Kneissl/ V. Losemann (Hrsg.): Imperium Romanum. Studien zu Geschichte und Rezeption. Festschrift für Karl Christ zum 75. Geburtstag (Stuttgart 1998) 733–755.

Wirth, G.: Julians Perserkrieg. Kriterien einer Katastrophe. In: R. Klein (Hrsg.): Julian Apostata (Darmstadt 1978) 455–507.

Straub, J.: Die Himmelfahrt des Iulianus Apostata. In: A. Wlosok (Hrsg.): Römischer Kaiserkult (Darmstadt 1978) 528–550.

Schumacher, L.: Zur 'Apotheose' des Herrschers in der Spätantike. In: Atti dell'Accademia Romanistica Costantiniana. X Convegno internazionale in onore di Arnaldo Biscardi. Spello, Perugia, Gubbio, 7–10 octobre 1991 (Neapel 1995) 105–125.

Azarnoush, M.: Le mort de Julien l'Apostat selon les sources iraniennes. In: Byzantion 61, 1991, 322–329.

Trümpelmann, L.: Triumph über Julian Apostata. In: Jahrbuch für Numismatik und Geldgeschichte 25, 1975, 107–111.

Sellheim, R.: Taq-i Bustan und Kaiser Julian (361–363). In: Oriens. Zeitschrift der Internationalen Gesellschaft für Orientforschung 34, 1994, 354–366.

Lenski, N.: The Election of Jovian and the Role of the Late Imperial Guards. In: Klio. Beiträge zur Alten Geschichte 82, 2000, 492–515.

Chrysos, E.: Räumung und Aufgabe von Reichsterritorien. Der Vertrag von 363. In: Bonner Jahrbücher des Rheinischen Landesmuseums in Bonn und des Vereins von Altertumsfreunden im Rheinlande 193, 1993, 165–202.

Ehling, K.: Der Ausgang des Perserfeldzuges in der Münzpropaganda des Jovian. In: Klio. Beiträge zur Alten Geschichte 78, 1996, 186–191.

Heather, P. J.: Ammianus of Jovian: History and Literature. In: J. W. Drijvers/D. Hunt (edd.): The Late Roman World and its Historian. Interpreting Ammianus Marcellinus (London/New York 1999) 105–116.

4. REICHSTEILUNG UND REICHSVERTEIDIGUNG
Valentinian (364–375) und Valens (364–378)

Heering, W.: Kaiser Valentinian der Erste, 364–375 n. Chr. (Magdeburg 1927).

Nagl, A.: Valentinianus I. In: Paulys Realencyclopädie der Classischen Altertumswissenschaft 7 A 2 (Stuttgart 1948) 2158–2204.

Köhler, G.: Untersuchungen zur Geschichte des Kaisers Valens (Diss. Jena 1925).

Nagl, A.: Valens. In: Paulys Realencyclopädie der Classischen Altertumswissenschaft 7 A 2 (Stuttgart 1948) 2097–2137.

Pergami, F. (ed.): La legislazione di Valentiniano e Valente (364–375) (Mailand 1993).

Waldherr, G.: Erdbeben. Das außergewöhnliche Normale. Zur Rezeption seismischer Aktivitäten in literarischen Quellen vom 4. Jahrhundert v. Chr. bis zum 4. Jahrhundert n. Chr. (Stuttgart 1997).

Drinkwater, J.: Ammianus, Valentinian and the Rhine Germans. In: J. W. Drijvers/D. Hunt (edd.): The Late Roman World and its Historian. Interpreting Ammianus Marcellinus (London 1999) 127–137.

Demandt, A.: Die Feldzüge des älteren Theodosius. In: Hermes. Zeitschrift für klassische Philologie 100, 1972, 81–113.

Demandt, A.: Der Tod des älteren Theodosius. In: Historia. Zeitschrift für Alte Geschichte 18, 1969, 598–625.

Wanke, U.: Die Gotenkriege des Valens. Studien zu Topographie und Chronologie im unteren Donauraum von 366–378 n. Chr. (Frankfurt a. M. u. a. 1990).

Gutmann, B.: Studien zur römischen Außenpolitik in der Spätantike, 364–395 n. Chr. (Bonn 1991).

Alföldi, A.: A Conflict of Ideas in the Late Roman Empire. The Clash between the Senate and Valentinian I (Oxford 1952).

Wiebe, F. J.: Kaiser Valens und die heidnische Opposition (Bonn 1995).

Treuker, B.: Politische und sozialgeschichtliche Studien zu den Basilius-Briefen (Frankfurt a. M. 1961).

Lippold, A.: Ursinus und Damasus. In: Historia. Zeitschrift für Alte Geschichte 14, 1965, 105–128.

Griffe, E.: Der hl. Martinus und das gallische Mönchtum. In: K. S. Frank (Hrsg.): Askese und Mönchtum in der Alten Kirche (Darmstadt 1975) 255–280.

Andersen, Th. B.: Patrocinium: The Concept of Personal Protection and Dependence in the Later Roman Empire and the Early Middle Ages (Diss. Fordham Univ. New York 1974).

Krause, J.-U.: Spätantike Patronatsformen im Westen des Römischen Reiches (München 1987).

Hahn, I.: Das bäuerliche Patrocinium in Ost und West. In: Klio. Beiträge zur Alten Geschichte 50, 1968, 261–276. Wiederabgedruckt in: H. Schneider

(Hrsg.): Sozial- und Wirtschaftsgeschichte der römischen Kaiserzeit (Darmstadt 1981) 234–257.

Tengström, E.: Bread for the People. Studies of the Corn-Supply of Rome During the Late Empire (Stockholm 1974).

Johnson, M. J.: On the Burial Places of the Valentinian Dynasty. In: Historia. Zeitschrift für Alte Geschichte 40, 1991, 501–506.

Dittrich, U.-B.: Die Beziehungen zu den Sarmaten und Quaden im vierten Jahrhundert nach Christus (Bonn 1984).

Heather, P. J.: Goths and Romans. 332–489 (Oxford 1991).

Ulrich, J.: Barbarische Gesellschaftsstruktur und römische Außenpolitik zu Beginn der Völkerwanderung. Ein Versuch zu den Westgoten (365–377) (Bonn 1995).

Várady, L.: Das letzte Jahrhundert Pannoniens, 376–476 (Amsterdam 1969).

Krautschick, St.: Zur Entstehung eines Datums: 375 – Beginn der Völkerwanderung. In: Klio. Beiträge zur Alten Geschichte 82, 2000, 217–222.

Wachtel, K.: Frigeridus dux. In: Chiron 30, 2000, 905–914.

Lenski, N.: Initium mali Romano imperio. Contemporary Reactions to the Battle of Adrianople. In: Transactions and Proceedings of the American Philological Association 127, 1997, 129–168.

Barnes, T. D.: Ammianus Marcellinus and the Representation of Historical Reality (Ithaca 1998).

5. DIE ERHEBUNG DES CHRISTENTUMS ZUR STAATSRELIGION DURCH THEODOSIUS DEN GROSSEN
(379–395)

Ernesti, J.: Princeps christianus und Kaiser aller Römer. Theodosius der Große im Lichte zeitgenössischer Quellen (Paderborn/München 1998).

Williams, St./Friell, G.: Theodosius. The Empire at Bay (London 1994).

Errington, R. M.: Theodosius and the Goths. In: Chiron 26, 1996, 1–27.

Enßlin, W.: Die Religionspolitik des Kaisers Theodosius d. Gr. (München 1953). Wiederabgedruckt in: G. Ruhbach (Hrsg.): Die Kirche angesichts der Konstantinischen Wende (Darmstadt 1976) 87–111.

Errington, R. M.: Church and State in the First Years of Theodosius I. In: Chiron 27, 1997, 21–72.

Klein, R.: Theodosius der Große und die christliche Kirche. In: Eos. Commentarii Societatis Philologae Polonorum 82, 1994, 85–121.

Errington, R. M.: Christian Accounts of the Religious Legislation of Theodosius I. In: Klio. Beiträge zur Alten Geschichte 79, 1997, 398–443.

Barceló, P./Gottlieb, G.: Das Glaubensedikt des Kaisers Theodosius vom 27. Februar 380. Adressaten und Zielsetzung. In: K. Dietz u. a. (Hrsg.): Klassisches Altertum, Spätantike und frühes Christentum. Adolf Lippold zum 65. Geburtstag gewidmet (Würzburg 1993) 409–423.

Gottlieb, G.: Ambrosius von Mailand und Kaiser Gratian (Göttingen 1973).

Klein, R.: Symmachus. Eine tragische Gestalt des ausgehenden Heidentums (Darmstadt ²1986).

Rebenich, St.: Augustinus im Streit zwischen Symmachus und Ambrosius um den Altar der Victoria. In: Laverna 2, 1991, 53–75.

Rosen, K.: Fides contra dissimulationem. Ambrosius und Symmachus im Kampf um den Victoriaaltar. In: Jahrbuch für Antike und Christentum 37, 1994, 29–36.

Klauser, Th.: Der Übergang der römischen Kirche von der griechischen zur lateinischen Liturgiesprache. In: Miscellanea Giovanni Mercati (Città del Vaticano 1946) 467–482.

Enßlin, W.: Magnus Maximus. In: Paulys Realencyclopädie der classischen Altertumswissenschaft, Band 14,2 (Stuttgart 1930) 2546–2555.

Baldus, H. R.: Theodosius der Große und die Revolte des Magnus Maximus – das Zeugnis der Münzen. In: Chiron 14, 1984, 175–192.

Dörner, N.: Ambrosius in Trier. Zu den Hintergründen der zweiten Gesandtschaft bei Maximus (Ambrosius, epist. 30 [24]). In: Historia. Zeitschrift für Alte Geschichte 50, 2001, 217–244.

Campenhausen, H. v.: Ambrosius von Mailand als Kirchenpolitiker (Berlin u. a. 1929).

Gottlieb, G.: Der Mailänder Kirchenstreit von 385/386. In: Museum Helveticum. Schweizerische Zeitschrift für klassische Altertumswissenschaft 42, 1985, 37–55.

Rebenich, St.: Zum Theodosiusobelisken in Konstantinopel. In: Istanbuler Mitteilungen 41, 1991, 447–476.

Geyssen, J.: Presentations of the Victory on the Theodosian Obelisk. In: Byzantion 68, 1998, 47–55.

Leppin, H.: Steuern, Aufstand und Rhetoren: Der antiochener Steueraufstand von 387 in christlicher und heidnischer Deutung. In: H. Brandt (Hrsg.): Gedeutete Realität. Krisen, Wirklichkeiten, Interpretationen (3.– 6. Jh. n. Chr.) (Stuttgart 1999) 103–123.

French, D. R.: Rhetoric and the Rebellion of A.D. 387 in Antioch. In: Historia. Zeitschrift für Alte Geschichte 47, 1998, 468–484.

Hermann, A.: Der Nil und die Christen. In: Jahrbuch für Antike und Christentum 2, 1959, 30–69.

Kolb, F.: Der Bußakt von Mailand: Zum Verhältnis von Staat und Kirche in der Spätantike. In: H. Boockmann (Hrsg.): Geschichte und Gegenwart. Festschrift für Karl Dietrich Erdmann (Neumünster 1980) 41–74.

Croke, B.: Arbogast and the Death of Valentinian II. In: Historia. Zeitschrift für Alte Geschichte 25, 1976, 235–244.

Döpp, S.: Prudentius' Gedicht gegen Symmachus. In: Jahrbuch für Antike und Christentum 23, 1980, 65–81.

Szidat, J.: Die Usurpation des Eugenius. In: Historia. Zeitschrift für Alte Geschichte 28, 1979, 487–508.

Wischmeyer, W.: M. Iulius Eugenius. Eine Fallstudie zum Thema 'Christen und Gesellschaft im 3. und 4. Jahrhundert'. In: Zeitschrift für die neutestamentliche Wissenschaft und die Kunde der älteren Kirche 81, 1990, 225–246.

Springer, M.: Die Schlacht am Frigidus als quellenkundliches und literaturgeschichtliches Problem. In: R. Bratoz (Hrsg.): Westillyricum und Nordostitalien in der spätrömischen Zeit (Ljubljana 1996) 45–94.

Bellen, H.: Christianissimus Imperator. Zur Christianisierung der römischen Kaiserideologie von Constantin bis Theodosius. In: R. Günther/St. Rebenich (Hrsg.): E fontibus haurire. Beiträge zur römischen Geschichte und zu ihren Hilfswissenschaften (Heinrich Chantraine zum 65. Geburtstag) (Paderborn u. a. 1994) 3–19.

Gross-Albenhausen, K.: Imperator christianissimus. Der christliche Kaiser bei Ambrosius und Johannes Chrysostomus (Frankfurt a.M. 1999).

Biermann, M.: Die Leichenreden des Ambrosius von Mailand. Rhetorik, Predigt, Politik (Stuttgart 1995).

Cameron, A. D. E.: Theodosius the Great and the Regency of Stilico. In: Harvard Studies in Classical Philology 73, 1969, 247–280.

Spranger, P. P.: Der Große. Untersuchungen zur Entstehung des historischen Beinamens in der Antike. In: Saeculum. Jahrbuch für Universalgeschichte 9, 1958, 22–58.

Johnson, M. J.: On the Burial Places of the Theodosian Dynasty. In: Byzantion 61, 1991, 330–339.

6. VERFESTIGUNG DER REICHSTEILUNG – FANAL DER GERMANENINVASION

Die Herrschaft der Theodosiussöhne Arcadius (395–408) und Honorius (395–423)

Bleckmann, B.: Honorius und das Ende der römischen Herrschaft in Westeuropa. In: Historische Zeitschrift 265, 1997, 561–595.

Heinzberger, F.: Heidnische und christliche Reaktion auf die Krisen des weströmischen Reiches in den Jahren 395–410 n.Chr. (Diss. Bonn 1976).

Steinbeiss, H.: Das Geschichtsbild Claudians (Halle/Saale 1936).

Schweckendiek, H.: Claudians Invektive gegen Eutrop (In Eutropium). Ein Kommentar (Hildesheim u. a. 1992).

Long, J.: Claudian's In Eutropium or, How, When, and Why to Slander a Eunuch (Chapel Hill/London 1996).

Döpp, S.: Claudian's Invective Against Eutropius as a Contemporary Historical Document. In: Würzburger Jahrbücher für die Altertumswissenschaft 4, 1978, 187–196.

Albert, G.: Stilicho und der Hunnenfeldzug des Eutropius. In: Chiron 9, 1979, 621–645.

Dewar, M.: The Fall of Eutropius. In: Classical Quarterly 40, 1990, 582–584.

Diesner, H.-J.: Gildos Herrschaft und Niederlage bei Theveste. In: Klio. Beiträge zur Alten Geschichte 40, 1962, 178–186.

Kotula, T.: Der Aufstand des Afrikaners Gildo und seine Nachwirkungen. In: Das Altertum 18, 1972, 167–176.

Goodchild, R. G.: Arae Philaenorum and Automalax. In: Papers of the British School in Rome 20, 1952, 94–110.

Gerov, B.: Die lateinisch-griechische Sprachgrenze auf der Balkanhalbinsel. In: G. Neumann (Hrsg.): Die Sprachen im römischen Reich der Kaiserzeit. Kolloquium vom 8.–10. April 1974 (Köln 1980) 147–165.

Hagl, W.: Arcadius Apis imperator. Synesios von Kyrene und sein Beitrag zum Herrscherideal der Spätantike (Stuttgart 1997).

Albert, G.: Zur Chronologie der Empörung des Gainas im Jahre 400 n. Chr. In: Historia. Zeitschrift für Alte Geschichte 29, 1980, 504–508.

Albert, G.: Goten in Konstantinopel. Untersuchungen zur oströmischen Geschichte um das Jahr 400 n. Chr. (Paderborn/München 1984).

Boak, A. E. R.: Manpower Shortage and the Fall of the Roman Empire in the West (Ann Arbor 1955, Neudr. Westport 1974).

Diesner, H.-J.: Das Bucellariertum von Stilicho und Sarus bis auf Aetius. In: Klio. Beiträge zur Alten Geschichte 54, 1972, 321–350.

Schmitt, O.: Die Buccellarii. Eine Studie zum militärischen Gefolgschaftswesen in der Spätantike. In: Tyche. Beiträge zur Alten Geschichte, Papyrologie und Epigraphik 9, 1994, 147–174.

Baur, Ch.: Der heilige Johannes Chrysostomus und seine Zeit, 2 Bände (München 1929–1930).

Kelly, J. N. D.: Golden Mouth. The Story of John Chrysostom, Ascetic, Preacher, Bishop (Ithaca 1995).

Tiersch, C.: Johannes Chrysostomus in Konstantinopel (398–404). Weltsicht und Wirken eines Bischofs in der Hauptstadt des Oströmischen Reiches (Tübingen 2002).

Liebeschuetz, J. H. W. G.: The Fall of John Chysostom. In: Nottingham Medieval Studies 29, 1985, 1–31.

Brown, P. R. L.: Religion and Society in the Age of Saint Augustine (London 1972).

Gessel, W.: Der nordafrikanische Donatismus. In: Antike Welt. Zeitschrift für Archäologie und Kulturgeschichte 11, 1980, 3–16.

Frend, W. H. C.: Donatismus. In: Reallexikon für Antike und Christentum, Band 4 (Stuttgart 1959) 128–147.

Morgenstern, F.: Die Kaisergesetze gegen die Donatisten in Nordafrika (Mitte 4. Jh. bis 429) im Zusammenhang mit dem antidonatistischen Wirken des Augustinus von Hippo. In: Zeitschrift der Savigny-Stiftung für Rechtsgeschichte, Romanistische Abteilung 110, 1993, 103–123.

Overbeck, M.: Augustin und die Circumcellionen seiner Zeit. In: Chiron 3, 1973, 457–464.

Mommsen, Th.: Stilicho und Alarich. In: Hermes. Zeitschrift für klassische Philologie 38, 1903, 101–115. Wiederabgedruckt in: Ders.: Gesammelte Schriften, Band 4: Historische Schriften I (Berlin 1906) 516–530.

Hall, J. B.: Pollentia, Verona, and the Chronology of Alaric's First Invasion of Italy. In: Philologus. Zeitschrift für Klassische Philologie 132, 1988, 245–257.
Deichmann, F. W.: Ravenna. Hauptstadt des spätantiken Abendlandes, Band 1: Geschichte und Monumente (Wiesbaden 1969).
Drinkwater, J. F.: The Usurpers Constantine III (407–411) and Jovinus (411–413). In: Britannia 29, 1998, 269–298.
Ehling, K.: Zur Geschichte Constantins III. In: Francia 23, 1996, 1–11.
Chrysos, E.: Die Römerherrschaft in Britannien und ihr Ende. In: Bonner Jahrbücher des Rheinischen Landesmuseums in Bonn und des Vereins von Altertumsfreunden im Rheinlande 191, 1991, 247–276.
Jones, M. E.: The End of Roman Britain (Ithaca 1996).
Thompson, E. A.: Britain A.D. 406–410. In: Britannia 8, 1977, 303–318.
Burns, Th. S.: Barbarians within the Gates of Rome. A Study of Roman Military Policy and the Barbarians, ca. 375–425 AD (Bloomington 1994).
Oost, S. I.: Galla Placidia Augusta. A Biographical Essay (Chicago u.a. 1968).
Mratschek, S.: Der Briefwechsel des Paulinus von Nola. Kommunikation und soziale Kontakte zwischen christlichen Intellektuellen (Göttingen 2002).
Badot, Ph./Decker, D. de: La naissance du mouvement Bagaude. In: Klio. Beiträge zur Alten Geschichte 74, 1992, 324–370.
Drinkwater, J. F.: The Bagaudae of Fifth-Century Gaul. In: J. Drinkwater/ H. Elton (edd.): Fifth-century Gaul. A Crisis of Identity? (Cambridge 1992) 208–217.
Perrin, O.: Les Burgondes. Leur histoire, des origines à la fin du premier royaume (534). Contribution à l'histoire des invasions (Neuchâtel 1968).
Favrod, J.: Histoire politique du royaume burgonde (443–534) (Lausanne 1997).
Burns, V.: The Visigothic settlement in Aquitania: Imperial Motives. In: Historia. Zeitschrift für Alte Geschichte 41, 1992, 362–373.
Scharf, R.: Der spanische Kaiser Maximus und die Ansiedlung der Westgoten in Aquitanien. In: Historia. Zeitschrift für Alte Geschichte 41, 1992, 374–384.
Krieger, R.: Untersuchungen und Hypothesen zur Ansiedlung der Westgoten, Burgunder und Ostgoten (Bern 1992).
Wermelinger, O.: Rom und Pelagius. Die theologische Position der römischen Bischöfe im pelagianischen Streit in den Jahren 411–432 (Stuttgart 1975).
Oost, St. I.: The Revolt of Heraclian. In: Classical Philology 61, 1966, 236–242.
Lütkenhaus, W.: Constantius III. Studien zu seiner Tätigkeit und Stellung im Westreich, 411–421 (Bonn 1998).

7. GESETZESSAMMLUNG UND HUNNENABWEHR

Ost- und Westreich unter Theodosius II. (408–450)
und Valentinian III. (425–455)

Archi, G. G.: Teodosio II e la sua codificazione (Neapel 1976).
Harries, J./Wood, I. (edd.): The Theodosian Code. Studies in the Imperial Law of Late Antiquity (London 1993).
Matthews, J. F.: Laying down the Law. A Study of the Theodosian Code (New Haven 2000).
Mommsen, Th.: Das theodosische Gesetzbuch. In: Zeitschrift der Savigny-Stiftung für Rechtsgeschichte, Romanistische Abteilung 21, 1900, 149–190. Wiederabgedruckt in: Ders.: Gesammelte Schriften, Band 2: Juristische Schriften II (Berlin 1905) 371–405.
Fusco, S.-A.: Rechtspolitik in der Spätantike: Unterschiede zwischen dem Westen und dem Osten und ihre Bedingungen. In: Saeculum. Jahrbuch für Universalgeschichte 32, 1981, 255–272.
Redies, M.: Kyrill und Nestorius: Eine Neuinterpretation des Theotokos-Streits. In: Klio. Beiträge zur Alten Geschichte 80, 1998, 195–208.
De Halleux, A.: La première session du Concile d'Ephèse (22 juin 431). In: Ephemerides Theologicae Lovanienses 69, 1993, 48–87.
Mommsen, Th.: Aetius. In: Hermes. Zeitschrift für klassische Philologie 36, 1901, 516–547. Wiederabgedruckt in: Ders.: Gesammelte Schriften, Band 4: Historische Schriften I (Berlin 1906) 531–560.
Scharf, R.: Der Iuthungenfeldzug des Aëtius. Eine Neuinterpretation einer christlichen Grabinschrift aus Augsburg. In: Tyche. Beiträge zur Alten Geschichte, Papyrologie und Epigraphik 9, 1994, 131–145.
Twyman, B. L.: Aetius and the Aristocracy. In: Historia. Zeitschrift für Alte Geschichte 19, 1970, 480–503.
Wirth, G.: Attila. Das Hunnenreich und Europa (Stuttgart/Berlin/Köln 1999).
Howarth, P.: Attila, King of the Huns. Man and Myth (London 1994).
Bachrach, B. S.: The Hun Army at the Battle of Chalons (451). An Essay in Military Demography. In: K. Brunner/B. Merta (Hrsg.): Ethnogenese und Überlieferung (Wien/München 1994) 59–67.
Schmidt, L.: Geschichte der Wandalen (München ²1942, Neudr. München 1970).
Courtois, Chr.: Les Vandales et l'Afrique (Paris 1955, Neudr. Aalen 1964).
Diesner, H.-J.: Die nordafrikanische Bevölkerung im Zeitpunkt der Vandaleninvasion. In: Historia. Zeitschrift für Alte Geschichte 11, 1962, 97–111.
Ausbüttel, F. M.: Die Verträge zwischen den Vandalen und Römern. In: Romanobarbarica. Contributi allo Studio dei Rapporti Culturali tra Mondo Romano e Mondo Barbarico 11, 1991, 1–20.
Clover, F. M.: Geiseric and Attila. In: Historia. Zeitschrift für Alte Geschichte 23, 1973, 104–117.

Thordeman, B. E.: Was wissen wir von den Palästen zu Ravenna? In: Acta Archaeologica 37, 1966, 1–24.
Frend, W. H.: The Rise of the Monophysite Movement. Chapters in the History of the Church in the 5th and 6th Centuries (Cambridge 1979).
Grünewald, Th.: Der letzte Kampf des Heidentums in Rom? Zur postumen Rehabilitation des Virius Nicomachus Flavianus. In: Historia. Zeitschrift für Alte Geschichte 41, 1992, 462–487.

8. NEUE ENTWICKLUNGEN IN OST UND WEST

Vom Konzil in Chalcedon bis zum Ende des weströmischen Kaisertums (451–476)

Henning, D.: Periclitans res publica. Kaisertum und Eliten in der Krise des weströmischen Reiches 454/5–493 n. Chr. (Stuttgart 1999).
Haacke, Rh.: Die kaiserliche Politik in den Auseinandersetzungen um Chalkedon (451–553). In: A. Grillmeier/H. Bacht (Hrsg.): Das Konzil von Chalkedon, Band 2: Entscheidung um Chalkedon (Würzburg 1953) 95–117.
Hofmann, F.: Der Kampf der Päpste um Konzil und Dogma von Chalkedon von Leo dem Großen bis Hormisdas (451–519). In: A. Grillmeier/H. Bacht (Hrsg.): Das Konzil von Chalkedon, Band 2: Entscheidung um Chalkedon (Würzburg 1953) 13–94.
Burgess, R. W.: The Accession of Marcian in the Light of Chalcedonian Apologetic and Monophysite Polemic. In: Byzantinische Zeitschrift 86/87, 1993/1994, 47–68.
Enßlin, W.: Zur Frage nach der ersten Kaiserkrönung durch den Patriarchen. In: Byzantinische Zeitschrift 42, 1942, 101–115.
Krautschick, St.: Ricimer – ein Germane als starker Mann in Italien. In: B. u. P. Scardigli (edd.): Germani in Italia (Rom 1994) 269–287.
Mathisen, R. W.: Sidonius on the Reign of Avitus: A Study in Political Prudence. In: Transactions and Proceedings of the American Philological Association 109, 1979, 165–171.
Sivan, H. S.: Sidonius Apollinaris, Theodoric II, and Gothic-Roman Politics from Avitus to Anthemius. In: Hermes. Zeitschrift für klassische Philologie 117, 1989, 85–94.
Max, G. E.: Political Intrigue during the Reigns of the Western Roman Emperors Avitus and Majorian. In: Historia. Zeitschrift für Alte Geschichte 28, 1979, 225–237.
Scharf, R.: Zu einigen Daten der Kaiser Libius Severus und Maiorian. In: Rheinisches Museum 139, 1996, 180–188.
O'Flynn, J. M.: A Greek on the Roman Throne: The Fate of Anthemius. In: Historia. Zeitschrift für Alte Geschichte 40, 1991, 122–128.
Krautschik, St.: Zwei Aspekte des Jahres 476. In: Historia. Zeitschrift für Alte Geschichte 35, 1986, 344–371.

Croke, B.: A.D. 476: The Manufacture of a Turning Point. In: Chiron 13, 1983, 81–119.
Demougeot, E.: Bedeutet das Jahr 476 das Ende des Römischen Reiches im Okzident? In: Klio. Beiträge zur Alten Geschichte 60, 1978, 371–382.
Cesa, M.: Il regno di Odoacre: la prima dominazione germanica in Italia. In: B. u. P. Scardigli (edd.).: Germani in Italia (Rom 1994) 307–320.
Stroheker, K. F.: Eurich, König der Westgoten (Diss. Tübingen 1937).
Anton, H. H.: Trier im Übergang von der römischen zur fränkischen Herrschaft. In: Francia 12, 1984, 1–52.
Harries, J.: Sidonius Apollinaris and the Fall of Rome, AD 407–485 (Oxford 1994).
Wirth, G.: St. Severin und die Germanen. Eine Begegnung an der Grenze des Imperiums. In: A. Wendehorst (Hrsg.): Begegnungsräume von Kulturen. Referate des 4. interdisziplinären Colloquiums des Zentralinstituts für Fränkische Landeskunde und Allgemeine Regionalforschung (Neustadt an der Aisch 1982) 15–48.
Lotter, F.: Severinus und die Endzeit römischer Herrschaft an der oberen Donau. In: Deutsches Archiv für Geschichte des Mittelalters 24, 1968, 309–338.
Prostko-Prostynski, J.: Basiliskos. Ein in Rom anerkannter Usurpator. In: Zeitschrift für Papyrologie und Epigraphik 133, 2000, 259–265.
Redies, M.: Die Usurpation des Basiliskos (475–476) im Kontext der aufsteigenden monophysitischen Kirche. In: Antiquité tardive 5, 1997, 211–221.
Errington, M.: Malchos von Philadelpheia, Kaiser Zenon und die zwei Theoderiche. In: Museum Helveticum. Schweizerische Zeitschrift für klassische Altertumswissenschaft 40, 1983, 82–110.

9. 'GOTISCHES' KÖNIGTUM – 'BYZANTINISCHES' KAISERTUM

Die Zeit Theoderichs des Großen (474–526)

Corsaro, F.: Zenone e Teoderico di fronte alla campagna d'Italia. In: Syndesmos. Studi in onore di Rosario Anastasi, Band 2 (Catania 1994) 123–141.
Moorhead, J.: Theoderic in Italy (Oxford 1992).
Kohlhas-Mueller, D.: Untersuchungen zur Rechtsstellung Theoderichs des Grossen (Frankfurt a. M. u. a. 1995).
König, I.: Die Herrschaftsbestätigung Theoderichs des Großen durch die Goten im Jahre 493. Ein spätantikes Rechtsproblem. In: R. Günther/ St. Rebenich (Hrsg.): E fontibus haurire. Beiträge zur römischen Geschichte und zu ihren Hilfswissenschaften (Heinrich Chantraine zum 65. Geburtstag) (Paderborn u. a. 1994) 147–161.
Schäfer, Ch.: Probleme einer multikulturellen Gesellschaft. Zur Integrationspolitik im Ostgotenreich. In: Klio. Beiträge zur Alten Geschichte 83, 2001, 182–197.

Amory, P.: People and Identity in Ostrogothic Italy, 489–554 (New York 1997).
Schäfer, Ch.: Der weströmische Senat als Träger antiker Kontinuität unter den Ostgotenkönigen (490–540 n.Chr.) (St. Katharinen 1991).
Ausbüttel, F. M.: Die Verwaltung der Städte und Provinzen im spätantiken Italien (Frankfurt a.M. u.a. 1988).
Krautschick, St.: Cassiodor und die Politik seiner Zeit (Bonn 1983).
Hafner, G.: Cassiodor. Ein Leben für kommende Zeiten (Stuttgart 2002).
Meyer-Flügel, B.: Das Bild der ostgotisch-römischen Gesellschaft bei Cassiodor. Leben und Ethik von Römern und Germanen in Italien nach dem Ende des weströmischen Reiches (Frankfurt a.M. u.a. 1992).
Wirbelauer, E.: Zwei Päpste in Rom. Der Konflikt zwischen Laurentius und Symmachus (498–514) (München 1993).
Geuenich, D.: Chlodwigs Alemannenschlacht(en) und Taufe. In: Ders. (Hrsg.): Die Franken und die Alemannen bis zur „Schlacht bei Zülpich" (Berlin/New York 1998) 423–437.
Burckhardt, M.: Die Briefsammlung des Bischofs Avitus von Vienne († 518) (Berlin 1938).
Brandes, W.: Anastasios ho dikoros. Endzeitwartung und Kaiserkritik in Byzanz um 500 n.Chr. In: Byzantinische Zeitschrift 90, 1997, 24–63.
Metcalf, D. M.: The Origins of the Anastasian Currency Reform (Amsterdam 1969).
Croke, B.: The Date of the 'Anastasian Long Wall' in Thrace. In: Greek, Roman and Byzantine Studies 23, 1982, 59–78.
Greatrex, G.: Rome and Persia at War (502–532) (Leeds 1998).
Blockley, R. C.: Subsidies and Diplomacy. Rome and Persia in Late Antiquity. In: Phoenix. The Journal of the Classical Association of Canada 39, 1985, 62–74.
Wirth, G.: Anastasius, Christen und Perser. Zu den Problemen des Verhältnisses zwischen Staat und Kirche um die Wende zum 6. Jh. In: Jahrbuch für Antike und Christentum 33, 1990, 81–139.
Prostko-Prostynski, J.: Die gotische Politik des byzantinischen Reiches zur Zeit Anastasios I. (491–518). In: Eos. Commentarii Societatis Philologae Polonorum 80, 1992, 331–335.
Haacke, W.: Die Glaubensformel des Papstes Hormisdas im Acacianischen Schisma (Rom 1939).
Moorhead, J.: Boethius and Romans in Ostrogothic Service. In: Historia. Zeitschrift für Alte Geschichte 27, 1978, 604–612.
Fuhrmann, M./Gruber, J. (Hrsg.): Boethius (Darmstadt 1984).
Moorhead, J.: The Last Years of Theoderic. In: Historia. Zeitschrift für Alte Geschichte 32, 1983, 106–120.
Heidenreich, R./Johannes, H.: Das Grabmal Theoderichs zu Ravenna (Wiesbaden 1971).

10. JUSTINIAN UND DER AUSGANG DER ANTIKE

(527–565)

Rubin, B.: Das Zeitalter Iustinians, 2 Bände (Berlin 1960–1995).
Evans, J. A. S.: The Age of Justinian. The Circumstances of Imperial Power (London/New York 1996).
Mazal, O.: Justinian I. und seine Zeit. Geschichte und Kultur des Byzantinischen Reiches im 6. Jahrhundert (Köln/Weimar/Wien 2001).
Noethlichs, K. L.: Iustinianus. In: Reallexikon für Antike und Christentum, Band 19 (Stuttgart 1999) 668–763.
Karayannopulos, J.: Das Finanzwesen des frühbyzantinischen Staates (München 1958).
Browning, R.: Justinian und Theodora. Glanz und Größe des byzantinischen Kaiserpaares (Bergisch Gladbach 1981).
Evans, J. A.: The Empress Theodora. Partner of Justinian (Austin 2002).
Leppin, H.: Kaiserliche Kohabitation. Von der Normalität Theodoras. In: Ch. Kunst/U. Riemer (Hrsg.): Grenzen der Macht. Zur Rolle der römischen Kaiserfrauen (Stuttgart 2000) 75–85.
Bury, J. B.: The Nika Riot. In: Journal of Hellenic Studies 17, 1897, 92–119.
Greatrex, G.: The Nika Riot: A Reappraisal. In: Journal of Hellenic Studies 117, 1997, 60–86.
Pflugk-Hartung, J. v.: Belisar's Vandalenkrieg. In: Historische Zeitschrift 61, 1889, 69–96.
Petrikovits, H. v.: Die Eroberung und Sicherung des nordafrikanischen Vandalengebietes durch Ostrom. In: Jahrbuch der Akademie der Wissenschaften zu Göttingen 1976, 53–77.
Schubart, W.: Justinians Corpus Juris. In: Die Antike. Zeitschrift für Kunst und Kultur des klassischen Altertums 11 (1935) 255–273.
Luchetti, G.: La legislazione imperiale nelle istituzioni di Giustiniano (Mailand 1996).
Honoré, T.: Tribonian (London 1978).
Waldstein, W.: Tribonianus. In: Zeitschrift der Savigny-Stiftung für Rechtsgeschichte, Romanistische Abteilung 97, 1980, 232–255.
Haase, R.: Untersuchungen zur Verwaltung des spätrömischen Reiches unter Kaiser Justinian I. (527 bis 565) (Wiesbaden 1994).
Greatrex, G.: The Composition of Procopius' Persian Wars and John the Cappadocian. In: Prudentia. A Journal Devoted to the Intellectual History of the Hellenistic and Roman Periods 27, 1995, 1–13.
Schwarcz, A.: Überlegungen zur Chronologie der ostgotischen Königserhebungen nach der Kapitulation des Witigis bis zum Herrschaftsantritt Totilas. In: K. Brunner/B. Merta (Hrsg.): Ethnogenese und Überlieferung. Angewandte Methoden der Frühmittelalterforschung (Wien/München 1994) 117–122.
Browning, R.: Belisar in Italien. In: Antike Welt. Zeitschrift für Archäologie und Kulturgeschichte 12, 1981, 45–54.

Irmscher, J.: La politica religiosa dell'Imperatore Giustiniano contro i pagani e la fine della scuola neoplatonica ad Atene. In: Cristianesimo nella storia. Ricerche storiche, esegetiche, teologiche 11, 1990, 579–592.

Brodka, D.: Das Bild des Perserkönigs Chosroes I. in den ›Bella‹ des Prokopios von Kaisareia. In: J. Styka (ed.): Studies of Greek and Roman Civilization (Krakau 1998) 115–124.

Gropengiesser, E.: Totila, König der Ostgoten in der Mitte des 6. Jahrhunderts. In: Mannheimer Berichte. Aus Forschung und Lehre an der Universität Mannheim 42, 1994, 39–62.

Moorhead, J.: Totila the Revolutionary. In: Historia. Zeitschrift für Alte Geschichte 49, 2000, 382–386.

Roisl, H. N.: Totila und die Schlacht bei den Busta Gallorum, Ende Juni/Anfang Juli 552. In: Jahrbuch der österreichischen Byzantinistik 30, 1981, 25–50.

Rubin, B.: Prokopios von Kaisareia. In: Paulys Realencyclopädie der Classischen Altertumswissenschaft 23,1 (Stuttgart 1957) 273–599.

Evans, J. A. S.: Justinian and the Historian Procopius. In: Greece and Rome 17, 1970, 218–223.

Sonter, G.: Prokop als Geschichtsschreiber des Vandalen- und Gotenkrieges. In: Neue Jahrbücher für Antike und deutsche Bildung 2, 1939, 97–108.

Zelzer, K.: Cassiodor, Benedikt und die monastische Tradition. In: Wiener Studien. Zeitschrift für klassische Philologie und Patristik 19, 1985, 215–237.

NACHTRAG ZU DEN LITERATURHINWEISEN

Abdy, R.: Tetrarchy and the House of Constantine. In: The Oxford Handbook of Greek and Roman Coinage. Hrsg. v. W. Metcalf, Oxford 2012. S. 560–584.

Alchermes, J.: Art and Architecture in the Age of Justinian. In: The Cambridge Companion to the Age of Justinian. Hrsg. v. M. Maas, Cambridge 2005. S. 343–375.

Arnold, J. J.: Theoderic and the Roman Imperial Restoration. New York 2014.

Baumann, A.: Freiheitsbeschränkungen der Dekurionen in der Spätantike. (Sklaverei, Knechtschaft, Zwangsarbeit. 12). Hildesheim [u. a.] 2014.

Barceló, P. A.: Beobachtungen zur Verehrung des christlichen Kaisers in der Spätantike. In: Die Praxis der Herrscherverehrung in Rom und seinen Provinzen. Hrsg. v. H. Cancik / K. Hitzl, Tübingen 2003. S. 319–340.

Barceló, P. A.: Constantius II. und seine Zeit. Die Anfänge des Staatskirchentums. Stuttgart 2004.

Barceló, P. A.: Das römische Reich im religiösen Wandel der Spätantike. Kaiser und Bischöfe im Widerstreit. Regensburg 2013.

Barnes, T.: Constantine. Dynasty, Religion, and Power in the Later Roman Empire. (Blackwell ancient lives. 13). Chichester 2011.

Barschdorf, J.: Freigelassene in der Spätantike. (Quellen und Forschungen zur antiken Welt. 58). München 2012.

Beaujard, B.: L' empereur et les provinces au Bas-Empire. In: Les Empires. Antiquité et Moyen Age. Analyse comparée. Hrsg. v. F. Hurlet, Rennes 2008. S. 107–124.

Berger, A.: Konstantinopel. Die erste christliche Metropole. In: Die spätantike Stadt und ihre Christianisierung. Symposium vom 14. bis 16. Februar in Halle / Saale. Hrsg. v. G. Brands / H.-G. Severin, (Spätantike – Frühes Christentum - Byzanz. Kunst im Ersten Jahrtausend. Reihe B: Studien und Perspektiven. 11). Wiesbaden 2003. S. 63–72.

Berndt, G. M./ Steinacher, R. [Hrsg.]: Arianism. Roman Heresy and Barbarian Creed. Farnham 2014.

Berrens, S.: Sonnenkult und Kaisertum von den Severern bis zu Constantin I. (193–337 n. Chr.). (Historia Einzelschriften. 185). Stuttgart 2004.

Beyeler, M.: Geschenke des Kaisers. Studien zur Chronologie, zu den Empfängern und zu den Gegenständen der kaiserlichen Vergabungen im 4. Jahrhundert n.Chr.. (Klio Beihefte. N. F. 18). Berlin 2011.

Bjornlie, M. S.: Politics and Tradition Between Rome, Ravenna and Constantinople. A Study of Cassiodorus and the Variae, 527–554. (Cambridge Studies in Medieval Life and Thought. Fourth series, 89). Cambridge 2012

Bleckmann, B.: Konstantin der Grosse. Hamburg³ 2007.

Bleckmann, B.: Attila, Aetius und das „Ende Roms". Der Kollaps des Weströmischen Reiches. In: Sie schufen Europa. Historische Portraits von Konstantin bis Karl dem Großen. Hrsg. v. M. Meier, München 2007. S. 93–110.

Boeft, J. d. [Hrsg.]: Ammianus after Julian. The reign of Valentinian and Valens in Books 26–31 of the Res Gestae. (Mnemosyne Supplements. 289). Leiden 2007.

Bollmann, R.: Lob des Imperiums. Der Untergang Roms und die Zukunft des Westens. Berlin 2006.

Booth, P.: Crisis of Empire. Doctrine and Dissent at the End of Late Antiquity. (Transformation of the Classical Heritage. 52).Berkeley/Calif. [u.a.] 2014.

Börm, H.: Prokop und die Perser. Untersuchungen zu den römisch-sasanidischen Kontakten in der ausgehenden Spätantike. (Oriens et Occidens. 16). Stuttgart 2007.

Börm, H.: Herrscher und Eliten in der Spätantike. In: Commutatio et contentio. Studies in the Late Roman, Sasanian, and Early Islamic Near East. In Memory of Zeev Rubin. Hrsg. von H. Börm / J. Wiesehöfer. Düsseldorf 2010. S. 159–198.

Börm, H.: Westrom. Von Honorius bis Justinian. (Kohlhammer-Urban-Taschenbücher. 735). Stuttgart 2013.

Brandt, H.: Konstantin der Grosse. Der erste christliche Kaiser. Eine Biographie. München² 2007.

Brandt, H.: Das Ende der Antike. Geschichte des spätrömischen Reiches. (Beck'sche Reihe. 2151). München 2007.

Brenk, B.: Die Christianisierung der spätrömischen Welt. Stadt, Land, Haus, Kirche und Kloster in frühchristlicher Zeit. (Spätantike–frühes Christentum–Byzanz : Reihe B, Studien und Perspektiven. 10). Wiesbaden 2003.

Bringmann, K.: Kaiser Julian. Darmstadt 2004.

Brown, P.: Through the Eye of a Needle. Wealth, the Fall of Rome, and the Making of Christianity in the West, 350–550 AD. Princeton 2012.

Burgess, R. W.: Roman Imperial Chronology and Early-fourth-century Historiography. The Regnal Durations of the So-called "Chronica urbis Romae" of the "Chronograph of 354". (Historia: Einzelschriften. 234). Stuttgart 2014.

Cain, A./Lenski, N. [Hrsg.]: The Power of Religion in Late Antiquity. Burlington 2009.

Caillet, J.-P.: L' Orient chrétien de Constantin et d' Eusèbe de Césarée. Turnhout 2014.

Cameron, A.: The "Long" Late Antiquity. A Late Twentieth-century Model. In: Classics in Progress. Essays on Acient Greece and Rome. Hrsg. v. T. P. Wiseman, Oxford 2002. S. 165–192.

Cameron, A.: The Last Pagans of Rome. Oxford 2011.

Cecconi, G.: Honorati, possessores, curiales. Competenze istituzionali e gerarchie di rango nella città tardoantica. In: Le trasformazioni delle élites in età tardoantica. Atti del convegno internationale Perugia, 15–16 marzo 2004. Hrsg. v. R. Lizzi Testa. (Saggi di Storia Antica. 28). Perugia 2006. S. 41–64.

Cesaretti, P.: Theodora. Herrscherin von Byzanz. Darmstadt 2004.
Chausson, F.: Stemmata aurea. Constantin, Justine, Théodose. Revendications généalogiques et idéologie impériale au IVe siècle ap. J.-C.. (Centro ricerche e documentazione sull'antichità classica. 26). Rom 2007.
Christie, N.: The Fall of the Western Roman Empire. An Archaeological and Historical Perspective. London 2011.
Clauss, M.: Die Frauen der theodosianischen Familie. In: Die Kaiserinnen Roms. Von Livia bis Theodora. Hrsg. v. H. Temporini Gräfinvon Vitzthum,. München 2002. S. 370–436.
Clauss, M.: Der Kaiser und sein wahrer Gott. Der spätantike Streit um die Natur Christi. Darmstadt 2010.
Clauss, M.: Konstantin der Grosse und seine Zeit. München[4] 2010.
Clauss, M.: Ein neuer Gott für die alte Welt. Die Geschichte des frühen Christentums. Berlin 2015
Clauss, M.: Athanasius der Grosse. Der unbeugsame Heilige. (Historische Biografie). Darmstadt 2016
Conti, S.: Die Inschriften Kaiser Julians. (Altertumswissenschaftliches Kolloquium. 10). Stuttgart 2004.
Coskun, A.: Die Praefecti praesent(al)es und die Regionalisierung der Praetorianerpraefecturen im vierten Jahrhundert. In: Millenium. Jahrbuch zu Kultur und Geschichte des ersten Jahrtausends n. Chr. 1. Berlin 2004. S. 279–328.
Demandt, A.: Geschichte der Spätantike. Das Römische Reich von Diocletian bis Justinian 284–565 n. Chr. (Beck's historische Bibliothek). München 2008 (2. vollständig bearbeitete und erweiterte Auflage)..
Demandt, A.: Der Fall Roms. Die Auflösung des römischen Reiches im Urteil der Nachwelt. München[2] 2014 [ND 2015].
Demandt, A./Engemann, J. [Hrsg.]: Konstantin der Grosse. Geschichte–Archäologie–Rezeption. Internationales Kolloquium vom 10.–15. Oktober 2005 an der Universität Trier zur Landesausstellung Rheinland-Pfalz „Konstantin der Grosse". (Schriftenreihe des Rheinischen Landesmuseums Trier. 32). Trier 2006.
Demandt, A. / Engemann, J. [Hrsg.]: Imperator FlaviusConstantinus–Konstantin der Grosse. Ausstellungskatalog. Mainz 2007.
Dey, H. W.: The Afterlife of the Roman City: Architecture and Ceremony in Late Antiquity and the Early Middle Ages. New York 2015.
Dillon, J. N.: The Justice of Constantine. Law, Communication, and Control. (Law and Society in the Ancient World). Ann Arbor 2012.
Ehling, K.: Konstantin 312. Mit Aufn. von N. Kästner. Ausstellung in der Staatl. Münzsammlung München, 31. 10. 12–30. 09. 2013. München 2012.
Ehling, K./Weber, G. [Hrsg.]: Konstantin der Große. Zwischen Sol und Christus. (Sonderbände der Antiken Welt. 42). Darmstadt 2011.
Ehling, K.: Alexander von Stauffenberg und sein Bild von Konstantin dem Großen. In: Gymnasium121,2, 2014, S. 155–182.
Errington, R. M.: Roman Imperial Policy from Julian to Theodosius. (Studies in the History of Greece and Rome). Chapel Hill 2006.

Evans, J.: The Empress Theodora. Partner of Justinian. Austin 2002.
Evans, J.: The Emperor Justinian and the Byzantine Empire. (Greenwood Guides to Historic Events of the Ancient World. 36). Westport 2005.
Faber, E.: Athanarich, Alarich, Athaulf. Zum Wandel westgotischer Herrschaftskonzeptionen. In: Klio 92, 2010, S. 157–169.
Faber, E.: Von Ulfila bis Rekkared. Die Goten und ihr Christentum. (Potsdamer Altertumswissenschaftliche Beiträge 51). Stuttgart 2014.
Fiedrowicz, M./Krieger, G./Weber, W. [Hrsg.]: Konstantin der Grosse. Der Kaiser und die Christen, die Christen und der Kaiser. Trier 2006.
Flower, R.: Emperors and Bishops in Late Roman Invective. Cambridge 2013.
Francisco Heredero, A. de [Hrsg.]: New Perspectives on Late Antiquity in the Eastern Roman Empire. Newcastle Upon Tyne2014.
Freeman, C.: AD 381. Heretics, Pagans and the Christian State. London 2008.
Fried, J.: "Donation of Constantine" and "Constitutum Constantini". The Misinterpretation of a Fiction and its Original Meaning. (Millennium-Studien. 3). Berlin 2007.
Fuhrer, T. [Hrsg.]: Die christlich-philosophischen Diskurse der Spätantike. Texte, Personen, Institutionen. Akten der Tagung vom 22.–25. Februar 2006 am Zentrum für Antike und Moderne der Albert-Ludwigs-Universität Freiburg. (Philosophie der Antike. 28). Stuttgart 2008.
Fuhrer, T. [Hrsg.]: Rom und Mailand in der Spätantike. Repräsentationen städtischer Räume in Literatur, Architektur und Kunst. (Topoi–Berlin Studies of the Ancient World. 4). Berlin 2012.
Galvão-Sobrinho, C. R.: Doctrine and Power. Theological Controversy and Christian Leadership in the Later Roman Empire. (The Transformation of the Classical Heritage 51). Berkeley 2013.
García-Gasco, R. [Hrsg.]: The Theodosian Age. A. D. 379–455; Power, Place, Belief and Learning at the End of the Western Empire. Oxford 2013.
Geerlings, W./Ilgner, R. [Hrsg.]: Monotheismus–Skepsis–Toleranz. Eine moderne Problematik im Spiegel von Texten des 4. und 5. Jahrhunderts. Anlässlich der Präsentation des 100. Bandes der Reihe »Fontes Christiani«. Turnhout 2009.
Gerson, L. [Hrsg.]: The Cambridge History of Philosophy in Late Antiquity. Cambridge 2010.
Geuenich, D.: Germanen oder (Wahl-)Römer? Karrieren germanischer Offiziere ab dem 4. Jahrhundert n. Chr. In: 2000 Jahre Varusschlacht. Konflikt. Hrsg. von der Varusschlacht im Osnabrücker Land GmbH–Museum und Park Kalkriese. Stuttgart 2009. S. 253–257.
Ghilardi, M. [Hrsg.]: Les cités de l' Italie tardo-antique. IVe–VIe siècle. Institutions, économie, société, culture et religion. (Collection de l' École française de Rome. 369). Rom 2006.
Giebel, M.: Kaiser Julian Apostata. Die Wiederkehr der alten Götter. Düsseldorf 2002.
Giersch, P.: Der Heilige in der zweiten Reihe. Das schwierige Erbe Konstantins des Großen im lateinischen Westen von der Antike bis ins Mittelalter. Saarbrücken 2007.

Girardet, K.: Die konstantinische Wende. Voraussetzungen und geistige Grundlagen der Religionspolitik Konstantins des Grossen. Darmstadt 2006.
Girardet, K.: Der Kaiser und sein Gott. Das Christentum im Denken und in der Religionspolitik Konstantins des Großen. (Millennium-Studien zu Kultur und Geschichte des ersten Jahrtausends n. Chr. 27). Berlin 2010.
Girardet, K. [Hrsg.]: Kaiser Konstantin der Grosse. Historische Leistung und Rezeption in Europa. Bonn 2007.
Goldsworthy, A.: The Fall of the West. The Slow Death of the Roman Superpower. London 2009.
Goltz, A./Schlange-Schöningen, H. [Hrsg.]: Konstantin der Grosse. Das Bild des Kaisers im Wandel der Zeiten. (Beihefte zum Archiv für Kulturgeschichte. 66). Köln 2008.
Gourdin, H.: Galla Placidia. Impératrice romaine, reine des Goths (388–450). Biographie. Paris 2008.
Greisiger, L.: Messias–Endkaiser–Antichrist. Politische Apokalyptik unter Juden und Christen des Nahen Ostens am Vorabend der arabischen Eroberung. (Orientalia Biblica et Christiana. 21).Wiesbaden 2014.
Griesbach, J.: Domus und villae der Spätantike. Veränderte „Lebensräume" in Rom und Umgebung. In: Die antike Stadt im Umbruch. Kolloquium in Darmstadt, 19. bis 20.Mai 2006. Hrsg. v. N. Burckhardt / H. Stichel, / W. Rudolf, Wiesbaden 2010. S. 55–70.
Grig, L./Kelly, G. [Hrsg.]: Two Romes. Rome and Constantinople in Late Antiquity. Oxford 2012.
Guinot, J.-N./Richard, F. [Hrsg.]: Empire chrétien et Eglise aux IVe et Ve siècles. Intégration ou concordat, le témoignage du Code Théodosien. Actes du colloque international, (Lyon, 6, 7 et 8 Octobre 2005) Organisé par l' Institut des Sources Chrétiennes. Paris 2008.
Gwynn, D. [Hrsg.]: A. H. M. Jones and the Later Roman Empire. (Brill's Series on the Early Middle Ages. 15). Leiden 2008.
Gwynn, D. [Hrsg.]: Religious Diversity in Late Antiquity. (Late Antique Archaeology. 6). Leiden 2010.
Gwynn, D. M.: Christianity in the Later Roman Empire. A Sourcebook. (Bloomsbury Sources in Ancient History).London [u.a.] 2015.
Haarer, F.: Anastasius I. Politics and Empire in the Late Roman World. (ARCA Classical and Medieval Texts, Papers and Monographs. 46). Cambridge 2006.
Hahn, J.: Gewalt und religiöser Konflikt. Studien zu den Auseinandersetzungen zwischen Christen, Heiden und Juden im Osten des Römischen Reiches (von Konstantin bis Theodosius II.). (Klio Beihefte. Neue Folge. 8). Berlin 2004.
Hahn, J.: Spätantiker Staat und religiöser Konflikt. Imperiale und lokale Verwaltung und die Gewalt gegen Heiligtümer. (Millennium-Studien zu Kultur und Geschichte des ersten Jahrtausends n. Chr. 34). Berlin 2011.
Halsall, G.: Barbarian Migrations and the Roman West. (Cambridge Medieval Textbooks. 16). Cambridge 2007.
Hartley, E./Hawkes, J./Henig, M. [Hrsg.]: Constantine the Great. York's Roman Emperor. York 2006.

Heather, P.: Der Untergang des Römischen Weltreichs. Stuttgart 2008.
Heather, P.: Invasion der Barbaren. Die Entstehung Europas im ersten Jahrtausend nach Christus. Stuttgart 2011.
Henning, D.: Der erste „griechische Kaiser". Überlegungen zum Scheitern des Procopius Anthemius im Weströmischen Reich. In: Staatlichkeit und politisches Handeln in der römischen Kaiserzeit. Hrsg. v. H.-U. Wiemer, (Millennium-Studien zu Kultur und Geschichte des ersten Jahrtausends n.Chr.. 10). Berlin 2006. S. 175–186.
Hernández de la Fuente, D. [Hrsg.]: New Perspectives on Late Antiquity. Newcastle Upon Tyne 2011.
Herrmann-Otto, E.: Konstantin der Große. Darmstadt[2] 2009.
Herrmann-Otto, E. [Hrsg.]: Antike Sklaverei. (Neue Wege der Forschung). Darmstadt 2013.
Hoof, L. van; Nuffelen, P. van: The Social Role and Place of Literature in the Fourth Century AD. In: Literature and Society in the fourth century AD. Performing paideia, Constructing the Present, Presenting the Self. Hrsg. von L. van Hoof/P. van Nuffelen. (Mnemosyne. Supplements. 373). Leiden 2014. S. 1–15.
Janssen, T.: Stilicho. Das weströmische Reich vom Tode des Theodosius bis zur Ermordung Stilichos (395–408). Marburg 2004.
Jaeghere, M. de: Les derniers jours. La fin de d' empire romain d' Occident. Paris 2014.
Johne, K.-P.: Kaiser, Konsuln und Kolonen. Studien zu Kaiserzeit und Spätantike. Hrsg. von U. Hartmann. (Schriftenreihe Studien zur Geschichtsforschung des Altertums. 15). Hamburg 2007.
Johnson, S. [Hrsg.]: Greek Literature in Late Antiquity. Dynamism, Didacticism, Classicism. Burlington 2006.
Johnson, S. [Hrsg.]: The Oxford Handbook of Late Antiquity. Oxford 2012.
Jones, C.P.: Between Pagan and Christian. Cambridge/London 2014.
Kahlos, M.: Forbearance and Compulsion. The Rhetoric of Religious Tolerance and Intolerance in Late Antiquity. London 2009.
Karamboula, D.: Symphonia und politike asymphonia. Randgruppen im Rahmen der Gesellschaft der Spätantike. In: Byzantinische Zeitschrift 95, 2002, S. 481–508.
Kelly, C.: Ruling the Later Roman Empire. (Revealing Antiquity. 15). Cambridge/Mass. 2004.
Klein, R.: Zum Verhältnis von Staat und Kirche in der Spätantike. Studien zu politischen, soziale und wirtschaftlichen Fragen. (Tria corda. 2). Tübingen 2008.
Knight, J.: The End of Antiquity. Archaeology, Society and Religion AD 235–700. Stroud 2007.
Knör, B.: Das spätantike Offizierskorps (4/5.Jh.). München 2010.
Koehn, C.: Die Vorstellung von Restauration und Expansion in der auswärtigen Politik Justinians. In: Studia Hellenistica et Historiographica. Festschrift für Andreas Mehl. Hrsg. v. Th. Brüggemann / B. Meissner / Ch. Mileta / A. Pabst / O. Schmitt, Gutenberg 2010. S. 341–355.

Kovacs, M.: Kaiser, Senatoren und Gelehrte. Studien zum spätantiken männlichen Privatporträt. (Spätantike – Frühes Christentum – Byzanz. 40). Wiesbaden 2014.

König, I.: Die Spätantike. (Geschichte Kompakt). Darmstadt 2007.

König, M. [Hrsg.]: Palatia. Kaiserpaläste in Konstantinopel, Ravenna und Trier. (Schriftenreihe des Rheinischen Landesmuseums Trier. 27). Trier 2003.

Kötter, J.-M.: Zwischen Kaisern und Aposteln. Das Akakianische Schisma (484–519) als kirchlicher Ordnungskonflikt der Spätantike. Stuttgart 2012.

Krause, J.-U. [Hrsg.]: Die Stadt in der Spätantike – Niedergang oder Wandel? Akten des internationalen Kolloquiums in München am 30. und 31. Mai 2003. (Historia Einzelschriften. 190). Stuttgart 2006.

Krause, J.-U.: Gewalt und Kriminalität in der Spätantike. (Münchener Beiträge zur Papyrusforschung und antiken Rechtsgeschichte. 108).München 2014.

Kreuzsaler, C.: Aeneis tabulis scripta proponatur lex. Zum Publikationserfordernis für Rechtsnormen am Beispiel der spätantiken Kaiserkonstitution. In: Selbstdarstellung und Kommunikation. Die Veröffentlichung staatlicher Urkunden auf Stein und Bronze in der römischen Welt. Internationales Kolloquium an der Kommission für Alte Geschichte und Epigraphik in München (1. bis 3.Juli 2006). Hrsg. von R. Haensch. (Vestigia. 61). München 2009. S. 209–248.

Krohn, N. [Hrsg.]: Wechsel der Religionen, Religion des Wechsels. Tagungsbeiträge der Arbeitsgemeinschaft Spätantike und Frühmittelalter 5. Religion im archäologischen Befund (Nürnberg, 27.–28. Mai 2010). (Studien zu Spätantike und Frühmittelalter. 4). Hamburg 2012.

Lavan, L. [Hrsg.]: The Archaeology of Late Antique 'Paganism'. (Late Antique Archaeology. 7). Leiden 2011.

Le Bohec, Y.: Das römische Heer in der Späten Kaiserzeit. Aus dem Franz. von A. u. G. Kolde. Stuttgart 2010.

Le Bohec, Y./Wolff, C. [Hrsg.]: L'armée romaine de Dioclétien à Valentinien 1er. Actes du Congrès de Lyon (12–14 septembre 2002). (Collection du Centre d'Études romaines et gallo-romaines. Nouvelle série. 26). Lyon 2004.

Lee, A.: War in Late Antiquity. A Social History. (Ancient World at War. 25). Malden/Mass 2007.

Lee, A.: From Rome to Byzantium AD 363 to 565. The Transformation of Ancient Rome. (The Edinburgh History of Ancient Rome. 18). Edinburgh 2013.

Lenski, N.: Failure of Empire. Valens and the Roman State in the Fourth Century A.D.. (The Transformation of the Classical Heritage. 34). Berkeley 2002.

Lenski, N. [Hrsg.]: The Cambridge Companion to the Age of Constantine. Cambridge 2012.

Leppin, H.: Theodora und Iustinian. In: Die Kaiserinnen Roms. Von Livia bis Theodora. Hrsg. v. H. Temporini Gräfinvon Vitzthum, München 2002. S. 437–481.

Leppin, H.: Theodosius der Große. Darmstadt 2003.
Leppin, H.: Zum Wandel des spätantiken Heidentums. In: Millenium. Jahrbuch zu Kultur und Geschichte des ersten Jahrtausends n. Chr. 1. Berlin 2004. S. 59–81.
Leppin, H.: Die Gesetzgebung Iustinians - der Kaiser und sein Recht. In: Erinnerungsorte der Antike. Die römische Welt. Hrsg. v.E. Stein-Hölkeskamp /K.-J. Hölkeskamp, München 2006. S. 457–467.
Leppin, H.: Das Erbe der Antike. (Beck'sche Reihe. 1980). München 2010.
Leppin, H.: Justinian. Das christliche Experiment. Stuttgart 2011.
Liebs, D.: Verfassungs-, rechts- und sozialgeschichtliche Eigenheiten der Spätantike. In: Fides Humanitas Ius. Studi in Onore di Luigi Labruna 5. Hrsg. v.C. Cascione/C. Masi, Napoli 2007. S. 2857-2878.
Lippold, A.: Claudius, Constantius, Constantinus. Die „V. Claudi" der „HA". Ein Beitrag zur Legitimierung der Herrschaft Konstantins aus stadtrömischer Sicht. In: Historiae Augustae Colloquium Perusinum. Hrsg. v.G. Bonamente/F. Paschoud, (Historiae Augustae Colloquia. N.s. 8). Bari 2002. S. 309–343.
Lizzi Testa, R.: Senatori, popolo, papi. Il governo di Roma al tempo dei Valentiniani. (Munera. 21). Bari 2004.
Lizzi Testa, R. [Hrsg.]: Le trasformazioni delle élites in età tardoantica. Atti del convegno internazionale, Perugia, 15–16 marzo 2004. (Saggi di storia antica. 28). Rom 2006.
Maas, M. [Hrsg.]: The Cambridge Companion to the Age of Justinian. Cambridge 2005.
Maas, M. [Hrsg.]: The Cambridge Companion of the Age of Attila. Cambridge 2015.
MacMullen, R.: Cultural and Political Changes in the 4th and 5th Centuries. In: Historia 52, 2003, S. 465–495.
Marasco, G. [Hrsg.]: Greek and Roman Historiography in Late Antiquity. Fourth to Sixth Century A. D.. Leiden 2003.
Maraval, P.: Théodose le Grand (379–395). Le pouvoir et la foi. Paris 2009.
Maraval, P.: Constantin le Grand. Empereur romain, empereur chrétien (306-337). Paris 2011.
Marcone, A. [Hrsg.] : L'imperatore Giuliano. Realtà storica e rappresentazione. (Studi sul Mondo Antico 3). Milano 2015
Markschies, C.: Décadence ? Christliche Theologen der Spätantike über den Verfall von Moral und Glauben seit Kaiser Konstantin. In: Décadence. "Decline and fall" or "Other antiquity"? Hrsg. v. M. Formisano. (The Library of the other Antiquity). Heidelberg 2014. S. 285-298.
Mathisen, R. [Hrsg.]: Romans, Barbarians, and the Transformation of the Roman World. Cultural Interaction and the Creation of Identity in Late Antiquity. Farnham 2011.
Matthews, J.: Laying down the Law. A Study of the Theodosian Code. New Haven 2001.
Mayer, C. [Hrsg.]: Würde und Rolle der Frau in der Spätantike. Beiträge des II. Würzburger Augustinus-Studientages am 3. Juli 2004. (Cassiciacum 39, 3/Res et signa. 3). Würzburg 2007.

Mayer, E.: Rom ist dort, wo der Kaiser ist. Untersuchungen zu den Staatsdenkmälern des dezentralisierten Reiches von Diocletian bis zu Theodosius II. (Monographien / Römisch-Germanisches Zentralmuseum, Forschungsinstitut für Vor- und Frühgeschichte. 53). Mainz 2002.

Mazal, O.: Justinian I. und seine Zeit. Geschichte und Kultur des Byzantinischen Reiches im 6. Jahrhundert. Köln 2001.

McGill, S./Sogno, C./Watts, E. [Hrsg.]: From the Tetrarchs to the Theodosians. Later Roman History and Culture, 284–450 CE. (Yale Classical Studies. 34). Cambridge 2010.

McLynn, N. B.: Christian Politics and Religious Culture in Late Antiquity. (Variorum Collected Studies Series. 928). Farnham 2009.

Meier, M.: Das Ende des Konsulats im Jahr 541/42 und seine Gründe. Kritische Anmerkungen zur Vorstellung eines „Zeitalters Justinians". In: Zeitschrift für Papyrologie und Epigraphik 138, 2002, S. 277–299.

Meier, M.: Das andere Zeitalter Justinians. (Hypomnemata. 147). Göttingen 2003.

Meier, M.: Das späte Römische Kaiserreich ein „Zwangsstaat"? Anmerkungen zu einer Forschungskontroverse. In: Freedom and its Limits in the Ancient World. Proceedings of a Colloquium Held at the Jagiellonian University Kraków, September 2003. Hrsg. v.D. Brodka/J. Janik/S. Sprawski, (Electrum. Studies in Ancient History. 9). Kraków 2003. S. 193–213.

Meier, M.: Justinian. Herrschaft, Reich und Religion. (Beck'sche Reihe. 2332). München 2004.

Meier, M.: Prokop, Agathias, die Pest und das „Ende" der antiken Historiographie. Naturkatastrophen und Geschichtsschreibung in der ausgehenden Spätantike. In: Historische Zeitschrift 278, 2004, S. 281–310.

Meier, M.: Alarich und die Eroberung Roms im Jahre 410. Der Beginn der „Völkerwanderung". In: Sie schufen Europa. Historische Portraits von Konstantin bis Karl dem Großen. Hrsg. v.M Meier, München 2007. S. 45–62.

Meier, M.: Anastasios I. Stuttgart 2009.

Meier, M. [Hrsg.]: Justinian. (Neue Wege der Forschung). Darmstadt 2011.

Meijer, F.: Twee steden. Opkomst van Constantinopel, neergang van Rome (330–608). Amsterdam 2014.

Messerschmidt, W.: Die statuarische Repräsentation des theodosianischen Kaiserhauses in Rom. In: Mitteilungen des Deutschen Archäologischen Instituts. Römische Abteilung 111, 2004, S. 555–568.

Millar, F.: A Greek Roman Empire. Power and Belief under Theodosius II (408–450). (Sather Classical Lectures. 64). Berkeley 2006.

Mitchell, S.: A History of the Later Roman Empire, AD 284–641. The Transformation of the Ancient World. (Blackwell History of the Ancient World. 15). Malden/Mass. 2009.

Moorhead, S./Stuttard, D.: AD 410. The Year that Shook Rome. London 2010.

Müller, G. [Hrsg.]: Gallien in der Spätantike. (Millenium studies. 12). Berlin 2012.

Murdoch, A.: The Last Roman. Romulus Augustulus and the Decline of the West. Stroud 2006.

Nechaeva, E.: Embassies, Negotiations, Gifts. Systems of East Roman Diplomacy in Late Antiquity. (Geographica Historica. 30). Stuttgart 2014.
Nesselrath, H.-G.: Libanios. Zeuge einer schwindenden Welt. (Standorte in Antike und Christentum.4). Stuttgart 2012.
Noble, T. [Hrsg.]: From Roman Provinces to Medieval Kingdoms. London 2006.
Nuffelen, P. v.: Zur Rezeption des Kaiserkultes in der Spätantike. In: Ancient Society 32, 2002, S. 263–282.
Nuti, M.: Costantino il grande. Un falso mito?. (Archivi storici. 16). Fidenza 2014.
O'Donnell, J.: The Ruin of the Roman Empire. A New History. New York 2009.
Odahl, C.: Constantine and the Christian Empire. (Roman Imperial Biographies. 23). Oxford² 2013.
Olbrich, K.: Kaiser in der Krise. Religions- und rechtsgeschichtliche Aspekte der „Familienmorde" des Jahres 326. In: Klio 92, 2010, S. 104–116.
Olovsdotter, C.: The Consular Image. An Iconological Study of the Consular Diptychs. (British Archaeological Reports / International Series. 1376). Oxford 2005.
Olszaniec, S.: Prosopographical Studies on the Court Elite in the Roman Empire (4th Century AD). Torun2014.
Oppedisano, F.: L' impero d' occidente negli anni di Maioriano. (Saggi di storia antica. 36).Roma 2014.
Pelttari, A.: The Space that Remains: Reading Latin Poetry in Late Antiquity. Ithaca/London2014.
Pfeiffer, H.: Flauberts Versuchung der Spätantike. (2014). In: Décadence. "Decline and Fall" or "Other Antiquity"? Hrsg. v. M. Formisano. (The Library of the Other Antiquity). Heidelberg 2014, S. 55–76.
Pfeilschifter, R.: Die Spätantike. Der eine Gott und die vielen Herrscher. München 2014.
Piepenbrink, K.: Christliche Identität und Assimilation in der Spätantike. Probleme des Christseins in der Reflexion der Zeitgenossen. (Studien zur Alten Geschichte. 3). Frankfurt am Main 2005.
Piepenbrink, K.: Konstantin der Große und seine Zeit. (Geschichte Kompakt). Darmstadt³ 2010.
Piras, A.: La politica con i sasanidi. Conflitti, diplomazia e nuove problematiche religiose. In: Costantino I. Enciclopedia Costantiniana sulla figura e l' immagine dell' imperatore del cosidetto Editto di Milano 313–2013. Sotto l' Alto Patrimonio del Presidente della Repubblica. Hrsg. v.A. Melloni/P. Brown/J. Helmrath/E. Prinzivalli/S. Ronchey/N. Tanner. Vol. I. Rom 2014, S. 415–430.
Porena, P.: Le origini della prefettura del pretorio tardoantica. (Saggi di storia antica. 20). Rom 2003.
Porena, P.: Ancora sulla carriera di Flavius Ablabius, prefetto del Pretorio di Costantino. In: Zeitschrift für Papyrologie und Epigraphik 190, 2014, S. 262–270.

Potter, D.: Constantine the Emperor. Oxford 2013.
Pratsch, T.: Theodora von Byzanz. Kurtisane und Kaiserin. (Kohlhammer-Urban-Taschenbücher. 636). Stuttgart 2011.
Prostko-Prostynski, J.: „Utraeque res publicae": The Emperor Anastasius I's Gothic Policy (491–518).[transl. by Przemyslaw Znaniecki]. Poznan 1996.
Puk, A. : Das römische Spielewesen in der Spätantike. (Millenium-Studien 48) Berlin 2014.
Richardot, P.: La fin de l' armée romaine. (284–476). (Bibliothèque stratégique. 12). Paris 2005.
Roberto, U.: Diocleziano. (Profili. 61.).Rom 2014.
Ronning, C.: Herrscherpanegyrik unter Trajan und Konstantin. Studien zur symbolischen Kommunikation in der römischen Kaiserzeit. (Studien und Texte zu Antike und Christentum. 42). Tübingen 2007.
Rosen, K.: Qui nigrum in candida vertunt. Die zeitgenössische Auseinandersetzung um Constantins Familientragödie und Bekehrung. In: Bizantinistica. Rivista di Studi Bizantini e Slavi 5, 2003, S. 113–140.
Rosen, K.: Julian. Kaiser, Gott und Christenhasser. Stuttgart 2006.
Rosen, K.: Konstantin der Große. Kaiser zwischen Machtpolitik und Religion. Stuttgart 2013.
Rougé, J.: Les lois religieuses des empereurs romains de Constantin à Théodose II (312–438). Vol. I. Code theodosien. Livre XVI. Texte latin: Theodor Mommsen. Traduction: Jean Rougé. Introduction et notes: R. Delmaire avec la collaboration de F. Richard et d' une épique du GDR 2135. (Sources chrétiennes. 497). Paris 2005.
Rousseau, P. [Hrsg.]: A Companion to Late Antiquity. (Blackwell Companions to the Ancient World). Oxford 2009.
Rummel, P. v.: Habitus barbarus. Kleidung und Repräsentation spätantiker Eliten im 4. und 5. Jahrhundert. (Reallexikon der germanischen Altertumskunde Ergänzungsbände. 55). Berlin 2007.
Salisbury, J. E.: Rome's Christian Empress. Galla Placidia Rules at the Twilight of the Empire. Baltimore 2015.
Saltzwedel, J. [Hrsg.]: Das Ende des Römischen Reiches. Verfall und Untergang einer Weltmacht. München 2009.
Sarantis, A., Neil, Chr. [Hrsg.]: War and Warfare in Late Antiquity. Current Perspectives. (Late Antique Archaeology. 8). Leiden 2013.
Sarris, P.: Economy and society in the age of Justinian. Cambridge 2009.
Sarris, P.: Empires of Faith. The Fall of Rome to the Rise of Islam, 500–700. (The Oxford History of Medieval Europe). Oxford 2011.
Sasel Kos, M.: The Family of Romulus Augustulus. In: Antike Lebenswelten. Konstanz–Wandel–Wirkungsmacht. Festschrift für Ingomar Weiler zum 70. Geburtstag. Hrsg. v.R. Mauritsch/W. Petermandl/R. Rollinger/Chr. Ulf, (Philippika. Marburger altertumskundliche Abhandlungen. 25). Wiesbaden 2008. S. 439–449.
Schade, K.: Frauen in der Spätantike - Repräsentation und Status. Eine Untersuchung zur Bildniskunst im Wandel eines Zeitalters. Mainz 2003.

Schlange-Schöningen, H. [Hrsg.]: Konstantin und das Christentum. (Neue Wege der Forschung). Darmstadt 2007.

Schmidt-Hofner, S.: Die Regesten der Kaiser Valentinian und Valens in den Jahren 364 bis 375 n.Chr. In: Zeitschrift der Savigny-Stiftung für Rechtsgeschichte. Romanistische Abteilung 125, 2008, S. 498–602.

Schmidt-Hofner, S.: Reagieren und Gestalten. Der Regierungsstil des spätrömischen Kaisers am Beispiel der Gesetzgebung Valentinians I. (Vestigia. 58). München 2008.

Schmidt-Hofner, S.: Ehrensachen. Ranggesetzgebung, Elitenkonkurrenz und die Funktionen des Rechts in der Spätantike. In: Chiron 40, 2010, S. 209–243.

Schmitt, O.: Constantin der Grosse (275–337). Leben und Herrschaft. (Urban-Taschenbücher. 594). Stuttgart 2007.

Schmitz, W.: Quiescit in pace. Die Abkehr des Toten von der Welt der Lebenden. Epigraphische Zeugnisse der Spätantike als Quellen der historischen Familienforschung. In: Kontinuität und Diskontinuität. Germania inferior am Beginn und am Ende der römischen Herrschaft. Beiträge des deutsch-niederländischen Kolloquiums in der Katholieke Universiteit Nijmegen (27.–30.06.2001). Hrsg. v.Th. Grünewald / S. Seibel, (Ergänzungsbände zum Reallexikon der Germanischen Altertumskunde. 35). Berlin 2003. S. 374–413.

Schnizlein, M.: Patchworkfamilien in der Spätantike. (Hypomnemata. 191). Göttingen 2012.

Schreiner, P.: Konstantinopel. Geschichte und Archäologie. (Beck'sche Reihe. 2364). München 2007.

Schuller, F./Wolff, H. [Hrsg.]: Konstantin der Große – Kaiser einer Epochenwende. Vorträge der „Historischen Woche" der Katholischen Akademie in Bayern vom 21. bis 24.Februar in München. Lindenberg 2007.

Schuller, W.: Das römische Recht als Leitbild für die Spätantike. In: Leitbild Wissenschaft? Hrsg. v.J. Dummer / M. Vielberg, (Altertumswissenschaftlichesflobpoqium. Interdisziplinäre Studien zur Antike und zu ihrem Nachleben. 8). Stuttgart 2003. S. 191–204.

Scrofani, G.: La religione impura. La riforma di Giuliano imperatore. (Studi biblici. 163). Brescia 2010.

Sfameni, C.: Residenze e culti in età tardoantica. Rom2014.

Sguaitamatti, L.: Der spätantike Konsulat. Fribourg 2012.

Shanzer, D.: Incest and Late Antiquity–Décadence?. In: Décadence. "Decline and Fall" or "Other Antiquity"? Hrsg. v. M. Formisano. (The Library of the Other Antiquity). Heidelberg 2014, S. 149–169.

Sivan, H.: Galla Placidia. The Last Roman Empress. New York 2011.

Sivertsev, A.: Judaism and Imperial Ideology in Late Antiquity. Cambridge 2011.

Sivonen, P.: Being a Roman Magistrate. Office-holding and Roman Identity in Late Antique Gaul. (Bibliotheca historica. 101). Helsinki 2006.

Slootjes, D.: The Governor and His Subjects in the Later Roman Empire. (Mnemosyne Supplementum. 275). Leiden 2006.

Smith, R.: The Imperial Court of the Late Roman Empire, c. AD 300–c. AD 450. In: The Court and Court Society in Ancient Monarchies. Hrsg. v.A. Spawforth, Cambridge 2007. S. 157–232.

Smither, E. L. [Hrsg.]: Rethinking Constantine. History, Theology, and Legacy. Eugene 2014.

Spickermann, W.: Sozialfürsorge, Krisenmanagement und Bischofsgericht. Aspekte des Forschungsfeldes „Kirche als Ordnungsmacht in der Spätantike". In: Rom, Germanien und das Reich. Festschrift zu Ehren von Rainer Wiegels anlässlich seines 65. Geburtstages. Hrsg. v.W. Spickermann/K. Matijevic/H. H. Steenken, (Pharos. Studien zur griechisch-römischen Antike. 18). St. Augustin 2005. S. 421–445.

Spinelli, M.: Il pagano di Dio. Giuliano l'Apostata, l'imperatore maledetto. (Caminantes 6). Ariccia 2015

Stachura, M.: Zur Motivation der Häretikerverfolgung im Spiegel von Gesetzestexten der theodosianischen Dynastie. In: Freedom and its Limits in the Ancient World. Proceedings of a Colloquium Held at the Jagiellonian University Kraków, September 2003. Hrsg. v.D. Brodka/J. Janik/S. Sprawski, Kraków 2003. S. 249–262.

Stenger, J.: Hellenische Identität in der Spätantike. Pagane Autoren und ihr Unbehagen an der eigenen Zeit. (Untersuchungen zur antiken Literatur und Geschichte. 97). Berlin 2009.

Stickler, T.: Aëtius. Gestaltungsspielräume eines Heermeisters im ausgehenden Weströmischen Reich. (Vestigia. 54). München 2002.

Stöcklin-Kaldewey, S.:Kaiser Julians Gottesverehrung im Kontext der Spätantike. Studien und Texte zu Antike und Christentum. Tübingen 2014.

Stroumsa, G.: Das Ende des Opferkults. Die religiösen Mutationen der Spätantike. Berlin 2011.

Szidat, J.: Usurpator tanti nominis. Kaiser und Usurpator in der Spätantike (337–476 n. Chr.). (Historia. Einzelschriften. 210). Stuttgart 2010.

Tanaseanu-Döbler, I.: Konversion zur Philosophie in der Spätantike. Kaiser Julian und Synesios von Kyrene. (Potsdamer altertumswissenschaftliche Beiträge. 23). Stuttgart 2008.

Tiersch, C.: Zwischen Segregation und Akkulturation. Paradoxien christlicher Stadtsemantiken im Römischen Reich. In: Geschichte denken, Perspektiven auf die Geschichtsschreibung heute. Hrsg. v. M. Wildt. Göttingen2014, S. 34–51.

Tilden, P., Religious Intolerance in the Later Roman Empire. The Evidence of the Theodosian Code. Diss. Exeter 2006.

Torrance, A. C. [Hrsg.]: Individuality in Late Antiquity. (Ashgate Studies in Philosophy &Theology in Late Antiquity). Farnham [u.a.] 2014.

Van Dam, R.: The Roman Revolution of Constantine. Cambridge 2007.

Varner, E. R.: Maxentius, Constantine, and Hadrian: Images and the Expropriation of Imperial Identity. In: Using Images in Late Antiquity. Hrsg. v. St. Birk/T. Myrup Kristensen/B. Poulsen. Oxford 2014, S. 48–77.

Veyne, P.: Als unsere Welt christlich wurde (312–394). Aufstieg einer Sekte zur Weltmacht. München 2008.

Vitiello, M.: Theodahad. A Platonic King at the Collapse of Ostrogothic Italy. Toronto 2014.
Vuolanto, V.: Elite Children, Socialisation, and Agency in the Late Roman World. In: The Oxford Handbook of Childhood and Education in the Classical World. Hrsg. v. J. Evans Grubbs/T. Parkin. Oxford 2014, S. 580–599.
Wallraff, M.: Christus Verus Sol. Sonnenverehrung und Christentum in der Spätantike. Münster 2001.
Wallraff, M.: Sonnenkönig der Spätantike. Die Religionspolitik Konstantins des Großen. Freiburg 2013.
Ward, W. D.: The Mirage of the Saracen: Christians and Nomads in the Sinai Peninsula in Late Antiquity. Oakland 2015.
Ward-Perkins, B.: Der Untergang des Römischen Reiches und das Ende der Zivilisation. Aus dem Engl. von N. Valenzuela Montenegro. Darmstadt 2007.
Watts, E. J.: The Final Pagan Generation. Oakland 2015.
Weber-Dellacroce, B.: Der Kaiser und die Christen. Flavius Caesar Constantinus. Konstantin der Große, 2. Juni bis 4. November 2007. Texte zur Ausstellung. Anläßlich der Ausstellung „Konstantin der Große". Bischöfliches Dom- und Diözesanmuseum Trier. (Museumsführer / Bischöfliches Dom- und Diözesanmuseum Trier. 4). Trier 2007.
Weiss, P.: The Vision of Constantine. In: Journal of Roman Archaeology 16, 2003, S. 237–259.
Whitby, M.: War and State in Late Antiquity. Some Economic and Political Connections. In: Krieg–Gesellschaft–Institutionen. Beiträge zu einer vergleichenden Kriegsgeschichte. Hrsg. v. B. Meißner. Berlin 2005. S. 355–386.
Wiemer, H.-U.: Akklamationen im spätrömischen Reich. Zur Typologie und Funktion eines Kommunikationsrituals. In: Archiv für Kulturgeschichte 86, 2004, S. 27–73.
Wiemer, H.-U.: Kaiser und Katastrophe. Zur Bewältigung von Versorgungskrisen im spätrömischen Reich. In: Staatlichkeit und politisches Handeln in der römischen Kaiserzeit. Hrsg. v. H.-U. Wiemer. (Millenium-Studien 10). Berlin 2006. S. 249–282.
Wienand, J.: Der Kaiser als Sieger. Metamorphosen triumphaler Herrschaft unter Constantin I. (Klio Beihefte. N.F. 19). Berlin 2012.
Wienand, J. [Hrsg.]: Contested Monarchy: Integrating the Roman Empire in the Fourth Century AD. (Oxford Studies in Late Antiquity). New York 2014.
Wijnendaele, J. W. P.: The Last of the Romans. Bonifatius–Warlord and comes Africae. London 2015
Witschel, C.: The Epigraphic Habit in Late Antiquity. An Electronic Archive of Late Roman Inscriptions Ready for Open Access. In: Latin on Stone. Epigraphic Research and Electronic Archives. Hrsg. v. F. Feraudi-Gruénais. (Roman Studies. Interdisciplinary Approaches). Plymouth 2010. S. 77–99.
Zecchini, G.: Fine dell' impero romano ed escatologia. In: Erga–Logoi. In: Rivista di storia, letteratura, diritto e culture dell' antichità 2, 2014, S. 7–19.

REGISTER

Personen

Ablabius (Prätorianerpräfekt) 53. 64
Acacius von Constantinopel 265. 289f. 342
Acholius von Thessalonice 147. 151
Adam 207. 357
Aegidius (Militär) 256
Aelia Eudocia 212. 216. 263
Aelia Eudoxia 177. 180. 185–187. 210. 366
Aelia Pulcheria 212f. 215f. 237. 243–245
Aetius 222–224. 226–229. 231. 239–242. 258. 260. 339–341. 359. 365
Agathangelus 42
Agathias von Myrina 322. 357
Agilo (Heermeister) 94
Agnellus von Ravenna 355
Agrippinus (Militär) 256
Ahura Mazda 108
Alarich I. 171. 176–180. 191–197. 199f. 337f. 359
Alarich II. 281–284. 343
Alatheus 138. 146
Alaviv 137. 139
Albinus (*patricius*) 294
Alexander der Große 103
Alexander von Alexandria 24. 33. 35
Alexius I. (Kaiser) 357
Aligern (Bruder Tejas) 323
Alypius (Freund Julians) 88
Alypius von Thagaste 200
Amalafrida 282. 296. 343
Amalarich 284
Amalaswintha 292. 297. 309f.
Amaler 273. 277. 309

Amantius (Wahrsager) 122
Ambrosius von Mailand 125. 151. 153. 155. 157–161. 167–169. 173–175. 190. 336. 358. 360–364
Ammatas 303
Ammianus Marcellinus 82f. 90f. 97. 100. 104. 108. 116f. 125. 129. 143. 353f.
Ampelius (Stadtpräfekt) 132
Anastasia (Stiefschwester Constantins I.) 19
Anastasius (Kaiser) 273. 278. 281. 284–292. 342–344. 359. 367
Anastasius von Rom 189
Anatolius von Constantinopel 243. 264
Andragathius (Heermeister) 165
Andreas (Apostel) 75
Anianus von Aurelianum 227
Flavius Anicius Olybrius 249. 261
Anonymus De rebus bellicis 212. 365
Anonymus Valesianus 295. 354
Anthemius (Kaiser) 248–250. 257. 261. 341. 361
Anthemius (Prätorianerpräfekt) 212f.
Anthemius von Tralles (Baumeister) 312
Antiochus (Prätorianerpräfekt) 325
Antonia (Gattin Belisars) 357
Antoninus Pius 49
Antonius (Mönch) 23. 44. 72. 332. 358
Marcus Antonius 1. 25
Anullinus (Proconsul) 12f.

Apodemius (*agens in rebus*) 95
Apollo 86
Arbetio (*magister equitum*) 66. 82. 94. 112
Arbogast (Heermeister) 146. 165f. 169. 171f. 336f.
Arbogast (Sohn des Arigius) 256
Arcadius 152. 164. 174. 176–178. 180–183. 185–188. 219. 336–338. 360
Ariadne (Frau Zenos) 246. 286
Arigius (Militär) 256
Arintheus (Heermeister) 120
Arius (Presbyter) 24. 33–35. 43f. 70. 73. 332f.
Arsaces (König Armeniens) 64. 103. 105
Arsacius (galatischer Oberpriester) 100
Arvandus (Prätorianerpräfekt) 256f.
Asklepius 93
Aspar (Heermeister) 231. 242. 246. 266
Athalarich 292. 297. 309. 344
Athanarich 119f. 137. 146
Athanasius von Alexandria 23. 35. 43f. 54–59. 66f. 72. 83. 90. 108. 123f. 126. 148. 358. 361. 364
Athaulfus 199. 201–203. 205. 338f.
Attalus (Gegenkaiser) 196f. 202f. 338
Attila 225–228. 239. 250. 266. 341. 356
Audofleda 282
Augustinus 190f. 198. 206–208. 230–231. 337f. 355. 358–361. 364
Augustus/Octavian 1. 15. 25. 46f. 131. 262. 297. 299. 358. 367
Aurelianus (Kaiser) 4. 131
Aurelianus (Prätorianerpräfekt) 180f.
Marcus Aurelius 89. 102
Aurelius Victor 83f. 134. 358
Aurelius von Carthago 190

Ausonius 114. 116. 126. 130. 136. 202. 361
Auxentius (Schüler Wulfilas) 73
Auxentius von Durostorum 159f.
Auxentius von Mailand 125. 364
Avitus (Kaiser) 224. 227. 247f. 257. 341. 361
Avitus von Vienne 285. 362

Barbatio (*magister peditum*) 69
Basiliscus 246. 253. 265. 267. 289. 342
Basilius von Caesarea 73f. 92. 124f. 125. 148f. 334. 361
Bassianus (Schwager Constantins I.) 19
Bauto 146. 157f. 177
Belisar 301–305. 309–312. 314f. 317–319. 322f. 327. 344f. 356f.
Bellona 80
Benedict von Nursia 74. 326. 344
Bleda 225
Boethius 276. 294f. 344. 361
Bonifatius 222. 229–231
Buthericus (Heermeister) 167
Butilin 322–324

Caecilianus von Carthago 13f. 331
Caelestius 207f.
Caesar (C. Julius) 262
Caesarius (*magister officiorum*) 163
Callistus von Rom 48
Candidianus (Sohn des Galerius) 19
Cassiodorus 276f. 280. 292. 354. 362
Childerich 256
Chilperich 258
Chlodwig 282–284. 343
Chloio (Salfrankenkönig) 223
Chosroes I. 300f. 314–316
Chrysaphius (Eunuch) 213
Claudius 49
Claudius Claudianus 177. 192. 354. 359. 361
Claudius Gothicus 9
Claudius Mamertinus 94f. 359
Coelestin von Rom 216. 237

Personen

Constans 41. 53–61. 90. 109. 333. 363
Constantia 10. 12. 19. 26. 42. 62. 64f. 79
Constantinus I. (der Große) 1–7. 9–22. 24–54. 56. 61f. 68. 71. 73f. 85. 87. 94. 98. 100. 109. 111. 114. 128f. 135f. 147. 149. 151. 155. 175. 211. 214. 218. 234. 245. 274. 286. 299. 312. 331–333. 339. 354. 356. 359. 361. 365–367
Constantinus II. 20. 39–41. 53–55. 109. 333
Constantinus III. 194. 200f. 205. 221. 338
Constantius I. (Chlorus) 1–3. 9. 114. 331
Constantius II. 40f. 50. 53–60. 62–76. 78–83. 85–87. 94f. 98. 100. 102f. 109. 112. 121–123. 130. 153. 159. 219. 333f. 358. 363
Constantius III. 201–205. 209. 222. 339
Flavius Constantius (Prätorianerpräfekt) 27
Iulius Constantius (Stiefbruder Constantins I.) 53
Crispus 20. 26. 31
Cynegius (Prätorianerpräfekt) 161f.
Cyprianus (Märtyrerbischof) 22. 303
Cyprianus (*referendarius*) 294
Cyrillus von Alexandria 93. 215–217. 219. 236. 340. 360. 363

Dahn, Felix 316
Dalmatius 41f. 53f. 333
Damascius (Haupt der Akademie) 314. 358
Damasus von Rom 125. 148. 151. 153–157. 161. 175. 237. 279. 336
Daniel (Bibel) 195. 363
Daniel Stylites 265. 359
Dardanus (Prätorianerpräfekt) 201
David (König) 167. 245
Decentius (Caesar des Magnentius) 62f.

Demophilus von Constantinopel 123. 148
Dessau, Hermann 366
Dexippus (Chronist) 356
Dietrich von Bern 271
Diocletian 1. 3. 6f. 9. 16. 19. 25. 30. 39. 41f. 47. 49. 83. 107. 161. 211. 219. 277. 331. 339. 367
Dioscurus von Alexandria 236. 243. 263
Domitianus (Prätorianerpräfekt) 65
L. Domitius Alexander 5f.
Domninus (Vertrauter Valentinians II.) 164
Donatus von Carthago 14. 22. 44. 58f. 331
Dracilianus (*vicarius*) 36

Ecdicius 257
Egeria 364
Ennodius von Mailand 360
Ennodius von Pavia 280. 358
Ephraem von Nisibis 107
Epiphanius von Pavia 249. 257. 271. 274. 358
Equitius (Heermeister) 114. 116. 118. 136
Ermanarich (König der Greutungen) 137
Euagrius (*comes rerum privatarum*) 95
Euagrius von Antiochia 358
Euagrius von Epiphaneia 355f.
Eucherius (Sohn des Stilicho) 188
Eudocia (Tochter Valentinians III.) 233. 248f. 251f. 254. 296
Eudoxius (Bagaude) 225
Eudoxius von Constantinopel 123
Eugenius 169–172. 174–176. 241. 336f.
Eugippius (Autor) 259f. 359
Eunapius von Sardes 104. 356
Euphemius von Constantinopel 286. 290

Eurich (Westgotenkönig) 254f. 257f. 342. 363
Eusebius (Eunuch) 83. 94
Eusebius (Stadtpräfekt) 294
Eusebius von Caesarea 24. 36. 41. 45. 47. 49f. 354f. 359
Eusebius von Nicomedia 24. 35. 43f. 50f. 55. 57. 73
Eusebius von Rom 6
Eustathius von Sebaste 73f.
Eutharich 292. 295. 297
Eutropius (Eunuch) 177. 179–181. 361
Eutropius (Historiker) 108. 133. 353
Eutropius (Prokonsul) 121
Eutyches (Archimandrit) 236. 244
Euzoius von Antiochia 82. 124
Ezechiel 363

Facundus 364
Fausta 4. 31
Faustina (Witwe Constantius II.) 112
Faustus Niger (Senator) 273
Faustus von Buzanta 64. 163
Felix (Heermeister) 222. 229
Felix (Heiliger) 200
Felix II. (Papst) 72
Felix III. (Papst) 290. 342. 362
Felix (Prätorianerpräfekt) 41
Felix von Aptungi 13
Ferrandus (Diakon) 362
Festus (Historiker) 133. 353
Festus (Senator) 272f.
Firmicus Maternus 59f. 363. 365
Firmus (Maurenfürst) 134f. 154
Flacilla (Gattin Theodosius I.) 164. 175
Flavianus von Alexandria 163
Flavianus von Constantinopel 236f. 264
Q. Flavius Maesius Egnatius Lollianus (*comes*) 28
Florentius (Prätorianerpräfekt) 76. 78

Florentus (*magister officiorum*) 95
Fravitta (Heermeister) 182. 185
Friderich (Rugier) 270. 272
Friedrich der Große 166
Frigeridus (*magister equitum*) 140
Fritigern 137–142. 145–147
Frumentius (Missionsbischof) 72

Gainas 177. 180–185. 337
Gaius (Jurist) 211. 281. 306. 339
Galerius 1–9. 19. 331
Galla (Schwester Valentinians II.) 164. 175
Galla Placidia 197. 201–203. 209–211. 222f. 231. 234f. 237. 285. 338f. 366
Gallus 53. 62. 64–66
Gaudentius (*comes*) 189
Gaudentius (Heermeister) 222
Gaudentius (Sohn des Aetius) 240
Gaudentius (Sonderbeauftragter) 81. 95
Geiserich 229f. 232–234. 248. 251–254. 261. 304. 339–341. 354f.
Gelasius von Rom 263. 291. 312. 362
Gelimer 302–305. 344
Genius populi Romani 106
Georgius von Kappadokien 87
Germanus von Auxerre 228
Gerontius (Heermeister) 205
Gesalech 284
Gibamund 303
Gildas 228. 354
Gildo 178. 188f. 191. 337
Glycerius (Kaiser) 249. 260f.
Gomoarius (*magister equitum*) 82
Gothofredus, Dionysius 305. 362
Gratian 113–116. 122. 126. 133. 136. 140–142. 144–146. 152–154. 157–159. 161. 169. 170. 335f. 360f. 364
Gratus (Kanzleibeamter) 292
Grégoire, Henri (Bischof von Blois) 252
Gregor der Erleuchter 42

Gregor der Große 326
Gregor von Nazianz 91. 97. 108f.
148–150. 360f.
Gregor von Nyssa 73
Gregor von Tour 354
Gregorius (Prätorianerpräfekt) 44
Gregorius von Alexandria 55. 57
Gundahar (Burgunderkönig) 201
Gundicharius (Burgunderkönig) 223f.
Gundobad 249f. 281f.
Gundowech 258
Gunther (Nibelunge) 224

Hadrian 5. 12. 192. 211. 297. 310. 321. 339. 362
Hannibal 318
Hannibalianus 42. 53. 62
Helena (Mutter Constantins I.) 3. 21. 28f. 31. 36. 332
Helena (Schwester Constantius II.) 66. 79
Helios s. Sol
Hellebichus (*magister militum*) 163
Heraclianus (Aufständiger) 207. 209
Heraclius (Militär) 253f.
Heraclius (*primicerius sacri cubiculi*) 240
Heraclius von Rom 6
Hercules 7. 170f. 327. 336
Herodias 187
Hieronymus (Kirchenvater) 23. 38. 113. 156. 195. 197f. 354. 361. 363
Hilarius von Arles 221f. 238
Hilarius von Poitiers 67. 72. 83. 125. 127. 364
Hilderich (Sohn Hunerichs) 254. 296. 302
Himerius von Prusias 360
Hippolytus (Chronist) 353
Homer 91
Honoratus (Asket) 200
Honoratus von Arles 221
Honorius 155. 166. 170. 172. 174–176. 178. 185. 188–197. 199. 201–205. 207. 209f. 222. 235. 297. 336–339. 359
Hormisdas von Rom 290–292. 344. 362
Hosius von Corduba 22. 33. 56f. 71
Hunerich 233. 248f. 252. 254. 296. 355
Hydatius von Gallaecia 229. 354
Hymetius (Prokonsul) 122
Hypatia (Philosophin) 219
Hypatius (Gegenkaiser) 302. 344

Iamblichus 86
Ibas von Edessa 312. 345
Illus (Berater Zenos) 268–270
Innocenz von Rom 208
Iovianus 107–112. 134. 136. 163. 334. 353
Iovinus (*comes*) 189
Iovinus (*magister equitum*) 80f. 94. 115
Iovinus (Usurpator) 201f. 204. 338
Iovius (Prätorianerpräfekt) 196
Isidor von Sevilla 355
Isidorus (Haupt der Akademie) 314. 358
Isidorus von Milet (Baumeister) 312
Isis 170
Iulianus (Apostata) 51. 53. 66f. 70. 76–83. 85–110. 112f. 115f. 118. 121–123. 127. 130. 153. 162. 333f. 353f. 359–361. 363. 365f.
Iulianus (*comes*) 88
Iulius Nepos (Kaiser) 249f. 254. 257f. 261. 270
Iulius von Rom 55–57
Iunius Bassus (Stadtpräfekt) 68
Iusta Grata Honoria 203. 209. 226. 239. 339
Iustina (Mutter Valentinians II.) 157–160. 164f. 169
Iustinianus (Kaiser) 231. 293. 298–309. 311–315. 317–320. 322. 325. 327f. 344f. 354. 357. 360. 362f.

Iustinus (Kaiser) 291–300. 313. 344. 366

Jacobus Baradaeus von Edessa 313
Janus 328
Jesus Christus 24. 33. 36. 44. 50. 70–73. 80. 88. 93. 123f. 149f. 155. 160. 171. 187. 215–217. 236f. 244. 263. 265. 290. 312. 333. 340f. 355
Johannes (Apostel) 314
Johannes (*comes*) 185
Johannes (Neffe des Vitalianus) 317f.
Johannes (Usurpator) 210. 213. 222
Johannes Cassianus 326. 363
Johannes Chrysostomus 156. 163. 180f. 185–187. 215. 337. 358. 360
Johannes der Kappadokier (Prätorianerpräfekt) 301. 308f.
Johannes Lydus 365
Johannes Malalas 357
Johannes der Täufer 32. 187
Johannes von Antiochia (Bischof) 216f.
Johannes von Antiochia (Historiker) 357
Johannes von Constantinopel 292
Johannes von Ephesus (Historiker) 357
Johannes von Ephesus (Missionar) 314
Johannes von Ravenna 272
Johannes I. von Rom 293. 295f.
Jordanes (Historiker) 109. 354
Josua Stylites 356
Julius II. (Papst) 239
Jupiter 6. 11. 18. 86. 171–173. 252
Juvenal von Jerusalem 263

Karl der Große 297
Kavad I. 300f.

Lactantius 355. 363
Laurentius von Mailand 274
Laurentius von Rom 279. 291. 343

Leo (Heermeister) 180
Leo I. (Kaiser) 242. 245–249. 261. 264–267. 269. 341
Leo I. (Papst) 221. 235–239. 243–245. 252. 262–265. 341. 360. 362
Leo VI. (Kaiser) 307. 363
Leontia (Tochter Leos I.) 246
Leontius (Gegenkaiser) 270
Leuthari 322f.
Libanius (Rhetor) 88. 90f. 96f. 101 103. 108. 128. 161. 163. 360f.
Liberius (Prätorianerpräfekt) 274f.
Liberius von Rom 66f. 71f.
Libius Severus 247f. 256. 341. 366
Licinia Eudoxia 232. 234. 237. 248. 251f.
Licinius 6–8. 10. 12. 17–20. 24–29. 31f. 40. 111. 331f.
Licinius iunior 20. 26
Litorius (Heermeister) 224
Liutprand (Langobardenkönig) 231
Livius 241
Lucas (Evangelist) 75. 92
Lucifer von Calaris 67. 71f. 83
Lucius von Alexandria 123
Lupicinus (*comes*) 138f.
Lupicinus (*magister equitum*) 78
Lysias 91

Macarius (Sekretär) 58
Macarius von Jerusalem 36
Macedonius von Constantinopel 290
Macrianus (Bucinobantes-König) 134
Macrobius (Autor) 170. 241. 360
Magna Mater 170
Magnus Magnentius 61–63. 65–67. 333
Magnus Maximus 152. 157f. 160–162. 164–167. 169. 336
Maiorianus 247f. 253. 255–258. 261f. 341. 361
Maiorinus von Carthago 13f.
Malchus von Philadelphia 356

Personen

Mallobaudes (*comes*) 141
Mani 161
Mansi, Giovanni Domenico 364
Marcellinus (Bruder des Magnus Maximus) 165
Marcellinus (*comes rerum privatarum*) 61
Marcellinus (dalmatischer Potentat) 253f. 260
Marcellinus (Märtyrer) 21
Marcellinus (Sonderbevollmächtigter) 206f.
Marcellinus Comes 248. 354
Marcellus (*magister equitum*) 76
Marcellus (Verwandter Procops) 114
Marcianus 242–246. 259. 263. 265f. 286f. 341
Marcus Diaconus 358
Maria (Jungfrau) 149f. 215. 217. 238. 312. 340
Maria (Schwester des Pachomius) 24
Maria (Tochter Stilichos) 189
Marinus 209
Marius Victorinus 68. 91
Mars Ultor 105
Martinus von Tours 127. 161. 200. 359
Martyrius von Antiochia 264
Mascezel 178
Matasunta 310
Matthäus (Evangelist) 92. 155. 187
Maxentius 2–7. 9–12. 15f. 18. 331. 366
Maximianus 1–7. 9. 331. 359
Maximinus (Prätorianerpräfekt) 122. 133
Maximinus Daia 1f. 6–10. 16–19. 89. 331
Maximinus von Trier 54. 56
Maximus (Sohn des Maximinus Daia) 19
Maximus von Ephesus 85. 89. 96. 103. 106. 121

Melania (die Jüngere) 199f. 359
Melanthias 141
Meletius von Antiochia 125. 149
Memnon von Ephesus 215. 217
Merobaudes (Dichter) 240. 359
Merobaudes (Heermeister) 135f. 335
Miltiades von Rom 12. 14
Mithras 86. 170
Modares (Gotenfürst) 145
Modestinus 211. 339
Modestus (Prätorianerpräfekt) 121
Mommsen, Theodor 362. 365
Mundus (*magister militum*) 302. 309

Nannienus (*comes*) 141
Napoleon 166
Narses (*catholicus* Armeniens) 64
Narses (Eunuch) 310f. 316. 320–325. 345
Nazarius (Rhetor) 51
Nebukadnezar 195
Nectarius von Constantinopel 150f.
Neon von Ravenna 235
Nepotianus (Usurpator) 61
Nero 49
Nerva 353
Nestorius von Constantinopel 215–217. 340
Nevitta (*magister equitum*) 80. 94
Virius Nicomachus Flavianus (Prätorianerpräfekt) 170. 172. 241
Nicomachus iunior 173. 241
Nubel (Vater des Firmus) 134

Odovacar 242. 250f. 254. 258. 261f. 267. 270–278. 282. 284. 342f. 358
Olybrius (*praepositus sacri cubiculi*) 30
Olympias (Tochter des Ablabius) 64
Olympiodorus 356
Olympius (*magister officiorum*) 188. 191. 201
Optatianus Porfyrius 361
Optatus (*patricius*) 53

Optatus von Mileve 364
Orestes (Heermeister) 250
Orestes (*praefectus Augustalis*) 219
Oribasius (Arzt) 104. 106
Orientius 200. 363
Origenes 92. 186
Orosius 127. 198. 202. 208. 355

Pacatus (Rhetor) 167. 359
Pachomius (Eremit) 23f. 74. 332
Palladius (Sohn des Petronius Maximus) 252
Palladius von Helenopolis 358
Pallas (Freigelassener) 49
Papa (König Armeniens) 137
Papinianus 211. 339
Parmenianus von Carthago 364
Parthenius 112
Patricius (Sohn Aspars) 246
Patrick (Missionar) 228
Paulinus von Antiochia 125
Paulinus von Mailand 358
Paulinus von Nola 200. 362
Paulinus von Pella 202. 359
Paulus (Apostel) 32. 75. 155. 187. 190. 193. 207. 245
Paulus (Jurist) 211. 281. 339
Paulus (Sekretär) 58
Paulus Catena 95
Paulus von Constantinopel 56
Pelagius (Häretiker) 207f.
Pelagius von Rom 326. 365
Petronius (Schwiegervater des Valens) 112
Petronius Maximus 240. 246–248. 251
Petrus (Apostel) 21. 31f. 55f. 75. 155. 160. 237. 244. 279. 296. 325
Petrus Fullo („der Gerber") 264f.
Petrus von Alexandria 123. 148f.
Philostorgius von Kappadokien 355
Placidia (Tochter Valentinians III.) 240. 248f. 252
Platen, August von 199
Plato 89. 93

Plinius 211
Pontius Pilatus 149f.
Porphyrius (Neuplatoniker) 45
Porphyrius von Gaza 185. 358
Praxagoras (Historiker) 51
Prisca (Mutter der Valeria) 19
Priscillianus (Sektengründer) 160f.
Priscus (Freund Julians) 89. 96. 106
Priscus von Passion (Historiker) 225. 356
Procopius (Verwandter Julians) 103. 105. 107. 112–115. 118–120
Procopius von Caesarea 231. 295. 299. 312. 315. 322. 356f. 360
Procopius von Gaza 287. 298. 359
Prohairesius 91
Promotus (Heermeister) 162. 171. 179
Prosper Tiro 354
Proterius von Alexandria 263
Prudentius (Dichter) 156. 173. 361

Radagaisus 193f.
Raffael (Maler) 239
Rando (Alamannenfürst) 116
Rhea 38
Ricimer 247–250. 252. 256. 341. 366
Roma (Göttin) 5. 9
Romanus (*comes*) 134
Romulus (Gründer Roms) 353
Romulus (Sohn des Maxentius) 9
Romulus Augustulus 242. 250f. 273. 342
Rua (Hunnenkönig) 222f.
Rufinus (Prätorianerpräfekt) 176f. 184. 361
Rufinus von Aquileia 143. 355
Ceionius Rufius Albinus 167
Rufius Volusianus (Prätorianerpräfekt) 6
Ruricius Pompeianus (Prätorianerpräfekt) 10
Rusticus Iulianus (*magister memoriae*) 113
Rutilius Namatianus 203. 361

Safrax 138. 146
Sallustius (Prätorianerpräfekt) 80.
103
Salomon 312
Secundus Salutius (Prätorianerpräfekt) 94. 96. 107
Salvianus von Massilia 220f. 363
Sarus 193f. 197. 203
Saturninus (Heermeister) 146f.
Schapur II. 42f. 63f. 76. 81. 103. 105–108. 136
Schenute von Atripe 264
Schwartz, Eduard 218
Sebastianus (Heermeister) 142
Sebastianus (Militär unter Julian) 103. 105. 107
Senecio (Bruder des Bassianus) 19
Septimius Severus 29
Serena (Frau des Stilicho) 174. 188
Servius 241
Severianus (Sohn des Severus) 19
Severinus (Heiliger) 250. 259f. 359
Severus (*magister peditum*) 113
Severus (Tetrarch) 1–6. 19. 331
Severus von Antiochia 293. 364
Sidonius Apollinaris 255–258. 361f.
Sigismund (Burgunderkönig) 282. 285. 343
Silvanus (*magister peditum*) 66
Silvester von Rom 31. 51
Simplicius von Rom 265
Siriacus von Rom 161
Sittas 301
Sixtus III. von Rom 238
Sixtus V. (Papst) 52. 68
Socrates von Constantinopel 108. 355f.
Sol 9. 15. 86
Stilicho 171. 174–178. 180. 188f. 191–195. 209. 337f. 354. 359. 365f.
Sueton 358
Sulpicius Severus 200. 354. 359
Syagrius (Sohn des Aegidius) 256. 282

Symmachus (Haupt des Senats) 113. 116f. 120. 153. 158f. 170. 173. 360–362
Symmachus (Schwiegervater des Boethius) 295
Symmachus von Rom 278f. 291. 343
Synesius von Cyrene 181. 360

Tacitus 83. 143. 353f.
Tatianus (Prätorianerpräfekt) 162. 176
Taurus (Prätorianerpräfekt) 81. 95
Teja 321–323. 345
Tertullianus (*comes*) 28
Thalassius (Prätorianerpräfekt) 64f.
Themistius (Rhetor) 108. 120. 125. 129. 133. 147. 162. 360
Theodahad 309
Theoderich I. (Westgotenkönig) 224. 227. 341
Theoderich II. (Westgotenkönig) 247. 254. 256
Theoderich der Große 246. 260. 267–287. 291–298. 309f. 342–344. 358. 360. 365f.
Theoderich Strabo 266–269
Theoderid s. Theoderich
Theodora (Frau Justinians) 298–302. 308f. 313. 315. 328. 344. 357
Theodora (Stieftochter Maximians) 3
Theodoretus von Antiochia 355f.
Theodoretus von Cyrus 312. 345
Theodorus (*notarius*) 121f.
Theodorus von Mopsuestia 312. 345
Theodosius (Feldherr) 115f. 135. 144
Theodosius I. (Kaiser) 99. 144–152. 154. 158. 161–176. 182f. 188. 241f. 245. 335–337. 355. 358–360. 362
Theodosius II. (Kaiser) 185. 187f. 210–220. 225. 232. 234. 236f. 241–243. 245. 263. 266. 338–341. 356. 362. 365

Theodosius (Mönch) 263
Theodosius (Sohn des Athaulfs und der Galla Placidia) 202
Theognius von Nicaea 35
Theophanus Confessor 357
Theophilus (Statthalter) 65
Theophilus von Alexandria 186 f.
Theophilus von Berytus 307
Theresa (Frau des Paulinus) 200
Theudebald 322
Theudebert 311. 322
Thiudimer 260. 267
Thorismund 227
Thrasamund 282. 296. 343
Tibatto (Bagaude) 223 f.
Timasius 171
Timotheus I. von Alexandria 263–265. 290. 293
Timotheus II. von Alexandria 264
Tiridates III. (König Armeniens) 42
Titus 252. 304. 338
Totila 316–322. 324 f. 327. 345
Trajan 104. 162. 211. 298
Tribigildus 180–184
Tribonianus 302. 305 f. 308. 362
Trigetius (Unterhändler) 232
Tufa (Heermeister) 271 f.
Tyche 38
Tzath 300
Tzazo 303

Uldin (Hunnenfürst) 182. 193
Ulpianus 211. 339
Ursacius von Singidunum 67
Ursicinus (*magister equitum*) 64. 66
Ursinus von Rom 125. 154 f. 279
Ursulus (*comes sacrarum largitionum*) 95
Ursus von Ravenna 235

Vadomar (Alamannenkönig) 79
Valens 110–115. 119–126. 128 f. 133 f. 136–138. 141–145. 149. 152 f. 162 f. 334 f. 353

Valens von Mursa 67
Valentinianus I. 110–118. 120. 122. 125–136. 143 f. 152. 154. 183. 209. 279. 334 f. 360 f.
Valentinianus II. 136. 152. 155. 157–161. 164–167. 169. 335 f. 360
Valentinianus III. 203. 209 f. 212. 221. 226. 232–242. 246. 248 f. 251. 254. 260 f. 296 f. 339–341
Valentinus (Grundherr) 184
Valeria (Gattin des Galerius) 19
Valerii (Familie) 199 f.
Valerius Pinianus 199 f.
Valerius Publicola 199
Valesius, Henricus (= Henri de Valois) 354
Vallia 203. 205 f. 229. 339
Flavius Vegetius Renatus 166. 365
Vergil 170. 174. 241
Vetranio (Usurpator) 62
Vettius Agorius Praetextatus 122. 170
Victor (Heermeister) 119 f.
Victor (Sohn des Magnus Maximus) 165
Victor von Tunnuna 354
Victor von Vita 355
Victoria (Göttin) 61. 152. 193. 195. 280
Victorius (*dux*) 257 f.
Vidimer (Sohn) 260
Vidimer (Vater) 260
Vidin 324
Vigilius von Rom 313. 317. 325 f. 345
Vincentius (Militär) 255
Vitalianus (Heermeister) 289–291. 293. 317
Viventius (Stadtpräfekt) 125 f.
Voltaire 109

Witigis 309. 310 f. 316. 323. 325. 345
Wulfila 73. 147

Xerxes 226

Zammac (Stiefbruder des Firmus) 134
Zeno (Kaiser) 242. 246. 251. 254. 265–270. 272 f. 281. 286. 288–290. 292. 341–343
Zeus 86. 161
Zonaras 357
Zosimus (Historiker) 104. 129. 173. 356
Zosimus von Rom 208. 364

Sachen

Adoption 1. 6. 25. 299
adoratio/Proskynese 30. 49. 332
aequitas 45 f. 77
agentes in rebus 21. 75. 95
agonistici 59
agri deserti 199
Akademie (Athen) 314. 344. 358
Akklamation 3. 78. 81. 244 f. 248 f. 286
Altes Testament 56. 68. 156. 354. 362, s. auch Bibel
Ämter
  kaiserliche 17. 20. 27. 30. 39. 41. 49. 96. 128. 158. 166. 176. 179–181. 203. 219. 222. 234. 258. 269. 276. 293. 308 f. 332. 358. 365
  königliche 276–278. 294
  römische 27. 277 f.
  städtische 46
Amtsträger (senatorische) 133
Anachoretentum s. Eremiten
Annalistik 143. 354. 358
annona 16 f. 331
Ansiedlungspolitik 60. 77. 138. 142. 144. 146. 192. 196. 204. 232. 250. 255. 274 f. 327. 335. 337. 339 f.
Apisstier 366
Apophthegmata Patrum 23
Apostasie (vom Christentum) 86. 152. 154. 168. 190
Apostel 50. 93. 167. 237
Apostolischer Stuhl 55 f. 156. 221. 237 f. 245. 262 f. 290. 293. 313. 336
Apotheose 108. 366

Appellation 45. 234. 237
Arbeitskräftemangel 47. 129. 183
arcani 61. 116
Archäologie 117. 366
Argenteus 29
Arianismus 33. 35. 43 f. 50 f. 55–58. 66. 71. 73. 83. 87. 112. 123–125. 143. 147 f. 153. 158–160. 164. 181. 230. 233. 246. 254. 279. 283. 285 f. 293. 295–298. 304. 326. 332 f. 335 f. 340. 344. 355. 358. 361. 364
Aristokratie
  gallische 204. 221. 247, s. auch Senatsaristokratie
  städtische 128, s. auch Senatsaristokratie
Armeebefehlshaber s. Militärbefehlshaber
Ärzte 99. 132
Askese 23. 47. 74. 186. 199 f. 207. 213. 220. 358 f.
Astrologie 122. 161. 365
Augusta-Titel 30 f. 42. 185. 209 f. 212 f. 226. 234. 298. 300. 344
aurum oblaticium 17

Bagauden 201. 220 f. 223–225. 255. 340
Barbaren 60 f. 77. 114 f. 141. 147. 162. 164 f. . 176. 181 f. 195. 198 f. 206. 221. 224. 230. 246. 270. 274. 289. 323. 335. 338
Basiliken 21. 307. 345. 363, s. auch Kirchenbauten

Bauern 127–129. 145. 219–221
Bautätigkeit 5
  Antiochia 121
  Constantinopel 30. 162. 332. 360
  Ravenna 298
Bauten
  Constantinopel 30. 214. 365
  italische 324
  Ravenna 298
  Rom 5. 68. 130. 262. 280
Bauverwaltung 262
Bauweise (byzantinische) 326
Beamte (kaiserliche) 18. 21 f. 27. 41.
  48. 57. 80. 87. 121. 132. 138. 159.
  167. 189. 191. 221. 241. 274–276.
  292. 301. 331. 344, s. auch Hof-
  beamte
Befestigungsanlagen
  Britannien 116. 335, s. auch
  Grenze, Hadrianswall
  Donau 118. 134. 334, s. auch
  Donau-Limes, Kastellbauten,
  Donau
  Norditalien 324
  Ostgrenze 315, s. auch Grenze,
  römisch-persische
  Rhein 116. 333. 335, s. auch
  Rhein-Limes, Kastellbauten,
  Rhein
Beredsamkeit 90. 360
Bevölkerung
  Afrika 254
  Alexandria 87. 123. 217. 263. 263
  Antiochia 102. 314
  christliche 63. 73
  Constantinopel 37. 146. 148. 181.
  187. 243. 265. 286. 291. 299. 302.
  304 f. 342
  gallische 79
  heidnische 87. 100
  Italien 358
  Noricum 259
  östliche 28. 120 f. 161. 309
  Pannonien 198
  Pavia 272

Provinzen 61. 96 f. 308
Reich 7. 28. 63. 89. 96. 148. 198
Rom 3. 68. 131. 194. 240. 280. 292.
  297. 310. 317
Sizilien 309
spanische 255
thrakische 139
westliche 61. 363
Bevölkerungspolitik 77
Bibel 56. 68. 71. 73. 92. 156. 159. 363
Bildungswesen 91 f. 132
Biographie 23. 51. 231. 314. 354.
  358 f.
Bischof
  Alexandria 23 f. 33. 35. 55. 57. 66.
  87. 90. 108. 123. 148 f. 163. 186 f.
  216. 236. 243. 263–265. 290. 293,
  s. auch Athanasius v. Alexan-
  dria, Cyrillus v. Alexandria,
  Metropolit, Patriarch
  Antiochia 82. 124 f. 149. 216 f. 264.
  293. 355 f. 364, s. auch
  Metropolit, Patriarch
  Augustonemetum 257
  Bagai 59
  Bostra 93
  Caesarea 36. 42. 73. 92. 124. 355,
  s. auch Basilius v. Caesarea,
  Eusebius v. Caesarea,
  Metropolit
  Callinicum 168
  Carthago 13 f. 22. 44. 58 f. 190. 233.
  331. 364, s. auch Metropolit
  Constantinopel 55 f. 108. 123. 148.
  150 f. 162. 180. 185 f. 215–217.
  236 f. 243–245. 264 f. 286. 289 f.
  292. 335. 337. 340–342. 355 f.,
  s. auch Patriarch
  Corduba 22. 33. 56 f. 71
  Edessa 312 f. 345
  Ephesus 215. 217. 314. 357, s. auch
  Maximus v. Ephesus
  Gaza 185. 358
  Goten 73. 147
  Helenopolis 358

Sachen

Hippo Regius 190. 206. 230. 337, s. auch Augustinus
Jerusalem 35 f. 263, s. auch Patriarch
Mailand 125. 153. 157. 159 f. 167 f. 174. 274. 311. 360. 364, s. auch Ambrosius v. Mailand
Mileve 364
Nola 200. 362
Pavia 249. 257. 271. 274. 280. 358
Poitiers 67, s. auch Hilarius v. Poitiers
Ptolemais 181
Ravenna 235. 272, s. auch Metropolit
Rom 6. 12. 14. 31. 34. 48. 51 f. 55–57. 66–68. 71 f. 125. 150. 153–155. 161. 189. 208. 216. 237–239. 263. 265. 278 f. 290–293. 295 f. 312 f. 317. 325 f. 336. 340. 342–344. 353. 355. 362. 365, s. auch Papsttum, Damasus von Rom, Leo I.
Salona 249
Sebaste 73 f.
Sevilla 355
Tours 127. 161. 200. 359
Tyana 124, s. auch Metroplit
Vita 355
Bischöfe 14. 32–36. 43. 45. 49. 51. 55 f. 58 f. 67. 71. 73. 75. 90. 123. 149 f. 155. 186. 208. 215–217. 237 f. 243–245. 274. 293. 296. 303. 308. 325. 332. 335 f.
afrikanische 14. 189 f. 208
ägyptische 264
arianische 43
armenische 42
britannische 228
donatistische 22. 90. 189. 206 f. 338. 364
exilierte 57. 90. 123
gallische 14. 221
italische 14. 196
katholische 189. 206. 338
monophysitische 263
numidische 13
östliche 55–58. 149–151. 265
syrische 216
westliche 34. 55–58. 151. 243
Bischofsamt 66. 123. 150. 218. 221. 258. 360
Bischofsgericht 15. 45. 218
Bischofsversammlung 24. 34 f. 56. 243. 313, s. auch Konzil, Synoden
Blutrache 203. 269. 272. 339
Bora (Sturmwind) 172
Brandmarkung 183 f.
Breviarium Alarici s. Lex Romana Visigothorum
Bronze 29. 60. 63. 68. 101. 214. 248. 287. 366 f.
Brotverteilung 30. 37. 131
Brückenbau (Donau) 38. 40. 332
Buccellariertum 184. 188. 193. 197. 203. 240. 249. 266. 301. 315
Bücherverbrennung 45. 122. 314
Bundesgenossen s. Foederaten
Bündnispolitik (Theoderichs) 282. 343
Bündnisvertrag (mit Attila) 225. 266
Bündnisvertrag (mit Theoderich Strabo) 266 f.
Bürgerrecht (römisches) 152
burgi 117 f. 321. 335
Bußakt von Mailand 167 f. 336. 362

Caesaropapismus 83. 290. 342
cancellarius 354
canon/kirchlicher Rechtsspruch 67. 208. 245. 364
catholicus Armeniens 42. 64
Census 28
Centenionales 60. 367
Chi-Rho-Zeichen s. Christogramm
Christentum 32. 35. 40. 44 f. 59. 68. 68. 73. 79. 85–89. 92. 100. 108 f. 126. 144. 148. 151 f. 154. 158. 172 f. 198. 198. 200. 259. 314. 331 f. 336–338. 363. 365

afrikanisches 189
ägyptisches 24
arianisches 147
armenisches 42
britannisches 228
östliches 33. 149
Christenverfolgung 6–8. 13. 18. 24.
 73. 88. 93. 137. 168. 331. 355. 363
Christianisierung
 Armeniens 42
 des Reiches 33
 Galliens 127
 Irlands 228
christianissimus imperator 151. 153.
 174. 245
Christogramm 11. 15. 26. 63. 185.
 331. 366
Christologische Formel 33 f. 70. 332
Chronik 169. 213. 229. 294. 353 f.
 356–358
Chronograph des Jahres 354
 s. Kalender des Filocalus
Circumcellionen 59. 90. 126. 189. 333
Clarissimat 27. 132. 221. 332. 335
clibanarii 10
Codex Euricianus 255. 363
Codex Gregorianus 211. 281. 306.
 339. 345
Codex Hermogenianus 211. 281.
 306. 339. 345
Codex Iustinianus 305–307. 345. 362
Codex Theodosianus 133. 212. 218.
 220. 281. 306. 340. 345. 362
Codex vetus 305 f. 362
cognitiones 21. 71
auri lustralis collatio/Chrysargyron
 17. 97. 286 f. 343
Collatio von Carthago (411) 206 f. 364
collatio glebalis 16 f.
Collatio legum Mosaicarum et
 Romanarum 92. 362
Collectio Avellana 362
comes/comites 28. 141. 164. 185. 189.
 256. 332
comes Africae 134. 209. 230

comes Armeniae 164
comes excubitorum 291
comes litoris Saxonici 61
comes obryci (*auri*) 276
comes Orientis 88
comes patrimonii 276 f.
comes primi ordinis 214
comes rei militaris per Thracias 138
comes rerum privatarum 49. 61. 95.
 132. 276 f.
comes sacrarum largitionum 49. 95.
 132. 202. 276 f.
comitatenses 39. 116
comitatus 20. 332
comites consistoriani 49
comitiaci 275 f.
concordia 110. 282
consecratio s. Divinisierung
consiliarius 356
Constantinische Schenkung (*Constitutum Constantini*) 51
Constitutiones Sirmondianae 362
aurum coronarium/Kranzgold 98.
 130
Corpus iuris civilis 305–307. 345. 362
corpus naviculariorum 132
corpus pistorum 132
corpus suariorum 132. 262
correctores 278
cubicularii 30
cubiculum 30. 49
curator rei publicae 46
cursus publicus 75. 96

damnatio memoriae 7. 31. 165
Decennalien 19. 133. 164
Decretum Gelasianum 155
decurio silentiariorum 286
defensor plebis 128. 261
Dekurionat 46. 98 f. 334
delegator 274
Demut/*humilitas* 168. 174
Desertion 112. 115 f. 157. 184 f. 192
Diadem 30. 78. 185. 196. 284. 332
Diakonat 58. 362

Dichtung 69. 90. 156. 170. 173. 177.
240f. 361
Digesten 305–307. 345. 362f.
Diözesen 17. 20. 27. 96. 150. 332. 364f.
östliche 28. 150
Divinisierung/*consecratio* 3. 7. 9. 50.
85. 108. 110. 143
Donatismus 14. 22. 33. 44. 58f. 90.
126. 154. 189–191. 206–208. 230.
304. 331. 333. 337–339. 364
Donativ 78. 102. 274
Donau-Limes 69f. 118–120. 135. 334
Drei-Kapitel-Streit 312f. 326. 345.
354. 364
dux Armeniae 164
dux Hispaniarum 255
dux Mogontiacensis 118
dux s. Militärbefehlshaber
dux Tarraconensis 255
Dynastie
constantinische 62. 85. 112. 119.
245
theodosianische 167. 242. 245
valentinianische 136
Dynastisches Konzept 3. 9. 20. 41.
53. 85. 112. 209. 286

Edicta Iustiniani 363
Edictum Theoderici 280f. 343. 363
Edikte (kaiserliche) 8. 12. 55. 86f.
90f. 100. 123. 125. 148. 204. 208.
308f. 312. 339. 354. 362, s. auch
Gesetzgebung (kaiserliche), Konstitutionen (kaiserliche)
Ehebruch 48. 133
Eid (für Julian) 79f.
Einheit (christliche) 71. 334f.
Enklaven (fränkische) 324
Enklaven (gotische) 324. 345
Epiphaniefest 79
Epistola dogmatica (Papst Leos)
236. 243. 264f. 341
equites singulares Augusti 21
Erbfähigkeit der Kirche 22. 90. 126.
332

Erdbeben 70. 88. 99. 103. 113. 186.
213. 298. 327. 344
Eremiten 23f. 44. 74. 127. 156. 250.
358
Eroberung Roms
(387 v. Chr.) 182. 197
(410) 196–198. 206. 338. 355. 359
(455) 246. 248. 251f. 261. 341. 354
(536) 310. 321. 345
(546) 316f. 319. 321. 345
(547) 318. 321. 345
(550) 319. 321. 345
(552) 321
Erziehungswesen s. Bildungswesen
Ethik 92. 175. 363
Eunomianer 154
Eunuchen 30. 83. 94. 177. 179f. 213.
240. 310. 332. 361
Eustathianer 74
evectiones 96
Ewiger Frieden
mit den Persern (532) 301. 314.
344f.
mit den Vandalen 251. 254. 341
Exkommunikation 13. 24. 35. 43. 57.
207. 264

Feste (heidnische) 123
Finanzminister s. *comes sacrarum largitionum*
Finanzpolitik (Marcians) 266. 286
Fiskalismus 112. 127
Flotte
Donau- 119. 138. 334
Euphrat- 104–106
Getreide- 43. 317
Flotte [Forts.]
gotische 272. 297. 316. 320
Kanal- 77
oströmische 165. 232. 253f. 283.
289. 302f. 309f. 316f. 319f. 342
Rhein- 10. 117f. 335
römische 253
vandalische 232. 251f. 282f.
weströmische 165

Foederaten 134. 146f. 191f. 194. 202.
 223. 239. 250f. 259. 266. 336f. 339
Foedus
 (von 332) 40. 119f. 332
 (von 382) 144. 147. 171. 179. 335
 (von 392) 171
 (von 397) 179f. 337
Follis 16. 29. 60. 332. 367
Französische Revolution 252
Freiheit der Kirche 55. 57. 71. 160.
 290. 362
Frömmigkeit 33. 92. 168. 174. 185.
 213. 362
Fürsorge (kaiserliche) 75. 131. 133.
 262

Gardeoffiziere 107. 110. 242. 334
Gardetruppen 94. 240
Gebet der Christen für Kaiser und
 Reich 8. 12. 331
Geiselstellung 40. 69. 120. 138. 166.
 222. 233. 252. 269. 321
Geldstrafe 98. 128. 168. 183. 191. 262
Gerichtsbarkeit
 der Bischöfe 45
 über Bischöfe 75. 90
 des Papstes 238
 des Prätorianerpräfekten 17. 41.
 45
Gesandtschaften 21. 49. 55. 82. 114.
 122. 153. 135. 157. 163f. 190. 196.
 225. 229. 239. 242. 248. 251. 262.
 264. 268. 272f. 284f. 290. 292f. 319.
 356
Geschichtsschreibung 353. 355f. 358
Gesetz
 Advokaten 91
 antidonatistisches 154. 190f. 207.
 337
 antihäretisches 44. 148. 215. 218.
 313
 antiheidnisches 45. 60. 168f. 218.
 313
 antijüdisches 44. 218. 313
 Apostasie 152. 154

Astrologie 122
Aushebung 192
defensor plebis 128. 261
Desertion 192
Ehe 47f. 299
Folgen der Völkerwanderung
 198
Freilassung 22
 für Kaiser bindend 210
Haruspicien 122
Henoticon 289f. 342
Hochschulen 132
homoiisches 159
Katholizismus 197
Kirchenasyl 218
Kirchengröße 32
Kolonen 47. 128
Kranzgeld 98
Kurialen 99. 261
Manichäer 238
Nutzung der Tempel 189
Patrocinien 128. 219f.
Primat Roms 221. 238
Provinzsteuer 97
Quartier 205
Rangtitel 132f. 335
Religionstoleranz 111
Schuldenmoratorium 325
Schutz der Monumente Roms
 262
Selbstverteidigung 184
Sklaven 193
Sklavenschutz 44
Solidus 130
Sonntagsruhe 22
Städte 88
Tempelbau 88
Zitiergesetz 211. 339
Gesetze (constantinische) 46–48
Gesetzgebung (kaiserliche) 46. 48.
 59. 91. 111. 127. 183. 191. 195.
 211f. 214. 218. 220. 262. 276. 280.
 303. 305f. 312. 339f. 362f., s. auch
 Edikte (kaiserliche), Konstitutio-
 nen (kaiserliche)

Sachen

Getreideversorgung 100
Antiochia 100f. 162
Constantinopel 43
Gallien 77
der Goten 196. 202f. 206. 339
Rom 5. 81. 131f. 178. 188. 196. 231–234. 280. 317. 337. 340
Gewerbe 17. 97. 286
Glaube (christlicher) 8. 15. 91f. 109. 313f. 363
Glaubensbekenntnis
 von Antiochia (341) 56
 von Antiochia (379) 149
 arianisches 43
 von Chalcedon 263
 von Constantinopel (360) 71. 123. 159
 von Constantinopel (381) 124. 150. 243. 335
 von Nicaea 34f. 43. 56. 71f. 109. 112. 123f. 147–150. 216. 243. 332. 335. 364
 des Pelagius 208
 rechtgläubiges 70. 124. 148
 Wulfilas 73. 147
Glaubensformel des Hormisdas 292. 344
Glossatoren 307
Gnade
 göttliche 126. 207. 252. 275
 kaiserliche 8. 163. 173
 des Siegers (*venia*) 165. 172
Gold 5. 15–17. 29. 33. 51. 85. 97. 128. 130. 139. 166. 168. 183. 191. 195f. 199. 225. 253. 262. 266–268. 276f. 280. 287–289. 301. 315. 338. 344. 366
Gotenkriege 40. 123. 149. 305. 309. 314. 321f. 324–326. 332. 345. 356
Gott
 christlicher 8. 11f. 15. 22–24. 32f. 43. 50f. 60. 63. 70f. 73f. 80. 123–126. 148. 153. 159f. 160. 169. 173f. 185f. 198. 202. 207. 210. 215. 217. 219. 229. 243–245. 275.
286. 290–292. 304. 307. 312f. 327. 340f. 364. 366
 höchster 6. 11. 13–15. 18. 331
Götter (heidnische) 3. 69. 80. 85f. 91. 93. 95. 102f. 158. 168. 173. 189. 197f. 338
Götterglaube (heidnischer) 7–9. 15. 32. 61. 86f. 89. 91f. 108. 157. 172. 241. 334. 366
Götterkult (heidnischer) 7. 68. 86. 88f. 334
Gottesdienst
 arianischer 159. 181. 336
 christlicher 8. 12. 15. 22f. 43. 46. 74. 89. 168. 175. 290
 katholischer 233
Gottesgnadentum 85. 245. 312. 341
Gottesmutter (theologisches Problem) 215–217. 340
Grammatik 90. 114. 214
Grenze
 Donau- s. Donau-Limes
 Hadrianswall 61. 115f. 157. 335
 Italiens 195. 324
 Ostreich/Westreich 111. 140. 285. 344
 Reichs- 60. 62. 115f. 134. 225. 305. 333
 Rhein- s. Rhein-Limes
 römisch-persische 103. 300. 315f. 344
 Sicherung 10. 77. 332f.
Grenztruppen (*ripenses/limitanei*) 39. 116
Großgrundbesitzer 47. 100. 127. 129. 233. 258
Grundbesitz 16f. 22. 49. 128. 152. 221. 326
Grundherrschaft 127. 183f. 220

Haltung (antichristliche) 93. 334. 356
Handel 17. 40. 74. 97. 120. 286. 365

Häresien (christliche) 22. 44. 57. 72.
125. 148. 150f. 153. 190. 215. 217f.
236f. 244. 291. 293. 304. 312–314.
332. 335. 339. 341. 345. 355. 364
haruspices 122. 197
Hauptstädte 10. 67. 124. 130. 150.
155. 162. 186. 192f. 202. 204. 223f.
229–231. 246. 256–258. 269. 281.
283. 285–287. 289. 298. 301. 311f.
314. 327. 339. 342
Heer s. auch Hilfstruppen
alamannisches 115. 322f.
armenisches 103. 105
bretonnisches 227
Foederaten- 250f. 289
fränkisches 322f.
gallisches 78
gotisches 40. 147. 181. 182. 197.
320f. 335
hunnisches 222. 226. 228. 341
ostgotisches 266. 269. 283f. 309f.
316. 321. 324
östliches 112. 119f. 136. 138–140.
142. 144f. 164–167. 171. 176f.
179f. 210. 243. 253. 266. 268.
285f. 288f. 301–303. 310. 315–
321. 323. 327. 335–337. 342–345
persisches 105. 226. 314f.
quadisches 135
römisches 3f. 7. 10f. 18f. 23–26.
39f. 43. 46. 49. 53. 61–63. 65–67.
76. 78–80. 82. 85. 94f. 100. 102–
107. 110–112. 127. 176. 332–334.
365
vandalisches 252. 302f.
westgotisches 224. 227. 256. 271
westliches 115f. 118. 135f. 140f.
157. 164f. 170–172. 174. 176–
178. 191. 193f. 201. 206. 209.
222f. 226. 228. 230. 253. 257.
271. 336–338
Heeresbefehlshaber s. Militärbefehlshaber
Heeresversammlung 2. 5. 82. 110.
113f.

Heermeister 63. 94. 96. 111f. 114.
116. 118–120. 135f. 142. 142. 144–
146. 157f. 162. 165–167. 169. 171.
174. 177. 179–182. 184f. 188. 191f.
196. 201f. 205. 209. 222. 224. 231.
242. 246–248. 256. 267–269. 271.
301. 303. 317. 324. 327. 335f. 338f.
342. 342. 359. 365f.
armenischer 301. 344
gallischer 222
illyrischer 167. 302. 309. 337
oberster 166. 176. 222f. 229. 239f.
247. 249f. 258. 266f. 269. 291.
293. 341
Orient 269. 300f. 315
thrakischer 289
westlicher 337. 340
Heiden 63. 91. 93. 95f. 108. 127. 157.
161f. 167. 197f. 206. 218. 313f. 334.
360
Heidentum 45. 86f. 91. 109. 152–154.
161. 168. 172. 175. 189. 314. 361. 363
Heiliger Geist 124. 149f. 254. 364
Hellenismus 94
Hilfstruppen
alamannische 65. 171. 336
alanische 191
barbarische 171
fränkische 171. 336
germanische 69f. 78. 138. 171. 321.
327. 339
gotische 176. 255. 319
hunnische 222f.
vandalische 191
westgotische 337
Hinrichtung 10. 19. 26. 31. 65. 95.
113. 115. 119. 121f. 133. 135. 144.
161. 165. 178f. 181. 188. 191. 193.
195. 201. 207. 209. 210. 224. 226.
247. 256. 276. 294f. 301f. 332. 336–
338. 344
Hochschulen 114. 132. 214. 306
Hochverrat 135. 295. 344
Hof
gotischer 257. 298

Sachen

hunnischer 223. 225. 250
kaiserlicher 3. 20f. 24. 30. 43. 56.
58. 65–67. 88. 117. 125. 136. 153.
157–160. 163. 165f. 177. 179.
181. 185. 191f. 196. 201f. 216f.
222. 237. 242. 246. 275. 284. 290.
332. 337. 359f.
Hofarmeen 165f. 171
Hofbeamte 30. 48f. 133. 169. 188.
210. 276. 286, s. auch Beamte, kaiserliche
Hofstaat 110f. 334
Homilien 187. 360
homoios/ähnlich 71. 73. 112. 123. 125
homo-usios/wesensähnlich 70. 72.
123. 333
homo-usios/wesensgleich 34. 56. 70–72. 124. 332f.
honestiores 46
honorati 204
hostis publicus 7. 82. 178. 182. 188.
232. 265. 267f. 337f.
Hungersnot 5. 65. 107. 139. 141. 157.
193. 195f. 231. 261. 272. 310f.
317

indulgentia s. Gnade, kaiserliche
Inschriften 11. 15. 17. 41. 52. 68. 89.
94. 96. 97. 131. 155. 172. 187. 193.
213. 237. 240. 248. 280. 297. 326.
355. 365f.
Insignien (kaiserliche) 210. 242. 262.
273. 281. 342f.
Institutionen (Gaius) 211. 281. 306.
339
Institutionen (Corpus iuris civilis)
305–307. 345. 362
Itinerarium Burdigalense 36. 364
iuniores 111
ius Italicum 30
iustitia 102. 281

Jakobiner 252
Judentum 34. 44. 123. 154. 218f. 293.
304. 313. 360

Jungfräulichkeit 213. 226. 243
Juristen (römische) 211. 255. 306.
314. 339. 345. 362f., s. auch Recht,
römisches, Rechtsprechung

Kaiserideologie 5. 174. 280
Kaiserkult 17. 45
Kaiserstandarte 25. 332, s. auch Labarum
Kaisertum
  byzantinisches 83. 268. 286. 342
  christliches 136
  oströmisches 111–113. 242. 245.
  249. 286. 341
  römisches 3. 31. 35. 41. 61. 63. 66.
  68. 83. 85. 102. 126. 135f. 166.
  201. 210. 236. 246. 263. 332
  weströmisches 111–113. 209f. 242.
  246f. 249–251. 255. 262. 267.
  281. 284. 311. 339. 341
Kalender des Filocalus 68. 156. 353
Kanzlei
  a libellis 20
  a memoria 20
  a rationibus 49
  ab epistulis 20
  kaiserliche 20. 48. 192. 275. 292.
  357
Kastellbauten 17. 23. 38. 39. 117f.
120. 259. 321
  Donau 38f. 119. 327. 332,
  s. Befestigungsanlagen, Donau,
  Donau-Limes
Kastellbauten [Forts.]
  Maas 77
  Rhein 10. 117. 118,
  s. Befestigungsanlagen, Rhein,
  Rhein-Limes
Katakomben 155f., s. auch Rom,
  Callistus-Katakombe
Katholiken 22. 58f. 90. 148. 160.
190f. 206f. 230. 251. 254. 279. 293.
336. 338f. 342
Katholizismus 44. 57. 154. 158. 187.
189f. 197. 202. 206f. 233. 236. 263.

282f. 285. 291. 296. 303f. 313. 340f.
344. 355. 364
Kirche
  afrikanische 13. 22. 58. 230
  ägyptische 264
  Alexandria 35. 43. 55. 67. 163. 217
  Antiochia 124. 217
  armenische 42–44
  Carthago 12
  christliche 1. 12–15. 18. 21f. 24.
    33–35. 42. 45. 50. 55. 57. 71. 74f.
    90. 92f. 108. 126. 151. 155. 158–
    161. 168. 175. 189f. 208. 218.
    237. 265. 286. 290–293. 312. 314.
    326. 332–334. 363
  gotische 147
  griechisch-katholische 187
  katholische 44. 190. 197. 233. 303f.
    340. 344. 355
  koptische 293. 344
  Mailand 159f.
  östliche 52. 149. 292
  Ravenna 355
  Rom 6. 55. 51. 125. 154–156. 167.
    237. 279. 326. 336
  westliche 221. 238. 292. 326
Kirchenasyl 172f. 180. 182. 190. 197.
  218. 313
Kirchenbau 21. 32. 175. 314
Kirchenbauten 21. 32. 58. 126. 160.
  200. 218. 308, s. auch Basiliken
  ägyptische 169
  Antiochia 32
  arianische 148. 159. 181. 295. 298
  Bagai 59
  Constantinopel 37f. 71. 148. 182.
    328. 337
  donatistische 59. 90. 207. 338
  Ephesus 314
  gallische 127
  häretitische 148
  Jerusalem 36. 333
  katholische 190
  Mailand 159f. 169. 175. 336
  Nicomedia 32

Palästina 36
Pavia 231. 295
Ravenna 188. 235. 298. 326. 366
Rom 31f. 65. 79. 125. 197. 236–
  238. 326. 332
Kirchengeschichte 354–357
Kirchengut 12f. 18. 75. 326
Kirchenorganisation 74. 147.
  149f.
Kirchenpolitik (kaiserliche) 54. 66.
  71. 83. 123. 153. 238. 291. 293,
  s. auch Religionspolitik
Klerus (christlicher) 12f. 46. 73–75.
  89. 98. 123. 160. 167. 186. 216. 230.
  238. 279. 326. 340, s. auch Bischöfe, Diakonat, Presbyter, Priestertum, christliches
Klientelwesen 70. 107. 134. 164. 184.
  300
Klosterleben 74. 264
  afrikanisches 200
  ägyptisches 23f. 264
  gallisches 127. 127. 220. 326
  östliches 217. 236. 263. 357f.
  westliches 200. 260. 326. 344.
    355
Kolonat 47. 128f. 179. 183f. 219–221.
  233. 316. 325
Kolonenflucht 47. 128f. 183
Konferenz von Carnuntum (308) 6.
  331
Konferenz von Viminacium (338)
  54. 333
Königtum 226
  alamannisches 65. 79
  Alarichs 179
  armenisches 53. 64. 103. 105. 137.
    164
  der Bucinobantes 134
  burgundisches 201. 223f. 249f.
    258. 281f. 285
  fränkisches 9. 282. 284. 311. 322.
    343
  gotisches 196f. 205. 257. 266–269.
    273f. 276. 279–281. 285. 291.

293. 296. 286. 311. 316. 319. 323. 343. 345
der Greutungen 137
hunnisches 222f. 225–227. 239. 250. 266
israelisches 167
langobardisches 231
maurisches 134
Odovacars 242. 250f. 262. 342
ostgotisches 246. 260. 267f. 273–278. 280. 282. 294f. 297. 309. 311. 316. 321–323. 342–344. 360. 365
persischer 42f. 81f. 103. 105–108. 136. 163. 300f. 314–316. 344f.
der Rugier 270
salfränkisches 223
sarmatisches 70
vandalisches 229. 232f. 248. 251. 253. 282. 296. 302. 339. 341. 343f. 355
westgotisches 171. 191f. 199. 203. 224. 227. 229. 247. 254. 257. 281–284. 339. 342f. 363
Konkubinat 3. 48
Konsekrationsmünze (Constantins I.) 50f. 85
Konsistorium (kaiserliches) 49. 76. 158–160. 215
Konsistorium (Theoderichs) 294
Konstitutionen (kaiserliche) 17. 22. 26. 32. 41. 75. 129. 131f. 211f. 281. 306. 308. 332. 339f. 345. 362, s. auch Edikte (kaiserliche), Gesetzgebung (kaiserliche)
Konsulat 25. 94. 103. 108. 111. 113. 147. 179f. 185. 189. 192f. 202f. 205. 209. 222. 240. 246. 269. 278. 292–294. 302. 305. 359
Kontorniaten 68f. 109
Konzilien 14. 75. 313. 364
des Jahres 471 265
des Timotheus (nach 457) 263
von Afrika (312) 13

von Afrika (404) 190
von Alexandria (um 320) 24
von Antiochia (338) 55
von Antiochia (379) 149
von Aquileia (381) 155
von Ariminum 71
von Arles (314) 14. 331
von Arles (353) 66f.
von Caesarea (um 320) 24
von Carthago (348) 59
von Carthago (401) 189
von Carthago (411) 208. 338
von Carthago (416) 208
von Carthago (418) 208. 339
von Carthago (535) 303
von Chalcedon (451) 174. 237. 242–245. 263–265. 279. 290f. 293. 312f. 337. 341–345. 364
von Constantinopel (360) 71–73. 333
von Constantinopel (381) 124. 147. 149–151. 162. 243–245 290. 335. 341
von Constantinopel (382) 151
von Constantinopel (553) 313. 345. 364
von Ephesus (431) 216–218. 340. 364
von Ephesus (431, Minderheitenkonzil) 216f. 340
von Ephesus (434) 243
von Ephesus (449) 236f. 243. 265. 341
Konzilien [Forts.]
von Gangra (zwischen 340–360) 74
von Jerusalem (bei Einweihung der Grabeskirche) 43
von Lampsacus (364) 123
von Lydda (415–416) 208
von Mailand (355) 66f. 72
von Nicaea (325) 33–36. 42. 58. 70f. 73. 149–151. 243. 290. 332f. 335
von Nicaea (327) 35

von Nicomedia (geplant) 70
von Nicomedia (um 320) 24
von Rom (313) 14
von Rom (341) 55f.
von Rom (382) 151. 155
von Rom (430) 216
von Rom (449) 236
von Rom (499) 279
von Rom (501) 246
von Seleucia 71
von Serdica (343) 56–58. 333
von Turin (398) 34
von Tyrus (335) 35. 43. 54
Kopten 23
Korruption 308. 345
Kranzgold s. *aurum coronarium*
Kulte (heidnische) 44. 59. 88. 127. 151f. 157f. 168. 170. 174. 189. 331. 336
Kultstätten (heidnische) 32. 127, s. auch Tempel, heidnische
Kupfer 37. 366f.
Kurialen/*curiales* 97–100. 128. 204. 261
Kurien 46. 75. 97–99. 261
 Antiochia 98. 100f. 360
 Rom 69. 153. 170. 173. 193. 240. 336. 361, s. auch Senat, Rom

Labarum 26. 32. 61f. 102. 171. 332. 366
Landbevölkerung 101. 127. 255
Lände-Burgus 117
Landtag (gallischer) 204. 256
Landtag (syrischer) 97
Landwirtschaft 46. 183
lapsi 6
largitiones 49
Laterculus Veronensis 27. 332. 365
Latifundienwirtschaft 317. 325
Lebensmittelversorgung (Roms) 4. 131f. 262. 310, s. auch Getreideversorgung, Rom
Leibwache (*scholae palatinae*) 21. 213. 249

Leichenrede 169. 174f. 360
Lex Romana Burgundionum 281. 343. 363
Lex Romana Visigothorum 281. 343. 363
liberalitas 28. 58. 97
Liturgie 156. 187. 265. 336

Magie 86. 121f. 133. 160
magister s. Militärbefehlshaber
magister census 132
magister epistularum 20. 48
magister equitum 39. 64. 66. 80. 80. 80. 82. 82. 115. 132. 135
magister equitum et peditum 118. 165
magister equitum per Gallias 76. 78
magister equitum per Illyricum 140
magister libellorum 21. 48
magister memoriae 20. 48. 113. 133. 353
magister militum s. Heermeister
magister officiorum 20f. 48f. 61. 95. 132. 163. 163. 191. 275f. 294. 306. 332. 344
magister peditum 39. 62. 66. 69. 113. 132
magister scrinii 132. 169
magister utriusque militiae 165f. 188. 222
Mailänder Kirchenstreit 159–161. 336
Maiorinae 60. 101. 367
Majestätsverbrechen 121. 162. 181. 294
Manichäer/Manichäismus 154. 160f. 238
manumissio/Freilassung 22. 193. 332
Märtyrerwesen 21f. 31. 38. 93. 155f. 296. 355
Maßnahmen (antiheidnische) 44f. 69. 86f. 152f. 157f. 168. 170. 189. 195
Mazdaismus 300
Melitianer 35. 35. 43

Metropoliten 34f. 126. 150. 332,
s. auch Bischöfe, Patriarchen
Alexandrinia 34, s. auch Bischof,
   Patriarch
Antiochia 34, s. auch Bischof,
   Patriarch
Arles 221
Caesarea 124, s. auch Bischof
Carthago 190, s. auch Bischof
östliche 264
Ravenna 235, s. auch Bischof
Tyana 124, s. auch Bischof
Miliarense 29
Militärbefehlshaber 118. 134. 138.
   144. 157. 164f. 222. 229. 255–258.
   260. 336
Mission (christliche) 22. 32. 72f. 127.
   137. 147. 314
Mittelalter 51. 161. 325. 327. 361.
   363
Mönchsregel 23. 74. 92. 326
Mönchtum 74. 92. 149. 161. 186f.
   215. 263. 314
   ägyptisches 72–74. 264. 332. 358f.
   britannisches 228. 354. 364
   gallisches 127. 200. 203. 220
   griechisches 74. 334
   kleinasiatisches 73f.
   lateinisches 74
   mesopotamisches 73
   östliches 73. 326. 363
   palästinisches 73. 263
   pontisches 73
   syrisches 73. 163. 264
   westliches 326. 344. 363
Monophysitismus 236f. 244. 263–
   265. 279. 286. 289f. 293. 300. 312f.
   341. 343–345. 357. 364
munera 46. 98f.
Münzen 4. 9. 15f. 25. 31f. 37f. 40. 42.
   50. 60f. 63f. 86. 101. 111. 133. 185.
   210. 248. 276. 287. 296. 320. 328.
   332. 366f.
Münzprägestätten 11. 16. 20. 28f. 37.
   166. 332

Münzreform (des Anastasius) 287.
   343. 367
Münzsystem (byzantinisches) 287.
   367
Münzsystem (constantinisches) 16.
   20. 28. 332
mutationes 96

Nachfolgeordnung Constantins 40–
   42. 53. 332. 366
Natur (Christi) 215–217. 236. 244.
   263. 290. 340f.
Natur (des Heiligen Geistes) 124. 149
Neues Testament 23. 56. 68. 92. 156.
   187, s. auch Bibel
Neuplatonismus 45. 85f. 89. 94. 122.
   314
Nibelungenlied 202. 224
Nika-Aufstand 301f. 344
Nomaden 137. 288
notarii/kaiserliche Sekretäre 58f. 95.
   121
Notitia Dignitatum 118. 166. 365
Notitia Urbis Constantinopolitanae
   214. 365
Notitia Urbis Romae 214
Novatianer 44
Novellen (justinianische) 307. 363
Novellen (nachtheodosianische)
   281. 362
Novus Constantinus (Ehrentitel) 51.
   242. 244f. 341

Obelisken 52. 68. 99. 162. 333
Opferwesen (heidnisches) 45. 59. 63.
   86. 89. 101f. 168. 170. 197
Opposition (heidnische) 109. 173.
   337f.
Orientalisierung des Kaisertums 30.
   332, s. auch *adoratio*, Diadem,
   Eunuchen, Paludamentum
Origenisten 186
ornamenta Palatii s. Insignien
   (kaiserliche)
Orthodoxie (vs. Arianismus) 57f. 66.

83. 112. 123–125. 143. 148f. 153.
158. 216. 236f. 244. 286. 290. 299f.
313. 333. 345. 356
Osterfest 33f. 116. 126. 159f. 163.
332
Ostkaiser 133. 236. 247. 249. 251.
261. 267. 337. 339. 341–343
Ostreich 56f. 111. 113. 120. 140. 143f.
149f. 152. 161f. 166. 169. 176–179.
183f. 187. 192. 195. 210. 212. 220.
222. 225. 231. 234. 243. 248f. 251.
253f. 260. 266. 268. 285–287. 298.
309. 324. 334f. 337f. 340. 344. 356.
361

Pachtwesen 47. 98. 128
Päderastie 61. 167
pagani 127
palatini/Höflinge 95
palatium 20. 275f. 332
Paludamentum 30. 280. 284
Panegyrik 163. 167. 292. 359f.
Papst s. Bischof, Rom
Papsttum
  frühchristl. 155. 222. 238f. 262f.
    278f. 290f. 312f. 325f. 343
  malterl. 51
Passah-Fest 34
Patriarchen 150. 308, s. auch Bischöfe, Metropoliten
  Alexandria 215. 243. 245. 263.
    265. 290. 293. 360, s. auch
    Bischof, Metropolit
  Antiochia 245. 264. 293. 364,
    s. auch Bischof, Metropolit
  Constantinopel 215f. 236. 242–
    245. 264f. 286. 289f. 292. 341f.
    357, s. auch Bischof
  Jerusalem 263, s. auch Bischof,
    Metropolit
Patricius/*patricius* 53. 112. 179f. 202.
  209. 223. 227. 229. 240. 247–251.
  267f. 285. 294. 341f.
Patrocinium 127–129. 184. 219–221
Pelagianismus 207f. 228. 339. 364

perfectissimi 27
Perserfrieden (von 363) 107f.
Perserkrieg
  der Jahre 481–479 v. Chr. 38
  des Anastasius 288. 356
  Constantins I. 42. 49
  Constantius II. 60. 70. 76
  Julians 100–103. 106. 108. 111.
    334. 354
  Justinians 309. 322. 345. 356
Pest 314f.
Philosophie 85f. 94. 109. 122. 214.
  360f.
Phönix 60f.
Photinianer 154
Pilgerwesen 36. 156. 200. 363f.
Plebs
  ländliche 128
  städtische 8. 128
  stadtrömische 131–133
pontifex maximus 45. 89. 94. 133.
  151f. 335
Postwesen 75. 96f.
potentes 98
praefectus Aegypti 219
praefectus annonae 133
praefectus Augustalis 219
praefectus militum 118
praefectus praetorio s. Prätorianerpräfekt
praefectus urbi 95. 132
  Constantinopel 75. 162. 180. 301.
    334
  Rom 68. 84. 125f. 132. 158. 167.
    170. 196. 203. 234. 278. 294. 353.
    358. 362
praepositus sacri cubiculi 30. 83. 94.
  177. 179f. 277. 310
praesides 278
Prätorianer 2f. 5. 10f. 17. 21
Prätorianerpräfekt und -präfektur
  6. 10. 17. 27. 41. 44f. 53. 64f. 81.
  95f. 99. 103. 111. 128f. 132. 161f.
  170. 176. 180f. 184. 201. 241. 274f.
  277f. 301. 303. 306. 308. 331. 343

Sachen

gallische 76. 78. 111. 133. 157f.
165. 201. 221. 224. 227f. 256.
258. 278. 284f. 310. 324
illyrische 114. 177f.
italische 196. 277. 325
Oriens 94. 107. 121. 307. 309
westliche 114
Predigt 160. 174. 180. 185f. 208. 215.
230. 230. 237. 360. 360. 360. 360.
360
Presbyter 24. 33. 124. 125. 198. 220.
238
Priestertum (christliches) 23. 239.
290
Priestertum (heidnisches) 8. 69. 88f.
94. 100. 122. 152. 169. 170. 334
Primat
Rom 155. 167. 221. 237f. 245. 336
Constantinopel 245
primicerius sacri cubiculi 240
Prinzipat 15. 94. 121. 125. 211
Priscillianisten 161
Professoren 92. 114. 214. 306. 314
Prokonsulat 12f. 75. 121f. 183. 189
Proskynese s. *adoratio*
protasekretis 357
Provinzen 8. 17. 19f. 27. 32. 34f. 75.
77. 96f. 129. 145. 185. 309. 322.
325. 332. 364f.
afrikanische 6. 41. 81. 90. 97. 229f.
234. 252
ägyptische 219. 309
annonarische 277f.
Balkan- 176
britannische 115f.
des Oriens 309
Donau- 39. 70. 144. 225. 259
europäische 20. 331
gallische 166. 204. 256. 258. 278
illyrische 128
italische 199. 277. 277
mauretanische 233
östliche 32. 220
pannonische 259f.
rätische 277. 283

suburbicarische 35. 277f.
westliche 51. 238
westspanische 255
Provinzialverwaltung 307. 309. 345
Prozessreform (Julians) 334

quaestor palatii (unter Theoderich)
276
quaestor sacri palatii 48f. 132. 136.
301. 308. 362

Rabenschlacht 272. 343
Rangerhöhung (des Bischofs von
Constantinopel) 150f. 162. 215.
244f. 335. 341
Räuberbanden 184f.
Recht
gotisches 255
mosaisches 92
römisches 46. 92. 255f. 306f. 362
Rechtsprechung 45. 77. 102. 211.
214. 278. 363
Rechtsschule
Beirut 306
Constantinopel) 306
Rechtstribunal 77. 94. 121. 279
Reform
Heeres-, oranische 166
Heeres-, theodosianische 165f.
Provinzialverwaltungs- 345
Staats- 94. 262. 331. 334
Verwaltungs- 307. 309
Reichseinheit 111. 337
Reichsteilung 110f. 130. 136. 143.
176. 334
Religion 12f. 15. 63. 86. 89. 91. 95f.
102. 107. 111
christliche 8. 18. 126. 154. 262.
299. 315
heidnische 59. 89. 94. 126. 152.
170
jüdische 123
katholische 251. 342
Mazdaismus 300
Religionsfreiheit 18. 331

Religionspolitik 6. 12. 18. 22. 24. 32.
42. 59. 68. 87f. 90. 92. 96. 133. 147.
152–154. 158. 189. 289. 293. 300.
331. 334f. 365, s. auch Kirchenpolitik (kaiserliche)
Residenzen 1. 20. 29. 41. 63. 65. 77.
88. 100. 103. 111. 114f. 121. 130.
146. 148. 157. 162. 164. 167. 174.
192. 201. 235. 250. 332. 334. 336f.
340
Reskripte 12. 44. 154. 362
Restitutionsedikt
  Jovian 108. 334
  Julian 86–88. 90. 92. 334
Rhein-Limes 10. 79. 116–118. 120.
166. 201. 223. 335. 338
Rhetorenedikt Julians 90–93. 334
Rhetorik 90–92. 108. 114. 190. 214.
360
Ritterstand 27f.
Römisches Reich 1. 8. 12f. 15. 17f.
26. 28. 33. 37. 41. 43. 46. 60. 62. 63f.
66f. 73. 79. 94. 96f. 102. 106. 111.
113f. 119. 130. 134f. 137f. 143.
146f. 155. 179. 188. 191. 193. 197f.
202. 209. 212. 215. 219. 252. 255.
262. 265. 281. 285. 297. 299. 305.
322. 327. 333. 335–337. 340f. 353.
355. 358f. 365f.

saiones 276
Schadenersatzprinzip 47. 129
Schilderhebung 78. 334
Schisma
  acacianisches 289–292. 342. 344
  donatistisches 58f. 189–191
schola (der *agentes*) 21. 75. 95
scholae palatinae 21. 332
Schuldenerlass 97. 262. 266
Schuldenmoratorium 233. 325
scrinarii 309
scrinia 20
  – *epistularum* 20f. 48. 332
  – *libellorum* 20f. 48. 332
  – *memoriae* 20f. 48. 332

Selbstmord 63. 135. 172. 218. 241.
333
Semis 16
Senat
  Constantinopel 37. 75. 178. 214f.
  243f. 246. 286. 337. 342
  Rom 11. 15. 17. 27. 53. 68. 81. 108.
  113. 122. 133. 153. 157. 167. 169.
  172. 178. 188. 193–197. 212. 221.
  240–242. 246. 248. 251. 262. 272.
  278–280. 290–292. 294f. 297.
  361
Senatoren/Senatorenstand 16. 27.
59. 221
  Constantinopel 75. 150
  Rom 16. 17. 27f. 37. 81. 167. 172f.
  226. 239. 278–280. 296. 299. 317.
  321. 332
Senatsaristokratie 31f. 68f. 122. 130.
133. 157. 207. 247. 337
  christliche 153
  gallische 201
  heidnische 153. 170. 172f. 241 336.
  360
seniores 111
Seuchen 146. 310f. 323
severitas 46
Sibyllinische Bücher 103. 195
Silber 16. 29. 60. 62. 78. 97. 101. 164.
183. 195f. 234. 253. 266. 296. 304.
338. 366f.
Silbermedaillon Constantins 11. 15.
331
silentiarii 30
Siliqua 29. 234
siliquaticum 234
Silvesterlegende 51
Sklavenflucht 47. 129. 180. 183–185
Sklaverei 22. 40. 44. 47f. 74. 128f.
139. 180. 183–185. 190. 193. 195f.
199. 218. 220f. 230. 233. 238f. 264.
310f. 316f. 325. 327. 338f.
Soldaten 2–5. 11f. 18. 26. 49. 53. 62.
66 76–78. 80. 82. 85. 102–106. 110.
116. 118. 130. 138. 160. 165. 167.

Sachen

172. 185. 195–197. 262. 269. 274. 299. 302–304. 310. 317. 323. 332f. 336
Solidus 16f. 21. 29. 31. 33. 47. 78. 86. 98. 129f. 194. 199. 234. 250. 276. 308. 315. 331f. 366
Sonntagsruhe 22. 332
Spiele 8. 37. 45. 68f. 101. 162. 167. 292. 299. 319, s. auch Zirkus
Sprachgrenze (lateinisch-griechische) 178
Staatsfeind s. *hostis publicus*
Staatsfinanzen 3. 29. 49. 130. 234. 262. 266. 269. 289. 340
Staatsinteresse 8. 12. 14. 33. 50. 62. 75f. 80. 97f. 125
Staatsräson (*utilitas publica*) 7. 26
Staatsreligion
  Arianismus 233. 340
  Christentum 144. 151f. 154. 336
Städte 8. 17. 21. 38. 46. 88f. 93. 98–100. 109. 128. 130. 225. 261. 331. 334
  afrikanische 135. 207. 230
  galatische 99
  gallische 76f. 114. 202. 257. 333
  italienische 10. 271. 324
  kampanische 321
  kleinasiatische 8
  makedonische 267
  nördlich des Pos 261
  östliche 87. 162
  Provinz- 34. 204
Städtepolitik 97f.
Stadtpräfekt s. *praefectus urbi*
Stadtrat s. Kurien
Stadträte s. Kurialen
Stater 98
Statthalterschaft 2. 27. 32. 36. 60. 65. 90. 95f. 128. 132. 149. 153. 199f. 204. 219. 257. 278. 308f. 325. 345
Steueraufstand (Antiochia) 162f.
Steuerwesen 3. 6. 8. 16f. 28. 30. 46f. 74f. 77. 97. 109. 127–130. 139. 152.

162. 183. 199. 205. 220. 233f. 266. 274. 286f. 304. 308f. 334. 339f. 345
Streit (nestorianischer) 215–217. 340
Stuhl Petri s. Apostolischer Stuhl
Suda 357
Synagoge 168. 218. 293
Synoden 364
  Eichensynode (von 403) 186
  Kirchweihsynode von Antiochia (341) 56
  Räubersynode s. Konzil von Ephesus (449)
  Synode von Rom (484) 290

Tempel (heidnische) 5. 21. 29. 32f. 38. 42. 45. 59f. 86. 88f. 98. 102. 107. 152. 161. 168–170. 189. 314. 334
Testierfähigkeit 152. 154. 190. 274
Tetrarchie 1–3. 6f. 9. 41. 331
Todesstrafe 59. 121f. 161. 294
Toleranzedikt
  Valens und Valentinian 111. 122
  Jovian 108. 111. 334
  Galerius 7f. 12f. 87. 331
  von Mailand 12f. 24
  Maximinus Daia (313) 18
tractores 309
Tradition
  christliche 68. 85
  heidnische 68f. 151
  römische 48. 50. 67f. 87. 102. 130. 262. 279. 286
traditor 13. 58
Tremissis 16
tribunus stabuli 110
Tributzahlungen 25. 195. 225. 266. 288f. 301. 315. 344
Tricennalien 41. 63. 268. 279. 359
Trinität 72. 125f. 148. 159. 265

Usurpation 3. 5. 7. 62f. 66 79f. 112–115. 119f. 134. 152. 154. 157f. 160. 165. 171f. 194. 201. 204. 221f. 241. 265. 273. 289. 331. 336–338. 342. 366

Vandaleninvasion (Afrika) 230. 234. 249. 339
Vandalenkrieg
  des Jahres 468 261
  Justinians 231. 302. 305. 309. 322. 344. 356
  Leos 266
Vandalenvertrag (von 442) 232 f.
Vandalismus 252. 341
Verbannung 6. 27. 35. 44. 54. 59. 67. 71 f. 90. 95. 123. 125. 149. 153 f. 181. 186 f. 203. 217. 236. 258. 264 f. 290. 332
Verwaltung 17. 45 f.
  italische 251
  kaiserliche 20. 46. 48. 80. 95 f. 332. 334
  ostgotische 277
Vestalinnen 69. 52
vicarii 17. 20. 27. 96. 132 f. 234. 278. 308
Vicennalien 28. 30 f.
Victoria-Altar 69. 133. 152 f. 159. 169 f. 173. 193. 336. 361
vindex libertatis 240
viri clari 37. 75
viri clarissimi 37. 75. 132 f. 335, s. auch Clarissimat
viri illustres 132 f. 221. 276–278. 335
viri spectabiles 132 f. 219. 221. 335
Völkerwanderung 113. 134. 137. 335
Volksaufstand
  Constantinopel 182. 290. 337
  Thessalonice 167. 336
Vulgarrecht 307. 345

Vulgata 156

Waffensohnschaft 268. 273. 292
Wagenburg/*carrago* 140. 142. 176. 323
Währungsstabilität 33. 130. 287
Weihnachtsfest 156. 168. 313. 328. 336
Wein 100. 131 f.
Westkaiser 55 f. 58. 136. 144. 146. 157. 170. 175. 248 f. 270. 336 f. 340. 342
Westreich 55–57. 61. 64. 111. 113. 136. 140. 143 f. 146. 152. 167. 169. 174. 176–178. 185. 188 f. 194 f. 198. 209 f. 212. 221 f. 226. 231 f. 236. 238. 240. 243. 247 f. 251. 260–262. 282. 284 f. 324 f. 334 f. 337. 339–342. 344. 357
Wiedertaufe 22. 126. 154. 190
Wirtschaftsleben 47. 287. 343
Witwenstand 47. 125
Wohlfahrt 77. 218
Wohltätigkeit 23. 100. 200
Wüste 23. 254

Zauberei 86. 122
Zeichendeuter 25
Zeremoniell (kaiserliches) 30. 49
Zirkus 167. 300 f. 344, s. auch Spiele
Zwei-Gewalten-Lehre 291. 312
Zwei-Naturen-Lehre 236. 243 f. 263 f. 341
Zweites Rom 31. 36 f. 75. 150. 162. 214. 244. 286. 334

Völker, Länder, Orte

Aachen 297
Abdera 327
Abraham-Eiche 32
Aceruntia 318
Achaea 41. 54. 333
Ad Decimum (Engpass) 303
Ad Salices (Schlachtort) 140
Adda/Etsch (Fluss) 271f. 342
Adiabene 63f.
Adria 178. 195. 276. 283. 323. 323
Aegyptus (Diözese) 178. 219
Aegyptus (Provinz) 96. 219
Aegyptus Herculia (Provinz) 219
Aegyptus Iovia (Provinz) 219
Aemilia (Provinz) 196. 275. 322
Aemilia et Liguria (Provinz) 153
Africa (Diözese) 17. 27. 97. 178. 340
Africa Proconsularis (Provinz) 12f. 83. 178. 190. 200. 230. 232–234. 304. 340
Afrika 2. 4–6. 12–16. 22. 41. 44. 54. 58. 81. 90. 95. 126. 134–136. 154. 178. 188–190. 196. 198–200. 203. 206–209. 222. 229. 231–234. 238. 251–254. 297. 302–305. 307. 327. 333. 337. 339–341. 344f. 356–359. 364
Agrigent 252
Ägypten 1. 8. 22–24. 68. 73f. 87. 90. 101. 128. 145. 161f. 169. 186. 219f. 263–265. 293. 308f. 313f. 332. 341. 344. 356, s. auch Aegyptus
Alamannen 65. 67. 69. 77. 79. 115–117. 134. 141. 157. 171. 194. 201. 258–260. 283. 322–325. 333
Alanen 137f. 140f. 145f. 157. 165. 191–194. 198. 200. 203–206. 223f. 226. 229f. 246. 266. 338f.
Albanien 2. 178. 269
Alexandria 24. 28. 33. 35. 44. 55–59. 67. 72. 87. 90. 92. 99. 108. 123. 149f. 155. 169. 187. 217. 219. 293

Alpen 1. 10. 41. 54. 194. 194. 199. 258. 284. 311. 322. 324, s. auch Alpes ..., Julische Alpen, Seealpen, Transalpen
Alpenpässe 10. 158. 164. 191. 324, s. auch Großer St. Bernhard, Mt. Genèvre, Splügenpass
Alpes Cottiae (Provinz) 277
Alpes Cottiae/Kottische Alpen 63. 311. 324
Alpes Graiae (Provinz) 258
Alpes Maritimae (Provinz) 204. 258. 278
Alta Ripa/Altrip 117
Alteva 230
Alutus/Olt (Fluss) 38
Amida 76. 81f. 288
Ambiani/Amiens 113f.
Ancona 320
Ancyra/Ankara 90. 99
Andernach 118
Angeln 228. 340
Anio (Fluss) 188
Antiochia (Syrien) 8. 18. 28. 32. 41. 50. 55f. 62–65. 82. 88. 90. 93. 96–103. 110. 112. 119. 121f. 124. 130. 133. 149. 155f. 162f. 215. 217. 264. 269. 298. 314. 316. 334. 344. 353. 360
Fleischmarkt 121
Forum 121
Große Kirche 56. 93. 163. 314
Kaiserpalast 101
Apamea (Syrien) 161
Apennin 11. 320
Apollonia 178
Apulia/Apulien 316. 318. 323
Aquileia 10. 16. 28. 54. 62. 80f. 95. 145. 164f. 171. 191. 195. 239. 261. 271. 337
Aquincum/Budapest 118. 135f.
Aquitania I (Provinz) 204. 256f.
Aquitania II (Provinz) 204

Aquitanien 200. 204. 221. 255. 274. 339f.
Arabien 93. 314
Arae Philaenorum 178
Arcadia (Provinz) 219
Arelate/Arles 4. 7. 14. 16. 28. 63. 65–67. 201f. 204. 221. 224. 226. 247. 257f. 283f.
Aremorica 201. 204. 227. 256f.
Argentaria/Horburg 141
Arges 39
Ariminum/Rimini 195f. 222. 272. 310f. 320
Armenien 42. 53. 64. 105. 107. 136. 140. 163. 179. 187. 288. 300f. 315. 334. 337
Arsakiden 42
Arverner 204
Arverni 257
Aschtischat 42
Asia (Provinz) 89. 186
Asiana (Diözese) 27f. 30. 96. 244
Asien 29, s. auch Kleinasien
Askalon 87
Athen 66. 91. 314. 344. 358. 361
Äthiopien 72
Atlas-Gebirge 135
Ätna 302
Atrebaten 223
Attacotten 115
Aufidus (Fluss) 324
Augusta Raurica/Kaiseraugst 62. 65. 79f.
Augusta Suessionum/Soissons 256. 282
Augusta Taurinorum/Turin 10. 191. 275
Augustamnica (Provinz) 219
Augustobona/Troyes 259
Augustodunum/Autun 14. 61. 114. 258
Augustonemetum/Clermont-Ferrand 204. 257f.
Aurelianum/Orléans 224. 226f. 256
Auvergne 204. 247. 257
Auximum 311
Auzia 230
Avaricum 257
Avignon 257
Axum/Aksum 72

Baetica (Provinz) 205f. 229. 255
Bajuwaren 324
Balearen 229. 253. 303. 341
Balkan s. Haemus
Barcino/Barcelona 203. 284
Basentus/Busento (Fluss) 199. 338
Bataverland 9. 115. 335
Batavis/Passau 259f.
Belgica I (Provinz) 223. 226. 256. 340
Belgica II (Provinz) 256
Belgrad s. Singidunum
Bellinzona 259
Benevent 316
Beroea 140f.
Berytus/Beirut 306
Besançon s. Vesontio
Bethlehem 36. 156
Bezabde 81f.
Bithynien 65. 110. 112. 360
Biturigae/Bourges 257
Bodensee s. Lacus Brigantiae
Bologna 307
Bolsena-See 309
Borbetomagus/Worms 202. 223. 259. 339
Bosporus 8. 18. 26. 29f. 36. 75. 94. 130. 135. 145. 162. 180. 328
Bostra 93
Bretagne 227. 256
Bretonen 227. 257
Brigetio 69. 114. 135
Britannia (Diözese) 27. 116. 157
Britannia I (Provinz) 116
Britannia II (Provinz) 116
Britannien 1. 2f. 10. 16. 41. 60f. 77f. 115f. 118. 135. 157. 191. 194. 207. 228. 333. 335f. 338. 340
Brixia/Brescia 10. 324. 345

Völker, Länder, Orte

Brukterer 10
Brundisium/Brindisi 318
Bruttium 199. 276. 309. 316. 323
Bucinobantes 134
Bulgaren (transdanubische) 287f.
Bulgarien 38f. 111. 222. 267
Bulla Regia 303
Burdigala/Bordeaux 36. 114. 126. 202
Burgunder 194. 201f. 223f. 227f. 240. 257f. 281–284. 311. 324. 338–341. 343. 363
Burgunderreich 202. 223. 258. 281f. 284f. 343
Burgundische Pforte 258
Busta Gallorum 316. 320f. 345
Byzacena (Provinz) 232f. 340
Byzanz (Oströmisches Reich) 287–289. 291. 292. 296. 298. 300. 303–305. 307. 307. 314f. 328. 345. 363
Byzanz (Stadt) 18. 26. 29. 38. 332

Cabillona/Chalon 65
Caesarea/Cherchel 230
Caesarea/Kayseri 42. 76. 78. 112. 124. 303
Caesarodunum/Tours 127. 284
Calabria/Kalabrien 316. 318. 323
Callinicum 103. 168. 301
Cambridge 182
Campania/Kampanien 199f. 309f. 317f. 321. 323
Campi Canini 65f. 259
Cannae 143
Cannes 200
Cappadocia (Provinz) 124, s. auch Kappadokien
Cappadocia I (Provinz) 124
Cappadocia II (Provinz) 124
Caprae 321
Capua 323f.
Caput Vada 302
Carnuntum/Petronell 6f. 135. 331
Carrhae 103
Carsium 120

Carthaginiensis (Provinz) 205. 229
Carthago 6. 13. 41. 59. 103. 135. 189. 206–209. 230–234. 251–253. 282. 296. 302–304. 331. 333. 340. 342. 344. 362. 364
Carthago Nova/Cartagena 253. 255. 327
Castra Constantia/Szentendre 118
Castra Martis (Donauhafen) 141
Catania 309
Chalcedon (Bithynien) 26. 94f. 112. 114. 181. 186. 242. 263. 313. 332
Chalkis 101
Châlons-sur-Marne 115. 227. 341
Champagne 115
Chios 214
Chrysopolis 26. 332
Cibalae (Pannonien) 19. 110
Circesium 103
Cirta 230
Clermont-Ferrand s. Augustonemetum
Comana (Pontus) 187
Compsa 324
Comum/Como 324
Concordia Sagittaria (Venetien) 96
Consentia/Cosenza 199. 338
Constantiniana Dafne (Kastell) 39
Constantinopel 28–31. 36–38. 40. 43f. 49f. 53. 56. 68. 70f. 73. 75. 81f. 85f. 88. 90. 99. 103. 110–112. 121. 123. 130. 135f. 140f. 145–152. 156. 158. 162f. 167–169. 174–182. 185–188. 209f. 212–218. 231. 234. 236. 242–246. 248f. 254. 261f. 264f. 268–270. 272f. 284–287. 289–293. 295–306. 309–315. 317. 319. 322. 324. 326. 327. 332–335. 337–339. 342. 345. 359. 366
  Aquädukt des Valens 121
  Arcadius-Säule 182
  auditorium Capitolii 214
  Augusteion 29
  Bibliothek 99
Constantinopel [Forts.]

Forum 312
Forum Arcadii 182
Forum Constantini 29. 162
Forum Tauri 162
Forum Theodosii 162. 182
Goldenes Tor 213
Hafen 85. 99. 214
Hagia Eirene 38
Hagia Sophia 38. 71. 75. 121. 187. 218. 301f. 312. 328. 334. 344. 366
Hagioi Apostoloi/Apostelkirche 38. 50. 75. 85. 110. 121. 135. 148. 150. 175. 187. 314. 328. 333. 345
Hebdomon 152
Hippodrom 29. 37f. 99. 162. 214. 286f. 302. 304
Kaiserpalast 29. 38. 49. 86. 99. 181f. 213. 270
Mausoleum bei der Apostelkirche 38. 50. 110. 135. 175. 328. 333. 345
Mese 182
Porphyrsäule der Helena 29
Porphyrsäule Constantins I. 29
Reiterdenkmal Justinians 312
Säulenstraße 99
Schlangensäule 38
Seemauern 213
Severisches Stadttor 29
Siegessäule Constantins I. 40
Stadtmauer 29. 162
Tetrastoon/Vierhallenplatz 29
Theodosianische Landmauer 212–214. 287. 338. 366
Theodosiussäule 162
Thermen des Zeuxippos 29
Contionacum/Konz 114
Corduba 56
Corsica 252f. 303. 320. 341
Cotyaium/Kütahya 289
Cremona 195. 271
Croton 318f.
Ctesiphon 103–105. 107. 315. 334
Cumae 321–323

Curia/Chur 259
Cypern 181
Cyzicus 28. 112. 357

Dacia (Diözese) 145f. 177f.
Dacia (Provinz) 38
Dacia ripensis (Provinz) 118. 141. 269. 342
Dadastana 110
Dakien 39
Dalmatia (Provinz) 260. 275. 278
Dalmatien 1f. 6. 156. 178. 192. 196. 249f. 253. 260f. 270. 309. 319f. 337
Danastrus/Dnjestr (Fluss) 137
Daphne 88. 93. 102
  Apollo-Tempel 88. 93. 102
Dara 288. 301. 356
Dardania 299
Delphi 38
Derbent 288
Dertona 247
Dibaltum 140
Divitia/Deutz 10. 17
Dobrudscha 138. 140f.
Don s. Tanais
Donau 1. 2. 4. 25. 38–40. 69. 73. 80. 97. 111f. 116. 118–120. 134f. 137–141. 176. 178f. 182. 193. 222. 225f. 228. 259f. 270f. 287. 327. 332. 335. 341
Donauknie 69. 118. 134. 239. 260. 327
Donauraum 62. 198. 204. 359
Dracon (Fluss) 321
Dravus/Drau (Fluss) 19. 62. 165. 271
Drinus (Fluss) 2
Drypia 185
Dublin 231
Dura 107
Durance/Druentia (Fluss) 258. 284f.
Durostorum/Silistra 138. 222
Durus/Diyala (Fluss) 106
Dyrrhachium/Durazzo 178. 269. 317

Ebene von Cabyle 141
Eburacum/York 2. 228

Völker, Länder, Orte

Edessa 78. 82. 287f. 315
Eiche (Landgut) 186
Eisernes Tor 69
El Agheila 178
Elis 177
Elsass 118. 141. 259
Emathia 179
Emerita Augusta/Merida 229
Emona/Laibach 19. 171. 195. 271
Ephesus 121. 208. 215f. 236. 314
   Basilica des Apostel Johannes 314
   Hauptkirche 215
Epirus 178. 195. 317
Etrurien 196
Euphrat (Fluss) 42. 78. 82. 103f. 106. 168
Europa 29. 137. 178. 182. 307

Faesulae/Fiesole 193f.
Fajum 23
Fanum 323
Faventia/Faenza 271
Favianis/Mautern 250
Firmum 310
Flavia Caesariensis (Provinz) 116
Florentia/Florenz 193
Forum Iulii/Friaul 324
Franken 7. 9. 17. 20. 60. 77. 79. 115f. 146. 166. 171. 194. 201. 222f. 226–228. 240. 256. 259. 281–283. 285. 296. 310f. 322–325. 335f. 338. 341. 355. 357, s. auch Rheinfranken, Salfranken
   attuarische 79
Frigidus/Wippach (Fluss) 171–173. 176. 337

Galatia (Provinz) 89. 100
Galatien 110. 112. 305
Galiläer 93f.
Gallaeci 229
Gallaecia (Provinz) 144. 205f. 229. 255
Galliae (Diözese) 27. 157
Galliae (Präfektursprengel) 96. 111
Gallien/Gallier 1. 4–6. 10. 14. 16. 19f. 34. 36. 41. 44. 54. 62. 65–67. 70. 72. 76f. 79–81. 109. 113–116. 120. 127. 135f. 141. 145. 157. 165f. 182. 191f. 194. 197–206. 221–226. 228f. 247. 249. 254–260. 282f. 333–336. 338. 340–343. 361f. 364
   Mittel- 221
   Nord- 77. 222. 256
   Süd- 9. 161. 202–204. 222. 281
Gangra 74
Garganus 318
Garunna/Garonne (Fluss) 204. 283
Gaza 88. 185
   Marnas-Tempel 185
Genava/Genf 258
Genfer See 224. 258
Gepiden 226f. 239. 260. 271. 285. 327. 344
Gerasus/Sereth (Fluss) 137
Germanen/Germanien 10. 62. 66. 76. 78. 80. 136. 176. 191. 193. 195. 260. 281f. 301. 311. 333. 335. 337. 343. 354. 359. 361. 367
Gesoriacum/Boulogne 2
Glyceria 358
Goldenes Horn 213. 289
Goten 25. 38–40. 73. 113f. 119. 134. 136–142. 144–147. 153. 165. 171. 176f. 179–184. 192–202. 204f. 207. 221f. 224. 240. 246. 254. 257. 266. 268–271. 273–275. 277. 280f. 285. 289. 293. 296. 298. 301f. 309–311. 316–324. 327. 332. 335. 337. 342f. 345. 354. 357, s. auch Ostgoten, Westgoten
Gothia 147. 179. 336
Greutungen 137f. 140. 142. 146. 162. 179f.
Griechenland 226. 269. 320
Große Syrte 178
Großer St. Bernhard (Alpenpass) 10

Hadrianopolis/Adrianopel 18f. 26. 113f. 141–145. 165. 268. 331f. 335. 353
Haemus/Balkan 20. 80. 136. 140. 145. 171. 178. 268. 327
Hatra 107
Hebron (Palästina) 32
Hebrus/Maritza (Fluss) 39. 142
Helena/Elne 61
Hellenen 93
Hellespont 8. 25f. 30. 112. 123. 145. 1880–182. 213
Hephthaliten s. Weiße Hunnen
Heraclea 28
Herculia s. Aegyptus Herculia
Heruler 250f. 260. 274f. 321
Hierapolis (Syrien) 82. 101. 103
Hippo Regius 231f.
Hispalis/Sevilla 229
Hispaniae (Diözese) 27. 157
Hispellum 45
Histria 65
Hochebene von Pholoe 177
Hunnen 134. 137f. 140. 145f. 165. 176. 179f. 182. 184f. 188. 193. 210. 222. 224–228. 239. 242f. 250. 259. 261. 266. 287. 315. 327. 335. 338. 341. 343. 356
Hydruntum/Otranto 317–319. 323

Iberia 136. 300
Illyricum 41. 61f. 110. 118. 128. 136. 153f. 164. 166. 177. 194. 198. 201. 333
Illyrien 114. 128f. 179. 183. 192. 291. 299. 301. 327. 337
Interamna/Terni 4
Iovia s. Aegyptus Iovia
Iran 108
Irland 228
Isaurien/Isaurier 246. 268. 270. 289
Isère (Fluss) 285
Isonzo (Fluss) 171. 271. 342
Istanbul 29

Atatürk Bulvari 121
Blaue Moschee 99
Großer Basar 29
Mehmet-Fatih-Moschee 38
Topkapi-Palast 38
Verbrannte Säule 29
Istros 140
Italia (Diözese) 27
Italien 2. 4–6. 15f. 19. 41. 54. 61. 65. 81. 97. 115. 136. 158. 165. 169f. 177f. 187. 191–196. 199f. 206. 209f. 222. 226. 228f. 231. 236. 239. 242f. 247f. 250f. 254. 256. 258–261. 267f. 270–275. 277. 281–285. 292f. 295. 307. 309. 310f. 314. 317. 319f. 323–327. 333. 337f. 342f. 345. 356f.
Mittel- 199. 275. 339
Nord- 4. 10. 62. 65. 80. 140. 164. 261. 271. 275. 316. 324. 333. 336f. 342
Süd- 199f. 261. 275. 316–319. 324f. 339
Iulia Traducta/Gibraltar 230

Jerusalem 36. 43. 88. 208. 208. 252. 263. 304. 333. 364
Grabeskirche 36. 43. 333
Ölberg 36
Tempel 88. 252. 304. 338
Jordan 50
Julische Alpen 81. 145. 171. 191f. 198. 239. 260, s. auch Alpen
Juthungen 69. 222

Kalabrien s. Calabria
Kampanien s. Campania
Kap Bon s. Promonturium Mercurii
Kappadokien 42. 73. 76. 92. 112. 124. 179. 265, s. auch Cappadocia
Karpaten 119. 137
Kaspische Tore 288. 301. 315. 343
Kaspisches Meer 288
Katalaunische Felder 115. 224. 227f. 239f. 242. 341
Kaukasus 179. 287. 300. 315

Völker, Länder, Orte

Kermanschah 108
Kessel von Kasanlyk 141
Kilikien 85. 179. 246
Kilikische Pforte 82
Kleinarmenien 73
Kleinasien 1. 8. 18. 41. 72–74. 121. 138. 180. 182f. 213. 293. 313f. 333. 344
Kleine Syrte 302
Koblenz 118
Köln 10. 14. 66. 76f. 256. 333
Kolzim 23
Konz s. Contionacum
Kopten 23. 263
Kroatien 62
Kukusus 187

Lacus Brigantiae/Bodensee 65f. 141
Lacus Verbanus/Lago Maggiore 65. 259
Langobarden 320f. 324f. 327
Laodicea 162
Lazica 300. 314f.
Lentienses (alamannische) 65f. 141
Lerinum/Lérins 200. 220
Libya (Provinz) 178
Libya I (Provinz) 219
Libya II (Provinz) 219
Libyen 178
Liger/Loire 201. 204. 224. 255–257. 282f.
Liguria (Provinz) 196
Ligurien 192. 247. 282. 311
Lilybaeum/Marsala 282
Lindum/Lincoln 228
Lingones/Langres 259
Liparische Inseln 203
Litus Saxonicum 61
Lombardei 188
Londinium/London 16. 28. 228
London (modern) 108. 170. 366
Lopodunum/Ladenburg 117
Lothringen 115
Lucania/Lukanien 309. 316. 318. 323
Ludwigshafen 117

Lugdunensis I (Provinz) 258
Lugdunum/Lyon 16. 28. 63. 157. 169. 258. 318
Lukanerberge 318
Lusitania (Provinz) 205. 229. 255
Lydien 181

Maas/Mosa (Fluss) 60. 77. 223. 256
Macedonia (Diözese) 145f. 177
Macedonia (Provinz) 40f. 54. 145f. 179. 191. 267. 269. 333. 337
Madrid 164
Main (Fluss) 134. 226
maius monasterium/Marmoutier 127
Makedonien 146. 179
Malaca 327
Mamre 33
Mannheim-Neckarau 117
Mantua 239
Maranga 106f.
Marcianopolis/Marcianopel 119f. 139f. 268. 335
Margus (Siedlung) 25
Margus/Morawa (Fluss) 25
Marmara-Meer 29. 214. 287
Maronsa 106
Martyropolis 301
Mascula 59
Massilia/Marseille 7. 220. 258. 326
Mauren 134. 229. 252. 254. 302f.
Mauretania (Provinz) 13. 90. 229. 252–254. 303
Mauretania Caesariensis (Provinz) 134f.
Mauretania Sitifensis (Provinz) 135. 232. 234
Maxima Caesariensis (Provinz) 116
Maxima Sequanorum (Provinz) 258
Mazedonien 178
Medien 103. 105. 107
Mediolanum/Mailand 4. 10. 12. 14. 17f. 63. 65–67. 80f. 111. 115. 125. 145. 153f. 157–160. 167–169. 171.

174f. 177. 190–192. 239. 249. 271.
274f. 310f. 331. 334. 336f.
Basilica Apostolorum (S. Nazaro) 175
Basilica Martyrum (S. Ambrogio) 175
Basilica Nova 159f.
Basilica Portiana 159f.
Basilica Salvatoris (S. Dionigi) 175
Basilica Vetus 159f.
Basilica Virginum (S. Simpliciano) 175
Bischofskirche 168
Kaiserpalast 159
Kirchen 160. 336
Mausoleum Gratians (Cappella di S. Aquilino) 169
S. Lorenzo 169
Stadtmauer 159
Meerenge von Gibraltar 203. 327. 339
Melitene 78
Merowinger 223. 256
Mesopotamien 63. 73. 81f. 94. 107. 179. 288. 315
Messana 309. 319
Messina 276
Mettis/Metz 226
Mincius (Fluss) 239
Mitrovica s. Sirmium
Mittelmeer 61. 113. 157. 252–254. 284
Moesia I (Provinz) 69. 144, s. auch Mösien
Moesia II (Provinz) 73. 119. 138. 145. 147. 176. 269. 335. 342
Moesia inferior (Provinz) 267f.
Moesia superior (Provinz) 3. 299
Moesiae (Diözese) 27
Mogontiacum/Mainz 76f. 116. 118. 134. 194. 256. 333. 338
Mons Lactarius 321
Mons Seleucus/Mont Saléon 63
Montana/Mihailovgrad 179

Monte Cassino 326. 344
Montes Serrorum s. Karpaten
Monza 188. 366
Mopsucrenae 82
Mosel 114. 361
Mösien 25. 69. 135. 138. 171. 176. 179. 267f. 270. 335, s. auch Moesia
Mt. Genèvre (Alpenpass) 10
Mursa/Osijek 62. 271. 333
Mutina 140

Nacolea 112
Naharmalcha 104
Naissus/Nisch 3. 80–82. 85. 110. 179. 201. 260. 267. 299
Narbo/Narbonne 202. 221. 223f. 256. 283
Narbonensis I (Provinz) 204. 223. 256f. 340
Narbonensis II (Provinz) 204. 258. 278
Neapel 251. 309. 316
Neckar/Nicer 116f. 226
Nedao (Fluss) 239
Neocaesarea (Pontus) 73
Nestus (Fluss) 111
Neuwied 226
Nicaea (Bithynien) 33–35. 71. 110. 242
Nice 141f.
Nicomedia (Bithynien) 1f. 7f. 18. 26. 28. 31f. 49. 70. 99. 112
Nicopolis 73
Nil 24. 68. 169. 264. 309
Nisibis 63. 94. 107f. 288. 301. 315. 334
Nola 200
Noricum 80. 191. 196. 222. 259f.
Noricum Mediterraneum (Provinz) 277
Noricum Ripense (Provinz) 277. 250. 259
Nova Epirus (Provinz) 269
Novae/Sistowa 267. 269f.
Novempopulana (Provinz) 204
Noviodunum/Isaccea 120

Numidia (Provinz) 13. 59. 90. 97. 99.
232. 234. 252. 303. 333. 344

Oescus (Fluss) 111
Oescus/Gigen (Stadt) 38. 111. 332
Olympia 177
Orange 257
Orbelus-Gebirge 178
Orcistus (Phrygien) 46
Oriens (Diözese) 27f. 96
Oriens (Präfektursprengel) 96. 111.
  309
Orient 1. 6. 8. 41. 82. 87. 100. 122.
  165f. 333
Orontes 121. 353
Osijek 62
Osrhoene (Provinz) 103. 168. 288.
  315. 327
Österreich 250. 259. 270
Ostgoten 137f. 146 162. 179. 193.
  226f. 259f. 266–270. 281f. 284f.
  335. 337. 342f. 363, s. auch Goten,
  Westgoten
Ostgotenreich 277. 281. 283–285.
  343. 345
Ostia 16. 20. 32. 196
Ozean 194. 226. 327

Padus/Po 192. 239. 261. 311. 320–322
Palästina 28. 31. 36. 72f. 88. 183. 200.
  207. 263. 265. 293. 309. 313. 322.
  341. 344. 355
Pamphylien 180. 184
Pannonia I (Provinz) 135
Pannonia II (Provinz) 69. 134. 144.
  260. 285. 344
Pannonia Sirmiensis (Provinz) 278.
  283. 286
Pannoniae (Diözese) 27. 177f. 223
Pannonien 1f. 8. 19. 54. 62. 69. 80f.
  110. 112. 114. 127. 131. 133–135.
  146. 164f. 192f. 198. 222. 226. 239.
  259f. 266. 268. 324. 327. 335. 337.
  341
Paphlagonien 73f.

Papyrion 270
Paris (modern) 170. 182
Parisii/Paris 77f. 157
Parma 140
Pavia s. Ticinum
Pella 267
Peloponnes 177f. 337
Pelusium 219
Pergamum 322
Perinthus 18. 28. 145
Perpignan 61
Perser 42f. 54. 57. 63f. 78. 81f. 94.
  103f. 106–108. 113. 161. 226. 288.
  300f. 315. 327. 333f. 343. 356f.
Perserreich 43. 64. 102f. 105. 108.
  163. 288. 300. 314f. 344
Petra 314f.
Philadelphia (Syrien) 69. 86. 89. 106.
  121. 125. 276. 294f. 344. 356
Phönizen 185
Phrygien 46. 112. 179. 289
Picenum 195. 275. 310f. 323
Pictavi/Poitiers 127. 283
Picten 2. 61. 78. 115f. 157. 335
Piraeus 25
Pirisabora/al Anbar 104
Pityus 187
Placentia 247. 250
Poetovio/Pettau 165. 271. 336
Pola (Histria) 65
Pollentia 192
Pontica (Diözese) 27. 30. 96
Pontische Königreiche 42
Pontus 24. 73. 244
Portus (Hafen) 249. 252. 310. 317f.
Portus Magnus 230
Praeneste 97
Primuliacum 200
Promonturium Mercurii/Kap Bon
  253f. 342
Provence 63. 271
Ptolemais 264
Pydna 267
Pyrenäen 144. 194. 203. 228. 255.
  284

Quaden 69. 114. 118. 134–136. 335

Raetia I 259
Raetia II 259
Rätien 65. 67. 69. 79f. 191–193. 222. 259f. 333
Ravenna 4. 188. 192. 194. 196f. 201. 206. 208. 210. 222f. 229. 231. 233–237. 247. 249f. 252. 255. 261. 271f. 275. 278f. 292–299. 309–311. 316. 318. 320. 326. 337. 340. 342–345. 355. 366
 Ad Laureta 235. 272
 Aquädukt 298
 Baptisterium der Arianer 298
 Baptisterium Neonianum 235
 Basilica S. Apollinare in Classe 271f. 326
 Basilica S. Apollinare Nuovo 235. 297
 Basilica S. Giovanni Evangelista 235
 Basilica S. Vitale 235. 299. 326
 Basilica Theoderichs 272
 Basilica Ursiana (Dom) 235
 Ca' Bianca 272
 Hofkirche 297
 Kaiserpalast 235. 272. 297
 Kathedrale der Arianer (Chiesa dello Spirito Santo) 298
 Königspalast 297f. 343
 Mausoleum der Galla Placidia 235
 Mausoleum Theoderichs 297. 344
 Palast Theoderichs 297f.
 S. Croce 235
 Via Alberoni 235
 Via di Roma 235. 298
Ravenna Classis 323
Regium 140
Remi/Reims 113
Rha/Wolga 137
Rhegium 309. 323
Rhein 7. 10. 17. 65. 76–79. 115–118. 141. 194. 202. 223. 226. 333. 335. 338
 Häfen 117
 Mittel- 66. 223
 Nebenflüsse 117. 335
 Nieder- 9. 66. 77. 79. 223
 Ober- 65. 67. 79. 115f. 258. 333. 361
Rheinfranken 223. 256
Rhodopegebirge 80
Rhomäer 286
Rhône 65. 201. 224. 255. 257f. 278. 284
Rom (modern) 276
 Konservatorenpalast 15
 Ponte Cestio 131
 Ponte Sisto 131
 Stanza di Eliodoro 239
 Vatikanische Grotten 68
Rom (Reich) 63f. 69. 102–104. 107. 113f. 119. 134. 136. 163. 174. 195f. 201. 203. 206. 240f. 252. 256f. 340
Rom (Stadt) 2–6. 10–12. 16. 19. 21. 28. 31f. 35–37. 51. 53. 55. 57. 60f. 65. 67–69. 72. 75. 79. 81. 83. 91. 125. 130. 132–134. 151–158. 162. 165–167. 170 172–175. 178. 182. 187f. 192–200. 203. 206–210. 212–214. 221. 221. 221. 232–239. 243–245. 247–250. 252. 257. 261f. 265. 268. 278–280. 290–293. 297f. 304. 310. 312. 316–321. 323f. 326. 332–340. 343. 345. 353. 358. 361. 366
 Ad Palmam 280
 Aqua Claudia 131
 Aquädukt 280
 Atrium libertatis 240
 Aurelianische Mauer 4f. 10. 21. 31. 130. 155. 192f. 213. 280. 310. 318. 321
 Aventin 237
 Baptisterium der Basilica Salvatoris 21
 Basilica des Maxentius 5
 Basilica Salvatoris (Lateran) 21. 32. 52. 68. 155. 279. 332f.

Völker, Länder, Orte

Basilica St. Paul 155. 193. 197
Basilica St. Peter 31. 155. 187. 197. 236. 279. 317
Basilica St. Petrus und Marcellinus 21. 31. 332
Borgo 321
Caelius 197
Callistus-Katakombe 6. 156
Circus des Maxentius 5
Circus Maximus 68. 280. 333
Colosseum 5. 15. 280. 292
Constantinsbogen 11. 15. 331. 365 f.
Domus Faustae 5
Ehrenbogen des Honorius 194
Esquilin 131. 238
Forum 5. 15. 188. 194
Kaiserpalast 240. 252. 280
Kapitol 11. 252
Kloake 280
Kolossalkopf Constantins 15
Lateran (Kirche) s. Rom, Basilica Salvatoris
Lateran (Lokalität) 5. 15. 21
Lateran (Palast) 51
Macellum Liviae 131
Marsfeld 152. 193 f. 240
Mausoleum des Augustus 297
Mausoleum der Constantia 65. 79
Mausoleum Hadrians 192. 297. 310. 321
Mausoleum der Helena 21. 31. 332
Mausoleum des Maxentius 5
Nova Castra 21
Palast der Valerii 197
Palatin 15. 131. 240. 252. 280
Palatin-Forum 131
Palatium Sessorianum 31
Pompeius-Theater 193. 280
Pons Aurelia 131
Pons Cestius 131
Pons Gratiani 131
Pons Milvius (Milvische Brücke) 11 f. 14. 331

Pons Neronianus 194
Pons Valentiniani 131
Porta Asinaria 317
Porta Labicana s. Rom, Porta Maggiore
Porta Maggiore 21. 31. 332
Porta Portuensis 252
Porta Praenestina 310
Porta S. Petri 310
Reiterstatue Theoderichs 280
S. Agnese 32. 65. 79
S. Croce in Gerusalemme 31
S. Lorenzo 31
S. Maria Maggiore 131. 238. 279. 310
S. Sabina 237
S. Sebastiano 31
SS. Jacobus und Philippus (Santi Apostoli) 326
Titelkirchen 155
Trajansforum 162. 326
Trajanssäule 182
Vatikan 155. 239
Via Lata 326
Villa des Maxentius 5
Viminal 3. 21
Romania 147
Romula 38 f.
Rotes Meer 23
Rottenburg 116
Rugier 259 f. 270. 272
Rumänien 38
Ruscianum/Rossano 318 f.

Salfranken 60. 77. 223. 256
Salona 250. 320
Saloniki s. Thessalonice
Samarra 107
Samnium 275. 322
Samosata 78. 104
Sangarius (Fluss) 112
Saône 65
Sapaudia/Savoyen 224
Sarazenen 231
Sardes 104

Sardinien 67. 231. 234. 253f. 303. 320. 341
Sarmatae Argaragantes 40. 69f.
Sarmatae Limigantes 40. 69f.
Sarmaten 2. 25. 39f. 69. 134–137. 144. 268
Sassaniden 288. 356
Satala 301
Savia (Provinz) 260f. 275. 278
Savus/Save (Fluss) 2. 19. 165. 271
Saxones/Sachsen 61. 115f. 228. 335. 340
Schwarzes Meer 134. 187. 198. 287. 300. 314
Schwarzmeergebiet 239
Schwarzwald 141
Schweiz 65. 259
Scodra/Skutari 2. 178
Scotti/Scotten 61. 78. 115f. 157. 335
Scylacenum 276
Scythia (Provinz) 119f. 138. 140
Sebaste (Palästina) 88
Seealpen 258. 278. 284, s. auch Alpen
Segusio/Susa 10. 324
Seleucia 104
Selz 118
Sena Gallica/Senigallia 276. 320. 345
Senones/Sens 63
Septem/Ceuta 327
Septimanien 284
Sequana/Seine 201
Serdica/Sofia 7. 20. 56f. 80. 141. 331
Sicca 230
Sinai 263
Singara 64. 81f. 107. 334
Singidunum/Belgrad 2. 178. 260. 268. 271
Sirmium/Mitrovica 2. 20. 62f. 69–71. 80f. 110f. 144. 153. 234. 260. 271. 283. 285f. 331. 344
Siscia 20. 28. 165. 336
Sitifis 135. 230
Sizilien 59. 199. 232. 234. 248. 251f. 254. 261. 261. 277. 282. 302. 304. 309f. 317. 319f. 325. 342. 345

Skiren 250
Slowenien 195
Sofia s. Serdica
Sohag 264
Solicinium 116
Solva/Esztergom 118
Somme (Fluss) 223. 256. 282
Spalatum/Split 6. 19
  Kaiserpalast 19
  Mausoleum Diocletians 19
Spanien 1. 22. 41. 56. 144. 147. 156–158. 160f. 198. 200. 203–206. 209. 228f. 247. 253–255. 257. 283f. 327. 333. 336. 338f. 341f.
Splügenpass 259
Straßburg 76f. 333
Straße von Messina 199. 317. 324
Strymon 111
Succi-Pass 80f. 111. 114. 140f.
Sucidava/Celei-Corabia 38f.
Sueben 194. 198. 200. 203–206. 223. 229. 247. 255. 338f. 341. 355
Sülchen 116
Syrakus 309
Syria (Provinz) 162
Syria Phoenica 97
Syrien 2. 18. 72f. 101. 128. 179. 264f. 293. 298. 313f. 341. 344

Tabennisi 23
Taginae 320
Taifalen 39. 70. 137. 140
Tanais/Don (Fluss) 137
Taq-i Bustan 108
Tarent 318
Tarraconensis 229. 255
Tarsus 18. 82. 100. 107. 331
Taurus 1. 18
Terwingen 39. 119f. 137f. 146. 335
Thagaste 190. 200
Thamugadi/Timgad 97. 99
Thasus 111
Thebais (Provinz) 23. 72. 219
Theben (Ägypten) 23. 68. 356
Theiß (Fluss) 39. 69. 341

Theodosiopolis/Erzurum 288
Thermopylen 225
Thessalia (Provinz) 145
Thessalien 146. 176. 269
Thessalonice/Saloniki 19f. 25f. 29.
  145f. 148. 164. 167f. 210. 331. 336.
  362
Theveste 59. 178
Thracia (Diözese) 27. 40. 96f. 111.
  118. 138. 140. 145. 244
Thracia (Provinz) 20. 97. 331
Thrakien 18f. 25f. 41. 54. 62f. 71.
  112–114. 119. 134. 136. 138f. 141f.
  145. 162. 166. 171. 182–185. 242.
  266. 268–270. 287–289. 301. 317.
  327. 331–333. 335f.
Lange Mauer 287f.
Thüringer 250
Thyatira (Lydien) 181
Tiber 11. 31. 68. 131. 192. 194. 235.
  246. 249. 251. 317. 321
Tiberinsel 131
Tibur/Tivoli 317f.
Ticinum/Pavia 11. 16. 28. 66. 188.
  193. 231. 239. 261. 271f. 274. 294f.
  311. 316. 321
Tigris (Fluss) 76. 81. 103–107. 315.
  334
Tingis/Tanger 230
Tipasa 135
Tolbiacum/Zülpich 259. 283
Tolosa/Toulouse 114. 200. 202. 204.
  224. 227. 257. 283. 339
Toperus 327
Tours s. Caesarodunum
Toxandria 60. 77. 223
Transalpen 78, s. auch Alpen
Transdanubien 39
Transmarisca/Tutrakan 39
Transmarisca-Dafne 119
Tres Tabernae (Via Appia) 4f.
Tres Tabernae/Rheinzabern 77
Treviri/Trier 3f. 9. 11. 16. 28. 41. 54.
  56. 114f. 122. 130. 136. 157. 160f.
  164. 166. 201. 223. 256. 334. 336.

361. 366
Aula Palatina 366
Porta Nigra 366
Tricamarum 303. 344
Tricensima/Xanten 79
Tridentum/Trient 324
Trier s. Treviri
Tripolis 303
Tripolitana (Provinz) 178. 252–254
Tunesien 232
Türkei 42. 288f.
Tuscia (Provinz) 322
Tyana 124
Tyrrhenisches Meer 199. 323
Tyrus 43

Ukraine 225
Umbrien 45. 316. 320
Ungarn 40. 225. 228. 239
Uppsala 73

Vahalis/Waal (Mündungsarm des
  Rheins) 115
Valentia (Provinz) 116
Valentia/Valence 65. 201. 224. 257
Valeria (Provinz) 69f. 118. 134f. 260
Vandalen 188. 191. 194. 198. 200.
  203–206. 209. 223. 229–234. 238.
  240. 246–249. 251–255. 261. 266.
  282f. 296. 299. 302–305. 327. 337–
  341. 344. 355–357. 359
hasdingische 205f.
silingische 205f.
Vandalenreich 233. 252. 254. 297.
  302–305. 339. 341. 344
Venedig/Venetianer 187. 214
Venetien 196. 311. 323f.
Verona 10. 10. 27. 80. 157. 192. 271.
  275. 294. 324. 342. 345. 365
Vesontio/Besançon 258
Vesuv 261. 316. 321f. 345
Via Aemilia 195
Via Appia 4–6. 31
Via Ardeatina 156
Via Flaminia 4. 11. 320f.

Via Labicana 21. 31
Via Nomentana 32. 79
Via Ostiensis 155. 193
Via Popilia 271
Via Portuensis 252
Via Postumia 195
Via Salaria 195
Via Tiburtina 32
Victofalen 40
Vicus Helenae 223
Vienna/Vienne 78f. 169
Viennensis (Diözese) 27. 204
Viennensis (Provinz) 204. 258. 278
Viminacium 54. 333
Volsini (Etrurien) 309
Volubilis 230
Vouillé 283

Walachei 182. 193
Weiße Hunnen (Hephthaliten) 288

Weißes Kloster 264
Westgoten 137f. 146. 180. 191–193. 196. 199. 201. 203–206. 209. 221. 223f. 227f. 240. 247. 249. 254–258. 260. 271. 274. 278. 281–284. 292. 310. 327. 335. 338–343. 355. 357. 363, s. auch Goten, Ostgoten
Westgotenreich (Spanisches) 283f.
Westgotenreich (Tolosanisches) 204. 221. 223. 226f. 254f. 257. 281. 283f. 339f. 342f.
Wien 6. 51. 85. 135
Worms s. Borbetomagus
Wüste Chalcis 156

York s. Eburacum

Zentralasien 137
Zeugma 315
Zletovo 178